Von Elizabeth Haran sind bei Bastei Lübbe Taschenbücher lieferbar:

14568 Im Land des Eukalyptusbaums
14727 Der Ruf des Abendvogels
14928 Im Glanz der roten Sonne
15159 Ein Hoffnungsstern am Himmel
15307 Am Fluss des Schicksals

Dieses Buch erscheint auch als Lübbe Audio   3184

Über die Autorin:

Elizabeth Haran wurde in Simbabwe geboren. Schließlich zog ihre Familie nach England und wanderte von dort nach Australien aus. Heute lebt sie mit ihrem Mann und ihren zwei Söhnen in einem Küstenvorort von Adelaide in Südaustralien. Ihre Leidenschaft für das Schreiben entdeckte sie mit Anfang dreißig; zuvor arbeitete sie als Model, besaß eine Gärtnerei und betreute lernbehinderte Kinder. Ihre fesselnden Australienromane erfreuen einen immer größer werdenden Kreis von Leserinnen und Lesern. Weitere Romane der Autorin in der Verlagsgruppe Lübbe sind in Vorbereitung.

www.elizabethharan.com

ELIZABETH HARAN

DIE INSEL DER ROTEN ERDE

Roman

Aus dem Englischen von Sylvia Strasser

BASTEI LÜBBE TASCHENBUCH
Band 15772

1. Auflage: November 2007

Vollständige Taschenbuchausgabe
der im Ehrenwirth Verlag erschienenen Hardcoverausgabe

Bastei Lübbe Taschenbücher und Ehrenwirth Verlag
in der Verlagsgruppe Lübbe

Titel der englischen Originalausgabe: „Whispers in the Wind"
© 2005 by Elizabeth Haran
The Author has asserted her Moral Rights
Für die deutschsprachige Ausgabe:
© 2007 by Verlagsgruppe Lübbe GmbH & Co. KG, Bergisch Gladbach
Lektorat: Melanie Blank-Schröder
Textredaktion: Wolfgang Neuhaus
Titelabbildung: corbis/zeta/T. Allots
Umschlaggestaltung: Bettina Reubelt
Druck und Verarbeitung: GGP Media GmbH, Pößneck
Printed in Germany
ISBN 978-3-404-15772-3

Sie finden uns im Internet unter
www.luebbe.de
Bitte beachten Sie auch: www.lesejury.de

Der Preis dieses Bandes versteht sich einschließlich
der gesetzlichen Mehrwertsteuer.

Ich widme dieses Buch unserem kürzlich verstorbenen Hund Scully. Er war uns ein treuer, gutmütiger und cleverer Begleiter. Uns bleiben acht Jahre voll wunderbarer Erinnerungen an die Zeit mit Scully, der in seinen letzten Wochen trotz schwerer Krankheit sehr tapfer war. Du wirst für immer in unseren Herzen sein!

1

Australien, September 1845
VOR DER SÜDKÜSTE

»Lucy! Bring mir meinen Sonnenschirm, und beeil dich gefälligst!«, rief die schöne, dunkelhaarige junge Frau ungeduldig. Anscheinend sorgte sie sich um ihre Pfirsichhaut.

»Wäre es nicht besser, die Sonne zu meiden und den Schatten aufzusuchen, Miss Divine?«, erwiderte Lucy freundlich. Die Kraft der vom Wasser reflektierten Sonnenstrahlen durfte man nicht unterschätzen. Niemand wusste das besser als Lucy: Da sie einen hellen Teint und blonde Haare hatte, bekam sie binnen weniger Minuten einen Sonnenbrand. Doch auf dem Achterdeck war sie vor der Sonne und dem aufkommenden Wind geschützt, während die *S. S. Gazelle* über die Wellenberge stampfte. Die Fahrt ging die australische Südküste entlang in Richtung Backstairs Passage, jener berüchtigten Seestraße, die Kangaroo Island – das Ziel der Reise – vom Festland trennte. Aber nach Einschätzung der Matrosen würde die *Gazelle* es wegen des starken Gegenwinds nicht vor Einbruch der Dunkelheit bis dorthin schaffen. Dabei war Ende September; eigentlich hätte es mild und heiter sein müssen. Stattdessen wehte ein eisiger Wind.

Amelia Divine, die an der Reling stand, funkelte ihre Bedienstete zornig an. »Mir wird schlecht von diesem schrecklichen Geschaukel, Lucy. Wenn ich mir nicht den Wind um die Nase wehen lassen kann, werde ich bald die Fische mit den widerlichen Hammelkoteletts füttern, die es zum Mittagessen gab.«

Lucy unterdrückte einen gereizten Seufzer. Seit sie vor fünf Tagen mit dem Dampfer *Lady Rosalind* von Van-Diemens-Land* aus in See gestochen waren, beklagte Amelia sich in einem fort, und allmählich ging Lucy diese Nörgelei auf die Nerven. *Es ist zu warm. Es ist zu kalt. Das Essen schmeckt grauenhaft. Die Seeleute sind unhöflich. Ich muss mich mit dem Pöbel vom Zwischendeck abgeben …* und so weiter, und so fort. Der kurze Zwischenaufenthalt in Melbourne, wo sie an Bord der *Gazelle* gegangen waren, hatte Amelias Laune auch nicht bessern können.

Lucy war überzeugt, dass es viel zu windig war, um einen Sonnenschirm halten zu können. Dennoch holte sie ihn, damit ihre Ladyschaft zufrieden war. Kaum hatte sie Amelia den Schirm in die Hand gedrückt, riss eine Windbö ihn auch schon fort und wehte ihn aufs Meer hinaus. Amelia schrie verärgert auf, als der Schirm von den Wellen davongetragen wurde.

»Möchten Sie nicht lieber aus dem Wind kommen, Miss Divine?« Lucy fürchtete, eine starke Bö könnte die zarte Amelia packen und über Bord reißen.

»Ich sagte dir doch, dass mir dann *schlecht* wird! Sei gefälligst still, wenn du keine vernünftigen Vorschläge hast!«, fuhr Amelia sie an, offensichtlich entschlossen, ihre schlechte Laune weiterhin an ihrer Dienerin auszulassen, wie so oft in den vergangenen Wochen.

Lucy wandte sich ab und ging auf das geschützte Achterdeck zurück, wo eine Mitreisende, die sich ihr als Sarah Jones vorgestellt hatte, die Szene verfolgte.

»Ich verstehe nicht, wie du das Geschimpfe dieser Frau aushältst«, sagte Sarah und warf Amelia, die sich mit hochnäsiger Miene an die Reling klammerte, einen finsteren Blick zu. Sarah hatte im Lauf der Jahre mehrere Frauen wie Amelia Divine kennen gelernt und war oft mit der gleichen Schroffheit abgefertigt worden.

Doch Sarah hatte sich aufgrund ihrer Lebensumstände mit die-

---

* So hieß Tasmanien bis 1853 (A. d. Ü.)

ser Behandlung abfinden müssen. Weshalb Lucy solche Grobheiten hinnahm, war Sarah ein Rätsel. Das Mädchen mochte zwar eine Bedienstete sein, aber sie war ein freier Mensch – anders als Sarah, die einen Blick dafür hatte, wer zu ihren Leidensgenossinnen gehörte und wer nicht, und Lucy zählte eindeutig nicht dazu. An Lucys Stelle hätte sie dieser Miss Divine ins Gesicht gesagt, was sie von ihr hielt. Das hätte sie vermutlich die Anstellung gekostet, aber es wäre ihr die Sache wert gewesen.

»Ich brauche die Stelle bei Miss Divine«, erklärte Lucy. »Vor anderthalb Jahren bin ich zusammen mit hundertsechsundfünfzig anderen Kindern aus einem Londoner Waisenhaus nach Australien gekommen. Vom sechzehnten Lebensjahr an müssen wir für uns selbst sorgen. Ich bin erst letzten Monat sechzehn geworden und kann von Glück sagen, dass ich gleich die Anstellung bei Miss Divine gefunden habe.«

»Sie kann doch nicht viel älter sein als du«, bemerkte Sarah, den Blick noch immer auf Lucys Brotherrin gerichtet. Deren Eltern waren allem Anschein nach sehr wohlhabend und hatten ihre Tochter zur Hochnäsigkeit erzogen, was Sarahs Abneigung noch verstärkte.

»Miss Divine ist neunzehn«, sagte Lucy, »und hat bisher ein beneidenswertes Leben geführt. Doch vor ein paar Wochen hat sie ihre Eltern und ihren jüngeren Bruder verloren.«

»Oh. Was ist denn passiert?«

»Bei einem schweren Sturm in Hobart Town ist ein Eukalyptusbaum umgestürzt und hat ihre Kutsche unter sich begraben. Sie waren auf der Stelle tot. Ich wurde eingestellt, um Miss Amelia zu ihren Vormündern zu begleiten, die sie zum letzten Mal gesehen hat, als sie elf war. Die Leute wohnen in Kingscote auf Kangaroo Island und sollen sehr nett sein. Miss Amelia wird es bestimmt gut bei ihnen haben. Ich hoffe nur, dass sie mich behält. Auch wenn es nicht immer einfach mit ihr ist, so bin ich doch versorgt.« Lucy war viel zu gutmütig, als dass Amelias herrische Art ihren Zorn geweckt hätte. Lucys sanftes Wesen spiegelte sich auch in ihren freundlichen Zügen und ihrem herzlichen Lächeln.

Sarah bedachte Lucy mit einem vielsagenden Blick. Sie würde lieber Klosetts schrubben, als für jemanden wie Amelia Divine zu arbeiten!

»Hätte ich die Stelle bei Miss Amelia nicht«, sagte Lucy, »müsste ich in einer Fabrik schuften, und das würde mir nicht gefallen.« Verstohlen blickte sie auf Sarahs rote, rissige Hände, die von harter häuslicher Arbeit kündeten. Lucys Hände hatten in den Jahren im Waisenhaus ganz ähnlich ausgesehen.

Der schmerzliche Verlust, den Amelia erlitten hatte, stimmte Sarah keineswegs gnädiger. Sie war sicher, dass Amelia vermögend war, und ihre Vormünder würden sich um sie kümmern. Außerdem machte sie nicht den Eindruck, unter dem Verlust ihrer Eltern und des Bruders zu leiden. Und ihre Zukunft war verheißungsvoll, zumal sie mit ihrem blendenden Aussehen jeden Mann um den Finger wickeln konnte. Sarahs Abneigung rührte vor allem daher, dass Amelia im Gegensatz zu ihr so offensichtlich vom Schicksal bevorzugt worden war. Nur äußerlich gab es gewisse Ähnlichkeiten zwischen ihnen: Sie hatten beide langes, dunkelbraunes Haar, einen hellen Teint und braune Augen. Doch während Sarah eher ein Durchschnittsgesicht besaß, war Amelia eine Schönheit. Und ihre Herkunft hätte unterschiedlicher nicht sein können: Amelia kam aus einem reichen Elternhaus, Sarah stammte aus der englischen Arbeiterschicht. Trotzdem hatte keine Amelia Divine dieser Welt das Recht, Angehörige der Unterschicht wie Fußabtreter zu behandeln!

»Ich bin schrecklich neugierig auf die Insel«, riss Lucys Stimme Sarah aus ihren Gedanken. Das Mädchen blickte auf die dunklen Wolken, die sich über dem Festland zusammenzogen und ein Unwetter verhießen. »Einige Passagiere erzählten mir, es gäbe auf Kangaroo Island herrliche weiße Sandstrände, großen Fischreichtum und eine exotische Tierwelt. Doch Miss Amelia interessiert das alles nicht. Sie war schrecklich wütend, als sie hörte, wie wenig Menschen auf der Insel leben, denn sie liebt Partys und Einkaufsbummel über alles. Ich aber freue mich auf Kangaroo Island. Außerdem soll das Klima dort so angenehm sein wie in Van-Diemens-Land.«

Sarah zuckte mit den Schultern. Ihr war es egal, wie die Insel aussah oder welches Klima dort herrschte. Sie hatte sich ihren Aufenthaltsort nicht aussuchen können.

»Und du?«, fragte Lucy. »Was für einer Arbeit wirst du nachgehen?«

Obwohl die Frage harmlos war, hielt Sarah es für klüger, dem Mädchen nicht die ganze Wahrheit zu erzählen. »Ich werde mich auf einer Farm um Kinder kümmern, die vor einem Jahr ihre Mutter verloren haben.«

»Oh. Was ist der armen Frau denn passiert?«

»Sie ist bei der Geburt ihres siebten Kindes gestorben. Auch das Kind hat nicht überlebt«, erwiderte Sarah. Die Farmersfrau hätte ihren Mann zurückweisen sollen, dann hätten die anderen Kinder ihre Mutter noch. Dieser Gedanke ging Sarah nicht zum ersten Mal durch den Kopf. Doch sie wusste, dass die Frau keine andere Wahl gehabt hatte. Sie hatte mit dem Leben dafür bezahlt.

Lucy dachte an das Kleine, das bei der Geburt gestorben war. »Dann hast du sechs Kinder, um die du dich kümmern musst«, sagte sie. Es war eine einfältige Bemerkung, doch sie bewies, wie sehr die Erinnerung an das Waisenhaus Lucy immer noch gefangen hielt. Sie sah wieder all die kleinen Würmchen vor sich, die von ihr umsorgt worden waren, weil sie niemanden sonst auf der Welt hatten. Der Abschied von diesen Kindern hätte Lucy beinahe das Herz gebrochen. Ein Monat war seitdem vergangen, doch ihr kam es vor, als wäre es erst gestern gewesen. Die Kleinen hatten geweint und geschrien, als Lucy gegangen war, doch die Nonnen waren unerbittlich gewesen. Auch für Lucy gab es keine Ausnahme; sie hatte das Waisenhaus verlassen müssen. Noch immer litt sie unter schrecklichen Schuldgefühlen, weil sie die Kinder im Stich gelassen hatte.

Sarah registrierte mit Erleichterung, dass Lucy ihr den Schwindel geglaubt hatte und sie für eine Gouvernante hielt. Das Mädchen hatte also keinen Verdacht geschöpft. Gut so, denn die Wahrheit war wenig schmeichelhaft: Sarah war eine Strafgefangene, die unter Auflagen aus der Haft entlassen worden war. Im Alter von vierzehn Jahren war sie wegen Diebstahls zu sieben Jahren Zuchthaus verurteilt worden. Fünf harte Jahre hatte sie im Cascade Factory abgesessen, dem Frauengefängnis in South Hobart, wo sie in der Wäscherei geschuftet hatte. Da es den australischen Farmen jedoch an Arbeitskräften fehlte, durften Häftlinge bei guter Führung ihre Reststrafe verbüßen, indem sie auf Bewährung freikamen und in der Landwirtschaft arbeiteten.

Sarah war in Hobart Town von einem Aufseher an Bord der *Montebello* gebracht und nach Melbourne begleitet worden, von wo sie die Fahrt mit der *Gazelle* fortgesetzt hatte. Sobald sie auf Kangaroo Island eingetroffen waren, musste Sarah sich bei der Polizei in der Kleinstadt Kingscote melden; dann würden die Beamten sie zu Evan Finnlays Farm im westlichen Teil der Insel bringen. Es hatte Sarah anfangs einen Schrecken eingejagt, dass der Farmer sie nicht persönlich abholte. Doch da sich seine Farm am anderen Ende der Insel befand und allem Anschein nach in einer besonders rauen, unwirtlichen Gegend lag, wollte er seine Kinder und sein Vieh nicht allein lassen.

An Bord der *Gazelle* befanden sich einundachtzig Passagiere und achtundzwanzig Mann Besatzung. Die Ladung bestand aus Kupfer, Mehl und Kolonialwaren. Außerdem waren sieben Pferde an Bord, davon vier Rennpferde, deren Bestimmungsort Adelaide war und deren Besitzer, die Herren Hedgerow, Albertson und Brown, mit den Siegen prahlten, die eines der Tiere beim Flemington-Pferderennen in Melbourne errungen hatte.

Eine Stunde später war der Himmel bedrohlich düster geworden, und der Wind hatte sich zu einem Sturm ausgewachsen. Die Masten und die Takelage ächzten und knarrten, und die Matrosen fürchteten, die Segel könnten losgerissen und zerfetzt werden. Das Schiff war zum Spielball der Wellen geworden, und es gab nichts, was die Mannschaft dagegen tun konnte. Als sie sich fünf Meilen südlich des Leuchtturms von Cape Willoughby auf Kangaroo Island befanden, wurde eines der Pferde in seiner Box zu Boden geschleudert, so aufgewühlt war die See. Der Kapitän befahl daraufhin, Kurs Südwest zu nehmen, aufs offene Meer hinaus, wo die Dünung flacher war.

Doch bald türmten die Wellen sich meterhoch, und erneut wurde die *Gazelle* von gefährlichen Sturmböen erfasst. Der Kapitän beschloss, die Insel zu umfahren, um nach Kingscote zu gelangen; dort wollte er im sicheren Hafen abwarten, bis das Wetter sich beruhigte, ehe er die Fahrt nach Adelaide fortsetzte.

»Wann sind wir denn endlich auf dieser elenden Insel?«, klagte Amelia zum hundertsten Mal. Sie war seekrank geworden, als sie sich vor dem Regen unter Deck in den Salon flüchten musste. Von der Insel war in der einsetzenden Dunkelheit und dem strömenden Regen nichts mehr zu sehen. Die Stunden vergingen. Der Sturm tobte mit unverminderter Heftigkeit. Während Sarah und Lucy Gebete sprachen, jammerte und schimpfte Amelia.

Plötzlich erblickte Kapitän Brenner das Leuchtfeuer eines anderen Leuchtturms. Offenbar waren sie vom Kurs abgekommen und der Küste sehr viel näher, als er vermutet hatte. Entsetzt beugte er sich über seine Karten. Gab es hier Riffe, die ihnen gefährlich werden konnten?

Sein Erster Maat kam zu ihm geeilt. »Wenn dort das Leuchtfeuer von Cape du Couedic ist, Sir, müssen wir sofort abdrehen!«, rief er voller Panik. Er kannte die Gegend von früheren Fahrten und wusste, dass die Riffe schon manchem Schiff zum Verhängnis geworden waren.

Der Kapitän riss das Ruder herum, doch es war zu spät. Im

gleichen Augenblick, als vom Bug der Warnruf eines Seemanns ertönte, ließ ein heftiger Schlag den Rumpf erzittern. Passagiere und Besatzungsmitglieder wurden zu Boden geschleudert.

»Gott sei uns gnädig!«, stieß der Kapitän hervor. Das Schiff war auf ein Riff aufgelaufen. Das grässliche Knirschen, als der Holzrumpf über die halb unter der Wasseroberfläche verborgenen gezackten Felsen schrammte, ging durch Mark und Bein. Die Kinder an Bord klammerten sich ängstlich schreiend an ihre weinenden Mütter. Stoßgebete wurden zum Himmel geschickt, als das Schiff von der Dünung angehoben, noch ein paar Meter weiter auf die Klippen geschoben und von den scharfkantigen Felsen regelrecht aufgespießt wurde. Ein weiterer gewaltiger Brecher warf das Schiff auf die Steuerbordseite. Passagiere und Matrosen wurden wie Strohpuppen umhergeschleudert. Ihre Schreie erstarben, als das eiskalte Wasser ins Schiffsinnere brach und die unteren Decks überflutete. Die Maschinen wurden gestoppt, damit die Schraube nicht an den Felsen zerschellte. In das Tosen des Meeres mischten sich die markerschütternden Entsetzensschreie der Menschen. Zwei schreckliche Minuten vergingen.

Dann schien es, als hätte das Schiff sich stabilisiert. Kapitän Brenner befahl, die Rettungsboote zu Wasser zu lassen und die Fahrgäste in Sicherheit zu bringen. Sekunden später stürzte der Schornstein der *Gazelle* krachend um und begrub den Bug unter sich. Das Schiff konnte dem Druck nicht mehr standhalten und zerbrach in drei Teile. Jetzt lagen die Kabinen und Gesellschaftsräume in undurchdringlicher Finsternis. In Todesangst drängten die Passagiere sich aneinander. Menschen und ein Teil der Fracht wurden über Bord gespült, Rettungsboote davongeschwemmt. Dort, wo der vordere Teil des Schiffes lag, war das Wasser über den Klippen sehr viel tiefer als am Heck, das hoch emporragte. In ihrer Panik versuchten die Menschen vom vorderen und mittleren Teil des Schiffes das Heck zu erreichen, indem sie sich an einem Seil entlanghangelten, das von einem Besatzungsmitglied gesichert wurde. Doch kaum jemand schaffte es. Die meisten wurden von den Wellen ins Meer gerissen.

Lucy, Amelia und Sarah Jones befanden sich im Salon im Heck der *Gazelle*. Sie waren starr vor Angst. Hätten sie gewusst, dass die meisten Rettungsboote losgerissen und fortgetrieben worden waren, hätte ihr Entsetzen nicht größer sein können. Amelia konnte nur an eines denken: dass sie ihrer Familie jetzt wohl ins Grab folgen würde. Lucy war viel zu verängstigt, um sie beruhigen zu können.

Während das Heck des Schiffes in der aufgewühlten See und dem tobenden Sturm gefährlich schaukelte, versuchte die Mannschaft verzweifelt, die Menschen in Sicherheit zu bringen. Die Herren Hedgerow, Albertson und Brown mussten mit ansehen, wie drei ihrer kostbaren Rennpferde um ihr Leben schwammen und das vierte gegen die Klippen geschleudert wurde. Sie versprachen den Seeleuten hundert Pfund für einen Platz in den Rettungsbooten. William Smith, einer der Matrosen, war wütend und schockiert über so viel Feigheit und Egoismus. Er fing den fassungslosen Blick einer Mutter auf, die um das Leben ihrer vier kleinen Kinder bangte und das Angebot der Gentlemen ebenfalls gehört hatte.

»Frauen und Kinder zuerst!«, fuhr Smith die Herren zornig an. Zwei andere Matrosen jedoch, Ronan Ross und Tierman Kelly, waren versucht, sich auf den Handel einzulassen. Doch wozu? Tote brauchen kein Geld. Und allen war klar, dass es an ein Wunder grenzte, wenn jemand die Katastrophe überlebte.

Die Mannschaft traf sämtliche Notmaßnahmen. Die Matrosen versuchten, Leuchtraketen abzufeuern, doch es gelang ihnen nicht, weil das Pulver nass geworden war. In der Hoffnung, ein vorüberfahrendes Schiff oder der Leuchtturmwärter würden das Notsignal hören, wurde die Schiffsglocke geläutet. Doch es war eine Tat schierer Verzweiflung. In diesem heulenden Sturm würde niemand sie hören.

Als vom Bug aus eins der Rettungsboote der *Gazelle* gesichtet wurde, das kieloben im tosenden Wasser trieb, erbot sich einer der Passagiere, ein holländischer Seemann, dorthin zu schwimmen. Mit einem Seil gesichert, das er sich um die Taille gebunden hatte, sprang er in die Fluten und schaffte es tatsächlich, das gekenterte Boot zu erreichen. Schon brandete Jubel auf. Plötzlich aber löste sich das Seil, und der Mann wurde mitsamt dem Boot, an dessen Rumpf er sich klammerte, von der *Gazelle* weg aufs offene Meer und in den sicheren Tod getrieben.

Zwei Seeleuten gelang es, das letzte noch verbliebene Rettungsboot am Heck des Schiffes zu Wasser zu lassen. Während der eine Matrose ins Boot kletterte, eine Sturmlaterne in der Hand, half der andere den Passagieren das steil emporragende, schlüpfrige Deck hinunter in das knietiefe Wasser, wo sie von dem Matrosen im Rettungsboot an Bord gehoben wurden – in der tobenden See ein lebensgefährliches Unterfangen.

Nach Schätzung der Matrosen mussten sich noch an die fünfunddreißig Passagiere im Heck aufhalten. Da im Rettungsboot für so viele Menschen kein Platz war, brachten sie die Kinder und deren Mütter sowie einige der ältesten Fahrgäste zuerst in Sicherheit.

Lucy, Amelia und Sarah befanden sich noch immer im verwüsteten Salon, in dem das nackte Chaos herrschte. In wilder Panik und voller Angst, in der Dunkelheit von ihren Liebsten getrennt zu werden, drängten die Menschen zur Tür, stießen und schubsten einander, als jeder versuchte, so schnell wie möglich an Deck zu kommen und sich einen Platz im Rettungsboot zu sichern, bevor das Heck der *Gazelle* von den Klippen gerissen und in tiefes Wasser gespült wurde.

Plötzlich wurde Amelia in dem Gedränge von ihrer Bediensteten getrennt. »Lucy!«, rief sie schrill. »Lucy, wo bist du?«

Mit den Ellenbogen bahnte sie sich einen Weg aufs Deck und starrte angestrengt auf das Rettungsboot hinunter, doch in der tosenden See, über die der Regen peitschte, und dem schwachen Schein der Laterne konnte sie nur Umrisse erkennen.

»Tut mir Leid, Miss.« Ein Matrose hielt sie mit eisernem Griff am Arm fest. »Das Boot ist voll.«

»Lucy!«, schrie Amelia, als sie das Mädchen plötzlich an Bord des Rettungsboots erkannte. Lucy hatte auf ihre Herrin warten wollen, war aber von der Menge mitgerissen und von dem Matrosen an Bord gezerrt worden. Sarah befand sich unmittelbar hinter ihr.

»Lucy! Du kannst mich doch nicht allein lassen!«, rief Amelia und wandte sich an den Matrosen, der sie am Arm festhielt. »Lucy ist meine Dienerin! Sie kann nicht ohne mich ins Rettungsboot steigen!«

»Das Boot ist voll, Miss. Es wird kentern, wenn es überladen ist!«

»Lassen Sie mich los!«, kreischte Amelia hysterisch. Unvorstellbar, dass man sie auf der *Gazelle* zurückhalten wollte! Hatte sie als Fahrgast der ersten Klasse nicht eher Anspruch auf einen Platz im Rettungsboot als ein Zwischendeckpassagier?

Es gelang ihr, sich loszureißen, doch dabei verlor sie das Gleichgewicht und fiel ins Wasser. Als sie neben dem Rettungsboot prustend wieder auftauchte, klammerte sie sich an die Bordwand. Inzwischen war der Matrose von der havarierten *Gazelle* ins Wasser gesprungen und versuchte, Amelia wieder an Bord des Schiffes zu zerren. »Nur eine von Ihnen kann mit!«, rief er. Doch Amelia schlug um sich und gebärdete sich wie eine Verrückte. Unter den Menschen im Rettungsboot breitete sich Panik aus. Sie fürchteten, das Boot würde doch noch kentern.

»Das ist mein Platz!«, kreischte Amelia und funkelte Lucy, die zusammengesunken vor Sarah kauerte, voller Angst und Zorn an.

Lucy wollte aufstehen, um ihren Platz für Amelia zu räumen, doch Sarah sagte beschwörend: »Bleib«, und hielt sie am Arm zurück.

Unschlüssig verharrte das Mädchen. Wenn Amelia das Boot zum Kentern brächte, würden sie alle sterben. Lucys gehetzter Blick schweifte über die verängstigten Kinder. Nein, sie konnte nicht verantworten, dass diese Kinder durch ihre Schuld das Leben verloren. »Bitte, lassen Sie Miss Divine ins Boot!«, bat sie den Matrosen inständig.

»Das geht nicht! Wir dürfen es nicht überladen!«

»Lucy!«, schrie Amelia abermals. »Du kannst nicht ohne mich gehen!«

Lucy holte tief Luft und stand auf. »Ich komme!«, rief sie Amelia zu.

»Nein, Lucy! Bleib!«, drängte Sarah.

»Ich kann nicht«, antwortete Lucy. Sie hatte kein Recht auf einen Platz, der Amelia gebührte. Entschlossen schüttelte sie Sarahs Hand ab und kletterte aus dem Boot. Der Matrose half Amelia beim Einsteigen.

»Wo willst du hin, Lucy? Komm sofort zurück!«, rief Amelia zornig und stampfte mit dem Fuß auf wie ein kleines Kind. Ihr war gar nicht bewusst, welches Opfer Lucy für sie gebracht hatte. Wieder schaukelte das Boot bedenklich, und die Menschen schrien in Todesangst.

»Ich bringe das Mädchen in Sicherheit«, rief der Seemann an Bord der *Gazelle*. Schon wurde Lucy auf das Heck gehoben. Der Matrose im Rettungsboot stieß sich vom Schiffsrumpf ab.

Sarah schaute zu Lucy hinauf, die an der Tür zum Salon stand. Ihr Gesichtsausdruck war der eines Menschen, der wusste, dass er zum Tode verurteilt ist. Sarah hätte mit Fäusten auf Amelia Divine einschlagen mögen, so groß war ihre Wut auf diese eigensüchtige Frau. Doch angesichts der bedrohlichen Lage, in der sie sich befanden, hatte sie vorerst andere Sorgen.

Der Matrose versuchte, das Rettungsboot zwischen den aufragenden Klippen hindurchzusteuern, deren gezackte Umrisse sich schwarz in der Dunkelheit abzeichneten. In der aufgewühlten See war es eine schier unlösbare Aufgabe. Was sie brauchten, war ein Wunder in dieser an Wundern bislang so armen Nacht.

Als das Rettungsboot sich ungefähr hundert Meter vom Schiff entfernt hatte, gab der Vorderteil der *Gazelle* plötzlich mit lautem Krachen nach und versank in den Fluten. Man konnte hören, wie das Holz gegen die Felsen geschmettert wurde und die Luft mit einem unheimlichen Zischen und Gurgeln aus den Kabinen entwich. Der Wind trug keine Hilferufe zum Rettungsboot hinüber; die Menschen an Bord der *Gazelle* hatten keine Chance. Amelia und die anderen klammerten sich an das Boot oder an ihren Nebenmann. Jeder fragte sich, ob er zu den Glücklichen zählte, die gerettet würden, oder ob er doch noch zum Tode verurteilt war.

Der Matrose bot all seine Kraft auf, um den schmalen Küstenstreifen zu erreichen, der flach genug war, dass sie gefahrlos an Land gehen konnten. Schon schien es, als würde das Boot von den Brechern ans Ufer getragen, als es plötzlich gegen eine Klippe stieß und zur Seite geschleudert wurde. Bevor der Matrose reagieren konnte, traf eine mächtige Welle mit voller Wucht die Längsseite des Bootes und warf es um.

Amelias Schrei wurde von den Wassermassen erstickt, als sie vom Sog in die Tiefe gezogen und von der Brandung herumgewirbelt wurde. Kaum war sie wieder aufgetaucht, wurde sie gegen etwas Hartes geschmettert. Benommen klammerte sie sich instinktiv an den Felsen fest und sog die Luft tief in ihre brennenden Lungen, als die See zurückwich und ihren geschundenen Körper mit sich zu zerren versuchte. Schon schlug die nächste Welle über ihr zusammen und raubte ihr den Atem. Sie hatte pochende Schmerzen im Kopf, in den Armen und den Beinen. Ihr langes, nasses Haar klebte ihr im Gesicht.

Die Arme fest um einen Felsblock geschlungen, wurde sie von der Brandung abwechselnd gegen das Gestein gedrückt und von ihm weggezerrt. Die Minuten kamen ihr wie Stunden vor. Obwohl sie kein Gefühl mehr in ihren tauben Fingern hatte, krallte sie sich verzweifelt an den Felsen. Sie hatte keine Ahnung, wie weit sie vom Ufer entfernt war. Irgendwann, zwischen zwei anbrandenden

Wellen, gelang es ihr, sich die Haare aus dem Gesicht zu streichen, doch sie konnte in der Dunkelheit kaum etwas erkennen. Mit letzter Kraft zog sie sich an den Klippen hoch, sodass sie wenigstens den Oberkörper auf den Fels legen konnte. Ihre Beine hingen immer noch im Wasser.

Amelia verlor jedes Zeitgefühl. Als sie das nächste Mal die Augen öffnete, dämmerte der Morgen herauf. Sie sah, dass der Felsblock, an dem sie sich festhielt, über und über mit scharfkantigen Entenmuscheln bedeckt war. Sie blutete aus Wunden an den Fingern, Armen, Knien und Schienbeinen und war dermaßen durchgefroren, dass sie mit den Zähnen klapperte. Als sie den Kopf drehte, konnte sie in einiger Entfernung Land ausmachen – einen kahlen Steilhang, der ein Stück weiter von einem schmalen Sandstreifen unterbrochen wurde. Irgendetwas bewegte sich dort im Sand. Amelia schaute angestrengt hinüber. Es war eine Herde Seelöwen. Fasziniert und ängstlich zugleich beobachtete sie die Tiere.

Plötzlich fiel ihr ein, dass es in den Gewässern rings um die Insel angeblich von Haien wimmelte, und hastig versuchte sie, die Beine aus dem Wasser zu ziehen. Vergeblich. Sie warf einen raschen Blick zum Leuchtturm auf dem Kliff hinauf. Das warnende Leuchtfeuer brannte noch immer. Konnte der Leuchtturmwärter sie sehen? Wusste er, dass die *Gazelle* unmittelbar vor der Küste gesunken war?

Amelia hatte sich schon in der Nacht gefragt, ob die Flut kam oder die Ebbe einsetzte. Da das Wasser ihr jetzt nur noch bis zu den Füßen und nicht mehr bis zum Hals reichte, musste Ebbe sein. Folglich blieb ihr ein wenig Zeit, sich zu überlegen, wie sie sich in Sicherheit bringen könnte.

Sie drehte sich zum Meer hin und schnappte erschrocken nach Luft. Von der *Gazelle* war nichts mehr zu sehen. Lediglich ein paar Trümmerteile, ein Kissen, ein Schuh, ein Koffer trieben auf dem Wasser – makabre Erinnerungsstücke an die vielen Menschen, die ihr Leben verloren hatten.

»O Gott, bin ich die einzige Überlebende?«, schluchzte sie und schloss die Augen. Möwen kreischten über ihr, und die Wellen brachen sich an den Klippen. Noch nie hatte Amelia sich so verlassen gefühlt. Sie schloss verzweifelt ihre Augen.

Ein Geräusch schreckte Amelia aus ihrem Dämmerschlaf auf. Es hörte sich wie ein Stöhnen an. Verwirrt blickte sie sich um. »Ist da jemand?«, rief sie zaghaft. Sie wagte kaum zu hoffen, dass sie vielleicht doch nicht allein war. Als sie im Wasser ringsum niemanden entdecken konnte, erkannte sie, dass das Geräusch von der anderen Seite des Felsenriffs kommen musste.

»Hier drüben«, antwortete plötzlich jemand. Obwohl in diesem Moment eine Welle gegen die Felsen krachte, war Amelia sicher, eine Frauenstimme erkannt zu haben.

»Lucy?«, rief sie voller Hoffnung. »Bist du das, Lucy?«

»Nein«, erwiderte Sarah, die erkannte, dass die Frau auf der anderen Seite des Felsenriffs nur Amelia Divine sein konnte. Würde sie sonst nach Lucy fragen?

Amelia blickte wieder aufs Meer hinaus. Sie hoffte inständig, dass Lucy überlebt hatte, doch im tiefsten Innern wusste sie, wie unwahrscheinlich das war. Tränen liefen ihr über die Wangen, und sie fragte sich, weshalb Gott sie zum zweiten Mal vor dem sicheren Tod gerettet hatte. Hätte sie sich damals, als ihre Eltern und ihr Bruder Marcus in der Kutsche von einem umstürzenden Baum erschlagen worden waren, nicht unwohl gefühlt und wäre zu Hause geblieben, wäre sie mit ihnen gestorben. Hätte sie sich nicht im Rettungsboot befunden, wäre sie mit der *Gazelle* untergegangen.

Sie schaute aufs Wasser hinunter. Es begann, merklich zu steigen. »Die Flut kommt!«, rief sie und starrte zum Ufer. Der bloße Gedanke, sich schwimmend an Land retten zu müssen, ließ sie schaudern. Sie war keine gute Schwimmerin und fürchtete, von einem Hai attackiert zu werden.

Ein Kopf schob sich um den Felsen herum. Amelia fiel ein

Stein vom Herzen, als sie die Frau erblickte, doch Sarah, die an Lucy dachte, funkelte sie zornig an.

»Sind Sie allein?«, fragte Amelia. »Gibt es noch andere Überlebende?«

»Ich glaube nicht. Ich habe nur eine Leiche gesehen, wahrscheinlich einer der Matrosen.« Der Tote hatte eine klaffende Kopfwunde gehabt; Sarah nahm an, dass er gegen die Felsen geschleudert worden war. Blinzelnd schaute sie zum Ufer hinüber. »Was ist das da auf dem Sand?« Sarahs Augen brannten vom Salzwasser und sie konnte deshalb nur dunkle Schemen erkennen, von denen einige sich bewegten.

»Seelöwen«, antwortete Amelia.

»Werden sie uns etwas tun?« Sarah hatte keine besonders gute Schulbildung.

»Das glaube ich nicht, aber soviel ich weiß, dienen sie den Haien als Nahrung.« Ängstlich schaute Amelia sich um. »O Gott, wenn die Flut kommt, werden die Haie uns holen!«, jammerte sie.

»Halten Sie endlich den Mund!«, fuhr Sarah sie an. »Hysterisch zu werden hilft uns auch nicht weiter.«

»Was fällt Ihnen ein, mir den Mund zu verbieten!«, schluchzte Amelia.

»Ich werde jetzt ans Ufer schwimmen«, sagte Sarah entschlossen. »Kommen Sie mit?«

»Nein! Die Haie…«

»Wie Sie wollen.«

»Wagen Sie es ja nicht, mich allein zurückzulassen!«, herrschte Amelia sie an.

»Wollen Sie sich bis in alle Ewigkeit an diese Felsen klammern? Uns bleibt gar nichts anderes übrig, als an Land zu schwimmen, wenn wir uns in Sicherheit bringen wollen.« Sarah verspürte nicht die geringste Lust, Amelia zu helfen, zumal sie Lucy auf dem Gewissen hatte, doch ihr graute davor, allein zum Ufer zu schwimmen.

Amelia ließ ihre Blicke ängstlich übers Wasser schweifen. Plötzlich stieß sie einen gellenden Schrei aus. »O Gott! Ich habe einen Hai gesehen!«, kreischte sie, die Augen vor Schreck weit aufgerissen. »Haie! Sie umkreisen uns!«

Sarah sah sich um, konnte aber keine der gefürchteten dreieckigen Rückenflossen entdecken. Sie blickte zum Strand hinüber. Zwei Robben verließen fluchtartig das Wasser. Vielleicht sagte Amelia doch die Wahrheit. Dann wäre es tatsächlich viel zu gefährlich, ans Ufer zu schwimmen. Aber hatten sie eine Wahl?

»Die Flut kommt«, bemerkte Sarah. »Wir können nicht hier bleiben, sonst werden wir von den Felsen gespült.«

Amelia schüttelte schluchzend den Kopf. Sie zitterte vor Angst und Kälte. Graue Wolken bedeckten den Himmel, kein Sonnenstrahl wärmte die Luft, und es wehte ein eisiger Wind.

Wieder glitten Sarahs Blicke aufmerksam übers Wasser. Hätte Amelia nichts von einer Haiflosse gesagt, wäre sie schon unterwegs zum Ufer.

»Vielleicht hat der Leuchtturmwärter uns gesehen und kommt uns zu Hilfe«, meinte Amelia hoffnungsvoll.

»Dann wäre er längst hier. Es ist doch schon eine ganze Weile hell.«

»Und was sollen wir tun? Darauf warten, dass die Haie uns holen?«, fauchte Amelia bissig.

Sarah gab keine Antwort, sondern blickte zum Leuchtturm hinauf. Vielleicht würde der Leuchtturmwärter ihnen tatsächlich zu Hilfe kommen. Eine andere Hoffnung schien es nicht zu geben. Doch sie war zu erschöpft, um klar denken zu können, und schloss die Augen. Vielleicht fiel ihr etwas ein, wenn sie sich ein paar Minuten ausgeruht hatte…

Gegen Mittag war das Wasser beträchtlich gestiegen. Die beiden jungen Frauen drängten sich ängstlich aneinander. Als Sarah ihren ganzen Mut zusammennahm und erneut beschloss, an Land zu schwimmen, glaubte diesmal sie, eine der gefürchteten Rückenflossen zu sehen.

»O Gott, diesmal ist es wirklich ein Hai!«, stieß sie hervor.

Amelia wurde vor Angst fast ohnmächtig. Sie schloss die Augen und klammerte sich verzweifelt an die Felsen. Wellen brandeten über sie hinweg. Das Wasser reichte den beiden Frauen jetzt bis zur Taille, aber sie konnten die Klippe nicht höher hinaufklettern.

»Wir werden sterben«, schluchzte Amelia. Wäre sie doch nur mit den anderen ertrunken! Das wäre ein gnädigerer Tod gewesen, als von einem Hai zerfleischt zu werden.

Sarah schwieg. Sie hielt nach einem großen Wrackteil Ausschau, das sie als Floß benutzen könnten. Auf keinem der Trümmer, die bisher in Reichweite vorbeigetrieben waren, hätten ein oder gar zwei Personen Platz gefunden. Aber jetzt hatte sie in etwa fünfzig Metern Entfernung ein Fass entdeckt. Sie hoffte, es würde auf sie zutreiben.

Während sie den Blick unverwandt auf das Fass geheftet hielt, vernahm sie hinter sich plötzlich ein Plätschern, das sich anders anhörte als das Geräusch der Wellen, die gegen das Riff klatschten. Sie drehte sich um. Ein Boot näherte sich. Der Mann an den Riemen hatte ihnen den Rücken zugekehrt, hielt aber geradewegs auf sie zu.

»Da kommt jemand!«, schrie Sarah aufgeregt.

Amelia hob den Kopf und strich sich das nasse Haar aus dem Gesicht. Im gleichen Moment ergoss sich eine Welle über sie, sie schluckte Salzwasser und musste husten.

»Hilfe!«, rief Sarah. »Hier! Hier sind wir!«

Der Mann im Ruderboot drehte sich zu ihnen um, als er nur noch wenige Meter vom Riff entfernt war. »Ich werde Ihnen ein Seil zuwerfen, damit ich Sie zum Boot ziehen kann«, brüllte er ihnen zu.

Amelia schloss die Augen. »Hier gibt's Haie!« Sie bibberte vor Kälte und Angst.

»Gleich haben Sie's geschafft«, rief der Mann. »Ich kann mit dem Boot wegen der Felsen nicht näher heran.«

»Ich hab eine Haiflosse gesehen«, kreischte Amelia.

Der Mann schaute sich um. »Das war bestimmt nur ein Delphin. Davon gibt es eine Menge hier in der Gegend.«

»Haben Sie das gehört?«, sagte Sarah. »Es war nur ein Delphin! Die tun uns nichts.«

»Das war kein Delphin. Das war ein Hai«, beharrte Amelia. »Ich habe es genau gesehen!«

Der Mann hatte Mühe, das Boot in der Brandung in Position zu bringen. Als er es geschafft hatte, ließ er ein Seil über dem Kopf kreisen und warf es zum Riff hinüber. »Los, packen Sie es, und ich zieh Sie zu mir! Aber eine nach der anderen!« Sarah griff nach dem Seil, doch eine Welle spülte es wieder vom Felsen herunter, bevor sie es erwischt hatte. Der Mann holte das Seil hastig wieder ein und drehte das Boot längsseits des Riffs. »Ich kann mich hier nicht mehr lange halten«, rief er und schleuderte das Seil ein zweites Mal zu den Frauen hinüber.

Dieses Mal fing Sarah es mit einer Hand auf. Als die nächste Welle über sie hinwegbrandete, ließ sie sich von ihr mitreißen. Der Mann zog sie zum Boot und half ihr hinein. Amelia, die Sarah beobachtet hatte, fragte sich, wie sie den Mut aufbringen sollte, sich ins Meer zu stürzen. Ihre eiskalten, verkrampften Hände waren gefühllos geworden. Sie würde die Finger nicht einmal dann von den Felsen lösen können, wenn sie es wollte. Amelia war sicher, dass für sie jede Hilfe zu spät käme, und ergab sich in ihr Schicksal. Erschöpft schloss sie die Augen.

Währenddessen wurde das Boot von der Brandung hin und her geworfen. Rasch griff der Mann zu den Riemen und brachte es wieder in die richtige Position. Als er Amelia mehrmals vergeblich aufgefordert hatte, auf das Seil zu achten, erkannte er, dass diese Frau zu viel Angst hatte, das Riff zu verlassen. Er knüpfte eine Schlinge und warf das Seil wie ein Lasso zu den Felsen hinüber. Wie durch ein Wunder fiel es genau über Amelias Oberkörper.

»Stecken Sie einen Arm durch die Schlinge«, rief er ihr zu, denn er fürchtete, die Schlinge könnte sich ihr um den Hals legen und sie erdrosseln. »Beeilen Sie sich!« Schon rollte eine weitere riesige Welle heran.

»O nein!« Amelia schüttelte den Kopf.

Der Mann überlegte blitzschnell. »In einer Stunde kommen die Krabben…«

Amelia schaute ihn fragend an.

»Riesenkrabben. Ich will Ihnen ja keine Angst machen, aber die werden Sie bei lebendigem Leibe fressen.«

Da endlich löste Amelia eine Hand von den Felsen und hob schwerfällig den Arm, um ihn durch die Schlinge zu schieben. Im gleichen Moment krachte eine Welle auf sie hinunter. Sie verlor den Halt und stürzte ins Wasser. Das Seil straffte sich, und schon wurde sie durch schäumende Gischt gezogen, halb unter, halb über Wasser. Da ihr das Seil um den Hals lag und unter dem einen Arm hindurchging, konnte sie nicht schwimmen. Sie hätte ohnehin nicht die Kraft dazu gehabt. Schlaff hing sie in der Schlinge. Ihre Lungen füllten sich mit Salzwasser.

Als der Mann sie endlich ins Boot zog, rührte sie sich nicht mehr. »Großer Gott«, murmelte er und klopfte ihr ein paarmal auf den Rücken. »Komm schon, Mädchen!«, rief er und schüttelte sie. Plötzlich kam wieder Leben in Amelia. Sie hustete und spie Salzwasser aus.

»Kümmern Sie sich um sie«, sagte er zu Sarah und packte die Riemen.

Sarah warf ihrem Retter einen dankbaren Blick zu. Wie sie bald erfahren sollte, war sein Name Gabriel Donnelly; er war der Leuchtturmwärter von Cape du Couedic. Er hatte die beiden Frauen schon vor einiger Zeit durch sein Fernrohr gesehen, hatte aber die Flut abwarten müssen, bevor er ihnen zu Hilfe kommen konnte. Er hatte Glück gehabt: Der Wind hatte sich gelegt. Doch nun frischte er wieder auf, und der Himmel war erneut voller dunkler Wolken. Gabriel musste sich beeilen. Da war noch der Steilhang, den sie hinaufklettern mussten. Und falls der Sturm vorher losbrach, war vielleicht alles vergebens gewesen.

2

CAPE DU COUEDIC

Wie in der Nacht zuvor setzten plötzliche heftige Böen ein. Gabriel fluchte leise vor sich hin, als er sich mit aller Kraft in die Riemen legte, um zu verhindern, dass das Boot gegen die Felsen am Fuß des Kliffs geschmettert wurde. Der Wind fegte die Schaumkronen von den blaugrünen Wellenkämmen und hüllte die drei Menschen im Boot in salzigen Sprühnebel ein.

Sarah und Amelia kauerten mit gesenkten Köpfen auf den Bootsplanken. Beide waren durchgefroren und durchnässt, zerschunden und entkräftet. Aber sie waren am Leben, und das grenzte an ein Wunder. Ihr Retter war ein junger Mann um die dreißig. Von seinem Südwester tropfte Meerwasser auf die breiten Schultern. Sein Gesicht war braun gebrannt; anscheinend hielt er sich viel an der frischen Luft auf. Die dunklen Bartstoppeln am Kinn deuteten darauf hin, dass er keinen großen Wert auf seine äußere Erscheinung legte. Er war ziemlich schweigsam, doch seinen stechenden Augen, die fast die gleiche Farbe hatten wie die aufgewühlte See, entging nichts. Angesichts seiner verschlossenen Miene fragten sich die beiden jungen Frauen, ob er zornig oder nur eisern entschlossen war, sie in Sicherheit zu bringen. Der Gedanke, dass er genauso erschöpft war wie sie selbst, weil er die ganze Nacht auf den Beinen gewesen war und durch sein Fernrohr hilflos den Untergang der *Gazelle* hatte mit ansehen müssen, kam ihnen gar nicht. Vielleicht, so überlegte Sarah, war es seine Pflicht, Menschen in Seenot zu helfen. Wie auch immer, sie und Amelia waren ihm zutiefst dankbar. Er hatte ihnen schließlich das Leben gerettet.

Gabriel gelang es mit letzter Kraft, das Boot um die Landzunge zu manövrieren, auf welcher der Leuchtturm stand, und in eine kleine Bucht zu fahren. In dieser Bucht – sie hieß Weirs Cove – gab es eine Anlegestelle am Fuß des gut neunzig Meter hohen Kliffs. Nachdem Gabriel das Boot vertäut hatte, half er den beiden jungen Frauen ans Ufer. Sarah und Amelia legten den Kopf in den Nacken und blickten schaudernd die gewaltige Steilwand hinauf.

»Da kö-können wir un-unmöglich hoch«, stammelte Amelia zähneklappernd. Zwar waren Stufen in den Fels gehauen, aber sie führten fast senkrecht nach oben und sahen gefährlich schlüpfrig aus. Amelia war sicher, selbst ein Bergsteiger würde es sich zweimal überlegen, diese Wand zu erklimmen.

»Alle drei Monate werden zwei Tonnen Vorräte hinauftransportiert«, sagte Gabriel sachlich. »Wenn das zu machen ist, werden Sie es auch schaffen.«

Amelia war beleidigt, dass er sie praktisch mit einem Sack Getreide verglich. »Wir sind aber keine Vorräte, die man bündeln, zusammenschnüren und hochwinden kann. Und Bergziegen sind wir auch keine.«

Die Augen des Leuchtturmwärters wurden schmal, und Amelia hatte den Eindruck, am liebsten hätte er sie ins Meer zurückgeworfen, wie einen zu kleinen Fisch. Sie verschränkte die Arme über der Brust und starrte ihn trotzig an. Es war ihr egal, ob er sie unfreundlich fand oder nicht. Nach allem, was sie durchgemacht hatte, wollte sie mit Glacéhandschuhen angefasst werden. Sie fand, das stand ihr zu.

Sarah ließ den Kopf hängen. Auch wenn Amelia sie mit ihrem Gejammer nervte, musste sie ihr diesmal Recht geben: Sie konnte sich nicht vorstellen, wie sie diese Steilwand erklimmen sollten.

Gabriel wandte sich ihr zu. »Ich werde jetzt hinaufsteigen. Wenn ich oben bin, lasse ich ein Seil mit einem Geschirr daran herunter. Befestigen Sie es an ihr.« Er deutete mit dem Kinn auf

Amelia. »Ich werde sie hochziehen. Sobald sie oben ist, lasse ich das Seil für Sie herunter.«

Sarah starrte ihn nur ausdruckslos an.

»Haben Sie verstanden, was ich gerade gesagt habe?«, fragte er.

Sie nickte langsam. Ihr Verstand war so betäubt wie ihr Körper.

»Es muss doch noch eine andere Möglichkeit geben!« Amelia stand das Entsetzen ins Gesicht geschrieben.

»Sie können die Stufen hinaufklettern, oder Sie können hier unten bleiben. Das sind die einzigen Möglichkeiten. Also, wofür entscheiden Sie sich?«

Amelia brach in Tränen aus. »Mir ist kalt, ich wäre Ihretwegen fast ertrunken, und mir tun sämtliche Knochen weh. Hören Sie auf, in diesem unverschämten Tonfall mit mir zu reden!«

»Haben Sie schon vergessen, dass ich Ihnen gerade das Leben gerettet habe?«

»Das gibt Ihnen noch lange nicht das Recht, mich wie einen... einen Sack Kartoffeln zu behandeln!«

»Hören Sie, Lady, ich war die ganze Nacht auf, weil ich mich um das Leuchtfeuer kümmern musste, und ich habe gesehen, wie Ihr Schiff gesunken ist. Ich habe weder die Zeit noch die Kraft, mit Ihnen zu diskutieren. Tun Sie, was ich Ihnen sage, und halten Sie den Mund.« Er war ziemlich laut geworden, und man hörte die Anspannung in seiner Stimme.

Amelia brachte vor Empörung keinen Ton mehr hervor.

Ohne ein weiteres Wort wandte der Leuchtturmwärter sich ab und machte sich an den Aufstieg über die steilen Felsstufen. Die beiden Frauen hielten den Atem an, während sie ihm nachschauten. Zweimal rutschte er auf den glitschigen Stufen aus, konnte sich zum Glück aber gerade noch festhalten.

Kurze Zeit später war er oben angelangt und verschwand aus dem Blickfeld. Sarah und Amelia standen im schneidend kalten Wind und warteten. Minuten vergingen. Dann wurde ein an einem Seil befestigtes Geschirr heruntergelassen. Es schwang im Wind hin und her, sodass es eine Weile dauerte, bis Sarah es mit ihren eiskalten Händen ergreifen konnte. Sie zog an den Riemen und versuchte herauszufinden, wie man das Geschirr anlegte. Schließlich glaubte sie es zu wissen. Sie legte Amelia das Geschirr so um, dass die Gurte über ihre Schultern und um ihre Taille führten. Ein breiter Lederstreifen diente als Sitz.

»Das kann ich nicht!« Amelia blickte ängstlich die Steilwand hinauf. »Warum gehen Sie nicht zuerst?«

Sarah funkelte sie zornig an. »Weil er gesagt hat, dass *Sie* als Erste hinaufsollen. Hätte er mich ausgesucht, würde ich keine Sekunde zögern, und es wäre mir egal, ob er Sie hier unten zurückließe oder nicht. Aber er scheint ein kluger Mann zu sein. Er weiß, dass Sie keine Ahnung hätten, wie man das Geschirr anlegt, sodass Sie allein hier unten blieben, würde er mich als Erste raufziehen.«

Amelia setzte zu einer gereizten Antwort an, doch bevor sie etwas sagen konnte, rief der Leuchtturmwärter: »Fertig?«

»Fertig!«, rief Sarah zu ihm hinauf.

Mit einem Ruck setzte das Geschirr sich in Bewegung, und Amelia schrie erschrocken auf. Krampfhaft hielt sie sich am Seil fest, während sie langsam an der Felswand entlang in die Höhe glitt. Als sie ein Stück vom Boden entfernt war, wurde sie vom Wind erfasst und hin- und hergedreht. Sie musste das Seil loslassen, damit sie sich mit beiden Händen am Kliff abstützen konnte.

Je höher sie kam, desto heftiger warf der Wind sie hin und her. Zweimal schleuderte er sie mit solcher Wucht gegen die Felswand, dass sie mit den Knien dagegen prallte und vor Schmerz aufschrie. Sarah wollte ihr zurufen, sie solle Arme und Beine ausstrecken, um die Stöße abzufedern, anstatt sich an den Gurten festzuklammern. Doch Amelia war schon zu weit weg; sie hätte Sarah im Heulen des Windes nicht gehört.

Als sie fast oben war, wurde sie von einer Bö erfasst, von der Steilwand weggedrückt, herumgewirbelt und dann rückwärts gegen den Felsen geschmettert. Hart schlug sie mit dem Hinterkopf auf. Sarah sah, wie sie in sich zusammensank. Offenbar hatte sie das Bewusstsein verloren. Zum Glück war sie durch die Gurte gesichert, sodass sie nicht herunterfallen konnte. Einen Augenblick später war sie oben. Der Leuchtturmwärter löste die Riemen und hob Amelia aus dem Geschirr. Kurz darauf ließ er es abermals in die Tiefe hinunter.

Als Sarah die Gurte befestigt hatte, winkte sie zum Zeichen, dass Gabriel sie hochziehen könne. Auch sie war dem böigen Wind ausgesetzt, versuchte jedoch, jeden Aufprall an der Felswand mit den Füßen abzufangen. Es gelang ihr sehr gut, und sie war stolz, als sie ohne Zwischenfälle oben ankam. Der Leuchtturmwärter half ihr aus dem Gurtwerk. Amelia lag regungslos auf dem Boden.

»Was ist mit ihr?«, fragte Sarah, als sie aus dem Geschirr schlüpfte.

»Sie ist bewusstlos und blutet am Hinterkopf. Wahrscheinlich hat sie sich den Kopf am Felsen angeschlagen.«

»Ja, ich hab's gesehen.«

Gabriel hob Amelia hoch und trug sie die hundert Meter zu seinem Wohnhaus neben dem Leuchtturm. Sarah holte tief Luft und folgte ihm mit letzter Kraft. Von hier oben hatte man einen atemberaubenden Blick aufs Meer, doch von der See hatte sie vorerst genug. Sie betrachtete das kleine, gekalkte Haus mit dem Strohdach. Rechts und links der schwarzen Tür war je ein Fenster in die schlichte Fassade eingelassen. Gabriel verstaute das Geschirr in dem in der Nähe stehenden größeren Haus, das als Vorrats- und Gerätelager diente und Platz für eine weitere Leuchtturmwärterfamilie bot.

Ein heftiger Windstoß riss Sarah fast von den Füßen. Die Kälte ging ihr durch und durch. Sie warf einen Blick zum Himmel. Es sah aus, als würde es bald wieder zu regnen anfangen.

Drinnen im Haus bettete der Leuchtturmwärter Amelia auf ein Sofa und zog seine nasse Jacke aus. Sarah bemerkte eine Tür, die vom Wohnraum in ein anderes Zimmer führte – das Schlafzimmer des Leuchtturmwärters, wie sie vermutete.

»Gibt es noch andere Überlebende?«, fragte er.

»Ich weiß es nicht«, antwortete Sarah kopfschüttelnd. Im Rettungsboot hatten sich etwa siebzehn Menschen befunden. Was mochte aus ihnen geworden sein? »Ich weiß nur, dass der Matrose, der mit uns im Boot war, tot ist. Ich habe seine Leiche im Wasser treiben sehen.«

»Ich fahre noch einmal hinaus, bevor es dunkel wird, und halte nach Überlebenden Ausschau«, sagte er, trat an den Kamin und legte Holz nach. Dann reichte er Sarah eine Decke. »Vielleicht hat es wider Erwarten doch noch einer bis ans Ufer geschafft.« Er gab ihr eine zweite Decke für Amelia. »Ziehen Sie ihr die nassen Sachen aus, sie werden am Feuer schnell trocknen. Und dann decken Sie sie gut zu. Ich gehe noch mal raus. Ein paar Habseligkeiten sind angeschwemmt worden. Ich hole sie herauf. Und die Lebensmittel auch, falls sie noch verwertbar sind.«

»Ist das nicht ... gefährlich?«, fragte Sarah zögernd.

»Ich weiß schon, was Sie sagen wollen«, entgegnete Gabriel. »Ob ich es nicht geschmacklos finde, Dinge von Toten an mich zu nehmen, nicht wahr?«

Sarah nickte bloß. Sie kam nicht umhin, seinen Scharfsinn zu bewundern.

»Es wäre Verschwendung, die Nahrungsmittel verderben zu lassen. Es könnte sein, dass ein Versorgungsschiff wegen eines Sturms nicht anlegen kann, dann rettet diese kleine Extraration uns möglicherweise das Leben. Und was die persönlichen Habseligkeiten anbelangt – was nutzen sie dem Eigentümer, wenn er tot ist?«

Damit hatte er nicht Unrecht, wie Sarah zugeben musste.

»Vielleicht haben Sie ja Glück«, sagte er.

»Wie meinen Sie das?«

»Eins von den Gepäckstücken, die angeschwemmt wurden, könnte Ihnen gehören.«

Sarah dachte an den kleinen Koffer, den sie bei sich gehabt hatte. Die Chance, ihn wiederzufinden, dürfte gering sein.

Der Leuchtturmwärter sah sich Amelias Kopfwunde an und holte Verbandszeug. »Reinigen Sie die Wunde, und legen Sie einen Verband auf. Hoffentlich bleibt nichts zurück.«

»Was könnte denn zurückbleiben?«, fragte Sarah, doch er gab keine Antwort, sondern warf sich seine Jacke über und eilte zur Tür. »Ich habe Tee gemacht. Nehmen Sie sich, wenn Sie möchten«, sagte er. Dann war er fort.

Rasch zog Sarah sich selbst und Amelia die nasse Kleidung aus und hängte sie zum Trocknen in die Nähe des Kamins. Nachdem sie Amelias Wunde versorgt hatte, schenkte sie sich Tee ein und setzte sich nahe ans wärmende Feuer. Wenn sie doch nur ein paar andere Kleidungsstücke für sich hätte, und nicht nur die Decke! Sie dachte an ihren Koffer. Es wäre ein Wunder, wenn er wieder auftauchte.

Als sie den Tee getrunken hatte, überkam sie tiefe Müdigkeit. Sie konnte kaum noch die Augen offen halten. Irgendwann musste sie eingenickt sein, denn nach einer Weile schreckte sie plötzlich hoch, weil Amelia laut stöhnte. Im ersten Moment glaubte Sarah, sie würden immer noch auf dem Felsenriff ausharren. Doch statt der rauschenden Brandung hörte sie nur den Wind, der ums Haus heulte. Sie dachte an den Leuchtturmwärter draußen auf See. Was, wenn er nicht zurückkehrte?

Amelia ächzte abermals. »Wo ... bin ich?«, hauchte sie, als sie die Augen aufschlug.

»Wir sind im Haus des Leuchtturmwärters.«

Amelia betastete ihren Kopf und zuckte zusammen. »Mein Kopf tut so weh.«

»Sie haben ihn sich angeschlagen, als der Leuchtturmwärter Sie die Steilwand hinaufgezogen hat.«

»Steilwand?« Amelia machte ein verwirrtes Gesicht. »Was für eine Steilwand?« Sie betrachtete Sarah mit verwundertem Blick. »Wer sind Sie?«, flüsterte sie.

»Ich war an Bord der *Gazelle*«, antwortete Sarah, die sich über Amelias seltsam ausdruckslose Miene wunderte.

»*Gazelle?*«

»Wissen Sie nicht mehr? Das Schiffsunglück?«

»Schiffsunglück...?« Sie durchforschte ihr Gedächtnis nach irgendeiner Erinnerung, aber da war nichts. Absolut nichts. »Ich kann mich nicht erinnern, überhaupt auf einem Schiff gewesen zu sein. Wohin wollte ich denn?«

Sarah musterte sie stirnrunzelnd. »Wissen Sie, welchen Tag wir heute haben?«

»Natürlich«, erwiderte Amelia sofort, musste dann aber überlegen. »Heute ist... äh...« Sie machte den Mund wieder zu und schüttelte fassungslos den Kopf. »Ich weiß es nicht. Ich weiß nicht einmal, welchen Monat wir haben oder welches Jahr.« Ihre Augen füllten sich mit Tränen.

»Es wird Ihnen schon wieder einfallen. Ruhen Sie sich erst einmal aus«, meinte Sarah.

Amelia schloss erschöpft die Augen. Die Schmerzen in ihrem Kopf waren kaum zu ertragen. Vielleicht fiel ihr das Denken deshalb so schwer. Bestimmt würden ihre Erinnerungen früher oder später wiederkehren.

Sie nickte ein und schlief immer noch, als der Leuchtturmwärter zurückkam. Fast zwei Stunden waren vergangen, wie Sarah mit einem Blick auf die Uhr feststellte. Das Wetter hatte sich inzwischen ein wenig beruhigt. Von den drei Gepäckstücken, die am Strand angespült worden waren und die Gabriel mit heraufgeschleppt hatte, sah eines wie ihr kleiner Koffer aus, stellte Sarah freudig fest.

»Sie haben ihn gefunden! Ich kann es kaum glauben.« Sie sah den Leuchtturmwärter dankbar an.

»Ich sagte doch, vielleicht haben Sie Glück.«

»Gibt es... gibt es sonst keine Überlebenden?«

»Ich habe keine gesehen.« Gabriel hatte auch keine Leichen

erblickt, doch in der Bucht waren Haie. Das aber verschwieg er ihr. Stattdessen sagte er: »Und die Toten sind inzwischen von der Strömung die Küste hinuntergetrieben worden.«

Sarah besaß nicht viel: ein paar Kleider, Unterwäsche, ein Paar Schuhe zum Wechseln und einen Mantel. Doch jetzt kamen ihr diese Habseligkeiten wie ein kostbarer Schatz vor. Sie würde sich etwas anderes anziehen können. Das Kleid, das sie beim Untergang der *Gazelle* getragen hatte, sah arg mitgenommen aus.

Sie nahm ihren Koffer an sich. Der Leuchtturmwärter stellte die übrigen Gepäckstücke, darunter eine Geige in einem Geigenkasten, in eine Ecke und ging dann noch einmal hinaus. Sarah beobachtete durch das winzige Fenster, wie er zwei Fässer in den Vorratsschuppen rollte. Sie sahen wie Weinfässer aus. Wahrscheinlich hatte er sie mit Hilfe eines Frachtnetzes an der Winde nach oben geschafft. Da er lange fortblieb, nahm Sarah an, dass er zum Leuchtturm gegangen war.

Sie wandte sich dem Koffer zu. Das Schloss kam ihr irgendwie anders vor, und der Schlüssel war am Griff festgebunden. Ihren Schlüssel aber hatte sie in den Saum ihres Unterrocks eingenäht. Sträflinge sind misstrauisch, entweder von Natur aus oder aus Erfahrung. Sie betastete den Saum ihres nassen Unterrocks. Der Schlüssel war noch da. Sarah betrachtete den Koffer genauer. Jetzt erst merkte sie, dass er zwar genauso groß war wie ihrer und eine ähnliche Farbe hatte, aber von besserer Qualität war.

Was wohl darin sein mochte? Die Worte des Leuchtturmwärters fielen ihr ein: Den Toten nutzt ihre Habe nichts mehr. So war es ja auch. Sarah musste das Gefühl überwinden, etwas Unrechtes zu tun, wenn sie den Koffer öffnete. Zumal es den Anschein hatte, dass sie und Amelia die einzigen Überlebenden waren. Ein Gedanke durchzuckte sie. Wenn der Koffer nun einem Mann gehört hatte? Dann wäre sein Inhalt nutzlos für sie.

Sie steckte den Schlüssel ins Schloss und hob den Deckel an. Sie hatte Glück: Der Koffer gehörte einer Frau. Schals, Handschuhe, Unterwäsche und ein Paar Schuhe befanden sich darin. Alles war von bester Qualität. Zwischen den Kleidungsstücken lag ein Tagebuch. Sarah erschrak, als sie den Namen darauf las: *Amelia Divine.*

Sie warf Amelia, die immer noch schlief, einen verstohlenen Blick zu, klappte das Tagebuch dann auf und blätterte darin. Neben Einträgen enthielt es Gedichte. Das Papier war zwar feucht, aber die Tinte nur stellenweise verlaufen; sonst war es unversehrt.

Sarah seufzte vor Enttäuschung, setzte sich wieder ans Feuer und ließ ihren Gedanken freien Lauf. Sie verglich ihr Leben mit dem Amelias. Zwei Jahre Knochenarbeit auf einer Farm, wo sie sich obendrein um mehrere Kinder kümmern musste, lagen vor ihr; dann hatte sie ihre Strafe verbüßt. Amelia hingegen konnte sich auf ein Leben voller Annehmlichkeiten freuen.

Während das Feuer sie wärmte, überließ Sarah sich ihren Träumen. Sie überlegte, wie es wäre, in die Haut von Amelia Divine zu schlüpfen. Lucy hatte ihr erzählt, dass die Ashbys, Amelias Vormünder, ihr Mündel viele Jahre nicht gesehen hatten. Sarah stellte sich vor, wie sie an Amelias Stelle willkommen geheißen, umsorgt und verwöhnt wurde. Sie malte sich aus, wie die Ashbys sie bemuttern und alles tun würden, damit es ihr an nichts fehlte...

Es spielte keine Rolle, dass Amelia nur an sich gedacht und Lucys Platz im Rettungsboot für sich beansprucht hatte. Es spielte keine Rolle, dass Amelia die Schuld an Lucys Tod trug. Falls ihr Erinnerungsvermögen nicht zurückkehrte, würde sie sich niemals für ihr Tun schämen müssen. Sie würde nie einen kummervollen Gedanken an Lucy verschwenden. Obwohl Sarah das Mädchen kaum gekannt hatte, verspürte sie ihretwegen maßlose Wut auf Amelia. Lucy stand in ihren Augen stellvertretend für alle Menschen, die von den Reichen mit Füßen getreten wurden.

Sarah war als Viertes von zehn Kindern einer Arbeiterfamilie aus Bristol geboren worden. Ihre Großeltern mütterlicherseits waren wohlhabende Leute gewesen, denen es gar nicht gefallen hatte, dass ihre einzige Tochter den Fabrikarbeiter Reginald Jones heiratete. Doch Margaret hatte ein Kind von ihm erwartet, und so konnten sie nichts dagegen unternehmen. Margaret, eine gebildete junge Frau, war Lehrerin in Bristol. Dort hatte sie Reginald kennen und lieben gelernt. Margaret brachte auch ihren Kindern das Lesen und eine gepflegte Ausdrucksweise bei. Da sie nicht mehr unterrichten konnte, hatte sie damit angefangen, für die begüterten Damen in den besseren Stadtvierteln zu nähen.

Dann verlor Reginald seinen Arbeitsplatz in der Fabrik. Das Geld wurde knapp, und Margaret brachte die damals vierzehnjährige Sarah bei einer der reichen Familien unter, für die sie nähte, bei den Murdochs, für die Sarah zuerst als Küchenhilfe, später als Hausmädchen arbeitete.

Die Murdochs hatten zwei Töchter, Sherry und Louise. Beide waren Amelia sehr ähnlich: verwöhnte Gören mit schlechten Manieren, die Sarah nicht leiden konnten und ständig hänselten. Sie taten alles, um ihr das Leben schwer zu machen. Doch Sarah hielt tapfer durch – bis die Murdoch-Schwestern sie des Diebstahls bezichtigten. Sarah beteuerte ihre Unschuld, doch die Mädchen hatten ein Armband von Louise in Sarahs Manteltasche versteckt, wo ihr Vater es schließlich fand.

Sarah kam vor Gericht und wurde zu sieben Jahren Zwangsarbeit in Van-Diemens-Land verurteilt. Weinend nahm sie Abschied von ihrer Mutter. Der Schmerz, den man ihr zugefügt hatte, brach ihr schier das Herz. Nur die Hoffnung, ihre Eltern eines Tages wiederzusehen, hatte ihr die Kraft gegeben, die Jahre in der Ferne zu überstehen. Auch jetzt wieder kamen Sarah die Tränen, als sie an ihre Mutter und ihren Vater dachte.

Plötzlich hörte sie Stimmen. Neugierig spähte sie zum Fenster hinaus. Draußen, nur wenige Schritte entfernt, stand der Leuchtturmwärter und unterhielt sich mit einem anderen Mann. Sarah zog die Decke enger um sich, ging zur Tür, öffnete sie vorsichtig einen Spalt weit und lauschte.

»Heute Nacht ist ein Schiff am Riff zerschellt«, sagte der Leuchtturmwärter soeben. »Die *Gazelle*.«

»Die *Gazelle*? Verdammt, meine Farmhelferin sollte mit diesem Schiff eintreffen!«

Sarah erschrak. Sprach der Mann etwa von ihr?

»Ich habe zwei Überlebende geborgen. Die anderen haben wahrscheinlich die Haie geholt.«

Sarah schlug sich erschrocken die Hand vor den Mund. Also gab es hier doch Haie! Sie schauderte vor Entsetzen bei dem Gedanken, was ihr hätte zustoßen können.

»Ich konnte meinen Posten erst verlassen, als es hell wurde«, fuhr der Leuchtturmwärter fort. »Es wäre zu gefährlich gewesen, das Leuchtfeuer unbeaufsichtigt zu lassen.«

»Warum bist du nicht zu mir gekommen? Ich hätte dich ablösen können.«

»Du hast schon genug um die Ohren. Ich musste sowieso die Flut abwarten, bis ich den beiden Frauen zu Hilfe kommen konnte. Ein Glück, dass sie so lange durchgehalten haben.«

»Ja, und wie ich *mein* Glück kenne, ist meine Hilfskraft ertrunken.«

Seine gefühllose Art erfüllte Sarah mit Zorn.

»Du hast eine Frau erwartet, nicht wahr?«

»Ja. Sie sollte sich um die Kinder kümmern.«

Sarah schlug das Herz bis zum Hals.

»Vielleicht ist es ja eine der beiden Frauen, die ich gerettet habe.«

Der Mann, bei dem es sich offensichtlich um Evan Finnlay handelte, drehte den Kopf und blickte zum Haus hinüber. Sarah schob blitzschnell die Tür zu. Als Finnlay sich abwandte, öffnete sie die Tür wieder ein klein wenig. »Sieht eine von ihnen aus, als könnte sie einen Pflug ziehen?«

Der Leuchtturmwärter lachte. »Dafür hast du ein Pferd, Evan.«

»Clyde würde es gut tun, wenn er sich mal ein bisschen ausruhen könnte.«

Der Leuchtturmwärter schüttelte den Kopf. »Die beiden Frauen sehen aus, als würden sie bei einem heftigen Windstoß wegfliegen.«

Der Farmer schnaubte. »Ich habe um ein robustes, kräftiges Weibsbild gebeten. Tja, wenn sie mir stattdessen eine schwache und zerbrechliche Frau schicken, hat sie eben Pech gehabt. Sie wird genauso hart arbeiten müssen.«

Sarah schloss leise die Tür. Ihr war leicht übel, als sie langsam zum Feuer zurückging. Es konnte kaum einen Zweifel geben: Der Mann da draußen war der Farmer, bei dem sie arbeiten sollte. Er war älter, als sie erwartet hatte, mindestens fünfzig, und sein Äußeres ließ sie schaudern. Er trug einen Hut, den er tief ins Gesicht gezogen hatte, und einen braunen, buschigen Bart, sodass man von seinem Gesicht kaum mehr sehen konnte als die große Nase. Selbst die Augen waren von buschigen Brauen überwuchert. Er war von kleiner, stämmiger Gestalt und seine Stimme war rau. Das Schlimmste aber war die Art und Weise, wie er von ihr sprach.

Sarah brauchte nicht viel Fantasie, um sich auszumalen, dass die nächsten zwei Jahre die schrecklichsten ihres Lebens würden. Ganz kurz spielte sie mit dem Gedanken, davonzulaufen, aber selbst wenn sie den Mut fand, sich allein durchzuschlagen – wohin konnte sie gehen?

Während sie noch fieberhaft nach einem Ausweg suchte, flog plötzlich die Tür auf, und der Leuchtturmwärter kam mit dem Farmer herein.

Letzterer ließ seine Knopfaugen prüfend über die beiden jungen Frauen gleiten und fragte dann:

»Ist eine von Ihnen Sarah Jones?«

Einer Eingebung folgend beschloss Sarah, sich als Amelia auszugeben, auch wenn das bedeutete, dass sie die richtige Amelia, das Mädchen ohne Gedächtnis, aus dem Weg schaffen musste. »Die da ist Sarah Jones«, sagte sie und zeigte auf die schlafende Amelia.

»Und wer sind Sie?«, wollte der Leuchtturmwärter wissen. Leises Misstrauen schwang in seiner Stimme.

»Mein Name ist Amelia Divine«, antwortete Sarah. »Ich bin auf dem Weg zu meinen Vormündern in Kingscote.« Wie zum Beweis nahm sie ein Paar Handschuhe aus Amelias Koffer und streifte sie über. Sie waren nass und eine Spur zu klein. »Die hat Mutter mir zu meinem letzten Geburtstag geschenkt«, sagte sie leise und wehmütig.

»Woher wissen Sie, wer das ist?« Der Farmer deutete auf Amelia. Anscheinend kam es ihm merkwürdig vor, dass eine vornehme junge Dame eine Zuchthäuslerin auf Bewährung kannte.

»Meine Dienerin hat sich auf dem Schiff mit ihr angefreundet«, erklärte Sarah. »Sie erzählte mir, wie sie heißt und dass sie für einen Farmer arbeiten wird, der seine Frau verloren hat. Sind Sie das, Sir?«

»Ja.«

»Ich bin Gabriel Donnelly«, stellte der Leuchtturmwärter sich vor. »Und das hier ist Evan Finnlay. Wir freuen uns, Ihre Bekanntschaft zu machen, Miss Divine.«

Einen so respektvollen Ton hatte Sarah seit vielen Jahren nicht gehört, und da hatte er nicht einmal ihr gegolten. Sie musste an die Murdochs und deren verwöhnte Töchter denken. Obwohl sie vor Angst zitterte, genoss sie die Freundlichkeit und Höflichkeit des Mannes.

Der Farmer beugte sich über Amelia. »Die macht aber keinen besonders kräftigen Eindruck«, murrte er.

Sarah dachte an die arme Lucy. Soll Amelia ruhig am eigenen Leib erfahren, was es heißt, Dienerin zu sein!, sagte sie sich. »Sie ist bestimmt sehr tüchtig«, meinte sie.

»Warum ist ihr Kopf verbunden?«

»Sie hat ihn sich angeschlagen, als ich sie mit der Winde heraufgezogen habe«, erklärte Gabriel.

»Vorhin war sie für kurze Zeit wach«, sagte Sarah. »Sie kann sich an nichts erinnern. Weder an das Schiff noch an das Ziel ihrer Reise. Sie weiß nicht einmal, welcher Tag heute ist.«

»Es wird ihr schon wieder einfallen«, sagte Gabriel.

»Auf der Farm wird sie sowieso keine Zeit haben, über ihre Vergangenheit nachzudenken. Dafür sorge ich schon«, sagte Evan kalt.

Sarah fragte sich, ob man Amelia glauben würde, falls sie ihr Gedächtnis wiederfand. Sie selbst wäre dann schon längst über alle Berge. »Wie komme ich zu den Ashbys?«, fragte sie, denn sie betrachtete die Ashbys als ihre Fahrkarte in die Freiheit. Sie war entschlossen, bei der ersten Gelegenheit zu fliehen und zu ihrer Familie nach England zurückzukehren.

»Ich kenne die Ashbys gut«, sagte Gabriel.

»Oh.« Sarah stockte das Herz. Sie würde nicht zulassen, dass Gabriel ihre Pläne zunichte machte, und überlegte blitzschnell. »Dann werden sie aber nicht sehr erfreut sein, wenn ich ihnen erzähle, dass Sie uns belogen haben. Sie haben behauptet, es gebe keine Haie in der Bucht.«

»Habe ich das?« Gabriel sah sie prüfend an.

»Ich habe gehört, wie Sie zu diesem Gentleman gesagt haben«, Sarahs blickte zu Evan, »die Haie hätten die Ertrunkenen gefressen ...«

Gabriel wunderte sich, dass sie so unumwunden zugab, seine Unterhaltung mit dem Farmer belauscht zu haben. »Ich musste Sie belügen. Sie waren beide völlig erschöpft. Sie hätten nicht mehr lange durchgehalten. Edna und Charlton werden verstehen, dass ich keine andere Wahl hatte. Es sind anständige Menschen, vor denen ich die größte Hochachtung habe. Leider habe ich die beiden nicht mehr gesehen, seit ich die Stelle hier vor knapp einem Jahr angetreten habe.«

Sarah war das Thema unangenehm. Sie fürchtete, er werde ihr Fragen über die Ashbys stellen.

»Sind die Ashbys zu Ihren Vormündern ernannt worden, weil Sie Ihre Eltern verloren haben?«

Sarah starrte ihn an. Panik erfasste sie, und ihre Lippen zitterten.

Gabriel deutete ihre Reaktion falsch. »Entschuldigen Sie meine Neugier«, sagte er rasch. »Ich bin wohl schon zu lange allein. Offenbar habe ich meine guten Manieren vergessen.«

Für einen Leuchtturmwärter hat er ungewöhnlich gute Umgangsformen, dachte Sarah verwundert. Und woher kannte ein Mann wie er die Ashbys so gut? »Meine Eltern und mein Bruder sind bei einem Unfall ums Leben gekommen.«

»Oh, das tut mir Leid. Mein Beileid.«

»Danke. Ich hoffe, Sie verstehen, dass ich nicht darüber sprechen möchte. Seit dem Unfall sind erst ein paar Wochen vergangen, die Wunde ist noch zu frisch.«

»Natürlich.«

Sarah beglückwünschte sich im Stillen zu ihrem schauspielerischen Talent. Das schien ja leichter zu werden, als sie gedacht hatte. »Wie komme ich von hier nach Kingscote? Gibt es eine Postkutsche?«

Gabriel sah sie mit großen Augen an. »Wir befinden uns hier im entlegensten Winkel der Insel. Es gibt keine Verbindung über Land. Nicht einmal Schiffe oder Fischereifahrzeuge legen regelmäßig hier an.«

Sarah machte ein bestürztes Gesicht.

»Das nächste Versorgungsschiff trifft frühestens in zwei Wochen ein. Aber vielleicht kommt morgen ein Fischkutter vorbei, der Sie nach Kingscote mitnehmen kann.«

Sarah wollte so schnell wie möglich fort, für den Fall, dass Amelia ihr Gedächtnis wiedererlangen sollte. »Sie verstehen sicher«, sagte sie, »dass ich es kaum erwarten kann, die Ashbys wiederzusehen.«

Gabriel nickte. »Gewiss«, sagte er. »Ich muss mich jetzt ein wenig hinlegen. Ich bin seit gestern Abend auf den Beinen, und sobald es dunkel ist, muss ich mich wieder um das Leuchtfeuer kümmern. Aber wenn ich ein Fischerboot sehe, gebe ich ihm ein Signal, damit es anlegt.«

Evan zeigte auf Amelia. »Die da hole ich morgen Früh ab«, sagte er.

»In Ordnung.« Gabriel brachte ihn zur Tür.

Evan wandte sich zu Sarah um. »Alles Gute und viel Glück, Miss Divine.«

Das werde ich brauchen, dachte Sarah. Aber Amelia vielleicht noch mehr.

Am nächsten Morgen wurde Sarah in aller Frühe von Gabriel geweckt. Ein Fischkutter hatte sein Signal aufgefangen.

»Ein Boot hat an der Anlegestelle festgemacht, Miss Divine. Ich habe bereits mit dem Kapitän gesprochen. Er wird Sie nach Kingscote bringen.« Gabriel hatte ihn außerdem gebeten, die Behörden über den Untergang der *Gazelle* zu informieren.

Kurze Zeit später legte die *Swordfish* mit Sarah an Bord wieder ab. Sarah staunte, wie ruhig die See war. Nur eine leichte, frische Brise wehte. Nichts erinnerte mehr an die Katastrophe, die sich am Vortag hier ereignet hatte. Es war, als hätte es die *Gazelle* nie gegeben. Sogar die Sonne lugte zwischen den Wolken hervor.

Als Amelia aufwachte und Evan Finnlay über sich gebeugt sah, stieß sie einen gellenden Schrei aus. Sie wähnte sich in einem Albtraum, als sie in das bärtige Gesicht mit den schlechten Zähnen, der Knollennase und den Schweinsäuglein blickte.

Evan zuckte erschrocken zurück.

»Wer sind Sie?«, fragte Amelia, der das Herz bis zum Hals schlug.

»Dein neuer Arbeitgeber«, knurrte Evan. »Kannst du dich noch immer nicht erinnern? Wie praktisch!«

Amelias Kopfschmerzen hatten zwar nachgelassen, aber sie wusste noch immer nicht, wie sie hierher gekommen war. Ihre gesamte Vergangenheit war in Dunkel getaucht. »Ich habe nicht die leiseste Ahnung, wovon Sie reden.«

»Ein Jammer. Los, aufstehen! Du kommst mit mir«, herrschte er sie an.

»Ich denke nicht daran!«

»Das werden wir ja sehen. Steh endlich auf, mach schon!«

»Lassen Sie mich in Ruhe!«, fauchte sie empört.

»Wenn du nicht freiwillig mitkommst, schleif ich dich raus!«

Amelia geriet in Panik. »Wo ist der Leuchtturmwärter? Und wo ist die Frau, die vorhin noch da war?«

»Gabriel bringt sie zur Anlegestelle runter. Er hat heute Morgen einem Fischkutter signalisiert, dass er in der Bucht anlegen soll. Er wird die Lady nach Kingscote mitnehmen.«

»Sie kann mich doch nicht hier allein lassen!« Amelia setzte sich ruckartig auf. In ihrem Kopf drehte sich alles, doch sie achtete gar nicht darauf.

»Sie kann dich ja mal auf meiner Farm besuchen. Da wirst du die nächsten zwei Jahre nämlich zu Hause sein. Du bist eine Strafgefangene auf Bewährung und wirst für mich arbeiten. Es gibt eine Menge zu tun, also beeil dich, damit wir uns endlich auf den Weg machen können«, knurrte der Farmer.

»Ich soll eine Verbrecherin sein?«, stieß Amelia fassungslos hervor. »Sie lügen! So ein Mensch bin ich nicht!«

In diesem Moment ging die Tür auf, und Gabriel Donnelly kam herein. Amelia stürzte ihm entgegen. »Helfen Sie mir! Sie müssen mich von hier fortbringen. Dieser Verrückte meint, ich würde für ihn arbeiten.«

»Nun, das müssen Sie auch«, sagte Gabriel. »Das ist Evan Finnlay. Ich bin Gabriel Donnelly, und ...«

»Woher wissen Sie, dass ich für diesen Mann arbeiten werde?«, unterbrach sie ihn entgeistert. »Sie kennen nicht mal meinen Namen! Ich weiß ihn ja selbst nicht.«

»Sie sind Sarah Jones«, sagte Gabriel, wobei er den Namen betonte.

Sarah Jones? Das kam ihr kein bisschen bekannt vor. »Woher

wollen Sie das wissen? Ich habe nichts bei mir, das Aufschluss darüber geben könnte, wer ich bin.«

»Die Lady, die hier war, konnte es bestätigen. Ihre Bedienstete hatte sich auf der *Gazelle* mit Ihnen angefreundet. Sie haben ihr erzählt, wie Sie heißen und wohin Sie wollen.«

»Ich kann keine Zuchthäuslerin sein! Das glaube ich einfach nicht!«, stieß Amelia bestürzt hervor.

Evan Finnlay verlor allmählich die Geduld. »Komm endlich«, sagte er und packte sie am Handgelenk. »Meine Kinder warten zu Hause auf ihr Frühstück, und das Vieh muss gefüttert werden.« Er hielt inne und sah sie herausfordernd an. »Harte Arbeit kennst du wohl nicht, was? Na, ich werde dir die Faulheit schon austreiben!«

»Ich bin nicht Ihre Dienstmagd«, empörte sich Amelia. Verwirrt schüttelte sie den Kopf. Das war der reinste Albtraum. Sie begriff nicht, was mit ihr geschah.

»O doch, Sarah Jones, genau das bist du«, antwortete Evan. »Zieh dich an, ich warte draußen auf dich.«

3

CAPE DU COUEDIC

Als sie sich den hüfthohen Mulga-Sträuchern näherten, sah Amelia, dass ein Weg in den Busch führte. Eigentlich war es eher ein Trampelpfad – zu schmal, als dass zwei Personen nebeneinander gehen konnten. Evan stieß Amelia grob vor sich her, um sie stets im Auge behalten zu können. Weit würde sie bei einem Fluchtversuch zwar nicht kommen, doch Evan hatte Besseres zu tun, als sie zu suchen.

Amelia stapfte schweigend, fast wie in Trance, durch das Gestrüpp. Sie zitterte vor Kälte und nahm kaum wahr, wie die dornigen Äste an ihrem Kleid zerrten. Sie musste ihre ganze Kraft darauf verwenden, einen Fuß vor den anderen zu setzen. Ihr Körper war mit blauen Flecken übersät, sämtliche Knochen taten ihr weh, und ihr Kopf pochte schmerzhaft bei jedem Schritt. Irgendetwas, auf das sie keinen Einfluss hatte, schien ihr Schicksal zu lenken. Sie wollte sich dagegen aufbäumen, wusste aber, dass ihre Anstrengungen vergebens wären. Vor allem konnte sie nicht glauben, eine Verbrecherin zu sein. Oder hatte sie tatsächlich etwas Schlimmes getan und es in den hintersten Winkel ihres Gedächtnisses geschoben, um es zu verdrängen? Nein, das war unvorstellbar. Irgendetwas stimmte nicht, da war sie ganz sicher.

»Wie weit ist es denn noch bis zu Ihrer Farm?«, wollte sie nach einigen Minuten wissen. Bei aller Verzweiflung musste sie tapfer sein und versuchen, so viel wie möglich über ihre Vergangenheit und das Leben herauszufinden, das nun vor ihr lag. Denn je mehr sie in Erfahrung brachte, desto eher würde sie möglicherweise entdecken, dass eine Verwechslung vorlag. An diese Hoffnung klammerte sie sich, sonst hätte sie sich womöglich von einem Kliff in die Tiefe gestürzt.

Bevor Evan antworten konnte, huschte plötzlich etwas über den Weg, und Amelia schrie erschrocken auf.

»Was ist denn jetzt schon wieder?«, fragte Evan gereizt und spähte über ihre Schulter.

»Haben Sie... haben Sie das gesehen?«

»Was?«

»Da war ein Tier!« Amelia taumelte rückwärts und trat Evan auf die Füße. »Eine riesige Ratte!«

Evan schubste sie vorwärts. »Eine Ratte? Was redest du für einen Unsinn! Das war ein junges Wallaby. Die gibt's hier auf der Insel überall.«

Amelia blinzelte verwirrt. »Ein Wallaby?«

Evan wurde plötzlich klar, dass sie noch nie ein solches Tier gesehen hatte. »Das ist eine kleinere Ausgabe der Kängurus. Sie fressen mir mit Vorliebe mein Gemüse weg, aber ansonsten sind sie harmlos.«

»Sind Sie sicher?«, fragte Amelia ängstlich.

»Wenn ich's dir sage. Aber pass trotzdem auf, wo du hintrittst.«

»Wieso?«

»Weil es hier von Schlangen nur so wimmelt. Und jetzt beweg dich endlich. Es gibt eine Menge zu tun, und die Kleinen haben bestimmt Hunger, wenn Sissie ihnen nicht schon was zu essen gemacht hat.«

Außer dem Wort »Schlangen« hatte Amelia nichts von dem gehört, was er gesagt hatte. »Schlangen? Sind die giftig?«

»Einige schon.«

Sie wurde kalkweiß im Gesicht. Schnell schlüpfte sie hinter ihn.

»Was tust du denn da, zum Teufel?« Er versuchte, sie nach vorn zu zerren, doch Amelia wehrte sich verzweifelt.

»Bitte, gehen Sie voran! Ich will nicht auf eine Schlange treten!« Der Gedanke ängstigte sie umso mehr, als sie ihre Schuhe beim Schiffsuntergang verloren hatte.

Evan sagte sich, dass sie wahrscheinlich bei jedem Zweig, der auf dem Weg lag, loskreischen würde, und gab nach. »Na, meinetwegen, aber bleib dicht hinter mir.«

Amelia nickte heftig. Als sie weitergingen, achtete sie sorgsam darauf, wohin sie ihre Füße setzte. Nach einer Weile fragte sie: »Wie viele Kinder haben Sie denn?«

»Sechs.«

Sie blieb abrupt stehen. »Sechs!«

Evan drehte sich um und musterte sie grimmig. Sie musste doch wissen, wie viele Kinder er hatte! Das hatte man ihr doch sicherlich gesagt. »Ja. Fünf Mädchen und einen Jungen. Weißt du das nicht mehr?«

»Woher denn?«

Evan verdrehte die Augen. »Du scheinst tatsächlich entschlossen, diese Komödie weiterzuspielen.«

»Ich weiß nicht, was Sie meinen...«

»Ich mag solche Spielchen nicht, also hör lieber damit auf!«

Für Amelia sprach der Mann in Rätseln. »Aber...«, setzte sie an.

»Halt den Mund!«, fuhr Evan dazwischen. »Du weißt genau, dass ich sechs Kinder habe. Milo ist zwei. Jessie ist vier, Molly sechs, Bess acht, Rose zehn und Sissie fast dreizehn. Ihre Mutter ist vor einem knappen Jahr gestorben. Ich habe mein Bestes versucht, aber bei so viel Arbeit bleibt es nicht aus, dass ich die Kinder vernachlässige. Aber jetzt, wo du da bist, wird sich ja einiges ändern. Du wirst dafür sorgen, dass die Kinder sauber sind, etwas zum Anziehen und zu essen haben. Ich will aber nicht, dass eine Zuchthäuslerin die Mutterrolle bei ihnen übernimmt! Ist das klar?«

Amelia warf ihm einen finsteren Blick zu. Was glaubte dieser Mann, was sie mit den Kindern vorhatte?

Einige Minuten später gelangten sie auf eine umzäunte Lichtung. Amelia betrachtete die zwei grob gezimmerten Hütten, von denen die eine sehr viel kleiner war als die andere. »Wo sind wir?«

»Das ist mein Haus«, sagte Evan und deutete auf die größere der beiden Hütten. »In der Kate dort wirst du wohnen.«

Amelia wurden die Knie weich. Fassungslos starrte sie auf das so genannte Haus und ihre Unterkunft. Beide Holzhütten hatten flache, mit Stroh gedeckte Dächer, und jede Hütte hatte nur ein einziges kleines Fenster. Das größere Haus besaß einen Kamin aus unbehauenen Steinen und Lehm; Rauch stieg daraus empor. Aus dem Innern des Hauses war das Geschrei tobender Kinder zu hören. Ein baufälliger Zaun zog sich rings um die Lichtung, und in der Mitte war eine Art Gemüsegarten angelegt worden. Hinter dem Haus, wo der Busch gerodet war, standen windschiefe Ställe. Hühner gackerten, ein junger Hahn krähte, und eine mit einem Strick festgebundene Kuh ließ sich das saftige Gras schmecken. Anscheinend regnete es häufig auf der Insel: Das Gras wuchs üppig und in sattem Grün. Der dunkle Boden hingegen war hart und steinig, weil der Wind ihn wohl rasch austrocknete.

Evan stieß ein Gatter auf, und Amelia ging langsam hindurch, den Blick ungläubig auf das Haus geheftet. Sie hatte geglaubt, es könne nicht mehr schlimmer kommen, aber das war ein Irrtum gewesen, ein schrecklicher Irrtum. Unter einer Farm hatte Amelia sich ein weitläufiges Steinhaus mit großer Küche und rustikalen, aber bequemen Möbeln vorgestellt. Doch sie wurde bitter enttäuscht.

Sie betrat einen düsteren Raum, in dem ein großer Holztisch mit acht Stühlen stand, von denen keiner dem anderen glich; sie waren mit Streifen aus Tierhäuten zusammengebunden. Offensichtlich hatte Evan diese primitiven Möbel selbst gefertigt, vermutlich aus den Bäumen, die er gerodet hatte. Einen Herd gab es nicht, nur eine offene Feuerstelle, über der ein schwarzer Kessel hing. Auf der anderen Seite des Zimmers erblickte Amelia ein zerwühltes Bett. Der Fußboden bestand aus nackter Erde. Spinnweben hingen von der Decke.

Das Kindergeschrei drang aus einem Nebenzimmer herüber. Es war aus Lehm und an die Rückseite des »Hauses« angebaut worden.

»Ich bin wieder da!«, rief Evan. Schon kamen die Kinder lärmend ins Zimmer gestürmt. Als sie Amelia sahen, verstummten sie schlagartig und starrten sie aus großen Augen an.

»Das ist Sarah Jones«, sagte Evan. »Ich hab euch ja schon erzählt, dass sie die nächsten zwei Jahre bei uns arbeiten wird.«

Amelia betrachtete die ungewaschenen Gesichter der Kinder. Auch wenn sie keine Erinnerungen mehr hatte – sie war sicher, nie im Leben so schmutzige Kinder gesehen zu haben. Ihre Kleidung war zerlumpt, und sie gingen barfuß. Bis auf das älteste Mädchen, das mausbraune Haare hatte, waren alle rothaarig und sommersprossig. Und alle sahen so struppig aus, als hätten sie sich monatelang nicht gekämmt.

»Hallo«, sagte Amelia. Die Mädchen gaben keine Antwort, musterten sie nur misstrauisch. Ihr wurde plötzlich bewusst, dass sie nicht viel besser aussah als die Kinder. Verlegen griff sie in ihr Haar und stellte erschrocken fest, dass Wind und Salzwasser es klebrig und strähnig gemacht hatten. In ihrem zerrissenen Kleid und mit den blauen Flecken und Kratzern am ganzen Körper musste sie einen erschreckenden Anblick bieten.

»Habt ihr eure guten Manieren vergessen?«, murrte Evan. »Wo bleibt die Begrüßung?«

Die Kinder murmelten einen Gruß.

Evan blickte sich um. »Wo ist Milo?«

»Papa!«, ließ sich ein dünnes Stimmchen vernehmen, und schon kam Milo aus dem hinteren Zimmer angerannt. Evans Gesicht leuchtete auf, als er den kleinen Jungen in die Arme nahm und mit Schwung hochhob. Milo war eine Miniaturausgabe seines Vaters; er besaß das gleiche lockige Haar, und wie bei Evan war Milos

Nase zu groß geraten. Amelia betrachtete fasziniert das spitzbübische Gesicht des Jungen, das genauso schmutzig war wie das seiner Schwestern.

»Guck keine Löcher in die Luft!«, befahl Evan. »Mach einen Topf Haferbrei!«

»Haferbrei?«

»Ja, die Kinder müssen etwas essen.«

»Ich weiß nicht, wie man Haferbrei macht…«

Er schaute sie verdutzt an. »Das weiß doch jeder!«

Amelia schwankte plötzlich.

»Was ist?«, fragte Evan, als sie sich auf einen Stuhl sinken ließ, beide Hände an den Kopf gepresst.

»Ich weiß auch nicht«, gab sie zurück. »Mir ist schwindlig.«

»Du bist zum Arbeiten hier!«, fuhr er sie an. »Also fall mir hier nicht in Ohnmacht. Ich weiß nicht, wie du dich im Gefängnis vor der Arbeit gedrückt hast, aber wenn ich mir deine Hände ansehe, hast du offenbar noch nie fest zupacken müssen.«

»Ich habe Ihnen doch gesagt, ich war nie im Gefängnis«, fuhr sie auf. »Jemand muss einen schrecklichen Fehler begangen haben.«

»Ja, du selbst, weil du versuchst, mich hinters Licht zu führen! Heute werd ich's dir noch durchgehen lassen, aber ab morgen ziehe ich andere Saiten auf. Komm, ich bring dich in deine Unterkunft. Dann kannst du dich ein paar Stunden aufs Ohr legen, bevor hier ein anderer Wind für dich weht.«

Die Baracke, die Amelia als Unterkunft diente, bestand aus einem einzigen Raum. Er war leer bis auf einen mit Stroh gestopften Jutesack, der als Matratze diente. Als Evan gegangen war, ließ Amelia sich schluchzend darauf fallen.

Als sie am späten Nachmittag aufwachte, zitterte Amelia am ganzen Körper, aber wenigstens hatten die Kopfschmerzen nachgelassen. Der Duft von gebratenem Fleisch stieg ihr in die Nase, und ihr knurrte der Magen vor Hunger, denn sie hatte lange nichts gegessen. Sie ging zum Haus hinüber und stieß die Holztür auf. Evan briet Lammkoteletts auf einem über dem Feuer aufgehängten Rost.

»Darf ich hereinkommen?«, fragte Amelia.

Evan drehte sich verwundert um. Er staunte über ihren sanften Tonfall und ihre Höflichkeit, aber das gehörte sicher nur zu ihrem Spiel: Er sollte glauben, sie sei eine feine Dame, damit sie nicht zu arbeiten brauchte. Na, die würde sich noch wundern!

»Ja, komm und setz dich«, forderte er sie auf. »Du kannst mit uns essen. Aber in Zukunft gilt: Wer nicht arbeitet, bekommt auch nichts zu futtern. Verstanden?«

Amelia war so hungrig, dass sie ohne ein Wort des Widerspruchs stumm nickte. Neben der Feuerstelle stand ein Eimer Wasser. Sie wusch sich die Hände darin, bevor sie sich an den Tisch setzte. Evan sah es nicht, weil er die Koteletts vom Rost nahm und auf einen großen Blechteller gab, den er mitten auf den Tisch stellte. Amelia beobachtete verblüfft, wie er mit einer langen Gabel einen großen Laib Fladenbrot hervorholte, der in der Asche gebacken hatte; er schlug die verkohlte Kruste ab und legte den Laib dann ebenfalls auf den Tisch.

»Essen ist fertig!«, rief er. Lachend und lärmend kamen die Kinder aus allen Richtungen herbei. Der kleine Milo wäre um ein Haar über den Haufen gerannt worden.

Keins der Kinder wusch sich vor dem Essen die Hände, wie Amelia entgeistert feststellte. Ihr Entsetzen wurde noch größer, als sie sah, wie die Kleinen aßen: Sie griffen mit beiden Händen zu, stopften sich das Fleisch gierig in die kleinen Münder und kauten laut schmatzend. Jetzt erst fiel Amelia auf, dass kein Besteck auf dem Tisch lag.

Sie nahm sich ein Kotelett und legte es zusammen mit einem Stück Brot auf ihren Teller. Dann schaute sie Evan, der hungrig an einem Knochen nagte, fragend an.

»Was ist?«, nuschelte er mit vollem Mund.

Amelia zuckte innerlich zusammen. »Ich habe kein Besteck.«

Evan hielt eine Sekunde im Kauen inne, langte dann hinter sich und nahm ein Messer und eine Gabel aus einer Schachtel. Amelia betrachtete angewidert seine fettigen Fingerabdrücke auf dem angelaufenen Metall. Sie wischte es am Rocksaum ab, bevor sie das Fleisch zerschnitt. Die Kinder beobachteten sie verwundert, während sie wie ausgehungerte kleine Tiere an ihren Koteletts knabberten.

Evan sah, wie Amelia ihr Fleisch in kleine Stücke schnitt. »Oh, was sind wir vornehm!«, spottete er. »Kriegt man im Frauengefängnis neuerdings Tischmanieren beigebracht?«

»Das weiß ich nicht, weil ich nie in einem Gefängnis gewesen bin«, gab sie zurück.

Sie sah wirklich nicht aus, wie man sich eine Zuchthäuslerin gemeinhin vorstellte, und verhielt sich auch anders, musste Evan zugeben, dachte aber nicht weiter darüber nach.

Es dauerte nicht lange, bis alles aufgegessen war und die Kinder sich wieder nach draußen verzogen hatten. Die Hände wuschen sie sich auch nach dem Essen nicht.

»Räum auf«, befahl Evan. »Ich muss nach dem Vieh sehen.«

Amelia betrachtete den mit Knochen, Brotkrümeln, Fett und anderen Abfällen beschmutzten Tisch und schauderte. Als Evan hinausgegangen war, kamen ihr die Tränen. »Ich schaff das nicht«, flüsterte sie. »Ich schaff das einfach nicht.«

Kingscote

»In ungefähr zehn Minuten legen wir in Kingscote an, Miss Divine.«

Sarah war nervös. Sie konnte es kaum erwarten, ans Ziel zu kommen. Kapitän Cartwright hatte ihr versichert, sie würden auf direktem Weg nach Kingscote fahren. Zehn Stunden waren sie unterwegs gewesen. Von Cape du Couedic aus hatten sie zunächst Kurs auf Cape Borda genommen. Als sie das Kap umrundet hatten, waren sie mit vollen Segeln, den Wind im Rücken, an der Nordküste der Insel entlanggesegelt, wobei sie viel Zeit gutgemacht hatten.

»Ich danke Ihnen, Kapitän Cartwright.« Sarah stand beim Kapitän im Ruderhaus. Sie hatten gerade die Bay of Shoals passiert und waren im Begriff, Beatrice Point zu umsegeln. Der Wind an Deck sei ihr zu kalt, hatte Sarah gesagt, doch das war nur eine Ausrede. In Wirklichkeit wollte sie dem Fischgestank entkommen. Sie hatten australische Heringe – die streng genommen keine Heringe, sondern Barsche waren, wie der Kapitän ihr erklärte –, Hornhechte, Wittlinge, Glasbarsche und Kalmare gefangen.

»Sie können es bestimmt kaum erwarten, nicht wahr?«

Sarah warf ihm einen argwöhnischen Blick zu. »Wie meinen Sie das?«

»Nun, nach allem, was Sie durchgemacht haben, sind Sie sicher froh, bald wieder festen Boden unter den Füßen zu haben.«

»O ja. Gott sei Dank war die See heute ruhiger.«

»Das kann sich schnell ändern, aber das wissen Sie ja selbst. Wenn Sie möchten, bringe ich Sie nach Hope Cottage.« Er streifte ihre nackten Füße mit einem flüchtigen Blick.

»Hope Cottage?«

»Das Anwesen der Ashbys.«

»Oh.« Sarah fragte sich, ob sie das hätte wissen müssen. Sie musste auf der Hut sein, wollte sie sich nicht durch einen dummen Fehler verraten. »Das ist sehr freundlich von Ihnen, Kapitän.« Sie hatte sich bereits überlegt, wie sie es anstellen sollte, die Ashbys zu finden. Ohne Schuhe konnte sie schließlich nicht durch den Ort marschieren. Sie hatte die eigenen Schuhe bei dem Schiffsunglück verloren, und die Schuhe in Amelias Koffer waren ihr zu klein.

»Edna und Charlton werden überglücklich sein, dass Ihnen nichts zugestoßen ist.«

Sarah prägte sich die Namen ihrer Vormünder ein. Lucy hatte sie nicht erwähnt, doch Sarah erinnerte sich, dass der Leuchtturmwärter sie genannt hatte. Zu dem Zeitpunkt hatte sie in ihrer Aufregung allerdings nicht darauf geachtet. Sie durfte diese Namen auf keinen Fall wieder vergessen.

»Die *Gazelle* hätte vorgestern eintreffen sollen«, fuhr der Kapitän fort. »Die beiden sind bestimmt außer sich vor Sorge. Wenn ich daran denke, wie viele Leute in Adelaide und Melbourne vergeblich auf gute Nachrichten von ihren Lieben hoffen…«

»Ja, furchtbar.« Sarah dachte an die mehr als hundert Menschen, die bei dem Schiffsunglück ums Leben gekommen waren. Unter den Passagieren waren Mütter, Väter und Kinder gewesen, alte Leute und junge Abenteurer, der Kapitän und seine Matrosen. Und Lucy. Sie würde die arme Lucy nie vergessen. Ihr wurde bewusst, wie viel Glück sie gehabt hatte. Aber sie würde noch mehr Glück brauchen, wenn sie es schaffen wollte, in absehbarer Zeit nach England zurückzukehren.

»Es macht Ihnen doch nichts aus, ein paar Minuten zu warten?«, fragte Kapitän Cartwright. »Ich muss die Hafenbehörde vom Untergang der *Gazelle* informieren.« Dass er auch die Küstenwache verständigen würde, damit nach eventuell angeschwemmten Leichen gesucht wurde, verschwieg er ihr. »Es könnte sein, dass man Ihnen ein paar Fragen stellen möchte, weil Sie eine der beiden einzigen Überlebenden sind. Aber ich vermute, das kann warten, wenn Sie sich heute nicht in der Lage dazu fühlen.«

»Das wäre mir wirklich lieb, Kapitän.«

»Natürlich. Ich verstehe.«

Sarah fiel plötzlich ein, dass man ihr im Gefängnis zur Auflage gemacht hatte, sich bei der hiesigen Polizei zu melden. Die Beamten sollten dafür sorgen, dass sie tatsächlich auf Evan Finnlays Farm ankam. Sarah wollte nicht, dass ein Konstabler hinausfuhr und herausfand, dass die Frau dort draußen sich an nichts erinnern konnte. Noch schlimmer wäre es allerdings, wenn Amelia inzwischen ihr Gedächtnis wiedergefunden hätte und behaupten würde, nicht Sarah Jones zu sein.

»Kapitän Cartwright, wären Sie so freundlich, die Polizei davon in Kenntnis zu setzen, dass diese Zuchthäuslerin, diese Sarah Jones, sich bereits auf Evan Finnlays Farm befindet? Soviel ich weiß, sollte sie sich bei ihrer Ankunft auf der Polizeiwache melden. Dort fragt man sich vielleicht schon, wo sie bleibt. Natürlich nur, wenn es Ihnen keine Umstände macht.«

»Aber nein. Das erledige ich, sobald ich Sie zu den Ashbys gebracht habe.«

Sarah lächelte ihm dankbar zu.

Sarah, die neben Kapitän Cartwright saß, schaute sich neugierig um, während sie in einem Buggy die Esplanade Road in Kingscote hinauffuhren. Es war ein merkwürdiges Gefühl, frei zu sein. Sie musste sich ständig daran erinnern, dass sie nun Amelia Divine war und sich deshalb niemand auf sie stürzen würde, um sie wieder ins Gefängnis zu stecken. Es gab zahlreiche Läden in der Stadt, einen General Store, ein Textilgeschäft, Miss Barnes' Schneiderei, die Bäckerei der Hemer-Brüder, aber auch Werkstätten und öffentliche Gebäude. Anders als englische Kleinstädte besaß Kingscote keinen dörflichen Charakter. Die Straßen waren breiter, die Läden lagen nicht auf engstem Raum beisammen, und alles wirkte neu. Überdies waren die Straßen nicht gepflastert, sondern unbefestigt, doch da es vor kurzem geregnet hatte, staubte es nicht.

Kingscote machte keinen allzu geschäftigen Eindruck, aber das war Sarah ganz recht. Sie wollte nichts weiter, als eine Zeit lang unauffällig in dieser Kleinstadtidylle leben. Dann würde sie den Ashbys mitteilen, dass sie eine Reise unternehmen wolle, und nach England zurückkehren.

Als sie von der Esplanade Road in die Seaview Road einbogen, zeigte Kapitän Cartwright auf Reeves Point, eine historische Stätte.

»Dort wurde zum Andenken an die ersten Siedler auf dieser

Insel ein Maulbeerbaum gepflanzt«, berichtete er. »Kangaroo Island wurde im Jahre 1802 von Matthew Flinders entdeckt, die erste Siedlung aber wurde erst am 27. Juli 1836 gegründet, als die *Duke of York* in der Nepean Bay vor Anker ging. Davor, in den Jahren 1802 bis 1836, glich die Insel einem Schlachthaus, denn der Wal- und Robbenfang lockte hunderte zweifelhafter Gestalten an.«

»Tatsächlich«, bemerkte Sarah abweisend. Ihr gefiel nicht, welche Richtung die Unterhaltung nahm; sie weckte zu viele ungute Erinnerungen.

»Es gibt zahlreiche Aufzeichnungen, aber nur sehr wenige bildliche Darstellungen von damals. Zu der Zeit war die Insel als Ultima Thule bekannt.«

»Was bedeutet das?«

Der Kapitän lachte. »Das Ende der Welt!«

Was für eine Ironie, dachte Sarah. Die Sträflinge in Port Arthur hatten das Gleiche von Van-Diemens-Land gedacht.

»Da es früher zu wenig Frauen auf der Insel gab, brachten die meisten der ersten Siedler Eingeborenenfrauen vom Festland mit herüber. Deshalb gibt es viele farbige Frauen und Kinder hier. Kingscote hätte ursprünglich auf Reeves Point gegründet werden sollen, aber die Stadt entwickelte sich nicht wie geplant, und so kehrten fast alle Siedler aufs Festland zurück. Als sie später wieder herkamen, wurde Kingscote an anderer Stelle errichtet, nämlich auf Queenscliffe.«

»Wie viele Einwohner hat die Stadt heute?«, fragte Sarah.

»Bei der letzten Zählung 1838 waren es dreihundertfünf. Ich schätze, mittlerweile dürften es fast vierhundert sein. Die Ashbys sind 1837 hierher gezogen, soviel ich weiß.«

»Ich habe sie nicht mehr gesehen, seit ich ein kleines Mädchen war«, sagte Sarah. »Deshalb bin ich ein bisschen aufgeregt.« In Wahrheit war sie mehr als nur ein bisschen aufgeregt. Sie zitterte vor Angst. Wie sollte sie, ein Mädchen aus der englischen Arbeiterschicht, die gewählte Ausdrucksweise Amelias nachahmen?

Sie wusste ja nicht einmal, woher die Familie Divine stammte! Sarah würde den Tonfall ihrer Mutter nachahmen müssen, so gut sie konnte. Ihre Mutter stammte aus Salisbury in Wessex, und man hörte ihr nicht an, dass sie in Bristol zu Hause war. »Ich sehe bestimmt zum Fürchten aus«, fügte sie hinzu.

»Die Ashbys werden das verstehen. Sie sind wundervolle Menschen, die viel für diese Stadt getan haben. Charlton hat vor ein paar Jahren an der Centenary Street drei Häuser gebaut – das Faith Cottage, das Hope Cottage und das Charity Cottage. Faith Cottage vermietet er an seine Pächter. Er selbst und Edna bewohnen Hope Cottage, und Lance wohnt im Charity Cottage.«

»Lance?«

»Ihr Sohn. Wissen Sie nicht mehr?«

Sarah wurde rot. »Ach so, Lance. Doch, ja, natürlich. Den hatte ich vor lauter Aufregung ganz vergessen. Wie dumm von mir.« Hatten die Ashbys noch mehr Kinder, von denen sie wissen müsste?

»Ist ja nicht weiter schlimm. Sie sind eine sehr tapfere junge Frau, und Sie haben viel durchgemacht. Seien Sie nicht zu streng mit sich.«

Der Kapitän schwieg. Sarah war froh darüber, gab es ihr doch Gelegenheit, sich wieder zu fangen. Sie hatte sich schon Erklärungen für ihre vermeintlichen Erinnerungslücken überlegt. Vielleicht könnte sie sich damit herausreden, dass sie sagte, sie hätte sich bei dem Schiffsunglück den Kopf angeschlagen, oder sie stünde nach dem Tod ihrer Eltern noch immer unter Schock. Irgendwie musste sie es schaffen, das, was sie nicht wusste, zu vertuschen und genug Geld von den Ashbys zu ergattern, um nach England zurückkehren zu können.

»So, da wären wir.« Kapitän Cartwright lenkte den Buggy die Einfahrt zu Hope Cottage hinauf. Das einstöckige Haus auf dem großen Grundstück lag von der Straße zurückversetzt. Es war aus Stein, hatte ein Eisendach und eine schmucklose, halb von Sträuchern verdeckte Fassade.

»Sie werden sich hier bestimmt wohl fühlen. Das Haus hat sechs Zimmer, wenn man den Anbau mitrechnet.« Sarah schloss aus seinem Tonfall, dass Hope Cottage nach hiesigen Maßstäben ein großes Anwesen sein musste.

Eine junge Frau spähte aus einem der vorderen Fenster. Sarah fragte sich, wer sie sein mochte. Sie hielten nicht vorne, sondern folgten der Auffahrt um das Haus herum. Der Buggy hatte kaum angehalten, als auch schon eine Frau die Fliegengittertür in dem ringsum vergitterten Anbau aufstieß.

»Hallo, Kapitän Cartwright«, grüßte sie und sah Sarah erwartungsvoll an.

»Hallo, Edna«, sagte der Kapitän. »Diese junge Dame ist ...«

»Ich bin Amelia«, unterbrach Sarah ihn nervös und stieg aus dem Buggy. »Ich glaube, Sie erwarten mich bereits.« Sie sprach langsam und deutlich und gab sich alle Mühe, die Sprechweise ihrer Mutter nachzuahmen. Jetzt würde sich entscheiden, ob ihr Plan aufging. Ihr Herz klopfte so heftig, dass sie glaubte, alle müssten es hören.

Edna machte große Augen. Dieses abgerissene Mädchen sollte die Tochter ihrer Freundin Camilla sein? »Liebste Amelia! Ich bin Edna Ashby«, sagte sie schließlich und nahm Sarah in die Arme.

Edna war eine füllige Frau mit üppigem Busen und dunklen Haaren, die sie im Nacken zu einem Knoten geschlungen hatte. Sie drückte Sarah so fest, dass dieser schier die Luft wegblieb. Als Edna sie wieder losließ und Sarah Atem holte, roch sie den Duft von Lavendel.

Sarah blickte in ein freundliches Gesicht mit klugen Augen. Edna sah sie prüfend an. Sarah hätte alles dafür gegeben, ihre Gedanken lesen zu können.

»Wir haben uns große Sorgen gemacht«, sagte Edna mit einem Seitenblick auf Kapitän Cartwright. »Aber jetzt bist du ja endlich da.«

»Die *Gazelle* ist vor Cape du Couedic gesunken. Es gab offenbar nur zwei Überlebende, und eine ist Amelia«, erklärte der Kapitän. Er begriff, dass Edna sich fragte, weshalb ihr Mündel aussah, als wäre es in einen Wirbelsturm geraten.

»O Gott!«, rief Edna erschrocken und musterte Sarah von Kopf bis Fuß. »Dem Herrn sei Dank! Es ist ein Wunder, dass du noch am Leben bist, mein Kind! Du musst mir alles genau erzählen. Aber jetzt komm erst mal herein. Du bist sicher völlig erschöpft. Und wie du aussiehst!«

»Ich weiß«, sagte Sarah verlegen. »Ein Leuchtturmwärter hat uns gestern Nachmittag gerettet. Heute Morgen kam Kapitän Cartwright vorbei und hat mich mitgenommen. Ich hatte keine Zeit, mich zu waschen...«

»Hauptsache, du bist wohlauf, mein Kind. Charlton wird ein Stein vom Herzen fallen! Gerade eben ist er zur Bucht hinuntergefahren, um sich zu erkundigen, wieso die *Gazelle* noch nicht eingetroffen ist.«

»Dann haben wir ihn offensichtlich verpasst«, meinte der Kapitän. Anscheinend hatte Charlton den Weg durch die Stadt und nicht über die Seaview und die Esplanade Road genommen.

Edna musterte Sarah mit kritischem Blick. »Die Gesichtsfarbe hast du von deinem Vater, aber ich kann keine Ähnlichkeit mit deiner Mutter erkennen.«

Sarah überlegte blitzschnell. »Mutter sagte immer, ich käme nach meiner Großmama«, sagte sie.

»Tatsächlich? Camilla war eine sehr gute Freundin von mir, musst du wissen, und sie hat mir schrecklich gefehlt. Die Post ist ziemlich langsam hier, aber trotzdem haben wir uns mindestens drei Mal im Jahr geschrieben. Vor langer Zeit, als sie und ich frisch verheiratet waren, versprachen wir einander, uns um die Kinder der jeweils anderen zu kümmern, falls einer von uns etwas zustoßen sollte.« Ihre Augen wurden feucht. »Weder Camilla noch ich haben damit gerechnet, dass dieser Fall jemals eintreten würde...« Sie brach ab und schniefte. »Jedenfalls hätte ich nie gedacht, dass

Charlton und ich dieses Versprechen erfüllen müssten. Ich kann es noch immer nicht glauben, dass deine Mutter, dein Vater und Marcus nicht mehr unter uns sind, aber es soll dir bei uns an nichts fehlen, Amelia.«

Sarah tat, als würde sie von Gefühlen überwältigt, und nickte bloß.

»Aber jetzt komm erst einmal herein, mein Kind, trink eine Tasse Tee und iss etwas. Anschließend kannst du ein Bad nehmen.«

Sarah atmete auf. Die erste Hürde hatte sie genommen. Zwar stand ihr die Begegnung mit Charlton noch bevor, doch sie hatte das Gefühl, das Schlimmste überstanden zu haben.

»Bleiben Sie zum Tee, Kapitän?«, fragte Edna.

»Danke für die Einladung, aber das geht leider nicht. Vielleicht kann ich ein andermal darauf zurückkommen und mich nach Miss Divines Befinden erkundigen.«

»Aber gewiss, gern.«

»Danke für alles, das Sie für mich getan haben, Kapitän Cartwright«, sagte Sarah.

Alles lief nach Plan. Sie konnte nicht glauben, wie einfach es war – und dass sie frei war!

Sie gingen in die gemütliche Küche. Edna rief ihre Hausangestellte, die herbeigeeilt kam, einen Staubwedel in der Hand. »Ja, Mrs Ashby?«

»Polly, das ist mein Mündel, Amelia Divine.«

»Guten Tag, Miss Divine.« Polly konnte kaum älter sein als fünfzehn.

Sie war es, die Sarah bei ihrer Ankunft am Fenster gesehen hatte. »Hallo, Polly.« Sarah fühlte sich an Lucy erinnert. Polly hatte das gleiche glatte, blonde Haar und ein freundliches Gesicht.

»Amelias Schiff ist gesunken. Sie kann von Glück sagen, dass sie noch am Leben ist«, erklärte Edna. Polly riss die Augen auf. »Setz Tee auf und mach ein paar Sandwiches mit dem kalten

Lammbraten und den eingelegten Gurken. Und dann bereitest du Miss Amelia ein heißes Bad.«

»Ja, Mrs Ashby.« Polly lief hinaus.

Edna wandte sich Sarah zu. »Hast du alles verloren, Amelia?«

»Ja, ich habe nicht einmal Sachen zum Wechseln, Mrs Ashby«, erwiderte Sarah leise.

»Um Himmels willen, Kind, nun sei doch nicht so förmlich.« Sarah machte ein erschrockenes Gesicht. »Entschuldigen Sie...«

»Sag Tante Edna zu mir! Ich weiß, ich bin nicht deine richtige Tante, aber als deine Mutter und ich Kinder waren, haben wir uns so nahe gestanden wie Schwestern. Du wirst für mich wie die Tochter sein, die ich niemals hatte.«

Sarah atmete auf. »Es ist mir eine Ehre, dich Tante Edna nennen zu dürfen.«

»Und mach dir keine Gedanken wegen deiner Kleidung. Wir werden schon etwas für dich finden. Sobald du dich ein wenig erholt hast, gehen wir zur Schneiderin und lassen ein paar hübsche Sachen für dich nähen.« Edna warf einen Blick auf Sarahs Hände und riss entsetzt die Augen auf. »Du liebe Güte, Kind, was hast du angestellt? Deine Hände sehen ja aus wie die einer Waschfrau!«

Sarah schlug das Herz plötzlich bis zum Hals, doch sie hatte rasch eine Erklärung parat: »Als das Rettungsboot kenterte, habe ich mich auf ein Felsenriff gerettet. Ich musste mich in der starken Brandung stundenlang an den Felsen festhalten, während Haie mich umkreisten. Das Riff war voller scharfkantiger Entenmuscheln. Ich habe überall blaue Flecken und Schnittwunden.«

»Oh, du armes Ding!«, sagte Edna erschüttert.

»Ich weiß, ich sehe furchtbar aus...« Sarahs Augen füllten sich mit Tränen.

»Jetzt bist du in Sicherheit, Amelia«, tröstete Edna. »Alles wird gut, du wirst sehen. Und es gab noch eine zweite Überlebende?«

»Ja, eine Strafgefangene, die auf einer Farm am anderen Ende der Insel arbeiten wird.« Sarah hielt es für klüger, dies nicht zu verschweigen. Es war immerhin möglich, dass der Leuchtturmwärter sich mit den Ashbys in Verbindung setzte und die echte Amelia erwähnte.

»Oh. Das muss die Farm von Evan Finnlay sein, Gabriels Nachbar. Er glaubt, der Boden dort draußen sei gutes Ackerland, aber da ist er der Einzige. Niemand außer ihm wagt sich so weit von Kingscote weg.« Sie nahm den Blick von Sarah. »Ah, da kommen der Tee und die Sandwiches. Iss etwas, mein Kind. Anschließend nimmst du ein Bad und ruhst dich aus. Du wirst sehen, dann geht es dir gleich viel besser.«

Sarah lag in der großen Wanne und genoss das warme, duftende Bad. Zu Hause hatten sie lediglich einen Bottich gehabt, und ihre Eltern, Brüder und Schwestern hatten sich nacheinander im selben Wasser gewaschen. Der Letzte stieg in eine schmutzige Brühe. Frisches Wasser ganz für sich allein zu haben und sich obendrein hinsetzen und zurücklehnen zu können, war ein unerhörter Luxus für sie.

Es klopfte an der Tür. Edna Ashby steckte den Kopf ins Zimmer. »Sag Polly Bescheid, wenn du fertig bist, Liebes, sie wird die Wanne leeren.« Auf dem Bett lag schon ein Nachthemd für sie bereit. »Möchtest du ein Glas warme Milch, bevor du dich hinlegst?«

»Ja, gern, vielen Dank.« Sarah kam sich wie eine Prinzessin vor.

»Polly wird dir eins bringen, und dann ruhst du dich bis zum Abendessen aus. Es gibt etwas ganz Besonderes«, versprach sie lächelnd und machte die Tür wieder zu.

Während Sarah noch darüber nachdachte, was für ein Glückskind sie war und wie herrlich es war, von Edna verwöhnt zu werden, hörte sie einen Buggy die Auffahrt heraufkommen. Ein paar Minuten später dröhnte eine Männerstimme durchs Haus. Anscheinend war Charlton Ashby nach Hause gekommen.

Sarah lauschte. Edna berichtete ihrem Mann von den schrecklichen Erlebnissen ihres Mündels. Sarah erkannte an seiner Reaktion, dass er schockiert war.

»Das arme Mädchen!«, rief er aus. »Erst der Tod der Eltern und jetzt das. Aber nun ist sie ja bei uns, und wir werden gut für sie sorgen.«

Sarah lächelte. Sie dachte an die echte Amelia und fragte sich, wie es ihr erging. Bestimmt nicht so gut wie ihr bei den Ashbys! Doch Sarahs Lächeln erlosch, als sie an Lucy dachte. Sie war zufrieden gewesen mit ihrem Los, aber dann war die *Gazelle* auf das Riff aufgelaufen, und Amelias Selbstsucht hatte Lucy das Leben gekostet ...

»Nun bekommst du, was du verdienst, Amelia«, flüsterte sie.

»Offenbar war es Gabriel Donnelly, der Amelia und die zweite Überlebende gerettet hat«, hörte sie Edna weiter erzählen. »Wie Kapitän Cartwright mir sagte, ist die *Gazelle* vor Cape du Couedic gesunken. Amelia erzählte, ein Leuchtturmwärter sei ihnen zu Hilfe gekommen.«

»Dann kann es nur Gabriel gewesen sein«, sagte Charlton. »Wir müssen uns unbedingt bei ihm bedanken.«

Sarah fiel plötzlich ein, dass der Leuchtturmwärter erwähnt hatte, er sei gut mit den Ashbys bekannt. Sie stieg aus der Wanne und wickelte sich in ein Handtuch. Wenn Amelia nun ihr Gedächtnis wiederfindet und der Leuchtturmwärter ihre Geschichte hört?, fragte sie sich besorgt. Dann wird er die Ashbys sofort wissen lassen, dass ich eine Betrügerin bin. Ich muss so schnell wie möglich weg von hier!

Edna klopfte an die Tür von Sarahs Zimmer und öffnete sie einen Spalt. »Wach auf, Liebes! Das Essen ist gleich fertig.«

Sarah schlug die Augen auf. Sie wusste nicht, wie lange sie geschlafen hatte, aber draußen wurde es schon dunkel.

Köstlicher Essensduft zog ins Zimmer, und Sarah knurrte der Magen. »Danke, Tante Edna«, sagte sie schläfrig.

»Hast du gut geschlafen?«

»Ja, danke.« Sie hatte noch nie in einem so bequemen Bett gelegen, aber das konnte sie Edna natürlich nicht sagen. »Was soll ich anziehen?«

Edna kam herein, ein paar Kleider über dem Arm, die sie über das Fußende des Bettes legte. »Ein Glück, dass ich diese Kleider aufbewahrt habe. Ich habe sie seit meiner Hochzeit nicht mehr getragen. Ich fürchte, sie sind ein wenig aus der Mode gekommen, aber bis wir neue für dich machen lassen, tun sie's, würde ich sagen.«

Die Sachen waren von hervorragender Qualität, das sah Sarah gleich, und sehr viel schicker als die graue Gefängniskluft, die sie in den letzten fünf Jahren getragen hatte.

»Ach ja, das hätte ich fast vergessen. Kapitän Cartwright war vorhin noch einmal da. Er hat den Koffer gebracht, den du auf seinem Boot gelassen hast.«

»Oh!«

»Hast du nicht gesagt, du hättest bei dem Schiffsunglück alles verloren, mein Kind?«

»An den Koffer habe ich gar nicht mehr gedacht, Tante Edna. Es ist sowieso nicht viel drin.« Wie hatte ihr das nur passieren können? Sarah konnte es nicht fassen. Sie brauchte doch das Tagebuch, das in dem Koffer war!

»Aber dein Tagebuch, Liebes«, rief Edna überrascht aus. »Es bedeutet dir doch sicher viel!«

»Natürlich, es ist unersetzlich«, erwiderte Sarah rasch. »Aber woher weißt du, dass es in dem Koffer war?« Sie konnte sich nicht vorstellen, dass Edna in ihren Sachen geschnüffelt hatte. In Zukunft würde sie den Schlüssel aber vorsichtshalber verstecken.

»Ich habe ihn geöffnet, um nachzusehen, ob irgendetwas vom Salzwasser beschädigt worden ist. Du bist mir hoffentlich nicht böse...? Polly hat deine Unterwäsche gewaschen und getrocknet. Du kannst sie schon wieder anziehen. Deine Schuhe haben wir auch am Feuer trocken bekommen.«

»Meine Schuhe?« Sarah erinnerte sich, dass sie Amelias Schuhe im Cottage des Leuchtturmwärters anprobiert hatte, doch sie waren ihr zu klein gewesen. »Sie passen mir nicht mehr, Tante.«

Edna machte ein verwirrtes Gesicht. »Wie kann das sein?«

»Ich ... ich weiß auch nicht.« Sarahs Gedanken überschlugen sich. »Als ich sie beim Leuchtturmwärter anziehen wollte, kam ich nicht mehr hinein. Vielleicht sind sie im Salzwasser eingelaufen.«

»Merkwürdig. Na, wie auch immer, mach dir keine Sorgen deswegen. Ich glaube, du hast die gleiche Schuhgröße wie Polly, du kannst dir also ein Paar von ihr borgen, bis wir dir neue kaufen.«

Sarah hoffte inständig, dass wenigstens die Unterwäsche passte. Zum Glück war sie sehr schlank. Sie konnte ja schlecht behaupten, alle Sachen seien geschrumpft. »Danke, Tante Edna. Du bist sehr lieb zu mir«, sagte sie mit gespielter Bedrücktheit, während sie sich im Stillen zu ihrem Talent als Schwindlerin beglückwünschte.

»Unsinn. Du gehörst jetzt zur Familie! Das Essen ist gleich fertig. Polly wird dir gleich noch deine Unterwäsche und ein Paar Schuhe bringen, damit du dich anziehen kannst. Beeil dich. Charlton kann es kaum erwarten, dich wiederzusehen!«

»Ich freue mich auch, ihn zu sehen, Tante Edna«, erwiderte Sarah. Hoffentlich würde er sie genauso schnell ins Herz schließen wie seine Frau ...

Amelias Unterwäsche und das Schnürkorsett passten Sarah zum Glück, und so verließ sie kurz darauf mit klopfendem Herzen ihr Zimmer. Charlton erwartete sie bereits im Esszimmer. Er begrüßte sie aufs Herzlichste und sprach ihr dann sein Beileid zum Tod ihrer Angehörigen aus. Sarah dankte ihm. Charlton war hoch gewachsen, hatte einen gepflegten Schnurrbart und funkelnde blaue Augen. Am Esstisch rückte er Sarah den Stuhl zurecht und schenkte ihr ein kleines Glas Wein ein. Wie eine richtige Dame behandelt zu werden war für Sarah völlig ungewohnt. Es machte sie nervös, und ihr Mund war trocken.

Polly hatte Steaks gebraten und eine Nierenpastete gemacht. Dazu gab es frisches Gemüse aus dem eigenen Garten. Zum Nachtisch wurde Apfelkuchen mit Schlagsahne serviert. Als Sarah meinte, Polly sei eine ausgezeichnete Köchin für ihr Alter, erfuhr sie zu ihrem Erstaunen, dass Polly schon zwanzig war.

»Pollys Mutter hat viele Jahre für uns gearbeitet«, sagte Edna. »Sie war eine hervorragende Köchin, aber dann machte ihr das Rheuma zu sehr zu schaffen, und Polly übernahm ihre Stelle.«

Edna und Charlton staunten über den gewaltigen Appetit ihres Mündels. Sarah hatte zwei Steaks gegessen, zwei Portionen Nierenpastete, drei Portionen Kartoffeln und Bohnen und zum Schluss zwei Stück Apfelkuchen. Noch mehr verwunderte es sie, als Sarah sich schließlich zurücklehnte und laut rülpste.

»Oh, Entschuldigung!«, stieß sie hervor, als sie Ednas und Charltons Gesichtsausdruck bemerkte. Charlton blickte schockiert drein, Edna peinlich berührt. Sarah schlug sich die Hand vor den Mund und lief rot an. Sie hatte ganz vergessen, dass sie sich hier nicht in Gesellschaft ihrer Mitgefangenen befand.

»Du musst aber sehr hungrig gewesen sein, mein Kind«, sagte Edna bestürzt und verlegen zugleich. Noch nie hatte sie eine Frau solche Portionen verschlingen sehen, und gewiss würde keine Dame aus ihren Kreisen am Tisch rülpsen.

Sarah hätte sich ohrfeigen können. Hatte sie sich durch diesen dummen Fehler verraten? Sie setzte zu einer hastigen Erklärung an: »Ich habe seit fast drei Tagen nichts mehr gegessen – abgesehen von dem Sandwich vorhin. Meine letzte Mahlzeit hatte ich am Morgen des Tages, als das Schiff unterging. Es ist mir schrecklich peinlich.« Doch plötzlich wurde ihr klar, dass jemand, der um seine Liebsten trauerte, schwerlich einen solch gesunden Appetit hatte.

»Polly wird sich freuen, dass ihr Essen dir so geschmeckt hat«, überspielte Charlton taktvoll die peinliche Situation.

»Polly kocht vorzüglich«, lobte Sarah noch einmal. »Ich kann mich nicht erinnern, jemals etwas so Köstliches gegessen zu haben.« Im Gefängnis hatte man ihnen einen abscheulichen Fraß vorgesetzt: meistens Haferschleim oder eine wässrige Suppe mit einem Stück altem, verschimmeltem Brot. Auf dem Schiff war das Essen schon besser gewesen, aber es konnte sich nicht im Entferntesten mit dem opulenten Mahl messen, das sie gerade eingenommen hatte. Sie hatte jeden Bissen genossen und hoffte, mit einem Kompliment von ihrer Essgier abzulenken.

Edna blickte sie verdutzt an. »Ich dachte, deine Mutter hatte eine großartige Köchin. Wie hieß sie gleich? Millie oder Tillie oder so ähnlich...?«

Panik erfasste Sarah. »Wir... äh, wir hatten mal eine Millie, aber... aber Mutter hat die Köchinnen in den letzten Jahren häufig gewechselt, deshalb bin ich mir nicht sicher, wen du meinst, Tante Edna.« Sie nahm sich vor, so schnell wie möglich Amelias Tagebuch zu lesen, damit sie mehr über deren Leben erfuhr.

»Tatsächlich?« Edna runzelte die Stirn. »Das sieht Camilla aber gar nicht ähnlich. Sonst hielt sie doch immer an gutem Personal fest.«

Sarah wusste nicht, was sie darauf erwidern sollte.

»Na, ist ja auch egal«, fuhr Edna fort. »Ich freue mich jedenfalls über deinen Appetit. Du könntest ruhig ein wenig mehr auf den Rippen haben.«

Sarah senkte den Kopf. Sie dachte an die Zeit im Zuchthaus zurück, als zu dem miserablen, kargen Essen noch die harte Arbeit hinzugekommen war. Sie hatten von früh bis spät schuften müssen. Fast jede Gefangene war stark abgemagert.

»Amelia hat Schreckliches durchgemacht«, sagte Charlton zu seiner Frau. »Kein Wunder, dass sie an Gewicht verloren hat.«

Sarah hob den Kopf und lächelte Charlton zu. In ihm hatte sie einen Verbündeten gefunden, das spürte sie.

»Du hast Recht«, erwiderte Edna zerknirscht.

»Ziehen wir uns in den Salon zurück, meine Damen.« Charlton erhob sich.

Ohne dass es ihr bewusst gewesen wäre, nahm Sarah ihren Teller und ihr Besteck, um beides in die Küche zu tragen, wie sie es aus dem Gefängnis gewöhnt war.

Edna traute ihren Augen nicht. »Aber Kind, was tust du? Polly wird den Tisch abräumen.«

Sarah erstarrte. »Oh. Ja, natürlich«, erwiderte sie hastig. Sie warf einen kurzen Blick auf Ednas entgeisterte Miene. »Entschuldige. Ich ... ich bin immer noch ganz durcheinander.«

»Schon gut, Liebes«, beruhigte Charlton sie in freundlichem Tonfall. »Das wird schon wieder, dafür werden Edna und ich sorgen.« Er schob sie sanft in den Salon. »Einen Brandy?«

»Nein, danke«, antwortete Sarah. Sie hatte Angst, der Alkohol könnte ihre Zunge lösen. Ihr waren schon genug Patzer unterlaufen. Sie musste so schnell wie möglich fort von hier, bevor die Ashbys herausfanden, dass sie nicht Amelia Divine war.

Edna und Sarah setzten sich, während Charlton seiner Frau ein Glas Portwein reichte und sich selbst einen Brandy einschenkte. Dann trat er langsam an den Kamin. Seine Miene war ernst geworden. Sarah konnte ihm ansehen, dass er im Begriff war, ihnen etwas Wichtiges mitzuteilen. Sie verschränkte ihre zitternden Hände ineinander und fuhr sich nervös mit der Zungenspitze über die Lippen. Ihre größte Sorge war, Charlton könnte ihr Fragen über ihr Leben oder das der Familie Divine stellen.

»Als deine Vormünder tragen wir die Verantwortung für dich, Amelia«, begann er. »Wir müssen an deine Zukunft denken.«

Sollte sie den Ashbys schon von ihren Plänen erzählen? Doch Sarah entschied sich dagegen. Sie würde sich das Ganze erst gründlich durch den Kopf gehen lassen, damit sie auf mögliche Fragen vorbereitet war. Sie musste schließlich die Ashbys irgendwie dazu bewegen, ihr das Geld für die Rückkehr nach England zu geben.

»Ich kann verstehen, dass du im Schmerz über den Tod deiner Angehörigen nicht über deine Zukunft sprechen möchtest«, fuhr

Charlton fort. »Aber du sollst wissen, dass wir unsere Verpflichtung sehr ernst nehmen.«

»Ich verstehe nicht, was du damit sagen willst, Onkel.« Edna hatte ihr gesagt, sie solle Charlton mit »Onkel« anreden.

»Die Anwälte deiner Eltern werden sich bald mit uns in Verbindung setzen. Aber uns ist natürlich bekannt, dass du an deinem zwanzigsten Geburtstag, der ja nicht mehr fern ist, dein Erbe antreten wirst. Wie du sicherlich weißt, handelt es sich um ein beträchtliches Barvermögen. Hinzu kommen Immobilien und Wertpapiere.«

Sarah starrte ihn offenen Mundes an. Sie hatte sich gedacht, dass Amelias Familie sehr reich war – wie die Ashbys offensichtlich auch –, doch einen solchen Reichtum hätte sie sich nie träumen lassen. Eine Erbschaft! An so etwas hatte sie bisher gar nicht gedacht. Wenn es stimmte, was Charlton sagte, würde bald alles ihr gehören. Ihre Gedanken überschlugen sich. Das änderte ihre Pläne. Das änderte *alles*. Als reiche Frau wäre sie in der Lage, ihre Familie zu unterstützen. Sie würde tun können, was ihr Herz begehrte. Das aber bedeutete, einige Monate bei den Ashbys bleiben zu müssen. Konnte sie ein solches Risiko eingehen?

»Henry hat sein Geld klug angelegt«, fuhr Charlton fort. »Und wir betrachten es als unsere Aufgabe, dir zu zeigen, wie man ein so großes Vermögen verwaltet.«

Sarah fand keine Worte. Was hätte sie auch sagen sollen, ohne sich zu verraten? Die Ashbys hielten ihr Schweigen für ein Zeichen von Verwirrung und Traurigkeit.

»Du hast doch so gern getanzt, Amelia«, sagte Edna und tätschelte ihr die Hand. »Camilla hat mir oft geschrieben, was für eine hervorragende Tanzschülerin du warst, und dass du den Jüngeren sogar Unterricht erteilt hast. Natürlich wissen wir nicht, was du gern tun möchtest, aber mit dem Geld, das du erben wirst, könntest du eine eigene Tanzschule eröffnen. Deine Mutter hat mir anvertraut, dass du immer davon geträumt hast.«

Panik erfasste Sarah. Sie konnte nicht tanzen. Und sie hatte nicht die leiseste Ahnung von Etikette. Sie war mit vierzehn Jahren von der Schule abgegangen, hatte danach für die Murdochs gearbeitet und war von dort ins Zuchthaus gewandert. Ein gesellschaftliches Leben hatte sie nie gehabt. »Ich ... ich habe seit dem Unfall nicht mehr ans Tanzen gedacht, Tante Edna.« Ein Gedanke durchfuhr sie. Sie würde Edna bitten, sie Briefe von Amelias Mutter lesen zu lassen, unter dem Vorwand, sich der Verstorbenen dadurch näher zu fühlen. Bestimmt könnte sie den Briefen manches über Amelias Leben entnehmen, vorausgesetzt, Edna hatte sie aufbewahrt.

»Das verstehe ich, mein Kind.«

»Deine Eltern sind natürlich davon ausgegangen, dass du einen reichen Mann heiratest, Amelia«, fuhr Charlton ernst fort, »und dass du nie finanzielle Sorgen haben wirst. Aber jetzt wäre es ratsam, deine Zukunft sorgfältig zu planen.«

Sarah nickte bloß. Sie konnte im Moment keinen klaren Gedanken fassen. Anscheinend gab es sehr viel mehr zu bedenken, als sie geahnt hatte. In der Tat musste jeder weitere Schritt sorgfältig geplant werden. Allein schon, dass sie nicht gewusst hatte, welch begabte Tänzerin Amelia war, zeigte ihr dilettantisches Vorgehen.

»Ich bin schrecklich müde«, sagte sie leise. »Darf ich mich zurückziehen?«

Die Ashbys tauschten einen besorgten Blick. Sie fürchteten, das Gespräch über die Erbschaft habe ihr Mündel zu sehr aufgeregt.

»Aber natürlich, Amelia. Wir haben noch viel Zeit für ernsthafte Unterhaltungen«, sagte Charlton.

»Geh ruhig schlafen, mein Kind«, fügte Edna hinzu.

»Hallo!«, rief in diesem Moment eine Stimme von der Hintertür.

Edna wandte den Kopf und lächelte. »Das ist Lance!« Laut fügte sie hinzu: »Wir sind im Salon, Lance!«

»Lance hat sich sehr auf das Wiedersehen mit dir gefreut, musst du wissen«, sagte Charlton zu Sarah.

Ihr Herz pochte heftig. Sie fragte sich, ob Lance die echte Amelia in den letzten Jahren gesehen hatte. Wie sollte sie sich verhalten? Als Lance hereinkam, riss Sarah die Augen auf. Nie zuvor war sie einem so gut aussehenden Mann begegnet. Er war groß und sanft gebräunt, hatte braunes, von hellen Strähnen durchzogenes Haar, leuchtend grüne Augen und einen sinnlichen Mund. Ihr fiel auf, dass sein strahlendes Lächeln ein wenig starr wurde, als er sie erblickte.

Sarah wartete mit angehaltenem Atem darauf, dass er etwas zu ihr sagte.

»Hallo, Amelia«, begrüßte er sie schließlich. »Willkommen auf der Insel.«

»Hallo ... Lance. Danke«, antwortete Sarah.

Offensichtlich hielt auch er sie für Amelia Divine. Sarah fiel ein Stein vom Herzen. Sie wusste nicht, was sie sagen sollte. Sein attraktives Äußeres und seine warme, dunkle Stimme hatten ihr buchstäblich die Sprache verschlagen.

»Amelia wollte sich gerade zurückziehen«, sagte Charlton. »Sie ist sehr erschöpft.«

»Oh, das ist schade. Ich wäre gern früher gekommen, aber in der Bank gab es viel zu tun.«

Sarah warf Edna einen fragenden Blick zu.

»Lance arbeitet in der hiesigen Commercial Bank, Amelia. Weißt du das nicht mehr?«

»Doch, natürlich. Ich habe im Moment nur nicht mehr daran gedacht. Ich fürchte, ihr müsst viel Geduld mit mir haben. Nach allem, was ich durchgemacht habe, bin ich nicht mehr ich selbst.« Sie setzte eine unglückliche Miene auf.

»Das verstehen wir, mein Kind«, versicherte Edna rasch. An ihren Sohn gewandt, fügte sie hinzu: »Amelias Schiff ist auf ein Riff aufgelaufen und unweit von Cape du Couedic gesunken. Stell dir vor, offenbar haben nur Amelia und eine zweite Frau das Unglück überlebt!«

Lance war entsetzt. »Das ist ja furchtbar!«

Sarah nickte. »Ich glaube, ich habe mir den Kopf angeschlagen, als die *Gazelle* beim Aufprall auf die Seite kippte. Die Lichter erloschen, und wir wurden umhergeschleudert. Es war ein schreckliches Chaos! Ihr denkt jetzt sicher, ich hätte den Verstand verloren, weil ich so vieles nicht mehr weiß …«

»Unsinn, mein Kind«, widersprach Edna. »Was du durchgemacht hast, würde selbst den Stärksten aus der Bahn werfen.«

»Sobald du dich erholt hast, zeige ich dir die Gegend«, erbot sich Lance.

Sarah bekam Herzklopfen. Im Geiste sah sie sich und Lance in einem Einspänner über Land fahren und im Schatten eines Baumes picknicken. »Das ist sehr freundlich von dir, Lance.«

»Es wird mir ein Vergnügen sein.«

Mir wird es ein Vergnügen sein, dachte Sarah und erhob sich. »Ich wünsche euch allen eine gute Nacht.« Sie wollte endlich allein sein und nachdenken über das, was sie erfahren hatte. Aber sie musste behutsam vorgehen. »Ich möchte euch noch etwas sagen. Worte können nicht ausdrücken, wie dankbar ich euch bin, dass ihr mich in euer Heim und eure Herzen aufgenommen habt. Ich wüsste nicht, was ich ohne euch anfangen würde …« Sie tat, als würde sie von ihren Gefühlen überwältigt, und tupfte sich eine nicht vorhandene Träne aus dem Auge.

Ednas Augen schimmerten feucht. Sie dachte an ihre Freundin Camilla. »Das tun wir doch gern, Amelia, Liebes.« Edna griff nach der Hand der jungen Frau und drückte sie zärtlich. »Betrachte dich als Mitglied unserer Familie. Du bist nicht allein, Amelia. Du hast uns. Wir werden immer für dich da sein. Und jetzt geh und schlaf dich richtig aus. Wir sehen uns morgen Früh.«

Mit einem letzten verstohlenen Blick auf den attraktiven Lance verließ Sarah den Salon.

Als sie die Tür zu ihrem Zimmer geschlossen hatte, musste sie sich beherrschen, um nicht vor Freude loszukreischen. Nicht im Traum hätte sie damit gerechnet, dass Lance Ashby ein so gut aussehender Mann war. Sie konnte ihr Glück kaum fassen. Sie brauchte nichts weiter zu tun, als diese Maskerade ein paar Monate durchzuhalten. Dann wäre sie eine vermögende junge Frau und hätte die Zeit obendrein mit einem ausgesprochen verführerischen Begleiter verbracht. Plötzlich erschien ihr der Gedanke, Kangaroo Island schnellstmöglich wieder zu verlassen, gar nicht mehr verlockend.

Sarah zog sich aus und schlüpfte ins Bett. Sie musste über vieles nachdenken. Mit einem Mal kam das Leben ihr wundervoll vor. Wäre da nur nicht die Angst gewesen, die echte Amelia könnte ihr Gedächtnis wiederfinden...

Aber würde man ihr überhaupt glauben? Evan Finnlay bestimmt nicht. Doch was den Leuchtturmwärter betraf, diesen Gabriel Donnelly, war Sarah sich nicht so sicher. Sie musste unbedingt herausfinden, wie oft er mit den Ashbys zusammenkam. Nur so würde sie erfahren, ob sie ihre Rolle weiterspielen konnte oder nicht. Als sie den Entschluss gefasst hatte, griff sie zu Amelias Tagebuch und begann zu lesen.

»Nun, mein Sohn, was sagst du zu Amelia?«, fragte Charlton, als er mit Lance und Edna allein war.

»Ich hab sie nur kurz gesehen, Vater, aber mir scheint, sie ist ein... nettes Mädchen.«

Edna zog die Stirn in Falten. Niemand kannte ihren Sohn besser als sie, und das Zögern in seiner Stimme war ihr nicht entgangen. Er war begeistert gewesen, als er gehört hatte, dass sie Amelia bei sich aufnehmen würden; jetzt aber wirkte er seltsam ernüchtert.

»Was ist, Lance?«, fragte Edna. »Du hast irgendetwas. Und es hat mit Amelia zu tun, habe ich Recht?«

»Um ehrlich zu sein, Mutter... Ich habe Amelia als außergewöhnlich hübsches Mädchen in Erinnerung. Deshalb hatte ich damit gerechnet, dass sie zu einer sehr schönen Frau herangereift ist. Aber sie ist eher … unscheinbar.«

»Ich muss gestehen, ich bin bei ihrem Anblick zuerst auch erschrocken«, erwiderte Edna. »Sie sah zum Fürchten aus. Ich habe in London verdreckte Gassenjungen gesehen, die einen besseren Eindruck machten.«

»Vergesst nicht, was sie hinter sich hat«, verteidigte Charlton sein Mündel.

»Du hast Recht. Als Kapitän Cartwright mir erzählte, was geschehen ist, war mir alles klar«, fuhr Edna fort. »Amelia ist nicht so hübsch, wie ich dachte, zumal ihre Mutter eine Schönheit war. Aber in den richtigen Kleidern und mit einer anständigen Frisur wird sie sehr nett anzusehen sein. An ihren Tischmanieren werden wir allerdings arbeiten müssen. Im Moment jedenfalls könnten wir sie nicht ins Ozone Hotel zum Essen einladen.«

»Wieso?«, fragte Lance verwundert.

»Erstens verschlingt sie größere Portionen als du …«, erwiderte Charlton, der den gesegneten Appetit der jungen Frau immer noch nicht fassen konnte.

»… und zweitens rülpst sie bei Tisch«, ergänzte Edna.

Lance lachte auf, was ihm einen tadelnden Blick seiner Mutter einbrachte.

»Ich kann mir nicht vorstellen, dass Camilla so etwas geduldet hat«, fuhr Edna kopfschüttelnd fort. »Sie hatte tadellose Manieren. Ich hoffe, es ist wirklich so, wie Amelia sagt – dass sie im Moment völlig durcheinander ist. Hoffentlich kehrt ihr wahres Selbst bald zurück.«

Später ging Edna in die Küche und betrachtete die Schuhe aus Amelias Koffer. Sie waren sehr elegant. »Ich glaube, die würden mir passen«, sagte sie zu Polly, die das Geschirr spülte.

»Nicht möglich, Mrs Ashby. Sie tragen zwei Nummern kleiner als ich, und Miss Amelia kann meine Schuhe anziehen.«

Edna streifte sich einen Schuh vom Fuß und schlüpfte in den von Amelia. »Er passt! Das ist ja merkwürdig. Können Lederschuhe allein vom Nasswerden zwei Nummern einlaufen?«

4

CAPE DU COUEDIC

Amelia schreckte hoch, als Evan Finnlay, eine Laterne in der Hand, gegen ihre Matratze trat.

»Was ... was ist?«, stammelte sie verschlafen und blinzelte, weil das Licht sie blendete. Draußen war es noch dunkel.

»Zeit zum Aufstehen! Es wartet eine Menge Arbeit«, brummte Evan bärbeißig.

Amelia seufzte. Sie fühlte sich wie zerschlagen. »Es ist ja noch nicht einmal hell ...«

»Es ist fünf Uhr, und es gibt einiges zu tun, bevor die Kinder aufstehen.«

Nach den Strapazen der vergangenen Tage und dem gestrigen Abend, an dem sie über eine Stunde lang hinter den Kindern aufgeräumt hatte, war sie todmüde auf ihr Lager gefallen. Und obwohl sie geschlafen hatte, fühlte sie sich immer noch ausgelaugt. »Was muss denn um diese Uhrzeit so Dringendes erledigt werden?«

»Als Erstes musst du Holz für die Feuer sammeln.«

»*Die* Feuer?«

»Eins zum Kochen, eins fürs Waschwasser. Wenn das erledigt ist, muss die Kuh gemolken werden. Dann setzt du den Teig fürs Brot an, und danach kochst du den Haferbrei.«

Eine Kuh melken. Teig ansetzen. Haferbrei kochen. »Aber ich weiß nicht, wie das geht! Ich habe das alles noch nie gemacht«, protestierte Amelia.

»Wer's glaubt. Na, egal. Dann fängst du eben heute damit an. Na los, steh endlich auf!«

Evan stürmte hinaus. Amelia schaute ihm nach, Tränen in den Augen. Sie überlegte, ob sie sich weigern sollte, aber dann würde sie nichts zu essen bekommen. Das hatte Evan ihr deutlich zu verstehen gegeben, und sie wusste, er meinte es ernst.

Als Amelia zum Haus kam, zog Evan gerade einen dicken Mantel an. Es war ein frostiger Morgen, und sie zitterte vor Kälte in ihrem zerrissenen Kleid. Ihre nackten Füße waren blau angelaufen. Evan musterte sie wortlos von Kopf bis Fuß, trat ans Bett und kniete davor nieder. Amelia beobachtete, wie er einen Koffer unter dem Bett hervorzog. Er klappte ihn auf und starrte einen Augenblick hinein, als hätte er ein Gespenst darin erblickt. Schließlich begann er, im Koffer zu kramen, zog ein paar Sachen heraus und legte sie neben sich auf den Fußboden. Dann schloss er den Koffer wieder und richtete sich auf, wobei er die Kleidungsstücke vom Boden aufhob. Wortlos drückte er Amelia die Sachen in die Hand.

Amelia begriff, dass die Kleidungsstücke seiner verstorbenen Frau gehört hatten. Es war Evan sichtlich schwer gefallen, sich davon zu trennen. Doch bevor sie sich bei ihm bedanken konnte, hatte er kehrt gemacht und war zur Wand neben der Tür gegangen, wo etliche Paar Schuhe in einer Reihe standen. Evan griff nach einem Paar, das aussah, als wäre es längere Zeit nicht getragen worden. Er betrachtete es einen Moment, drehte sich dann um und stellte die Schuhe auf das Kleiderbündel, das Amelia in den Händen hielt. Sie sah die Schuhe neugierig an. Ein Schuh war etwas sehr Persönliches: die Form, die sich dem Fuß angepasst hatte, die Furchen im Leder. Schuhe spiegelten gleichsam einen Ausschnitt aus der Geschichte ihres Besitzers wider. Als Amelia aufblickte, um sich bei Evan zu bedanken, war er fort.

Es war kalt im Haus, und die Kinder schliefen noch. Amelia kämpfte gegen die Tränen an, als sie sich in dem tristen Raum umschaute. Es gab keinerlei persönliche Gegenstände, nichts, was dem Haus ein wenig Behaglichkeit verliehen hätte.

Es war ein seltsames Gefühl, die Kleidung von jemand anderem anzulegen, doch Amelia war dankbar für die wärmende Strickjacke. Evan hatte auch ein paar dicke Wollstrümpfe herausgesucht. Die Schuhe waren ihr zu groß, doch mit den Strümpfen ging es. Sie wünschte, Evan hätte Feuer gemacht. Wie sollte sie ohne Feuer Haferbrei kochen oder Wasser warm machen?

Sie ging zur Tür und spähte hinaus. Evan hackte Holz auf der anderen Seite des Zauns. Erleichterung überkam sie. Wenn er Holz hackte, würde er sicher auch ein Feuer anzünden.

Ein paar Minuten später kam er mit einem Eimer voll Holzscheite zurück. Ohne Amelia eines Blickes zu würdigen, schüttete er das Holz in die Brennholzkiste neben dem Kamin. Dann drehte er sich um und stapfte wieder hinaus. Seine verschlossene Miene schüchterte sie derart ein, dass sie ihn nicht zu fragen wagte, weshalb er kein Feuer gemacht habe. Sie bückte sich und legte ein paar Holzscheite in die Feuerstelle. Als sie die Scheite anzuzünden versuchte, kam Evan herein und brachte weiteres Brennholz.

»Was tust du da?«, fuhr er sie an.

Amelia richtete sich auf. Was hatte sie denn jetzt schon wieder falsch gemacht? »Ich wollte bloß Feuer machen!«, stieß sie trotzig hervor.

»Aber doch nicht so! Falls du das Holz überhaupt zum Brennen bringst, was ich stark bezweifle, wäre das ganze Haus voller Qualm!« Er nahm die Holzscheite, die Amelia nebeneinander gelegt hatte, aus der Feuerstelle. »Diese Frau taugt aber auch zu gar nichts«, schimpfte er vor sich hin. Die Arme vor der Brust verschränkt, schaute Amelia zu, wie er das Holz erneut aufschichtete – über Kreuz, wobei er die dünnsten Holzspäne zuunterst und die dickeren Scheite obenauf legte.

»Man nimmt Anzündholz zum Anfeuern. Und ein Feuer braucht Luft, sonst erstickt es.« Er warf ihr einen verächtlichen Blick zu, als hielte er sie für einen Ausbund an Dummheit. Als das Feuer schließlich brannte, stapfte er zur Tür.

»Wo bekomme ich Wasser her?«, rief Amelia ihm nach.

»Hinter dem Haus ist ein Brunnen.« Er zögerte, zeigte dann auf die Mäntel in unterschiedlichen Größen, die neben der Hintertür hingen. »Du kannst den Braunen da anziehen.« Amelia vermutete, der Mantel hatte seiner Frau gehört. Sie fand es sonderbar, dass Evan ihre Kleidung aufbewahrte, obwohl sie seit fast einem Jahr tot war. Er konnte sich offensichtlich nicht von ihren Sachen trennen, weil er ihren Tod noch immer nicht verwunden hatte.

»Danke«, sagte sie leise.

»In einem von denen da findest du Hafer«, knurrte er und deutete auf ein paar Säcke in einer Ecke. »Und da steht ein Eimer fürs Wasser und einer für die Milch. Ich werde das Feuer draußen noch anmachen, aber dann muss ich nach den Schafen sehen. Zum Frühstück bin ich wieder da.«

Amelia zog den braunen Mantel an, nahm den Eimer und ging hinaus. Allmählich wich die Nacht, doch es war immer noch so dunkel, dass man kaum etwas sehen konnte. Evan zündete ein paar Schritt entfernt ein Feuer unter einem Kessel an. Der Kessel war leer; Amelia nahm an, dass sie ihn mit Wasser füllen sollte, damit sie sich waschen konnten. Der Gedanke an ein Bad war verlockend. Rasch eilte sie auf der Suche nach dem Brunnen zur Rückseite des Hauses.

Der Brunnen entpuppte sich als Loch im Boden. Es war mit zwei verrosteten Eisenplatten abgedeckt; daneben stand ein Eimer, der an einem Seil festgebunden war. Amelia ließ den Eimer ins Loch hinunter, hievte ihn wieder herauf, als er voll gelaufen war, und schüttete das Wasser in den Eimer, den sie mitgebracht hatte. Er war schwer, und ihre Hände waren steif vor Kälte. So schnell sie konnte, trug sie den Eimer ins Haus. Da sie nicht wusste, wie viel Hafer sie benötigte, schöpfte sie mehrere Kellen in den großen Topf über dem Feuer und goss Wasser darüber. Dann rührte sie die Masse um, die das Frühstück werden sollte, und wartete. Es hatte nicht den Anschein, als würde sich so bald etwas tun, deshalb beschloss sie, noch mehr Wasser für den Kessel draußen aus dem Brunnen heraufzuholen. Je eher der Kessel voll und das Wasser warm war, desto schneller würde sie zu ihrem Bad kommen.

Nachdem sie einige Male zwischen Brunnen und Kessel hin und her gelaufen war, fiel ihr der Haferbrei wieder ein. »O Gott!«, entfuhr es ihr, und sie rannte zurück ins Haus. Die Kinder waren inzwischen aufgestanden und trotteten nacheinander aus dem Anbau.

»Was riecht hier denn so eklig?«, fragte eins der älteren Mädchen.

Ängstlich spähte Amelia in den Topf über dem Feuer. Der Haferbrei hatte sich in eine blubbernde, brodelnde, zähe Masse verwandelt. Hektisch goss sie Wasser hinein und rührte um. Jetzt schwammen widerliche schwarze Klumpen in einer unappetitlichen Brühe. In diesem Moment betrat Evan das Haus. Erwartungsvoll schaute er zum Feuer.

»Wie weit bist du mit dem Frühstück?«

»Ich ... ich bin hinausgegangen, um Wasser zum Waschen zu holen, und als ich zurückkam, da ...«, stammelte sie verlegen und verstummte.

Evan eilte zum Topf und warf einen Blick hinein. Seine Miene verhieß nichts Gutes, als er sich Amelia zuwandte. »Dieses Zeug werden meine Kinder nicht essen! Das kannst du an die Hühner verfüttern!« Er sah, dass der Eimer neben der Feuerstelle leer war. »Hast du die Kuh denn noch nicht gemolken?«

»Nein. Ich sagte doch, ich habe Wasser für ein Bad geholt.«

»Ein Bad? Für wen?«

»Für ... für mich«, stammelte sie. »Ich muss unbedingt baden, und ...«

Den Kindern würde es auch nicht schaden, hatte sie hinzufügen wollen, kam aber nicht mehr dazu, denn Evan ließ sie nicht ausreden. »Du hast dir noch kein Bad verdient!«, herrschte er sie an.

Amelia senkte den Kopf. Ihre Augen füllten sich mit Tränen.

»Ich werde ein Brot backen«, knurrte Evan. »Geh und melk die Kuh, damit die Kinder wenigstens etwas Warmes zu trinken haben. Und beeil dich gefälligst!«

Wortlos griff Amelia nach dem Eimer und trottete mit gesenktem Kopf zur Tür. Die Kinder lachten sie hinter vorgehaltener Hand aus, und sie kam sich schrecklich dumm vor und schämte sich ihrer Ungeschicklichkeit.

Als sie sich der Kuh näherte, drehte diese den Kopf und schaute sie aus großen braunen Augen an. »Du musst mir helfen«, flüsterte Amelia. »Ich habe das noch nie gemacht.«

Die Kuh muhte leise und fraß weiter. Wäre sie nicht angebunden, würde sie bestimmt davonlaufen, dachte Amelia.

»Du hast den Schemel vergessen«, sagte ein dünnes Stimmchen.

Amelia fuhr herum. Eins der jüngsten Mädchen stand hinter ihr und streckte ihr einen dreibeinigen Schemel hin. »Den brauchst du.«

»Danke.« Amelia wischte sich die Tränen ab. »Wie heißt du?«
»Molly.«
»Weißt du, wie man eine Kuh melkt, Molly?«
Die Kleine schüttelte den Kopf.
»Ich habe die Kuh gefragt, ob sie's mir sagt, aber sie will nicht.«
Molly guckte sie groß an. »Kühe reden doch nicht.«
»Ein Jammer, nicht wahr?« Amelia seufzte.
Molly trat neben die Kuh und zeigte auf das dicke Euter. »Man zieht an den Dingern da.«

»Ja, so weit war ich auch schon«, seufzte Amelia und verzog das Gesicht. Sie stellte den Melkschemel hin, und die Kuh wandte sich ihr abermals zu. »Du hast doch nichts dagegen, oder?« Die Kuh senkte den Kopf und ließ sich das Gras schmecken. »Anscheinend nicht«, murmelte Amelia, und Molly kicherte. Amelia überwand sich. Sie ergriff zwei Zitzen und zog fest daran. Nichts geschah. Sie versuchte es ein zweites Mal. Wieder nichts. Sie schaute Molly an. »Gibt es irgendein Geheimnis, damit es funktioniert?«

Molly zuckte die Achseln. »Bei Sissie geht's.«

»Dann könnte Sissie mir vielleicht zeigen, wie es gemacht wird.«

»Ich frag sie.« Schon lief Molly zum Haus zurück.

»Nein, warte!«, rief Amelia, doch die Kleine hörte nicht. »O nein!«, stöhnte Amelia vor Angst, wieder zu versagen und erneut von Evan heruntergemacht zu werden. Erst hatte sie das Frühstück ruiniert und jetzt das. Sie hätte Molly bitten sollen, heimlich mit Sissie zu reden, damit ihr Vater nichts mitbekam. Aber jetzt war es zu spät.

Als sie sich erneut mit den Zitzen abmühte, stieß die Kuh plötzlich ein lautes Brüllen aus. Amelia fuhr erschrocken zurück und plumpste vom Melkschemel. Auf einmal merkte sie, dass sie nicht allein war. Sie schaute auf und sah Sissie neben sich stehen. Das Mädchen hatte die Arme vor der Brust verschränkt und musterte sie mit verächtlicher Miene, die der ihres Vaters nicht unähnlich war. Anscheinend kannten beide keine Nachsicht mit Dummköpfen. Amelia wäre vor Scham am liebsten im Boden versunken.

Wortlos stellte Sissie den Schemel wieder hin, hockte sich darauf und begann, die Kuh zu melken. Amelia hörte die Milch in den Eimer spritzen. Sie rappelte sich auf und schaute Sissie zu. Das Mädchen drückte die Zitzen zusammen und ließ die Hände gleichzeitig abwärts gleiten. Es sah kinderleicht aus. Nach ein paar Minuten stand Sissie auf, und Amelia versuchte erneut ihr Glück.

Zuerst wollte es nicht klappen, und sie hörte, wie Sissie ungeduldig seufzte. Dann aber schoss ein Milchstrahl in den Eimer, dann noch einer.

»Ich hab's geschafft!«, jubelte Amelia. Als sie sich umdrehte, um sich bei Sissie zu bedanken, war das Mädchen verschwunden. Dass Sissie nicht gewartet und den Augenblick des Glücks mit ihr geteilt hatte, dämpfte ihre Freude. Mit einem resignierten Seufzer wandte sie sich wieder ihrer Arbeit zu.

Es dauerte ewig, bis der Eimer auch nur halb voll war, und Amelia konnte kaum noch die Hände bewegen. Als sie ihrem schmerzenden Rücken eine Pause gönnte und sich streckte, wurde die Kuh, die bisher brav stillgehalten hatte, unruhig. Sie schwang mit dem Hinterteil herum und stieß dabei gegen den Eimer. Amelia fing ihn blitzschnell auf, bevor er vollends umkippte. Trotzdem war fast alles verschüttet worden. Verzweifelt versuchte Amelia, noch ein bisschen Milch zu melken, doch die Kuh hielt nicht mehr still. Schließlich gab Amelia es auf und ging zum Haus zurück.

Evan zog gerade ein Fladenbrot aus der heißen Asche. Schweigend zerbrach er es und verteilte es unter seinen Kindern. Als er sah, wie viel Milch im Eimer war, lief sein Gesicht rot an.

»Ich hatte mehr, aber die Kuh hat den Eimer umgestoßen!«, rechtfertigte sich Amelia. Doch Evan seufzte nur und schüttelte den Kopf. Er goss die Milch in Becher und gab sie seinen Kindern. Amelia bekam ein kleines Stück Brot und einen Becher Wasser, wagte es aber nicht, sich zu beklagen.

»Hol Kartoffeln fürs Mittagessen«, befahl Evan ihr. »Kartoffeln wirst du ja hoffentlich kochen können, oder?«

Amelia nickte. Sie hatte noch nie Kartoffeln gekocht, wollte ihn aber nicht noch mehr verärgern.

»Sobald sie gar sind, setzt du einen Eintopf auf. Möhren, Zwiebeln und Pastinaken findest du im Gemüsegarten. Es ist noch Fleisch von dem Lamm da, das ich vor einigen Tagen geschlachtet habe. Ich werd's dir bringen.«

Amelia brach der Angstschweiß aus. Sie konnte sich nicht entsinnen, jemals Eintopf gegessen, geschweige denn gekocht zu haben, doch sie sagte nichts. Als Evan fort war, ging sie nach draußen, um nach dem Wasser im Kessel zu sehen. Es war inzwischen lauwarm. Sie tauchte ihre kalten Hände hinein und seufzte behaglich und voller Vorfreude auf ihr Bad. Bestimmt würde es ihr danach viel besser gehen.

Eins der älteren Mädchen war ihr gefolgt.

»Wo finde ich einen Spaten für das Gemüse?«, fragte Amelia.

Das Mädchen ging ums Haus und kam mit einem Spaten zurück, den es Amelia wortlos reichte. Diese wunderte sich über das ausdruckslose Gesicht der Kleinen. Sie zeigte keine Neugier wie andere Kinder ihres Alters, und sie lächelte auch nicht. Offenbar war sie ein sehr ernstes Kind. Amelia vermutete, dass das Mädchen noch unter dem Tod der Mutter litt. Die Kinder taten ihr Leid. Sie lebten in dieser Abgeschiedenheit und hatten nur ihren Vater – einen kalten, abweisenden Mann, der seine Zuneigung nicht zeigen konnte. Nur bei seinem Sohn Milo, dem augenscheinlich sein ganzes Interesse galt, machte er eine Ausnahme.

»Weißt du, wo die Kartoffeln angebaut sind?«, fragte Amelia die Kleine.

Das Mädchen nickte und tappte zum Gemüsegarten. Selbst wenn Amelia die einzelnen Pflanzen und Gemüsesorten gekannt hätte, wäre es ihr schwer gefallen, sie unter dem üppig wuchernden Unkraut zu erkennen. Das Mädchen zeigte ihr die Kartoffelpflanzen und schaute dann zu, wie Amelia zu graben anfing.

Obwohl es vor kurzem geregnet hatte, war der Boden unter der obersten Schicht steinhart und das Graben entsprechend beschwerlich.

»Bist du Rose oder Bess?«, fragte Amelia.

»Rose«, antwortete das Mädchen. »Bess ist jünger als ich.«

»Dann bist du ungefähr zehn, stimmt's?«

Rose nickte. »Warum warst du im Gefängnis?«, fragte sie dann.

Die direkte Art des Mädchens brachte Amelia einen Moment aus dem Gleichgewicht. Sie hätte gern entgegnet, dass alles ein schreckliches Versehen sei, aber wie sollte sie es dem Mädchen erklären? »Ich kann mich nicht daran erinnern, im Gefängnis gewesen zu sein. Ich habe das Gedächtnis verloren.«

»Wie kann man denn sein Gedächtnis verlieren?«

»Ich weiß es nicht. Ich habe mir den Kopf angeschlagen und

bin ohnmächtig geworden. Als ich aufwachte, fehlte mir jede Erinnerung.«

Plötzlich trat Sissie vor die Haustür. »Komm sofort herein, Rose!«, rief sie verärgert, als sie ihre Schwester mit Amelia reden sah.

Die Kleine gehorchte. Amelia richtete sich auf und schaute die Ältere an. Diese warf ihr einen abschätzigen Blick zu und ging zurück ins Haus.

»Sie kann mich nicht leiden, so viel steht fest«, murmelte Amelia vor sich hin und stieß den Spaten aufs Neue in den Boden. Bis sie einige wenige Kartoffeln herausgeholt hatte, waren ihre Handflächen voller Blasen. Sissie fing Amelia ab, als sie die Kartoffeln ins Haus trug.

»Warum hast du die Sachen meiner Mutter an?«

Amelia sah, dass das Mädchen den Tränen nahe war. »Dein Vater hat sie mir gegeben, weil ich beim Schiffsunglück alles verloren habe. So hat man es mir jedenfalls erzählt. Ich selbst kann mich an nichts erinnern, Sissie.«

»Ich heiße *Cecelia*.«

»Aber dein Vater hat gesagt, du heißt Sissie.«

»So darf mich nur meine Familie nennen.«

»Oh.« Die Antwort traf Amelia wie ein Schlag ins Gesicht. »Ich werde es mir merken, *Cecelia*.«

Das Mädchen musterte sie mit zornig funkelnden Augen und rief dann Rose, Bess, Molly und Jessie. »Kommt, wir müssen die Eier einsammeln.« Sie hob den Topf mit dem angebrannten Haferbrei hoch und spähte angewidert hinein. »Das können wir bei der Gelegenheit gleich den Hühnern geben... falls sie das Zeug überhaupt fressen.«

»Wo ist eigentlich Milo?«, fragte Amelia, als die Mädchen hinausgingen. Sie wusste nicht, ob sie auf ihn Acht geben sollte.

»Bei Papa«, sagte Molly.

Amelia nickte, wusch die Kartoffeln ab, gab sie in einen Topf

Wasser, den sie über dem Feuer aufgesetzt hatte, und ging wieder nach draußen, um Zwiebeln und Pastinaken zu holen. Es dauerte nicht lange, bis die Blasen an ihren Händen aufgeplatzt waren. Die rohe Haut darunter brannte und blutete. Als sie ihre schmerzenden Hände vorsichtig säuberte, kam Evan ins Haus. Milo tappte hinter ihm her.

»Du musst Wäsche waschen«, sagte er. »Der Junge hat nichts mehr anzuziehen.«

»Mit diesen Händen? Damit kann ich keine Wäsche rubbeln.« Sie zeigte ihm ihre wunden Handflächen, doch Evan sah kaum hin.

»Deine Hände sind nichts gewöhnt. Du musst sie abhärten, und das geht nur durch harte Arbeit. Du wirst die Wäsche waschen! Und in Zukunft erledigst du das, sobald das Wasser warm genug ist, damit die Sachen schnell wieder trocknen können.«

»Die Kinder und ich brauchen ein Bad«, sagte Amelia zornig. »Und so, wie Sie riechen, könnte es Ihnen auch nichts schaden!«

Evan machte ein beleidigtes Gesicht. »Das Baden kann warten. Auf meiner Farm wird das Wichtigste zuerst erledigt.«

Evan war ein eigensinniger Mann, aber nicht einmal er würde es schaffen, ihr das Bad auszureden. Die schmutzige Kleidung würde sie immer noch waschen können, aber zuerst würde sie ein Bad nehmen, und wenn es das Letzte war, was sie tat!

»Sitz hier nicht untätig herum! Mach dich an die Arbeit!«, fuhr Evan sie an und wandte sich wieder zum Gehen.

»Können Cecelia oder Rose das nicht erledigen?«

»Die haben ihre eigenen Pflichten. Ihre Mutter hat alle Arbeiten erledigt, die ich jetzt dir zuweise – du siehst also, man kann es schaffen.« Damit verließ er das Haus.

Amelia zitterte vor ohnmächtiger Wut. Am liebsten hätte sie ihn gefragt, ob seine Frau so früh gestorben sei, weil er sie wie einen Ackergaul habe schuften lassen, doch sie riss sich zusammen.

Nach ein paar Minuten kam er wieder. »Hier, das Lammfleisch

für den Eintopf. Ruf mich, wenn die Kartoffeln fürs Mittagessen fertig sind. Wir werden ein paar Eier dazu braten.«

Als die Mädchen die Eier gebracht hatten, holten sie die schmutzige Wäsche aus dem Anbau, wie ihr Vater es ihnen aufgetragen hatte, und warfen sie neben dem Küchentisch auf einen Haufen. Dann liefen sie wieder hinaus, um das Pferd zu füttern und den Hühnerstall zu reinigen. Amelia starrte auf den Berg schmutziger Wäsche. Tränen kullerten ihr über die Wangen. Ihre Hände pochten vor Schmerz. Sie fühlte sich hundeelend. Fast eine Stunde saß sie da und weinte. Schließlich trocknete sie sich die Tränen ab. Mit einer Gabel prüfte sie, ob die Kartoffeln schon gar waren, schüttete dann das Wasser ab, stellte den Topf beiseite und schlug ein paar Eier auf dem Rost auf.

Als das Essen fertig war, rief sie Evan und die Kinder. Alle kamen erwartungsvoll herbeigelaufen, hielten jedoch abrupt inne und starrten verdutzt den leeren Tisch an.

»Hast du nicht gesagt, das Essen ist fertig?«, fragte Evan.

»Doch. Aber es gibt erst etwas, wenn ihr euch die Hände gewaschen habt«, sagte Amelia resolut. Solange sie das Essen zubereiten musste, würden alle sich nur mit sauberen Händen an den Tisch setzen, so viel stand fest! »Im Eimer dort ist Wasser, und ein Handtuch hab ich euch auch hingelegt. Cecelia, du hilfst Milo.«

Einen Augenblick glaubte sie, Evan würde aufbrausen, doch er ging wortlos zum Eimer und wusch sich die Hände. Die Kinder taten es ihm nach. Als Cecelia, die Milo an der Hand führte, an der Reihe war, warf sie Amelia einen flüchtigen Blick zu. Vielleicht bildete sie es sich nur ein, doch sie glaubte Respekt im Blick des Mädchens auszumachen.

Amelia servierte jedem eine Kartoffel und ein Ei – Evan bekam die doppelte Portion – und legte Besteck neben jeden Teller. Sie aßen schweigend, tauschten nur verstohlene Blicke. Nach dem Essen verschwanden alle wortlos.

»Sie hätten sich wenigstens bedanken können«, schimpfte Amelia leise vor sich hin, als sie den Tisch abräumte. Nachdem sie das Geschirr gespült hatte, säuberte sie das Gemüse und schnitt es genau wie das Fleisch in kleine Stücke. Dann gab sie alles mit ein wenig Wasser in einen Topf. Sieht nicht besonders appetitlich aus, dachte sie. Ob noch etwas dazugehörte? Da sie nicht wusste, was es sein könnte, hielt sie es für sicherer, alles so zu lassen, wie es war.

Ihre Gedanken drehten sich unaufhörlich um ein Bad. Sie kam sich schrecklich schmutzig vor, umso mehr, nachdem sie das Gemüse aus der Erde gescharrt hatte.

Schließlich machte sie sich auf die Suche nach einem geeigneten Bottich. Evan würde bestimmt nicht so bald zurückkehren. Sie würde also genug Zeit zum Baden haben, und das Wasser könnte sie anschließend immer noch zum Wäschewaschen benutzen. Vorsichtshalber legte sie zwei dicke Holzscheite nach, damit der Eintopf gar wurde.

Im Zimmer der Kinder entdeckte sie einen Badezuber. Er war nicht besonders groß, würde seinen Zweck aber erfüllen. Amelia trug ihn zu ihrer Kate hinüber. Dann füllte sie den Zuber mit heißem Wasser aus dem Kessel und goss kaltes Wasser aus dem Brunnen dazu. Als es genau die richtige Temperatur hatte, zog sie sich aus, stieg in den Bottich und seufzte wohlig. Obwohl sie die Beine nicht strecken konnte, empfand sie das warme Bad als Wohltat. Sie spürte, wie ihre schmerzenden, verkrampften Muskeln sich entspannten. Was für ein himmlisches Gefühl!

Eine Ewigkeit später wurde Amelia bewusst, dass das Wasser schon ganz kalt geworden war. Sie kletterte aus dem Bottich und zog sich wieder an. Sie fühlte sich wie neu geboren. Als sie zum Haus eilte, um die Schmutzwäsche zu holen, kam ihr eins der Mädchen entgegengerannt. Rauch quoll aus der Tür des Hauses.

Amelia beschleunigte ihre Schritte. »Was ist passiert?«, rief sie ängstlich.

»Das ganze Haus ist voll Rauch!«, schrie Molly.

Amelia stürmte durch die Tür. Augenblicklich musste sie husten in dem beißenden Qualm, dessen Quelle sie auf Anhieb entdeckte: Sie hatte vergessen, den Deckel auf den Topf zu legen, in dem das Abendessen schmorte, sodass alles Wasser verdampft und das Essen verkohlt war.

»O nein!«, jammerte sie.

»Was ist denn hier los?« Evan kam ins Haus gestürzt und schickte die Kinder hinaus.

Amelia brach in Tränen aus. Sie konnte nicht glauben, dass sie zwei Mahlzeiten an einem einzigen Tag hatte anbrennen lassen.

»Warum hast du nicht nach dem Essen geschaut?« Evan sah, wie hoch die Flammen in der Feuerstelle emporschlugen. Offensichtlich hatte seine Farmhelferin Holz nachgelegt und das Essen dann sich selbst überlassen. »Wo bist du gewesen?«

»Ich ... ich ...«, stammelte Amelia. Sie konnte sich nicht damit herausreden, die Wäsche gewaschen zu haben, denn der Haufen Schmutzwäsche lag immer noch neben dem Tisch.

Plötzlich bemerkte Evan, dass ihre Haare nass und sauber waren. Wut lodert in ihm auf. »Du hast gebadet, stimmt's?«, brüllte er. Sie brauchte gar nicht erst zu antworten; das schlechte Gewissen stand ihr ins Gesicht geschrieben. »Weißt du eigentlich, wie kostbar hier draußen Nahrungsmittel sind? Vorräte bekommen wir nur alle drei Monate, wenn das Schiff anlegt und den Leuchtturmwärter beliefert. Ich muss eine Familie ernähren, und wir müssen sorgsam mit unseren Lebensmitteln umgehen!«

»Es tut mir Leid«, sagte Amelia leise.

»Das hilft uns auch nicht weiter!«, brüllte Evan. »Davon werden meine Kinder nicht satt!«

»Ich hab's doch nicht absichtlich getan. Falls ich jemals kochen konnte, weiß ich es nicht mehr. Das Erste, woran ich mich erinnere, ist der Augenblick, als ich im Haus des Leuchtturmwärters aufgewacht bin. Ich weiß nichts mehr von meinem früheren Leben! Haben Sie eine Ahnung, wie das ist?«

Evan antwortete nicht, doch ihre Verzweiflung schien echt. »Natürlich wissen Sie es nicht!«, fuhr sie zornig fort. »*Sie* können sich ja an alles erinnern. *Ich* aber weiß nichts mehr über meine Familie, mein Zuhause, meine Vergangenheit. Vielleicht ist die eine oder andere Erinnerung schmerzlich für Sie, aber Sie sollten dankbar dafür sein, denn auch die schmerzlichen Dinge gehören nun mal zum Leben. Es ist grausam, gar nichts mehr zu wissen. Das würde ich meinem ärgsten Feind nicht wünschen!« Weinend stürmte sie hinaus.

Es war kurz vor Mitternacht. Amelia schrubbte noch immer schmutzige Kleidungsstücke. Sie wollte sie gleich am nächsten Morgen aufhängen, damit sie rasch trockneten. Dem riesigen Berg nach zu urteilen, war lange nicht gewaschen worden. Die Kleidung der Mädchen war fadenscheinig und zerschlissen. Die jüngeren Geschwister mussten die Sachen der älteren auftragen. Milo habe nichts Sauberes mehr anzuziehen, hatte Evan gesagt. Wie Amelia feststellte, galt dies auch für die Mädchen, doch das Wohl seines Sohnes ging Evan offenbar über alles. Er nahm ihn überallhin mit und sorgte sich ständig um ihn. Die Mädchen – insbesondere die jüngsten, Jessie und Molly – konnten einem Leid tun.

Amelias Hände waren gerötet und aufgesprungen. Sie konnte die Augen kaum noch offen halten, und ihre Knie und ihr Rücken schmerzten höllisch, doch sie wollte unbedingt fertig werden. Sie betrachtete das Wäschewaschen als Strafe dafür, dass sie das Essen hatte anbrennen lassen. Der Gedanke, dass die Kinder durch ihre Schuld hungrig zu Bett gegangen waren, machte ihr sehr zu schaffen.

Amelia rubbelte gerade das letzte Kleidungsstück, als die Tür geöffnet wurde. Evan kam herein. Er hatte Licht brennen sehen und gehört, wie seine Farmhelferin eimerweise Waschwasser im Gemüsegarten ausschüttete.

Amelia, die neben dem Bottich kniete, schaute auf. Evan hielt einen Teller in der Hand. Eine Scheibe Schmalzbrot lag darauf. In der anderen Hand hielt er ein Glas Milch. Er ließ den Blick über die saubere Kleidung schweifen und stellte dann den Teller und das Glas neben Amelia auf den Boden.

Sie machte ein verdutztes Gesicht. »Geben Sie das bitte den Kindern«, sagte sie dann zu Evans Überraschung. »Ich brauche es nicht.«

»Die Kinder haben schon gegessen. Das hier ist für dich. Du hast es verdient«, erwiderte er und verließ die Hütte.

Kingscote

Sarahs erster Tag in ihrem neuen Zuhause verlief ganz anders als der Amelias. Niemand weckte sie mit einem Tritt gegen die Matratze, niemand befahl ihr, Frühstück zu machen, niemand kommandierte sie herum. Sie erwachte ausgeruht in einem bequemen Bett und wurde höflich von Polly geweckt, die ihr mitteilte, dass das Frühstück in einer halben Stunde serviert würde.

Als Sarah hinunterkam, tat sie sehr nachdenklich. Sie wünschte den Ashbys, die bereits am Tisch saßen, einen Guten Morgen und versank dann in grüblerisches Schweigen. Den Tee und den Toast mit dem pochierten Ei, die Polly ihr serviert hatte, rührte sie nicht an. Edna musterte sie besorgt.

»Bedrückt dich irgendetwas, Amelia, Liebes?« Sie hatte sich schon Vorwürfe wegen des Gesprächs über die bevorstehende Erbschaft gemacht. Vielleicht war es dafür noch zu früh gewesen.

»Ich muss nur daran denken, was für ein Glück ich hatte, dass ich bei der Schiffskatastrophe gerettet wurde, während so viele andere ums Leben gekommen sind.«

»Da hast du Recht«, pflichtete Charlton ihr bei. Er faltete die Morgenzeitung zusammen, die über den Untergang der *Gazelle* berichtete. »Anscheinend hast du einen Schutzengel gehabt.« Er dachte an ihre Eltern und ihren jüngeren Bruder, doch die Gedanken seines Mündels gingen in eine ganz andere Richtung.

»Ich glaube, der Leuchtturmwärter war mein Schutzengel. Hätte er mich und die andere Frau nicht im Schein des Leuchtfeuers auf dem Felsenriff entdeckt, als die Flut kam, hätten uns wahrscheinlich die Haie geholt.«

»Wir müssen uns unbedingt bei Gabriel bedanken, wenn wir ihn das nächste Mal sehen«, sagte Charlton zu seiner Frau.

»Ich werde ihm schreiben«, erwiderte Edna. »Er freut sich bestimmt über einen Brief, wo er da draußen so einsam und allein ist.«

»Seht ihr Gabriel eigentlich oft?« Die Frage, wie eng die Ashbys mit dem Leuchtturmwärter befreundet waren, hatte Sarah die halbe Nacht nicht schlafen lassen.

»Nein.« Edna schüttelte bedauernd den Kopf. »Das letzte Mal haben wir vor ungefähr neun Monaten mit ihm gesprochen, kurz bevor er seine Stelle am Cape du Couedic antrat. Wir sehen ihn nur, wenn er nach Kingscote zurückkommt, um als Lotse auf den Schiffen zu arbeiten, die in die Nepean Bay einlaufen. Das ist sein zweiter Beruf. Ich weiß noch, vor zwei Jahren war er Leuchtturmwärter am Cape Willoughby. Ich glaube, von Zeit zu Zeit braucht er die Einsamkeit.«

»Und wie lange bleibt er am Cape du Couedic?«, fragte Sarah. »Mir kam es dort schrecklich abgelegen vor.«

»Ich weiß nicht, ob er sich für ein oder zwei Jahre verpflichtet hat«, entgegnete Charlton. »Normalerweise bringt ein Leuchtturmwärter seine Familie mit, aber Gabriel hat niemanden. Soviel ich weiß, sollte ein zweiter Mann als Vertretung hinausgeschickt werden, aber wenn du sagst, er ist allein, ist der andere wohl noch nicht eingetroffen. In der Nähe ist eine Farm. Ich nehme an, Gabriel trifft sich gelegentlich mit dem Farmer.«

Sarah nickte. »Ich habe ihn kennen gelernt. Vielleicht sollte ich es nicht sagen, aber ich finde, er ist ein merkwürdiger Kauz.«

Charlton lächelte. »Da hast du wohl Recht, Amelia. Evan Finnlay ist ein Außenseiter, aber auch ein harter Arbeiter. Er liebt das Einsiedlerdasein, und seit dem Tod seiner Frau hat er sich noch mehr zurückgezogen. Ich weiß nur nicht, ob seine Lebensweise für seine Kinder gut ist. Sie haben nie Kontakt zu Gleichaltrigen.«

Sarah fiel ein Stein vom Herzen. Falls Amelia ihr Gedächtnis wiederfand und irgendwelche Dinge behauptete, würde so schnell niemand davon erfahren, da Evan seine Farm offenbar selten verließ.

»Eines Tages wird Evan gar nichts anderes übrig bleiben, als in die Stadt zu ziehen«, meinte Edna. »Wenn die Mädchen älter sind, wollen sie bestimmt nicht mehr in einem so verlassenen Winkel fern jeder Zivilisation leben.«

»Wie alt sind sie denn?«, erkundigte Sarah sich scheinbar beiläufig.

»Die Älteste muss ungefähr dreizehn sein. Ein paar Jahre wird sie mit dem Leben da draußen schon noch zufrieden sein, nehme ich an.« Edna hielt kurz inne. »Die andere Überlebende des Schiffsunglücks wird auf der Farm arbeiten, hast du gesagt?«

»Ja, für zwei Jahre. Unter dieser Auflage wurde sie vorzeitig aus der Haft entlassen.« Sarah kam es irreal vor, über sich selbst wie von einer dritten Person zu sprechen.

»Evan wird sie angefordert haben, damit sie mit den Kindern und bei der Landarbeit hilft«, sagte Edna. »Für einen allein ist das ja auch kaum zu schaffen. Schließlich hat er sechs Kinder zu versorgen und muss die Farm bewirtschaften.«

Sarah setzte eine mitfühlende Miene auf, doch insgeheim war sie heilfroh, dass ihr das Leben dort draußen erspart blieb. »Diese Zuchthäuslerin sagt, sie könne sich nicht daran erinnern, im Gefängnis gewesen zu sein. Als der Leuchtturmwärter sie das Kliff hinaufzog, hat sie sich den Kopf an der Felswand angeschlagen. Seit diesem Augenblick, sagte sie, fehlt ihr jede Erinnerung.« Sarah wollte Zweifel in den Köpfen der Ashbys säen. »Oder sie will sich für jemand anders ausgeben – jemand, der beim Untergang der *Gazelle* ums Leben kam.«

»Was für ein befremdlicher Gedanke!«, rief Edna aus. »Könnte sie so verschlagen sein?«

»Wer kann das bei einer Frau mit ihrer Vergangenheit schon wissen«, gab Sarah zurück und hob vielsagend eine Augenbraue.

Edna schien besorgt. »Ich hoffe, dass sie ehrlich ist und Evan und seiner Familie nicht noch mehr Kummer bereitet. Die Finnlays haben schon genug durchgemacht.«

»Ich hoffe, die Frau besitzt ein wenig Bildung«, meinte Charlton. »Eine unserer Nachbarinnen unterrichtet an der hiesigen Schule. Zusammen mit den Vorräten, die Evan geliefert werden, schickt sie Schulaufgaben für die Kinder auf die Farm hinaus, doch seit Evans Frau tot ist, hat sie keine Hausaufgaben mehr zurückbekommen. Nun ja, bei der vielen Arbeit bleibt Evan vermutlich keine Zeit, sich darum zu kümmern. Wenn diese junge Frau den Kindern bei den Schularbeiten helfen kann, wäre sie allen Ärger wert, den sie möglicherweise verursacht. Ich finde den Gedanken unerträglich, dass die Kinder wie kleine Wilde aufwachsen.« Im Geist sah er verwahrloste Vagabunden ohne jede Manieren vor sich.

Sarah musste an Amelia denken. Bei einem Sonderling wie Evan, bei dem sie bis zum Umfallen schuften und obendrein sechs Kinder versorgen müsste, würde ihr Leben die Hölle sein. Und genau das hatte sie Sarahs Ansicht nach verdient.

»Hast du auf dem Schiff mit dieser jungen Frau gesprochen?«, wollte Charlton wissen.

»Ich bitte dich, Charlton!« Edna warf ihm einen gereizten Blick zu. »Warum sollte Amelia sich mit einer Zuchthäuslerin unterhalten?«

Charlton blickte verwirrt. »Ich könnte mir vorstellen, dass ein heilloses Chaos ausgebrochen ist, nachdem das Schiff aufs Riff gelaufen war. Ich glaube kaum, dass Standesunterschiede da noch eine Rolle gespielt haben.«

»Onkel Charlton hat vollkommen Recht«, pflichtete Sarah ihm bei. Er war freundlich und verständnisvoll; deshalb musste sie Partei für ihn ergreifen. »Der Zufall hat entschieden, wer einen Platz im Rettungsboot bekam. Das Schiff war zu dem Zeitpunkt schon auseinander gebrochen, und die meisten Rettungsboote hatte der Sturm fortgerissen, sodass für die Menschen im Heck nur noch ein einziges Boot zur Verfügung stand. Ich hatte gar nicht bemerkt, dass die Strafgefangene mit mir im Rettungsboot saß, aber es wäre mir in der Situation auch völlig gleichgültig gewesen.«

»Aber natürlich, Liebes«, sagte Edna erschüttert. »Es ist furchtbar, was du durchgemacht hast.«

Sarah nickte. »Was ich über die Zuchthäuslerin weiß, habe ich von Lucy erfahren, meiner Bediensteten. Sie hatte sich auf der Reise mit der Frau angefreundet.«

»Es tut uns sehr Leid, dass Lucy ums Leben gekommen ist«, sagte Edna mitfühlend. »Man hatte uns mitgeteilt, dass du in Begleitung reist. Als du allein hier angekommen bist, haben wir gleich mit dem Schlimmsten gerechnet. Wir haben aber nichts gesagt, weil wir dich nicht unnötig aufregen wollten. Wir hielten es für besser zu warten, bis du von selbst darauf zu sprechen kommst.«

Sarah nickte bekümmert. Ihre Traurigkeit war echt. Obwohl sie Lucy nicht lange gekannt hatte, empfand sie ihren Tod als schmerzlichen Verlust. »Ich wollte, dass sie mit mir ins Rettungsboot kommt.« Sooft sie an das eigensüchtige Verhalten der echten Amelia dachte, packte sie die Wut. »Einer der Matrosen versprach, sie in Sicherheit zu bringen, aber sie hatten keine Chance. Das Heck des Schiffes sank, kurz nachdem das Rettungsboot abgelegt hatte.«

»Es tut mir schrecklich Leid, mein Kind.« Edna drückte ihr mitfühlend die Hand. Ihr Mündel hatte die Lippen fest zusammengepresst und durchlebte offenbar einen Sturm heftiger Gefühle. »Aber du kannst nichts dafür, dass Lucy es nicht geschafft hat. Ich bin sicher, du hast alles versucht, sie zu retten. Gib dir nicht die Schuld an ihrem Tod.«

»Das tue ich auch nicht«, entgegnete Sarah wahrheitsgemäß. Sie machte die echte Amelia dafür verantwortlich.

5

CAPE DU COUEDIC

»Guten Morgen, Gabriel«, grüßte Evan. »War es eine lange Nacht?«

Gabriel war gerade vom Leuchtturm heruntergestiegen und auf dem Weg zu seinem Haus. Der Morgen dämmerte herauf, und es war windig. »Keine besonderen Vorkommnisse, Evan. So, wie ich es mag. Leistest du mir beim Frühstück Gesellschaft?«

»Eine Tasse Tee trink ich gern mit dir, aber dann muss ich zurück, falls meine Farmhelferin mir wieder das Haus abzufackeln versucht.«

Gabriel warf ihm einen neugierigen Blick zu. »Ich dachte mir gleich, dass du etwas auf dem Herzen hast.«

»Ich wollte dir nur sagen, dass ich zusätzliche Vorräte brauche, wenn das Versorgungsschiff das nächste Mal anlegt.«

Sie betraten das Haus. Gabriel schürte die schwache Glut im Herd, legte Holz nach und vergewisserte sich, dass Wasser im Kessel war. »Isst deine Hilfskraft dir die Haare vom Kopf?«, fragte er.

»Viel schlimmer. Wir kriegen überhaupt nichts mehr zu futtern. Gestern hat sie das Frühstück *und* das Abendessen anbrennen lassen. Wir können von Glück sagen, dass das Haus nicht in Flammen aufgegangen ist. Ich war draußen bei den Schafen. Ich dachte, mir bleibt das Herz stehen, als ich den Rauch aus dem Haus aufsteigen sah.«

»Was ist denn passiert?«

»Ihre Ladyschaft hat offenbar ein Bad genommen und darüber den Eintopf vergessen, der über dem Feuer hing. Kannst du dir das vorstellen?«

Gabriel antwortete nicht, doch er konnte sich sehr gut vorstellen, dass ein Bad für die junge Dame wichtiger war als ein Eintopf über dem Feuer.

»Diese Frau hat das ganze warme Wasser zum Baden benutzt! Sie muss stundenlang im Zuber gesessen haben, weil der Eintopf verkohlt war. Es war eine Heidenarbeit, den Topf wieder sauber zu kratzen!«

»Du kannst von meinen Vorräten mitnehmen, was du brauchst. Ich möchte nicht, dass deine Kinder hungern müssen.«

»So weit ist es noch nicht. Im Notfall kann ich uns ein Stück Wild schießen.«

»Kann die Frau sich inzwischen an irgendwas erinnern? Hat sie zugegeben, eine Zuchthäuslerin zu sein?«

»Nein. Sie behauptet nach wie vor, keinerlei Erinnerungen an ihre Vergangenheit zu haben.«

»Kann sie wenigstens zupacken?«

»Ja, wie eine Frau ohne Arme«, versetzte Evan sarkastisch. »Nachdem sie das Essen anbrennen ließ, hab ich ihr tüchtig die Meinung gesagt, worauf sie heulend hinausgerannt ist. Wenigstens hat sie die Wäsche gewaschen. Hat die halbe Nacht dafür gebraucht. Ich hab ihr gesagt, wer nicht arbeitet, bekommt nichts zu essen. Das scheint gewirkt zu haben.«

Gabriel, der sich bereits gefragt hatte, wie die junge Frau auf der Farm zurechtkam, musste ein Lächeln unterdrücken. »Und wann schickst du sie zum Pflügen auf die Felder?«

Evan machte ein finsteres Gesicht, aber er wusste natürlich, dass Gabriel es nicht ernst gemeint hatte. Einen Mundwinkel leicht nach oben gezogen, antwortete er kopfschüttelnd: »Du solltest mal ihre Hände sehen. Alles voller Blasen von den paar Kartoffeln, die sie ausgegraben hat!«

»Irgendwie kann sie einem Leid tun«, meinte Gabriel.

Evan verdrehte die Augen. Obwohl er es niemals zugeben würde, hatte sie auch ihm ein bisschen Leid getan. Ihre Hände hatten wirklich schlimm ausgesehen. »Meine Jane hat die Arbeit mühelos geschafft. Sie hat genauso geschuftet wie ich.«

»Du kannst die beiden nicht miteinander vergleichen, Evan. Sie sind grundverschieden.«

»Ja, so verschieden wie Tag und Nacht«, bekräftigte er. Er entsann sich, wie abgekämpft Jane abends immer war. Zum Schluss war sie so erschöpft gewesen, dass er deswegen ein schlechtes Gewissen gehabt hatte. Als ihr dann sogar die Kraft gefehlt hatte, ihren zweiten Sohn zur Welt zu bringen, waren seine Schuldgefühle ins Unermessliche gestiegen.

»Du musst ihr Zeit geben, Evan. Die Arbeit auf einer Farm ist überall hart, aber hier draußen ist es fast unmöglich, dem Boden etwas abzuringen. Hinzu kommt die Einsamkeit. Du und ich, wir können damit umgehen, die meisten anderen aber nicht.«

»Immer noch besser als im Gefängnis zu sitzen«, gab Evan barsch zurück. Es war das schlechte Gewissen wegen Jane, das ihn so bärbeißig machte. Er wusste es, konnte aber nichts dagegen tun.

»Da hast du wohl Recht. Aber ich könnte mir denken, dass die Frau sich jetzt genauso gefangen vorkommt, auch wenn sie behauptet, sie könne sich nicht erinnern, im Gefängnis gewesen zu sein.«

»Ich glaube, sie lügt, weil sie hofft, sich einen faulen Tag machen zu können. Aber da ist sie schief gewickelt!«

Gabriel fiel auf, wie hart und zynisch Evan seit dem Tod seiner Frau geworden war. Vielleicht war es seine Art, mit dem schmerzlichen Verlust fertig zu werden. »Wie kommt sie mit den Kindern zurecht?«

»Nicht besonders. Sissie und Bess lachen sie aus. Sissie kann's nicht fassen, dass jemand zu nichts zu gebrauchen ist. Sie erinnert sich noch zu gut daran, was ihre Mutter alles konnte.«

»Womit beschäftigt sich die Frau, solange du weg bist?«

»Als ich ging, hat sie sich ein zweites Mal an der Zubereitung von Haferbrei versucht. Ich hab immer gedacht, das kriegt jeder hin. Irrtum! Gestern haben wir die Hühner mit dem Zeug gefüttert. Apropos – wenn ich nach Hause komme, werde ich ihr sagen, sie soll ein Huhn fürs Abendessen schlachten, aber ich kann mir schon vorstellen, wie sie darauf reagieren wird.« Seufzend schüttelte er den Kopf. »Ich muss sie jeden Morgen wecken, sonst kriegt sie den Hintern nicht hoch. Man könnte fast glauben, sie wäre es gewohnt, lange im Bett zu bleiben. Dabei hat man sie im Gefängnis bestimmt in aller Herrgottsfrühe geweckt. Und weißt du was? Sissie musste ihr sogar zeigen, wie man eine Kuh melkt! Nicht zu fassen! Als sie dann nach einer Ewigkeit hereinkam, brachte sie einen viertel Eimer Milch mit und erzählte, die Kuh hätte den Eimer umgestoßen!«

Gabriel lachte. Er konnte Evans Gereiztheit zwar verstehen, konnte sich aber auch in die Lage des Mädchens versetzen. Für Evan arbeiten zu müssen, war bestimmt kein Zuckerschlecken.

Nicht lange nachdem Evan gegangen war, stand Amelia vor dem Cottage des Leuchtturmwärters. Gabriel hatte gerade im Dienstbuch vermerkt, wie das Wetter in der vergangenen Nacht gewesen war, und das Glas der Leuchtturmlaterne gereinigt. »Guten Morgen«, sagte er misstrauisch. Er fragte sich, was die junge Frau zu ihm führte.

»Würden Sie mir einen Gefallen tun?« Sie war sichtlich nervös.

»Ich werde Ihnen nicht helfen, von der Insel zu fliehen, wenn Sie darauf anspielen«, sagte er mit Nachdruck.

»Fliehen?« Sie sah ihn mit großen Augen an. »Ich weiß, dass Sie mir nicht zur Flucht verhelfen würden.« Evan hatte sie bereits gewarnt: Falls sie Dummheiten machte, würde sie schnurstracks zurück ins Zuchthaus wandern.

»Was wollen Sie dann von mir?«

»Evan verlangt von mir, ein Tier zu töten. Das bringe ich nicht fertig!«, brach es verzweifelt aus ihr hervor.

Gabriel runzelte die Stirn. »Reden Sie von dem Huhn?«

Sie schaute ihn verdutzt an. »Ja. Woher wissen Sie das?«

»Evan war vorhin da. Er hat schon geahnt, dass Sie Schwierigkeiten haben, ein Huhn zu schlachten.«

»So? Nun, da hat er völlig Recht!« Ein Gedanke durchfuhr sie. »Hat Evan Ihnen erzählt, dass ich das Essen habe anbrennen lassen?«

Da Evan bereits genug Sorgen hatte, wie Gabriel fand, entschied er sich für eine diplomatische Antwort. »Er sagte, er würde wahrscheinlich zusätzliche Vorräte kaufen müssen.«

Amelias braune Augen wurden schmal. Die Geschichte mit dem verkohlten Essen war ihr unangenehm. Aus irgendeinem Grund wollte sie nicht, dass Gabriel an ihren hausfraulichen Tugenden zweifelte. »Jedenfalls kann ich kein Huhn schlachten«, gestand sie. »Ich weiß zwar nichts mehr über meine Vergangenheit, aber ich bin sicher, dass ich niemals ein Lebewesen getötet habe.«

»Warum nehmen Sie nicht einfach eine Axt und jagen das Huhn so lange, bis es vor Angst tot umfällt?«

»Das ist nicht komisch! Ich habe mich überwunden und bin hierher gekommen, obwohl es von Schlangen wimmelt, und was tun Sie? Sie machen sich über mich lustig!«

»Schlangen? Was für Schlangen?«

»Evan hat gesagt, dass es hier überall Schlangen gibt. Stimmt das etwa nicht?«

»Doch, schon, aber an einem so kalten Tag sind sie nicht unterwegs. Sie haben also nichts zu befürchten.«

»Werden Sie mir helfen, das Huhn zu schlachten?«

»Ich?«

»Wer denn sonst? Würden Sie ... würden Sie das für mich erledigen?«

»Wo ist Evan?«

»Er führt die Schafherde auf eine neue Weide und ist erst zum Mittagessen zurück.«

»Hören Sie«, sagte Gabriel, »ich bin todmüde und wollte mich gerade hinlegen. Ich war die ganze Nacht auf.«

Amelia warf einen flüchtigen Blick zum Leuchtturm hinauf. »Es wird doch nicht lange dauern.« Sie verlegte sich aufs Bitten und Schmeicheln. »Sie würden mir einen großen Gefallen tun. Ich wäre Ihnen wirklich sehr dankbar!«

Gabriel seufzte. Wie konnte er ihr die Bitte abschlagen? Sie würde ja doch keine Ruhe geben, und je eher die Sache erledigt war, desto schneller würde er ins Bett kommen. »Also gut. Gehen wir.«

Er folgte ihr zur Farm, wo Evan bereits die Axt an den Hühnerstall gelehnt hatte.

»Haben Sie schon eins ausgesucht?«, fragte Gabriel, als sie einen Augenblick zuschauten, wie die Hühner, ein gutes Dutzend, im Boden scharrten.

»O Gott, so etwas können Sie nicht von mir verlangen!«, rief Amelia entsetzt und drehte sich rasch um. »Ich will doch nicht den Todeskandidaten aussuchen müssen!«

Wieder seufzte Gabriel. »Also gut«, sagte er und ging in den Hühnerstall. Amelia hielt sich rasch die Ohren zu. Dennoch vernahm sie das panische Gackern und Glucken, als Gabriel die Tiere jagte, bis er eins gefangen hatte. Sie fuhr herum, um ihm zu sagen, er solle aufhören und das Huhn am Leben lassen, doch es war zu spät. Die Axt sauste herunter, und der abgeschlagene Hühnerkopf fiel zu Boden. Blitzschnell kniff Amelia die Augen zusammen, doch sie hatte das grausige Bild bereits in sich aufgenommen.

»So, das wär's«, sagte Gabriel. Er trat aus dem Hühnerstall und berührte Amelia an der Schulter. »Jetzt brauchen Sie es nur noch zu rupfen und zu säubern.«

Langsam öffnete Amelia die Augen. Gabriel hielt das kopflose Huhn an den Füßen. Es schlug immer noch mit den Flügeln, Blut spritzte umher.

Amelia wurden die Knie weich. Sie verdrehte die Augen und fiel augenblicklich in Ohnmacht.

Als Amelia wieder zu sich kam, lag sie auf der Matratze in ihrer Hütte. Evan, die Kinder und Gabriel standen um sie herum.

»Ich hab doch gesagt, ihr fehlt nichts«, grummelte Evan mürrisch. Milo auf dem Arm, stapfte er zur Tür hinaus. Sissie und Rose, die Jessie an der Hand hielt, folgten ihm.

»Alles in Ordnung?«, fragte Gabriel die junge Frau, die noch immer schreckensbleich war.

»Ja. Was ist passiert?«

»Du bist ohnmächtig geworden«, sagte Molly.

»Kannst du kein Blut sehen?«, fragte Bess und warf Gabriel einen verstohlenen Blick zu. Offenbar stammte die Erklärung von ihm.

Sofort stieg das Bild des kopflosen Huhns in Amelia auf, und sie schauderte vor Entsetzen.

»Das Huhn blutet seit einer halben Stunde aus. Sie werden keinen Tropfen Blut mehr finden«, beruhigte Gabriel sie. »Rupfen und säubern müssen Sie es aber schon noch.« Er wandte sich zum Gehen. In der Tür drehte er sich noch einmal um. »Tauchen Sie es in kochendes Wasser, dann gehen die Federn leichter raus.«

Es war Abend, und Gabriel war oben im Leuchtturm. Die Sonne versank hinter dem Horizont über dem Meer, und allmählich senkte sich die Dämmerung herab. Gabriel hatte die Linsen poliert und das Licht angezündet, als er plötzlich hörte, wie jemand seinen Namen rief.

»Wer ist da?«, rief er die Wendeltreppe hinunter.

»Ich bin's nur«, rief Amelia hinauf. Sie brachte es nicht über sich, »Sarah Jones« zu sagen, weil sie nach wie vor an ein Missverständnis glaubte. Der Name klang nicht im Mindesten vertraut. »Darf ich heraufkommen?«

Gabriel war sprachlos. Er fragte sich, ob es klug war, mit der jungen Frau allein zu sein, zumal Evan vermutlich nicht wusste, dass sie hier war. »Meinetwegen«, erwiderte er zögernd. »Aber seien Sie vorsichtig!«

Amelia stieg die Wendeltreppe hinauf. Oben angekommen, betrachtete sie staunend die komplizierte Anlage für das Leuchtfeuer.

»Wie sind Sie mit dem Huhn zurechtgekommen?«, fragte Gabriel neugierig.

Sie sah ihn an und fröstelte.

»War es so schlimm?«

»Ich will nie wieder ein Huhn sehen«, entgegnete sie. »Ich habe es so gemacht, wie Sie gesagt haben, und es in kochendes Wasser gehalten, aber die nassen, stinkenden Federn rupfen zu müssen, war ekelhaft!« Wieder schauderte sie. Sie hatte noch immer den Geruch der Federn in der Nase.

»Aber das Huhn hat bestimmt köstlich geschmeckt.«

»Keine Ahnung.«

»Haben Sie's anbrennen lassen?«

Sie funkelte ihn böse an. »Nein, aber ich habe keinen Bissen davon gegessen.«

Gabriel machte ein verwirrtes Gesicht. »Warum denn nicht?«

»Ich konnte nicht.« Sie wandte sich um und beobachtete, wie der Lichtstrahl übers Meer huschte. Es war ein wunderschönes Bild. »Was für eine herrliche Aussicht«, sagte sie, den Blick auf den Horizont geheftet, der im Schein der letzten Sonnenstrahlen orangerot glühte.

»Ja, nicht wahr? Ich kann mich nicht satt sehen an diesem Anblick.«

»Ich wollte mich noch bei Ihnen bedanken. Sie haben mir das Leben gerettet.« Amelia schaute in die Richtung, in der sie das Wrack der *Gazelle* vermutete.

»Was ich getan habe, war eine Selbstverständlichkeit«, erwiderte Gabriel. »Für mich gehört es zu meinen Aufgaben als Leuchtturmwärter.«

»Wie oft müssen Sie denn Ihr Leben aufs Spiel setzen, um das anderer Menschen zu retten?« Ihr fiel auf, dass er sich rasiert hatte und sehr gut aussah. Ihr entging auch nicht, wie eng es hier oben war, und diese Enge schuf eine gewisse Intimität.

»Die *Gazelle* ist das zweite Schiff, das in der Gegend hier gesunken ist, seit ich vor neun Monaten meinen Posten angetreten habe. Als die *Montebello* damals auf das Riff lief, mussten acht Überlebende gerettet werden.«

»Wieso kommt es trotz des Leuchtsignals immer noch zu solchen Katastrophen?«

»Dafür gibt es mehrere Gründe. Beispielsweise kann ein Schiff in einen schweren Sturm geraten, so wie die *Gazelle*. Dann beträgt die Sicht nur wenige Meter. Hinzu kommt, dass der Kapitän und die Besatzung mit den Sandbänken und Untiefen möglicherweise nicht vertraut sind. Bei einem Segelschiff können die Segel vom Sturm zerfetzt werden, Maschinen fallen aus, oder das Ruder bricht – dann ist das Schiff manövrierunfähig und wird gegen die Felsen oder ein Riff geschleudert. Zweifellos rettet ein Leuchtturm vielen Menschen das Leben, aber die See ist und bleibt unberechenbar und gefährlich.«

Amelia kam plötzlich ein Gedanke. Sie konnte sich an niemanden vom Schiff erinnern. War es möglich, dass sie in Begleitung unterwegs gewesen war …?

»Weiß Evan, dass Sie hier sind?« Gabriels Frage riss sie aus ihren Grübeleien.

»Nein. Er und die Kinder gehen schlafen, sobald es dunkel wird. Die Kinder stehen bei Sonnenaufgang auf, Evan sogar noch früher«, sagte sie und verdrehte die Augen.

Gabriel erinnerte sich an Evans Bemerkung. »Sie würden wohl lieber ausschlafen?«

»Natürlich! Warum soll ich in aller Herrgottsfrühe aufstehen, wenn es draußen noch so kalt ist? Ich bin offenbar weder das frühe Aufstehen noch das zeitige Zu-Bett-Gehen gewohnt.«

»Aber im Gefängnis mussten Sie doch bestimmt früh raus.«

»Ich kann mich nicht daran erinnern, jemals im Gefängnis gewesen zu sein. Die Frau, die mich identifiziert hat, muss sich geirrt haben. Bestimmt hat sie mich mit jemandem verwechselt. Ich weiß nur nicht, wie ich das beweisen kann.« Sie hielt die Hände hoch, die Handflächen nach außen. »Sehen Sie sich meine Hände an!«

Selbst in dem trüben Licht konnte Gabriel die vielen aufgeplatzten Blasen erkennen.

»Sehen diese Hände aus wie die einer Frau, die im Gefängnis schwere Arbeiten verrichten musste?«

Gabriel schüttelte den Kopf. »Nein«, gab er zu.

»Ich kann nur hoffen, dass ich mein Gedächtnis wiederfinde und beweisen kann, dass ich nicht Sarah Jones bin. Aber bis dahin sitze ich hier fest.«

Ihre Verzweiflung ging Gabriel nahe, und er empfand Mitleid mit ihr. Er konnte nachvollziehen, was in ihr vorgehen musste. War tatsächlich eine Verwechslung denkbar? Ausschließen konnte man es nicht, und doch hielt er es für unwahrscheinlich.

»Ich gehe jetzt besser wieder«, sagte Amelia.

»Macht es Ihnen nichts aus, allein im Dunkeln zurückzugehen?«

Seine Fürsorge rührte sie. »Falls ich mich wirklich nicht vor Schlangen fürchten muss...«

»Nein«, antwortete er lächelnd.

Amelias Herz schlug schneller. Gabriel sah wirklich sehr gut aus.

»Gute Nacht«, sagte sie, plötzlich ganz außer Atem.

»Gute Nacht. Seien Sie vorsichtig!«

Sie wandte sich um. Als sie langsam die Wendeltreppe hinunterstieg, blickte sie noch einmal zu Gabriel auf, dessen Gesicht in diesem Moment vom Leuchtfeuer schwach erhellt wurde, und eine Sekunde lang glaubte sie Zärtlichkeit in seinen Augen zu sehen.

Mit zitternden Knien trat sie ihren Heimweg an. Sie wusste, sie würde wiederkommen.

6

Cape du Couedic

Auch in den folgenden Tagen kämpfte Amelia mit dem Haferbrei. Sie bekam ihn nie so hin, wie er sein sollte, aber wenigstens brannte er nicht mehr an. Doch Evan beklagte sich ständig, dass er entweder zu dick oder zu dünn sei. Wenigstens war es Amelia gelungen, sich mit der Kuh zu einigen. Wenn sie das Tier vor dem Melken auf ein neues Weidestück führte und dort anband, hielt es länger still.

Auch mit den Kindern war eine Veränderung vor sich gegangen, sehr zur Freude Amelias. Seit sie Sissie, Rose und Bess angeboten hatte, sich in ihrer Kate zu waschen, nahmen die Mädchen regelmäßig ein Bad. Obwohl sie nichts gesagt hatten, wusste Amelia, dass die Mädchen in ein Alter kamen, in dem sie sich genierten, sich vor ihren Geschwistern und vor allem vor ihrem Vater auszuziehen. Milo, Jessie und Molly, die Jüngsten, die noch keine Hemmungen hatten, wurden von Amelia gebadet. Evan selbst hatte sie noch nicht von den Vorzügen eines Bades zu überzeugen vermocht, aber immerhin wusch er sich jeden zweiten Tag gründlich. Amelia hoffte nur, dass er mit Beginn der warmen Jahreszeit häufiger Körperpflege betrieb – falls sie das Pech haben sollte, dann immer noch für ihn arbeiten zu müssen.

Als Amelia eines Morgens auf der Suche nach Salz die Vorräte durchstöberte, stieß sie auf mehrere beschriebene Blätter. Sie stellte fest, dass es sich offenbar um Schulaufgaben für die Kinder handelte.

»Sollen die Kinder diese Aufgaben machen?«, fragte sie Evan, als er zum Mittagessen nach Hause kam.

Er habe keine Zeit, sich darum zu kümmern, grummelte er, könne sich aber erinnern, dass die Kinder von ihrer Mutter jeden Tag ein neues Wort gelernt hätten – was dieses Wort bedeutete und wie man es buchstabierte. Evan hatte diese Gepflogenheit nach dem Tod seiner Frau nicht weiterführen können; schließlich hatte er sich allein darum kümmern müssen, dass seine Kinder etwas zu essen hatten und keinen Gefahren ausgesetzt waren.

Bei der Durchsicht der Aufgaben fiel Amelia auf, dass sie nach Schwierigkeitsgraden gestaffelt waren, um dem unterschiedlichen Alter der Kinder gerecht zu werden.

»Sollen Ihre Kinder denn keine Ausbildung erhalten?«, fragte sie Evan.

»Milo schon. Es ist wichtig, dass er etwas lernt. Aber die Mädchen sollen heiraten und ihrem Ehemann Kinder schenken.«

Amelia schnappte empört nach Luft. »Meinen Sie, zu mehr als zum Heiraten und Kinderkriegen taugen Mädchen nicht?«

»Natürlich nicht. Sie können doch nichts anderes.«

In diesem Moment kamen die Kinder herein.

»Sie glauben also, eine Frau bräuchte keine Ausbildung? Das ist eine dumme, überhebliche Einstellung! Jeder sollte lesen und schreiben können.«

Evan zuckte gleichgültig mit den Schultern und setzte sich an den Tisch.

»Haben Sie nicht etwas vergessen?«, sagte Amelia, einen vollen Teller in der Hand.

Evan warf ihr einen düsteren Blick zu, erhob sich dann aber und wusch sich die Hände. Die Kinder taten es ihm nach.

»Kannst du denn lesen und schreiben?«, fragte Sissie Amelia, als diese Evan den Teller hinstellte. Es war das erste Mal, dass das Mädchen sich für sie interessierte.

»Selbstverständlich!«

Evan zerteilte eine Kartoffel. »Woher weißt du das?«, fragte er mit vollem Mund.

Amelia schaute ihn verunsichert an. »Nun, ich... ich weiß es einfach.«

»Wie kannst du dir sicher sein, wenn du dich an nichts mehr erinnerst?«

Da war etwas dran, wie Amelia zugeben musste. Sie spürte die Blicke der Kinder auf sich ruhen. Kurz entschlossen nahm sie eine alte Zeitung aus der Brennholzkiste, schlug sie auf und las flüssig einen Artikel daraus vor: »Ruhestörung an Neujahr. Das neue Jahr begann mit mehr Lärm als gewöhnlich. Während es vor zwölf Monaten mit einem angemessenen Spektakel begrüßt wurde, ging es dieses Mal zu wie im Tollhaus. Um Mitternacht wurden die Einwohner der Stadt durch unerträglichen Radau in ihrer Ruhe gestört. Eine Horde Randalierer zog durch die Straßen, warf Fensterscheiben ein, trommelte auf Kerosinfässern und Packkisten, rasselte mit Nagelbüchsen und tat alles, um die wohlverdiente Ruhe der friedlichen Bürger zu stören.«

Evan hatte aufgehört zu kauen und blickte Amelia verwundert an. Schließlich schluckte er den Bissen hinunter und spülte mit einem Schluck Wasser nach. »Du kannst gut lesen«, meinte er dann. »Kannst du auch rechnen?«

»Natürlich«, entgegnete Amelia. »Vierundfünfzig plus siebenundvierzig macht einhunderteins.« Es erfüllte sie mit Genugtuung, beweisen zu können, dass eine Frau auch Verstand hatte und nicht nur zum Kinderkriegen taugte.

Evan starrte sie verblüfft an. »Das hast du im Kopf ausgerechnet?«

»Ja, sicher.«

»Was sind Ralalierer?«, wollte Rose wissen.

»Es heißt Randalierer. Das sind Leute, die Lärm machen, andere Menschen belästigen und Sachen beschädigen«, antwortete Amelia.

»Du könntest meine Ältesten im Lesen und Rechnen unterrichten«, sagte Evan. Er machte ein Gesicht, als hätte er endlich eine sinnvolle Beschäftigung für sie gefunden. Amelia ahnte nicht, dass er bass erstaunt war, weil sie offenkundig sehr viel gebildeter war als er.

»Wo soll ich denn die Zeit dafür hernehmen?« Sie teilte den Kindern das Essen aus.

»Du hast selbst gesagt, eine gute Ausbildung sei wichtig für ein Mädchen.«

»So ist es. Aber für die Arbeiten, die ich erledigen muss, brauche ich den ganzen Tag und manchmal noch die halbe Nacht.«

Evans Miene verfinsterte sich. Der Gedanke, Zugeständnisse machen zu müssen, gefiel ihm nicht. »Ich lass mich nicht erpressen«, knurrte er. »Wie ich schon sagte, die Mädchen werden heiraten und Kinder kriegen. Dazu müssen sie nicht lesen und schreiben können. Aber die Arbeiten, die ich dir zugeteilt habe, müssen erledigt werden.«

Amelia erwiderte nichts. Sie hatte etwas, das Evan wollte, und war entschlossen, ihren Nutzen daraus zu ziehen. Sie konnte warten und sich dabei überlegen, was sie als Gegenleistung verlangte. Eine solche Chance bot sich wahrscheinlich so schnell nicht wieder.

Am anderen Tag kam Gabriel auf die Farm hinaus. Amelia grub gerade ein Gemüsebeet um. Jessie und Molly halfen ihr.

»Hallo, Sarah. Hallo, Mädchen.«

Amelia streckte ihren schmerzenden Rücken. »Guten Tag, Gabriel«, grüßte sie und lächelte trotz der Anstrengung. Das Umgraben war harte Arbeit, und sie schwitzte trotz der kühlen Brise.

Gabriel sah die Handschuhe an ihren Händen. »Hat der Regen von heute Nacht den Boden ein wenig aufgeweicht?«

»Nur an der Oberfläche. Darunter ist er steinhart.« Amelia hatte ein großes Beet vom Unkraut befreit und dann Gemüseknollen und Wurzeln ausgegraben. »Dummerweise fressen die Wallabys lieber das Gemüse als das Unkraut. Nur was in der Erde wächst, kommt durch.« Die Tiere kamen frühmorgens und dann wieder am Abend. Evan hatte Amelia einmal dabei ertappt, wie sie dagestanden und die Tiere fasziniert beobachtet hatte. Er hatte sie wütend zusammengestaucht, weil sie die Wallabys nicht davongejagt hatte.

»Wäre ich ein Wallaby, würde ich es genauso machen«, meinte Gabriel.

Amelia musste lächeln. Anscheinend hatte Gabriel ein weiches Herz, genau wie sie, während Evan Finnlay ein Herz aus Stein zu haben schien.

»Vor kurzem glaubte ich, einen Igel gesehen zu haben, aber die Mädchen sagen, sie wissen gar nicht, was ein Igel ist«, erzählte sie.

»Weil es in Australien keine Igel gibt, wie man sie in Europa kennt. Das muss ein Kurzschnabeligel gewesen sein. Hier auf der Insel sind sie heller als auf dem Festland.«

Amelia versuchte sich zu erinnern, ob sie schon einmal ein solches Tier gesehen hatte, aber da war nichts. Warum konnte sie sich an manche Dinge erinnern und an andere nicht?

»Die Paarungszeit neigt sich dem Ende zu«, fuhr Gabriel fort. »Das Weibchen hat einen Beutel, so wie das Känguru und das Wallaby. Drei Wochen nach der Paarung steckt es ein einziges frisch gelegtes Ei in seinen Beutel. Zehneinhalb Tage später schlüpft das Junge. Es wird *puggle* genannt.«

Die Mädchen kicherten und plapperten das Wort *puggle* nach.

»Woher wissen Sie so viel über diese ... Kurzschnabeligel?«, staunte Amelia.

»Leuchtturmwärter lesen viel«, antwortete er lächelnd. »Haben Sie nachts schon mal ein Opossum auf dem Dach gehört?«

»Geräusche habe ich schon gehört, aber mir war nicht danach, der Ursache auf den Grund zu gehen.«

»Opossums oder Beutelratten sind Nachttiere. Lassen Sie nie Fenster oder Türen offen, sonst kommen sie rein und durchstöbern alles nach Futter. Sie sind harmlos, wie die meisten Tiere auf der Insel – abgesehen von einigen Schlangenarten. Passen Sie an warmen Tagen auf, wo Sie hintreten. Schlangen liegen gern in der Sonne. Aber wenn Sie ihnen nicht zu nahe kommen, tun sie Ihnen nichts.«

»Denen komme ich ganz bestimmt nicht zu nahe, das dürfen Sie mir glauben.«

Wieder lächelte Gabriel. »Wo ist Evan?«, wollte er dann wissen.

»Papa ist im Haus«, sagte Molly. »Was hast du denn da?« Sie zeigte auf den Sack, den er über der Schulter trug.

»Das ist eine Überraschung«, antwortete er lächelnd und ging zum Haus hinüber. Die Mädchen folgten ihm, Amelia schaute ihnen nach. Plötzlich wusste sie, was sie als Gegenleistung von Evan verlangen würde.

Gabriel klopfte und trat ein. »Ich hab dir Mehl mitgebracht, Evan.«

»Das ist nett von dir, Gabriel, aber ich möchte nicht, dass du unseretwegen dann selbst keins mehr hast.«

»Keine Angst, das Versorgungsschiff hat gestern angelegt.«

Evan schaute überrascht auf.

»Es war ein außerplanmäßiger Halt. Ende des Monats kehrt es wie ursprünglich vorgesehen zurück, und dann können wir sämtliche Vorräte aufstocken.«

»Und wieso dann der außerplanmäßige Halt?«

»Das Schiff hat meine Vertretung gebracht, außerdem genug Proviant, dass wir bis zum Monatsende auskommen.«

Evan staunte noch mehr. »Nach so langer Zeit haben sie dir endlich eine Vertretung geschickt?«

»Ja, ich hatte die Hoffnung schon aufgegeben. Und dann trafen gestern aus heiterem Himmel Edgar Dixon und seine Frau ein.«

»Das ist mal eine gute Nachricht, Gabriel! Für einen allein ist es ganz schön viel, was man auf deinem Posten bewältigen muss.«

»Ehrlich gesagt ist mir das inzwischen zur Routine geworden. Ich vermisse nichts, ich bin mir selbst Gesellschaft genug.«

Evan nickte. Das konnte er gut nachvollziehen. »Was sind die Dixons denn für Leute?«

Amelia kam herein, in der Hand einen Eimer Gemüse, das sie putzen wollte. Sie hatte Evans Frage gehört und wandte sich neugierig den beiden Männern zu.

»Edgar ist Engländer und dürfte ungefähr sechzig sein. Carlotta, seine Frau, ist eine junge Italienerin.«

»Von wem redet ihr?«, fragte Amelia.

»Das geht dich gar nichts an«, blaffte Evan.

»Sie muss doch wissen, wer ihre Nachbarn auf diesem abgelegenen Fleckchen Erde sind«, sagte Gabriel freundlich. Amelia warf ihm einen dankbaren Blick zu. Im Gegensatz zu Evan behandelte er sie wie ein menschliches Wesen.

Evan grunzte verärgert, widersprach aber nicht.

»Ich habe Evan gerade erzählt, dass gestern meine Vertretung eingetroffen ist, Edgar Dixon und seine Frau.«

»Ihre *Vertretung*? Gehen Sie von hier fort?« Amelia wusste, dass ihre Welt ohne Gabriel viel düsterer sein würde. Obwohl sie sich kaum kannten, gab ihr der Gedanke, hin und wieder mit ihm reden zu können, die Kraft, ihr Schicksal zu ertragen.

»Nein, von jetzt an werden wir uns die Stelle teilen. Schon bei meiner Ankunft vor neun Monaten hätte ein zweiter Leuchtturmwärter kommen sollen. Jetzt endlich ist er da. Edgar und ich werden uns bei der Wache ablösen. Je nach Jahreszeit wird jeder vier bis sechs Stunden übernehmen. Ich habe gerade zu Evan gesagt, dass ich mich zwar daran gewöhnt habe, alles allein zu machen, aber im Herbst und im Winter, wenn die Nächte lang sind und man zwölf Stunden auf dem Posten sein muss, ist die Arbeit schon beschwerlich. Ich habe es zwar irgendwie geschafft, aber es ist anstrengend, sich die ganze Nacht zu konzentrieren.«

Amelia nickte. »Das kann ich mir vorstellen.«

»Spricht Edgar Dixons Frau unsere Sprache?«, fragte Evan.

»Ziemlich gut sogar, aber Edgar sagt, manchmal vergisst sie

sich und fällt ins Italienische zurück, und dann versteht er kein Wort.«

»Hat er schon als Leuchtturmwärter gearbeitet?«

»Ja, auf der Isle of Man und in Cornwall. Er kam nach Australien, weil er sein Glück auf den Goldfeldern von Ballarat versuchen wollte. Dort hat er auch seine Frau kennen gelernt. Er hatte sein Zelt neben dem ihrer Familie aufgeschlagen. Carlotta hat zehn Schwestern. Ihr Vater habe ihm die Tochter förmlich aufgedrängt, hat Edgar mir erzählt. Die Mädchen waren ihm keine große Hilfe in den Minen, sodass er froh war um jede, die er nicht mehr durchfüttern musste. Edgar war schon einmal verheiratet. Seine erste Frau starb vor vielen Jahren, und seine erwachsenen Kinder leben in England. Carlotta soll nicht begeistert gewesen sein von der Eheschließung, aber ihr Vater ließ ihr offenbar keine Wahl.«

»Wird sie mit der Einsamkeit hier fertig?«, fragte Evan.

»Ich weiß es nicht. Edgar war enttäuscht, als er erfuhr, dass ich unverheiratet bin. Wahrscheinlich hat er gehofft, Carlotta würde weibliche Gesellschaft bekommen.«

Amelia hielt es für wahrscheinlicher, dass Edgar Dixon gar nicht glücklich war, einen jungen, attraktiven und obendrein ledigen Mann vorzufinden, der seiner Frau möglicherweise den Kopf verdrehte. Und Carlotta war sicher mehr als angetan gewesen, als sie Gabriel gesehen hatte, zumal er unverheiratet war.

»Wo werden sie wohnen?«, fragte Evan.

Amelia schaute Gabriel gespannt an. Das interessierte sie auch.

»Letzte Nacht haben sie bei mir geschlafen, aber heute habe ich mit Edgar im großen Cottage Platz geschaffen, in dem wir auch die Vorräte und Gerätschaften lagern. Wir haben alles auf eine Seite geräumt und übereinander gestapelt und dadurch eine Menge Raum gewonnen. Früher haben zwei Leuchtturmwärter mit ihren Familien in diesem Haus gewohnt, also sollte es für die beiden bequem reichen. Tja, es wird Zeit für mich, ich muss zurück«, fügte er hinzu. »Ich übernehme heute Nacht die erste Schicht. Aber wenigstens kann ich mich darauf freuen, um Mitternacht ins Bett zu kommen!«

»Ich finde, wir sollten den Dixons einen Besuch abstatten«, sagte Amelia beim Abendessen. Es gab Lammkoteletts, gekochte Kartoffeln und Möhren. Sie fragte sich, ob Gabriel an diesem Abend ein italienisches Gericht aß.

»Wir?«, sagte Evan sarkastisch.

Amelia ignorierte die bissige Anspielung. »Ja, das wäre eine nette nachbarschaftliche Geste.«

Evan warf ihr einen grimmigen Blick zu.

»Was ist?«, fragte sie.

»Wieso interessierst du dich so für die Dixons?«

»Wir sind ihre einzigen Nachbarn, oder etwa nicht?«

»Mir egal«, knurrte Evan. »Ich lege keinen Wert auf nachbarschaftliche Gesten.«

»Wie Sie wollen«, gab sie zurück.

»Ich würde sie gern kennen lernen«, warf Rose ein.

»Ich auch«, rief Molly.

Evan starrte auf seinen Teller.

»Darf ich mit den Kindern morgen hinübergehen?«, fragte Amelia.

Evan schaute auf und musterte sie kalt. »Muss ich dich daran erinnern, dass du eine Zuchthäuslerin bist, die den Rest ihrer Strafe auf meiner Farm abarbeitet, und nicht die Herrin des Hauses, die die neuen Nachbarn willkommen heißen muss? Mach deine Arbeit und sonst gar nichts.« Er stand auf. »Ich gehe zu den Schafen. In einer Stunde ist es dunkel, und ich bin mit dem Scheren noch nicht fertig. Milo ist müde. Sieh zu, dass er bald ins Bett kommt.« Damit verließ er das Haus.

Amelia seufzte. Es kränkte sie, daran erinnert zu werden, dass sie eine Strafgefangene war. Verstohlen blickte sie zu Rose, Bess und Molly hinüber. Die Mädchen machten Gesichter, als gäben sie ihr die Schuld daran, dass sie die neuen Nachbarn nicht begrüßen durften. Sissie hielt den Blick gesenkt.

Am anderen Morgen fiel Amelia auf, dass Evan sich gründlich gewaschen und ein sauberes Hemd angezogen hatte, obwohl es nicht Sonntag war. Sie wunderte sich, sagte aber nichts und ging wie gewohnt ihrer Arbeit nach. Als sie begann, ein weiteres Gemüsebeet vom Unkraut zu befreien, sah sie, wie Evan Milo auf den Arm nahm und in Richtung Leuchtturm davonstapfte.

»Dieser neugierige alte Trottel will doch bestimmt einen Blick auf die neuen Nachbarn werfen«, murmelte sie vor sich hin.

Im gleichen Moment nahm sie eine Bewegung hinter sich wahr und fuhr herum. Sissie stand hinter ihr. Amelia fragte sich, ob das Mädchen wohl die Bemerkung über ihren Vater gehört hatte.

»Wo will Papa denn hin?«

»Er geht in Richtung Leuchtturm, und er hat ein sauberes Hemd an. Du brauchst nur zwei und zwei zusammenzuzählen.«

Sissie überlegte kurz. »Er will den neuen Leuchtturmwärter und seine Frau kennen lernen.«

Amelia nickte. »Und da behaupten die Männer immer, wir Frauen wären neugierig!« Ob Sissie wohl enttäuscht war, dass der Vater sie und ihre Schwestern nicht mitgenommen hatte, wohl aber Milo? Amelia fand es ungerecht, wie sehr Evan seinen Sohn bevorzugte.

Amelia fuhr mit ihrer Arbeit fort, während Sissie und Rose heißes Wasser aus dem Kessel schöpften und ihre jüngeren Schwestern die Hühner fütterten und die Eier einsammelten. Danach machten die Mädchen sich ans Wäschewaschen. Amelia konnte es kaum glauben. Normalerweise gingen die Mädchen ihr nicht zur Hand.

Eine Stunde später kam Evan zurück. Er sagte kein Wort, zog das frische Hemd aus, streifte das alte vom Vortag wieder über und ging dann hinaus, um die restlichen Schafe zu scheren und Zäune zu reparieren.

Amelia war im Haus und hatte gerade das Gemüse geputzt, als die fünf Mädchen hereinkamen.

»Papa wird mindestens zwei Stunden fort sein«, sagte Sissie. »Und Milo hat er mitgenommen.«

Amelia lächelte. »Ganz recht. Na, wie wär's – hättet ihr Lust auf einen kleinen Spaziergang?«

Die Mädchen erwiderten ihr Lächeln. »Au ja!«, rief Sissie. »Wir könnten zum Leuchtturm gehen.«

»Das ist eine gute Idee«, stimmte Amelia ihr zu. »Ich will mich nur schnell ein bisschen frisch machen.«

»Kommt, das sollten wir auch tun«, forderte Sissie ihre Schwestern auf, und schon liefen sie in ihr Zimmer. Amelia eilte in ihre Hütte. So aufgeregt waren die Kinder nicht einmal gewesen, als Amelia auf die Farm gekommen war. Sie fragte sich, was Evan wohl über sie erzählt hatte.

Kurze Zeit später näherten sie sich ihrem Ziel. Als sie auf die Lichtung hinaustraten, die den Leuchtturm und die beiden Gebäude umgab, kamen Edgar Dixon und seine Frau gerade aus ihrem Haus.

»Hallo!«, rief Amelia.

»Guten Tag«, erwiderte Edgar. »Sie sind bestimmt von der Finnlay-Farm.«

»So ist es«, bestätigte Amelia und ging mit den Mädchen zu ihm.

»Ich bin Edgar Dixon, und das ist Carlotta, meine Frau.« In Edgars Lächeln lag Herzlichkeit. Amelia fiel sofort der Altersunterschied zwischen ihm und Carlotta auf. Er hätte glatt ihr Vater sein können.

Carlotta war klein, hatte eine gute Figur und pechschwarzes Haar. Sie lächelte Amelia knapp und frostig zu und taxierte sie mit abschätzigem Blick von Kopf bis Fuß. Den Kindern gegenüber gab Carlotta sich liebenswürdiger. Sie nannte sie *bellissimi bambini*.

»Ich bin ... Sarah Jones«, stellte Amelia sich vor. Die Worte, die über ihre Lippen kamen, fühlten sich sonderbar an. »Das hier sind Cecelia, Rose, Bess, Molly und Jessie. Ich glaube, ihren Bruder Milo und ihren Vater Evan haben Sie bereits kennen gelernt ...?«

»In der Tat. Eine reizende Familie«, erwiderte Edgar.

»Wir sind gekommen, um Sie auf der Insel willkommen zu heißen«, fuhr Amelia fort.

»Das ist sehr freundlich von Ihnen, vielen Dank.« Edgar lächelte.

Amelia schaute über das Kliff auf die Küste. Von hier oben hatte man einen wunderschönen Blick. Als Evan sie an jenem Morgen hinter sich her zu seiner Farm gezerrt hatte, hatte ihr nicht der Sinn danach gestanden, die Aussicht zu bewundern. »Was für ein herrliches Panorama!«, rief sie aus.

»Ja, es ist grandios. Wie lange leben Sie schon hier?«

»Noch nicht sehr lange.«

»Dann brauche ich Sie wohl nicht zu fragen, wie Sie mit dem Leben fernab der Zivilisation zurechtkommen?«

Amelia schüttelte den Kopf. »Nein. Ich kann Ihnen nur etwas zum Wetter sagen: Meistens ist es windig, und es regnet oft.«

»Ich weiß nicht, ob Carlotta mit dem Leben in dieser Abgeschiedenheit fertig wird«, meinte Edgar nachdenklich. »Sie stammt aus einer sehr großen Familie. Ich könnte mir vorstellen, dass sie bald den Trubel um sich herum vermisst.«

»Es wird sicher einige Zeit dauern, bis sie sich eingelebt hat.« Amelia lächelte Carlotta zu. »Aber Sie werden es schon schaffen.«

In diesem Moment trat Gabriel aus seinem Haus, und Amelia bemerkte, wie Carlottas Augen aufleuchteten.

»Ah, che bell'uomo!«, flüsterte sie.

Amelia traute ihren Ohren nicht. *Was für ein wunderschöner Mann*, hatte Carlotta gerade gesagt, und das im Beisein ihres Ehemannes! Dann fiel ihr ein, dass Gabriel erzählt hatte, Edgar spreche kein Italienisch. Aber sie, Amelia, hatte verstanden, was

Carlotta gesagt hatte. Sie war verwirrt und fragte sich, wie das sein konnte.

»Guten Tag, Sarah«, grüßte Gabriel. »Hallo, Mädchen.« Er blieb neben Amelia stehen. »Evan hat gar nicht erwähnt, dass ihr einen Anstandsbesuch bei den Dixons macht.«

»Es ... es war ein spontaner Entschluss«, erwiderte Amelia.

Die leichte Röte, die ihr Gesicht überzog, verriet Gabriel, dass Evan nichts von ihrem Besuch wusste. »Ich verstehe«, meinte er und zwinkerte ihr verschwörerisch zu.

Amelia blickte verstohlen zu Carlotta hinüber. Die junge Italienerin starrte sie finster an.

»*Una criminale*«, zischte sie gedämpft, doch Amelia hatte es gehört. Evan hatte den Dixons offenbar anvertraut, dass sie eine Zuchthäuslerin war. Ihre Freude über die Begegnung verflog.

»Wir sollten uns auf den Heimweg machen«, sagte sie hastig.

Gabriel schaute sie an. »Sie haben doch sicher noch Zeit für eine Tasse Tee?«

»Vielleicht ein andermal«, antwortete Amelia ausweichend. »Ich habe noch sehr viel zu tun.«

»Das ist wirklich schade.« Er lächelte Carlotta zu.

Diese seufzte und hauchte: »*Quando lei mi guarda, il mio cuore s'intenerisce.*«

»Wie bitte?« Gabriel sah sie fragend an. »Es tut mir Leid, aber ich verstehe kein Italienisch.«

»Ich sagte, wir werden ein andermal eine Tasse Tee zusammen trinken«, erwiderte Carlotta.

Amelia war fassungslos über diese dreiste Lüge. In Wirklichkeit hatte Carlotta gesagt: *Wenn du mich ansiehst, schmelze ich dahin.* In diesem Moment wurde ihr klar, dass Carlotta Gabriel in ernste Schwierigkeiten bringen würde. Sie musste ihn vor dieser Frau warnen, und zwar bald.

7

Kingscote

Die Glocke über der Tür bimmelte, als Edna und Sarah die Schneiderei von Miss Barnes betraten. Nachdem Edna ihrem Mündel ein paar Tage Ruhe gegönnt und es wieder aufgepäppelt hatte, hielt sie es für an der Zeit, sich der äußeren Erscheinung der jungen Frau anzunehmen. Nach Ednas Dafürhalten hatte sie in dieser Hinsicht tatkräftige Unterstützung bitter nötig, wollte sie jemals die Aufmerksamkeit eines potenziellen Ehemanns auf sich lenken. Aus diesem Grund war ein Besuch bei Norma Barnes erforderlich.

»Guten Morgen, Norma«, rief Edna.

Die Schneiderin saß im hinteren Teil des Ateliers an einer Nähmaschine. Sie war kaum zu sehen hinter den Stoffballen und Schnittmusterbögen, die sich rings um sie stapelten. Im Auslagenfenster präsentierten Schaufensterpuppen verschiedene Kleider- und Hutmodelle. Unter den Glasplatten der Ladentische war eine Auswahl an Knöpfen, Schleifen, Ziermünzen und Bändern ausgestellt.

»Guten Morgen, Edna!« Norma erhob sich. Ihr schwarzes Kleid war übersät mit unterschiedlich langen Baumwollfäden in verschiedenen Farben. Sogar in den Haaren hatte sie welche.

»Norma, ich möchte Ihnen mein Mündel vorstellen, Amelia Divine«, sagte Edna, während sie Fäden aus Normas Haaren zupfte.

Sarah sah Norma lächelnd an. Der schlanken, unscheinbaren Frau um die dreißig war es sichtlich unangenehm, dass Edna ihr eine solche Fürsorge angedeihen ließ. »Guten Morgen«, sagte Sarah freundlich. »Meine Tante hat mir schon erzählt, was für eine hervorragende Schneiderin Sie sind.«

Norma erwiderte ihr Lächeln. »Sie kommen aus Bristol, nicht wahr?«

Sarah riss vor Schreck die Augen auf. Alles Blut schoss ihr vom Kopf in die Füße, und ihr wurde schwindlig.

»Unsinn!«, sagte Edna schroff. »Henley-on-Thames. Amelias Mutter und ich sind zusammen in South Oxfordshire aufgewachsen.«

»Oh«, machte Norma verwirrt. Normalerweise irrte sie sich nie, was die Zuordnung eines Akzents betraf.

»Ich hatte eine gute Freundin, die aus Bristol kam«, erklärte Sarah hastig und spürte, wie sie rot anlief. »Vielleicht hat ihre Aussprache auf mich abgefärbt.«

»Ja, so muss es wohl sein«, erwiderte Norma. »Wie ich hörte, ist vor Cape du Couedic ein Schiff gesunken. War es das, mit dem Sie gekommen sind?«, fragte sie mit unverhohlener Neugier.

»Ja, in der Tat«, antwortete Sarah, ängstlich bemüht, jede verräterische Sprachfärbung zu unterdrücken.

Edna überraschte es nicht, dass sich die Neuigkeit in der kleinen Stadt bereits herumgesprochen hatte. »Außer Amelia gab es nur eine weitere Überlebende beim Untergang der *Gazelle*. Lucy, Amelias Bedienstete, ist ebenfalls ums Leben gekommen.«

»O Gott!« Norma schlug entsetzt die Hand vor den Mund. »Das ist ja furchtbar!« Sie wusste von Edna, dass die junge Frau ihre Eltern und den Bruder verloren hatte und deshalb von ihren Vormündern aufgenommen wurde. Norma konnte kaum glauben, dass einem einzigen Menschen so viel Tragisches widerfuhr.

Edna kannte Norma nur zu gut: Sie war eine Klatschbase und hätte zu gern alle Einzelheiten über das Schiffsunglück erfahren. Doch dafür hatte Edna keine Zeit; es gab Wichtigeres zu tun. »Kommen wir zum Grund unseres Besuchs«, sagte sie und legte lächelnd den Arm um ihr Mündel. »Norma ist ein Genie, musst du wissen. Sie könnte sogar aus einem Tischtuch ein Ballkleid nähen!«

»Nun hören Sie aber auf, Edna«, wehrte Norma verlegen ab, freute sich aber sichtlich über das Kompliment.

»Nein, im Ernst, Amelia. Norma kann im Handumdrehen ein wunderschönes Kleid zaubern.«

Edna schmierte der Schneiderin tüchtig Honig um den Mund, und diese genoss die Schmeicheleien.

»Das ist sicher übertrieben, aber ich kann mich über mangelnde Arbeit weiß Gott nicht beklagen. Meine Familie erkennt mich fast schon nicht mehr, so selten komme ich nach Hause. William sagt immer, ich solle doch gleich im Atelier schlafen.«

»Nun, dann wird Ihre Familie Sie in der nächsten Zeit noch seltener zu Gesicht bekommen, fürchte ich«, sagte Edna. »Amelia braucht eine vollständige Garderobe. Sie hat beim Untergang der *Gazelle* alles verloren.«

Sarah konnte förmlich hören, wie die Ladenkasse in Normas Kopf klingelte. Offensichtlich war Edna eine gute Kundin.

»Wie ich schon sagte, ich habe im Augenblick viel zu tun. Mrs Francis hat mehrere Kleider bestellt, und Kapitän Cartwrights Frau hat mir ebenfalls einen größeren Auftrag erteilt. Und Sie kennen sie ja!«, fügte Norma vielsagend hinzu.

Sarah, die fünf Jahre in Gesellschaft von Taschendieben, Einbrechern und Betrügern verbracht hatte, durchschaute die Taktik der Schneiderin sofort: Sie versuchte, den Preis in die Höhe zu treiben.

»O ja, allerdings«, bestätigte Edna. »Dabei hat sie bereits so viele Sachen, dass man damit gut und gern drei Frauen auf Lebenszeit einkleiden könnte! Bei uns dagegen handelt es sich um einen Notfall, Norma. Sie sehen ja selbst, dass die arme Amelia alte Sachen von mir und geborgte Schuhe tragen muss.«

Norma spitzte die Lippen, ließ den Blick über Sarah schweifen und seufzte. »Na schön. Ich werde dafür sorgen, dass sie eine anständige Garderobe bekommt – auch wenn ich mir die Nächte um die Ohren schlagen muss und mir die Finger blutig arbeiten werde.«

Edna lächelte erleichtert. »Ich bin Ihnen wirklich sehr dankbar, Norma. Ich werde Ihre Mühe selbstverständlich angemessen honorieren.«

Ein Ausdruck tiefer Befriedigung erschien auf Normas Gesicht. »Gut, dann schlage ich vor, dass wir als Erstes Maß nehmen.« Sie suchte ein Stück Papier und etwas zum Schreiben und zog dann das Bandmaß, das sie umgehängt hatte, vom Hals.

Nachdem Farben und Muster ausgesucht waren, ging Edna mit Sarah ins Schuhgeschäft in der Murray Street, wo sie gleich mehrere Paar Schuhe kauften. Und im Textilgeschäft, das sie anschließend aufsuchten, erstanden sie mehrere Garnituren Unterwäsche. Sarah kam sich wie Aschenputtel vor, als sie, mit Päckchen beladen, nach Hause kamen. Sie wusste, es würde mit jedem Tag schwerer für sie werden, ihre Rolle als Amelia Divine aufzugeben. An dieses Leben konnte man sich gewöhnen.

Bereits wenige Tage später, am Samstagnachmittag, schickte Norma wie versprochen die ersten beiden Kleider vorbei. Weitere würden bald folgen, versicherte sie. Edna fand, passend zur neuen Garderobe sollte ihr Mündel nun auch eine schicke Frisur haben. Also wusch sie Sarah an diesem Abend die Haare und wickelte die Strähnen anschließend auf Stoffstreifen auf, die sie dann verknotete. Als die Stoffstreifen am anderen Morgen entfernt wurden und Sarah ihre Lockenpracht im Spiegel bewunderte, stieß sie einen Jubelschrei aus. Sie könne nicht glauben, sagte sie begeistert, dass die Frau mit den bezaubernden Locken, die ihr aus dem Spiegel entgegenblickte, sie selbst sei.

»Aber Amelia!«, rief Edna befremdet aus. »Camilla hat dir doch sicher auch Locken gelegt!« Sie wusste aus den Briefen ihrer Freundin, dass diese ihre Tochter abgöttisch geliebt und über alle Maßen verwöhnt hatte.

»Oh! Äh... ja, natürlich, aber... das ist schon eine Weile her«, stammelte Sarah und wurde rot.

Edna runzelte verwirrt die Stirn. Der tödliche Unfall von Camilla und Henry lag doch noch gar nicht so lange zurück! »Hat deine Mutter dir denn nicht jeden Abend die Haare aufgedreht? Sie mochte Locken über alles.«

»Früher schon... als ich noch klein war«, erwiderte Sarah verlegen. »Als ich älter wurde, habe ich mir die Haare lieber hochgesteckt.«

»Nun ja, die Mode ändert sich halt. Aber so sehen deine Haare doch reizend aus, nicht wahr?«

»O ja, wunderschön.« Zum ersten Mal im Leben fand Sarah sich beinahe hübsch. Ihre scharf geschnittene Nase und die schmalen Lippen wirkten durch die Locken weicher. Sie musste sich zusammennehmen, um nicht in Tränen der Rührung auszubrechen. Unwillkürlich dachte sie an die hässliche graue Haube, die zu ihrer Anstaltskleidung gehört hatte und die sie fünf Jahre lang hatte tragen müssen.

»Das Essen ist fertig!«, rief Polly. Es war Mittag, und Lance war gerade gekommen. Sarah verschlug es bei seinem Anblick förmlich den Atem, so attraktiv war er. Sie selbst trug eins ihrer neuen Kleider. Es war himmelblau und von schlichter Eleganz. Sie hatte auch die neue Unterwäsche und die neuen Schuhe an. Als Lance jedoch kein Wort darüber verlor, wie hübsch sie aussah, war sie enttäuscht. Da er an diesem Sonntagnachmittag etwas mit ihr unternehmen wollte, hatte sie immer wieder mit bangem Blick aus dem Fenster geschaut, ob das Wetter auch halten würde. Außerdem hatte sie gehofft, einen Blick auf Lance zu erhaschen. Er wohnte ja gleich nebenan.

»Guten Tag, alle miteinander«, rief Lance. »Das Wetter sieht gut aus, Amelia. Wir können nach dem Essen zu unserem Ausflug aufbrechen, wenn du möchtest.«

»O ja, sehr gern«, erwiderte sie rasch, bedauerte ihre Reaktion jedoch im nächsten Augenblick. Sie wollte nicht, dass sie sich verzweifelt anhörte und Lance dadurch vergraulte. »Natürlich nur, wenn du nichts Besseres vorhast. Ich möchte nicht, dass du dich verpflichtet fühlst«, fügte sie rasch hinzu.

»Tja, eigentlich hätte ich schon etwas Besseres zu tun«, meinte er.

Sarah machte ein langes Gesicht.

»Lance!«, tadelte Edna ihren Sohn.

Er grinste. »Ich hab nur Spaß gemacht, Mutter. Es wird mir ein Vergnügen sein, Amelia die Gegend zu zeigen.« Sie hatte sich wirklich Mühe gegeben mit ihrem Äußeren und sah recht nett aus. Aber selbst die raffinierteste Frisur und das hübscheste Kleid machten aus ihr nicht die Schönheit, die Lance erwartet hatte.

Sarah konnte seinen Tonfall nicht richtig deuten. War er nur höflich, weil er sich ihr gegenüber verpflichtet fühlte, nachdem er sie nun schon einmal eingeladen hatte? Oder brannte er darauf, ein paar Stunden mit ihr zusammen zu sein? Sie hoffte, dass Letzteres der Fall war.

Zum Essen gab es saftiges Lammfleisch und geschmortes Gemüse, doch Sarah brannte vor Ungeduld und brachte vor Aufregung kaum einen Bissen hinunter. Zum Nachtisch servierte Polly einen Reispudding, doch Sarah lehnte höflich ab.

»Fehlt dir was, mein Kind?«, fragte Edna. Ihr war aufgefallen, dass ihr Mündel im Gegensatz zu den vorangegangenen Tagen keinen rechten Appetit hatte.

»Nein, nein, alles in Ordnung, Tante Edna. Ich möchte nur nicht mit zu vollem Magen in der Kutsche sitzen, wenn Lance und ich nachher ausfahren.«

»Wir werden dir von dem Reispudding aufheben, bis du wieder da bist«, versprach Charlton.

Lance fuhr mit Sarah die Rawson Street hinunter bis zur Esplanade Road und weiter am Ufer entlang. Die Sonne schien, und eine leichte Brise wehte, doch Sarah nahm es kaum wahr, zu sehr genoss sie Lance' Nähe. Ein männlicher Duft umgab ihn, und er war zweifellos der attraktivste Mann, den sie je gesehen hatte. Sein blendendes Aussehen verschlug ihr den Atem, und das Herz klopfte ihr bis zum Hals.

Sooft sie darüber nachdachte, wie viel Glück sie hatte und wie gut es ihr ging, drängte sich unweigerlich die Erinnerung an das Gefängnis auf, in dem sie noch bis vor wenigen Wochen einer trostlosen Zukunft entgegengeblickt hatte. Sarah bemühte sich verzweifelt, diese Gedanken zu verjagen. Ein einziges falsches Wort könnte sie schnell wieder ins Zuchthaus bringen. Sie musste stets auf der Hut sein; nicht eine Sekunde durfte ihre Wachsamkeit nachlassen. Dennoch genoss sie ihre Freiheit in vollen Zügen. Nachdem sie jahrelang nur stickige Gefängnisluft geatmet hatte, sog sie die frische Seeluft tief in die Lungen und hielt das Gesicht in die Sonne.

Lance fand, sie benahm sich merkwürdig, doch er sagte nichts. Er fuhr mit ihr nach Beare Point hinaus, wo sie aus dem Buggy stiegen und über die Mole spazierten. Fischer und Matrosen fütterten die Pelikane mit Fischabfällen. Einige der großen Vögel waren recht zahm, und Sarah lachte über ihre Kapriolen.

»Wir müssen mal abends herkommen, dann kannst du die Pinguine beobachten, wenn sie ihre Schlafplätze aufsuchen«, sagte Lance. »Das ist ein faszinierendes Schauspiel, und…« Er hielt abrupt inne und schlug sich mit der Hand an die Stirn. »Wie dumm von mir. Du hast ja ganz in der Nähe der Küste gewohnt, nicht wahr? Da sind Pinguine bestimmt ein gewohnter Anblick für dich.«

»Ehrlich gesagt habe ich noch nie welche aus der Nähe gesehen.« Sarah wollte sich die Gelegenheit eines weiteren Ausflugs zu zweit mit Lance nicht entgehen lassen. »In Hobart haben sie mich nie interessiert, aber hier würde ich sie gern einmal beobachten.«

»Fein. Dann tun wir das demnächst.«

Ihr fiel auf, dass Lance sie mit einem sonderbaren Ausdruck musterte. »Was ist?«, fragte sie, und ihr Herz pochte heftig.

»Nichts.« Ihre Unbekümmertheit erstaunte ihn. Entweder verstand sie sich sehr gut darauf, ihre Trauer über den Tod ihrer Angehörigen zu verbergen, oder sie hatte den Verlust erstaunlich schnell verkraftet. Er hoffte nur, sie verdrängte ihren Kummer nicht, sonst würde sie früher oder später einen Zusammenbruch erleiden.

Als sie wieder in den Buggy stiegen, wollte Sarah wissen, ob es viele ledige Frauen in der Stadt gab.

Die Frage traf Lance nach den Gedanken, die ihm gerade durch den Kopf gegangen waren, wie ein Blitz aus heiterem Himmel. »Nein, nicht viele«, antwortete er verblüfft.

»Bist du deshalb noch Junggeselle?«

Ihre direkte Art brachte ihn beinahe aus der Fassung. »Nein. Das heißt ... ja, kann schon sein.« Er wusste nicht recht, was er sagen sollte. »Ich habe eine verantwortungsvolle Stelle, und mein Beruf hält mich ziemlich auf Trab. Da bleibt nicht viel Zeit, ans Heiraten zu denken.«

»Aber du gehst doch sicher mit der einen oder anderen aus«, beharrte sie.

Ihre Aufdringlichkeit wurde ihm unangenehm. »Schon, aber es gibt niemand Bestimmtes.«

Also wartete nirgendwo eine potenzielle Verlobte auf ihn. Das war genau die Antwort, die Sarah sich erhofft hatte. Ein zufriedenes Lächeln legte sich auf ihr Gesicht.

Lance, dem ihre Reaktion nicht entgangen war, fühlte Unbehagen in sich aufsteigen. »Und du?«, fragte er, um die Unterhaltung in andere Bahnen zu lenken. »Gibt es in Hobart jemanden, der auf dich wartet?«

»Nein, niemanden«, erwiderte Sarah schnell.

Er erkannte an dem Funkeln in ihren Augen, dass sie seine Frage völlig falsch verstanden hatte. »Du wirst sicher nach Hobart

Town zurückkehren wollen, wenn du den schmerzlichen Verlust verwunden hast«, sagte er in höflich distanziertem Tonfall.

Sarah bemerkte die Veränderung in ihm. Sie fragte sich, ob sie ihn irgendwie gekränkt hatte.

»Ich weiß noch nicht genau«, antwortete sie zögernd. »Ich muss vieles bedenken. Außerdem werden zahlreiche Pflichten auf mich zukommen, sobald ich mein Erbe angetreten habe«, fügte sie vielsagend hinzu. Sarah hoffte, die Aussicht auf das beträchtliche Vermögen, das ihr zufiele, würde sie für Lance anziehender machen. »Du arbeitest in einer Bank. Da weißt du sicher, was ich meine.«

»Natürlich.« Lance blickte unverwandt nach vorn. Er konnte es kaum fassen, dass sie ihren Reichtum ins Spiel brachte.

»Dein Vater hat mir bereits seine Hilfe angeboten, aber ich hoffe, dass ich auch auf dich zählen kann.«

»Ich werde dir selbstverständlich mit meinem Rat zur Seite stehen, aber in diesen Dingen hat mein Vater eindeutig mehr Erfahrung als ich. Deshalb haben deine Eltern ihn und meine Mutter ja auch als deine Vormünder bestimmt.«

Sarah bemerkte die Kälte in seiner Stimme. »Ich weiß nicht, was ich ohne deine Eltern anfangen würde. Sie sind furchtbar nett zu mir.« Sie wollte nicht von »Onkel« und »Tante« sprechen, denn das würde Lance zu einem »Cousin« machen. Diesen Gedanken durfte sie gar nicht erst in ihm entstehen lassen. Er sollte sich als potenzieller Verehrer sehen.

»Nun, es ist ihre Aufgabe, sich um dich zu kümmern«, erwiderte er und fragte sich, weshalb sie kein Wort über ihre Familie verlor. »Der Schmerz über den Tod deiner Angehörigen muss unerträglich für dich sein.«

»Ja, ich darf gar nicht daran denken«, entgegnete Sarah rasch.

»Vielleicht würde es dir helfen, darüber zu reden.«

»Nein, ganz bestimmt nicht«, versetzte sie hitzig. Da sie praktisch nichts über die Divines wusste, hielt sie es für klüger, jede Unterhaltung über dieses Thema im Keim zu ersticken.

Lance erschrak über ihre Heftigkeit. »Ich bin kein Fachmann, Amelia«, begann er sanft, »aber ich glaube nicht, dass es gut ist, seine Gefühle zu unterdrücken.«

»Ich habe meine eigene Methode, damit fertig zu werden«, gab sie zurück, den Blick starr auf die Landschaft geheftet.

»Wie du meinst. Aber wenn du jemanden zum Reden brauchst, bin ich für dich da, vergiss das nicht.«

Sie wandte sich ihm zu und lächelte. »Ich danke dir, Lance. So ein Ausflug wie heute tut mir unendlich gut, weißt du.«

»Dann werden wir bald wieder einen unternehmen.« Er hatte ein schlechtes Gewissen, weil er so abweisend gewesen war. Sie hatte schon genug durchgemacht.

Sarah bemerkte, dass sein Tonfall wieder freundlicher wurde. »Das wäre schön.«

Cape du Couedic

»Ich frage mich, warum diese Zuchthäuslerin die Farmerskinder vorgeführt hat, als wären es ihre eigenen«, sagte Carlotta zu Edgar. Die Hände in die Hüften gestemmt, stand sie vor ihm. Es war früh am Morgen. Seit Amelias Besuch waren ein paar Tage vergangen, und Edgar hatte jeden Tag die gleiche oder eine ähnliche Bemerkung von seiner Frau gehört. Anfangs hatte er noch etwas darauf erwidert, doch inzwischen gab er es auf. Seine Schicht war gerade zu Ende gegangen, und er saß über dem Dienstbuch, in das die Wetterverhältnisse oder ungewöhnliche Vorkommnisse während der Schicht eingetragen werden mussten. Seit seiner Ankunft am Cape du Couedic vor einigen Tagen hatte sich seiner Meinung nach nichts Erwähnenswertes ereignet.

Edgar wusste nicht, weshalb die Frau, die auf Evans Farm arbeitete, Carlotta so sehr beschäftigte, und doch war es so. Seine Hoffnung, die beiden Frauen würden sich anfreunden, schien sich nicht so bald zu erfüllen. Edgar war erst seit zwei Monaten mit Carlotta verheiratet, aber er kannte sie bereits gut genug, um zu wissen, dass sie ziemlich halsstarrig war. Hatte sie sich erst einmal an etwas festgebissen, ließ sie nicht mehr los, selbst wenn es eine harmlose Bemerkung war. Deshalb legte er ihr gegenüber jedes Wort auf die Goldwaage.

Carlotta hatte nicht bemerkt, dass Gabriel in der offenen Tür stand und sie finster musterte. »Sarah kann gehen, wohin sie möchte«, sagte er mit Bestimmtheit. »Ich finde es nett von ihr, dass sie mit den Kindern hergekommen ist, um euch zu begrüßen.«

Carlotta fuhr herum. Er verteidigte die Zuchthäuslerin? Sie konnte es nicht fassen.

»Ich glaube kaum, dass sie die Farm verlassen darf«, beharrte sie eigensinnig.

Gabriel wünschte, Evan hätte den Dixons nicht erzählt, dass seine Hilfskraft eine Strafgefangene war, die den Rest ihrer Haftzeit auf seiner Farm verbüßte. Aber irgendwie hatte er ihre Anwesenheit ja erklären müssen. »Und wieso nicht? Fliehen kann sie nicht. Wir leben völlig isoliert hier draußen. Es wäre Selbstmord, sich allein in den Busch zu wagen. Sie würde verhungern oder verdursten, bevor sie die Küste, geschweige denn das Festland erreicht hätte.« Im Geiste sah er Evans Kinder vor sich, als sie zum Leuchtturm gekommen waren. Zum ersten Mal seit dem Tod ihrer Mutter hatten sie einen sauberen und ordentlichen Eindruck auf ihn gemacht. »Sarah wird Evans Kindern gut tun«, fügte er hinzu.

Dass Gabriel die Zuchthäuslerin in Schutz nahm, passte Carlotta überhaupt nicht. »Ich kann mir nicht vorstellen, dass eine *criminale* einen guten Einfluss auf *bambini* hat«, murrte sie.

»Seit dem Tod ihrer Mutter hat es keine Frau mehr auf der Farm gegeben. Besonders die Jüngsten leiden darunter. Evan gibt sich zwar die größte Mühe, aber er hat sowieso schon einen Haufen Arbeit, um sie alle satt zu bekommen.« Er erinnerte sich, dass

Evan gesagt hatte, seine neue Hilfe tauge zu gar nichts. Doch Gabriel fand, den älteren Mädchen ein Vorbild zu sein, wäre immerhin etwas. »Sie sollten wissen, dass Sarah sich nicht daran erinnern kann, im Gefängnis gewesen zu sein. Und es gibt keinerlei Beweise dafür, dass sie ein Verbrechen begangen hat.« Gabriel verstand selbst nicht, weshalb er Partei für sie ergriff. Aber je mehr er über sie wusste, desto weniger entsprach sie seinen Vorstellungen von einer Frau, die durch die Hölle eines Zuchthauses hatte gehen müssen.

Carlotta schwieg beleidigt. Ihre Augen wurden schmal und nahmen einen boshaften Ausdruck an. Beweise oder nicht – sie traute dieser Frau nicht über den Weg. Offenbar war es ihr bereits gelungen, Gabriel um den Finger zu wickeln.

Carlotta hatte ihm wiederholt eine Mahlzeit gebracht. Jeder Vorwand war ihr recht, um ihn zu sehen. Die Besuche in seinem Haus, die sie ohne ihren Mann machte, flößten Gabriel Unbehagen ein. Er fürchtete, ihr Interesse an ihm könnte seine beginnende Freundschaft mit Edgar belasten. Anfangs hatte er die Speisen, die sie ihm brachte, aus Höflichkeit angenommen, doch damit hatte er sie nur ermutigt. Inzwischen schloss er sich im Leuchtturm ein oder ging zu Evans Farm, nur um Ruhe vor ihr zu haben.

»Ich koche heute Abend eine italienische Spezialität, Gabriel«, schnurrte sie. »Ein Rezept von meiner Mama!«

»Sehr freundlich, dass Sie Ihre Rationen mit mir teilen wollen«, erwiderte Gabriel. »Aber ehrlich gesagt halte ich es für besser, wenn ich mir selbst etwas von meinen eigenen Vorräten zubereite.«

»Unsinn!« Carlotta schüttelte den Kopf. »Ein Mann sollte nicht selbst kochen müssen. Ich werde das übernehmen, *va bene?*«

»Hören Sie, ich habe unsere Vorräte genau berechnet und möchte nicht, dass dieser sorgfältig erarbeitete Plan durcheinander gerät. Ich hoffe, Sie verstehen das.«

»Aber natürlich«, meldete Edgar sich zu Wort und warf ihm einen flüchtigen Blick zu. Er wagte nicht, seine Frau anzusehen; er wusste, sie würde ihn mit grimmigen Blicken durchbohren. Ihm schien die Angelegenheit zwar ein wenig peinlich zu sein, doch er wirkte erleichtert.

Ohne ein weiteres Wort wandte Gabriel sich zum Gehen. Er brauchte Carlotta nicht anzusehen, um ihre Verärgerung zu spüren.

Amelia war beim Wäschewaschen, als Gabriel eine Stunde später zur Farm hinauskam. Die Wäscheleine hing zwar schon voll, aber der Wind würde die Sachen schnell trocknen.

»Evan macht den Stall für die Ferkel fertig«, sagte sie naserümpfend.

Gabriel grinste. »Ein Schweinebraten wird eine willkommene Abwechslung sein.«

»Ich werde jedenfalls kein Schwein schlachten, und wenn er sich auf den Kopf stellt!«

»Das wird er bestimmt nicht von Ihnen verlangen.«

»Da bin ich anderer Ansicht. Aber er wird nur seine Zeit verschwenden. Wie kommen Sie mit den Dixons klar?«

»Ganz gut. Edgar ist ein netter Kerl, aber ...« Aber wäre er bloß allein gekommen, fügte er im Stillen hinzu.

»Aber?«

Gabriel seufzte und überlegte, wie er seine Antwort möglichst diplomatisch formulieren könnte. »Carlotta ist ein wenig anstrengend. Sie will mich unbedingt bekochen. Ich habe den beiden gerade gesagt, dass ich mich lieber selbst verpflege. Hoffentlich respektiert sie das in Zukunft.«

Amelia hatte der Gedanke, dass sie offenbar Italienisch sprach, keine Ruhe gelassen. Sie wusste nicht wieso, aber sie war sicher, dass sie diese Sprache fließend beherrschte. »Ich muss Ihnen etwas sagen ...«, begann sie.

»Und was?«

In diesem Augenblick bog Evan um die Hausecke und kam auf sie zu. »Gabriel! Ich wusste gar nicht, dass du da bist.« Er warf Amelia einen grimmigen Blick zu, der erkennen ließ, wie sehr es ihm missfiel, dass sie sich mit dem Leuchtturmwärter unterhielt.

Gabriel erriet Evans Gedanken. Seiner Farmhelferin, die obendrein ihre restliche Haftstrafe bei ihm verbüßte, stand es nicht zu, mit dem Besucher zu reden. Außerdem war sie eine attraktive Frau; das dürfte auch Evan nicht entgangen sein. »Ich bin gerade gekommen«, sagte Gabriel. »Sarah hat mir erzählt, du hast einen Schweinestall gebaut.«

»Ja, er ist fast fertig. Ich hoffe, die bestellten Ferkel kommen zusammen mit den Vorräten Ende des Monats. Ich wollte mir gerade Tee aufbrühen. Trinkst du eine Tasse mit?«

»Gern.«

»Ich möchte Sie um etwas bitten, Evan«, sagte Amelia.

»Und das wäre?«, gab er misstrauisch zurück. Was es auch sein mochte – er war sicher, es würde ihm nicht gefallen.

»Wenn ich mit den Mädchen Hausaufgaben mache, kann ich dann die Sonntagnachmittage freihaben, um die Gegend zu erkunden?« Gabriels Ausführungen über den Kurzschnabeligel hatten ihre Neugier geweckt. Sie hätte gern mehr über die Fauna und Flora der Insel erfahren.

Gabriel fand es nicht verwunderlich, dass sie in der Lage war, den Kindern bei den Schularbeiten zu helfen. Sie war allem Anschein nach eine intelligente, aufgeweckte Frau. Auch das passte nicht in das Bild, das man sich normalerweise von einer Strafgefangenen machte.

Evan blickte sie verdutzt an. Amelia hatte ihre Bitte absichtlich in Gabriels Gegenwart geäußert, weil sie glaubte, Evan werde dann nicht ablehnen oder sie gar anbrüllen. Doch sie hatte sich geirrt.

Schon verfinsterte sich seine Miene. Nach einem kurzen Seitenblick auf Gabriel stieß er hervor: »Kommt gar nicht in Frage!«

»Ich finde, das wäre nur gerecht«, wandte Amelia ein. »Ich werde meine Pflichten deswegen nicht vernachlässigen.«

Gabriel zögerte. Er wollte sich nicht einmischen, fand den Vorschlag der jungen Frau aber vernünftig. »Die Entscheidung liegt natürlich bei dir, Evan«, sagte er, »aber ich halte das für ein faires Angebot.«

»Eine Zuchthäuslerin hat keine Angebote zu machen, sondern zu gehorchen«, blaffte Evan.

»Es kommt darauf an«, erwiderte Gabriel. »Wenn die Zuchthäuslerin lesen und schreiben kann, ist das ein gewaltiger Pluspunkt, findest du nicht?«

Evan blickte ihn an, erwiderte jedoch nichts.

»Meiner Meinung nach hättest du bei diesem Handel nur Vorteile«, fügte Gabriel ruhig hinzu.

Evan musterte Amelia grimmig. Sie hielt unwillkürlich den Atem an. »Zwei Stunden«, stieß er hervor. »Du kannst zwei Stunden freihaben. Keine Minute länger. Sei froh darüber!«

»Drei!«, forderte Amelia kühn. Jetzt, da sie einen ersten Sieg errungen hatte, beschloss sie, alles auf eine Karte zu setzen.

Evan, um Selbstbeherrschung bemüht, holte tief und geräuschvoll Luft. »Also gut, drei. Aber du bist pünktlich zurück, oder die Abmachung ist hinfällig, verstanden? Und du wirst meine Mädchen mehr als drei Stunden die Woche unterrichten!«

»Abgemacht«, stimmte Amelia zu. Innerlich frohlockte sie, ließ sich aber nichts anmerken.

Evan stapfte davon. Gabriel lächelte Amelia anerkennend zu und folgte ihm ins Haus.

Drinnen fragte Evan ihn, wie er mit den Dixons auskomme.

»Edgar ist ein feiner Kerl. Manchmal bringt seine Frau ihn allerdings ein bisschen aus dem Konzept«, erwiderte Gabriel.

Evan hob die buschigen Brauen. »Das überrascht mich nicht. Sie ist nicht mal halb so alt wie er. Hoffentlich schläft er während seiner Schicht nicht ein!«

Das ist nicht das Problem, dachte Gabriel. Carlotta kannte nur eine Leidenschaft: ihrem Mann das Leben schwer zu machen. »Ich glaube, er hat es nicht leicht mit ihr.« Im Grunde tat Edgar ihm Leid. »Ich habe den Eindruck, er wusste überhaupt nicht, worauf er sich einließ, als er sie geheiratet hat.« Da sie alle so nahe beieinander lebten, wollte er nicht ins Detail gehen.

»Sie kam mir reichlich überdreht vor«, sagte Evan. »Mir wäre sie entschieden zu anstrengend. Aber wenn sie unbedingt ihre Mahlzeiten an den Mann bringen will – sie kann sie uns ja vorbeibringen. Wir könnten mal wieder ein anständiges Essen vertragen«, fügte er hinzu und rollte vielsagend mit den Augen. Gabriel musste lächeln.

Bevor er sich später auf den Heimweg machte, ging er noch einmal zu Amelia und fragte: »Was machen Sie am Sonntag, wenn ich fragen darf?«

»Ich weiß noch nicht. Ich wollte erst abwarten, wie Evan reagiert. Dass er auf meinen Vorschlag eingegangen ist, habe ich nur Ihnen zu verdanken.«

»Der Admirals Arch lohnt einen Ausflug, vor allem wegen der Robben, aber es sollte nicht zu windig sein für einen Abstecher dorthin. Man kann auch zu den Remarkable Rocks spazieren. Unterwegs gibt es viele Tiere zu beobachten.«

»Komme ich in drei Stunden dorthin und wieder zurück?«

»Ja, es ist nicht weit. Aber die Landschaft dort ist so einmalig, dass man leicht die Zeit vergisst.«

»In welche Richtung muss ich denn gehen?«

»Ich begleite Sie gern, wenn Sie möchten, und zeige Ihnen den Weg.«

»Das wäre wunderbar!«, rief Amelia begeistert. Sie hatte sich schon überlegt, ob sie ihn bitten sollte, ihr die Gegend zu zeigen.

»Gut. Dann sehen wir uns Sonntag um eins.«

»Ich freue mich schon darauf.«

Der Gedanke an ihre Verabredung versetzte auch Gabriel in

Hochstimmung – zum einen, weil er sicher war, dass er sich in ihrer Gesellschaft wohl fühlen würde; zum anderen, weil er dem Leuchtturm und Carlotta Dixon ein paar Stunden entfliehen konnte.

8

CAPE DU COUEDIC

Der Himmel war wolkenverhangen, und es sah nach Regen aus, als Amelia und Gabriel sich am Sonntagnachmittag in der Nähe des Leuchtturms trafen. Sie machten sich dennoch auf den Weg zu den Remarkable Rocks. Beide hatten wetterfeste Kleidung an, und Amelia fiel auf, wie Gabriel verstohlen ihren Mantel musterte. Er erkannte ihn sicher wieder und wusste, dass er Jane gehört hatte, Evans verstorbener Frau, doch er sagte nichts.

Selbst strömender Regen hätte Amelia nicht von dem geplanten Ausflug abgehalten. Seit Tagen schon freute sie sich darauf. Sie war froh, von der Farm und Evan wegzukommen. Gemäß ihrer Vereinbarung hatte sie Sissie, Rose und Bess in Rechtschreibung unterrichtet. Auch Molly hatte sich dazugesetzt. Aber die drei Ältesten zeigten sich nicht besonders lernbegierig, und Amelia wusste nicht, wie sie ihr Interesse wecken konnte. Sie gab Evan die Schuld am mangelnden Wissensdurst der Mädchen, weil er ihnen ständig einimpfte, sie würden später ohnehin heiraten und Kinder bekommen und bräuchten keine Ausbildung. Sein negativer Einfluss hatte den Kindern jede Lust am Lernen genommen, davon war Amelia überzeugt.

So waren die letzten Tage ziemlich aufreibend für sie gewesen. Hinzu kam, dass Evan sie eindringlich ermahnt hatte, pünktlich zurückzukommen. Die unterschwellige Drohung war klar: Er ließ keine Gelegenheit aus, sie daran zu erinnern, dass sie eine Zuchthäuslerin war, die er ins Gefängnis zurückschicken könnte, wenn sie nicht parierte.

»Wie groß ist Kangaroo Island eigentlich?«, fragte sie, während sie Gabriel folgte. Der Pfad, der parallel zur Küste durch dichten Mallee-Busch führte, konnte nur mit viel gutem Willen als Weg bezeichnet werden.

»Fast hundert Meilen lang und an der breitesten Stelle etwa zweiunddreißig Meilen breit«, sagte Gabriel über die Schulter. Er ging voraus und drückte die dornigen Zweige zur Seite. Amelia vermutete, er wollte auch etwaige Schlangen aufstöbern. »Die Insel ist viel größer, als man denkt, deshalb sind der Leuchtturm und Evans Farm auch so abgelegen.«

»Warum haben Sie den Posten als Leuchtturmwärter ausgerechnet hier übernommen, in dieser einsamen Gegend?« Es war ihr unerklärlich, wie jemand, noch dazu ein lediger Mann, freiwillig ein solches Einsiedlerdasein fern jeder Stadt fristete. Sie hätte ihn gern gefragt, ob er denn nie die Gesellschaft einer Frau vermisse, fand aber nicht den Mut dazu.

»Die meisten Leuchttürme liegen in verlassenen Gegenden«, erwiderte er. »Ich war ein Jahr auf Cape Willoughby, ein weiteres Jahr auf Cape Borda, und jetzt bin ich seit neun Monaten hier. Dazwischen habe ich als Lotse in der Nepean Bay gearbeitet.«

»Sie sind Schiffslotse?« Amelia war gar nicht auf den Gedanken gekommen, er könnte noch einen anderen Beruf haben.

»Ja. Ich habe im Hafen von Melbourne angefangen. Ich mag große, betriebsame Häfen, aber die gibt es normalerweise nur in Verbindung mit einer großen Stadt. Das ist nichts für mich. Vielleicht bin ich ein bisschen seltsam in dieser Beziehung, aber ich fühle mich nicht wohl in der Menge. Ich ziehe das Leben in der Einsamkeit vor.«

»Möchten Sie denn den Rest Ihres Lebens auf dieser Insel verbringen?«

»Warum nicht? Ich hoffe nur, sie bleibt so dünn besiedelt, wie sie ist.«

Amelia hätte gern gewusst, ob sie jemals in einer großen Stadt gewohnt hatte. Es war schrecklich, sich an gar nichts erinnern zu können.

»Wissen Sie nicht mehr, wo Sie einmal gelebt haben?«, fragte Gabriel, als hätte er ihre Gedanken gelesen.

»Nein. Vielleicht würde mir alles wieder einfallen, wenn ich in einer vertrauten Umgebung wäre. Aber ich weiß ja nicht, was mir vertraut war! Wenn ich nicht zufällig auf etwas stoße, das ich wiedererkenne, werde ich mich vielleicht nie mehr an mein früheres Leben erinnern können.«

»Eines Tages wird Ihr Erinnerungsvermögen zurückkehren«, tröstete er sie. Zum ersten Mal wurde ihm bewusst, wie schrecklich es sein musste, das Gedächtnis verloren zu haben. Er fand es bewundernswert, wie sie die Situation bewältigte. Wie würde er an ihrer Stelle wohl damit umgehen?

»Ich bewundere Ihre Kraft«, sagte er unvermittelt. Verwundert über das Kompliment schaute Amelia ihn an.

Tamar-Wallabies huschten vor ihnen den Weg entlang. Plötzlich ertönte ein seltsames dumpfes Brummen. Amelia erschrak.

»Was war das?«

»Emus«, erklärte Gabriel. »Es ist Paarungszeit.« Er bückte sich, spähte in das undurchdringliche Gebüsch und zeigte dann auf ein Nest am Boden. »Da, sehen Sie? Die Henne legt normalerweise sieben bis zehn Eier, und der Hahn brütet sie aus. Nach sechzig Tagen schlüpfen die Jungen.« In einiger Entfernung entdeckten sie die stolzen Eltern mit ihren acht Jungen, die ihnen zwischen den Beinen herumtrippelten. »Das gestreifte Gefieder ist eine gute Tarnung«, flüsterte er.

»Gibt es Füchse auf der Insel?«

»Nein. Ihre einzigen Feinde sind Schlangen und Seeadler. Und Evan.«

»Wieso Evan?«

»Gelegentlich erlegt er ein Emu. Er behauptet, gebraten würde die Keule wie Rindfleisch schmecken. Ich kann es nicht sagen, ich hab's nie probiert.«

Amelia schüttelte sich. Fasziniert betrachtete sie die Emuküken. »Sie sind wunderschön.« Sie begriff nicht, wie Evan auch nur daran denken konnte, diese Tiere zu töten. Sie hätte gern eins gestreichelt, um festzustellen, ob sie sich so flaumig anfühlten, wie sie aussahen.

Sie gingen weiter. Gabriel zeigte ihr eine einheimische Fuchsie, deren Blüten roten Glöckchen glichen. »Es gibt einige wirklich bemerkenswerte Pflanzen auf der Insel. Mit den Walfängern und Robbenjägern kamen auch Pflanzenzüchter auf der Suche nach neuen Arten wie der Fuchsie, von denen sie dann die Samen einsammelten.«

Amelia bestaunte die Farbenpracht. Es schien fast schon ein Wunder, dass so bezaubernde Blumen inmitten von unscheinbarem Dornengestrüpp gedeihen konnten.

Nach einer Weile blieb Gabriel abermals stehen. Die Küste fiel an dieser Stelle steil ab, sodass sich ein herrliches Panorama öffnete. In der Ferne konnte man die Remarkable Rocks erkennen. Sie sahen wie eine Herde prähistorischer Tiere auf einer Kuppel aus. Wind und Wetter hatten die Felsen zu bizarren Gebilden geformt; es waren, wie ihr Name schon sagte, wirklich »fantastische Felsen«. Amelia freute sich schon darauf, sie aus der Nähe zu bewundern. Doch zuerst wollte sie den einzigartigen Ausblick noch ein wenig genießen. Felsige Klippen zogen sich an der Küste entlang. Die blaue See schien wie gemalt. Obwohl sie kaum bewegt war, brandete sie weiß schäumend gegen den Fuß der Steilwände. Ein feiner Sprühwasserschleier waberte über der Gischt. Es war ein atemberaubender Anblick. Angesichts dieses friedlichen Bildes konnte Amelia kaum glauben, mit welcher Zerstörungswut die See Schiffe in die Tiefe und unzählige unschuldige Menschen in den Tod riss.

Plötzlich durchzuckte sie eine Erinnerung: Eine hohe Welle

rollte auf sie zu und schlug über ihr zusammen, und sie spürte, wie sie keine Luft mehr bekam. Sie rang nach Atem.

»Was ist?«, fragte Gabriel verdutzt.

Der Bann war gebrochen. Seine Stimme holte sie jäh in die Gegenwart zurück. »Ich habe mich gerade an etwas erinnert, aber jetzt ist es wieder verschwunden ...«, erwiderte Amelia leise.

»Woran haben Sie sich erinnert?«

»Eine riesige Welle, die über mir zusammenschlug und mich in die Tiefe drückte. Das muss passiert sein, als das Schiff gesunken ist.«

Sie gingen den abschüssigen Weg zu den Felsen hinunter.

»Wie war ich eigentlich, bevor ich das Gedächtnis verloren habe?«, fragte sie unvermittelt.

Gabriel blieb stehen und drehte sich zu ihr um. »Wie meinen Sie das?«

»Na ja ... was für ein Mensch war ich? Habe ich mich irgendwie verändert?«

Sein Gesichtsausdruck beunruhigte sie.

»Wollen Sie das wirklich wissen?«

Amelia starrte ihn bestürzt an. »War ich so schlimm?«

Gabriel blickte verlegen zu Boden.

»Das ist nicht Ihr Ernst!« Er hatte zwar nichts gesagt, doch sein Schweigen sprach Bände. Noch hoffte sie, dass er sich nur einen Scherz mit ihr erlaubte. Doch seine nächsten Worte zerstörten diese Hoffnung: »Sie waren unfreundlich und ziemlich hochnäsig. Nachdem ich Sie aus dem Wasser gefischt hatte, waren Sie so unausstehlich, dass ich Sie ehrlich gesagt am liebsten wieder hineingeworfen hätte.«

»O nein!« Sie schlug erschrocken die Hand vor den Mund.

»Tut mir Leid, aber so war es.«

»Das hört sich an, als ob ich eine verwöhnte höhere Tochter wäre und keine Strafgefangene.«

Als Gabriel darüber nachdachte, musste er ihr Recht geben.

Doch da er nichts über ihre Vergangenheit wusste, konnte er sich genauso wenig einen Reim darauf machen wie sie selbst. »Ich glaube, Sie hatten einfach nur Todesangst. Erst wären Sie um ein Haar ertrunken, als das Schiff unterging, und dann, als Sie und diese andere Frau sich auf das Riff retten konnten, wurden Sie von Haien umkreist, die in einem wahren Blutrausch gewesen sein müssen.« Er verschwieg ihr, dass er durch sein Fernrohr in hilfloser Verzweiflung beobachtet hatte, wie die Haie mehrere Menschen angegriffen und zerfleischt hatten. Dann hatte er die beiden Frauen auf dem Felsenriff entdeckt. Er wusste, er würde die Flut abwarten müssen, ehe er ihnen zu Hilfe kommen konnte, wenn er nicht riskieren wollte, dass sein Boot an den zerklüfteten Felsen kenterte. Da er nicht gewusst hatte, ob die Frauen verletzt waren, hatte er den beiden keine großen Überlebenschancen eingeräumt.

Amelia fröstelte. Tränen traten ihr in die Augen.

Gabriel hätte gern tröstend den Arm um sie gelegt, doch es erschien ihm zu aufdringlich.

»War ich allein unterwegs? Oder war jemand bei mir?«, fragte sie.

»Ich weiß es nicht.«

»Ich glaube einfach nicht, dass ich Sarah Jones bin!«, brach es gequält aus ihr hervor. »Aber wer bin ich dann? Habe ich eine Familie gehabt? Sorgt sich jemand um mich? Werde ich von jemandem vermisst, der mich liebt?«

»Soweit ich weiß, gibt es keine Vermisstenmeldungen.« Er sah den Hoffnungsfunken in ihren Augen verlöschen und bereute seine Worte sogleich. »Jedenfalls noch nicht. Vielleicht kommt Ende des Monats etwas mit der Post und den Vorräten.«

Sie nickte. Sie wusste selbst, wie gering die Chancen waren.

»Falls es Sie tröstet – Sie haben nicht mehr die geringste Ähnlichkeit mit der Frau, die ich aus dem Wasser gefischt habe. Sie haben sich vollkommen verändert.«

Das richtete sie zwar wieder ein wenig auf; dennoch grübelte sie über die Frau nach, die er ihr beschrieben hatte. War es wirklich nur Angst gewesen, die ihr Verhalten bestimmt hatte, wie Gabriel vermutete? Eine Zuchthäuslerin würde sich doch niemals so benehmen. »Haben Sie eine Ahnung, weswegen ich ...« Sie brach ab. »Haben Sie eine Ahnung, weswegen Sarah Jones verurteilt wurde?«

Gabriel schüttelte den Kopf. »Nein. Evan hat es nicht erwähnt, und ich habe nicht danach gefragt.«

»Aber er weiß es?«

»Ich denke schon. Hören Sie, Sarah, Sie kommen mir wirklich nicht wie eine Zuchthäuslerin vor, aber manchmal urteilen Richter ohne Rücksicht auf die Begleitumstände. Falls Sie tatsächlich ein Verbrechen begangen haben, waren Sie möglicherweise ein Opfer der Umstände.«

»Was für Umstände könnten das gewesen sein?«

»Ich weiß nicht. Vielleicht hatten Sie etwas zu essen gestohlen, weil Sie hungrig waren.« Gabriel sah ihre zweifelnde Miene. »Oder Sie waren unschuldig, und die Wahrheit ist nie ans Licht gekommen.«

»Ich muss es erfahren«, sagte sie entschlossen. »Ich werde Evan fragen, sobald ich zurück bin.«

Sie gingen weiter, doch Amelias Freude über die paar Stunden Freiheit hatte einen Dämpfer erhalten. Erst als sie die eindrucksvolle Felsformation der Remarkable Rocks erreichten, vergaß sie ihre Sorgen wieder.

Die Kuppel, auf der die Felsen sich erhoben, maß etwa dreihundert Meter im Durchmesser und war gut achtzehn Meter hoch. Sie fiel jedoch zum Land hin sanft ab, sodass man sie erklimmen konnte. Einige Felsen ragten viereinhalb Meter auf. Wind und Meer, Hitze und Kälte hatten sie im Lauf der Zeit glatt geschliffen und Löcher und Höhlen hineingefressen.

»Ich war einmal hier, als Wissenschaftler das Gestein untersucht haben«, erzählte Gabriel. »Der Granit bestehe aus Quarz, Feldspat und Glimmer, sagten sie, und sei ursprünglich aus erstarrtem Magma tief aus dem Erdinnern entstanden. Als der darüberliegende Boden im Lauf von Jahrmillionen abgetragen wurde, barst der Granit, und die Felsblöcke entstanden.«

Beinahe ehrfürchtig berührte Amelia die bizarren steinernen Gebilde und bestaunte die orangeroten Flechten, die sie an manchen Stellen wie eine Kruste überzogen.

»Die Flechten sind lebende Organismen, haben die Wissenschaftler mir erklärt, die zur Verwitterung der Felsen beitragen. Sie entnehmen ihnen Nährstoffe und sondern beim Absterben eine schwache Säure ab. Aber es wird ein paar Millionen Jahre dauern, bis die Felsen vollständig zerfallen sind.«

Amelia fand es traurig, dass es die Felsen eines Tages nicht mehr geben würde. Ihr wurde bewusst, wie kurz ihr eigenes Leben war, verglichen mit diesen vorgeschichtlichen Felsen oder gar dem Planeten Erde. Der Gedanke, ihr Leben in dieser Ungewissheit, in der sie sich befand, zu verschwenden, versetzte sie geradezu in Panik.

»Ich muss herausfinden, wer ich bin«, stieß sie unvermittelt hervor. Ihre Stimme klang verzweifelt.

Gabriel wusste nichts darauf zu erwidern. Offensichtlich litt sie furchtbar unter ihrer Situation. Fühlte sie im tiefsten Innern, dass etwas nicht in Ordnung war? Oder wollte sie nicht akzeptieren, dass sie eine Verbrecherin war, die ihre gerechte Strafe verbüßen musste?

Um sie auf andere Gedanken zu bringen, sagte er: »Da drüben gibt es eine Höhle. Sollen wir sie uns ansehen?«

»Wo ist denn der Eingang?«

Gabriel zeigte zum Meer hinunter, wo die Kuppel sich zur Brandung hin abflachte. »Da unten. Es hat nicht geregnet, und der Fels ist nicht allzu schlüpfrig, also können wir's riskieren. Geben Sie mir Ihre Hand!«

»Sind Sie sicher?«, fragte Amelia. Obwohl sie Vertrauen zu ihm hatte, zögerte sie. Sie konnte sich zwar nicht an das Schiffsunglück erinnern, erkannte aber instinktiv, wo Gefahren lauerten.

»Ich werde nicht zulassen, dass Ihnen etwas passiert«, versicherte Gabriel ihr und streckte die Hand aus.

Amelia zauderte immer noch. »Schlagen die Wellen nicht in die Höhle?«, fragte sie ängstlich.

»Nur bei einem schweren Sturm und rauer See. Aber heute ist die See ruhig, wie Sie sehen.«

Amelia kämpfte gegen ihre Furcht an. »Hätten wir nur nicht von Haien und dem Schiffsuntergang geredet! Das hat mich ganz verunsichert.« Die Erinnerung, die für einen Sekundenbruchteil aufgeblitzt war, hatte sie zutiefst aufgewühlt. »Aber wenn Sie sagen, es wird nichts passieren, dann glaube ich Ihnen«, fügte sie mit fester Stimme hinzu. Die Sonne war hinter den Wolken hervorgekommen, was sie als gutes Zeichen wertete.

Nachdem sie noch einmal tief durchgeatmet hatte, ergriff sie die ausgestreckte Hand, und sie machten sich an den Abstieg. Gabriel half ihr auf den gesimsähnlichen Vorsprung vor dem Höhleneingang hinunter. Es war düster im Innern der etwa drei Meter breiten und gut anderthalb Meter hohen Felsgrotte. Ein atemraubender Blick bot sich ihnen: Es war, als ob man aus einem Fenster aufs Meer schaute.

»Was für ein herrlicher Blick! Aber es stinkt hier drin...«, sagte Amelia und hielt sich die Nase zu.

»Ja, Sie haben Recht.« Gabriel sah sich verwundert um. Den üblen Geruch hatte er bisher noch nie bemerkt. Plötzlich entdeckte er die Ursache und schrak unwillkürlich zusammen.

Amelia drehte sich um. Gabriel versuchte noch, sie daran zu hindern, doch es war zu spät. Sie hatte die Leiche bereits gesehen und stieß einen Entsetzensschrei aus. Gabriel nahm sie in die Arme. Er spürte, wie sie zitterte.

Der Tote im hinteren Teil der Höhle war sehr groß. Der rechte

Unterschenkel war ihm abgerissen worden. Man konnte den Knochen und zerfetzte Sehnen sehen; auf dem Boden war ein großer dunkler Fleck, offenbar getrocknetes Blut. Obwohl der Körper bereits in Verwesung übergegangen war, spiegelte sich noch immer ein Ausdruck blanken Grauens auf den Zügen des Mannes. Gabriel hatte geglaubt, der entsetzliche Gestank rühre von einem Robben- oder Vogelkadaver her. Niemals hätte er damit gerechnet, eine Leiche vorzufinden. Die Meeresströmung hätte sie eigentlich in die andere Richtung treiben müssen.

»Was ... was ist mit ihm passiert?«, schluchzte Amelia. »Und wo kommt er her?«

»Er muss an Bord der *Gazelle* gewesen sein. Ich vermute, ein Hai hat ihm das Bein abgerissen. Entweder konnte er sich in die Höhle retten, oder er war bereits tot, und eine Welle hat ihn hier hereingespült. Falls er noch gelebt hat, muss er verblutet sein.« Seine Verletzung war zu schwer gewesen, als dass er die geringste Chance gehabt hätte; das erkannte Gabriel auf einen Blick.

Amelia stand unter Schock. Sie zitterte am ganzen Körper, und die Tränen liefen ihr übers Gesicht. Gabriel führte sie aus der Höhle und half ihr die Felsenkuppel hinauf. Gierig zog sie die frische Luft ein, um den Geruch des Todes aus der Nase zu bekommen. »Wir müssen den Toten bergen, damit wir ihn bestatten können«, sagte Gabriel. »Das schaffe ich nicht ohne Hilfe. Glauben Sie, Sie finden allein zum Leuchtturm zurück, damit Sie Edgar bitten könnten, Seile und eine Trage hierher zu bringen? Er weiß, wo sich die Rettungsausrüstung befindet, ich hab's ihm gezeigt.« Wenn er sich selbst auf den Weg machte, würde es Nacht sein, bis er mit Edgar zurückkäme. Jemand musste aber das Leuchtfeuer im Turm anzünden; außerdem wäre es zu gefährlich, die Leiche bei Dunkelheit heraufzuholen.

Amelia nickte. »Und was machen Sie unterdessen?«

»Ich werde versuchen, den Toten aus der Höhle zu ziehen. Das dürfte eine Weile dauern. Wir würden Zeit sparen, wenn Sie Edgar inzwischen holen könnten. Ich weiß, was ich da von Ihnen verlange, aber ...«

Sie ließ ihn nicht ausreden. »Ich schaff das schon.«

»Sind Sie sicher?« Gabriel musterte sie besorgt. Er fürchtete, der Anblick des Toten könnte sie in ihrem labilen Zustand vollends aus dem Gleichgewicht bringen. Aber er konnte die Leiche auch nicht in der Höhle lassen. Die Verwesung schritt schnell voran, und bald würde man den Leichnam nicht mehr anfassen können, ohne dass er zerfiel. Gabriel überlegte kurz, ob er den Toten ins Meer zurückwerfen sollte. Doch dann würde er vielleicht ein zweites Mal angeschwemmt. Und wer immer dieser Mann gewesen war – er war einen einsamen, qualvollen Tod gestorben. Hatte er da nicht wenigstens eine würdevolle Bestattung verdient?

»Machen Sie sich um mich keine Sorgen«, beruhigte Amelia ihn. Das Atmen fiel ihr immer noch schwer, und sie fror, doch Gabriel brauchte Hilfe – sie durfte ihn nicht im Stich lassen.

Er zog seinen Mantel aus und legte ihn ihr um die Schultern, damit sie es warm hatte. Sie versuchte ein schwaches Lächeln und wandte sich zum Gehen.

Als Amelia ein Stück gegangen war, verließ sie das bisschen Mut, das sie gehabt hatte. Ein Schwindelgefühl erfasste sie und sie bekam weiche Knie, zwang sich aber, weiterzugehen. Das Bild des Toten in der Höhle ließ sie nicht mehr los. Übelkeit erfasste sie, und sie musste sich übergeben. Doch sie gönnte sich keine Pause. Außer Atem und fast hysterisch vor Angst und Aufregung gelangte sie schließlich zum Leuchtturm. Sie eilte zum Haus der Dixons und hämmerte gegen die Tür.

Edgar schaute seine Frau verdutzt an. Wer mochte das sein? Als er öffnete, stand eine völlig aufgelöste, zitternde Amelia vor ihm.

»Was ist passiert?«, fragte Edgar beunruhigt und zog die junge Frau ins Haus. »Ist etwas mit Evan? Oder mit einem der Kinder?«

»Gabriel ...«, stieß Amelia zwischen zwei Schluchzern hervor.

»Was ist mit ihm?« Als sie nicht sofort antwortete, weil sie nach Atem rang, sagte Edgar: »Gabriel ist nicht da, er macht einen Spaziergang.«

Sie nickte. »Ich weiß, er ... er ist unten bei den ... Felsen«, keuchte sie. Ihr Herz raste, und sie war schweißüberströmt, weil sie fast den ganzen Weg bergauf gerannt war.

Carlotta zog ihr den Mantel von den Schultern. »Der gehört Gabriel«, sagte sie zu ihrem Mann. Dann packte sie Amelia am Arm und schüttelte sie. »Wo ist er? Was ist mit ihm?«

»Er ... braucht Hilfe«, stieß sie atemlos hervor.

Da sie nach Luft schnappte und immer noch schluchzte, konnten die Dixons sie nicht verstehen. Plötzlich schlug Carlotta ihr ins Gesicht. Amelia taumelte zurück.

»Was tust du denn da?«, rief Edgar.

»Gabriel könnte verletzt sein und unsere Hilfe brauchen, und sie steht da und heult wie eine *bambina*«, schimpfte Carlotta.

Amelia war fassungslos. Sie hielt sich ihre brennende Wange und starrte die Italienerin offenen Mundes an.

Edgar schenkte ein Glas Wasser ein, reichte es Amelia und drückte sie sanft auf einen Stuhl. »Lass Sarah in Ruhe«, zischte er seiner Frau zu. An Amelia gewandt, fügte er hinzu: »Trinken Sie einen Schluck, und beruhigen Sie sich. Versuchen Sie, die Luft anzuhalten.«

Amelia gehorchte. Obwohl ihre Wange immer noch brannte, fühlte sie sich ein wenig besser. »Gabriel ist bei den Remarkable Rocks«, sagte sie zu Edgar. »Wir sind in eine Höhle geklettert und da ...« Das Bild des schrecklich zugerichteten Toten stieg vor ihr auf. Nie zuvor hatte sie etwas derart Grauenvolles gesehen. Sie schauderte. »Und da ...«

»Und da?«, drängte Edgar behutsam.

»Und da haben wir ... eine Leiche entdeckt. Gabriel möchte, dass Sie kommen und ihm helfen, den Toten zu bergen. Sie sollen Seile und die Trage von der Rettungsausrüstung mitbringen.«

Carlottas Augen waren schmal geworden vor Eifersucht. Eine Höhle? Was hatten sie in einer Höhle zu suchen? Hatten sie sich dort etwa geliebt? »*Lei è una mucca magra*«, stieß sie unterdrückt hervor.

Amelia traute ihren Ohren nicht. Sie sei eine magere Kuh, hatte Carlotta gesagt. Zum Glück dachten die Dixons, ihre bestürzte Miene habe mit ihrem schrecklichen Erlebnis zu tun.

»Ich hole die Seile und die Trage.« Edgar stand auf. »Wie weit ist es bis zur Höhle?«

Amelia, der Carlottas Bemerkung immer noch nachging, schüttelte ihre Benommenheit ab. »Ungefähr zwei Meilen.«

»Dann sollte ich mich beeilen.« Edgar musste bei Sonnenuntergang zurück sein, um das Leuchtfeuer anzuzünden. An der Tür hielt er abrupt inne und drehte sich noch einmal um. »In welcher Richtung liegt die Höhle?«

»Ich zeige Ihnen den Weg.« Amelia sprang auf. Sie wollte unter keinen Umständen mit Carlotta, die sie giftig anfunkelte, allein bleiben. Warum hasste die Italienerin sie so sehr?

»*Lei lo segue come una femmina in calore*«, zischte sie verächtlich.

Amelia verschlug es die Sprache. Sie laufe Gabriel nach wie eine läufige Hündin, warf Carlotta ihr vor. Amelia lag schon eine scharfe Entgegnung auf der Zunge, doch sie beherrschte sich. Carlotta sollte nicht erfahren, dass sie ihre Sprache beherrschte; sie würde mehr über die Pläne der Italienerin herausbekommen, wenn sie weiterhin so tat, als würde sie kein Wort verstehen. Auch Gabriel gegenüber würde sie vorerst noch schweigen. Doch sie würde ihn eindringlich warnen, denn Carlotta entpuppte sich als heimtückische, boshafte Frau.

Amelia führte Edgar zu den Felsen hinunter, wo Gabriel auf sie wartete. Er habe den Toten schon aus der Höhle geschafft, sagte er zu Edgar. Amelia schickte er wieder zurück; er wollte nicht, dass sie ein weiteres Mal den grausigen Anblick ertragen musste. Da der Himmel sich von neuem mit dunklen Wolken bezogen hatte, bestand sie darauf, ihm seinen Mantel zurückzugeben. Ihr war vom Laufen warm genug.

Sie war schon auf dem Rückweg, als ihr plötzlich bewusst wurde, wie spät es geworden war. Sie war fast fünf Stunden fort gewesen. O Gott!, schoss es ihr panisch durch den Kopf, als sie sich ausmalte, was für einen Empfang Evan ihr bereiten würde. Aber er wird es schon verstehen, wenn ich ihm erzähle, was passiert ist, versuchte sie sich zu beruhigen.

Amelia hätte seit zwei Stunden zurück sein müssen. Doch sie kam nicht, und Evan hatte sich mit jeder Minute, die verstrich, tiefer in seine Wut hineingesteigert. Er hatte sie von vornherein nur widerwillig gehen lassen, und jetzt fühlte er sich in seinem Urteil über sie bestätigt. Als sie schließlich kam, explodierte er regelrecht.

»Das war's!«, brüllte er. »Ich hab dich gewarnt! Ich hab dir gesagt, du sollst pünktlich zurückkommen!«

»Aber ich...«, begann Amelia.

»Von jetzt an wirst du keine Minute mehr freihaben! Du kannst von Glück sagen, wenn ich dich nicht wieder ins Gefängnis bringe!«

»Aber...«

»Ich hab gleich gewusst, dass man dir nicht trauen kann. Meine Kinder haben wieder nichts zu essen bekommen, weil ich gearbeitet habe. Und es war *deine* Aufgabe, für sie zu kochen. Du bist eine Diebin und Lügnerin! Ich muss verrückt gewesen sein, dass ich geglaubt habe, man könne sich auf dich verlassen!« In höchster Erregung stürmte er davon. Jetzt erst sah Amelia, dass die Kinder in der Tür des Haupthauses standen und alles mit angehört hatten. Sie hatte zwar mit Evans Wutausbruch gerechnet, doch vor den Kindern eine Diebin und Lügnerin genannt zu werden, war eine größere Demütigung als eine öffentliche Prügelstrafe.

Weinend flüchtete sie in ihre Hütte und warf sich auf ihr Strohlager, wo sie sich zusammenrollte. Sie wusste nicht, wie lange sie dagelegen und geschluchzt hatte, als sie plötzlich merkte, dass sie nicht allein war. Sie schaute auf und erkannte Sissie durch den Tränenschleier hindurch.

»Was war denn los?«, fragte das Mädchen.

Amelia brachte kein Wort hervor.

»Warum bist du zu spät gekommen?« Sissie kniete sich neben sie. »Du hast doch gewusst, dass Papa dann böse wird.«

Amelia setzte sich auf und trocknete sich die Tränen ab. »Gabriel und ich haben in einer Höhle bei den Remarkable Rocks eine Leiche entdeckt.«

Sissie machte große Augen. »Eine Leiche?«

»Ja. Einen Mann. Einen sehr großen Mann. Anscheinend ist er von einem Hai angegriffen worden.«

Sissies Fantasie reichte nicht aus, um sich den grausigen Anblick vorzustellen. »Wie ist er denn da hingekommen?«

»Er muss an Bord der *Gazelle* gewesen sein – und hat wie fast alle das Unglück nicht überlebt.«

Entsetzen spiegelte sich auf Sissies Zügen wider.

»Ich musste Edgar holen, damit er Gabriel hilft, den Toten zu bergen. Edgar wusste aber nicht, wo die Remarkable Rocks sind, deshalb habe ich ihn hingeführt.«

»Warum hast du Papa das nicht gesagt?«

»Er hat mich ja nicht zu Wort kommen lassen.«

»Er war wütend. Er dachte, du wärst weggelaufen.«

»Hätte ich es nur getan!«

»Ich hole dir etwas zu essen.«

»Nein, danke, Cecelia, ich habe keinen Hunger.« Amelia legte sich wieder hin und schloss die Augen. Sie fühlte sich kraftlos und ausgelaugt.

Sissie ging ins Haus zurück, wo ihr Vater einen von Milos Schuhen neu besohlte.

»Gabriel und Sarah haben eine Leiche gefunden«, berichtete sie. »In einer Höhle.«

Evans Hand verharrte einen Augenblick regungslos, doch er schaute nicht auf.

»Der Tote ist ein Mann. Er ist von Haien angegriffen worden. Sarah musste den neuen Leuchtturmwärter holen, damit er Gabriel half, die Leiche aus der Höhle zu schaffen.«

Evan zeigte keine Gefühlsregung und gab auch keine Antwort. Schließlich wandte Sissie sich ab und ging zu Bett. Sie wollte ihren Vater nicht noch mehr verärgern.

Evan blieb lange sitzen und dachte nach. Allmählich verrauchte sein Zorn. Er ging zu Amelia hinüber. Doch sie war eingeschlafen, und wecken wollte er sie nicht.

Am anderen Morgen ging Gabriel in aller Frühe zur Farm hinaus. Evan war schon auf, doch von Amelia war noch nichts zu sehen. Ausnahmsweise hatte er sie schlafen lassen.

»Guten Morgen, Evan«, grüßte Gabriel. Er hatte die zweite Wache übernommen und das Leuchtfeuer unmittelbar vor seinem Aufbruch gelöscht. Noch am Abend hatte er gemeinsam mit Edgar den Toten begraben und den Vorfall im Dienstbuch festgehalten. Einen ausführlicheren Bericht für die Hafenbehörde in Kingscote würde er später dem Versorgungsschiff mitgeben.

»Wie geht es Sarah?« Er kannte Evan gut genug, um zu wissen, dass dieser vor Wut außer sich gewesen sein musste, weil sie später als vereinbart zurückgekommen war. Und er hatte ihr sicher keine Gelegenheit gegeben, ihm alles zu erklären.

»Sie schläft noch«, grummelte Evan.

Er kochte Haferbrei. Gabriel wusste nicht, ob das ein gutes oder ein schlechtes Zeichen war. »Sie muss völlig erschöpft sein«, sagte er. »Sie hat den Weg zu den Remarkable Rocks zweimal gemacht, hin und zurück. Mir blieb nichts anderes übrig, als sie allein zurückzuschicken. Der grausige Anblick hat sie ziemlich mitgenommen.« Als Evan schwieg, fuhr er fort: »Sie hat dir doch sicher von dem Toten erzählt, den wir gefunden haben?«

»Eins meiner Mädchen hat es mir gesagt«, sagte Evan.

Gabriel wusste nicht, was er davon halten sollte. »Er muss an Bord der *Gazelle* gewesen sein. Die Haie haben ihn übel zugerichtet. Edgar und ich haben ihn gestern Abend begraben. Ich werde heute noch einen Bericht für die Küstenwache schreiben, damit das Versorgungsschiff ihn mitnehmen kann.«

Evan schwieg beharrlich.

»Tja, dann gehe ich mal wieder. Ich muss die Laterne reinigen. Sag Sarah, ich bin ihr für ihre Hilfe gestern wirklich dankbar.«

Evan nickte.

Gabriel machte sich auf den Rückweg. Er wusste immer noch nicht, was er von Evans Reaktion halten sollte. Evan war kein Mann vieler Worte, doch seine spärlichen Bemerkungen konnten manchmal ziemlich verletzend sein. Gabriel hoffte nur, er hatte die junge Frau nicht allzu hart angefasst.

Unterdessen war der Haferbrei fertig geworden. Evan trug eine Schüssel voll zu Amelia hinüber. Sie schlug gerade die Augen auf, als er die Tür öffnete.

»Iss, solange es warm ist«, brummte er und stellte die Schüssel und einen Becher gesüßten Schwarztee neben ihr Lager.

Verwirrt schaute sie auf die Mahlzeit. Evan hatte ihr den Tag freigeben wollen, hatte dann aber daran gedacht, wie hart seine Jane gearbeitet hatte, und den Gedanken wieder verworfen.

»Gabriel war gerade da. Er lässt dir für deine Hilfe gestern danken.«

Amelia erwiderte nichts. Ob Evan den Toten erwähnen würde?

Als er sich ohne ein weiteres Wort zum Gehen wandte, sagte sie: »Sie haben mich eine Diebin und Lügnerin genannt. Heißt das, Sie wissen, was ich angeblich verbrochen habe?«

Evan blieb stehen. »Du hast der Tochter deines Brotherrn ein Armband gestohlen«, sagte er nach kurzem Zögern.

Amelia starrte ihn fassungslos an. »Meines Brotherrn? Und wer war das?«

»Das weiß ich nicht. Ich wurde gefragt, ob ich dich als Farmhelferin nehme. Und da es bei uns nichts zu stehlen gibt, habe ich gedacht, wir hätten nichts zu befürchten.« Er warf ihr einen flüchtigen Blick zu und sah die Tränen in ihren Augen. Rasch senkte er den Kopf. »Als du gestern nicht zurückgekommen bist, dachte ich schon, du wärst weggelaufen. Aber du weißt hoffentlich, dass es keinen Sinn hätte. Du würdest da draußen umkommen.« Er wandte sich ab und verließ die Hütte.

Amelia schaute ihm verblüfft nach. Hatte er sich etwa Sorgen um sie gemacht? Sie schüttelte ungläubig den Kopf. Was für ein sonderbarer Mann!

Carlotta schüttete draußen gerade einen Eimer Schmutzwasser aus, als Gabriel zurückkehrte.

»Wo waren Sie denn schon so früh?«, fragte sie, obwohl sie es sich fast denken konnte.

»Auf der Farm bei Evan und Sarah.«

Beim Anblick seiner sorgenvollen Miene verspürte sie bohrende Eifersucht. Gabriel war der attraktivste Mann, dem sie je begegnet war – ein dunkler, südländischer Typ, den sie unwiderstehlich fand und dem sie vom ersten Augenblick an verfallen war. Warum nur hatte ihr Vater sie gezwungen, Edgar zu heiraten, der älter war als er selbst? Edgar war ein geduldiger, liebenswerter Mann, doch Leidenschaft konnte Carlotta nicht für ihn empfinden. Wenn sie nachts in seinen Armen lag, schloss sie die Augen und dachte an einen jungen, gut aussehenden Burschen. Und seit sie Gabriel kannte, hatte ihr imaginärer Liebhaber ein Gesicht bekommen – das des jungen Leuchtturmwärters.

»Wie geht es Sarah?«, fragte sie mit geheuchelter Anteilnahme.

»Ich habe sie nicht gesehen. Sie hat noch geschlafen.«

Gabriels Sorge um die Zuchthäuslerin versetzte ihr einen Stich ins Herz. Carlotta war entschlossen, sie auszuschalten, und sie wusste auch schon wie: indem sie Sarah in Verruf brachte. Doch dazu musste sie erst ihr Vertrauen gewinnen. Und genau das hatte sie vor.

»Ich werde später nach ihr sehen«, sagte sie eifrig.

»Sie wird sich bestimmt über Ihren Besuch freuen. Sie leidet sehr darunter, dass sie sich nicht an ihre Vergangenheit erinnern kann. Sie könnte eine Freundin brauchen.«

»Wie hat sie denn ihr Gedächtnis verloren?« Ob die Zuchthäuslerin nur so tat, als könnte sie sich an nichts erinnern, um Mitleid zu erregen?

»Sie ist mit dem Kopf gegen den Felsen geschlagen, als ich sie mit der Winde hochgezogen habe. Sie wusste nicht einmal mehr ihren Namen. Aber die Frau, die bei ihr war, sagte, ihr Name sei Sarah Jones, und sie müsse den Rest ihrer Haftstrafe auf Evans Farm verbüßen. Aber Sarah glaubt das nicht.«

»Vielleicht, weil sie es nicht glauben will.«

»Möglich, aber allmählich kommen mir Zweifel an dieser Geschichte. Hoffen wir, dass sie ihr Gedächtnis bald wieder findet.«

Carlotta hatte den Eindruck, dass er im Begriff war, sich in das Mädchen zu verlieben. Sie musste handeln, und zwar schnell.

»Ich bin müde«, sagte Gabriel. »Ich werde zu Bett gehen.«

Carlotta erwiderte nichts, dachte aber bei sich, wie gern sie ihm Gesellschaft leisten würde. Ich werde nicht zulassen, dass diese *criminale* ihn bekommt, dachte sie hasserfüllt. Ich muss sie loswerden – so schnell wie möglich.

9

Kingscote

Sarah gewöhnte sich langsam an den Müßiggang. Edna und Charlton verwöhnten sie maßlos. Sie achteten auch darauf, dass sie genug aß und sich ausruhte, damit sie nach all den Strapazen wieder zu Kräften kam. Und in der letzten Woche war kaum ein Tag vergangen, ohne dass irgendwelche Kleidungsstücke aus dem Schneideratelier geliefert worden wären.

An diesem Montag saß Sarah allein in der Küche und las die Zeitung. Polly war mit Putzen beschäftigt, Edna und Charlton waren in die Stadt gefahren. Als es an der Hintertür klopfte, stand Sarah auf, um nachzusehen. Sie stieß die Tür zum ringsum mit Fliegengitter umschlossenen Anbau auf. Draußen vor der zweiten Gittertür stand eine Aborigine, eine Schüssel in den Händen. Sarah, die noch nie einen Ureinwohner aus der Nähe gesehen hatte, erschrak. Tausend Fragen schossen ihr durch den Kopf. Zum Beispiel, ob die Frau sie überhaupt verstehen konnte. War sie eine Bettlerin?

»Hallo«, sagte Sarah zögernd.

»Ich komme wegen der Eier, Missus.«

»Eier? Ich wusste gar nicht, dass wir Eier verschenken.« Ob Edna Bettler davonjagte? Sollte sie das auch tun?

Betty, die Aborigine, betrachtete Sarah für einen Moment aus dunklen, ausdruckslosen Augen. Es überraschte sie nicht, dass die junge Frau dachte, sie wolle um Essen betteln. Das passierte Betty oft; dennoch war sie jedes Mal aufs Neue enttäuscht darüber. Edna Ashby gehörte zu den wenigen Weißen, die Betty wie ihresgleichen und mit Respekt behandelten, und Betty wiederum hatte größte Hochachtung vor Edna. »Ich *kaufe* die Eier von Mrs Ashby, Missus.«

»Oh!« Sarah fühlte, wie ihr Gesicht brannte. »Entschuldigen Sie, das wusste ich nicht.«

»Ist schon gut, Missus.« Wie zum Beweis streckte sie Sarah ihre Handfläche hin, in der ein paar Münzen lagen.

»Mrs Ashby ist nicht da, aber ich werde Polly holen.« Sarah hatte sich schon zum Gehen gewandt, drehte sich dann aber noch einmal um und fragte: »Wie heißen Sie eigentlich?«

»Ich bin Betty, Missus.«

»Warten Sie bitte hier, Betty.« Konnte sie die Tür solange offen lassen? Sarah zögerte eine Sekunde. Die Aborigine wusste genau, was sie dachte, und wieder war sie enttäuscht. Sie hatte die Erfahrung gemacht, dass die meisten Weißen misstrauisch und überheblich waren. Sie glaubten, alles zu wissen, dabei wussten sie nichts über das Land und die Geister. Sie dachten, sie könnten nichts von den Ureinwohnern lernen und versuchten, ihnen ihre eigene Lebensweise aufzuzwingen. Betty fürchtete, dass die Kultur ihres Volkes dadurch zerstört würde, falls man nichts dagegen unternahm. Die Aborigines hatten keine andere Wahl, als sich anzupassen, das war ihr klar; doch Betty wollte dafür sorgen, dass die Traditionen ihres Volkes bewahrt und an ihre Kinder und Kindeskinder weitergegeben wurden.

Sarah lief durchs Haus und rief nach Polly. Diese kam aus dem Schlafzimmer der Ashbys, einen Staubwedel in der Hand.

»An der Hintertür ist eine Frau, die Eier kaufen möchte«, flüsterte Sarah. »Eine Aborigine. Aber sie macht einen recht sauberen Eindruck.«

»Eine Aborigine? Hat sie gesagt, wie sie heißt?« Stirnrunzelnd ging Polly in Richtung Küche. Sarah folgte ihr.

»Ja. Betty, sagt sie.«

»Ach so!« Polly lächelte. »Das ist bestimmt Betty von nebenan, Miss Divine.«

»Von nebenan?« Sarah hatte zwar Kinder auf der Straße spielen sehen, die wie Mischlinge aussahen, war aber nicht auf den Gedanken gekommen, dass sie nebenan wohnen könnten.

»Ja, Betty ist die Frau von John Hammond. Sie wohnen in Faith Cottage.«

»Oh.« Sarah konnte fast nicht glauben, dass man in Kingscote eine Eingeborene wohnen ließ. In Hobart Town galten die Ureinwohner als Wilde, die auf der gesellschaftlichen Leiter noch unter den Sträflingen standen.

In diesem Moment kamen Edna und Charlton zurück. Der Buggy hielt hinter dem Haus.

»Hallo, Betty!«, rief Edna. »Kommst du wegen der Eier?«

»Ja, Missus.«

»Weiß Polly, dass du da bist?«

»Die junge Missus holt sie gerade.«

»Die junge Missus? Oh, du meinst sicher mein Mündel, Amelia. Ich habe dir von ihr erzählt, erinnerst du dich? Ihre Mutter war seinerzeit in England meine beste Freundin.«

»Ach ja, jetzt weiß ich wieder, Missus!« Betty erinnerte sich, dass Edna ihr erzählt hatte, ihre Freunde seien in ihrer Kutsche von einem Baum erschlagen worden. Das war ein böses Omen.

»Komm doch rein und trink eine Tasse Tee mit mir, während Polly die Eier holt.« Edna war ein wenig ungehalten, weil ihr Mündel Betty nicht hereingebeten hatte. Was war denn das für ein Benehmen? Sie würde ein ernstes Wort mit der jungen Dame reden müssen. Als sie durch den Anbau gingen, kam Polly ihnen entgegen.

»Oh, Sie sind schon zurück, Mrs Ashby«, sagte sie verlegen. »Ich wollte gerade frische Eier für Betty holen.«

Sie nahm Betty die Schüssel ab und eilte hinaus. Edna ging mit Betty in die Küche, wo sie auf Sarah trafen.

»Amelia, das ist Betty Hammond, unsere Nachbarin.«

»Polly erwähnte es schon«, erwiderte Sarah. Sie konnte ihr Befremden darüber, dass Edna die Aborigine tatsächlich mit ins Haus brachte, kaum verbergen. Betty spürte ihre Ablehnung.

»Setz bitte Wasser auf, Liebes, und schneide ein Stück Kuchen auf.« Edna zog einen Stuhl für Betty heran, und diese setzte sich. Sie hatte kurze, drahtige Haare, eine sehr dunkle Haut, einen üppigen Busen und einen dicken Bauch, aber bleistiftdünne Arme und Beine. Sie trug eine weiße Schürze über einem Hängerkleid und schwarze Schnürschuhe an den Füßen. Ihre dunklen Augen ruhten unverwandt auf Sarah, was diese ganz nervös machte.

»Erzähl, Betty, wie geht es dir?« Edna holte das Teeservice aus dem Schrank.

»Sehr gut, Missus«, erwiderte Betty. Sie fand es eigenartig, dass keine Trauer von Sarah ausging. Dennoch spürte sie Kummer und Leid. Das Mädchen hatte kein leichtes Leben gehabt. Besonders die letzten Jahre waren hart gewesen. Wie konnte das sein? Ednas Mündel musste doch ein sorgloses Leben geführt haben.

»Und die Kinder?«, fragte Edna. »Wie geht es denen?«

Betty lächelte und zeigte ihre wunderschönen weißen Zähne. »Oh, die werden von Tag zu Tag größer, Missus. Sie wachsen wie verhexte kleine Raupen!«

»Und John? Charlton hat ihn schon eine ganze Weile nicht mehr gesehen.«

»Er hat viel zu tun, Missus. Er arbeitet für Percy Kirkbright.«

»Percy bringt die Ernte ein, und John hilft ihm dabei, nicht wahr?«, meinte Charlton, der soeben hereinkam, schwer mit den Einkäufen beladen. »Der Hafer soll dieses Jahr gut stehen.«

»O ja.« Betty nickte. »Und wenn Percy Kirkbrights Hafer eingebracht ist, müsste unser Weizen fast reif zum Ernten sein.« Sie redete mit Charlton, doch ihre Blicke folgten Sarah.

Nachdem Charlton alles hereingebracht hatte, ging er noch einmal hinaus, um das Pferd abzuschirren und auf die Koppel zu bringen.

Edna bemerkte, dass Betty keinen Blick von ihrem Mündel

wandte. Sarah schnitt den Obstkuchen auf, den Polly tags zuvor gebacken hatte. »Was ist denn, Betty? Siehst du etwas, das Amelia betrifft?«

Sarah drehte sich um und schaute verwirrt von Edna zu Betty.

»Betty kann Dinge sehen«, erklärte Edna. »Sie steht mit ihren Ahnen in Verbindung und spricht mit ihnen.«

Sarah riss die Augen auf. »Wie meinst du das?«

»Sie hat übersinnliche Gaben. Würde sie bei ihrer Sippe leben, wäre sie eine weise Frau, eine Art Mittlerin zwischen dem Diesseits und dem Jenseits. Betty hat Visionen, und sie irrt sich nie. Einmal hatte ich meinen Ehering verloren, und sie hat mir ganz genau gesagt, wo er zu finden ist. Ein anderes Mal sagte sie, unser Gärtner würde uns bestehlen. Und so war es auch. Er hatte einige unserer Gartengeräte und sogar Wäschestücke von der Leine gestohlen. Betty hat es gewusst.« Edna wandte sich ihr zu. »Wahrscheinlich siehst du etwas, das mit dem Schiff zu tun hat, mit dem Amelia gekommen ist. Es ist vor der Küste gekentert und gesunken. Gott sei Dank konnte Amelia sich retten.«

Betty musterte Sarah stumm und mit prüfendem Blick. Verbindung mit den Ahnen? Das ist doch alles fauler Zauber!, dachte Sarah. Betty konnte unmöglich spüren, geschweige denn wissen, dass sie in die Identität von Amelia Divine geschlüpft war.

»Siehst du etwas? Hat es mit dem Schiffsunglück zu tun?«, fragte Edna gespannt.

Sarah wünschte, sie würde die Sache auf sich beruhen lassen.

»Ja, Missus«, antwortete Betty zögernd. »Ich sehe eine junge Frau...«

»Wirklich?« Edna war ganz aufgeregt. »Das muss die Zuchthäuslerin sein!«

Betty hatte aus unerklärlichen Gründen das starke Gefühl, die junge Frau sollte hier bei ihnen sein. Aber wieso?

Edna schaute Sarah an. »Ich habe dir doch gesagt, dass sie besondere Fähigkeiten hat!«

»Sie ist in Schwierigkeiten«, sagte Betty unvermittelt.

»Wer?«, fragte Edna verdutzt.

»Die junge Frau, Missus.«

»Sie *war* in Schwierigkeiten, Betty. Sie war im Gefängnis; jetzt verbüßt sie ihre restliche Haftstrafe auf einer Farm am anderen Ende der Insel.«

»Etwas stimmt hier nicht, Missus«, sagte Betty langsam. Etwas, das sowohl mit Sarah als auch mit der anderen jungen Frau zu tun hatte – aber das behielt Betty für sich.

Panik erfasste Sarah. Wurde ihr Betrug jetzt aufgedeckt? Das Herz schlug ihr plötzlich bis zum Hals, und sie bekam feuchte Hände. Sie wollte sich schon entschuldigen und gehen, als Lance ins Zimmer kam.

»Guten Tag allerseits«, rief er fröhlich, scheinbar ohne Sarahs blasses Gesicht zur Kenntnis zu nehmen.

»Du kommst aber früh heute«, meinte Edna, als er ihr einen Kuss auf die Wange gab.

»Eigentlich hätte ich noch eine Besprechung mit Willard Thomas gehabt, aber er hat abgesagt, und da dachte ich mir, ich mache Schluss für heute. Ich habe in letzter Zeit genug Überstunden gemacht.«

»Du arbeitest zu viel, mein Junge.« Ednas mütterlichem Blick entgingen die Anzeichen der Erschöpfung in seinem Gesicht nicht. »Wir haben dich letzte Woche ja kaum gesehen.«

Lance blickte betreten drein, doch da hatte Edna sich bereits zu Sarah umgewandt. »Willard Thomas gehört der General Store.«

»Oh.« Sarah fragte sich nicht zum ersten Mal, ob Lance ihr aus dem Weg ging.

»Weswegen hat er die Besprechung denn abgesagt?«, fragte Edna ihren Sohn.

»Clare geht es nicht gut, deshalb konnte er nicht aus dem Laden weg.«

»Ach herrje! Schon wieder! Ich werde morgen mal nach ihr sehen.« An Sarah gewandt fuhr Edna fort: »Clare ist Willards Frau. Sie ist ein liebes Ding, aber sie kränkelt sehr. Ständig hat sie etwas anderes.«

»Das könnte damit zu tun haben, dass sie gern eine Zigarre pafft, wenn Willard nicht hinsieht«, bemerkte Lance trocken.

»Da magst du Recht haben«, stimmte Edna ihm schmunzelnd zu. »Diese Dinger stinken fürchterlich! Mir kommen sie jedenfalls nicht ins Haus. Ich verstehe nicht, was Clare daran findet.« Obwohl sich in einer kleinen Stadt kaum etwas geheim halten lässt, wussten nur Clares engste Freunde, dass sie außer Zigarren noch eine zweite Leidenschaft hatte: Sherry. Sobald sie nachmittags den Laden verlassen hatte, schenkte sie sich den ersten ein. Wenn Willard nach Hause kam, fand er unweigerlich ein angebranntes Essen und eine schlafende Frau vor.

Sarah spürte immer noch Bettys stechenden Blick auf sich ruhen. Um von sich abzulenken, sagte sie zu Lance: »Wir wollten doch abends noch einmal zur Mole hinunter, um die Pinguine zu beobachten.«

»Stimmt! Wie wär's mit heute Abend? Hättest du Lust?«

»O ja, das wäre wunderbar!«

»Es scheint ein schöner Abend zu werden. Aber zieh dir trotzdem etwas Warmes an. Die Brise, die vom Meer her weht, würde sogar die Hölle gefrieren lassen, so verdammt kalt ist sie.«

»Lance!«, sagte Edna tadelnd.

Er verdrehte in gespielter Verzweiflung die Augen. »Jetzt habe ich schon wieder vergessen, dass du aus Hobart Town kommst, Amelia. Du hast ja selbst am Meer gewohnt. Entschuldige.«

»Macht doch nichts«, erwiderte Sarah mit einem nervösen Seitenblick auf Betty, die sie immer noch ernst und eindringlich musterte.

Betty hatte das sonderbare Gefühl, dass diese junge Frau an einem Ort gelebt hatte, von wo aus sie das Meer nicht sehen konnte – hinter Mauern, eingesperrt wie ein Tier. Betty sagte nichts, doch sie machte sich große Sorgen um Edna. Warum gaukelte ihr Mündel ihr etwas vor?

»Ich werde einen kleinen Spaziergang machen«, sagte Sarah unvermittelt und stand auf. »Bis heute Abend, Lance!« Plötzlich hatte sie es eilig. Mit Lance allein zu sein erschien ihr auf einmal nicht mehr so wichtig. Sie meinte ersticken zu müssen und konnte es kaum erwarten, an die frische Luft zu kommen.

Lance, der ihre Nervosität gespürt hatte, schaute ihr verdutzt nach.

Edna schenkte Tee ein. »Möchtest du auch eine Tasse, Lance?«

»Gern, Mutter. Was gibt's heute Abend zu essen?« Er setzte sich auf den Stuhl, auf dem Sarah gesessen hatte, und nahm sich ein Stück Obstkuchen von der Kuchenplatte auf dem Tisch.

»Ich glaube, Polly macht eine Hühnerpastete.«

»Hmmm, Pollys Pasteten sind köstlich!« Ihm lief schon beim bloßen Gedanken daran das Wasser im Mund zusammen. »Leg bitte ein Gedeck für mich auf. Wie geht's Ihnen denn, Betty?«

»Gut, Mr Ashby.«

Sie brachte es nicht über sich, Lance beim Vornamen zu nennen, obwohl er sie schon etliche Male darum gebeten hatte.

»Betty hatte gerade eine Vision von dieser Zuchthäuslerin, die zusammen mit Amelia das Schiffsunglück überlebt hat«, berichtete Edna.

»Tatsächlich?« Lance beugte sich gespannt vor. Es hatte einmal eine Zeit gegeben, da hatte er Bettys Visionen spöttisch belächelt. Seit sie ihm jedoch prophezeit hatte, er werde einen Reitunfall haben, und zwei Tage später sein vermeintlich gesundes zweijähriges Pferd tot unter ihm zusammengebrochen war, dachte er anders darüber. Betty hatte ihm auch vorhergesagt, er werde eine bezaubernde neue Kollegin bekommen. Binnen eines Monats hatte Olivia Horn ihre Stelle in der Bank angetreten. Das war vor einem Jahr gewesen. Seitdem zweifelte Lance nicht mehr an Bettys Gabe.

»Ja. Sie meinte, die junge Frau sei in Schwierigkeiten, aber ich habe ihr gesagt, dass sie im Gefängnis war. Das würde erklären, weshalb Betty spürt, dass Unannehmlichkeiten von ihr ausgehen.«

»Die junge Frau ist nicht diejenige, die Ärger macht, Missus«, widersprach Betty energisch. »Sie kommt aus einer anständigen Familie.«

»Merkwürdig. Ich frage mich, was in ihrem Leben wohl schief gegangen ist«, murmelte Edna nachdenklich.

»Eines Tages werden Sie es herausfinden, Missus.« Betty erhob sich.

»*Ich?*« Edna blickte sie verwundert an. »Wieso ich? Ich glaube nicht, dass ich dieser Frau jemals begegnen werde.«

»O doch, das werden Sie.« Bevor Edna eine Erklärung verlangen konnte, kam Polly mit den Eiern herein. Betty nutzte die Gelegenheit, sich zu verabschieden. »Ich muss jetzt gehen, Missus. Danke für die Eier.« Sie legte das Geld auf den Tisch.

»Nichts zu danken, Betty.« Edna, die ihren eiligen Aufbruch nicht verstand, sah ihr verwundert nach. Betty hatte weder ihren Tee noch den Kuchen angerührt. »Was hat sie nur?«, fragte sie ihren Sohn.

Der zuckte mit den Schultern. »Vielleicht will sie nach den Kindern sehen.«

»Hast du Amelias Zimmer schon sauber gemacht?«, wandte Edna sich an Polly.

»Nein, Ma'am.«

»Und warum nicht?«

»Weil sie das selbst macht, Mrs Ashby.« Polly hatte geglaubt, Edna wüsste Bescheid. Nun fürchtete sie, einen Rüffel zu bekommen, weil sie diese Arbeit der jungen Dame überließ.

»Was soll das heißen – sie macht es selbst?«

»Sie macht ihr Bett selbst und putzt ihr Zimmer, seit sie da ist. Ich hab ihr gesagt, ich mach das, aber sie meint, sie ist es gewohnt.«

Polly hatte das Gefühl, Mrs Ashbys Mündel wolle sie nicht in ihrem Zimmer haben, doch das sagte sie nicht.

Edna fiel aus allen Wolken. Wahrscheinlich hatte sie bisher deshalb nichts bemerkt, weil sie und Charlton morgens meistens nicht da waren.

»Gestern habe ich gesehen, wie sie einen Strumpf gestopft hat«, fuhr Polly fort, wie um zu beweisen, dass ihre Dienste nicht erwünscht waren. »Sie sei damit an einem Strauch hängen geblieben, hat sie gesagt.«

Edna kam aus dem Staunen nicht mehr heraus. »Wo in aller Welt hat Amelia Strümpfe stopfen gelernt? Camilla hat wunderschöne Stickarbeiten gemacht, aber stopfen konnte sie gewiss nicht.«

»Miss Divine kann es jedenfalls ausgezeichnet, Mrs Ashby. Ich hätte es nicht besser gekonnt.«

Edna runzelte verwirrt die Stirn. Ihr Mündel steckte wirklich voller Überraschungen!

Sarah eilte die Auffahrt hinunter, blieb stehen und atmete ein paarmal tief durch. Jetzt erst wurde ihr bewusst, dass Bettys Art, sie anzusehen, sie in einen Abschnitt ihres Lebens zurückgestoßen hatte, den sie völlig aus dem Gedächtnis verdrängt hatte. Erinnerungen an die Jahre im Cascade-Frauengefängnis stürmten auf sie ein, und sie glaubte sich wieder in die übel riechende, überfüllte, stickige Zelle zurückversetzt. Kaum hatte der Wärter morgens aufgeschlossen, stürzten alle nach draußen. Nachdem sie zwölf Stunden lang den Gestank von Fäkalien, Urin und Schweiß geatmet hatten, gierten die Frauen förmlich nach frischer Luft. Zwölftausend weibliche Gefangene waren innerhalb von fünfzig Jahren in die Zuchthäuser in Van-Diemens-Land eingeliefert worden. Die meisten waren verurteilt worden, weil sie ihre Arbeitgeber in England bestohlen hatten. Sie verbüßten Haftstrafen zwischen sieben und vierzehn Jahren und mussten in der Wäscherei oder der Näherei arbeiten; die Aufträge kamen von der Gemeinde. Die Frauen hatten keine Rechte und keinen eigenen Willen mehr. Sarah würde sich eher umbringen, als dorthin zurückzukehren.

»Ich glaub das einfach nicht«, murmelte sie vor sich hin. »Alles lief nach Plan, und jetzt das! Wieso muss diese Betty daherkommen und alles kaputtmachen?« Sie dachte an den bevorstehenden Abend mit Lance, auf den sie sich so sehr gefreut hatte. »Ich werde nicht zulassen, dass Betty mir in die Quere kommt«, schwor sie sich. »Wenn sie versucht, meine Pläne zu durchkreuzen, muss ich sie mir irgendwie vom Hals schaffen, genau wie ich Amelia Divine losgeworden bin.«

Sarah war langsam die Auffahrt hinaufgegangen. Plötzlich bog Betty um die Hausecke. Sie blieb abrupt stehen, als sie sich der jungen Frau gegenübersah.

Sarah rang sich ein Lächeln ab, doch Betty erwiderte es nicht; Angst spiegelte sich auf ihren Zügen.

»Die Zuchthäuslerin, die bei dem Schiffsunglück zusammen mit mir gerettet wurde«, sagte Sarah, »hat das Gedächtnis verloren. Vielleicht ist es das, was Sie spüren, Betty.«

Betty blickte sie stumm an, mit leicht geneigtem Kopf. Nichts, was diese junge Frau sagte, ergab einen Sinn.

»Sie hat sich den Kopf angeschlagen, als sie mit der Winde das Kliff hinaufgezogen wurde«, fügte Sarah hinzu. »Ich hab's selbst gesehen. Sie hatte eine Platzwunde am Hinterkopf.«

»Wie war ihr Name, Missus?«

Sarah tat so, als müsse sie erst überlegen. »Sarah, glaube ich … ja, Sarah Jones.«

Betty schnappte geräuschvoll nach Luft. Panik erfasste Sarah, doch sie zwang sich, Ruhe zu bewahren.

»Was haben Sie denn, Betty?«, fragte sie scheinbar gelassen.

Betty antwortete nicht, sondern eilte weiter zu ihrem Haus. Sarah blickte ihr nach. Was konnte Betty schon gegen sie unternehmen, wenn sie bei ihrer Geschichte blieb? Sie hatte keinerlei

Beweise. Solange die echte Amelia nicht nach Kingscote kam – und wie sollte sie? –, hatte sie nichts zu befürchten.

Abermals tauchte vor Sarahs innerem Auge die winzige Gefängniszelle auf. Wenn es auch nur den Anschein hat, dass Betty mir auf die Schliche kommt, werde ich sie aufhalten, dachte sie. Egal wie! Ihr Blick wanderte zum Steilhang an der Küste hinüber.

Cape du Couedic

Es war gegen Mittag, und Amelia arbeitete im Gemüsegarten. Sie traute ihren Augen nicht, als sie Carlotta zielstrebig auf sich zukommen sah. Die Italienerin trug einen Korb in der Hand, der mit einem Tuch abgedeckt war, und der köstliche Duft von frisch gebackenem Brot umwehte sie.

»Ich wollte nur sehen, wie es Ihnen geht«, flötete sie.

»Danke, gut«, antwortete Amelia vorsichtig. Sie hatte das unbestimmte Gefühl, dass Carlotta etwas von ihr wollte. Aber was?

»Das ist schön, *sì*. Es tut mir sehr Leid, dass ich Sie gestern geschlagen habe, aber es musste sein. Sie waren... wie sagt man? Wie von Sinnen, *sì*. Das verstehen Sie doch?«

»Ich war wohl ein wenig hysterisch. Es kommt schließlich nicht jeden Tag vor, dass man eine von einem Hai zerfetzte Leiche sieht. Trotzdem hätten Sie mir nicht gleich ins Gesicht zu schlagen brauchen.« Ohne sie weiter zu beachten, fuhr Amelia mit dem Umgraben fort. Sie hatte sich die ganze Nacht unruhig hin- und hergeworfen und schreckliche Albträume gehabt. Jedes Mal, wenn sie die Augen zumachte, sah sie den verstümmelten Toten vor sich.

»Das muss grauenhaft gewesen sein«, sagte Carlotta und hätte am liebsten hinzugefügt: Das hast du davon, dass du mit Gabriel in die Höhle gegangen bist! »Ich habe Ihnen ein Kräuterbrot mitgebracht, wie man es in Italien isst, und ein wenig Aprikosenkonfitüre. Sie ist zwar nicht aus frischen Früchten, sondern aus eingemachten, aber sie schmeckt trotzdem gut.«

»Vielen Dank.« Amelia wusste nicht, was sie von Carlottas unerwarteter Freundlichkeit halten sollte. Sie traute ihr nicht, und sie glaubte nicht, dass sich das ändern würde.

Carlotta wollte gerade etwas sagen, als Evan aus dem Haus trat. Sein Blick fiel auf die beiden Frauen. »Guten Morgen!«, rief er.

»Guten Morgen, *signore!*«, antwortete Carlotta. Lächelnd und sich aufreizend in den runden Hüften wiegend ging sie auf ihn zu. Amelia schaute ihr nach. Kein Zweifel, Carlotta wusste, wie man die Männer betörte. Den sonst so griesgrämigen, schroffen Evan hatte sie bereits in ihren Bann gezogen, das war nicht zu übersehen.

»Ich habe Ihnen Brot und Konfitüre mitgebracht«, schnurrte Carlotta. »Genug für Sie und die *bambini*.«

»Das ist sehr freundlich von Ihnen«, entgegnete Evan verlegen. »Wir essen es zu Mittag.« Er spähte zu Amelia hinüber, die die Szene aufmerksam beobachtete.

»Ich koche gern und gut. Ich werde bei Gelegenheit wieder etwas für Sie und die *bambini* vorbeibringen, *vero?*«

»Das ist wirklich nicht nötig«, erwiderte Evan, dem das Wasser im Mund zusammenlief, so köstlich duftete das frische Brot. Außer einem Fladenbrot brachte er nichts zustande. Amelia konnte inzwischen auch eins backen, doch es war steinhart. Evan vermisste das Brot, das seine Frau stets gebacken hatte.

»Aber das tue ich doch gern.« Carlotta lächelte Milo zu, der neben seinem Vater stand. Jessie und Molly standen in der Tür und schauten neugierig zu ihnen her. Der Anblick der Kleinen weckte Carlottas mütterliche Instinkte. Sie sehnte sich nach eigenen Kindern, aber nicht von Edgar. Sie wusste ganz genau, wer der Vater ihrer Kinder sein sollte. »Wenn ich etwas für Sie oder die *bambini* tun kann, *signore*, lassen Sie es mich wissen, *vero?*«

»Wir kommen schon zurecht«, entgegnete Evan stolz. »Aber danke für Ihr Angebot, Mrs Dixon.«

»Nennen Sie mich Carlotta.« Sie reichte ihm den Korb. »Lassen Sie es sich schmecken!«

»Vielen Dank, Carlotta.«

Evan ging zurück ins Haus, und Carlotta schlenderte noch einmal zu Amelia hinüber.

»Gabriel hat mir heute erzählt, dass Sie Ihr Gedächtnis verloren haben. Das muss furchtbar sein, *vero?*«

»O ja«, gestand Amelia.

»Wenn ich mir vorstelle, ich könnte mich nicht mehr an meine Familie oder meine Kindheit erinnern ... nicht auszudenken!« Sie hatte schreckliche Sehnsucht nach ihrer Familie. Vor allem ihre Schwestern und ihre Mutter fehlten ihr. Sie konnte es kaum erwarten, sie wiederzusehen.

Amelia antwortete nicht. Sie wollte nicht daran denken; es schmerzte viel zu sehr.

»Können Sie sich auch nicht mehr an die Zeit im Gefängnis erinnern?« Carlotta wusste, wie qualvoll diese Frage sein musste, aber sie konnte nicht anders.

Amelia richtete sich auf und stemmte die Hände in die Seiten. »Ich glaube nicht, dass ich Sarah Jones bin«, entgegnete sie scharf.

Ihre Heftigkeit überraschte Carlotta. So viel Temperament hätte sie der Zuchthäuslerin gar nicht zugetraut. »Ich wünschte, ich könnte Ihnen helfen.«

Nun war es Amelia, die ein verdutztes Gesicht machte. »Ich wüsste nicht, wie Sie mir helfen könnten.«

»Ich könnte Ihnen eine Freundin sein, *vero?*«

Das Angebot brachte Amelia sichtlich aus der Fassung.

»Wir sind die beiden einzigen Frauen hier«, fuhr Carlotta schmeichelnd fort. »Deshalb sollten wir uns verbünden wie zwei Schwestern. Finden Sie nicht auch?«

»Vielleicht haben Sie Recht«, sagte Amelia zögernd. Sie hätte eine gute Freundin brauchen können, aber sie traute der Italienerin nicht über den Weg. Ihr Vorschlag, wie Schwestern zueinander zu sein, ging denn doch zu weit. Offensichtlich sehr zufrieden mit sich, wandte Carlotta sich lächelnd zum Gehen. Amelia schaute ihr nach. Welche Motive Carlotta auch haben mochte – sie hatten mit Gabriel zu tun, davon war sie fest überzeugt.

Evan und die Kinder gingen nach dem Abendessen meist frühzeitig schlafen. Amelia sah sie erst am anderen Tag wieder. Da es sonst nichts für sie zu tun gab, zog sie sich in ihre Hütte zurück und grübelte über ihr Schicksal nach, was normalerweise dazu führte, dass sie wenig und unruhig schlief. Nach Carlottas Besuch war ihre innere Unruhe an diesem Abend noch stärker als sonst. Sie wusste, sie würde keinen Schlaf finden, und so beschloss sie, sich heimlich auf den Weg zum Leuchtturm zu machen. Sie hoffte inständig, dass Gabriel die erste Wache hatte. Sie musste unbedingt mit jemandem reden, dem sie vertrauen konnte.

Im Leuchtturm blieb sie am Fuß der Wendeltreppe aus Jarrah-Holz stehen und rief hinauf: »Sind Sie da, Gabriel?« Ihre Stimme hallte in dem Turm wider, der aus zweitausend Granitblöcken erbaut war, die von der Insel stammten. Sie solle heraufkommen, antwortete Gabriel. Es war ein mühsamer Aufstieg, doch der Blick, der sich ihr bot, verschlug ihr den Atem. Die Sonne versank als glühender Feuerball im Meer, und am Himmel schichteten sich Lagen schimmernder Orange-, Rot-, Gold- und Lilatöne.

»Wie geht es Ihnen?«, fragte Gabriel. Er war froh, dass er offenbar vergessen hatte, die Tür unten abzuschließen. Er kürzte gerade die Dochte in der Laterne; das tat er alle vier Stunden. Das Leuchtfeuer wurde durch rotierende Parabolspiegel erzeugt, die von einem Motor bewegt wurden, der seinerseits von einem Gewicht angetrieben wurde. Die Linse wog drei Tonnen und schwamm in einer Quecksilberwanne, um die Reibung beim Drehen zu verringern. In

Bewegung gebracht wurde sie von einem einhundertdreißig Pfund schweren Gewicht. Das Ganze funktionierte nach einem ähnlichen Prinzip wie eine Standuhr.

»Ich habe Angst, die Augen zu schließen«, gestand Amelia.

Gabriel nickte; er wusste, was sie meinte. Am Vortag, als sie die Leiche gefunden hatten, hatte er die zweite Wache von Mitternacht bis zum Morgengrauen gehabt. Nachdem er zur Farm gegangen war, um nach der jungen Frau zu sehen, hatte er sich hingelegt und zu schlafen versucht. Doch er hatte kein Auge zugemacht. In dieser Nacht war seine Schicht um Mitternacht zu Ende. Er hoffte, den versäumten Schlaf dann nachholen zu können. »Die Schönheit der Natur schenkt der Seele Frieden, wenn das Leben allzu viele Schrecken für uns bereithält«, sagte er, den Blick himmelwärts gerichtet. Er war kein besonders frommer Mensch, aber manchmal brachte es sein Beruf mit sich, dass er über eine höhere Macht, einen göttlichen Plan nachdachte. Der erhabene Ausblick, der sich ihm vom Turm aus bot, war mit Sicherheit eine der schönsten Seiten seines Berufs als Leuchtturmwärter. »Die Natur hilft mir, Leben und Tod im richtigen Verhältnis zu sehen«, fuhr er fort. Dass er selbst tags zuvor keinen Frieden gefunden hatte, weil er sich zu sehr um sie gesorgt hatte, verschwieg er ihr.

Über das Meer im Süden und das Land im Norden hatte sich bereits Dunkelheit gebreitet; im Westen jedoch, wo die Sonne unterging, leuchtete die See in den Farben des Himmels, der sich im Wasser spiegelte.

»Hat Evan Ihnen gesagt, dass ich heute Morgen auf der Farm war?«

»Ja... als er mir merkwürdigerweise mein Frühstück brachte.«

Gabriel sah sie verdutzt an. Dann meinte er: »Ich traue mich fast nicht zu fragen, wie er Sie gestern Nachmittag empfangen hat. Evan kann ganz schön unangenehm werden. Manchmal reagiert er so gereizt wie eine wütende Braunschlange.« Plötzlich kam ihm der Gedanke, dass Evan sich vielleicht in seinem Zorn vergessen und ihr deshalb gleichsam als Wiedergutmachung das Frühstück gebracht hatte.

»Er war außer sich vor Wut! Von Cecelia weiß ich, dass er dachte, ich sei weggelaufen. Ich würde keinen Tag im Busch überleben, hat er heute Morgen zu mir gesagt.«

»Da hat er allerdings Recht.«

»Vielleicht bilde ich es mir nur ein, aber ich habe das Gefühl, er hat sich Sorgen um mich gemacht. Er ist schon ein sonderbarer Kauz.«

»Es tut mir wirklich Leid. Hätte ich Sie nicht um Hilfe gebeten...«

»Sie können nichts dafür, Gabriel. Wer konnte schon ahnen, dass wir einen Toten finden? Und der Ärmste musste ja beerdigt werden. Das verstehe ich. Und jetzt, wo er den Sachverhalt kennt, versteht Evan es sicher auch. Er ist bloß zu störrisch, es zuzugeben.« Amelia verstummte und ließ im Geist noch einmal die Szene an sich vorüberziehen, die Evan ihr gemacht hatte. »Wenigstens ein Gutes ist dabei herausgekommen... wenn man so will.«

»Und das wäre?«

»Ich weiß jetzt, was Sarah Jones getan hat.«

Gabriel stellte keine Fragen. Sie musste selbst entscheiden, ob sie es ihm erzählen wollte.

»Evan hat erfahren, dass ich... dass Sarah Jones der Tochter ihres Brotherrn ein Armband gestohlen hat. Das hätte *ich* niemals fertig gebracht! Mir widerstrebt schon der bloße Gedanke an Diebstahl. Außerdem würde das bedeuten, dass ich ein Dienstmädchen war. Ist das angesichts meiner offenkundigen Unfähigkeit in haushaltlichen Dingen nicht merkwürdig?«

»Allerdings.«

»Wenn Evan auch nur eine Sekunde darüber nachdenken würde, müsste er zu dem gleichen Schluss kommen.«

Gabriel nickte. »Sie haben Recht.«

»Meinen Sie das im Ernst?« Amelia war ganz aufgeregt.

»Ja. Es stimmt, was Sie sagen. Wären Sie eine Hausangestellte gewesen, hätten Sie nicht so zarte Hände gehabt.« Zum ersten Mal schien es Gabriel mehr als nur bloße Spekulation zu sein, dass eine Verwechslung vorlag. Doch er war nicht so naiv zu glauben, dass sich das so leicht beweisen ließe.

Amelias Miene verfinsterte sich wieder. »Ich hatte schon gehofft, dass Sie Recht haben.«

»Womit?«

»Hätte ich ein Verbrechen begangen und ein ehrenwertes Motiv dafür gehabt, hätte ich damit leben können. Aber den Diebstahl eines Armbands kann man nicht als ehrenwert bezeichnen. Ich glaube einfach nicht, dass ich zu so etwas fähig bin. Das muss jemand anders gewesen sein!« Eine Weile beobachtete sie das Leuchtfeuer. Drei Mal alle fünfzehn Sekunden blinkte das Signal, das zwanzig Seemeilen weit zu sehen war. Erzeugt wurde es von einer Laterne, deren Licht von den rotierenden Parabolspiegeln reflektiert wurde.

»Urteilen Sie nicht über sich, solange Sie so vieles nicht wissen«, sagte Gabriel.

»Wenn ich mich doch nur erinnern könnte!«, klagte Amelia verzweifelt.

»Sie müssen Geduld haben.« Gabriel erwog, sich an die Gefängnisbehörde in Van-Diemens-Land zu wenden und zu versuchen, etwas über Sarah Jones herauszufinden. Er wollte ihr allerdings nichts davon sagen, um keine falschen Hoffnungen zu wecken, falls nichts dabei herauskam.

»Carlotta war heute auf der Farm«, sagte sie unvermittelt.

»So?« Gabriel schaute sie verwundert an. Er hätte nicht gedacht, dass Carlotta ihre Ankündigung wahr machte.

»Sie hat einen Laib Brot nach italienischer Art und Aprikosenkonfitüre mitgebracht. Den Kindern hat's geschmeckt.«

»Das war nett von ihr.« Gabriel hoffte, Carlotta hatte einen neuen Zeitvertreib gefunden, damit ihre Aufmerksamkeit sich nicht mehr auf ihn allein richtete.

»Ja, nicht wahr?«

Ein Beiklang in ihrer Stimme ließ ihn aufhorchen. »Höre ich da einen leisen Zweifel?«

»Ehrlich gesagt, ich werde nicht recht schlau aus Carlotta.« Da er und die Dixons Nachbarn waren und sie keinen Unfrieden stiften wollte, verschwieg sie ihm, was Carlotta auf Italienisch über ihn gesagt hatte. »Anfangs war sie kalt und abweisend zu mir, und jetzt auf einmal möchte sie, dass wir wie Schwestern zueinander sind. Ich weiß nicht, was sie im Schilde führt, aber ich habe das dumpfe Gefühl, ich werde es bald herausfinden.«

Gabriel machte sich seine eigenen Gedanken über Carlotta. So sehr ihre plumpen Annäherungsversuche ihn abstießen – dass sie eine Affäre mit ihm anfangen wollte, konnte er kaum noch ignorieren. Deshalb hielt er es für klüger, das Thema zu wechseln, bevor ihm eine unbedachte Äußerung entschlüpfte. »Wie kommen Sie inzwischen mit den Finnlay-Kindern aus?«

»Viel besser. Der kleine Milo sucht immer mehr meine Nähe. Ich glaube, er vermisst seine Mutter.«

»Ja, ihr Tod war für alle ein schwerer Schlag, aber für die Jüngsten war es besonders hart.«

»Merkwürdig, aber in den vergangenen Tagen habe ich schon zweimal ›Marcus‹ zu Milo gesagt. Ich weiß gar nicht, wieso.«

»Vielleicht erinnert er Sie an ein Kind dieses Namens, das Sie kannten.«

»Ob ich einen Sohn habe, der Marcus heißt?«

Gabriel warf ihr einen verwunderten Blick zu. »Kann ich mir nicht vorstellen.« Wie kam sie darauf? Außerdem wollte er nicht, dass sie verheiratet war – eine Erkenntnis, die ihn selbst überraschte.

Verstohlen schaute er auf ihren Ringfinger. Amelia fing seinen Blick auf. Kein Abdruck, kein heller Streifen deutete darauf hin, dass sie jemals einen Ehering getragen hatte. Natürlich hätte sie auch ein uneheliches Kind haben können, doch sie brachte es nicht über sich, diesen Gedanken laut zu äußern. Außerdem konnte sie es sich beim besten Willen nicht vorstellen. »Kann man einer Frau denn ansehen, ob sie ein Kind hat?«, fragte sie in aller Unschuld.

Mit einem heimlichen Seitenblick auf ihre zierliche Taille antwortete er verlegen: »Nein, ich glaube nicht. Vielleicht gibt es Anzeichen, die eine Frau erkennen würde. Aber ich war nie verheiratet, ich bin kein Fachmann.«

»Möchten Sie denn irgendwann heiraten?« Die Frage war ihr herausgerutscht, bevor sie es verhindern konnte.

»Ja. Irgendwann möchte ich mein Leben mit jemandem teilen.« Er fand es seltsam, dass ihm das gerade eben bewusst geworden war. Wieso jetzt, zu diesem Zeitpunkt?

»Aber wie wollen Sie hier eine Frau kennen lernen? Glauben Sie, eine potenzielle Ehefrau wird auf die Klippen gespült wie eine Meerjungfrau?«, fragte sie lächelnd.

»Wer weiß«, gab Gabriel zurück und erwiderte ihr Lächeln.

Amelia wurde rot, als ihr einfiel, dass sie selbst auf diese Weise auf die Insel gelangt war.

Eine Zeit lang schwiegen beide. Stumm sahen sie sich im dämmrigen Licht zwischen dem Aufflammen des Leuchtfeuers an. Es war, als würden sie voneinander angezogen, als trieben sie unaufhaltsam aufeinander zu. Amelia merkte, dass ihr Mund trocken geworden war. Gabriels dunkle Augen ruhten zärtlich auf ihr.

»Sie sollten jetzt besser gehen«, flüsterte er.

Damit hatte sie nicht gerechnet. »Ist es Ihnen unangenehm, dass ich hier bin?«, fragte sie. Ihr Gesicht brannte. »Sie halten mich für eine Zuchthäuslerin ... ist das der Grund?«

»Nein ...«

Im gleichen Augenblick hörten sie, wie von unten jemand Gabriels Namen rief. Es war Carlotta.

Gabriel stöhnte missmutig auf.

Amelia erschrak. »Ich will nicht, dass sie mich hier findet«, wisperte sie.

»Ich werde sie abwimmeln«, raunte Gabriel ihr zu. Als er sich an ihr vorbeischob, berührten sich ihre Hände, und beide zuckten zurück. Eilig stieg er die schmale Treppe hinunter.

Carlotta hatte bereits die ersten Stufen genommen.

»Was wollen Sie hier?«, fragte Gabriel ungehalten.

»Ich dachte, ich bringe Ihnen Tee«, erwiderte sie, wobei sie ihn anzüglich betrachtete.

Gabriel mochte Edgar und hielt ihn für einen anständigen Kerl; umso mehr erboste ihn das schamlose Benehmen seiner Frau. »Ich bringe mir meinen eigenen Tee mit«, versetzte er schroff.

»Aber der hier ist heiß«, säuselte sie und machte einen Schritt auf ihn zu. Ihre Augen funkelten begierig.

»Ich will ihn aber nicht!«, brauste er auf. Als sie ihn verblüfft anstarrte, fügte er ruhiger hinzu: »Trotzdem vielen Dank. Ich muss jetzt wieder hinauf. Die Dochte müssen gekürzt werden.«

»Ich könnte Ihnen ein wenig Gesellschaft leisten.«

»Nein, das geht nicht, ich muss mich konzentrieren.« Gabriel blieb demonstrativ stehen und wartete, dass Carlotta wieder hinunterging, was sie mit sichtlichem Widerwillen tat.

»Gute Nacht«, sagte sie schmollend.

»Gute Nacht.« Er schloss die Tür hinter ihr ab.

Carlotta schäumte vor Wut, als sie hörte, wie er den Schlüssel herumdrehte. Dass er so tat, als wäre sie ihm lästig, verletzte sie tief. Plötzlich durchzuckte sie ein Gedanke. Vielleicht war jemand bei ihm. Sie trat ein paar Schritte zurück und schaute den Leuchtturm hinauf, konnte aber nichts erkennen, denn der Winkel war zu steil. Obwohl es schon ziemlich spät war, beschloss Carlotta, der Zuchthäuslerin einen Besuch abzustatten.

»Sie ist fort«, sagte Gabriel.

Amelia atmete auf. »Ich warte noch ein paar Minuten, bis es richtig dunkel ist, dann gehe ich ebenfalls.« Die Sonne war bereits untergegangen; nicht mehr lange, und es würde stockfinster sein.

Gabriel schwieg.

»Es tut mir Leid, dass Ihnen meine Gegenwart unangenehm ist«, fuhr sie fort. Sie vermied es, ihn anzusehen. »Ich werde nicht wieder herkommen.«

»Ich glaube, wir können beide nicht leugnen, dass wir uns zueinander hingezogen fühlen«, flüsterte Gabriel mit belegter Stimme. »Sie fühlen es auch, das spüre ich.« Was ihn betraf, hielt er diese Anziehungskraft für gefährlich in ihrer Intensität; doch das behielt er für sich.

»Ja, das stimmt«, erwiderte Amelia leise und hob den Blick zu ihm. Er empfand das Gleiche wie sie; sie wusste, dass sie es sich nicht eingebildet hatte.

»Aber unter den gegebenen Umständen sollten wir nichts beginnen, über dessen weiteren Verlauf wir nicht entscheiden können.«

Obwohl er zweifellos Recht hatte, versetzten seine Worte ihr einen Stich. »Ich weiß. Ich habe kein Recht, Sie in diese Lage zu bringen.« Die Stimme versagte ihr für einen Augenblick. »Aber Sie sind der Einzige, dem ich vertrauen kann... dem ich mich anvertrauen kann.«

»Sie möchten, dass wir Freunde sind.«

»Ja. Ich brauche Sie... als Freund. Ich bin schrecklich einsam.« Amelia empfand sehr viel mehr als Freundschaft für ihn, musste ihre Gefühle jedoch unterdrücken, damit sie ihn weiterhin sehen konnte. Sie hatte kein Recht, mehr zu erwarten.

»Dann werde ich gern Ihr Freund und Vertrauter sein. Mehr darf es unter den Umständen ohnehin nicht zwischen uns geben. Ich hoffe, Sie verstehen das.« Eine Liebesbeziehung könnte zur Folge haben, dass sie nach Van-Diemens-Land zurückgeschickt wurde. Das durfte er auf keinen Fall riskieren. Er wollte sie in seiner Nähe haben. Er streckte die Hand aus, und sie legte ihre hinein. Die Geste hatte etwas Tröstliches, Beruhigendes. Doch als sie aufblickte und in seine dunklen Augen schaute, sah sie sehr viel mehr als freundschaftliche Wärme darin. Beide hatten sich auf gefährliches Terrain begeben, aber keiner hatte die Kraft umzukehren.

Als Amelia auf die Lichtung trat, von der die Farm umschlossen wurde, sah sie den Schein einer Laterne unweit ihrer Hütte. Erschrocken blieb sie stehen. Hatte Evan etwas von ihrem nächtlichen Ausflug mitbekommen? Dann aber sah Amelia, wie die Laterne auf den Boden gestellt wurde, und sie erkannte die Umrisse Carlottas.

»Was will die denn hier?«, brummte sie zornig vor sich hin. Carlotta durfte auf keinen Fall sehen, dass sie vom Leuchtturm her kam. Im Schutz der Dunkelheit huschte Amelia am Rand der Lichtung entlang bis zur Rückseite des Haupthauses und trat dann zwischen diesem und ihrer Hütte hervor. Das Herz schlug ihr bis zum Hals. Sie atmete tief durch und ging dann entschlossen weiter.

»Du meine Güte, haben Sie mich erschreckt!«, rief sie in gespielter Überraschung, als sie abrupt vor Carlotta stehen blieb. »Was tun Sie denn hier?«

»Ich habe Sie gesucht.« Carlottas Augen wurden schmal. »Wo waren Sie denn?«

Obwohl sie sich nicht rechtfertigen musste, hielt Amelia es für klüger, Carlotta zu antworten, damit diese ihr keine Schwierigkeiten machte. »Ich habe noch nach den neuen Lämmern geschaut.«

»Ohne Laterne? Wie konnten Sie denn da etwas sehen?«

Amelia war kurz davor, aus der Haut zu fahren, beherrschte sich aber. »Lämmer sind weiß, wie Sie vermutlich wissen, und der Mond scheint hell genug. Was wollen Sie eigentlich hier?«

Die Frage traf Carlotta völlig unvorbereitet. In ihrem Zorn darüber, dass die Zuchthäuslerin nicht da gewesen war, und ihrer Eifersucht, weil sie die Frau bei Gabriel vermutete, hatte sie ganz vergessen, sich eine Ausrede zurechtzulegen. »Edgar hat sich vor seiner Schicht ein wenig hingelegt, und ... und da dachte ich, wir könnten uns vielleicht ein bisschen unterhalten«, sagte sie stockend.

»Ich muss früh raus, und ich bin müde, Carlotta«, erwiderte Amelia kurz angebunden. »Vielleicht ein andermal.«

»*Sì*, reden wir morgen.« Carlotta war nicht überzeugt von der Geschichte, die die andere ihr aufgetischt hatte. Sie nahm sich vor, in Zukunft noch wachsamer zu sein. »Gute Nacht.«

»Gute Nacht.«

Amelia ging in ihre Hütte, schloss die Tür und atmete erleichtert auf. Ob es ihr wohl gelungen war, die misstrauische Carlotta davon zu überzeugen, dass sie nicht bei Gabriel gewesen war? Sie zog ihre Sachen aus und schlüpfte in eins von Janes Nachthemden. Ihre Gedanken weilten bei Gabriel. Sie bekam Herzklopfen, wenn sie nur an ihn dachte. Sein Geständnis, dass er etwas für sie empfand, machte sie überglücklich und traurig zugleich.

Es konnte keine gemeinsame Zukunft für sie geben, solange sie als Zuchthäuslerin auf Bewährung galt.

Nachdem Amelia gegangen war, fiel es Gabriel schwer, sich auf seine Arbeit zu konzentrieren. Die junge Frau ging ihm nicht mehr aus dem Sinn. Wer war sie wirklich? Und wie konnte er ihr helfen, den Beweis zu erbringen, dass sie keine Strafgefangene war? Vielleicht, überlegte er, sollte er Verbindung zu der zweiten Überlebenden der *Gazelle* aufnehmen, der jungen Dame, die zu den Ashbys weitergereist war. Sie war es schließlich gewesen, die die Frau auf Evans Farm als Sarah Jones identifiziert hatte. Falls ein Irrtum vorlag – und das erschien mit jedem Tag wahrscheinlicher –, war sie diejenige, die dafür verantwortlich war.

Gabriel beschloss, zwei Briefe zu schreiben: einen an die Gefängnisbehörde in Van-Diemens-Land und einen zweiten an das Mündel der Ashbys. Wenn das Versorgungsschiff eintraf, konnte er ihm beide Schreiben mitgeben.

KINGSCOTE

Sarah konnte den Abend mit Lance nicht richtig genießen. Die Begegnung mit Betty, der rätselhaften Aborigine, hatte Erinnerungen an die Jahre im Frauengefängnis wachgerufen, Erinnerungen, die sie erfolgreich verdrängt zu haben glaubte. Welch ein Irrtum! Weder von den Erinnerungen noch von den seelischen Narben, die sie davongetragen hatte, würde sie sich jemals befreien können, das hatte sie jetzt begriffen. War es eine Dummheit gewesen zu glauben, sie könnte ohne weiteres in die Haut von Amelia Divine schlüpfen? Nein, sagte sie sich. Ihr Plan war durchführbar. Oder war es zumindest gewesen, bis Betty Hammond aufgetaucht war. Sie würde nicht zulassen, dass diese Aborigine sie daran hinderte, ein stattliches Erbe anzutreten und möglicherweise Lance Ashby zu erobern. Falls Betty ihr noch einmal in die Quere kam, würde sie es bitter bereuen!

Sie stiegen aus dem Einspänner. Lance zündete die mitgebrachte Laterne an, und sie gingen das kurze Stück zur Küste zu Fuß. Lance nahm Sarah bei der Hand und ermahnte sie, leise zu sein, als sie über die Felsen kletterten und sich eine Stelle suchten, von wo aus sie einen guten Blick hatten. Die Laterne stellten sie hinter sich ab. Auf diese Weise hatten sie genügend Licht, ohne die Pinguine zu erschrecken.

»Das sind Zwergpinguine«, flüsterte Lance. Sarah hätte beinah einen Schrei des Entzückens ausgestoßen, als sie beobachtete, wie die putzigen Tiere sich von der Brandung herantragen ließen, aus dem Wasser schossen und eilig zu ihren Schlafplätzen watschelten.

Ihre Kuhlen hatten sie unter Gestrüpp, Felsen und an anderen geschützten Stellen. Sie machten ziemlichen Lärm, doch Sarah fand sie niedlich.

»Brutzeit ist von März bis Mai«, erklärte Lance leise. »Deshalb sind jetzt etliche Jungtiere darunter, die von ihren Eltern lernen.«

»Sie sind süß«, wisperte Sarah.

Nachdem sie die Pinguine eine Zeit lang beobachtet hatten, schlenderten sie zum Buggy zurück.

Sarah bat Lance, noch ein wenig zu bleiben.

»Ist der Wind dir wirklich nicht zu kalt?«

»Nein. Ich liebe diese herrliche Seeluft.« Sie roch so würzig. Nach all den Jahren in der stickigen, übel riechenden Zelle würde Sarah frische Luft nie wieder als etwas Selbstverständliches betrachten. Ein Schauder überlief sie, und Lance legte ihr zögernd, als rechnete er mit ihrem Widerspruch, den Arm um die Schultern. Doch Sarah protestierte natürlich nicht.

Tief sog sie die salzige Luft ein und hielt ihr Gesicht in die frische Brise. Für einen kurzen Moment gelang es ihr, die düsteren Erinnerungen an die Jahre der Haft zu verdrängen.

»Mir fällt auf, wie tief du immer wieder Luft holst«, sagte Lance unvermittelt. »Woher kommt das?«

Er überrumpelte sie mit dieser Frage, weil ihr nicht bewusst gewesen war, dass sie etwas Ungewöhnliches tat. Hastig suchte sie nach einer Erklärung. »Ich ... ich liebe den würzigen Geruch des Meeres. Du nicht?«

»Wahrscheinlich nehme ich ihn nicht mehr wahr, weil er selbstverständlich für mich ist«, antwortete Lance achselzuckend. Er fand es seltsam, dass es bei ihr nicht genauso war, schließlich hatte sie viele Jahre in Hobart Town gelebt. Wie er selbst war Amelia Divine in England geboren. Die Divines und die Ashbys waren zusammen nach Australien ausgewandert, nach Melbourne, wo ihre Wege sich dann trennten. Während Henry für sich die besten Chancen in Hobart Town sah, zogen die Ashbys nach Kangaroo Island. Edna und Camilla waren todunglücklich über die Trennung gewesen, doch beiden blieb nichts anderes übrig, als sich den Wünschen ihrer Ehemänner zu beugen.

»Ich könnte die ganze Nacht hier sitzen und die Sterne betrachten«, sagte Sarah verträumt, den Blick himmelwärts gerichtet. Sie fühlte sich geborgen neben Lance. Im Gefängnis hatte sie nachts oft die Augen geschlossen und sich vorgestellt, in den Sternenhimmel zu schauen. Das hatte ihr geholfen, nicht den Verstand zu verlieren. Jetzt musste sie sich kneifen, um sich zu überzeugen, dass dies alles kein Traum war.

»Hast du dir durch den Kopf gehen lassen, was ich dir letztes Mal gesagt habe? Dass es dir vielleicht helfen würde, über deine Familie zu reden?«

»Lance, bitte ... ich kann nicht. Versuch das zu verstehen.«

»Bei allem Verständnis, Amelia, es ist nicht gut, seine Gefühle so zu unterdrücken. Aber ich respektiere deine Entscheidung.«

»Weißt du, ich brauche einfach noch ein wenig Zeit. Im Augenblick schmerzt die Erinnerung viel zu sehr. Bitte hab Geduld mit mir.« Sie schaute ihn an. Wie gut er im Mondschein aussah! Ihre Fantasie hätte nicht ausgereicht, sich einen Mann auszumalen, der so perfekt war wie Lance Ashby.

»Mutter hat mir erzählt, du hättest im Schlaf geschrien. Offenbar hast du Albträume.«

Sarah erschrak. Sie fuhr fast jede Nacht schweißüberströmt und mit klopfendem Herzen aus dem Schlaf hoch, hatte aber nicht gewusst, dass sie laut geschrien hatte. Sie durchlebte im Traum nicht den Tod ihrer Familie, wie Lance annahm, sondern träumte, dass sie ins Frauengefängnis zurückgezerrt und bis an ihr Lebensende in ihre finstere Zelle eingeschlossen wurde. Dieser Albtraum verfolgte sie seit ihrer Ankunft bei den Ashbys.

»Vielleicht hilft es, wenn ich mit dem Gedanken an den herrlichen Abend mit dir einschlafe«, neckte sie ihn kess und lächelte dabei.

Lance machte ein bekümmertes Gesicht, weil sie die Angelegenheit offenbar nicht ernst nahm. »Solche Albträume sind ganz normal, wenn man trauert, Amelia. Ich glaube nicht, dass sie sich vermeiden lassen, aber wie gesagt: Wenn du das Bedürfnis hast zu reden, bin ich für dich da.«

Sarah hielt es für besser, eine kummervolle Miene aufzusetzen.

»Ich danke dir«, flüsterte sie. Sie senkte den Blick und schaute auf ihre Hände. »Es hilft mir schon, bei dir zu sein.« Seufzend ließ sie den Kopf an seine Schulter sinken.

Lance beschlich abermals das unbehagliche Gefühl, dass sie sein Interesse missverstand. Seine Anteilnahme war rein freundschaftlicher Natur und hatte nichts mit Liebe zu tun, wie sie offensichtlich dachte. Er hatte sich bereits überlegt, wie er ihr das möglichst schonend beibringen könnte, und eine Idee gehabt: Er würde sich mit jemand anderem verabreden. Eine günstige Gelegenheit würde sich bald bieten: der alljährliche Ernteball. Lance war bereits ein paarmal mit Olivia Horn ausgegangen, seiner jungen Kollegin, und hatte sich vorgenommen, sie zu fragen, ob sie ihn auf das Fest begleiten wolle. Er hoffte, das Mündel seiner Eltern würde dann begreifen, dass sein Interesse rein platonisch war. Außerdem hatte er Olivia gern. Wer weiß, dachte er, vielleicht wird es sogar etwas Ernstes mit uns beiden.

Sarah hob den Kopf und schaute Lance an. Sie wünschte sich sehnlichst, er würde sie küssen, doch sie wagte nicht, den ersten Schritt zu tun.

Lance sah das Verlangen in ihren Augen. »Ich bringe dich jetzt besser nach Hause, sonst erkältest du dich noch«, sagte er sachlich. Er nahm seinen Arm von ihren Schultern, ergriff die Zügel und ließ sie auf den Rücken des Pferdes fallen, das sich daraufhin in Bewegung setzte. Sarah kam sich verloren und schutzlos vor, als sie seinen Arm nicht mehr auf ihren Schultern spürte. Sie blickte zu den Sternen hinauf, die nach und nach von aufziehenden Wolken verdeckt wurden. *Es wird noch mehr Nächte geben wie diese – ganz bestimmt*, dachte sie.

10

Cape du Couedic

»Ich weiß nicht, was in letzter Zeit mit Sissie los ist«, sagte Evan nach dem Frühstück. »Sie ist so reizbar.«

»Das liegt sicher am Alter«, meinte Amelia. Sie fegte die Asche aus dem Herd und wirbelte graue Staubwolken auf.

»Was hat denn ihr Alter damit zu tun?«, brauste Evan auf. Er konnte nicht mit ansehen, wie ungeschickt sie sich anstellte, das machte ihn rasend. Was war sie nur für eine Nichtskönnerin, verglichen mit seiner geliebten Jane!

Amelia drehte sich zu ihm um. Ihre Wangen und ihre Nase waren rußverschmiert. Evan saß am Tisch und schaukelte Milo auf den Knien. Sie wünschte, er würde seinen Töchtern nur halb so viel Aufmerksamkeit schenken wie seinem Sohn.

»Mädchen werden launisch, wenn sie zur Frau heranwachsen. Das gehört zu ihrer Entwicklung. Das Gute daran ist, dass es vorbeigeht. Aber bis es so weit ist, hilft nur Geduld.«

»Woher weißt du das alles? Hast du jüngere Schwestern?«

»Ich ... weiß nicht.« So sehr sie sich auch anstrengte, sie konnte sich nicht an ihre Familie erinnern. »Aber wo wir gerade von den Mädchen sprechen«, fuhr sie fort. »Ihre Töchter zeigen nicht das geringste Interesse am Lernen. Sie könnten sie ruhig ein wenig ermuntern, das würde nicht schaden.«

»Wozu? Es reicht, wenn sie später einmal wissen, wie sie ihre Ehemänner glücklich machen. Was nützt es ihnen, wenn sie wissen, wie die Hauptstadt von Amerika oder England heißt?«

Amelia funkelte ihn zornig an. Bei dieser Einstellung war es nicht verwunderlich, dass die Mädchen keine Lust zum Lernen hatten. »Wissen Sie es denn?«

Evan starrte sie verblüfft an. »Nein, und ich kann auch nicht behaupten, dass es sich nachteilig auf mein Leben ausgewirkt hätte. Du solltest meinen Mädchen lieber Kochen und Nähen beibringen. Damit könnten sie wenigstens etwas anfangen. Aber auf diesem Gebiet brauchst du ja selbst Unterricht!«

Amelia unterdrückte ihren Zorn. Wozu sich mit Evan streiten? Genauso gut könnte sie gegen eine Wand reden. Sie schwieg einen Augenblick. »Ich wünschte, wir hätten ein bisschen Musik«, sagte sie unvermittelt. Aus irgendeinem Grund sehnte sie sich danach.

»Musik? Wozu denn das?«

»Musik ist etwas Wunderbares. Sie würde die Kinder vielleicht dazu anregen, ihren Horizont zu erweitern, oder ihr Interesse für die Kunst wecken.«

Evan klappte der Unterkiefer herunter. »Für die Kunst? Hast du den Verstand verloren, Weib?«

»Nein, keineswegs. Ein bisschen Kultur hat noch keinem geschadet«, versetzte sie säuerlich. Seine Engstirnigkeit ging ihr allmählich auf die Nerven.

»Falls du es noch nicht bemerkt haben solltest – es gibt hier im ganzen Umkreis weder ein Museum noch einen Konzertsaal.«

»Man muss nicht in einen Konzertsaal gehen, um Musik zu hören. Ich bin sicher, in vielen Haushalten gibt es ein Musikinstrument. Sie sollten Ihre Kinder ermutigen, ein Instrument zu erlernen. Musik beruhigt das Gemüt, und Ihnen könnte ein bisschen mehr Gelassenheit weiß Gott nicht schaden!«

Weder Amelia noch Evan hatten bemerkt, dass Gabriel in der Tür stand. Dieser hatte genug gehört, um zu verstehen, weshalb Evan aussah, als würde er vor Wut gleich in die Luft gehen. Gabriel räusperte sich geräuschvoll. »Hat hier gerade jemand von Musik gesprochen?«

Amelia fuhr herum. Ihr Herz schlug schneller. Wie lange mochte er schon dagestanden haben?« »Ich habe gerade zu Evan gesagt, es würde den Kindern gut tun, wenn sie Musik hören könnten.«

Evan hatte die Lippen fest zusammengepresst.

Gabriel wusste, dass er an Jane dachte. Er war manchmal abends hier gewesen, wenn sie die Kinder zu Bett gebracht und in den Schlaf gesungen hatte. Evan hatte ihr mit verklärter Miene zugehört. Obwohl er es nie zugeben würde, hatte ihr Gesang tatsächlich sein Gemüt beruhigt.

»Im Lagerraum steht ein mechanisches Klavier«, sagte er schließlich zögernd.

»Wirklich?«, fragte Amelia aufgeregt.

»Ja, es gehört der Frau des früheren Leuchtturmwärters. Eigentlich wollten sie es schon vor Monaten abholen. Sie haben bestimmt nichts dagegen, wenn Sie es sich ausborgen.«

»Das wäre wunderbar!« Amelia rief die Mädchen, die in ihrem Zimmer waren. »Hättet ihr Lust, ein bisschen Musik zu hören?«

»Musik?« Die Kinder schauten Amelia neugierig an. Sie hatten noch nie Musik gehört, konnten sich aber an die Lieder erinnern, die ihre Mutter ihnen vorgesungen hatte.

»Da hast du ja was Schönes angerichtet«, sagte Evan vorwurfsvoll zu Gabriel.

»Was ist denn schon dabei, Evan? Vielleicht tut es den Kindern gut. Komm, wir holen es.«

»Jetzt gleich?«

»Warum nicht?«

Evan machte ein ärgerliches Gesicht, doch die Mädchen kreischten vor Freude. »Ruhe!«, blaffte er, und sie verstummten sofort. Auch die Kinder fürchteten seine Wutausbrüche.

Widerwillig ging Evan mit Gabriel, um das Harmonium zu holen. Es war so schwer, dass auch Edgar mit anpacken musste. Als es an seinem Platz stand, staubte Amelia es ab und drehte dann die Kurbel. Die ersten Klänge ertönten. Rose fragte, ob sie auch einmal die Kurbel drehen dürfe, und Amelia erlaubte es ihr.

Die Melodie, die erklang, hieß *O mein Papa*. Amelia traten unwillkürlich Tränen in die Augen. Sie schrieb sie ihrer freudigen Erregung zu und wischte sie hastig fort. Gabriel ging zu ihr, nahm ihr das Staubtuch aus der Hand und tupfte ihr mit einem Zipfel die schwarzen Rußflecken von Nase und Wangen. Es war eine so rührende Geste, dass es ihr überhaupt nicht peinlich war. Nachdem sie einen Augenblick der Musik gelauscht hatte, die ihr Herz überströmen ließ, ergriff sie spontan Gabriels Hand und tanzte einen Walzer mit ihm. Während er sich hölzern und unbeholfen vorkam, waren ihre Bewegungen so anmutig, als hätte sie ihr Leben lang nichts anderes getan als getanzt. Edgar spendete lächelnd Beifall.

Die Kinder beobachteten das tanzende Paar mit großen Augen und applaudierten dann ebenfalls.

»Wo haben Sie so wundervoll tanzen gelernt?«, fragte Gabriel, als er außer Atem innehielt.

»Ich weiß es nicht, aber ich tanze für mein Leben gern«, erwiderte sie.

»Sie sind eine fabelhafte Tänzerin!«, lobte er.

»Ich habe noch nie eine so graziöse Frau gesehen«, bestätigte auch Edgar.

Amelia strahlte. Doch so sehr sie sich auch anstrengte, sie konnte sich beim besten Willen nicht erinnern, wann sie das letzte Mal getanzt hatte.

»Ich mach mich wieder auf den Heimweg«, fuhr Edgar fort. Er wollte nicht, dass seine Frau sich auf die Suche nach ihm machte. »Wir sehen uns dann später«, fügte er an Gabriel gewandt hinzu.

»Vielen Dank für Ihre Hilfe!«, rief Amelia ihm nach.

Evan hatte es die Sprache verschlagen. Er war ganz verstört, so viele Veränderungen waren seit Amelias Ankunft vor sich gegangen.

»Bringst du mir das Tanzen bei?«, fragte Sissie.

»Wenn du möchtest, gern.« Amelia ergriff ihre Hände, legte ihr die eine auf die Hüfte und hielt die andere fest. »Ellbogen hoch. Normalerweise hält man auch den Kopf gerade, aber du kannst jetzt auf meine Füße schauen, damit du siehst, wie es gemacht wird. Achtung, los geht's! Eins, zwei, drei! Eins, zwei, drei!«

Sissies Augen wurden groß vor Vergnügen, während sie sich von Amelia führen ließ.

»*Très bien*, Cecelia«, lobte Amelia, als sie einmal durch den ganzen Raum getanzt waren.

Sissie blieb abrupt stehen und blickte sie verdutzt an. »Was hast du gerade gesagt?«

Amelia schlug sich erschrocken die Hand auf den Mund. »Ich sagte: sehr gut, Cecelia«, wiederholte sie langsam, als ihr dämmerte, dass sie eine fremde Sprache gesprochen hatte.

»Das war Französisch!«, staunte Gabriel.

»Ja, stimmt.« Amelia war ganz benommen. Wie kam sie denn auf Französisch?

»Was heißt…«, Sissie schaute sich um, »Tisch und Stühle?«

»*La table et les chaises*«, antwortete Amelia.

Sissie und Rose wiederholten die Wörter ehrfürchtig.

»Und was heißt Meer und Himmel?«, fragte Bess.

»*La mer et le ciel.*«

»Und was heißt Tanz und Musik?«, fragte Sissie aufgeregt.

»*La danse et la musique!*« Freudestrahlend griff Amelia zu Papier und Bleistift und schrieb die Wörter für die Mädchen in Englisch und in Französisch nebeneinander. Die Kinder waren fasziniert. Plötzlich wusste Amelia, wie sie ihre Lust am Lernen wecken konnte. Doch so glücklich sie einerseits über diese neue Entdeckung war, so viele Fragen wurden andererseits dadurch aufgeworfen. Wie kam es, dass sie so gut tanzen konnte? Wie kam es, dass sie mehrere Sprachen beherrschte?

»Woher sprechen Sie Französisch?«, fragte Gabriel.

»Ich habe keine Ahnung«, erwiderte Amelia, kniff die Augen zusammen und durchforschte ihr Gedächtnis verzweifelt nach einem Erinnerungsfetzen, doch ihre Vergangenheit blieb in undurchdringliches Dunkel gehüllt.

Evan konnte es nicht mehr mit ansehen. Er brummte, dass Arbeit auf ihn warte, und stapfte aus dem Haus.

Gabriel tat es in der Seele weh, die junge Frau so leiden zu sehen. Er legte ihr tröstend, wenn auch ein wenig unbeholfen, weil die Mädchen zuschauten, den Arm um die Schulter. Amelia war dankbar für die Geste. Gabriel konnte zwar nichts für sie tun, doch sein Verständnis und seine menschliche Wärme gaben ihr das Gefühl, nicht ganz allein zu sein.

»Für mich wird es ebenfalls Zeit«, sagte er mit belegter Stimme und lächelte sie zärtlich an.

»Ich weiß gar nicht, wie ich Ihnen für das Harmonium danken soll.«

»Nichts zu danken. Hier ist es wenigstens zu etwas nütze, anstatt nur herumzustehen und zu verstauben.«

Gabriel ging zum Leuchtturm zurück. Ein Lächeln legte sich auf sein Gesicht, als er daran dachte, was für eine Freude er der jungen Frau gemacht hatte. Und seine Neugier war noch größer geworden. Wie kam es, dass sie Französisch sprach?

»Wo warst du?«, herrschte Carlotta ihren Mann an, als dieser nach Hause kam.

Edgar verstand ihren Zorn nicht; er war schließlich nicht lange fort gewesen. »Ich habe Evan und Gabriel geholfen, ein Harmonium zur Farm zu tragen.«

Carlotta hatte gerade ein Bad genommen, als die beiden Männer Edgar um Hilfe gebeten hatten; deshalb wusste sie nicht, was geschehen war. Als sie bemerkt hatte, dass nicht nur ihr Mann, sondern auch Gabriel verschwunden war, war sie misstrauisch geworden.

»Ein Harmonium? Wo habt ihr ein Harmonium her?«

»Es stand im Lagerraum.«

»Ich habe keins gesehen.« Sie hatten dort umgeräumt, um Platz für ihre eigenen Habseligkeiten zu schaffen.

»Ich zuerst auch nicht. Es war mit Decken abgedeckt. Gabriel hat es Sarah geliehen.«

Carlottas Augen wurden schmal vor Eifersucht. »Wozu braucht sie ein Harmonium?«

»Sie und die Kinder wollten ein bisschen Musik hören. Sie haben ihre helle Freude daran.«

Carlotta wusste, es gab zwei Möglichkeiten: Sie konnte sich von der Farm fern halten und warten, bis sie vor Eifersucht platzte, oder sie konnte hingehen und sich die Sache ansehen. Sie fand Letzteres sinnvoller.

An den folgenden Abenden tanzte Amelia mit den Kindern und brachte ihnen französische Lieder bei. Gabriel schrieb unterdessen zwei Briefe: einen an Miss Amelia Divine in Kingscote, Hope Cottage, und einen an die Gefängnisbehörde in Van-Diemens-Land. Carlotta kam täglich auf die Farm und zeigte sich sehr interessiert daran, dass Amelia tanzen konnte und Französisch sprach. Sie habe doch sicherlich eine Familie, vielleicht gar einen Liebhaber, der irgendwo auf sie warte, stichelte sie oft, doch Amelia ging nicht darauf ein. Carlotta verfolgte ein bestimmtes Ziel, da war sie sich ganz sicher, und sie glaubte immer noch, dass es mit Gabriel zu tun hatte.

Evan ließ Amelia meist mit den Kindern allein und ging seiner Arbeit nach. Dennoch war ihm aufgefallen, dass die Mädchen fröhlicher waren und Milo öfter Amelias Nähe suchte. Der Französischunterricht half den Mädchen auch, ihr Englisch zu verbessern und ihren Wortschatz zu erweitern. Sie fanden es *très chic*, so eine wohlklingende Sprache erlernen zu können. Carlotta erbot sich, ihnen Italienisch beizubringen, doch die Mädchen lehnten ab: Französisch klinge sehr viel vornehmer, erklärten sie, vor allem aus Amelias Mund. Natürlich war Carlotta beleidigt, versuchte aber, es sich nicht anmerken zu lassen.

Amelia ging nicht mehr zum Leuchtturm, doch Gabriel besuchte sie fast täglich auf der Farm. Dann war Carlotta stets nicht weit. Es schien, als überwache sie ihn und wolle um jeden Preis verhindern, dass er mit Amelia allein war. Das fiel auch Gabriel auf, und er ärgerte sich darüber. Bald ging er nur noch auf Umwegen zur Farm, damit Carlotta es nicht mitbekam. Das klappte zwei Tage lang; danach marschierte Carlotta schnurstracks zur Farm, wann immer sie Gabriel nicht in seinem Haus oder im Leuchtturm antraf. Gabriel und Amelia waren keine Minute allein. Anfangs war Gabriel in gewisser Weise froh darüber, weil seine Gefühle für Amelia stärker wurden und er sich selbst nicht traute. Doch bald kam der Punkt, an dem beide sich danach sehnten, ein paar Minuten ungestört zu sein.

»Das Versorgungsschiff müsste morgen eintreffen«, sagte Gabriel, als er eines Nachmittags in Evans Haus erschien. Er sah Carlotta an, die unmittelbar vor ihm gekommen war. »Gehen Sie heute lieber zeitig zu Bett, damit Sie morgen ausgeruht sind. Es wird fast den ganzen Tag dauern, die Vorräte in den Lagerschuppen zu tragen.«

»Hoffentlich sind meine Ferkel mitgekommen«, meinte Evan.

Amelia verdrehte die Augen. Sie sah sich schon die Schweinchen füttern und den Stall ausmisten.

Gabriel lächelte ihr zu. »Tja, ich wollte euch nur an das Versorgungsschiff erinnern. Ich muss jetzt wieder zurück und schon mal anfangen, die Hauswände abzuwaschen, weil morgen auch der Kalk für einen neuen Anstrich kommen soll.«

»Edgar wird Ihnen helfen, *vero?*«, sagte Carlotta, der nicht entgangen war, wie er Amelia angelächelt hatte.

»Das schaffe ich schon allein. Edgar hat genug zu tun«, erwiderte Gabriel verdrossen. Wie kam sie dazu, über ihren Mann zu verfügen?

Amelia folgte ihm unter dem Vorwand nach draußen, ihn noch etwas wegen des Gemüsegartens fragen zu wollen. Carlotta stand unter der Tür und schaute ihnen nach.

»Welche Schicht haben Sie heute Nacht?«, flüsterte Amelia.

»Die erste. Wollten Sie vorbeikommen?«

Sie blickte scheu zu ihm auf. »Wenn ich darf.«

»Ich würde mich freuen.« Ein Ausdruck von Wärme lag in seinen Augen.

»Dann komme ich gern. Aber erst, wenn es dunkel ist. Dann verpasse ich zwar den wunderschönen Sonnenuntergang, aber ich will nicht, dass Carlotta mich sieht.«

Er nickte. »Seien Sie vorsichtig. Und schließen Sie die Tür hinter sich ab.«

Er ging davon, und Amelia blickte ihm nach. Der Gedanke, mit ihm allein sein zu können, ließ ihr Herz schneller schlagen. Es war eine Qual, bei seinen Besuchen ständig von den Kindern, Evan und Carlotta umgeben zu sein und ihm nie ihre Gedanken und Gefühle anvertrauen zu können. Sie wagte kaum, ihn anzusehen, weil sie fürchtete, jeder könnte ihr vom Gesicht ablesen, was sie für ihn empfand.

»Er ist sehr attraktiv, *vero?*«

Amelia fuhr zusammen. Sie hatte die Italienerin nicht kommen hören und drehte sich um. »Lassen Sie das bloß nicht Ihren Mann hören«, erwiderte sie kühl.

Carlottas Augen wurden schmal. »Man könnte Sie nach Van-Diemens-Land zurückschicken, wenn die Gefängnisbehörden erführen, dass Sie eine Beziehung haben, *vero?*«

»Das wird nicht geschehen, weil ich keine Beziehung zu einem Mann habe«, entgegnete Amelia.

»Sind Sie sicher?«

»Allerdings«, gab Amelia zurück und ließ die Italienerin einfach stehen.

Plötzlich packte sie die Angst. Wenn Carlotta sie allein mit Gabriel erwischte, würde sie es Evan unverzüglich wissen lassen. Das konnte sie nicht riskieren. So sehr sie die Arbeit auf der Farm auch verabscheute – weggeschickt zu werden, wäre noch viel schlimmer.

Sie brauchte Zeit, ihr Gedächtnis wiederzufinden. Sobald sie sich an etwas erinnern könnte, das ihr herauszufinden half, wer sie wirklich war, würde sie sich treffen können, mit wem sie wollte. Sie würde lieben können, wen sie wollte. Gabriel zum Beispiel.

Gabriel sah abermals auf die Uhr. Kurz vor Mitternacht. Amelia war nicht gekommen, und er machte sich Sorgen. Hatte Evan sie abgefangen, als sie die Farm verlassen wollte? War Carlotta zu Besuch gekommen? Unten wurde die Tür zugeschlagen, und ihm stockte das Herz. Dann aber hörte er die schweren Schritte auf der Treppe und wusste, es war Edgar, der seine Schicht antrat.

Als Gabriel den Leuchtturm verließ, sah er Licht bei den Dixons brennen. Anscheinend war Carlotta noch wach. Eigentlich hatte er vorgehabt, zur Farm zu gehen, um nach Amelia zu sehen, aber da Carlotta noch auf war, erschien ihm das zu gefährlich. Die Italienerin bedeutete Ärger, daran konnte es keinen Zweifel geben. Fraglos wurde er mit ihr fertig, aber er durfte nicht riskieren, dass sie Amelia in Schwierigkeiten brachte. Schweren Herzens ging er zu seinem Haus hinüber. Er wusste, an Schlaf war nicht zu denken.

Am Tag darauf machte Gabriel sich noch vor Sonnenaufgang auf den Weg zur Finnlay-Farm.

Auch Amelia hatte in dieser Nacht keinen Schlaf gefunden. Als sie aus ihrer Hütte trat, hörte sie jemanden leise ihren Namen rufen.

»Gabriel! Was machen Sie denn schon so früh hier?« Amelia warf einen Blick zum Haupthaus hinüber. Dort brannte Licht; Evan war also schon aufgestanden, um Feuer zu machen.

»Warum sind Sie gestern Abend nicht gekommen?«, fragte er.

»Wegen Carlotta. Bevor sie gestern ging, hat sie mir gedroht. Da wollte ich das Risiko nicht eingehen.«

»So etwas dachte ich mir schon«, knurrte Gabriel und stieß einen unterdrückten Fluch aus.

»Es tut mir Leid. Ich hatte mich wirklich darauf gefreut, mich einmal ungestört mit Ihnen unterhalten zu können.«

»Wir werden schon einen Weg finden«, meinte Gabriel. »Überlassen Sie das nur mir.« Er hatte die halbe Nacht Pläne geschmiedet, wie sie es anstellen könnten, einmal allein zu sein.

»Ich muss gehen«, sagte Amelia. »Sonst holt mich Evan noch.«

Gabriel ergriff ihre Hand und drückte sie liebevoll. »Bis später.«

Amelia blickte lächelnd zu ihm auf. Ihre braunen Augen schimmerten im ersten Morgenlicht.

Nach dem Frühstück brachen Amelia und die Finnlays nach Weirs Cove auf, wo das Versorgungsschiff anlegen würde. Alle mussten mit anpacken, um die Vorräte – und die sechs Ferkel, auf die Evan sich schon freute – zur Farm zu transportieren.

Die *Argyle* ging auf hoher See vor Anker. Die Vorräte wurden in ein kleineres Boot umgeladen. Drei Mal fuhr es zwischen dem Schiff und der Anlegestelle hin und her, bis sämtliche Fracht an Land gebracht war. Gabriel packte das Frachtnetz voll, und Evan zog es mit der Winde das Kliff hinauf. Es war eine beschwerliche Arbeit, die sich über Stunden hinzog. Die Ferkel quiekten in ihren Holzverschlägen auf dem Anleger.

»Die hören sich putzmunter an«, frohlockte Evan.

»Die hören sich grauenvoll an«, bemerkte Amelia.

Es war Nachmittag, und alle waren müde und erschöpft. Amelia und die Finnlays hatten den Weg zur Farm inzwischen einige Male zurückgelegt und sich mit ausreichend Lebensmitteln für mehrere Wochen versorgt. Die restlichen Vorräte wurden im Schuppen eingelagert. Gabriel hatte Carlotta eine Liste in die Hand gedrückt, auf der vermerkt war, wer was bestellt hatte, und sie gebeten, alles entsprechend zu sortieren. Er hoffte, sie würde den ganzen Abend damit beschäftigt und anschließend rechtschaffen müde sein. Er hatte nämlich noch etwas vor.

»Wir treffen uns um neun hinter dem Hühnerstall«, flüsterte er Amelia zu, als er ihr ein Säckchen Salz reichte.

Sie nickte kurz, warf ihm aber einen beunruhigten Blick zu.

»Keine Sorge, es geht schon alles gut«, versicherte er ihr.

Wieder nickte sie und vergewisserte sich mit einem flüchtigen Blick in Carlottas Richtung, dass sie nicht belauscht worden waren. Dann schaute sie Gabriel an. Er lächelte ihr aufmunternd zu – und da wusste sie, dass alles gut würde.

11

KINGSCOTE

Als Sarah von ihrem Mittagsschlaf erwachte, hörte sie Stimmen in der Küche. Die von Edna erkannte sie sofort, doch es dauerte einige Zeit, bis sie die andere Stimme zuordnen konnte: Sie gehörte Betty Hammond. Sarah bekam Herzklopfen. Ob die Aborigine gekommen war, um ihr Ärger zu machen? Der Lärm von Kindern lenkte Sarah ab. Sie spähte durch die Vorhänge und sah zwei Jungen von etwa sieben und acht Jahren und ein vielleicht fünfjähriges Mädchen in der Einfahrt spielen. Es waren dieselben Kinder, die sie auf der Straße gesehen hatte: Bettys kleine Bastarde.

»Warum sind die Kinder nicht in der Schule, Betty?«, hörte sie Edna in der Küche fragen. »Ich dachte, montags haben sie auch am Nachmittag Unterricht.«

»Heute ist die Schule den ganzen Tag geschlossen, Missus. Das Klassenzimmer wird neu gestrichen.«

Porzellan klirrte, eine Tasse wurde auf den Unterteller gestellt. Von draußen drang die Stimme einer Frau herein, und Sarah blickte wieder aus dem Fenster. Eine schlanke junge Dame war bei den Kindern stehen geblieben. Sie trug ein dunkelbraunes Kleid und einen großen, mit einem cremefarbenen Band verzierten Hut. Sie hatte Sarah den Rücken zugekehrt.

»Guten Tag, Kinder«, sagte sie im Tonfall einer Lehrerin.

»Guten Tag, Miss Strathborne«, grüßten die Kinder im Chor.

»Hast du die Hausaufgaben schon gemacht, die ich dir am Freitag gegeben habe, Ernest?« Der Junge war ein gutes Stück den riesigen Baum an der Einfahrt hinaufgeklettert. Seine Äste hingen über den Weg und hielten die Sonne davon ab, in Sarahs Fenster zu scheinen.

»Ja, Miss Strathborne.«

»Bist du sicher, Ernest?«, fragte sie, als der Junge ihrem Blick nicht standhalten konnte. »Ich werde mich bei deiner Mutter erkundigen.«

Der Junge riss erschrocken die Augen auf und ließ dann den Kopf hängen. »Ich bin ... äh, *fast* fertig, Miss Strathborne.«

»Du hättest gleich die Wahrheit sagen sollen, Ernest. Jungen, die lügen, werden zu Rüben«, sagte sie, wobei sie ihm mit dem Zeigefinger drohte. Sie dachte sich stets solche Merkverse für die Kinder aus. »Kletter nicht zu hoch hinauf, sonst fällst du am Ende noch herunter!« Die junge Frau wandte sich zu dem jüngeren Buben um, und jetzt konnte Sarah ihr Profil sehen. Sie hatte eine Hakennase, schmale Lippen und eine farblose Haut. Ihre Wimpern und Brauen waren so hell, dass es den Eindruck erweckte, als hätte sie gar keine.

Nur die wenigsten Aboriginekinder besuchten die Schule mit der gleichen Regelmäßigkeit wie die Kinder der Hammonds. Miss Strathborne bestand darauf, dass sie zum Unterricht Schuhe anzogen, obwohl sie sonst Sommer wie Winter barfuß gingen. Ihre breiten, staubigen Füße waren voller Schwielen; dennoch staunte Miss Strathborne immer wieder, wie sie selbst auf glühend heißem Boden laufen konnten, ohne auch nur eine Miene zu verziehen.

»Hast du die unregelmäßigen Verben geübt, Martin?«

»Ja, Miss.«

»Und du, Ella-Jane – hast du das Abc gelernt?«

Anscheinend war Ella-Jane gerade erst eingeschult worden. Die Kleine senkte schüchtern den Kopf, blickte aus riesengroßen braunen Augen zu Miss Strathborne auf und nickte kurz. Dann setzte sie sich wieder in den Staub und spielte mit ihrer Puppe. Die Fliegen, die ihr übers Gesicht krabbelten, nahm sie offenbar gar nicht wahr. Dass die Aboriginekinder sich nicht an den zahllosen Fliegen störten, die ständig Augen, Nase und Mund umschwirrten, würde die empfindliche Miss Strathborne nie begreifen können. Es ekelte sie bei dem bloßen Anblick.

»Braves Mädchen«, lobte Miss Strathborne und wandte sich wieder den Jungen zu. »Ist eure Mutter drinnen bei Mrs Ashby?«

»Ja«, antwortete Martin. Er hatte mit einem Stecken Muster in den Staub gemalt, während sein Bruder auf den Baum geklettert war.

Miss Strathborne ging zur Rückseite des Hauses. Sarah, die sich gerade frisierte, hörte, wie Edna die Lehrerin begrüßte.

»Ihnen müssen die Ohren klingen, Silvia«, sagte Edna.

»Oh!« Sie sprach das Wort aus, als wäre sie zutiefst beunruhigt.

»Betty und ich haben gerade über die Schule gesprochen. Wie ich höre, ist sie heute geschlossen.«

»Ja, leider.« Silvia zog die Hutnadel heraus und nahm den Hut ab. Ihre Haare waren so blond, dass sie fast weiß wirkten. »Barnsey und Johnno Forsythe haben Samstagmorgen begonnen und hoch und heilig versprochen, bis Sonntagnachmittag fertig zu sein. Es ist nur ein einziges großes Zimmer, um Himmels willen, aber anscheinend sind zwei Männer nicht imstande, es in zwei Tagen zu streichen!« Entnervt verdrehte sie die Augen. »Ich hoffe, dass sie heute endlich fertig werden. Mir graut schon davor, morgen im Gestank frischer Farbe unterrichten zu müssen.« Sie warf Betty einen flüchtigen Blick zu. »Ich habe gerade mit Ihren Sprösslingen gesprochen, Mrs Hammond. Würden Sie bitte darauf achten, dass sie ihre Hausaufgaben machen?«

»Ja, Missus.«

»Miss«, verbesserte die Lehrerin sie. »Ich habe Ihnen schon ein paarmal gesagt, dass es *Miss* Strathborne heißt, Mrs Hammond. Ich bin weder verheiratet noch verlobt. Das Schulamt sieht es nicht gern, wenn Lehrerinnen verheiratet sind, und da ich das Unterrichten als meine Berufung betrachte, werde ich es gewiss nicht für irgendeinen Mann opfern.«

Betty nickte. Silvia Strathborne gehörte zu den zahlreichen Weißen, die sie von oben herab behandelten. Allerdings ging Silvia mit weißen Müttern nicht viel anders um. Betty bezweifelte, dass auch nur ein Verehrer den Weg zur Tür der Lehrerin fand. Kein Wunder; man bekam ja schon Frostbeulen, wenn man sich nur in der Nähe dieser Frau aufhielt.

»Darf ich Ihnen eine Tasse Tee anbieten?«, fragte Edna.

»Gern, vielen Dank«, antwortete Silvia.

»Ich freue mich immer, Sie zu sehen, Silvia«, begann Edna diplomatisch, »aber was führt Sie eigentlich her?« In Wirklichkeit konnte sie es sich denken. In einer Kleinstadt verbreiteten Neuigkeiten sich nun einmal in Windeseile.

»Ich habe heute Morgen mit Clare Thomas gesprochen, und sie hat mir erzählt, dass Sie eine junge Frau bei sich aufgenommen hätten, die vor kurzem ihre Eltern verloren hat.«

Der Klatsch blühte also, genau wie Edna vermutet hatte. In diesem Fall störte es sie aber nicht. Camilla war wie eine Schwester für sie gewesen; daher betrachtete sie es als Selbstverständlichkeit, ihre Tochter bei sich aufzunehmen. Und wenn diese gute Tat ihr Ansehen in der Stadt noch steigerte – umso besser. »Ja, das stimmt. Ihre Mutter war eine sehr gute Freundin. Sie kam vor einiger Zeit bei einem tragischen Unfall ums Leben, zusammen mit ihrem Mann und ihrem kleinen Sohn, daher haben Charlton und ich beschlossen, Amelia eine Zeit lang bei uns aufzunehmen. Wir sind bisher kaum mit ihr ausgegangen, weil sie noch Zeit braucht, sich von den schweren Schicksalsschlägen zu erholen. Sie hat ja nicht nur ihre Familie verloren, sondern ist selbst mit knapper Not dem Tod entronnen. Ihr Schiff ist vor der Küste gesunken, wie Clare Ihnen sicher schon erzählt hat.« Edna hatte immer wieder versucht, ihr Mündel dazu zu bewegen, unter Menschen zu gehen, doch die junge Frau weigerte sich: Sie sei einfach noch nicht so weit, behauptete sie.

»Ja, das ist wirklich tragisch. Das arme Ding muss einen schweren Schock erlitten haben. Aber bei Ihnen und Charlton ist sie ja in besten Händen. Clare hat allerdings nicht erwähnt, wie alt sie ist. Geht sie noch zur Schule?«

»Nein, Amelia ist neunzehn. In Hobart Town hat sie übrigens Tanz und Sprachen unterrichtet.«

Sarah blieb fast das Herz stehen, als sie das hörte. Amelia Divine hatte Sprachen unterrichtet? Das durfte doch nicht wahr sein! Ob davon etwas in ihrem Tagebuch stand? Sarah hatte bisher nur einige wenige Abschnitte gelesen. Nicht zum ersten Mal fragte sie sich, ob ihr diese ganze Geschichte nicht allmählich über den Kopf wuchs.

»Wirklich?«, fragte Silvia aufgeregt. »Welche Sprachen spricht sie denn?«

»Französisch und Italienisch, glaube ich. Ihre Mutter hatte mir geschrieben, sie würde noch eine dritte Sprache lernen. Amelia hat das allerdings nie erwähnt.« Edna wurde plötzlich bewusst, dass ihr Mündel auch nie über ihre Tätigkeit als Lehrerin sprach, obwohl sie doch ganz in dem Beruf aufgegangen war, wie sie von ihrer Mutter wusste. Andererseits hatte die junge Frau nie auch nur ein Wort über Camilla, Henry oder Marcus verloren. Offenbar verschloss sie ihren Kummer in ihrem Herzen.

»Nein, wirklich!«, staunte Silvia. »Ich würde zu gern einmal eine Kollegin kennen lernen.«

Betty fiel die Überheblichkeit in ihrem Tonfall auf. Miss Strathborne hielt sich zweifellos für die klügste Frau auf Erden. Doch in ihrer Stimme schwang auch eine Spur Neid mit.

»Eigentlich sollte Amelia ihr Mittagsschläfchen längst beendet haben. Ich sehe mal nach...«, meinte Edna.

Hätten die Kinder nicht in der Auffahrt gespielt, wäre Sarah aus dem Fenster geklettert und verschwunden, bis Miss Strathborne wieder fort war. Ihre Gedanken überschlugen sich. Sie konnte unmöglich glaubhaft erklären, dass sie drei Sprachen einfach *vergessen* hatte.

»Amelia, Liebes!«, rief Edna. »Bist du schon wach? Ich würde dir gern jemanden vorstellen.«

»Mir ... mir geht es nicht besonders«, krächzte Sarah und hustete, um ihren Worten Nachdruck zu verleihen.

Die Tür ging auf, und Edna streckte den Kopf ins Zimmer. »Was fehlt dir denn, mein Kind?«

»Ich habe Halsschmerzen, Tante. Ich kann kaum sprechen«, flüsterte sie heiser.

»Ach herrje!« Edna ging zu ihr und befühlte ihre Stirn. »Temperatur hast du keine. Komm mit in die Küche, Polly soll dir einen Schwarztee mit Honig und Zitrone machen.«

Sie nahm sie bei der Hand, und Sarah folgte ihr widerstrebend in die Küche, wo Edna sie mit Silvia Strathborne bekannt machte.

»Amelia hat Halsschmerzen«, erklärte Edna, als ihr Mündel ein kratziges »Guten Tag« herausbrachte.

»Oh, hoffentlich geht es Ihnen bald wieder besser«, sagte Silvia. »Sie müssen mir alles über Ihre Lehrtätigkeit in Hobart Town erzählen!«

Sarah nickte stumm. Sie sah flüchtig zu Betty hin und zuckte innerlich zusammen, als sie deren stechenden Blick auffing.

»Sie müssen unbedingt in die Schule kommen, wenn Sie sich ein wenig erholt haben«, fuhr Silvia fort. »Vielleicht könnten Sie den älteren Schülern ein paar Grundkenntnisse in Französisch oder Italienisch beibringen. Edna sagte, Sie lernen noch eine dritte Sprache. Welche, wenn ich fragen darf?«

Sarah überlegte blitzschnell. »Spanisch«, sagte sie unsicher. »Aber ... ich habe gerade erst angefangen, deshalb kann ich noch nicht sehr viel. Eigentlich gar nichts.« Sie griff sich mit verzerrtem Gesicht an den Hals, als hätte sie schlimme Schmerzen. Ihre Zuhörer bekundeten ihr Mitgefühl. Nur Betty erkannte, was sich tatsächlich hinter ihrer Grimasse verbarg: die Angst, als Betrügerin entlarvt zu werden.

»Vielleicht sollte ich besser Dr. Thompson anrufen und ihn bitten, dass er herkommt«, sagte Edna besorgt.

Sarah nickte und bedeutete mit einer Handbewegung, dass sie wieder in ihr Zimmer gehen und sich hinlegen werde.

»Polly wird dir einen Tee bringen«, sagte Edna und huschte um sie herum wie ein aufgescheuchtes Huhn.

»Clare hat gesagt, Dr. Thompson ist heute nach American River gefahren«, rief Silvia. »Haben Sie gehört, Edna?« Sie stand auf und folgte ihr zu Sarahs Zimmer, wo sie in der Tür stehen blieb.

»Ja, ja«, versetzte Edna eine Spur gereizt. Plötzlich hellte ihre Miene sich auf, und sie rief: »Betty?«

Sarah stieß einen Seufzer aus. Wenn die anderen sie doch nur in Ruhe ließen! Sie wollte niemanden sehen, vor allem nicht Betty. Die Art, wie die Aborigine sie ansah, machte sie ganz nervös.

»Ja, Mrs Ashby?«, fragte Betty von der Tür aus.

»Gibt es eine Eingeborenenmedizin gegen Amelias Halsschmerzen?« Die meisten Weißen hielten nichts von den Heilmitteln der Aborigines, aber Edna hatte schon mehrere Male darauf zurückgegriffen und sie erfolgreich eingesetzt, wenn Dr. Thompsons Behandlungsmethoden versagt hatten.

Betty musterte Sarah. Sicher gab es eine Medizin gegen Halsschmerzen, aber sie sah nicht ein, weshalb sie eine Arznei für jemanden zubereiten sollte, dem nicht das Geringste fehlte. Sie war sicher, dass dieses Mädchen Edna Ashby nur etwas vorspielte.

Sarah ahnte, dass Betty Verdacht geschöpft hatte. »Das ist wirklich nicht nötig«, stieß sie rau hervor. »Falls mein Hals bis morgen nicht wieder in Ordnung ist, werde ich Dr. Thompson aufsuchen.«

»Wie du möchtest, mein Kind.« Edna vermutete, ihrem Mündel sei nicht wohl bei dem Gedanken, eine von Bettys Mixturen einzunehmen. »Ruh dich schön aus.« Sie ging zur Tür. »Was möchtest du zum Tee? Sandwiches oder lieber ein Stück Obstkuchen?«

Sarah schüttelte den Kopf. »Gar nichts, Tante, danke. Nur eine Tasse Tee«, krächzte sie.

»Na schön. Aber dann gib wenigstens Honig und Zitrone hinein. Das kann nichts schaden.«

Cape du Couedic

Gabriel und Amelia trafen sich um neun Uhr an jenem Abend hinter dem Hühnerstall. Gabriel nahm ihre Hand, und sie gingen im Schein des Vollmonds durch den Busch. Einen Weg gab es nicht, das Gelände war stellenweise steil und steinig. Sie ließen sich Zeit. Nach etwa zwanzig Minuten hatten sie eine geschützte Stelle unweit des Klippenrandes erreicht. Gabriel setzte sich zwischen die Felsen auf den weichen, sandigen Boden und zog Amelia neben sich, die vom Klettern ein wenig außer Atem war.

»Alles in Ordnung?«, fragte er.

»Ja, mir geht es wunderbar«, wisperte sie und schmiegte sich an ihn. Obwohl sie ringsum von Felsen vor dem Wind geschützt waren, der von der Seite her über ihren Schlupfwinkel hinwegfegte, schien er Amelias geflüsterte Worte mitzureißen und aufs Meer hinauszutragen. Sie kuschelte sich noch näher an Gabriel und legte den Kopf an seine breite Schulter.

Amelia hätte es niemals für möglich gehalten, doch der Blick von hier oben war noch eindrucksvoller als vom Leuchtturm aus. Der Mond hing als riesengroße Silberscheibe am Himmel. Sie glaubte, nur die Hand ausstrecken zu müssen, um ihn berühren zu können. Myriaden funkelnder Sterne umgaben ihn. Sein geisterhaftes weißes Licht ergoss sich übers Meer und schien es in flüssiges, schimmerndes Glas zu verwandeln. Amelia konnte sich nicht satt sehen an dem atemberaubenden Panorama, dessen Schönheit ihr buchstäblich die Sprache verschlug.

Gabriel konnte sie nur zu gut verstehen. Als er zum ersten Mal hier gewesen war, war es ihm genauso gegangen – obwohl es am Spätnachmittag gewesen war. Auch Gabriel war noch nie in der Nacht hier heraufgekommen, doch er hatte schon geahnt, dass die Aussicht noch spektakulärer sein musste als bei Tag.

»Wie hast du diesen Fleck gefunden?«, brachte Amelia schließlich hervor. Angesichts des Zaubers dieser romantischen Szenerie war ihr das vertrauliche Du wie selbstverständlich über die Lippen gekommen.

»Als ich kurz nach meiner Ankunft auf der Insel die Gegend erkundet habe. Es war windig, wie meistens hier, und da habe ich mich zwischen die Felsen gekauert und eine Pause gemacht. Die Sonne ging gerade unter, und es war, wie wenn man durch ein Fenster einen herrlichen Ausblick genießt. Aber mit dem Vollmond heute ist es genauso schön, wenn nicht schöner.« Er wandte sich ihr zu. »Obwohl ich eher glaube, es liegt an dir, dass ich diese Nacht als einzigartig empfinde.«

»Glaubst du an Schicksal, Gabriel?«, fragte Amelia.

Er wusste, was sie dachte. »Jetzt ja.«

»Ich glaube, dass es einen Grund geben muss für das, was mir passiert ist. Vielleicht ist die Begegnung mit dir dieser Grund. Der Untergang der *Gazelle* und der Tod all der vielen Menschen war sicher nicht Teil des Plans – ich könnte nicht damit leben, wenn es so wäre. Aber vielleicht wurde ich gerettet, damit wir beide uns kennen lernen. Hört sich das dumm an?«

»Nein, überhaupt nicht. Das Schicksal hat uns zusammengeführt, davon bin ich überzeugt.«

»Aber Carlotta könnte uns wieder trennen«, murmelte Amelia. Sie wurde den Gedanken nicht los, dass die Italienerin ihr Schwierigkeiten machen würde.

»Sarah, ich bin aus zwei Gründen mit dir hierher gekommen. Erstens wollte ich mit dir allein sein, und zweitens wollte ich dir beweisen, dass wir zusammen sein können, ohne dass jemand davon erfährt, insbesondere nicht Carlotta. Hier wird sie uns niemals finden – und Evan auch nicht. Das ist unser Versteck. Außer uns weiß keiner davon.«

»Aber wie oft können wir uns hier treffen, ohne dass es herauskommt?«

»Nur einmal im Monat, bei Vollmond, wenn wir genügend Licht haben. Eine Laterne mitzunehmen wäre zu gefährlich.«

»O Gabriel, ein Platz nur für uns! Das erscheint mir fast zu schön, um wahr zu sein. Aber wenn nun doch etwas schief geht?«

»Das wird nicht geschehen, ich versprech's.« Gabriel sah sie zärtlich an. Wie wunderschön sie im Mondlicht aussah! Sanft nahm er ihr Gesicht in beide Hände. Als ihre Lippen sich berührten, wurde er von seinen Gefühlen überwältigt und küsste sie voller Leidenschaft.

Er sah die Tränen in ihren Augen, als sie sich schließlich voneinander lösten.

»Was hast du, Sarah?«, flüsterte er. Er glaubte nicht mehr, dass sie die Strafgefangene Sarah Jones war, aber wie hätte er sie sonst nennen sollen?

»Wenn ich doch nur frei wäre! Es kann keine Hoffnung für uns geben, solange ich mich nicht erinnern kann.«

Eigentlich hatte Gabriel ihr nichts von den Briefen erzählen wollen, die er geschrieben hatte, bis er eine Antwort erhalten hätte, doch angesichts ihrer Verzweiflung änderte er seine Meinung.

»Ich wollte dir vorerst nichts davon sagen, aber ich habe an die Gefängnisbehörde geschrieben. Ich hoffe, etwas über Sarah Jones herauszufinden – etwas, das beweist, dass du nicht Sarah bist.«

Amelia fiel aus allen Wolken.

»Außerdem habe ich an die junge Frau geschrieben, die mit dir zusammen das Unglück überlebt hat, Amelia Divine. Sie wohnt in Kingscote bei Bekannten von mir. Ich habe sie gefragt, ob sie sich möglicherweise geirrt haben könnte, als sie dich identifiziert hat.«

»Wann hast du die Briefe geschrieben?«

»Sie sind heute mit dem Versorgungsschiff rausgegangen.«

Gabriel bemerkte den Funken Hoffnung, der in ihren Augen aufflammte.

»Amelia Divine«, wiederholte sie langsam. »Der Name kommt mir irgendwie bekannt vor.«

»Wahrscheinlich kennst du sie oder zumindest ihren Namen von der *Gazelle*.«

»Ja, wahrscheinlich«, murmelte Amelia.

Gabriel hatte diese Amelia Divine als irgendwie seltsam in Erinnerung behalten. Er konnte nicht genau sagen, wieso, aber sie hatte einen nervösen, wachsamen Eindruck auf ihn gemacht. »Von jetzt an wird es übrigens eine regelmäßige Postverbindung für die Gegend hier geben. Also habe ich vielleicht schon in ein paar Wochen eine Antwort auf meine Briefe. Alle vierzehn Tage wird ein Postreiter die Briefe von Kingscote nach Rocky River bringen; das ist neun Meilen von hier. Evan und ich werden sie abwechselnd von dort abholen. Edgar können wir nicht schicken – der würde sich wahrscheinlich verirren.«

»Wie wär's, wenn wir Carlotta schickten?«, schlug Amelia schmunzelnd vor.

»Keine schlechte Idee«, pflichtete Gabriel ihr lächelnd bei.

Kingscote

Am anderen Morgen sagte Edna zu Sarah, die gerade von einem Spaziergang zurückkehrte: »Da ist ein Brief für dich gekommen, Amelia.«

»Ein Brief? Für mich? Bist du sicher?«

»Natürlich. Er ist an dich adressiert. Er ist von Gabriel Donnelly, dem Leuchtturmwärter von Cape du Couedic.«

Sarahs Herzschlag setzte eine Sekunde lang aus, und alle Farbe wich aus ihrem Gesicht. Sie spürte, wie ihr die Knie weich wurden.

»Was hast du denn, mein Kind?«, fragte Edna erschrocken. Sie stützte sie und führte sie in die Küche, wo sie sich auf einen Stuhl fallen ließ. »Ist es, weil du wieder an das Schiffsunglück erinnert wirst?«

»Ja, das ... das Schiffsunglück«, erwiderte Sarah stockend.

»Das tut mir Leid, Liebes. Soll ich den Brief für dich lesen?«

»Nein!«, fuhr Sarah auf und riss Edna den Brief aus der Hand. »Ich möchte ihn in meinem Zimmer lesen. Allein.« Als sie Ednas gekränkte Miene bemerkte, fügte sie versöhnlich hinzu: »Du hast doch nichts dagegen?«

»Natürlich nicht, mein Kind. Ich setz schon mal Wasser auf.«

Sarah eilte in ihr Zimmer, so schnell ihre zitternden Knie es erlaubten. Sie schloss die Tür hinter sich, riss mit fahrigen Händen den Umschlag auf und las:

Sehr geehrte Miss Divine,
ich schreibe Ihnen wegen der Frau, die angeblich Sarah Jones heißt. Sie bezweifelt, dass sie die Strafgefangene ist, die Evan Finnlay als Farmarbeiterin zugeteilt wurde. Obwohl sie ihr Erinnerungsvermögen noch nicht wiedererlangt hat, kann sie sich unmöglich vorstellen, ein Verbrechen begangen zu haben, für das sie in einem Zuchthaus in Van-Diemens-Land ihre Strafe verbüßt hat. Da ich sie inzwischen als einen guten Menschen kennen gelernt habe, teile ich diese Ansicht. Deshalb möchte ich Sie fragen, ob Sie sich bei der Identifizierung möglicherweise geirrt haben. Wir wären Ihnen sehr dankbar, wenn Sie uns weiterhelfen könnten. Ich habe mich auch an die Gefängnisbehörde gewandt mit der Bitte um Informationen, die bei der Klärung ihrer Identität hilfreich sein könnten. Ich hoffe, Sie haben sich inzwischen von dem schrecklichen Unglück erholt. Bitte bestellen Sie den Ashbys herzliche Grüße von mir.

Ihr sehr ergebener
Gabriel Donnelly, Cape du Couedic

Sarah ließ sich auf ihr Bett fallen. »O Gott«, stöhnte sie, »jetzt ist alles aus!« Ihr erster Gedanke war, sofort aus der Stadt zu fliehen. Zum Teufel mit Gabriel Donnelly! Wieso musste er ihr Ärger machen? Wieso glaubte er dieser hochnäsigen Person?

Sie drehte sich auf die Seite und zwang sich, die Situation in Ruhe zu durchdenken. Was würde die Gefängnisbehörde auf seinen Brief antworten? Was konnte sie ihm mitteilen? Es gab keine Fotografie von ihr. Sie war fünfzehn gewesen, als sie vor fünf Jahren in Van-Diemens-Land eingetroffen war. Amelia war neunzehn – niemand würde ihr ansehen, dass sie ein Jahr jünger war. Sie war schlank und dunkelhaarig, genau wie Amelia. Sie hatte keine besonderen Merkmale, keine verräterischen Narben, die den Behörden bekannt wären. Sie war nur eine Nummer, eine von etlichen tausend weiblichen Gefangenen. Sofern man nicht jemand herschickte – was man ohne hinreichende Gründe kaum tun würde –, konnte man sie unmöglich identifizieren. Sarahs Lippen verzogen sich langsam zu einem Lächeln. »Das ist die Chance, das Schicksal dieser Amelia Divine ein für allemal zu besiegeln«, flüsterte sie. »Und ich weiß auch schon, wie ich das anstellen werde.«

Als Sarah wenig später ihr Zimmer verließ, hatte sie neuen Mut geschöpft. »Mr Donnelly lässt euch herzlich grüßen«, sagte sie zu Edna, die sie besorgt musterte.

»Ist alles in Ordnung, mein Kind?«

»Aber ja. Mr Donnelly wollte lediglich wissen, ob ich mich inzwischen von dem schrecklichen Erlebnis erholt hätte. Ich werde ihm gleich schreiben, wie sehr ich hier von euch beiden verwöhnt werde, und dass es mir mit deiner und Onkel Charltons Hilfe gelingt, die Schatten meiner tragischen Vergangenheit hinter mir zu lassen.«

Edna lächelte.

Cape du Couedic

Am Tag nach ihrem nächtlichen Stelldichein mit Gabriel in ihrem geheimen Versteck war Amelia immer noch selig. Die Stunden mit ihm kamen ihr wie ein wunderschöner Traum vor, aus dem sie nicht aufwachen wollte. Immer wieder berührte sie unwillkürlich ihre Lippen, als sie daran dachte, wie zärtlich er sie geküsst hatte. Nicht einmal die Angst, ihre Beziehung würde keine Zukunft haben, konnte ihr Glück trüben.

Als sie zum Brunnen ging, um Wasser für die Zubereitung des Mittagessens zu holen, sah sie Evan vor dem Abort stehen. Er schrie jemanden an, der sich offensichtlich in dem Holzverschlag befand.

»Was ist denn los?«, fragte sie beim Näherkommen. »Ist eins der Kinder krank?«

»Krank? Faul trifft es besser«, blaffte Evan wütend.

»Ich bin nicht faul«, protestierte Sissie von drinnen.

»Dann komm gefälligst raus da, und mach deine Arbeit!«

»Ich kann nicht«, wimmerte das Mädchen.

»Sissie ist schlecht geworden«, erklärte Rose. Vom Geschrei ihres Vaters alarmiert war sie ihrer Schwester zu Hilfe geeilt.

»Unsinn! Sie ist launisch und bockig. Aber wenn sie glaubt, sie kann sich vor ihren Pflichten drücken, hat sie sich getäuscht!«

»Ich erledige das für sie, Papa«, erbot sich Rose. Sie machte sich offensichtlich Sorgen um die große Schwester.

»Sie wird ihre Arbeit selbst machen«, rief Evan.

»Willst du mir nicht sagen, was dir fehlt, Cecelia?«, fragte Amelia.

»Nein!«, fauchte Sissie.

Evan platzte der Kragen. »Du kommst jetzt auf der Stelle da raus und machst dich an die Arbeit, oder du kannst dein blaues Wunder erleben!«, brüllte er.

Amelia kam plötzlich ein Gedanke. Sie zog Evan ein Stück beiseite und sagte leise: »Hören Sie endlich auf, sich wie ein Verrückter aufzuführen, und lassen Sie mich das machen! Es gibt Dinge, die kann eine Tochter nicht mit ihrem Vater besprechen.«

»Blödsinn!«, knurrte Evan.

»Das ist kein Blödsinn. Das ist eine Tatsache. Und jetzt gehen Sie an Ihre Arbeit, und lassen Sie mich mit Cecelia reden.«

Evan zögerte, stapfte dann aber mit mürrischem Gesicht davon. Amelia ging zum Abort zurück.

»Dein Vater ist weg, Cecelia. Sagst du mir jetzt, was du hast? Bitte, Cecelia!«

Nach einer langen Pause antwortete das Mädchen: »Ich weiß nicht, was mit mir ist. Ich glaube, ich ... ich muss sterben. Ich hab Angst.«

Ihre Ahnung hatte sie also nicht getrogen. »Cecelia, ich glaube, du hast deine Monatsblutung bekommen. Die haben alle Frauen, und zwar alle vier Wochen. Das ist ganz normal. Deine Mutter hätte es dir erklärt, wenn sie noch am Leben wäre.«

Cecelia schwieg, doch Amelia hörte, wie sie leise schluchzte und sich dann schnäuzte.

»Komm jetzt raus, und wir gehen in meine Hütte, dann werde ich dir alles darüber sagen, ja?«

Einen Augenblick später kam Sissie heraus, und Amelia ging mit ihr und Rose in ihre Baracke. Sie erlaubte Rose, dazubleiben, weil auch das jüngere Mädchen bald so weit sein würde.

»Hört zu. Frauen haben jeden Monat eine Blutung, die man Periode nennt. Sie dauert drei bis sieben Tage. Manchmal tut es ein bisschen weh, oder einem ist unwohl. Das ist keine Krankheit, und erst recht stirbt man nicht daran. Ich kann mir vorstellen, dass du sehr erschrocken bist, Cecelia. Deshalb warst du in letzter Zeit auch so launisch, weißt du.«

Sissie blickte so erleichtert drein, als wäre sie zum Tode verurteilt und dann begnadigt worden. »Ich dachte schon, ich hätte etwas Schlimmes. Ich bin froh, dass du da bist, Sarah.«

»Ich auch. Ich weiß, ihr Mädchen habt es nicht leicht mit eurem Vater. Ein sanftes Lämmchen ist er nicht gerade.«

Die Mädchen kicherten. Amelia lächelte und fügte hinzu: »Ihr könnt mich alles fragen, egal was.«

Sissie lief rot an. »Meine Brüste sind gewachsen. Ich brauche Frauenunterwäsche, aber Papa will ich nicht fragen.«

»Wenn ich deine Maße nehme, kann ich bestimmt Wäsche aus einem Laden in Kingscote bestellen. Und was deinen Vater angeht, um den kümmere ich mich schon.«

»Danke, Sarah!«

»Gern geschehen. Und jetzt holen wir ein bisschen Baumwolle aus dem Vorratsschuppen für dich!«

KINGSCOTE

Edna klopfte und rief: »Amelia, Liebes, bist du wach?« Sie öffnete behutsam die Tür und spähte ins Zimmer. »Charlton würde gern etwas mit dir besprechen. Er wartet in der Küche auf dich.«

Sarah hatte sich unter dem Vorwand, sich nicht wohl zu fühlen, nach dem üppigen Essen hingelegt. »Ich komme gleich, Tante«, antwortete sie verschlafen. Sie hatte wieder vom Zuchthaus geträumt und war noch ganz verstört.

»Da bist du ja, Amelia«, sagte Charlton leutselig, als sie kurz darauf die Küche betrat. »Polly hat dir Tee gemacht. Geht es dir besser?«

»Ja, danke, Onkel Charlton. Schon viel besser.« Sie lächelte. »Tante Edna hat gesagt, du möchtest etwas mit mir besprechen?«

»So ist es. Die Anwälte deines Vaters, Burnham und Huxwell, haben mir geschrieben. Brian Huxwell wird in etwa zwei Wochen mit Papieren herkommen, die du unterschreiben musst. Ich wollte dich nur darauf vorbereiten.«

Sarah setzte sich und nippte an ihrem Tee. »Und mit der Unterzeichnung geht das Vermögen in meinen Besitz über?« Die Vorstellung, reich zu sein, versetzte sie in prickelnde Erregung. Sie würde überall hingehen können, so weit fort von Van-Diemens-Land und Kangaroo Island, wie sie wollte. Keine Sekunde kam ihr der Gedanke, dass die echte Amelia und Mr Huxwell sich vielleicht in Hobart Town begegnet waren.

Charlton blickte sie verwundert an. Die emotionslose Sachlichkeit, mit der die junge Frau über das Thema sprach, überraschte ihn.

»Ich meine, deshalb kommt er doch her, nicht wahr?«

»Zum Teil schon, aber so einfach ist das nicht.« Charlton überflog noch einmal den Brief des Anwalts. Sarah konnte ihre Ungeduld nur mühsam bezwingen. Sie wollte alles so schnell wie möglich hinter sich bringen.

»Deine Eltern haben dir ein beträchtliches Vermögen hinterlassen«, fuhr Charlton fort. »Da du mit dessen Verwaltung sicherlich überfordert bist, werde ich dafür sorgen, dass du jede nur erdenkliche professionelle Hilfe bekommst. Du kannst dich ganz auf mich verlassen.«

Charlton meinte es wirklich gut, doch Sarah fand, dass er es mit seiner Fürsorge übertrieb. Ein Teil von ihr wollte schnellstens über das Erbe verfügen, damit sie alles zu Geld machen und nach England zurückkehren könnte. Und danach ... wer weiß. Doch ein anderer Teil von ihr wollte bleiben und in Lance' Nähe sein. Sie war im Begriff, sich in ihn zu verlieben, daran gab es keinen Zweifel.

»Brian Huxwell hat eine kurze Aufstellung sämtlicher Vermögenswerte beigefügt. Da ist zunächst einmal das Anwesen in Hobart Town, zu dem etliche hundert Hektar wertvolles Land gehören, das dein Vater als Vieh- und Schafweide genutzt hat. Auf einem Teil hat er meines Wissens auch Getreide angebaut. Außerdem befinden sich drei Häuser auf dem Grundstück, die nach Mr Huxwells Auskunft vermietet sind. Dann sind da Wertpapiere und diverse Geschäftsbeteiligungen, unter anderem an Speichern im Hafen und an der Schule, an der du unterrichtet hast. Ich glaube, deinem Vater gehörte sie zur Hälfte, nicht wahr?«

»Ja ... äh, soviel ich weiß«, sagte Sarah stockend. Ihre Gedanken rasten. »Papa hat mir nichts Genaueres gesagt.«

»Es könnte sein, dass der andere Eigentümer sich mit uns in Verbindung setzt. Weißt du, wer er ist?«

»Nein.« Sarah hoffte inständig, dass sie sich mit dieser Antwort nicht ihr eigenes Grab schaufelte.

»Vielleicht der Schulleiter?«

Sarah wurde kalkweiß im Gesicht. Was sollte sie darauf antworten? »Ich ... ich bin mir nicht sicher ...«

Da das Gespräch sie sichtlich aufwühlte, fuhr Charlton behutsam fort: »Es tut mir Leid, Amelia. Ich weiß, wie sehr dich das alles belasten muss. Ich dachte nur, dass der oder die anderen Eigentümer dir möglicherweise deinen Anteil abkaufen oder dir ihren Anteil verkaufen wollen. Ich würde sagen, wir warten einfach ab und sehen, wie die Dinge sich entwickeln. Vielleicht könntest du dir schon mal überlegen, was du tun willst.«

»Ja, Onkel Charlton.«

»Abgesehen von dem beträchtlichen Barvermögen besaßen deine Eltern auch noch Grundbesitz in England, darunter mehrere vermietete Häuser, aus denen dir zusätzliche Einnahmen zufließen werden. Es ist deine Entscheidung, ob du sie verkaufen oder behalten möchtest.«

Sarahs Herz schlug schneller vor Aufregung. Ihre Eltern wohnten in einem heruntergekommenen Mietshaus. Wenn sie ein Haus in England erbte, würde sie ihnen ein eigenes Heim schenken können!

»Du siehst also, Amelia«, fuhr Charlton fort, »wie wichtig es ist, dass du gut beraten wirst. Ich kann dir in manchen Dingen sicherlich helfen, aber was deine Vermögensanlage betrifft, wirst du den Rat eines Fachmanns brauchen.«

Sarah hörte kaum zu. »Wann, hast du gesagt, kommt dieser Anwalt, Onkel Charlton?«

»In ungefähr zwei Wochen. Bis dahin haben wir Zeit, das eine oder andere zu besprechen, Amelia. Ich möchte nur nicht, dass dich angesichts dessen, was auf dich zukommt, der Mut verlässt.«

»Keine Sorge, Onkel Charlton, mir geht es gut.« Sie musste einen klaren Kopf behalten, bis die Papiere unterzeichnet waren. Danach würde ihr ganzes Leben sich ändern. »Ich weiß, dass ich nicht allein bin. Ich habe ja dich und Tante Edna, und natürlich auch Lance.«

»Ja, Liebes. Wir werden immer für dich da sein.«

In diesem Moment betrat Edna die Küche.

Sarah hatte den Kopf gesenkt, und Charlton nahm an, dass sie an ihre Familie dachte. Er konnte nicht wissen, dass sie nicht an die Divines, sondern an ihre richtige Familie dachte und daran, was sie mit dem Geld alles für sie würde tun können.

»Ich weiß, dass du deine Eltern und Marcus schrecklich vermisst, Amelia. Ich wünschte, wir könnten mehr für dich tun.«

Edna, die sich wunderte, weshalb ihr Mündel nie über ihre Angehörigen sprach, hörte gespannt zu.

»So etwas darfst du nicht sagen, Onkel Charlton. Ihr seid wundervolle Menschen, du und Tante Edna. Mehr als ihr könnte niemand für mich tun. Und ich bin euch unendlich dankbar, dass ihr mich bei euch aufgenommen habt.« Sarah wandte sich zu Edna um. »Als ich hierher kam, hatte ich nur das, was ich auf dem Leibe trug. Ihr habt mir zu essen und Kleidung gegeben. Ihr seid so gut zu mir ...« Tränen schimmerten in Sarahs Augen. Sie war den Ashbys ehrlich dankbar für ihre Herzlichkeit und Gastfreundschaft. Abgesehen von ihren Eltern war noch nie jemand so gütig zu ihr gewesen. Doch sie machte sich nichts vor: Die Ashbys würden sie auf der Stelle hinauswerfen, falls sie ihren Betrug aufdeckten. Aber das wird nicht geschehen, gelobte sie im Stillen.

12

Cape du Couedic

»Guten Morgen, Carlotta!«, sagte Evan. Er hatte sich inzwischen an ihre Besuche gewöhnt, und das Essen, das sie mitbrachte, schmeckte ihm ausgezeichnet. Aber Carlotta verfolgte ihre eigenen Absichten. Ihr war aufgefallen, wie glücklich die Zuchthäuslerin neuerdings war. Weshalb lächelte sie vor sich hin, wenn sie sich unbeobachtet glaubte? Auch mit Gabriel war eine Veränderung vor sich gegangen: Er machte einen fröhlichen, beschwingten Eindruck. Carlotta hatte die verstohlenen Blicke bemerkt, die beide tauschten, und das gefiel ihr ganz und gar nicht.

Sie erwiderte Evans Gruß und sagte dann: »Mir ist da eine Idee gekommen.«

In diesem Moment betrat Amelia mit einem Stapel trockner Wäsche das Haus, legte ihn ab und begann, die Wäschestücke zusammenzufalten.

»Wie wäre es, wenn ich Ihren Mädchen das Kochen beibringe?«, fragte Carlotta.

»Das wäre großartig«, sagte Evan sofort und mit einem Seitenblick auf Amelia. »Natürlich nur, wenn Sie Zeit haben.«

»Ich werde sie mir nehmen. Ein Mädchen muss kochen können, schließlich will es später einmal heiraten.«

»Der Meinung bin ich auch«, pflichtete Evan ihr eifrig bei. Viel zu eifrig für Amelias Geschmack.

»Tanzen können und Französisch sprechen, das ist ja alles schön und gut, aber Mädchen müssen vor allem wissen, wie man eine Familie versorgt, *vero?*«

»Ganz genau, Carlotta.« Evan nickte eifrig. »Wie oft habe ich das schon zu Sarah gesagt! Stimmt doch, Sarah, nicht wahr?«

»*Sì*«, gab Amelia sarkastisch zurück und rauschte hinaus.

Evan verdrehte die Augen, und Carlotta schäumte innerlich.

Amelia ging zum Gemüsegarten und ließ ihren Unmut an einem Zaunpfosten aus, indem sie ihm einen kräftigen Tritt versetzte. Schlimm genug, dass Carlotta dauernd auf die Farm kam, um ihr nachzuspionieren, aber musste sie jetzt auch noch mit solcher Kritik anfangen? Carlotta wollte doch nur verhindern, dass sie, Amelia, mit Gabriel allein war. Als ob das auf der Farm möglich wäre, wo sie ständig von Evan und sechs Kindern umgeben waren! Sie wussten beide, mehr als eine gemeinsame Nacht im Monat war ihnen nicht vergönnt, aber gerade deshalb würden sie diese kostbaren Stunden besonders genießen.

Carlotta vermutete, dass sie sich heimlich in der Höhle trafen, wo sie den Toten entdeckt hatten. Wann sie die Zeit dafür fanden, war ihr allerdings ein Rätsel – schließlich ließ sie die Zuchthäuslerin kaum aus den Augen. Aber sie konnte die Frau nicht pausenlos überwachen. Fehlte Carlotta die Zeit, zur Farm zu gehen, richtete sie es so ein, dass sie ein Auge auf Gabriel hatte. Oder sie schickte Edgar unter einem Vorwand zu ihm.

Sissie war Amelia gefolgt. »Stimmt etwas nicht?«, fragte sie, als sie ihre bedrückte Miene sah.

»Carlotta hat deinem Vater gerade angeboten, euch Mädchen das Kochen beizubringen.«

»Oh«, machte Sissie.

»Das ist zwar schön für euch, aber mir graut es bei dem Gedanken, dass Carlotta dann noch öfter hier sein wird.« Die Worte waren ihr unwillkürlich herausgerutscht, und sie bereute augenblicklich, ihre Gefühle preisgegeben zu haben.

»Du magst sie nicht besonders, stimmt's?«

»Stimmt«, gab Amelia unumwunden zu. Der bloße Gedanke an Carlotta machte sie wütend. »Ich traue ihr nicht.«

»Warum nicht?«

Sissie und Amelia hatten seit einigen Tagen ein fast freundschaftliches Verhältnis. Sissie hatte Vertrauen zu ihr gefasst, hatte mit ihr sogar über ihre Mutter und ihren Vater gesprochen. Amelia ihrerseits spürte, dass sie dem Mädchen manche Dinge anvertrauen konnte. »Kannst du ein Geheimnis für dich behalten, Cecelia?«

Sissie nickte.

»Ich habe gehört, wie Carlotta etwas auf Italienisch sagte, und ich habe sie verstanden. Ich war wie vor den Kopf geschlagen, weil ich nicht wusste, dass ich Italienisch kann.«

»Warum hast du ihr nichts davon gesagt? Sie würde sich bestimmt freuen, wenn sie sich mit jemandem in ihrer Muttersprache unterhalten könnte.«

»Im ersten Augenblick war ich schockiert, weil sie etwas Schlimmes über mich gesagt hat. Hätte ich durchblicken lassen, dass ich Carlotta verstanden habe, wäre es peinlich für sie und für mich gewesen.« Den wahren Grund verschwieg sie ihr. Cecelia war noch zu jung, um gewisse Dinge begreifen zu können.

»Bist du sicher, dass du sie richtig verstanden hast?«

»Ganz sicher.«

»Ich mag Carlotta auch nicht besonders«, gestand das Mädchen. »Aber sag Papa nichts davon. Carlotta hat etwas Hinterhältiges. Mir ist aufgefallen, wie sie dich andauernd beobachtet, vor allem, wenn Gabriel da ist. Ich glaube, er mag dich, und das scheint Carlotta überhaupt nicht zu gefallen.«

Amelia fiel aus allen Wolken. Nie hätte sie gedacht, dass Cecelia bemerkt hatte, was zwischen ihr und Gabriel war. Unwillkürlich errötete sie.

Cecelia lächelte. »Du magst ihn auch, nicht wahr?«

Amelia war eine Sekunde lang versucht, es abzustreiten, brachte es aber nicht über sich. »Ja, ich mag ihn. Aber solange ich nicht beweisen kann, dass ich keine Zuchthäuslerin bin, wird es keine Zukunft für uns geben.«

»Ich wünsche dir, dass du dein Gedächtnis bald wiederfindest.«

»Das ist lieb von dir. Aber das mit Gabriel muss unter uns bleiben, hörst du? Sprich mit niemandem darüber, auch nicht mit deinen Schwestern. Wenn dein Vater davon erfährt, wird er dafür sorgen, dass ich wieder ins Gefängnis muss.«

»Von mir erfährt keiner was. Ich will nicht, dass du weggehst.«

»Danke, Cecelia.«

»Du kannst Sissie zu mir sagen. ›Cecelia‹ habe ich noch nie gemocht.«

Amelia war gerührt. Sie erinnerte sich, wie das Mädchen ihr kurz nach ihrer Ankunft verboten hatte, sie Sissie zu nennen. Wie hatten die Dinge sich seitdem verändert! »Ich finde, Cecelia ist ein hübscher Name. Aber ich werde dich gern Sissie nennen.«

Kingscote

Lance Ashby kam in die Küche, trat auf Zehenspitzen hinter seine Mutter, die an der Spüle stand, und legte ihr die Arme um die Taille. »Guten Tag, Mutter!«

»Lance! Schleich dich doch nicht so an mich heran! Du erschrickst mich ja zu Tode!«, tadelte Edna ihren Sohn, strahlte dabei aber übers ganze Gesicht, wie immer, wenn sie ihn sah.

»Wo sind sie denn alle?«, fragte er. Es schien ungewöhnlich still im Haus.

»Dein Vater hat das Pferd zum Beschlagen zum Schmied gebracht, und Polly begleitet Amelia zur Schneiderin, um ein paar neue Kleider abzuholen.«

»Noch mehr Kleider? Sie muss inzwischen so viele Sachen haben, dass sie damit handeln könnte.«

Ednas Augen funkelten. »Der Ernteball steht vor der Tür.«

»Ich weiß.«

»Ich hatte gehofft, du würdest mit Amelia hingehen. Es wird

Zeit, dass sie in die hiesige Gesellschaft eingeführt wird. Alle unsere Freunde haben Verständnis für ihre schwierige Situation – dass sie um ihre Familie trauert und sich vom Schock des Schiffbruchs erholen muss. Aber ich finde, jetzt ist der richtige Zeitpunkt, sie den wichtigen Leuten auf der Insel vorzustellen. Außerdem wird es ihr gut tun, mal unter Menschen zu kommen.«

Lance machte ein betretenes Gesicht. »Ich habe bereits Olivia gefragt – du weißt schon, meine Kollegin aus der Bank. Ich kann doch jetzt keinen Rückzieher machen und sagen, ich gehe mit einer anderen. Olivia ist ein wunderbares Mädchen.«

Edna mochte Olivia. Sie überlegte kurz. »Könntest du Amelia nicht trotzdem mitnehmen? Es würde ihr sehr gut tun, an einem gesellschaftlichen Ereignis teilzunehmen.«

»Nun ja, ich denke schon«, antwortete Lance zögernd.

»Du könntest ihr ein paar junge Männer vorstellen. Das würde sie bestimmt aufheitern.«

Lance gefiel die Idee. Vielleicht lernte sie jemanden kennen, der ihr sympathisch war und auf den sie ihre Zuneigung übertragen konnte. »Du hast Recht, Mutter. Ich werde sie fragen.« Was hatte er schon zu verlieren?

»Fein, dann wäre das geklärt. Aber sprich bald mit ihr, hörst du?«

Später an jenem Abend kam Lance noch einmal herüber. Sarah saß bei einer Tasse Tee im Salon. Lance fiel gleich mit der Tür ins Haus. »Am Samstag findet der Ernteball statt, Amelia. Hättest du Lust, hinzugehen?«

»O ja, sehr gern!«, erwiderte Sarah begeistert.

»Gut. Der Ball findet im Freimaurersaal statt, und meistens ist ganz schön was los. Das ist eine gute Gelegenheit, ein paar von meinen Freunden kennen zu lernen.« Er wollte ihr nicht direkt sagen, dass er sie einigen geeigneten Junggesellen vorstellen wollte, doch genau das hatte er damit gemeint.

»Ich freue mich schon darauf.« Sarah verstand seine Bemerkung so, dass er vor seinen Freunden mit ihr prahlen wollte. Das war zwar ein anmaßender Gedanke, aber wie sonst sollte sie seine Worte auslegen?

Cape du Couedic

Carlotta hatte Evans Töchtern gezeigt, wie man Klöße zubereitet. Sie war gerade im Begriff, die Küche aufzuräumen, als Evan hereinkam. Die Mädchen holten Wasser aus dem Brunnen hinter dem Farmhaus.

»Wie ist es gelaufen, Carlotta?«

»Sehr gut! Sogar die Kleinen haben mitgemacht.«

»Ich bin Ihnen wirklich dankbar.« Evan blickte sich flüchtig um. »Auch Sarah hätte ruhig am Kochunterricht teilnehmen können. Das würde ihr nicht schaden. Nicht einmal die Ferkel fressen, was sie sich zusammenkocht.«

Carlotta, deren abwegige Gedanken unaufhörlich um Gabriel und die Zuchthäuslerin kreisten, nahm die Bemerkung zum Anlass, die Unterhaltung auf das Thema zu lenken, das sie brennend interessierte. »Was wissen Sie eigentlich über sie?«

»Nicht viel. Sie erzählt nichts von sich. Aber das ist nicht weiter verwunderlich. Schließlich kann sie sich an nichts erinnern.«

»Das behauptet *sie*«, murmelte Carlotta. Evan hatte es gehört und warf ihr einen sonderbaren Blick zu.

»Hat man Ihnen nicht gesagt, woher sie kommt oder weshalb sie im Gefängnis war?«, fuhr Carlotta fort.

Evan schien sich in seiner Haut nicht wohl zu fühlen.

»Ich will ja nichts sagen, aber der Gedanke, sie könnte eine Gräueltat begangen haben, macht mich ganz nervös, wenn ich in ihrer Nähe bin.«

»Man sagte mir, sie kommt aus Bristol, obwohl sie gar nicht

so spricht. Und ein schweres Verbrechen hat sie nicht begangen. Sonst hätte ich sie niemals genommen, schon wegen der Kinder.«

»Was hat sie sich denn zuschulden kommen lassen?«

Evan zögerte. »Sie hat der Tochter ihres Brotherrn ein Armband gestohlen. Deshalb wurde sie zu sieben Jahren in Van-Diemens-Land verurteilt. Fünf Jahre hat sie bereits verbüßt, die restlichen zwei wird sie hier abarbeiten.«

Das hörte Carlotta gar nicht gern. *Zwei Jahre* würde ihre Rivalin – denn als solche betrachtete sie die Zuchthäuslerin – noch hier sein! Zwei Jahre, die sie mit Gabriel verbringen konnte. Carlotta hatte eigentlich vorgehabt, Evan zuzutragen, dass sich zwischen seiner Farmhelferin und Gabriel etwas angebahnt habe. Doch sie wusste, Gabriel würde ihr niemals verzeihen, wenn er dahinterkäme. Sie würde also raffinierter vorgehen müssen, damit Evan von selbst darauf kam. Da Männer ihrer Ansicht nach ein wenig begriffsstutzig waren, was diese Dinge betraf, musste sie Evan ein bisschen auf die Sprünge helfen.

»Haben Sie keine Angst, diese Frau könnte Sie bestehlen?«, fragte sie.

»Bei uns gibt's nichts zu holen«, erwiderte Evan. »Deshalb hab ich sie ja genommen. Ich dachte, sie versteht etwas von Hausarbeit, aber das war offensichtlich ein Irrtum.« Immerhin schien sie sich zu seiner Freude inzwischen prächtig mit seinen Töchtern zu verstehen.

»Jemand, der kochen kann, wäre für Sie und die Kinder nützlicher gewesen«, stichelte Carlotta.

»Wir kommen schon zurecht.« Die Episode mit Sissie hatte Evan vor Augen geführt, wie rasch seine beiden Ältesten zu jungen Damen heranwuchsen. Nachdem ihm endlich klar geworden war, was es mit Sissies Weigerung, aus dem Abort zu kommen, auf sich gehabt hatte, wäre er vor Scham über sein Verhalten am liebsten im Boden versunken. Zu einer Entschuldigung konnte er sich jedoch nicht durchringen, weil er seine Tochter nicht in noch größere

Verlegenheit bringen wollte. »Dafür ist Sarah in anderer Hinsicht von Nutzen«, brummte er bärbeißig. Das entschädigt sogar für ihre mangelnden hausfraulichen Qualitäten, dachte er. Zugeben würde er das natürlich nie.

Carlotta rätselte, wie das gemeint war. »Sie ist eine attraktive Frau, *vero?* Ich werde ein Auge auf meinen Edgar haben müssen. Er hat eine Schwäche für schöne Frauen.«

Evan blickte sie erstaunt an. »Ich glaube kaum, dass Sie sich deswegen Sorgen machen müssen, Carlotta.« Edgar würde es niemals wagen, mit einer anderen Frau anzubändeln, davon war Evan überzeugt. Allein schon, weil Carlotta ihm das Leben dann zur Hölle machen würde.

Sie lächelte. »Vielen Dank, *signore*«, gab sie kokett zurück. Ein zarter Wink, um ihm den Floh ins Ohr zu setzen, die Zuchthäuslerin und Gabriel hätten eine unschickliche Beziehung, genügte bei Evan offenbar nicht. Sie musste schon deutlicher werden.

»Vielleicht träumt sie ja davon, Ehefrau eines Farmers zu werden«, bemerkte sie anzüglich. Evan riss verwirrt die Augen auf. »Oder eines Leuchtturmwärters.«

»Sie kann niemandes Ehefrau werden, Carlotta. Jedenfalls nicht in den nächsten beiden Jahren.« Es war Evan unangenehm, welche Richtung ihre Unterhaltung genommen hatte; deshalb entschuldigte er sich und verließ das Haus.

Carlotta war sehr zufrieden mit sich. Evan würde seine Farmarbeiterin von nun an bestimmt im Auge behalten.

13

KINGSCOTE

Sarah fieberte dem Samstag entgegen. Sie konnte es kaum erwarten, mit Lance auf den Ernteball zu gehen. Seine Einladung konnte nur bedeuten, dass er ernste Absichten hatte, was sie betraf.

Am Samstagabend wählte sie ihre Kleidung mit der größtmöglichen Sorgfalt aus. Sie entschied sich für eines ihrer neuen Kleider; es war burgunderrot und mit cremefarbener Spitze besetzt. Edna hatte ihr bereits am Vorabend die Haare auf Stoffstreifen gewickelt, sodass sie jetzt als wunderschöne Locken ihr Gesicht umrahmten.

»Du siehst bezaubernd aus«, sagte Edna. »Ich bin sehr stolz auf dich.«

Sarah kamen die Tränen.

»Was hast du denn, Liebes?«

Sarah schüttelte den Kopf. »Ich bin bloß rührselig.«

»Das ist verständlich, mein Kind. Ich habe deine Mutter sehr gern gehabt, und ich weiß, sie wäre stolz auf ihre Tochter, wenn sie dich jetzt sehen könnte. Du brauchst dich nicht schuldig zu fühlen«, sagte Edna sanft.

Sarah riss erschrocken die Augen auf. »Wieso schuldig?« Ahnte Edna etwas?

»Nun, ich könnte mir denken, dass du ein schlechtes Gewissen hast, weil du glücklich bist. Aber glaub mir, deine Mutter würde das nicht wollen. Sie würde sich wünschen, dass du dein Leben lebst. Auch wenn du es dir jetzt nicht vorstellen kannst – eines Tages wirst du wieder glücklich sein.«

Sarah nickte. »Hoffentlich.«

»Würdest du mir einen Gefallen tun, mein Kind?«

»Sicher, Tante Edna.«

Edna ging in ihr Schlafzimmer. Als sie zurückkam, hielt sie eine Perlenkette in der Hand. »Die hat deine Mutter mir geschenkt. Würdest du sie heute Abend tragen?«

Sarah war sprachlos. Die Perlen waren wunderschön und Ednas Angebot überaus großzügig, aber jetzt kam sie sich mehr denn je wie eine Betrügerin vor.

»Es würde mir viel bedeuten«, fuhr Edna fort. »Und ich bin sicher, deiner Mutter ebenfalls.«

Sarah nickte stumm. Als Edna ihr die Kette umlegte, hielt ihr Gewissen sie davon ab, mehr als nur einen flüchtigen Blick auf ihr Spiegelbild zu werfen.

»Amüsier dich gut, mein Kind«, sagte Edna und gab ihr einen Kuss auf die Wange.

Um sieben Uhr fuhr Lance in einer schmucken Kutsche samt Kutscher vor. Sarah machte große Augen, weil sie bisher immer nur mit dem Buggy ausgefahren waren. Der Gedanke, dass Lance sich so viel Mühe gab, nur um sie zu beeindrucken, machte sie überglücklich, und ihr Lächeln war so strahlend wie nie.

»Du siehst bezaubernd aus, Amelia«, sagte er. Ein rätselhafter Ausdruck lag in seinen Augen.

Sie errötete vor Freude. »Danke, Lance. Ich bin sicher, du wirst der bestaussehende Mann auf dem Ball sein«, erwiderte sie sein Kompliment. Er sah wirklich umwerfend aus in dem dunklen Anzug samt Weste und weißem Rüschenhemd.

Nun war es Lance, der rot wurde. »Warten wir's ab. Es gibt ein paar sehr attraktive und begehrte Junggesellen in der Stadt.« Er hatte schon ein paar im Sinn, die er ihr vorstellen wollte, junge Männer, die auf die Insel gekommen waren, um ihr Glück als Farmer oder als Inhaber eines Geschäfts in der Stadt zu versuchen. Die meisten wünschten sich nichts sehnlicher, als eine passende Frau zu finden – vor allem eine wohlhabende wie Amelia Divine.

»Aber es gibt bestimmt keinen, der so gut aussieht wie du«, sagte Sarah und setzte sich. Lance nahm neben ihr Platz, und die Kutsche rollte an. Edna und Charlton standen winkend an der Hintertür.

Kurze Zeit später hielten sie in einer dunklen, stillen Straße. Da sie offensichtlich noch nicht am Ziel waren, fragte Sarah: »Wo sind wir hier?«

»In der Duncan Street. Einen Augenblick, ich bin gleich zurück.« Lance stieg aus und ging zu einem Haus hinüber.

Sarah schaute ihm verwundert nach. Einige Minuten vergingen; dann wurde der Wagenschlag geöffnet, und eine zierliche Frau mit einem strahlenden, herzlichen Lächeln stieg ein und setzte sich Sarah gegenüber.

»Guten Abend«, grüßte sie freundlich, während sie ihr dunkelblaues Ballkleid sorgsam glatt strich.

Sarah ließ den Blick über ihr hübsches Gesicht und die blonden Haare schweifen. »Guten Abend«, erwiderte sie, kaum fähig, ihren Zorn und ihr Erstaunen zu unterdrücken.

Als Lance seinen Platz neben Sarah wieder eingenommen hatte, sagte er: »Amelia, ich möchte dir Olivia Horn vorstellen. Olivia, das ist Amelia, die junge Dame, von der ich dir erzählt habe.«

»Freut mich sehr«, sagte Olivia. »Lance hat mir schon viel von Ihnen erzählt – natürlich nur Gutes.« Lance hatte Olivia den tragischen Hintergrund für den Besuch Amelias erklärt und hinzugefügt, dass seine Mutter ihn gebeten habe, das »arme Mädchen« auszuführen, damit sie unter Leute kam. Die Geste rührte Olivia.

Sarah jedoch war völlig durcheinander. »Ach ja? Sie hat er mir gegenüber nie erwähnt«, versetzte sie patzig.

Olivia zuckte angesichts der rüden Bemerkung zusammen.

Lance fühlte sich sichtlich unbehaglich. »Olivia arbeitet mit mir zusammen in der Bank«, erklärte er.

Sarah, tief gekränkt, atmete auf. »Oh«, machte sie. Anscheinend war die Sache harmloser, als sie vermutet hatte; Lance hatte lediglich einer Kollegin angeboten, sie mitzunehmen. Jetzt tat Olivia, die offenbar keinen Begleiter für den Ball gefunden hatte, ihr sogar Leid.

Es herrschte Hochbetrieb im Freimaurersaal. Hauptsächlich junge Leute waren gekommen. Eine Kapelle spielte, und an einer Wand war ein langer Tisch aufgebaut, der sich schier bog unter allerlei Köstlichkeiten. Lance Ashby war bekannt und beliebt in der Stadt. Als die drei den Saal betraten, kamen viele Leute zu ihm, um ihn zu begrüßen, und er machte Sarah mit jedem bekannt.

Sarah fand es schrecklich aufregend – schließlich war es ihr erster Ball. Sie hatten kaum einen Tisch gefunden und sich gesetzt, als auch schon ein junger Mann näher trat und sie aufforderte. Da erst fiel ihr siedend heiß ein, dass Amelia Divine ja Tanzunterricht gegeben hatte und Lance deshalb sicher davon ausging, dass sie eine hervorragende Tänzerin war. Warum nur hatte sie nicht eher daran gedacht? In ihrer überschwänglichen Freude über seine Einladung hatte sie es ganz vergessen.

»Oh, nein, vielen Dank«, sagte sie erschrocken.

»Nun geh schon, Amelia!«, drängte Lance aufmunternd. Er nahm Olivia bei der Hand und führte sie auf die volle Tanzfläche.

Da der junge Mann sich nicht abweisen ließ, blieb Sarah nichts anderes übrig, als aufzustehen.

»Ich ... ich bin ein bisschen aus der Übung«, stammelte sie. Sie zitterte förmlich am ganzen Leib.

»Ich bin auch kein besonders guter Tänzer«, gestand der junge Mann. »Da passen wir ja gut zusammen.« Er führte sie in die Mitte der Tanzfläche, zum Glück weit weg von Lance und Olivia. Sarah beobachtete verstohlen die anderen jungen Frauen und versuchte, deren Schrittfolge nachzuahmen. Zuerst stellte sie sich ein wenig unbeholfen an, doch da ihr Partner genauso linkisch war, würde sie einfach ihm die Schuld geben, falls jemandem ihre hölzernen Bewegungen auffielen.

Nach drei Runden über die Tanzfläche hatte Sarah ein Gefühl für den Walzertakt bekommen und entspannte sich. So schwer ist es gar nicht, dachte sie. Anscheinend war sie ein Naturtalent – ein Umstand, der sie davor bewahrte, auf Anhieb als Schwindlerin entlarvt zu werden.

Schon klatschte ein anderer junger Mann Sarah ab, und dann noch einer und noch einer. Das wiederholte sich in den nächsten zwanzig Minuten so oft, dass es ihr schien, sie müsse mit mindestens fünfzehn verschiedenen Partnern getanzt haben. Sie konnte sich weder an alle Namen erinnern noch daran, ob Lance sie ihr bereits vorgestellt hatte. Sie reckte den Hals und hielt angestrengt nach ihm Ausschau, aber jedes Mal, wenn sie ihn entdeckte, tanzte er mit Olivia. Ein- oder zweimal fing er ihren Blick auf und lächelte ihr zu, bevor er wieder im Gewoge herumwirbelnder Paare verschwand.

»Ich muss ein bisschen verschnaufen«, sagte Sarah atemlos. Als die Kapelle eine Pause einlegte, brachte ihr Partner, ein großgewachsener junger Mann, sie an ihren Tisch und erbot sich, ihr ein Glas Punsch zu holen. Bis er wieder da war, waren auch Lance und Olivia von der Tanzfläche zurück.

»Amüsierst du dich, Amelia?«, fragte Lance. Auch er war außer Atem. Seine Wangen hatten sich gerötet, und seine Augen funkelten vor Ausgelassenheit. Er sah unglaublich gut aus.

»Und wie! Ich komme kaum zum Luftholen.« Wann er sie wohl zum Tanz auffordern würde?

»Reserviere mir den nächsten Tanz«, bat er im gleichen Moment, und sie strahlte. Sie hoffte nur, es würde ein Walzer sein.

»Du musst entschuldigen, wenn ich Fehler mache, aber ich bin ein bisschen eingerostet.« Sie setzte eine traurige Miene auf und fügte leise hinzu: »Ich habe nicht mehr getanzt, seit...« Er sollte glauben, dass seine Amelia seit dem Tod ihrer Angehörigen nicht mehr getanzt hatte und deshalb die Anmut vermissen ließ, die man von einer Tanzlehrerin erwartete.

»Ich finde, du hast auf der Tanzfläche einen sehr sicheren Eindruck gemacht«, sagte Lance schnell, um sie von ihrem Kummer abzulenken. »John Frederick hat eindeutig von deinem Talent profitiert. Normalerweise bewegt er sich beim Tanzen so tollpatschig wie ein Esel!« Augenzwinkernd fügte er hinzu: »Ich muss dir wohl nicht sagen, dass du eine Menge Verehrer hast.«

Er schien sich darüber zu freuen, wie Sarah bestürzt feststellte. Entweder war Eifersucht ein Fremdwort für ihn, oder er war stolz auf sie. Sie hoffte inständig, Letzteres möge der Fall sein.

Als die Musikkapelle ihre Pause beendete, führte Lance Sarah auf die Tanzfläche.

»Unterhältst du dich gut?«, fragte er, während er sie herumwirbelte. Da er ein hervorragender Tänzer war, wirkten ihre Bewegungen elegant und graziös in seinen Armen.

»Ja, nur du hast mich ziemlich vernachlässigt«, schmollte sie.

»Du warst ja ständig umschwärmt«, erwiderte er und zog eine Braue hoch. »Deshalb habe ich mir gesagt, wenn ich jetzt nicht mit ihr tanze, klappt es vielleicht nie mehr!«

Sarah lächelte. Es tat ihr gut, dass er leicht verschnupft schien.

»Hast du jemand Interessantes kennen gelernt?«, wollte er wissen.

»O ja, eine ganze Menge netter junger Männer«, entgegnete sie in der Hoffnung, er würde wenigstens ein klein wenig eifersüchtig werden.

»War jemand dabei, den du besonders gern magst?«

Sie wurde rot. »Lance!«

»Entschuldige, ich wollte dich nicht in Verlegenheit bringen.«

Ein schlaksiger junger Bursche bahnte sich einen Weg über die Tanzfläche geradewegs auf sie zu. Sarah hatte schon einmal mit ihm getanzt, und er hatte sie die ganze Zeit mit Blicken förmlich verschlungen. Sie schaute in die andere Richtung, doch da tippte der junge Mann Lance schon auf die Schulter und fragte: »Du gestattest?«

Lance sah lächelnd zu ihm auf. »Mit dem größten Vergnügen, Gerald«, erwiderte er und löste sich von Sarah.

Sarah registrierte kaum, wie Gerald ihr seinen Arm um die Taille legte. Fassungslos blickte sie Lance nach, der an ihren Tisch zurückeilte und Olivia aufforderte. Schlagartig dämmerte ihr, dass Lance offensichtlich hoffte, sie würde einen potenziellen Verehrer kennen lernen. Die Erkenntnis traf sie wie ein Stich ins Herz. Als sie sah, wie Lance Olivia an sich zog und ihr etwas ins Ohr flüsterte, überkam sie ein Gefühl tiefster Niedergeschlagenheit, und sie hätte am liebsten geweint. Doch sie riss sich zusammen.

Mich einfach an die anderen Männer in der Stadt weiterzureichen!, dachte sie voller Bitterkeit. Das sollte ihm noch Leid tun! Als sie sich auf Lance und Olivia zubewegten, hob Sarah den Kopf und zwang sich, ihren »Verehrer« herzlich anzulächeln. Gerald strahlte übers ganze Gesicht. Augenblicke später lag sie in den Armen eines anderen, flirtete hemmungslos mit ihm und gab ihm das Gefühl, sie hätte ihr Leben lang nur auf ihn gewartet. Beim nächsten Mann und bei allen, die noch folgten, machte sie es genauso.

Nach einer halben Stunde hätten vier Männer sich fast um sie geprügelt. Sarah hielt verstohlen nach Lance Ausschau. Er stand mit dem Rücken zur Tanzfläche, und Olivia, ein Glas Punsch in der Hand, schmiegte sich an ihn. Die beiden hatten Sarahs Versuche, ihre Aufmerksamkeit zu erregen, gar nicht bemerkt, was man von den übrigen Anwesenden allerdings nicht behaupten konnte. Viele starrten zu ihr her, die Frauen mit sichtlichem Missfallen. Andere tuschelten und zeigten mit dem Finger auf sie.

Sarah kam sich plötzlich schrecklich dumm vor. Sie hatte einen Narren aus sich gemacht. Und Lance – der Mann, für den sie dieses ganze Theater inszeniert hatte –, hatte nicht das Geringste mitbekommen. Weinend lief sie aus dem Saal.

Als sie sich draußen die Tränen abwischte und sich für ihre Dummheit verfluchte, sagte auf einmal jemand hinter ihr:

»Alles in Ordnung, Amelia?«

Sarah fuhr herum und sah sich Olivia gegenüber.

»Ich habe Sie hinauslaufen sehen.« Sie reichte ihr ein Taschentuch. Sarah nahm es, wenn auch widerstrebend, weil sie keines bei sich hatte.

»Vielleicht war es noch zu früh«, fuhr Olivia sanft fort. »Lance sagte mir, dass Sie erst vor kurzem Ihre Familie verloren haben. Es tut mir sehr Leid. Der Tod Ihrer Angehörigen ist sicher ein unersetzlicher Verlust für Sie.«

Sarah hätte schreien mögen vor ohnmächtigem Zorn. Sie hatte es satt, dass alle sie ständig bedauerten wegen ihres vermeintlichen schmerzlichen Verlusts.

»Wenn Sie das Bedürfnis haben, mit jemandem zu reden, oder vielleicht nur Lust auf ein wenig Gesellschaft bei einer Tasse Tee verspüren – Sie können mich jederzeit besuchen«, versicherte Olivia.

Sarah traute ihren Ohren nicht. Ihre Rivalin bot ihr ihre Freundschaft an! Was für eine Ironie!

»Danke, aber ich habe Lance, mit dem ich reden kann«, gab sie eisig zurück. »Er ist immer für mich da. Ich brauche sonst niemanden.« Sie machte auf dem Absatz kehrt und ging wieder in den Saal.

Olivia starrte ihr offenen Mundes nach. Wie betäubt blieb sie einen Moment regungslos stehen. Dann fiel der Groschen plötzlich. *Diese Frau war hinter Lance her!* »Nun, bekommen wird sie ihn jedenfalls nicht«, flüsterte sie mit grimmiger Entschlossenheit. Resolut folgte sie Sarah in den Saal.

»Gute Nacht, Amelia«, sagte Olivia, als sie vor dem Haus angekommen waren, in dem sie mit ihren Eltern und ihren beiden jüngeren Schwestern wohnte, und Lance ihr aus der Kutsche half.

»Gute Nacht«, antwortete Sarah mürrisch. Sie wandte das Gesicht ab und blickte aus dem Fenster. Sie konnte Olivia nicht ausstehen. Wäre Lance nicht dabei gewesen, hätte sie den Gruß überhaupt nicht erwidert. Sie war überzeugt, Olivias Freundlichkeit war nur geheuchelt, und sie begriff nicht, weshalb Lance das nicht erkannte.

Olivia hakte sich bei Lance unter, und sie gingen durch das Gartentor und den Weg zum Haus hinauf. Sie spürte Lance' innere Anspannung und fühlte mit ihm.

»Danke für den wunderschönen Abend, Olivia«, sagte er, als sie auf die Veranda traten.

»Ich danke dir für die Einladung, Lance. Ich habe mich großartig amüsiert.«

»Wirklich?« Es klang ungläubig.

Olivia sah ihn ein wenig befremdet an. »Aber ja. Wieso erstaunt dich das?«

Lance blickte flüchtig zur Kutsche hin. »Na ja ... Amelia war ziemlich unfreundlich zu dir.« Das war eine Untertreibung. Vor allem, nachdem Sarah kurz hinausgegangen war, hatte sie sich wie eine Klette an ihn gehängt und war ausgesprochen abweisend und ruppig zu Olivia gewesen.

»Sie wollte dich für sich allein haben, und ich kann mir vorstellen, weshalb.« Olivia hatte es ganz sachlich gesagt, ohne jede Spur von Häme oder Gehässigkeit. Das war typisch für sie. Sie hatte das sanfteste, liebenswerteste Wesen, das man sich vorstellen konnte.

Lance senkte den Kopf. Der Abend war nicht so gelaufen, wie er es sich gewünscht hatte.

»Sie hätte gern eine Liebesbeziehung mit dir, Lance«, fuhr Olivia fort.

Lance trat unruhig von einem Fuß auf den anderen und starrte wie gebannt auf den Holzfußboden der Veranda.

»Du hast das gewusst, nicht wahr?«, fragte Olivia leise.

»Ja«, gab er zu. »Sie hat meine Freundlichkeit völlig falsch verstanden. Ich hatte gehofft, der heutige Abend würde ihr deutlich machen, dass meine Gefühle für sie rein freundschaftlicher Natur sind.«

Olivia schaute ihn entgeistert an. »Soll das heißen, du hast mich eingeladen, damit Amelia dich in Ruhe lässt?«

»Nein! Um Gottes willen, Olivia, das darfst du nicht denken! Ich empfinde wirklich etwas für dich, das ist mir heute Abend erst richtig bewusst geworden.« Er hatte sie wirklich gern und fühlte sich wohl in ihrer Nähe, und dennoch hatte er sie in gewisser Weise benutzt. Das aber konnte und durfte er ihr nicht sagen; sie hätte es nicht verstanden.

Als Olivia immer noch ein zweifelndes Gesicht machte, trat er näher und fasste sie liebevoll am Kinn. Ein erregendes Prickeln durchlief sie, als ihr bewusst wurde, dass er sie zum ersten Mal küssen würde. Sehnsüchtig schaute sie ihm in die dunklen Augen. Langsam senkte er den Kopf und küsste sie zärtlich.

Sarah beobachtete die Szene von der Kutsche aus. Es brach ihr das Herz. »Wunderbar«, zischte sie, »das macht meine Demütigung perfekt.« Sie wandte das Gesicht ab; Tränen liefen ihr über die Wangen. »So schnell werde ich nicht aufgeben, Lance«, flüsterte sie voller Zorn. »Ich habe viel durchgemacht, um so weit zu kommen. *Nichts und niemand* wird mich jetzt noch aufhalten!«

Lance kam nach ein paar Minuten zurück. Betretenes Schweigen herrschte auf dem Heimweg nach Hope Cottage, und Lance suchte fieberhaft nach einer Bemerkung, mit der er die Atmosphäre auflockern könnte. Ihm war aufgefallen, dass Sarah geweint hatte; anscheinend hatte sie gesehen, wie er Olivia geküsst hatte. Wenn er ehrlich zu sich selbst war, hatte er gewusst, dass sie es sehen *musste*. Und Olivias hübsches Gesicht war nicht der einzige Grund gewesen, weshalb er sie geküsst hatte – auch das musste er sich eingestehen. Er schämte sich plötzlich. Seit wann war er so grausam?

Sarah kam plötzlich eine Idee, wie sie ihr Verhalten erklären und Lance' Sympathie zurückerobern könnte. Als die Kutsche in die Auffahrt von Hope Cottage einbog, sagte sie: »Lance, ich... ich habe heute Abend einen Narren aus mir gemacht, und das tut mir schrecklich Leid. Ich hoffe, du denkst jetzt nicht schlecht von mir.«

Lance suchte nach einer taktvollen Antwort, doch ihm fiel nichts ein. Der erste Eindruck, den die Leute hier von ihr gewonnen hatten, war schlichtweg verheerend gewesen, daran gab es nichts zu rütteln. Er hatte ihr schamloses Verhalten zwar nur zu einem Teil mitbekommen, doch seine Freunde hatten ihm zugetragen, was man so über sie redete. Hoffentlich erkannten die Leute, dass sie aufgrund der furchtbaren Schicksalsschläge, die sie erlitten hatte, aus dem inneren Gleichgewicht geraten war, und verziehen ihr die Fehler und Schwächen.

Angesichts seines betretenen Schweigens hielt Sarah drastischere Maßnahmen für angebracht, und so brach sie in Tränen aus.

»Amelia«, rief Lance erschrocken. »Nicht weinen!« Wieder meldete sich sein schlechtes Gewissen.

»Du hast die ganze Zeit Recht gehabt, Lance«, schluchzte sie und drückte sich das Taschentuch, das sie von Olivia bekommen hatte, vors Gesicht. »Ich habe meinen Kummer in meinem Herzen verschlossen, und das macht mir schrecklich zu schaffen. Ich erkenne mich selbst nicht wieder. Ich werde mit dem Verlust einfach nicht fertig. Ich muss unbedingt mit jemandem darüber reden, aber... es fällt mir schwer, mich einem anderen Menschen anzuvertrauen. Deine Eltern sind wundervolle Menschen, doch der Einzige, mit dem ich offen über diese Dinge zu reden wage, bist du. Aber du hast sehr viel in der Bank zu tun, und Olivia ist ja auch noch da. Ich kann doch nicht von dir verlangen, dass du deine kostbare Freizeit mit mir verbringst.«

Lance erkannte seine Chance, sein Gewissen zu entlasten. »Für dich habe ich immer Zeit, Amelia. Ich habe dir doch gesagt, du kannst jederzeit zu mir kommen, wenn du jemanden zum Reden brauchst.«

»Nein, nein, ich möchte auf keinen Fall, dass du deine Freizeit für mich opferst!«

»Keine Widerrede, Amelia«, entgegnete er mit Nachdruck. »Ich habe dir angeboten, dich bei mir auszusprechen, wann immer dir danach ist, und ich habe dir mehr als einmal versprochen, für dich da zu sein. Ich bin vielleicht kein vollendeter Gentleman«, er dachte dabei an Olivia, die er ein wenig für seine Zwecke benutzt hatte, »aber ich pflege meine Versprechen zu halten.« Hoffentlich würde Olivia Verständnis für seine Situation zeigen – ihr hatte er nämlich auch etwas versprochen: dass er mehr Zeit mit ihr verbringen würde. »Es ist noch ziemlich früh, und du warst noch nie bei mir. Hättest du Lust, mit rüberzukommen? Ich mach dir eine warme Milch mit einem Schuss Rum, dann kannst du besser einschlafen.«

Sarah beglückwünschte sich im Stillen zu ihrer erfolgreichen Taktik. »Das wäre wunderbar, Lance.«

Sarah schlug das Tagebuch von Amelia Divine auf. Sie war gerade von Lance gekommen, bei dem sie eine ziemlich anstrengende Stunde verbracht hatte. Bei einem Glas warme Milch mit Rum hatte er versucht, sie auszufragen, in der Hoffnung, sie werde über den Verlust ihrer Familie mit ihm sprechen. Doch sie war ihm immer wieder ausgewichen und hatte die Unterhaltung auf unverfängliche Themen wie seine Einrichtung oder seine Gemälde gelenkt. Zu guter Letzt hatte Lance es aufgegeben.

Einmal mehr ärgerte sie sich über sich selbst, weil sie Amelias Tagebuch nicht gründlicher studiert hatte. Wie nötig das war, zeigte sich jedes Mal, wenn sie wieder mit einer weiteren Einzelheit aus Amelias Leben konfrontiert wurde. So hatte sie zum Beispiel etwas über das Tanzen gelesen, aber nicht, dass sie selbst Unterricht darin erteilte. Neben Einträgen enthielt das Tagebuch auch zahlreiche, von Amelia selbst verfasste Gedichte. Die paar, die Sarah gelesen hatte, ergaben für sie keinen Sinn. Dennoch durfte sie diese Gedichte nicht einfach überschlagen, weil sie möglicherweise ein Bild der Familie Divine entwarfen, das ihr nützliche Informationen lieferte. Widerwillig überflog sie die Verse. Ihre tiefe Abneigung gegen Amelia machte es schwierig für sie, deren Gedanken und Gefühle nachzuvollziehen. Doch es musste sein; sie musste versuchen, sich in Amelia Divine hineinzuversetzen.

Dort, wo ich so oft und gerne sitze,
Am Teich, im Schatten des Kastanienbaumes,
In schmuckem Blau mit Bändern und mit Spitze
Ein neues Leben malt' ich mir, Abbild eines Traumes.

In der Luft das süße Lachen eines Knaben,
Es flüchten Schmetterling und Nachtigall,
Bunt ist das Jahrmarkttreiben an Sommertagen,
Doch mit der Nacht verschmilzt des Lachens Widerhall.

Die Verse gewährten Sarah einen Einblick in das unbeschwerte, glückliche Leben, das Amelia genossen hatte. Groll und Verbitterung überkamen sie. *Sie* hatte nie einen Lieblingsplatz gehabt, schon gar nicht unter einer Kastanie an einem Teich. Sie hatte nie auch nur eine Kastanie gesehen! Sarah versuchte, sich Amelia in ihrem schmucken blauen, mit Bändern und Spitze besetzten Kleid vorzustellen, wie sie im Schatten am Teich saß. Doch Bilder der Umgebung, in der Sarah selbst aufgewachsen war, schoben sich davor. Sie war in einem heruntergekommenen Miethaus in der Baggot Street im südlichen Teil von Bristol geboren. Der Garten hinter dem Haus – sofern man ihn überhaupt als Garten bezeichnen konnte – war ein winziges Fleckchen gewesen, trist und mit grauen Ziegeln gepflastert, durch deren Ritzen sich Unkraut emporkämpfte. Darüber spannte sich eine einzige Wäscheleine. Das

Haus war grau, wie auch die Häuser ringsum, und aus den Schornsteinen stieg grauer Rauch in einen meist grauen Himmel. Gelächter hörte man fast nie, und Sarah konnte sich nicht entsinnen, jemals einen Schmetterling oder eine Nachtigall gesehen zu haben. Und vom Besuch eines Jahrmarkts hatte sie bestenfalls träumen können.

Sarah knallte das Tagebuch zu und schleuderte es durchs Zimmer. Ihre Gedanken kehrten zu dem Ernteball zurück, dem allerersten Ball, den sie besucht hatte. Vor ihrer Verurteilung hatte sie eine Tanzfläche nur aus der Nähe gesehen, wenn sie bei den Murdochs nach einem Fest auf Händen und Knien den Fußboden geschrubbt hatte. Wider Erwarten hatte sie nicht einmal Lampenfieber vor dem heutigen Abend gehabt. Und sie wusste auch warum. Weil Lance an ihrer Seite gewesen war. Das konnte nur bedeuten, dass sie füreinander bestimmt waren...

Sarah träumte von all den Dingen, die sie mit Amelias Erbe würde anfangen können. Sie könnte sich ein prachtvolles Haus in einem vornehmen Londoner Stadtteil wie Belgravia oder Chelsea kaufen, ein Haus mit einem eigenen Ballsaal, wo sie rauschende Feste feiern würde. Oder sie könnte Lance heiraten und sich ein großes Haus in Kingscote bauen. Vorhin, in seinem Wohnzimmer, hatte sie sich vorgestellt, wie es wäre, seine Frau zu sein, Kinder mit ihm zu haben. Das wäre das perfekte Leben! Und um ihren Traum zu verwirklichen, brauchte sie nichts weiter zu tun, als Olivia Horn auszuschalten und Betty loszuwerden, diese rätselhafte, hellsichtige Aborigine. Betty stellte eine Gefahr für sie dar. Falls es ihr nicht gelang, Bettys Misstrauen zu zerstreuen, würde sie drastischere Maßnahmen ergreifen müssen.

Sarah stand vom Bett auf, bückte sich nach dem Tagebuch und schlug es abermals auf. Sie durfte nicht zulassen, dass ihr Hass auf Amelia ihr die Chance verdarb, Lance zu erobern. Sie blätterte die Seiten um und las sich ziemlich weit hinten fest.

23. Juli
Papa hat mir noch ein Pferd gekauft, eine wunderschöne
hellbraune Stute. Ich habe sie Sugar Plum getauft.
Heute Mittag kommen Jessie und Charlotte herüber, und
dann reiten wir zusammen aus.

Sarah schüttelte den Kopf. Vor Neid war sie grün im Gesicht. »Kein Wunder, dass sie so ein verwöhntes Biest war«, murmelte sie vor sich hin.

25. Juli
Mutter ist mit mir einkaufen gewesen. Wir wollen heute
Abend auf eine Party bei den Lesters, und da brauche ich ein
neues Kleid.
Wir sind gerade nach Hause gekommen. Die Party war einfach
großartig! Ich war ohne jeden Zweifel die Schönste auf dem
Ball. Simon und David Forbes sind den ganzen Abend nicht
von meiner Seite gewichen, und die Lester-Mädchen waren
ganz schön eifersüchtig!

Wieder schüttelte Sarah den Kopf. Unglaublich, wie eingebildet diese Amelia war!

28. Juli
Marcus hat Scharlach, und Nanny Bourke ist die ganze Nacht
bei ihm geblieben.

30. Juli
Ein Regierungsbeauftragter ist mit einer Abordnung von 26
Aborigines nach Hobart Town gekommen. Ein groteskeres
Schauspiel als die Ankunft dieser Eingeborenen haben wir
selten erlebt. Einige waren wild und furchteinflößend, andere
eher ängstlich. Natürlich hat man sie vor der Stadtgrenze in

Hosen gesteckt, damit sie die tugendhaften Frauen hier nicht zu Tode erschreckten. Sie kamen in Schlachtordnung, und jeder Krieger trug einen dreieinhalb bis viereinhalb Meter langen Speer in der linken Hand. Unter lautem Schlachtgebrüll zogen sie vor das Regierungsgebäude, wo der Vizegouverneur sie empfing und jedem einen Laib Brot gab. Anschließend spielte eine Musikkapelle, und die Eingeborenen führten die Kunst des Speerwurfs vor. Marcus war bitter enttäuscht, weil er das verpasst hat.

3. August
Mir ist nicht gut heute, deshalb werde ich Mutter, Vater und Marcus nicht begleiten, sondern zu Hause bleiben.

5. August
Vorgestern ist etwas Furchtbares geschehen. Seit zwei Tagen weine ich nur noch. Mein Leben wird nie mehr so sein wie früher. Ich habe keine Familie mehr. Ich bin ganz allein auf der Welt.

Tränen hatten die Schrift verschmiert. Der nächste Eintrag erfolgte erst vier Wochen später.

Sarah empfand fast Mitleid mit Amelia. *Fast.* Sie musste nur an die arme Lucy denken, und schon verging ihr jegliches Mitgefühl. Jetzt verstand sie, weshalb Amelia so war, wie sie war. Vom Tag ihrer Geburt an war sie nach Strich und Faden verhätschelt und verwöhnt worden. Sarah bezweifelte, dass sie jemals einen Staubwedel oder einen Scheuerlappen in der Hand gehabt, geschweige denn auf Händen und Knien einen Fußboden geschrubbt hatte. Ein hämisches Lächeln huschte über ihr Gesicht. Ich wette, das hat sich inzwischen geändert, dachte sie. Sie stellte sich vor, wie Amelia auf der Farm schuften musste, wie sie Hühner fütterte und den Schweinestall ausmistete, bis zu den Knöcheln in stinkendem, matschigem Dung. Und dann der Berg Wäsche, der bei sechs Kindern anfiel und gewaschen werden musste! »Die gute Amelia steht bestimmt von Sonnenaufgang bis Sonnenuntergang am Waschbrett«, sagte sie und lachte bei dem Gedanken an Amelias rote, entzündete, wunde Hände und den Schweiß, der ihr übers Gesicht lief. Sie hatte nichts anderes verdient, fand Sarah.

»Und ich habe es verdient, ihr Leben zu führen«, flüsterte sie vor sich hin. »Und genau das werde ich tun. So es eine Gerechtigkeit auf dieser Welt gibt, werde ich Amelias Geld bekommen, den Grundbesitz ihrer Eltern und Lance Ashby obendrein.«

14

CAPE DU COUEDIC

Eines Morgens trat Amelia aus ihrer Hütte, ohne dass sie Rauch aus dem Kamin von Evans Haus aufsteigen sah. Merkwürdig, dachte sie. Er machte jeden Morgen Feuer, weil er behauptete, sie schichte das Holz nicht richtig auf, und dann sei alles voller Qualm.

Sie ging zum Haus hinüber und rief leise nach Evan.

»Ich bin hier«, kam seine Antwort aus dem Zimmer der Kinder.

»Ist alles in Ordnung?«

»Ich fürchte, nein.«

Sie hörte die Sorge in seiner Stimme und ging zu ihm. Er saß auf Milos Bett und tupfte ihm die Stirn mit einem nassen Lappen ab. Selbst in dem schummrigen Licht konnte sie sehen, dass der kleine Junge schweißüberströmt war.

»Großer Gott, Milo!« Sie eilte zu seiner Bettstatt.

»Als er gestern Abend schlafen ging, war alles in Ordnung, aber dann ist er gegen Mitternacht aufgewacht und war ganz fiebrig«, berichtete Evan. »Ich versuche seit Stunden, das Fieber mit kalten Umschlägen zu senken, aber ich schaff es nicht.«

Die Jüngsten schliefen noch; nur Sissie und Rose waren wach und schauten ängstlich herüber.

»Kommen Sie, wir bringen ihn in Ihr Bett«, sagte Amelia. Sie wollte die Kleinen nicht wecken. Außerdem fiel kaum Licht durch das eine winzige Fenster, und sie wollte sich Milo genauer ansehen. Vielleicht hatte er einen Ausschlag.

Evan trug den Jungen ins andere Zimmer hinüber und legte ihn behutsam auf sein Bett. Als er ihn zudecken wollte, hielt Amelia ihn zurück. »Nein, lieber nicht. Sein Körper darf sich nicht noch mehr erhitzen.« Sie untersuchte die Haut des Jungen nach Rötungen. »Wir müssen die Temperatur herunterbekommen.«

Evan war krank vor Sorge um seinen Sohn. »Es ist so kalt hier drin.« Er hatte Angst, der Kleine würde eine Lungenentzündung bekommen – falls er nicht schon daran erkrankt war, denn zwei Tage zuvor waren Vater und Sohn draußen bei den Schafen von einem kräftigen Regenguss überrascht worden.

»Er muss eine Entzündung haben«, meinte Amelia. »Hat er gehustet oder über Halsschmerzen geklagt?«

»Nein, als er ins Bett ging, fehlte ihm nichts.«

Amelia dachte kurz nach. Beim Abendessen hatte Milo, der kein großer Esser war, seinen Teller leer gegessen und hatte keinerlei Anzeichen einer Erkrankung gezeigt. Was konnte den Jungen in so kurzer Zeit krank gemacht haben? Amelia stand vor einem Rätsel.

»Er hat auch keine Bisswunden«, sagte Evan. »Ich hab ihn schon untersucht.«

Milo schlug die Augen auf und verlangte mit schwacher Stimme nach seinem Papa.

»Ich bin da, mein Junge.« Evan ergriff Milos kleine, schweißfeuchte Hand und streichelte sie zärtlich.

Amelia sah ihm an, wie sehr er sich sorgte. Bestimmt wurden Erinnerungen an den Tod seiner Frau in ihm wachgerufen. Sie betastete Milos Bauch. »Tut das weh, Milo?«

Der Junge schüttelte den Kopf.

»Tut es dir sonst irgendwo weh?«

Wieder schüttelte er den Kopf, doch Amelia war sich nicht sicher, ob er überhaupt wusste, was sie von ihm wollte. Er war ja noch so klein.

»Wenn Sie Feuer machen wollen, damit ich das Frühstück für die Kinder zubereiten kann, können Sie den Kleinen gern solange zu mir bringen«, schlug Amelia vor. Evan überlegte einen Augenblick. Dann nickte er. »Gut.« Er hob seinen Sohn hoch und trug ihn zu Amelias Hütte hinüber, wo er ihn auf ihr Lager bettete. Widerstrebend ging er zum Haus zurück, um das Feuer anzuzünden.

Amelia, die ihm gefolgt war, legte sich neben Milo, redete beruhigend auf ihn ein, tupfte ihm die Stirn ab und streichelte seinen Arm.

Als Evan zurückkam, hatte der Junge sich an Amelia geschmiegt und war eingeschlafen, den Kopf an ihrer Schulter. Zum ersten Mal seit Stunden sah er friedlich und entspannt aus. Evan betrachtete die beiden mit schmerzerfüllter Miene. Amelia ahnte, dass er an seine Frau dachte und sich wünschte, sie wäre hier und könnte sich um ihren Sohn kümmern.

Schließlich brummte Evan – der Amelia eigentlich in die Küche hatte schicken wollen, damit sie das Frühstück machte – in seinem gewohnt ruppigen Tonfall: »Bleib bei dem Jungen, ich koch den Haferbrei.« Damit drehte er sich um und stapfte zum Haus zurück.

Eine Stunde später kam Gabriel. Er war bestürzt, als er hörte, dass es Milo nicht gut ging.

»Was fehlt ihm denn?«, wollte er von Amelia wissen.

»Ich weiß es nicht. Er muss eine Entzündung haben. Aber er hustet nicht, und man hört auch kein Rasseln in seiner Brust.«

»Ich hab mir vorhin seinen Hals angeschaut«, warf Evan ein. »Entzündet war er nicht.«

Keiner sprach es laut aus, aber alle fürchteten, es könnte sich um etwas Ernsteres wie ein Leber-, Nieren- oder Herzleiden handeln.

»Er muss zu einem Arzt«, drängte Amelia. »Wie kann man mit Kindern nur in so einer verlassenen Gegend wohnen!«, fügte sie vorwurfsvoll hinzu. »Kinder können nun mal von einer Sekunde zur anderen krank werden oder einen Unfall haben oder von einer

Schlange gebissen werden. Da kann es sie das Leben kosten, wenn kein Arzt in der Nähe ist.«

»Das *ist* nun mal unser Leben!«, fuhr Evan sie an. »Das hier ist unser Zuhause! Ich kann meine Jane oder den kleinen Joseph nicht hier zurücklassen!«

Amelia stand da wie vom Donner gerührt. Sie wäre nie auf den Gedanken gekommen, dass seine Frau auf der Farm beerdigt war. Und wer war Joseph? Der Junge, bei dessen Geburt Jane gestorben war? Wo mochten ihre Gräber sein? »Aber Sie können einen Arzt aus Kingscote kommen lassen«, sagte sie behutsam. Falls du nicht noch einen Sohn neben deiner Frau beerdigen willst, fügte sie im Stillen hinzu.

»Ich könnte einem vorbeifahrenden Schiff signalisieren, dass es anlegen soll«, bot Gabriel an. »Dann kannst du entweder mit Milo nach Kingscote fahren oder Dr. Thompson eine Nachricht schicken und ihn bitten, dass er herkommt.«

Evan schaute Amelia an. Sie wusste, er würde seine Tiere nicht in ihrer Obhut zurücklassen, und er hatte zu wenig Vertrauen zu ihr, als dass er *sie* mit Milo nach Kingscote schicken würde. In Augenblicken wie diesen wurde sie daran erinnert, dass sie nicht frei über ihr Leben entscheiden konnte, und das wurmte sie.

»Warten wir ab, ob das Fieber in den nächsten Stunden sinkt«, sagte Evan.

»Wie du willst«, sagte Gabriel. »Soll ich die Post holen?«

An diesem Tag war Evan an der Reihe, die Post von jener Stelle am Rocky River abzuholen, wo der Postreiter sie hinterlegte.

»Das hab ich ganz vergessen!«, rief Evan aus. Schließlich hatte er andere Sorgen gehabt.

»Lass nur, ich gehe.«

»Du kommst doch gerade von deiner Nachtschicht im Leuchtturm. Du wirst müde sein.«

»Ich kann mich hinlegen, wenn ich in ein paar Stunden wieder zurück bin.«

»Das kann ich dir nicht zumuten«, sagte Evan. »Es war abgemacht, dass ich gehe, wenn du die Spätschicht hast.«

»Sie sind selbst die ganze Nacht auf gewesen, Evan«, gab Amelia zu bedenken.

»Sie hat Recht«, pflichtete Gabriel ihr bei. »Du hast schon genug Sorgen. Ich werde die Post holen.«

»*Buon giorno!*«, ertönte es in diesem Moment von der Tür her.

Da Carlotta stets dort anzutreffen war, wo Gabriel sich aufhielt, war niemand überrascht, sie hier zu sehen. Sie erfasste mit einem Blick, was geschehen war. »Oh, *bambino ammalato!*«, rief sie und warf die Arme in die Luft.

Gabriel und Evan konnten nur vermuten, was das hieß, doch Amelia verstand natürlich, dass sie »das kranke Kind« gesagt hatte.

»Milo hat Fieber«, sagte Evan.

Carlotta eilte zum Bett und griff nach Milos Ärmchen. »Der Kleine ist ganz heiß!«, sagte sie besorgt.

»Lassen Sie ihn schlafen.« Amelia zerrte sie unsanft vom Bett weg. »Er hat eine schlimme Nacht hinter sich und braucht seinen Schlaf.«

Carlotta funkelte sie böse an und wandte sich dann Evan zu. »Ich werde ihm eine gute Suppe kochen«, versprach sie. »Das wird ihn wieder gesund und stark machen.«

»Ich mach mich jetzt besser auf den Weg«, sagte Gabriel und wandte sich zum Gehen.

»Wo wollen Sie hin?«, fragte Carlotta schroff.

»Die Post holen«, antwortete Gabriel. Er und Amelia wechselten einen vielsagenden Blick; dann eilte er hinaus. Evan folgte ihm. »Ich hole meinen Mantel und die Reitstiefel«, sagte Gabriel. Der Wind frischte auf, und es sah nach Regen aus.

»Ich werde schon mal Clyde satteln«, meinte Evan.

»Soll ich nicht doch lieber einem Schiff signalisieren, dass es anlegen soll, damit du Dr. Thompson eine Nachricht schicken kannst?«

»Nein, im Augenblick scheint es Milo ja etwas besser zu gehen.« Dass es Amelias Verdienst war und dass er ihr im Stillen dafür dankte, sagte er nicht.

Carlotta, die unter der Tür stand und das Gespräch der beiden Männer belauscht hatte, rief: »Ich kann den Jungen doch mit zu mir nehmen, damit Sarah ihre Arbeit erledigen kann!«

Amelia war empört. Was fiel Carlotta ein, über sie zu reden, als wäre sie eine Magd! Warum kümmerte sie sich um Dinge, die sie nichts angingen?

Auch Sissie hatte gehört, was Carlotta gesagt hatte. »Lass Milo hier bei Sarah, Papa«, bat sie. »Rose und ich werden ihre Arbeit für sie erledigen.«

Evan nickte. »Milo ist hier gut aufgehoben«, sagte er zu Carlotta. »Er fühlt sich wohl bei Sarah.«

Amelia vernahm es mit Erleichterung, und auch Sissie war froh, als sie das hörte.

»Wie Sie meinen«, gab Carlotta verschnupft zurück. »Dann werde ich jetzt nach Hause gehen und die Suppe kochen.«

»Vielen Dank, Carlotta«, sagte Evan. »Ich bin Ihnen wirklich dankbar für Ihre Hilfe.«

Amelia glaubte, einen leicht gereizten Unterton aus seiner Stimme herauszuhören. Sie hatte gehofft, Evan würde die aufdringliche Carlotta abwimmeln, doch ihm und den Kindern schmeckte ihr Essen viel zu gut, als dass er riskierte, es sich mit ihr zu verderben.

Gegen Mittag kehrte Gabriel schon wieder zurück. Evan ging hinaus, als er das Pferd herantraben hörte. »Ich hab dich frühestens in einer Stunde erwartet!«

»Ja, heute hat Clyde sich sein Futter wirklich verdient«, meinte Gabriel und stieg aus dem Sattel. Die Flanken des Pferdes waren schweißnass, und sein Atem bildete Wölkchen im kühlen Nieselregen. Auch Gabriel machte einen erschöpften Eindruck.

»Ich reib ihn trocken und bring ihn auf die Koppel«, sagte Evan. »War viel Post da?«

»Ein paar Briefe für die Dixons und einer für mich. Für dich war nichts dabei. Ich hab eine Stunde gebraucht, bis ich die Posttasche gefunden hatte. Scotty Mawson hatte sie in einen Baum gehängt. Wahrscheinlich hat er gedacht, sie könnte nass werden, wenn der Regen anhält und der Fluss steigt, oder ein Tier könnte sie davonschleifen.« Absender des Briefes an Gabriel war »Miss Amelia Divine, Kingscote«. Er konnte es kaum erwarten, ihn zu lesen, wollte dabei aber ungestört sein. Und er wollte seiner Sarah nichts davon erzählen, solange er den Inhalt nicht kannte, um ihr nicht unnötig Hoffnungen zu machen.

»Wie geht es Milo?«

»Er schläft.«

»Hat er noch Fieber?«

»Ich glaube, es ist ein wenig gesunken.«

»*Ciao!*«, hörten sie Carlotta rufen. Einen Topf in den Armen, kam sie auf die beiden Männer zu. Zwei Tage zuvor hatte Evan ihr als Ausgleich für das Essen, das sie ihnen brachte, ein Huhn, einen Sack Mehl und frisches Gemüse mitgegeben. »Ich bringe die Suppe. Ich habe das Huhn, Linsen und Gemüse hineingetan. Sie ist *bellissimo* geworden! Ihr Junge wird bald wieder bei Kräften sein, *vero?*«

»Das ist sehr freundlich von Ihnen«, sagte Evan. Die Suppe duftete köstlich. Carlotta mochte zwar Haare auf den Zähnen haben, aber kochen konnte sie, das musste man ihr lassen.

»Ich mag *bambini*, und ihr seid so gute Menschen«, erwiderte sie mit zuckersüßer Stimme.

»Ich habe Post für Sie«, sagte Gabriel. Da sie beide Hände brauchte, um den Suppentopf zu halten, fügte er hinzu: »Ich werde sie Edgar geben.«

»Ist etwas von meiner Familie dabei?«, fragte Carlotta aufgeregt.

»Das weiß ich nicht.«

»Nochmals danke, dass du die Post geholt hast«, sagte Evan zu Gabriel.

Dieser nickte nur. Obwohl er todmüde war, konnte er seine Ungeduld kaum zügeln. Er musste wissen, was in dem Brief aus Kingscote stand. »Ich gehe nach Hause und leg mich hin. Ich komme später nochmal vorbei, um nach Milo zu sehen.«

Carlotta drückte Evan eilig den Topf in die Hand. »Warten Sie, ich komme mit!«

Gabriel hätte auf ihre Gesellschaft verzichten können, aber was hätte er tun sollen?

Während Carlotta auf dem Rückweg ununterbrochen schnatterte und von ihren Schwestern, ihren Eltern und ihrer italienischen Heimat erzählte, versank Gabriel in dumpfes Schweigen. Er konnte es kaum erwarten, allein zu sein.

Erst nach einer ganzen Weile fiel Carlotta auf, wie wortkarg er war. »Sie sind so still heute, Gabriel. Ist etwas nicht in Ordnung?«

»Ich bin zum Umfallen müde. Ich war die ganze Nacht auf und habe einen stundenlangen Ritt hinter mir.«

»Ah, *sì!* Sie müssen Schlaf nachholen.«

»So ist es, Carlotta.« Sie hatten den Rand der Lichtung erreicht. »Einen schönen Tag wünsche ich Ihnen«, sagte Gabriel. Ohne ein weiteres Wort verschwand er in seinem Cottage, machte die Tür hinter sich zu und drehte einer spontanen Eingebung folgend den Schlüssel im Schloss. Innerlich stieß er einen Seufzer der Erleichterung aus. Er hatte eine regelrechte Abneigung gegen Carlotta entwickelt. Der arme Edgar tat ihm Leid. Gabriel war überzeugt, dass seine Ehe unglücklich war.

Carlotta hörte, wie die Tür abgeschlossen wurde. »Was glaubt der denn?«, murrte sie gekränkt vor sich hin. »Dass ich gewaltsam eindringe und ihn verführe?« Natürlich würde sie das liebend gern tun, doch das war nicht der Punkt. Das Blut schoss ihr ins Gesicht, und ihre Laune verschlechterte sich dramatisch. Edgar wusste es noch nicht, aber ihm stand ein schlimmer Tag bevor.

Gabriel saß auf seinem Bett und betrachtete den Umschlag in seinen Händen. Es hing so viel von diesem Brief ab. Lag ein Irrtum vor, würde seine geliebte Sarah – oder wie immer sie heißen mochte – frei sein und selbst über ihr Leben entscheiden können. Dann würde nichts mehr sie beide daran hindern, sich zu ihren Gefühlen füreinander zu bekennen. Gabriel hatte sich in sie verliebt, hatte es bisher aber nicht gewagt, ihr seine Zuneigung zu gestehen. Falls sie für ihn dasselbe empfand – und daran zweifelte er nicht –, würde sein Geständnis in der jetzigen Situation alles nur noch erschweren. Er atmete tief durch und riss mit fahrigen Bewegungen den Umschlag auf.

Als Gabriel am Nachmittag zur Farm hinauskam, verriet seine Miene Amelia sofort, dass etwas nicht stimmte. Da es Milo inzwischen schon viel besser ging, hatte sie ihn hinüber zu seinen Schwestern gebracht, die sich rührend um ihn kümmerten.

Gabriel brachte es nicht fertig, Amelia anzusehen. Er machte einen so niedergeschlagenen Eindruck, dass ihr klar war, er hatte schlechte Nachrichten.

»Diese Amelia Divine hat dir geschrieben, nicht wahr?«, sagte sie, als er ihrem Blick beharrlich auswich.

Gabriel schwieg betreten.

Amelia, die vor der Tür gestanden hatte, wandte sich ab und ging unsicheren Schrittes zu dem Zaun, der den Gemüsegarten umschloss. Sie lehnte sich dagegen, ließ den Kopf sinken und brach in Tränen aus.

Gabriel ging zu ihr und legte ihr eine Hand auf die Schulter. »Es tut mir Leid«, sagte er leise. Es fiel ihm unendlich schwer, in ihr die Frau zu sehen, wie Miss Divine sie in ihrem Brief geschildert hatte. Die Frau, die er kannte, war ganz anders: sanft und rücksichtsvoll, einfühlsam und aufgeschlossen. Sie arbeitete hart, und sie ging liebevoll und mütterlich mit Evans Kindern um. *Das war die Frau, in die er sich verliebt hatte und die er sich als Mutter seiner Kinder wünschte.*

Und dann kam dieser Brief und brachte ihn vollkommen aus dem Gleichgewicht, denn die Frau, die Miss Divine beschrieb, war herzlos, grausam und selbstsüchtig. Es hatte ihn tief erschüttert.

Amelia wandte sich ihm zu und wischte sich die Tränen vom Gesicht. »Kann ich den Brief lesen?«

»Lieber nicht.«

»Ich muss ihn aber lesen, Gabriel! Ich muss wissen, wer ich bin oder weshalb Miss Divine mich für Sarah Jones hält.«

Er konnte sie zwar verstehen, wusste aber auch, wie tief der Brief sie verletzen würde. »Ich halte es für besser, wenn du ihn nicht liest.«

»Ich muss aber, Gabriel! Bitte!«, flehte sie.

Er blickte ihr in die Augen und erkannte, welche Qualen sie litt. »Also gut, Sarah.«

Sie zuckte innerlich zusammen. Sie hatte sich nie mit diesem Namen angefreundet und konnte einfach nicht glauben, dass sie Sarah Jones war. Vielleicht würde nicht einmal dieser Brief sie davon überzeugen können.

»Ich habe heute die erste Schicht. Gegen halb sechs gehe ich zu den Dixons und werde sie ablenken. Glaubst du, du kannst bis dann am Leuchtturm sein?«

Sie nickte. »Ja. Sobald ich das Essen für Evan und die Kinder auf den Tisch gestellt habe, werde ich einen Vorwand suchen.«

»Gut. Dann sehen wir uns gegen sechs.« Er zögerte. »Bist du dir wirklich sicher, Sarah?«

»Ich habe keine andere Wahl, Gabriel. Ich muss die Wahrheit wissen, und ich werde es erst glauben, wenn ich es schwarz auf weiß gesehen habe. Das verstehst du doch, nicht wahr?«

Er nickte knapp. »Ich möchte nur nicht, dass du verletzt wirst. Hätte ich dir doch nie von meinem Brief an Miss Divine erzählt!«

Gegen halb sieben stieg Amelia die Treppe im Leuchtturm hinauf. Ihre Beine waren schwer wie Blei, und ihr Herz lag ihr wie ein Stein in der Brust. Es kam ihr fast so vor, als wäre sie auf dem Weg zu ihrer Hinrichtung. Sie hatte Evan erzählt, Carlotta wolle sie sehen; in spätestens einer Stunde sei sie zurück. Evan war so dankbar, dass es Milo wieder gut ging, dass er keine Fragen stellte.

Gabriel kam kurze Zeit später in den Leuchtturm. Er sperrte die Tür hinter sich zu und stieg die Treppe hinauf.

Amelia schaute aufs Wasser hinaus. Vor einem blassblauen Horizont versank die Sonne als lodernde, von orangeroten und goldenen Strahlen eingefasste Scheibe im Meer. Aber selbst der prachtvolle Sonnenuntergang vermochte Amelia nicht aufzuheitern. Als Gabriel die letzten Stufen nahm, drehte sie sich zu ihm um. Sie brachte nicht einmal ein Lächeln zustande. Schweigend schaute sie ihm zu, wie er das Leuchtfeuer entzündete und sich dann ihr gegenüber hinsetzte.

»Sarah, bevor ich dir den Brief gebe, sollst du eines wissen. Er ändert nichts an meinen Gefühlen für dich. Ich möchte, dass du mir versprichst, dass dieser Brief auch nichts daran ändern wird, wie du dich selbst siehst.«

»Das kann ich dir nicht versprechen, Gabriel. Erst muss ich wissen, was darin steht. Und dass er an deinen Gefühlen nichts geändert hat, ist nicht wahr. Ich kann es an deinen Augen sehen. Ich sehe etwas, das gestern noch nicht da war. Dieser Brief hat dich aufgewühlt... und mir wird es bestimmt genauso ergehen.«

Gabriel senkte den Blick für eine Sekunde. »Die Frau, die Miss Divine beschreibt, gibt es nicht mehr. Ich glaube, mit dem Verlust deines Gedächtnisses hast du einen Schlussstrich unter deine Vergangenheit gezogen. Was immer du getan hast, was immer dein Leben beeinflusst hat, welche Umstände dich dorthin geführt haben, wo du jetzt bist – das alles ist ausgelöscht. Und so sollte es auch bleiben. Es war gut, dass du dein Gedächtnis verloren hast.

Lies den Brief, dann verstehst du, was ich meine. Jetzt kannst du dein Leben noch einmal von vorn beginnen.«

»Du vergisst, dass ich noch eine Reststrafe von zwei Jahren verbüßen muss.«

»Das habe ich nicht vergessen. Aber Evan und die Kinder sind gute Menschen, und ich bin ja auch noch da. Mein Vertrag als Leuchtturmwärter läuft zwar in ein paar Monaten aus, aber ich kann ihn verlängern. Und solange du hier bist, möchte ich nirgendwo anders sein.«

Amelia wusste, ohne Gabriel wäre ihr Leben sehr viel trostloser. Er reichte ihr den Brief, und sie faltete ihn mit zitternden Fingern auseinander.

Sehr geehrter Mr Donnelly,
mit Erstaunen habe ich Ihren Brief gelesen. Ich bin empört,
dass Sarah Jones Sie zu überzeugen versucht, nicht die
Strafgefangene zu sein, die den Rest ihrer Haftzeit auf der
Farm von Mr Finnlay zu verbüßen hat. Auch wenn Sie
es vielleicht nicht gern hören – ich kann nur wiederholen, was
ich Ihnen bereits mitgeteilt habe. Sarah Jones hatte sich mit
Lucy angefreundet, meiner Dienerin, die mir berichtete, was
Miss Jones ihr anvertraut hat. Sie sei eine Strafgefangene,
sagte sie, die eine Reststrafe von zwei Jahren bei einem Farmer
mit sechs Kindern abarbeiten müsse; dann wolle sie nach
Bristol zurückkehren. Ich will Ihnen nicht verheimlichen, dass
Lucy hinzufügte, Miss Jones empfinde offenbar keinerlei
Reue. Lucy hatte im Gegenteil den Eindruck, dass sie falsch
und unaufrichtig war. Ich weiß nicht, wie die arme Lucy
zu dieser Einschätzung kam, aber es scheint, als hätte sie
Recht behalten.
Ich habe lange gebraucht, bis ich Lucys Tod überwunden
hatte. Seit ich bei den Ashbys bin, musste ich immer
wieder an das Schiffsunglück denken. Eine schreckliche

Erinnerung steht mir besonders schmerzlich vor Augen: Ich saß bereits im Rettungsboot und rief nach Lucy, als ich mit ansehen musste, wie Miss Jones sie zur Seite stieß, um sich einen Platz im Boot zu sichern. Natürlich herrschte an Bord ein heilloses Durcheinander, und jeder dachte nur daran, sein eigenes Leben zu retten. Dennoch sagt das Handeln eines Menschen in solchen Situationen viel über seinen Charakter aus, und ich kann Sarah Jones niemals verzeihen, was sie Lucy angetan hat. Die Ashbys sind wunderbare Menschen, aber Lucy war für mich die Schwester, die ich nie hatte, und sie fehlt mir mit jedem Tag mehr. Nachdem Sie Miss Jones und mich gerettet hatten, wofür ich Ihnen sehr dankbar bin, stand ich unter Schock. Nichtsdestoweniger bedauere ich, Miss Jones für ihre Tat nicht zur Rechenschaft gezogen zu haben. Sie hat Lucy geopfert, um ihr eigenes Leben zu retten.

Ich weiß nicht, was Miss Jones Ihnen erzählt hat, aber vielleicht fällt es dieser Frau schwer, mit der Situation zurechtzukommen, nachdem sie ihr Gedächtnis verloren hat. Ich fürchte, Sie haben nur Ihre Zeit verschwendet, als Sie die Gefängnisbehörde angeschrieben und um Informationen über sie gebeten haben. Miss Jones wird ihre volle Strafe verbüßen müssen, und dabei kann sie sich noch glücklich schätzen, dass sie für eine weitere Tat nicht zur Verantwortung gezogen wird – ihrem eigenen Leben den Vorrang vor dem Leben eines wundervollen Menschen gegeben zu haben.

Die Ashbys lassen Sie herzlich grüßen.

Mit den besten Empfehlungen
Amelia Divine

Amelia war vor Schmerz wie betäubt. Der Brief glitt ihr aus den Händen und fiel zu Boden. Tränen füllten ihre Augen.

»O Gott!«, stieß sie hervor. »Ich bin ein ... Ungeheuer!«

Als Gabriel die Hand nach ihr ausstreckte, zuckte sie zurück und sprang auf.

»Du bist nicht dieser Mensch, Sarah«, sagte er eindringlich.

Sie schien ihn gar nicht zu hören. »Wie konnte ich so grausam und herzlos sein?« Obwohl sie sich nicht erinnern konnte, wusste sie tief in ihrem Innern, dass sie ihr eigenes Leben auf Kosten eines anderen Menschen gerettet hatte. »Ich bin schuld an Lucys Tod! Wie soll ich damit leben?« Sie wirbelte herum und stürmte die Treppe hinunter.

Gabriel versuchte, sie aufzuhalten, doch sie rannte weiter. Er hoffte inständig, dass sie keine Dummheit beging und überlegte, ob er ihr nachlaufen sollte, aber er durfte seinen Posten nicht verlassen. Erlosch das Leuchtfeuer, konnte dies unzählige Menschen das Leben kosten.

»Du bist heute so komisch, Sarah«, sagte Sissie. Sie legten Wäschestücke zusammen, und Amelia war ungewöhnlich still. Manchmal hielt sie inne und starrte abwesend auf einen Punkt in der Ferne. Dann wusste Sissie, dass Sarah sich wieder einmal durch das Dunkel kämpfte, das sich über ihre Vergangenheit gelegt hatte. Trotz allem war sie meistens guter Dinge gewesen, und ihre fröhliche Zuversicht war noch gewachsen, seit sie und Gabriel einander näher gekommen waren. An diesem Tag allerdings machte sie ein Gesicht, als lasteten alle Sorgen dieser Welt auf ihren Schultern.

»Hast du Angst, du wirst nie herausfinden, wer du wirklich bist?«, fragte Sissie.

Amelias Unterlippe bebte. »Noch gestern Morgen hätte ich alles dafür gegeben, endlich zu erfahren, wer ich bin. Aber heute ...« Sie brach ab, und ihre Augen schimmerten feucht.

Sissie musterte sie besorgt. »Was ist denn passiert, Sarah?«

»Heute würde ich alles dafür geben, es *nicht* zu wissen.«

»Aber warum?«

»Gabriel hat der jungen Frau geschrieben, die mit mir zusammen gerettet wurde. Er wollte wissen, ob sie mich möglicherweise verwechselt hat und ich nicht die Zuchthäuslerin bin, die hier bei euch ihre Reststrafe verbüßen muss. Gestern kam ihre Antwort. Sie habe sich nicht geirrt, schrieb sie.« Amelia brachte es nicht über sich, Sissie zu gestehen, dass ihretwegen ein Mädchen gestorben war. Sooft sie daran dachte, wurde ihr das Herz schwer vor Kummer, und sie schämte sich entsetzlich.

»Das beweist doch gar nichts«, behauptete Sissie. »Es waren sehr viele Menschen an Bord. Vielleicht hast du jemandem ähnlich gesehen, und in dem ganzen Durcheinander...«

»An diese Hoffnung kann ich mich nicht mehr klammern, Sissie. Offenbar habe ich eine düstere Vergangenheit. Damit muss ich leben. Was geschehen ist, kann ich nicht mehr ändern, aber es liegt an mir, wie meine Zukunft aussieht, und ich werde alles daransetzen, meine Sünden wieder gutzumachen. Eines jedenfalls ist sicher: Ich habe es nicht verdient, glücklich zu sein.« Sie dachte an Gabriel. Er hatte ihr nie gehört, aber jetzt war jede Hoffnung auf ein gemeinsames Leben mit ihm zerstört. Er hatte etwas Besseres verdient. Sie hingegen würde ihre ganze Kraft den Finnlay-Kindern widmen; hier wurde sie gebraucht, hier konnte sie Gutes tun.

Sissie mochte es nicht, wenn sie so redete, aber sie wusste nicht, wie sie ihr Mut machen konnte.

»Kann ich dich etwas fragen, Sissie?«, sagte Amelia unvermittelt.

»Sicher. Was denn?«

»Wo ist eigentlich deine Mutter beerdigt?«

Sissie blickte sie verblüfft an. Wie kam sie denn jetzt darauf?

»Dein Vater hat so eine Bemerkung gemacht... und mir kam es merkwürdig vor, dass mir ihr Grab nie aufgefallen ist«, erklärte Amelia.

»Papa hat sie oben auf dem Hügel hinter dem Haus beerdigt.«

»Wo die Schafe weiden?«, fragte Amelia ungläubig.

»Ja. Er ist immer schon gern dort oben gewesen. Er und Mutter sind oft dort spazieren gegangen, deshalb hat der Ort eine besondere Bedeutung für ihn.« Außerdem wollte ihr Vater vermutlich nicht, dass sie oder ihre Geschwister sich jeden Tag dem Grab ihrer Mutter gegenübersahen.

Jetzt war Amelia klar, weshalb ihr das Grab nie aufgefallen war. Sie war noch nie den Hügel hinaufgestiegen, aber sie wusste von Evan, dass er Monate gebraucht hatte, um den Wald zu roden und die gefällten Baumstämme mit Clydes Hilfe abzutransportieren. Der Regen hatte das Land inzwischen in eine saftige Weide für die Schafe verwandelt.

Amelia überlegte, ob sie Sissie nach Joseph fragen durfte. Während sie noch nach einer Möglichkeit suchte, das Thema feinfühlig zur Sprache zu bringen, sagte das Mädchen plötzlich: »Meine Mutter ist bei der Geburt meines kleinen Bruders gestorben, vor ungefähr einem Jahr.«

Für ein Mädchen in Sissies Alter musste nicht nur der Verlust der Mutter, sondern auch die Geburt als solche ein schwerer Schock gewesen sein. Amelia wurde in ihrer Vermutung bestärkt, als Sissie gequält ausrief:

»Ich will nie heiraten und Kinder haben!«

Die unterschiedlichsten Emotionen spiegelten sich auf ihren Zügen. Was musste in ihr vorgegangen sein, als sie ihre Mutter im Kindbett liegen sah, ihre Schmerzensschreie hörte und beobachtete, wie sie sich quälte! Amelia begriff nicht, weshalb Evan nach dieser Tragödie nicht in die Nähe einer Stadt gezogen war, wo es einen Arzt gab.

»Eine Geburt ist etwas ganz Natürliches«, sagte sie behutsam. »Und meistens verläuft sie reibungslos, aber es besteht immer die Gefahr, dass Schwierigkeiten auftreten. Ich glaube, ein Kind zur Welt zu bringen, ist für eine Frau die schönste Erfahrung überhaupt. Für mich wäre das ganz sicher so.«

»Papa sagt, Mutter war so erschöpft, dass sie Joseph nicht herauspressen konnte. Sie hatte von der harten Arbeit einfach keine Kraft mehr. Außerdem kam Joseph mit den Füßen zuerst. Dad hat noch versucht, ihn umzudrehen und dann herauszuziehen, aber Mutter hat fürchterlich geschrien, und dann ist sie ohnmächtig geworden.« Sissie kniff die Augen fest zusammen und hielt sich die Ohren zu, als könnte sie die Schreie ihrer in Todesqualen sich windenden Mutter immer noch hören.

Amelia legte ihr tröstend den Arm um die Schultern. »Es tut mir Leid, dass ich davon angefangen habe«, sagte sie leise.

»Als Mutter wieder zu sich kam, flehte sie Papa an, er solle sie aufschneiden und das Baby herausnehmen, aber er wusste, dass sie das nicht überleben würde, und deshalb brachte er es einfach nicht fertig. Er wollte sie retten. Wir brauchten sie doch! Aber Mama dachte nur an das Baby. Sie wollte, dass wenigstens der Kleine gerettet wurde.« Sissie stockte. Sie holte tief Luft, dann sprach sie weiter. »Irgendwann atmete Mama nicht mehr. Papa hat all seinen Mut zusammengenommen und das Baby durch einen großen Schnitt herausgeholt. Aber es war zu spät. Joseph war tot.«

Was hat das arme Mädchen erleben müssen, dachte Amelia betroffen. Jetzt war ihr auch klar, weshalb Evan so kurz angebunden und ruppig war. Er musste unter furchtbaren Schuldgefühlen leiden, weil er nicht imstande gewesen war, rechtzeitig die Entscheidung zu treffen, die wenigstens seinem Sohn das Leben gerettet hätte. So hatte er beide verloren – seine Frau und sein Kind. Unter seiner schroffen Art verbarg sich seine Verzweiflung über den grausamen Verlust.

15

KINGSCOTE

Sarah hatte sich nach dem Mittagessen unter dem Vorwand, müde zu sein, in ihr Zimmer zurückgezogen, wo sie sich von neuem in Amelias Tagebuch vertiefte. Das Leben, das diese junge Frau geführt hatte, war Sarah so fremd, dass sie es kaum nachvollziehen konnte. Es fiel ihr unendlich schwer, sich als Amelia Divine zu sehen, diese verwöhnte, verzogene, oberflächliche Person, die keine Ahnung hatte, wie hart das Leben sein konnte. Obwohl Sarahs Eltern sich redlich bemüht hatten, war das Geld immer knapp gewesen. Zum Geburtstag oder zu Weihnachten hatte sie stets Dinge wie selbst gestrickte Strümpfe oder selbst gebackene, hübsch verpackte Kekse geschenkt bekommen. Dass Amelia ohne besonderen Anlass ein Pferd geschenkt bekam, überstieg Sarahs Vorstellungsvermögen. Doch die Ashbys hielten sie nun einmal für Amelia Divine, ihr Mündel, und wenn ihr Plan, das Erbe der Divines anzutreten, gelingen sollte, musste sie ihre Rolle überzeugend spielen. »Ich muss mich konzentrieren«, sagte sie laut vor sich hin.

Ein Klopfen an der Tür riss sie aus ihren Gedanken. Edna steckte den Kopf ins Zimmer. »Hast du deinen Mittagsschlaf beendet, Amelia?«

»Ja, Tante. Komm herein.«

»Ich wollte dir nur sagen, dass Charlton und ich wieder da sind.« Edna und Charlton waren am frühen Sonntagmorgen nach Penneshaw zu einer Taufe gefahren; Edna war die Patenschaft für das erste Kind von Sybil und Mike Harford angetragen worden.

Erst jetzt bemerkte sie das aufgeschlagene Tagebuch auf dem Bett. »Oh, habe ich dich beim Schreiben gestört?«

Sarah klappte hastig das Tagebuch zu. »Nein, nein. Ich... ich hab nur ein wenig darin gelesen.«

Edna sah, dass sie verstört wirkte. Sie setzte sich zu ihr auf die Bettkante und tätschelte ihr die Hand. »Ich weiß, es tut weh, diese Erinnerungen zu durchleben, aber glaub mir, die Zeit heilt alle Wunden, mein Kind.«

Sarah gab keine Antwort. Edna hatte auch nicht damit gerechnet, denn es gelang ihr einfach nicht, ihr Mündel dazu zu bewegen, sich den ganzen Kummer von der Seele zu reden.

»Übrigens, da ist noch etwas.« Edna betrachtete das schmale Bündel, das sie in den Händen hielt, und zögerte einen Moment. »Ich habe dir doch von meinem Briefwechsel mit deiner Mutter erzählt, nicht wahr?«

»Ja, Tante.«

»Ich habe die Briefe deiner Mutter aufbewahrt«, fuhr sie behutsam fort. Sie hoffte, die Lektüre werde der jungen Frau helfen, einen Schlussstrich unter ihre tragische Vergangenheit zu ziehen. Edna hatte nämlich den Eindruck, dass sie verdrängte, was geschehen war, und es deshalb nicht verarbeiten konnte. Und wenn sie sich ihrer Trauer nicht stellte, so dachte Edna, würde sie nie über ihren Verlust hinwegkommen. Charlton war anderer Ansicht. »Amelia braucht einfach Zeit«, sagte er immer wieder. Bei aller innigen Zuneigung, die Edna für ihren Mann empfand, machte es sie manchmal rasend, wie er mit Scheuklappen durch die Welt lief. Sie war überzeugt, dass es nicht gut sein konnte, wenn ihr Mündel nie über seine Familie sprach. Aus ein, zwei Bemerkungen, die Lance gemacht hatte, schloss Edna, dass er der gleichen Meinung war. Eines Tages würde das Mädchen noch einen Nervenzusammenbruch erleiden, wenn es so weiterging! Edna sah sie schon in einer Heilanstalt irgendwo auf dem Festland, wo sie ihre Jugend in geistiger Umnachtung vergeuden würde.

Sie streckte der jungen Frau das mit Bast umwickelte Bündel hin. »Möchtest du die Briefe lesen?«

»O ja, gern!«, rief Sarah aufgeregt. Ihre Hand schoss vor, um nach den Briefen zu greifen.

Edna machte ein verdutztes Gesicht. Eine solche Reaktion hatte sie nicht erwartet. Doch Sarah erhoffte sich aus den Briefen weitere Informationen über die Divines, die ihr von Nutzen sein konnten.

Als sie Ednas erstaunte Miene bemerkte, zog sie die Hand schnell wieder zurück und hauchte: »Dadurch werde ich mich Mutter nahe fühlen...« Sie dachte an ihre eigene Mutter, die sie hoffentlich bald wiedersehen würde. Sie musste zwar noch einen Weg finden, um beides zu haben – ein Leben an Lance' Seite *und* den Kontakt zu ihren Eltern –, aber darüber würde sie sich später Gedanken machen. Zunächst einmal musste sie an das Geld der Divines herankommen.

»Das verstehe ich, Amelia«, erwiderte Edna. »Diese Briefe werden dir sicherlich zu Herzen gehen, aber ich hoffe, sie geben dir auch die Kraft, vertrauensvoll in die Zukunft zu blicken, auch ohne deine Eltern und deinen Bruder.«

»Ja, das hoffe ich auch, Tante.« Sarah konnte Edna nicht in die Augen sehen. »Lässt du mir die Briefe da?«

»Aber natürlich, Liebes.« Mit einem Seitenblick auf das Tagebuch fuhr Edna fort: »Camilla hatte mir einmal erzählt, dass du wundervolle Gedichte schreibst. Vielleicht könntest du uns irgendwann einmal eine Kostprobe geben.«

Panik erfasste Sarah, und der Schreck spiegelte sich auf ihrem Gesicht. Edna verwünschte sich, weil sie zu weit vorgeprescht war. »Natürlich nur, wenn es dir recht ist«, fügte sie eilig hinzu.

»Ich habe früher Gedichte geschrieben, das stimmt, aber mir ist nicht mehr danach zumute. Um ehrlich zu sein«, sie tat, als fiele es ihr schwer, ihre Gefühle unter Kontrolle zu halten, »ich kann nicht einmal mehr die Gedichte in meinem Tagebuch lesen. Die Ereignisse haben einen anderen Menschen aus mir gemacht.« Edna nahm natürlich an, dass sie auf den tragischen Tod ihrer Familie anspielte, doch Sarah sprach von einem ganz anderen Ereignis: Dass sie zu Unrecht eines Verbrechens bezichtigt und verurteilt worden war, *das* hatte sie verändert.

»Aber natürlich, Liebes, das ist doch ganz normal. Du musstest vor der Zeit erwachsen werden, und du trauerst um deine Familie. So etwas verändert einen Menschen. Aber glaub mir, eines Tages wirst du wieder glücklich sein, und dann wirst du wieder Gedichte schreiben und all die Dinge tun, die du früher gern getan hast.« Edna hoffte, die Lektüre der Briefe würde diese Entwicklung beschleunigen. Sie wechselte das Thema. »Hast du dich auf dem Ball gut amüsiert?« Da sie und Charlton fort gewesen waren, hatte sich noch keine Gelegenheit ergeben, sich danach zu erkundigen.

Sarah ließ den Kopf hängen und wandte sich halb ab. Sie konnte Edna unmöglich erzählen, dass sie sich zum Gespött gemacht hatte. »Ich fürchte, es war noch zu früh für mich, an einer gesellschaftlichen Veranstaltung teilzunehmen«, sagte sie leise. Sie wollte Edna auf ihre Seite ziehen, und sie wusste plötzlich, wie sie es anstellen würde. »Ich bin noch nicht so weit, dass ich möglichen Verehrern vorgestellt werden möchte«, fügte sie mit einem unbehaglichen Seitenblick auf Edna hinzu.

Diese riss die Augen auf. »Natürlich nicht!«, stieß sie hervor. War Lance in seinem Eifer etwa zu weit gegangen? Hatte er vergessen, dass diese junge Frau seinem Schutz anbefohlen worden war? Edna hätte ihrem Sohn weiß Gott mehr Taktgefühl zugetraut.

»Ich weiß, Lance hat es gut gemeint«, sagte Sarah in einem Tonfall, der anklingen ließ, dass ihr etwas Unerhörtes widerfahren war.

»Das will ich doch sehr hoffen...«, erwiderte Edna vorsichtig.

»Sei ihm nicht böse, Tante.« Doch genau das hatte Sarah beabsichtigt. Und sie konnte Edna ansehen, dass sie ihr Ziel erreicht hatte. Sie hoffte, Edna würde ihrem Sohn ausreden, ihr Mündel mit weiteren jungen Männern bekannt zu machen. Sarah war überzeugt, Lance würde sich in sie verlieben, wenn er mehr Zeit mit ihr verbrachte. Nachdem sie so viele Jahre vom Pech verfolgt worden war, wünschte sie sich nichts sehnlicher als eine strahlende Zukunft. Und dazu gehörte nicht nur ein Wiedersehen mit ihrer Familie, sondern vor allem auch die Hochzeit mit Lance Ashby.

»Lance ist sehr nett zu mir, Tante, und ein guter Zuhörer. Er weiß jetzt, was ich brauche: einen Gleichaltrigen, dem ich mich anvertrauen kann. Mehr will ich gar nicht.«

»Ich verstehe«, erwiderte Edna gekränkt.

Sarah ärgerte sich, dass ihr dieser dumme Fehler unterlaufen war, mit dem sie Edna brüskiert hatte. »Du und Onkel Charlton seid wunderbare Menschen«, versicherte sie rasch. »Ich wüsste nicht, was ich ohne euch tun würde, glaub mir.«

Ednas Gesicht nahm einen versöhnlichen Ausdruck an.

»Dein Sohn ist ein ganz besonderer Mensch, weißt du.«

»O ja, allerdings.« Ednas Augen leuchteten vor Stolz. »Und ich kann verstehen, dass du dich in seiner Gesellschaft wohl fühlst, weil er in deinem Alter ist.«

»Wirklich, Tante?«

»Aber ja, Kindchen.« Wie selbstsüchtig sie doch war! Anstatt beleidigt zu sein, sollte sie sich freuen, wenn ihr Mündel sich mit ihrem Sohn so gut verstand. »Es ist schön, dass du mit Lance über alles reden kannst. Ich finde nur, er hätte ein bisschen mehr Zartgefühl beweisen können.«

»Ich bin sicher, er hat es gut gemeint, Tante. Er hat eben gehofft, ich würde neue Freunde finden.« Sie senkte den Kopf und blickte Edna von unten herauf kokett an. »Du bist mir wirklich nicht böse?«

»Aber nein, Liebes!« Doch mit Lance würde sie ein ernstes Wörtchen reden, das konnte Sarah von Ednas Miene ablesen und aus ihrer Stimme heraushören. »Ich lass dich jetzt allein, damit du die Briefe in Ruhe lesen kannst.« Sie gab Sarah einen Kuss auf die Wange und verließ das Zimmer.

Sarah löste den Bast, der das Bündel Briefe zusammenhielt.

»Ich bin gespannt, was mich da erwartet«, flüsterte sie vor sich hin.

CAPE DU COUEDIC

Carlotta stand unbemerkt an der Schwelle der Finnlay'schen Haustür. Amelia und Sissie hatten den Rücken zur Tür gewandt. Amelia putzte und schälte Gemüse. Sissie stand neben ihr und schnitt es klein.

»Ich bin so froh, dass es Milo wieder besser geht«, sagte Amelia. »Ihr solltet näher bei Kingscote wohnen, dann wäre im Notfall schnell ein Arzt zur Stelle. Das habe ich deinem Vater auch gesagt.«

»Das ist Zeitverschwendung, Sarah. Papa würde niemals von hier wegziehen. Jedenfalls nicht in absehbarer Zeit.«

»Du wirst älter, Sissie, und du wirst nicht ewig hier bleiben wollen.« Ein junges Mädchen erwartete mehr vom Leben, als diese Einöde bieten konnte.

»Nein, wahrscheinlich nicht. Wenn ich alt genug bin, gehe ich in die Stadt oder aufs Festland und suche mir Arbeit.«

»Ich verstehe deinen Vater nicht, Sissie. Man sollte doch meinen, er weiß, wie gefährlich es ist, mit euch Kindern in dieser Wildnis zu leben, vor allem nach dem Tod eurer Mutter und des Babys. Ich will nicht behaupten, dass eine Hebamme die beiden hätte retten können, aber ihre Chancen wären sicherlich größer gewesen. Und dann die vielen Kinderkrankheiten, die ihr bekommen könnt! Ich wäre halb wahnsinnig vor Sorge, wenn ich eure Mutter wäre.«

Carlotta hatte das Gespräch belauscht. Ihr Verstand begann fieberhaft zu arbeiten. Wenn Evan mit seiner Familie wegzog, würde er die Zuchthäuslerin mitnehmen. Das brachte sie auf eine Idee.

In diesem Moment wandte Amelia sich zum Herd um, nahm aus dem Augenwinkel eine Gestalt in der Tür wahr und erkannte Carlotta. »Wie lange stehen Sie schon da?«, herrschte Amelia sie an. Sie hatte es satt, dass die Italienerin ständig um sie herumschlich, sodass sie auf jedes ihrer Worte achten musste, weil sie nie wusste, wann sie belauscht wurde.

»Ich bin gerade erst gekommen«, gab Carlotta zurück. »Ich möchte den Mädchen Kochunterricht erteilen.«

»Ach ja? Dann können Sie ja gleich das Abendessen machen«, versetzte Amelia und knallte die Kartoffeln auf den Tisch.

Sissie schaute mit großen Augen von einer zur anderen. Die Atmosphäre knisterte vor feindseliger Spannung, und das Mädchen hielt unwillkürlich den Atem an.

Carlottas Augen wurden schmal. Dann stolzierte sie in die Küche, wobei sie ihre wohl geformten Hüften schwenkte. Amelia warf den Kopf in den Nacken und rauschte an ihr vorbei zur Tür.

»Dann fangen wir am besten gleich an. *Wir* bringen bestimmt etwas Schmackhaftes zustande«, bemerkte Carlotta höhnisch und so laut, dass Amelia es hören musste. Kaum war sie gegangen, wandte die Italienerin sich an Sissie und fauchte: »Geh und hol deine Schwestern!«

Bevor Carlotta sich später auf den Heimweg machte, suchte sie Evan auf, der im Schweinestall bei den Ferkeln war.

»Hallo, Carlotta«, grüßte er.

»*Buon giorno!*«, erwiderte sie fröhlich. »Ich habe mit den Mädchen gekocht.«

»Ah! Mir war doch, als hätte der Wind einen köstlichen Duft herübergeweht.« Ihm war sofort klar gewesen, dass nicht seine Farmhelferin am Herd stehen konnte. Aber das behielt er für sich.

»Dass Sie das bei dem Gestank hier riechen können!« Carlotta hielt sich die Nase zu und verzog angewidert das Gesicht.

Evan warf ihr einen vorwurfsvollen Blick zu. »So schlimm ist es nun auch wieder nicht.« Er war ganz vernarrt in seine Schweine. Täglich mistete er ihren Stall aus. Das besorgte er lieber selbst, damit es auch richtig gemacht wurde. Amelia musste den Mist dann im Gemüsegarten untergraben. »Was habt ihr denn heute gekocht?«

»Gemüsepastete mit italienischen Gewürzen. *Bellissimo!*«, schwärmte Carlotta und bildete mit Daumen und Zeigefinger einen Ring, den sie an ihre gespitzten Lippen hielt. Sie lächelte triumphierend.

Evan konnte ihr überschwängliches Getue nicht ausstehen. Sie war das genaue Gegenteil seiner Jane, die immer still und zurückhaltend gewesen war. »Mmm«, machte er. Die Sache mit den Gewürzen behagte ihm nicht so sehr. Milo war ein heikler Esser; es kam zwar nicht oft etwas Neues auf den Tisch, aber was er nicht kannte, verschmähte er. Carlottas Brot allerdings aß er für sein Leben gern. Sie hatte Kräuter vom Festland mitgebracht – unter anderem Oregano und Basilikum, aber auch kleine Pfeffersträucher und Knoblauch – und in einem kleinen Garten neben dem Cottage eingepflanzt. Viele Kräuter trocknete sie selbst und brachte sie zum Kochen mit. Auch Knoblauchzehen durften an ihren Speisen nicht fehlen. Evan brachte es nicht über sich, ihr zu sagen, sie solle nicht so viele Gewürze und Knoblauch verwenden. Wieder musste er an seine Jane denken. Auch sie war eine großartige Köchin gewesen, und obwohl sie nie so viele unterschiedliche Zutaten genommen hatte, waren ihre Gerichte immer schmackhaft gewesen.

Evan schaute seinen Sohn an. »Carlottas Brot schmeckt dir, nicht wahr, Milo?«

Der Junge strahlte und nickte und streckte verlangend die Hand aus. Evan musste lachen.

»Heute Abend bekommst du feine Pastete«, sagte Carlotta zu dem Jungen; dann blickte sie Evan an. »Gibt es etwas, das er nicht mag, *signore?* Das er nicht verträgt?«

Evan zuckte mit den Schultern. »Wir essen fast immer das Gleiche. Kartoffeln, Möhren und anderes Wurzelgemüse. Was oberirdisch wächst, fressen uns die Wallabys weg. Dazu gibt's Fladenbrot und hin und wieder ein Huhn oder ein Lamm. Das alles verträgt Milo sehr gut.«

Milo stapfte munter durch den Stall und quietschte vor Vergnügen, wenn die Schweinchen ihn mit ihren nassen Rüsseln stupsten und beschnupperten.

»Es scheint ihm wieder gut zu gehen«, meinte Carlotta, die beim Anblick des kleinen Schmutzfinken innerlich zusammenzuckte. Sie beneidete die Zuchthäuslerin wirklich nicht darum, seine Sachen sauber halten zu müssen.

»O ja, es geht ihm prächtig!« Evan lächelte seinen Sohn zärtlich an.

»Wissen Sie inzwischen, was ihm gefehlt hat?«

Evan schüttelte bekümmert den Kopf. »Nein, ich habe keine Ahnung.« Er zerzauste dem Kleinen liebevoll die Haare. Die Geste rührte Carlotta; es kam selten vor, dass Evan seine Zuneigung zeigte.

»Wenn er wieder krank wird, sollten Sie ihn aber nach Kingscote bringen.«

Evan schwieg einen Moment. »Ich kann die Mädchen oder die Tiere nicht hier allein lassen«, erwiderte er dann.

»Aber wenn es etwas Ernstes ist, *signore?*«, beharrte Carlotta.

»Darüber mache ich mir Gedanken, wenn's so weit ist«, brummte Evan in seiner gewohnt mürrischen Art. »Im Augenblick geht's ihm ja gut.« Damit wandte er sich ab und begann, Mist zu schaufeln. Offenbar wollte er Carlotta zu verstehen geben, dass er die Unterhaltung als beendet betrachtete.

Doch als Carlotta sich schon zum Gehen wandte, sagte er

plötzlich: »Hier draußen können die Kinder sich wenigstens nicht bei anderen Kindern anstecken. Deshalb sind sie hier weniger gefährdet als in der Stadt.« Er glaubte, sich dafür rechtfertigen zu müssen, dass er seine Sprösslinge von der Zivilisation fern hielt.

»Aber bei sechs *bambini* braucht man gelegentlich einen Arzt, oder?«, wandte Carlotta ein, um ihm Zweifel an seiner Entscheidung einzupflanzen.

»Ärzte können auch keine Wunder vollbringen«, knurrte Evan. »Manchmal muss man die Dinge nehmen, wie sie kommen.« Ein düsterer Ausdruck huschte über sein Gesicht. Ob er wohl an seine verstorbene Frau dachte? Von Gabriel wusste Carlotta, dass Evan seine Frau vor etwa einem Jahr verloren hatte, und aus der belauschten Unterhaltung zwischen Sissie und der Zuchthäuslerin folgerte sie, die Frau müsse im Kindbett bei der Geburt eines weiteren Sohnes gestorben sein. Sie fragte sich, ob Evan Schuldgefühle plagten, weil weit und breit kein Arzt in der Nähe war, der ihnen hätte zu Hilfe kommen können.

»Darf ich fragen, was mit der Mutter des Jungen passiert ist, *signore*?«

Evan wurde blass. »Sie... sie ist im Kindbett gestorben.«

»Jetzt sagen Sie bloß, hier draußen auf der Farm?«, bemerkte Carlotta spitz.

Evan presste die Lippen zusammen und schluckte schwer. Sein Blick wanderte zum Hügel hinauf, wo die Schafe weideten. Zwei kleine, schlichte Holzkreuze kennzeichneten die Gräber von Jane und Joseph. Man konnte sie von hier unten nicht sehen, doch Evan wusste auch so ganz genau, wo sie sich befanden.

»Mein Vater redet nicht gern über meine Mutter«, sagte eine zarte Mädchenstimme plötzlich in scharfem Ton. »Das ist zu schmerzhaft.«

Carlotta fuhr herum und sah sich Sissie gegenüber. Das Mädchen funkelte sie böse an.

»Das ist schon in Ordnung, Sissie«, sagte Evan.

»Ich dachte, Sie wären längst fort.« Sissie starrte die Italienerin herausfordernd an. Sie konnte gut verstehen, weshalb ihre Freundin Sarah diese Frau nicht leiden konnte. Carlotta musste sich immerzu in Dinge einmischen, die sie nichts angingen.

»Redet man so mit einer Nachbarin?«, tadelte Evan seine Tochter streng. Als diese nicht antwortete, fuhr er sie an: »Mach, dass du ins Haus kommst, Sissie!«

Das Mädchen warf ihm einen furchtsamen Blick zu und wandte sich zum Gehen.

»Entschuldigen Sie, Carlotta. Meine Tochter ist in letzter Zeit ziemlich reizbar. Sarah meint, das kommt daher, dass sie zu einer jungen Frau heranwächst.«

»Da dürfte sie Recht haben«, entgegnete Carlotta. Diese Bemerkung hatte sie ungeheure Überwindung gekostet, aber da sie eigene Pläne verfolgte, was die Zuchthäuslerin betraf, wollte sie ihre wahren Gefühle nicht preisgeben.

KINGSCOTE

»Was ist eigentlich auf dem Ball passiert, Lance?«, fragte Edna, kaum dass sie das Haus ihres Sohnes betreten hatte. Lance kam gerade von der Arbeit und zog sich um.

»Wie meinst du das, Mutter?« Er zupfte einen Hemdärmel zurecht und warf Edna einen verwunderten Blick zu. Nachdem sie sich fast drei Tage nicht gesehen hatten, hätte er eine herzlichere Begrüßung erwartet. Lance hatte viel über das befremdliche Benehmen Amelias nachgedacht. Ob sie mit seiner Mutter gesprochen hatte? Wenn ja, hatte sie ihr bestimmt nicht die ganze Geschichte erzählt.

»Amelia hat mir heute Nachmittag gesagt, sie hätte sich nicht besonders gut unterhalten.«

»Tatsächlich?« Lance war gespannt, was als Nächstes kam.

»Sie sagte, sie sei noch nicht so weit, *möglichen Verehrern* vorgestellt zu werden.«

Lance staunte über diese Wortwahl. »Sie hat mit einigen von meinen Freunden und ein paar anderen Männern aus der Stadt getanzt, Mutter. Ich hatte den Eindruck, dass sie sich prächtig amüsierte.«

Edna ließ sich seufzend auf einen Küchenstuhl sinken, während Lance den Kessel aufsetzte. Er schürte die Asche im Herd und legte eine Hand voll Anzündspäne nach. Binnen Sekunden schlugen Flammen empor.

»Wir müssen behutsam mit ihr umgehen, Lance. Sie ist seelisch angeschlagen.«

Lance sah im Geiste vor sich, wie die vermeintlich »seelisch angeschlagene« junge Frau sich auf dem Ball aufgeführt hatte. Doch er brachte es nicht über sich, seiner Mutter zu erzählen, wie schamlos sie mit den Männern geflirtet hatte, und dass sie in Kingscote zum Stadtgespräch geworden war.

Als er schwieg, fuhr Edna fort: »Ich dachte, du würdest dich um sie kümmern, Lance.« Ein leiser Vorwurf lag in ihrer Stimme.

»Aber das tue ich doch, Mutter. Du weißt, dass ich niemals zulassen würde, dass ihr etwas zustößt. Ich dachte, sie amüsiert sich und ist froh darüber, andere Menschen kennen zu lernen.«

»Offenbar fühlt sie sich nur richtig wohl, wenn sie mit dir zusammen sein kann.«

Lance warf ihr einen entgeisterten Blick zu. »Aber ich hatte Olivia zum Ball eingeladen! Hätte ich sie etwa sitzen lassen und den ganzen Abend mit Amelia verbringen sollen?«

»Nein, natürlich nicht!« Edna stieß einen ratlosen Seufzer aus. Sie hoffte, dass ihr Mündel bis zum Abendessen Camillas Briefe gelesen hatte. Dann würde sie manches mit anderen Augen sehen.

Sarah hatte Camillas Briefe tatsächlich gelesen, und so quälte sie eine neue Sorge, als sie an jenem Abend das Esszimmer betrat.

Brian Huxwell war nämlich nicht nur der Anwalt der Divines, sondern auch ein guter Freund der Familie. Camilla hatte ihn in ihren Briefen mehrmals erwähnt. Er würde nur einen einzigen Blick auf Sarah zu werfen brauchen, um zu wissen, dass sie eine Hochstaplerin war. Sie musste eine Begegnung mit ihm um jeden Preis vermeiden. Nur wie?

»Guten Abend, Onkel Charlton.« Sie setzte sich, und Polly servierte ihr die Suppe und schenkte ihr Tee ein. Sarah hatte sich noch immer nicht daran gewöhnt, bedient zu werden, was ja auch kein Wunder war. Schließlich war sie nicht die, für die sie sich ausgab. Der Gedanke, entlarvt und wieder ins Gefängnis gesteckt zu werden, verursachte ihr körperliche Übelkeit. Das würde sie nicht ertragen. Lieber wäre sie tot, als wieder im Zuchthaus zu enden!

»Guten Abend, liebste Amelia!« Charlton lächelte leutselig. »Hattest du einen angenehmen Tag?«

»Ja, Onkel, danke. Wo ist denn Tante Edna?«

»Drüben bei Lance. Sie wird gleich zurück sein.«

Sarah konnte sich denken, weshalb Edna ihren Sohn aufgesucht hatte: um mit ihm über die Ereignisse auf dem Ernteball zu sprechen. Eigentlich hätte sie triumphieren müssen, denn sie hatte ihr Ziel ja erreicht. Aber die Sache mit Brian Huxwell beschäftigte sie viel zu sehr. Plötzlich hatte sie eine Idee.

»Wann kommt Mr Huxwell her, Onkel Charlton?«

»Wir rechnen jeden Tag mit ihm.« Er wunderte sich über ihren Gesichtsausdruck. Sie schien sich nicht auf den Besuch zu freuen, sondern wirkte im Gegenteil bedrückt.

»Ich möchte ihn nicht sehen, Onkel«, brach es heftig aus ihr hervor. Sie hatte alle Mühe, die Panik in ihrer Stimme zu unterdrücken. »Bitte sag mir, dass ich ihn nicht sehen muss!«

Charlton war für einen Augenblick sprachlos. »Aber er bringt Papiere mit, die du unterschreiben musst, Amelia.«

»Ich weiß. Aber ist es nötig, dass ich mit ihm zusammentreffe?«

Charlton war völlig durcheinander. »Gibt es denn einen Grund, weshalb du ihn nicht sehen möchtest?«

Sarah senkte den Blick und starrte auf den Tisch. »Ich... ich will niemanden sehen, der mit meinem alten Leben in Van-Diemens-Land zu tun hat.«

Charlton verstand überhaupt nichts mehr. »Aber wieso nicht?«

Sarah überlegte blitzschnell. »Ich ertrage das Mitgefühl der Leute einfach nicht mehr, Onkel. Dadurch werden immer wieder die alten Wunden aufgerissen. Bitte zwing mich nicht, ihn zu sehen!«

Charlton beugte sich vor und legte besänftigend seine Hand über ihre. »Du musst nichts tun, was du nicht willst, mein Kind. Das weißt du doch«, sagte er begütigend.

Sarah atmete auf und drückte seine Hand ganz fest. »Du bist so lieb zu mir, Onkel. Ich werde alles unterschreiben – Hauptsache, ich muss Mr Huxwell nicht begegnen. Ich habe ihn nie gemocht, und mir wird ganz elend bei dem Gedanken, ihn wiederzusehen.«

»Schon gut, Amelia. Wenn du ihn nicht sehen möchtest, brauchst du das auch nicht. Ich werde mich um alles kümmern, das habe ich dir doch versprochen. Mach dir deswegen keine Sorgen.«

»Danke, Onkel Charlton. Ich wüsste gar nicht, was ich ohne dich tun soll.« Sarah fiel eine Zentnerlast vom Herzen. Während sie ihre Suppe aß, frohlockte sie innerlich. Es war geradezu ein Kinderspiel gewesen, Charlton Ashby dahin zu bringen, wo sie ihn haben wollte. Er war Wachs in ihren Händen.

Charlton griff wieder zu der Zeitung, nahm aber nichts von dem in sich auf, was er las. Er konnte sich keinen Reim auf die Reaktion seines Mündels auf das bevorstehende Wiedersehen mit Brian Huxwell machen. Brian war ein enger Freund der Familie. Wieso sträubte Amelia sich plötzlich gegen eine Begegnung mit ihm? Charlton hoffte, dass Edna bald zurückkam. Vielleicht könnte sie Licht in die Angelegenheit bringen.

»Amelia sagt, sie unterhält sich gern mit dir, weil du in ihrem Alter bist. Du könntest ruhig mehr Zeit mit ihr verbringen, Lance«, sagte Edna mit leisem Tadel. »Es wäre ein Segen, wenn sie aus sich herausginge, damit sie die Trauer über den Verlust ihrer Familie endlich bewältigt.«

»Das hatte ich anfangs ja auch vor, Mutter, aber...«

»Aber was? Bist du nicht gern mit ihr zusammen?«

»Doch, schon, aber...«

»Aber was? Wo liegt dann das Problem?« Ednas Stimme war die Anspannung anzuhören.

Lance hielt es für klüger, sich seiner Mutter anzuvertrauen. »Ich werde es dir erklären, wenn du mich ausreden lässt.«

»Entschuldige, Lance. Amelia macht mich ganz nervös.«

Lance holte tief Luft. »Amelia hat meine Freundlichkeit ihr gegenüber ganz offensichtlich falsch verstanden.«

Edna schaute ihn verwirrt an. »Wie meinst du das?«

»Na ja...« Lance rutschte unruhig auf seinem Stuhl hin und her. »Ich habe das Gefühl, sie hat meine Sorge um ihr Wohlergehen als... als Interesse im amourösen Sinne aufgefasst.«

Edna starrte ihn ungläubig an. »Willst du damit sagen, sie glaubt, du wärst in sie *verliebt*?«

Lance nickte. »Aber so ist es nicht, Mutter, und ich habe auch nichts getan, sie dahingehend zu ermutigen. Ich dachte, wenn sie mich auf dem Ball mit Olivia sieht und ich sie außerdem meinen Freunden und ein paar anderen Junggesellen vorstelle, würde sie das auf andere Gedanken bringen. Offen gestanden hatte ich gehofft, einer würde ihr so gut gefallen, dass sie mich vergisst.«

Eine leichte Röte flog über Ednas Gesicht. »Das kann ich mir unmöglich vorstellen, Lance! Du musst dich irren!«

»Ich fürchte nein, Mutter.«

»Allmächtiger!« Edna schlug die Hände vors Gesicht.

Als Edna von Lance kam, traf sie vor ihrem Haus mit Betty zusammen, die ihre Eierschüssel in den Händen hielt.

»Hallo, Betty«, sagte Edna bedrückt.

»Was haben Sie denn, Missus?«, fragte die Aborigine mit einem Blick auf Ednas sorgenvolle Miene. »Stimmt etwas nicht?«

»Ach, ich habe nur über etwas nachgedacht, das Lance mir gerade erzählt hat. Kommst du wegen der Eier, Betty?«

»Ja, Missus.« Betty hatte das merkwürdige Gefühl, dass Ednas Benommenheit mit ihrem Mündel zu tun hatte. Irgendetwas stimmte nicht mit dieser jungen Frau. Betty war ihr seit ihrer ersten Begegnung tunlichst aus dem Weg gegangen.

»Wie geht es den Kindern?«, fragte Edna zerstreut.

»Gut, Missus. Ernest hatte in seiner Rechenarbeit am Freitag keinen einzigen Fehler, und Ella-Jane kann jetzt das ganze Alphabet auswendig.« Letzteres imponierte Betty besonders, weil sie selbst es nicht beherrschte. Sie sprach zwar ganz gut Englisch, aber lesen konnte sie kaum.

»Das sind ja sehr gute Neuigkeiten, Betty. Und wie geht es Martin?«

»Der interessiert sich mehr fürs Ballspielen als für das Lernen. Der Junge wird eines Tages in den Outback gehen, ganz sicher.«

Auch wenn Betty sich für ihre Kinder eine gute Ausbildung wünschte, so war sie doch unüberhörbar stolz auf Martin.

»Hauptsache, er ist glücklich, Betty. Nur das zählt.«

»Und was macht Ihr Gast, Missus?« Betty hatte viel über das Mündel der Ashbys nachgedacht.

»Sie trauert immer noch um ihre Familie. Aber das kann man ja verstehen, nicht wahr?«

Betty schwieg. Sie war sicher, dass die junge Frau keine Trauer verspürte.

»Wie ich sehe, war Polly schon hier«, sagte Edna, als sie den Anbau betraten, wo eine große Schüssel voller Eier stand. Edna zählte ein Dutzend für Betty ab. »Darf ich dir eine Tasse Tee anbieten?«

»Ich hab noch einiges zu erledigen, Missus, vielleicht ein andermal«, antwortete Betty rasch. Sie wollte auf keinen Fall mit der jungen Frau zusammentreffen, denn sie hatte kein gutes Gefühl, was diese Fremde betraf.

»Wie du möchtest«, sagte Edna, doch Betty eilte bereits davon.

Edna blickte ihr verwundert nach. Dann wandte sie sich kopfschüttelnd um und ging in die Küche. Sie hörte, dass Charlton nach ihr rief. Er stand in der Tür zu ihrem Schlafzimmer. Edna ging zu ihm, und er nahm sie am Arm und zog sie ins Zimmer. Als sie sein Gesicht sah, ahnte sie, dass etwas passiert sein musste.

»Was ist? Was hast du?«

»Ich muss mit dir reden. Hast du Amelia gesehen?«, flüsterte er.

»Nein. Was ist denn passiert, Charlton? Hat sie etwas gesagt, dass du dich so aufregst?«

»Allerdings. Du weißt doch, dass Brian Huxwell kommt und die Papiere mitbringt, die Amelia unterschreiben muss, damit sie das Erbe ihrer Eltern antreten kann.«

Edna runzelte die Stirn. »Ja, und?«

»Amelia hat mir vorhin gesagt, dass sie unter keinen Umständen mit ihm zusammentreffen möchte.«

Edna blickte erstaunt. »Aber wenn sie nicht unterschreibt, wird das Vermögen nicht in ihren Besitz übergehen!«

»Ich weiß. Sie sagt, sie unterschreibt alles, aber sie will Brian nicht sehen.«

»Wieso denn nicht?«

»Sie behauptet, sie habe ihn noch nie gemocht, und sie wolle niemanden sehen, der sie an ihr früheres Leben in Van-Diemens-Land erinnere.«

Edna trat vor Verblüffung unwillkürlich einen Schritt zurück. »Seltsam. Ich weiß aus Camillas Briefen, dass Brian Huxwell nicht nur der Anwalt der Divines, sondern ein enger Freund der Familie war.«

Charlton nickte. »Das ist wirklich sehr merkwürdig. Ich weiß nicht, was ich davon halten soll. Ich habe Amelia gesagt, sie müsse Brian nicht treffen, aber ich hoffe, sie wird ihre Meinung noch ändern.«

»Ich habe ihr Camillas Briefe zu lesen gegeben.«

Charlton machte ein verwirrtes Gesicht. Er konnte den Gedankensprung seiner Frau nicht nachvollziehen.

»Ich dachte mir, dass die Briefe ihr helfen, ihren Kummer zu überwinden«, erklärte Edna. »Stattdessen benimmt sie sich noch seltsamer als zuvor. Etwas stimmt hier nicht, Charlton!«

»Tja, ich möchte Amelia zu gern helfen, Edna, aber ich muss gestehen, ich weiß nicht mehr weiter.«

»Vielleicht hat Brian Huxwell eine Erklärung für ihr eigenartiges Verhalten.«

»Hoffen wir's«, meinte Charlton. »Ein Jammer, dass ihr das Vermögen ihrer Eltern ausgerechnet zum jetzigen Zeitpunkt zufällt. Ich fürchte, sie ist damit hoffnungslos überfordert, und das hat nichts mit ihrem Alter zu tun.«

Edna überlegte. Vielleicht sollte Amelia Dr. Thompson zu Rate ziehen. Er hatte ihr Mündel noch nicht kennen gelernt, aber es ließ sich bestimmt ein Vorwand für ein Zusammentreffen finden.

»Ich glaube, ich werde Dr. Thompson für einen der nächsten Abende zum Essen einladen«, sagte Edna.

Ja, genauso würde sie es machen.

16

CAPE DU COUEDIC

»Was suchen Sie denn, Carlotta?«, fragte Gabriel. Als er einen Sack Mehl aus dem Vorratslager holen wollte, sah er sie hektisch in den Vorräten wühlen.

Sie fuhr erschrocken hoch. »Bücher!«

Gabriel blickte verdutzt drein. »Bücher?«

»*Sì*. Gibt es hier keine?«

»Nein.« Gabriel schüttelte den Kopf, und Carlotta machte ein langes Gesicht. »Können Sie denn Englisch lesen?«

»Natürlich!«, fauchte sie. Als Carlotta und ihre Familie auf den Goldfeldern von Ballarat gehaust hatten, hatte ihr Vater die Frau eines »Nachbarn« gebeten, seinen Töchtern Englisch in Wort und Schrift beizubringen. Da sie ihm keine große Hilfe waren und seiner Ansicht nach eine viel zu große Verlockung für lüsterner Goldschürfer darstellten, wollte er sie auf diese Weise beschäftigen. So kam es, dass Carlotta recht gut Englisch lesen konnte.

»Ich habe etliche Bücher in meinem Cottage«, sagte Gabriel. »Ich weiß nur nicht, ob etwas dabei ist, das Ihnen gefallen könnte.« Er besaß Bücher über Leuchttürme auf der ganzen Welt, über Schifffahrtskatastrophen, Segelschiffe, fremde Häfen, Riffe, Sandbänke und Inseln, über die Fauna und Flora Australiens und über berühmte Seefahrer.

»Oh, ich finde bestimmt etwas! Ich darf nachsehen, *vero?*«

Suchte sie vielleicht nur nach einem Vorwand, um mit ihm allein im Haus zu sein? »Haben Sie etwas Bestimmtes im Sinn?«, fragte er vorsichtig.

Carlotta überlegte fieberhaft. »Ich ... ich wollte mehr über die Insel erfahren.«

»Über die Insel? Über ihre Geschichte, meinen Sie?«

»Unsinn!«, erwiderte sie grob und lief im nächsten Moment rot an. »Ich meine ... ja, auch, aber vor allem interessiert mich die Vegetation.« Ihre weit ausholende Geste schloss die gesamte Umgebung ein.

»Die Vegetation?« Gabriel traute seinen Ohren nicht.

»Ja. Ich koche doch so gern, und da wollte ich herausfinden, ob hier Pflanzen wachsen, die ich verwenden könnte. Was ist daran so merkwürdig?«

Gabriel lag schon die Bemerkung auf der Zunge, dass alles, was sie sagte, irgendwie merkwürdig sei, doch er beherrschte sich. »Nichts. Ich wundere mich nur, weil Sie sich bisher nie für die Insel interessiert haben.«

Carlotta reckte das Kinn vor. »Ich langweile mich eben! Es gibt ja sonst nichts für mich zu tun. Haben Sie nun Bücher über dieses Thema oder nicht?«

»Doch, ich denke schon.« So sehr ihn ihr plötzliches Interesse für Wildpflanzen erstaunte, so froh war er, dass sie offenbar einen Zeitvertreib gefunden hatte, der sie hoffentlich von ihm und seiner Sarah ablenken würde.

Carlotta lächelte. »Fein. Können wir sie holen?«

»Jetzt gleich?«

»Warum nicht? Kommen Sie, gehen wir!«

Gabriel zuckte mit den Schultern. Es passte ihm zwar nicht, wie sie ihn herumkommandierte, aber wenn sie sich mit den Pflanzen befasste und ihn dann in Ruhe ließ, sollte es ihm recht sein. Er schulterte den Sack Mehl, dessentwegen er gekommen war, und ging zum Haus zurück. Carlotta folgte ihm. Gabriel suchte drei Bücher für sie heraus, darunter das eines Botanikers von der University of New South Wales, Professor James Lally. Dieses Buch hatte es Carlotta besonders angetan.

»Es hat viele Illustrationen, die Ihnen helfen, die Pflanzen auf der Insel zu bestimmen.«

Carlotta strahlte ihn an und eilte davon. Gabriel blickte ihr nach und kratzte sich verwirrt am Hinterkopf.

Eine Stunde später machte Gabriel sich auf den Weg zur Finnlay-Farm, wo er seine Sarah zu sehen hoffte. Er hatte seit jenem Abend, an dem sie den Brief dieser Amelia Divine aus Kingscote gelesen hatte, nichts mehr von ihr gehört, und machte sich Sorgen.

Als er zu Evans Haus kam, stand die Tür offen. Er klopfte dennoch an. Evan, Milo auf dem Schoß, saß am Tisch, Jessie und Molly links und rechts neben sich. Amelia spülte das Frühstücksgeschirr, und Sissie trocknete ab.

»Komm rein, Gabriel«, rief Evan.

»Guten Morgen«, grüßte Gabriel und trat näher. Sein Blick heftete sich auf Amelia, die ihm den Rücken zukehrte und sich unwillkürlich straffte, als sein Name fiel. Sie drehte sich nicht um.

»Setz dich«, forderte Evan ihn auf. »Sarah wird dir einen Tee machen.«

»Nein, danke, Evan, ich hab gerade eine Tasse getrunken.«

Amelia wandte sich schroff ab und eilte aus dem Haus, ohne ihn eines Blickes zu würdigen. Mutlosigkeit erfasste Gabriel.

Bevor er eine halbe Stunde später den Heimweg antrat, ging er zum Gemüsegarten hinüber, wo Amelia auf Knien ein Beet bearbeitete. Grimmig hieb sie auf den steinharten Boden ein. Gabriel erkannte, dass sie ihren Ärger über seinen Besuch abreagierte.

»Du kannst mir nicht ewig aus dem Weg gehen«, sagte er.

Sie gab keine Antwort.

»Es hat sich nichts an meinen Gefühlen für dich geändert, Sarah«, fügte er hinzu. »Und es wird sich auch nichts daran ändern.«

Sie hielt einen Augenblick inne, sah ihn aber nicht an. Sie wollte ihm sagen, dass sie seine Gefühle nicht wert sei; stattdessen stieg ein Schluchzer in ihrer Brust auf. Tränen traten ihr in die Augen, und sie schüttelte hilflos den Kopf. »Du weißt nicht, was du sagst«, flüsterte sie. »Ich bin ein verderbter und eigensüchtiger Mensch. Du musst mich vergessen.« Sie stand auf und ging davon.

»Ich kann dich aber nicht vergessen – genauso wenig, wie ich das Atmen vergessen könnte«, rief Gabriel ihr nach.

Seine Worte berührten sie tief. Sie blieb stehen und drehte sich zu ihm um. Tränen liefen ihr übers Gesicht. »Ich bin deiner nicht wert. Du hast etwas Besseres verdient.«

»Meinst du nicht, du solltest diese Entscheidung mir überlassen, Sarah?«

»Du kennst mich noch nicht lange, und die Frau, die du kennst, ist nicht die, die ich wirklich bin! Die Frau in dem Brief, das bin ich, und sie war ein selbstsüchtiges Scheusal!«

»So etwas darfst du nicht sagen, Sarah.«

»Aber es ist so! Lass mich in Ruhe, hörst du?« Sie drehte sich um und lief davon. Sie liebte Gabriel, und es brach ihr das Herz, ihn wegzuschicken und die Hoffnung auf eine Zukunft mit ihm endgültig zu begraben. Doch sie hatte keine andere Wahl – sie tat es für ihn.

Gabriel sah ihr nach. Er wäre ihr gern gefolgt und hätte sie in die Arme genommen, aber er hielt es für klüger, sie jetzt in Ruhe zu lassen. Er hoffte von Herzen, dass sie sich besann und erkennen würde, was für ein wertvoller Mensch sie war, der eine zweite Chance verdient hatte. Denn er würde sich lieber das Herz herausreißen, als sie zu vergessen.

Kingscote

»Wo ist Amelia?«, fragte Charlton seine Frau, als er an diesem Morgen die Küche betrat.

»Sie hat sich vor einer halben Stunde in die Stadt aufgemacht«, antwortete Edna.

Charlton warf einen Blick zur Hintertür hinaus. Das Pferd stand auf der Koppel.

Edna erriet seine Gedanken. »Sie wollte lieber zu Fuß gehen.«

Charlton sah Polly an, die das Geschirr abwusch. »Allein?«, fragte er streng.

»Ja, sie hat darauf bestanden.«

»Aber sie …« Charlton verstummte, denn in diesem Moment klopfte jemand an die Vordertür, und er ging nachsehen. Kurz darauf kam er mit einem Umschlag in der Hand zurück.

»Wer war es denn?«, fragte Edna. Bekannte kamen normalerweise zur Hintertür.

»Ein Bote mit einer Nachricht.« Charlton überflog die Mitteilung. »Von Brian Huxwell. Er ist heute Morgen eingetroffen und hat sich ein Zimmer im Ozone Hotel genommen. Anscheinend ist er schwer seekrank gewesen. Er schreibt, er muss sich heute und morgen erst einmal erholen. Ich soll am Freitag um zehn Uhr mit Amelia ins Hotel kommen.«

Edna seufzte. »Mir kam es so vor, als wäre Amelia ausgegangen, weil sie fürchtete, Mr Huxwell könnte uns besuchen. Sie hat ja gewusst, dass wir jeden Tag mit ihm rechnen.«

Sarah kam gegen Mittag zurück. Zum Erstaunen der Ashbys war sie bester Laune.

»Was hast du denn in der Stadt gemacht?«, fragte Edna. Sie war sich nicht sicher, ob sie ihr von Brian Huxwells Ankunft erzählen sollte.

Sarah hatte es genossen, allein zu sein und tun und lassen zu können, wonach ihr der Sinn stand. Diese Freiheit hatte sie viele Jahre nicht gehabt, und es war ein herrliches Gefühl gewesen. »Ich habe einen Schaufensterbummel gemacht und war anschließend zum Tee im Ozone Hotel.« Als sie Charltons und Ednas erstaunte Gesichter sah, fragte sie verwirrt: »Was ist denn?«

»Wir haben eine Nachricht von Brian Huxwell erhalten«, antwortete Charlton. »Er wohnt im Ozone und will sich Freitagmorgen dort mit uns treffen.«

Sarah wurde blass. Im Ozone? Und wenn sie ihm nun dort begegnet war? Sie wusste natürlich nicht, wie er aussah, und er würde sie genauso wenig erkennen. Wie sollte er auch? Er kannte schließlich nur die echte Amelia Divine. Sarah bekam plötzlich einen trockenen Mund. »Freitag?«, brachte sie mühsam hervor.

»Ja. Die Überfahrt hat ihn wohl ganz schön mitgenommen. Er muss sich erst ein wenig erholen.«

Sarah wurde kalkweiß im Gesicht. Sie schwankte und sank auf einen Stuhl.

»Was hast du denn, Amelia?«, fragte Edna beunruhigt. »Weshalb willst du Mr Huxwell nicht sehen?«

»Weil ich nicht *will*!«, gab Sarah patzig zurück und warf Charlton einen vorwurfsvollen Blick zu. »Du hast gesagt, ich müsste ihn nicht treffen, Onkel Charlton!«

»Das brauchst du auch nicht, wenn du nicht möchtest, aber ...«

»Warum willst du ihn nicht sehen?«, fiel Edna ihm ins Wort. Sie war entschlossen, der Sache auf den Grund zu gehen.

»Ich mag ihn nicht. Außerdem erinnert mich ein Wiedersehen mit Freunden meiner Eltern an das furchtbare Unglück.«

»Ich glaube, es würde dir helfen, darüber hinwegzukommen, Liebes«, sagte Edna sanft.

»Ganz bestimmt nicht!«, stieß Sarah hervor. Panik erfasste sie und schnürte ihr die Luft ab.

»Reg dich nicht auf, mein Kind«, sagte Charlton besänftigend. »Ich werde allein zu dem Treffen mit Mr Huxwell gehen.« Er warf Edna einen warnenden Blick zu und schüttelte den Kopf. Edna, die bereits den Mund aufgemacht hatte, um ihrem Mündel weitere Fragen zu stellen, verschwand in der Küche, um Polly zu sagen, sie könne das Essen servieren.

Das Mittagessen verlief in bedrückendem Schweigen. Gleich darauf ging Sarah, der immer noch die Knie zitterten, in ihr Zimmer und schloss die Tür ab. Im Geiste ließ sie noch einmal ihren Besuch im Tearoom des Ozone Hotel an sich vorüberziehen. Sie hatte ein paar Worte mit einem freundlichen Herrn gewechselt, der neben ihrem Tisch mit seinem Teetablett gestolpert war und seinen Tee verschüttet hatte. Er hatte sich vielmals bei ihr entschuldigt, da er glaubte, sie hätte einige Spritzer abbekommen, und erzählt, er sei erst an diesem Morgen mit dem Schiff eingetroffen und immer noch ein bisschen wacklig auf den Beinen. Das Meer sei rau und die Überfahrt äußerst unangenehm gewesen; er sei so seekrank geworden, dass er noch immer keinen klaren Gedanken fassen könne. Dann war er an die frische Luft gegangen. Sollte dieser Mann Brian Huxwell gewesen sein? Sarah tat einen tiefen, zitternden Atemzug und stieß dann einen Seufzer der Erleichterung aus. Ein Glück, dass der Mann sich nicht vorgestellt oder – schlimmer noch – sie nach ihrem Namen gefragt hatte!

»Im Grunde spielt es keine Rolle, ob sie Brian Huxwell mag oder nicht«, sagte Charlton zu seiner Frau, nachdem ihr Mündel vom Tisch aufgestanden war. »Sie muss nur geschäftlich mit ihm verkehren; danach braucht sie ihn nie wiederzusehen, wenn sie nicht will. Weshalb also diese geradezu hysterische Reaktion? Ich verstehe das nicht.«

»Was hältst du davon, wenn ich dich zu deinem Treffen mit Mr Huxwell begleite?« Edna hoffte, Antworten auf einige Fragen zu bekommen.

»Das ist eine ausgezeichnete Idee«, stimmte Charlton sofort zu.

17

KINGSCOTE

»Bist du sicher, dass du nicht mitkommen möchtest, Amelia?«, fragte Edna, als sie am Freitagmorgen zu ihrer Verabredung mit Brian Huxwell aufbrachen.

»Ganz sicher, Tante«, antwortete Sarah. »Ich möchte Mr Huxwell nicht sehen.« Mit einem Blick in Charltons besorgtes Gesicht fuhr sie fort: »Ich weiß, ihr könnt das nicht verstehen, aber ich möchte wirklich nicht darüber sprechen. Mr Huxwell wird vermutlich einen guten Eindruck auf euch machen, aber glaubt mir, ich kenne ihn von einer ganz anderen Seite.« Sie versuchte, den Ashbys einen bestimmten Verdacht einzuflüstern, dass nämlich Brian Huxwell nicht der Gentleman war, für den er sich ausgab. Und dem fragenden Blick nach zu urteilen, den Edna und Charlton beim Hinausgehen wechselten, hatte es offenbar funktioniert.

Brian Huxwell wartete im Tearoom des Ozone Hotel. Er musterte die Ashbys flüchtig, als sie den Raum betraten, und wandte sich dann wieder dem Blick aus dem Erkerfenster zu. Da er drei Personen erwartete, nahm er nicht an, dass es sich bei dem Paar um die Ashbys handelte.

Brian beobachtete, wie der Wind die Schaumkronen von den Wellen riss. Ihm graute jetzt schon vor der Rückfahrt nach Van-Diemens-Land. Er hatte die Reise nur Amelia zuliebe auf sich genommen, weil er sich persönlich davon überzeugen wollte, dass es ihr gut ging. Er hatte sich schreckliche Sorgen um sie gemacht und freute sich schon auf das Wiedersehen mit ihr.

Da er der einzige Fremde im Raum war und der Einzige, der allein an seinem Tisch saß, steuerten die Ashbys geradewegs auf ihn zu.

»Mr Huxwell?«, fragte Charlton höflich.

»Ja, der bin ich.« Brian erhob sich.

»Ich bin Charlton Ashby, und das ist Edna, meine Frau.« Die beiden Männer gaben sich die Hand. Dann ließ Brian den Blick in die Runde schweifen. »Wo ist denn Amelia?«

Charlton warf seiner Frau einen nervösen Blick zu.

»Ich fürchte, sie wird nicht kommen, Mr Huxwell«, sagte Edna.

»Oh!«, machte Brian sichtlich verstört.

»Dürfen wir uns setzen?«, fragte Charlton.

»Aber natürlich, entschuldigen Sie bitte meine Unhöflichkeit. Ich bin ganz... ich meine, ich habe mich darauf gefreut, Amelia wiederzusehen. Sie ist hoffentlich nicht krank?« Er rückte Edna den Stuhl zurecht.

»Sie ist... nicht sie selbst«, erwiderte Edna. »Haben Sie sich von der Reise erholt?«

»Es geht mir schon viel besser, danke der Nachfrage, aber mir ist immer noch ein bisschen schwummrig. Die Seefahrt ist nichts für mich, fürchte ich.«

»Wussten Sie, dass Amelias Schiff vor der Küste gekentert und gesunken ist?«

»Ja, wir hörten in Hobart Town von der Katastrophe. Ich war außer mir vor Sorge, bis ich dann erfuhr, dass sie gerettet wurde. Ich hätte ihr schreiben sollen, aber ich dachte, ich überzeuge mich lieber selbst davon, wie es ihr geht.« Brian Huxwell war ein hagerer Mann um die fünfzig mit freundlichen blauen Augen, sorgfältig gestutztem Oberlippen- und Vollbart und makellosem Äußeren. »Ich dachte... Ich hatte gehofft, dass die Wunden inzwischen verheilt sind. Es ist zwar noch nicht allzu lange her, aber in der neuen Umgebung und mit Ihrer Hilfe...«

»Ich glaube, wir müssen Ihnen etwas erklären«, sagte Edna sanft. Sie besaß eine ausgezeichnete Menschenkenntnis, auf die sie sehr stolz war. Der erste Eindruck war ihrer Ansicht nach entscheidend. Brian Huxwell schien ein Gentleman zu sein, ein geradliniger, aufrichtiger und sehr professioneller Mann. Edna konnte nicht glauben, was ihr Mündel angedeutet hatte. Auf der anderen Seite hatte Amelia sich von Anfang an sonderbar benommen, was Edna natürlich auf die Trauer über den Verlust ihrer Familie zurückgeführt hatte.

Sie sah ihren Mann Hilfe suchend an.

»Amelia hat sich geweigert, uns zu begleiten, Mr Huxwell«, sagte Charlton.

Alle Farbe wich aus Brian Huxwells Gesicht.

»Sie sagt, sie möchte niemanden sehen, der sie an ihr früheres Leben in Van-Diemens-Land erinnert«, fügte Edna hinzu.

»Was?« Ungläubiges Staunen zeichnete sich auf Brian Huxwells Zügen ab.

»Sie fürchtet die schmerzlichen Erinnerungen, die damit verbunden sind«, erklärte Edna.

»Aber dass sie *mich* nicht sehen möchte, kann ich einfach nicht glauben!«, stieß Brian hervor.

Charlton und Edna tauschten einen Blick. Brian Huxwell konnte sich offensichtlich genauso wenig einen Reim auf die Reaktion der jungen Frau machen wie sie selbst.

Schweigen senkte sich herab. Charlton bestellte Tee, um dem Anwalt Gelegenheit zu geben, die Fassung wiederzuerlangen.

Als der Tee serviert worden war, sagte Edna: »Wir hatten eigentlich gehofft, *Sie* würden uns erklären können, weshalb Amelia sich so sonderbar benimmt.«

»Ich? Ich bin genauso ratlos wie Sie«, erwiderte der sichtlich erschütterte Brian.

»Was für ein Mensch war Amelia vor dem tragischen Unfall ihrer Familie?«

»Sie war fröhlich und voller Lebensfreude. Camilla und Henry hatten alle Mühe, sie zu bändigen.«

Wieder wechselten Charlton und Edna einen vielsagenden Blick. Auf das Mädchen, das bei ihnen wohnte, traf Brians Beschreibung in keiner Weise zu.

»Sie müssen wissen, dass Amelia ein überaus behütetes Leben führte. Camilla und Henry waren nicht nur meine Mandanten, sondern auch sehr gute Freunde, daher weiß ich, dass sie ihre Kinder über alle Maßen verwöhnt haben. Ich habe mir oft gesagt, dass sie sich damit keinen guten Dienst erwiesen, aber heute bin ich froh, dass sie sich die Zeit so schön gemacht haben.« Brians Stimme wurde brüchig. Er räusperte sich und fuhr an Edna gewandt fort: »Ich weiß, Camilla war eine liebe Freundin von Ihnen. Bitte entschuldigen Sie, ich wollte Sie nicht aufregen.«

Edna tupfte sich die Tränen ab und nippte an ihrem Tee. »Sie sagen, Amelia war ein fröhliches, aufgewecktes Mädchen, Mr Huxwell. Aber es gab doch sicher auch Zeiten, in denen sie grüblerisch oder schlecht gelaunt gewesen ist?«

»Nein, nie. Sie hat Tanzunterricht gegeben, drei Sprachen gesprochen und mit ihren Eltern oder Freunden liebend gern Feste und Partys besucht. Sie war eine außerordentlich beliebte junge Dame.«

»Dann hat sie sich vollkommen verändert«, bemerkte Charlton.

»Der Unfalltod ihrer Familie war ein schwerer Schlag für sie.« Brian schüttelte den Kopf. »Anscheinend hat sie sich noch immer nicht davon erholt.«

»Glauben Sie mir, Mr Huxwell, wir haben viel Geduld und Nachsicht geübt. Aber die Amelia, die wir kennen, ist ängstlich und scheu. Lance, unser Sohn, hat sie vor kurzem auf einen Ball eingeladen, und sie erzählte mir hinterher, es sei ein schrecklicher Abend für sie gewesen.«

»Das hört sich aber nicht nach Amelia an. Sie liebte gesellschaftliche Anlässe und tanzte für ihr Leben gern.«

»Haben Sie sich gut mit ihr verstanden?«, fragte Charlton. »Ich meine, gab es jemals ernsthafte Auseinandersetzungen zwischen Ihnen beiden?«

»Nein, niemals. Ich möchte nicht prahlen, aber ich war für die Divine-Kinder so etwas wie ein Lieblingsonkel. Ich kenne sie seit vielen Jahren. Deshalb ist es mir auch völlig unbegreiflich, dass Amelia mich nicht sehen will. Ich hasse Seereisen und hätte die Papiere, die sie unterschreiben muss, genauso gut per Post schicken können, aber ich habe die Überfahrt auf mich genommen, weil ich Amelia wiedersehen wollte. Ich habe ihr am Grab ihrer Eltern versprochen, dass wir in Verbindung bleiben. Ehrlich gesagt hatte ich erwartet, dass sie sich bei mir meldet.«

Edna und Charlton brachten es nicht übers Herz, dem Anwalt zu sagen, dass Amelia behauptet hatte, sie könne ihn nicht leiden, oder dass sie seinen Namen kein einziges Mal von sich aus erwähnt hatte. Es hätte ihn zu sehr verletzt.

Edna blickte sich um. »Wären Sie am Mittwoch hier gewesen, hätten Sie sie eigentlich sehen müssen.«

Brian dachte kurz nach. »Ich war tatsächlich hier. Ich trinke nämlich etliche Tassen Tee am Tag, deshalb bin ich des Öfteren hier anzutreffen.«

»Seltsam, dass Sie das Mädchen dann nicht gesehen haben. Uns hat sie erzählt, sie hätte Mittwochmorgen hier Tee getrunken.«

Brian runzelte die Stirn. »Das ist in der Tat seltsam.« Wie konnte er Amelia da übersehen haben?

»Wissen Sie, da gibt es noch weitere Merkwürdigkeiten«, sagte Edna. »Amelia hat bislang keinerlei Interesse für Poesie gezeigt, aber ich weiß von Camilla, dass sie schrecklich gern Gedichte verfasst hat. Das Seltsamste aber ist, dass sie Camilla, Henry oder Marcus mit keiner Silbe erwähnt. Mir kommt es so vor, als hätte der Tod ihrer Lieben sie in einen ganz anderen Menschen verwandelt.«

»Vielleicht sollte sie einen Arzt aufsuchen«, meinte Brian beunruhigt.

»Der Gedanke ist mir auch schon gekommen. Da ich aber bezweifle, dass sie mich freiwillig zu unserem Arzt begleiten würde, habe ich ihn für heute Abend zu uns zum Essen eingeladen«, sagte Edna. »Es tut mir wirklich Leid, dass Sie den weiten Weg umsonst gemacht haben, Mr Huxwell. Möchten Sie uns die Papiere für Amelia gleich mitgeben, damit sie sie unterschreiben kann?«

»Sehen Sie eine Chance, dass Amelia ihre Meinung noch ändert?«

»Ich weiß es nicht«, antwortete Edna, die auf jeden Fall versuchen wollte, ihr Mündel umzustimmen. »Wir werden sehen, was sich machen lässt.«

»Am Montag feiert sie ihren zwanzigsten Geburtstag. Ich habe keinen ihrer Geburtstage versäumt, seit sie ein kleines Mädchen war, deshalb wollte ich ursprünglich bis Dienstag bleiben. Ich zeichne sehr gern, und ich dachte mir, ich könnte die Zeit nutzen, die wunderschöne Landschaft hier zu skizzieren.«

»Wir hatten vor, Montagnachmittag eine Geburtstagsteeparty für Amelia zu geben. Vielleicht kann ich sie überreden, Sie einzuladen.«

»Das würde mir unendlich viel bedeuten. Ehrlich gesagt graut es mir bereits vor der Rückfahrt, und wenn ich Amelia nicht wenigstens ein Mal gesehen habe, weiß ich nicht, wie ich diese Tortur überstehen soll.«

»Haben Sie Familie, die auf Sie wartet?«

»Nein. Meine Frau starb ein Jahr nach der Hochzeit an Typhus. Ich habe nicht wieder geheiratet, deshalb habe ich auch keine Kinder. Amelia und Marcus waren ein bisschen wie eigene Kinder für mich, und ich gebe zu, auch ich habe sie verwöhnt. Ich hätte nie gedacht...« Brian versagte die Stimme.

Edna kamen die Tränen, als Erinnerungen an ihre liebe Freundin Camilla wach wurden.

CAPE DU COUEDIC

Carlotta hatte die Pflanzen, die Professor James Lally in seinem Buch beschrieb, sorgfältig studiert, aber keine davon in der Nähe des Leuchtturms gefunden. Allein wagte sie sich jedoch nicht in die Umgebung, aus Angst, sich zu verirren. Nach zwei entnervenden Tagen beschloss sie, Gabriel um Hilfe zu bitten.

»Ich würde gern nachsehen, ob hier irgendwo einige dieser Sträucher und Pflanzen wachsen. Würden Sie mich begleiten?«, fragte sie ihn, das Buch in der Hand, als er von der Finnlay-Farm zurückkam, wo er nach dem Ende seiner Schicht gefrühstückt hatte.

»Jetzt? Ich wollte mich eigentlich hinlegen, Carlotta.«

»Aber wir sind doch gleich zurück!«

»Ich gehe nirgendwohin, bevor ich nicht ein paar Stunden geschlafen habe«, versetzte Gabriel unwirsch. Er hatte seit Tagen kaum ein Auge zugetan, weil er unentwegt an seine Sarah denken musste. Er war nicht in der Stimmung, sich von Carlotta herumkommandieren zu lassen.

Sie schluckte ihren Zorn hinunter, um ihn nicht vollends zu verärgern. »Und danach? Können wir dann gehen?«, fragte sie mit schmeichelnder Stimme.

»Mal sehen«, antwortete Gabriel knapp und ließ sie stehen. Carlotta sandte ihm giftige Blicke hinterher.

In diesem Moment kam Edgar aus ihrem Cottage und sah seine Frau mit dem Buch in der Hand. Sie hatte sich seit Tagen ständig in irgendwelche Bücher vertieft. Obwohl er neugierig war, hatte er sie nicht gefragt, weshalb sie auf einmal so viel las. Er genoss es, seine Ruhe vor ihr zu haben.

»Guten Morgen, Schatz«, rief er.

Sie brummte eine mürrische Antwort. Edgar seufzte innerlich. »Suchst du etwas?«, fragte er.

»*Sì*«, versetzte sie und rauschte davon.

Als Edgar die Linsen im Leuchtturm gereinigt und andere Arbeiten erledigt hatte, kam er gegen Mittag zum Essen nach Hause, fand jedoch eine kalte Küche vor. Es erstaunte ihn nicht weiter, dass Carlotta nichts gekocht hatte. An manchen Tagen setzte sie ihm ein anständiges Essen vor, dann wieder bekam er nichts, je nachdem, wie ihre Laune war.

»Für alle kocht sie, bloß nicht für mich«, grummelte er, während er sich ein Stück Brot abschnitt und Tee aufbrühte.

Kurz darauf kam Carlotta herein, leise vor sich hin schimpfend. Edgar fragte sie nicht, was los sei, weil er keine Lust hatte, sich ihr Genörgel anzuhören.

»Was tust du denn da?«, fuhr sie ihn an, als sie ihn nach einem Pflanzenblatt greifen und es sich in den Mund schieben sah.

»Gar nichts«, antwortete er achselzuckend.

»Und was ist das da?« Sie griff nach einem der Blätter, die auf dem Tisch lagen, und betrachtete es argwöhnisch.

»Das nehme ich gegen meine Arthritis.«

»Was ist das?«

»Eine Pflanze. Der wissenschaftliche Name lautet Centella asiatica. Ich habe sie vor ein paar Tagen in der Nähe gefunden. Zum Glück – meine Arthritis ist nämlich schlimmer geworden, seit wir hier sind.« Er hatte über Schmerzen geklagt, was Carlotta allerdings wenig interessiert hatte.

»Woher weißt du, dass diese Pflanze gegen Arthritis hilft?«

Edgar sah seine Frau verwundert an. Ihr Zorn schien verflogen und ihre Wissbegier aufrichtig.

»Ich hatte vor Jahren einen guten Freund, einen Aborigine, der mir viel über die Heilkräuter der Eingeborenen und die Arzneien erzählt hat, die sie daraus gewinnen.«

»*Maledetto!* Warum hast du mir das nie gesagt?«, keifte Carlotta.

Der unerwartete Wutausbruch ließ Edgar zusammenzucken. »Ich ... ich konnte doch nicht ahnen ... woher hätte ich wissen sollen ...«, stammelte er.

Das Buch in der Hand, ging Carlotta auf ihn los. »Da, schau, was ich hier habe! Was steht da? *Accecare, stupido idiota!*«

Obwohl er sich schnell geduckt hatte, knallte ihm das Buch an den Kopf. Edgar verstand überhaupt nichts mehr. »Du hast mir nie gezeigt, was du da liest, Schatz!« Er hatte angenommen, es handle sich um eine Liebesgeschichte, doch das sagte er nicht laut, aus Angst, sie würde ihm wieder attackieren.

Plötzlich hellte ihre Miene sich auf. »Du hattest einen Eingeborenen zum Freund?«

»Ja. Er hieß Wanupingu und war eine Zeit lang auf den Goldfeldern von Kalgoolie, wo ich ihn kennen lernte. Er arbeitete als Fährtenleser für einen Landvermesser der Regierung, deshalb sprach er ganz gut Englisch. Er blieb jedoch nicht lange, sondern brach zum Walkabout auf, der rituellen Wanderung der Aborigines.«

»Seine Lebensgeschichte interessiert mich nicht. Erzähl mir lieber, was er dir über Pflanzen beigebracht hat.«

»Oh, eine ganze Menge. Ich weiß, welche Pflanzen gegen Durchfall helfen und welche gegen Schnupfen, welche Blutungen stillen und Entzündungen lindern, und welche bei Arthritis hilfreich sind.« Leider ist noch kein Kraut gegen übellaunige Ehefrauen gewachsen, dachte er.

»Kannst du mir diese Pflanzen zeigen?«

»Sicher, wenn du willst.«

»Los, gehen wir«, sagte Carlotta und zerrte ihn von seinem Stuhl hoch.

18

CAPE DU COUEDIC

»Ich kenne mich in der Gegend nicht so gut aus wie Gabriel, Liebes«, sagte Edgar. Während er sich durch den Busch kämpfte, der hauptsächlich aus dichtem Eukalyptusgestrüpp und kleineren krautigen Pflanzen bestand, hielt er nach Gewächsen Ausschau, die Carlotta von Nutzen sein könnten.

Edgar hatte seit ihrer Ankunft auf der Insel täglich einen Spaziergang unternommen, sich aber nie weiter als zwei Meilen vom Leuchtturm entfernt, weil er fürchtete, sich im Busch zu verlaufen. Er redete sich ein, er brauche die Bewegung, um in Form zu bleiben, damit er mit seiner jungen Frau mithalten konnte. Doch in Wahrheit flüchtete er meistens vor ihren Launen.

»Vielleicht hättest du Gabriel bitten sollen, dich zu begleiten«, fuhr Edgar fort. »Es war reiner Zufall, dass ich auf diese Arthritispflanze gestoßen bin.«

Carlotta hätte sich lieber die Zunge abgebissen, als zuzugeben, dass sie Gabriel bereits gefragt, er ihr jedoch die kalte Schulter gezeigt hatte. »Vielleicht findest du ja noch etwas anderes«, erwiderte sie leichthin. Sie konnte ihre Gereiztheit nur mühsam verbergen. Edgar war belesen und kannte sich in vielen Bereichen aus, doch seine Bescheidenheit und sein mangelndes Selbstvertrauen machten sie rasend. Warum nur konnte er nicht selbstbewusst und überlegen sein – so wie Gabriel zum Beispiel? Sie brauchte nur daran zu denken, wie souverän dieser Mann war, und schon überlief sie ein erregendes Prickeln.

»Ich weiß noch gut, welche die allererste Pflanze war, die Wanupingu mir gezeigt hat«, sagte Edgar. Er hatte einen ihm unbekannten Weg eingeschlagen, einen Pfad, den Tamar-Wallabies, Warane und die auf der Insel heimischen Kängurus durchs Dickicht gebahnt hatten. Letztere waren kleiner und dunkler als ihre Verwandten vom Festland und hatten ein dickeres Fell. Aber auch Fuchskusus, Braune Kaninchenbeutler, Sumpfratten und sechs verschiedene Fledermausarten lebten hier. »Wanupingu beschrieb mir die Symptome der Krankheit, gegen die diese Pflanze half: geschwollenes, blutendes Zahnfleisch, Zahnausfall, Entzündungen und Steifheit in den Gelenken und schlecht heilende Wunden. Weißt du, welche Krankheit das ist?« Er blieb stehen und drehte sich zu Carlotta um, als sie nicht sofort antwortete. Er konnte nicht ahnen, dass sie ihre Ungeduld kaum zu zügeln vermochte. Sie wollte keinen Vortrag hören, sondern lediglich ein Kraut finden, das ihr helfen würde, sich die Zuchthäuslerin vom Hals zu schaffen.

»Skorbut«, fuhr Edgar fort. Carlotta verzog keine Miene. »Vor allem Seeleute, die wochen- oder monatelang unterwegs sind, erkranken daran. Wanupingu zeigte mir die Pflanze in der Nähe von Kalgoolie. Sie sei aber auch in Küstenregionen zu finden, sagte er. Wären die Matrosen an Land gegangen und hätten die Pflanze gesammelt und gegessen, hätte sie das vor der Krankheit bewahrt, bis sie ihre Vorräte an Obst und Gemüse ergänzt hätten. Die Pflanze hat zarte, spitze Blätter und eine kleine blaue Blüte. Vielleicht sehen wir eine. Das wäre ein kleines Wunder!«

Carlotta verdrehte gereizt die Augen. »O ja, und was für eins!«, bemerkte sie sarkastisch. Edgars Ausführungen interessierten sie nicht. Sie wollte einzig und allein etwas finden, das ihren Zwecken dienlich war. Ein Gedanke durchzuckte sie, und sie fragte hoffnungsvoll: »Würde man krank werden, wenn man zu viel davon isst?«

Edgar fand, das war eine reichlich seltsame Frage, doch er wunderte sich längst nicht mehr über ihre Gedankengänge. »Nein, das kann ich mir nicht vorstellen.«

»Steh nicht herum! Lass uns weitergehen! Worauf wartest du?« Carlotta schob ihren Mann energisch vor sich her. Sie gingen landeinwärts. Nach etwa fünfzig Metern blieb Edgar neben einem Baum stehen. »Das ist eine Akazie«, erklärte er und legte die Hand auf den Stamm. »Wenn man die Wurzeln und die Innenseite der Rinde zu einem Brei zerstößt, Wasser darüber gießt, das Ganze eine Weile ziehen lässt und das Wasser dann trinkt, hilft es gegen jede Art von Schmerzen, hat Wanupingu mir erklärt. Gleiches gilt für den Seifenbaum, aber ich sehe hier keinen.« Carlotta machte ein gelangweiltes Gesicht, und Edgar ging weiter.

»Oh, schau dir das an!«, rief er plötzlich aufgeregt und zeigte auf eine Pflanze mit vielen breiten, kräftig grünen Blättern, weichen, dicken Stängeln und weißen Blüten. »Das ist Galgant. Nicht zu fassen, dass er mir nicht schon früher aufgefallen ist! Aus den Blüten entstehen kugelige blaue Früchte. Das Fruchtfleisch hat einen erfrischenden Zitronengeschmack. Du kannst es beim Kochen als Ersatz für Ingwer verwenden.«

Carlotta funkelte ihren Mann grimmig an, und er fragte sich, was er jetzt schon wieder falsch gemacht hatte.

»Die zarten Wurzeln sind ebenfalls essbar. Ich weiß von Wanupingu, dass die Aborigines ihr Fleisch im Erdofen auf die Blätter legen. Das schützt es vor dem Austrocknen und verleiht ihm einen feinen Geschmack.«

»Ich verwende aber keinen Ingwer!«, fuhr Carlotta ihn an. »Also brauche ich auch keinen Ersatz dafür, und in einem Erdofen werde ich ganz sicher nicht kochen!« Ihr war der Geduldsfaden endgültig gerissen. Edgar kam ihr manchmal wie ein wandelndes Lexikon vor, doch das machte ihr den großen Altersunterschied zwischen ihnen nur bewusster.

Edgar hielt es für klüger, weiterzugehen, bevor seine Frau einen Wutanfall bekam.

»Ah!« Er steuerte auf einen Strauch zu. »Was haben wir denn da Interessantes …«

Carlotta verzog unwillig das Gesicht. Was Edgar schon unter »interessant« verstand!

»Falls du je von einer Schlange gebissen werden solltest, ist das hier die richtige Arznei. Aus der Eingeborenensprache übersetzt bedeutet der Name so viel wie ›weiße Wurzel‹. Wanupingu sagte mir, wie die Aborigines sie nennen, aber ich kann den Namen nicht aussprechen.« Er lachte nervös. In Carlotta gärte es. Die Arme vor der Brust verschränkt, hatte sie schon den Mund aufgemacht, um ihren Mann anzuschreien, als er fortfuhr: »Gekocht dienen die Blätter als Brechmittel. Ich weiß zwar nicht, inwiefern das helfen soll, aber es ist ein traditionelles Heilmittel bei Schlangenbissen. Und da es auf dieser Insel vor Schlangen wimmelt, ist das gut zu wissen.« Würde *er* von einer Schlange gebissen, würde Carlotta die Arznei gewiss nicht für ihn zubereiten. »Vielleicht sollte ich vorsichtshalber ein paar Blätter auf Vorrat kochen«, murmelte er vor sich hin.

Gekocht dienen die Blätter als Brechmittel… Der Satz hatte Carlotta aufhorchen lassen. Das war genau, wonach sie gesucht hatte. Der Strauch hatte kräftig grüne Blätter und kleine weiße Blüten. Sie schaute sich nach dem Leuchtturm um und prägte sich ein, in welche Richtung sie von dort aus gehen musste, damit sie allein hierher fand. »Das Mittel ist aber nicht schädlich, wenn man zu viel davon einnimmt, oder?«, fragte sie, als sie an ihr potenzielles Opfer dachte.

»Nein, Liebes.« Lag Carlotta doch mehr an ihm, als er annahm? Oder war das Wunschdenken?

Carlottas dunkle Augen wurden schmal. »Lass uns umkehren.«

»Wollen wir nicht ein Stück weitergehen? Vielleicht finden wir noch etwas, das du zum Kochen verwenden kannst.« Edgar machte der Ausflug allmählich Spaß. Es kam selten genug vor, dass er und Carlotta etwas unternahmen, bei dem sie beide auf ihre Kosten kamen.

»Mir reicht's für heute.« Carlotta konnte ihre freudige Erregung kaum unterdrücken. »Wir müssen zurück.«

»Warte, ich will nur schnell ein paar Blätter pflücken.«

»Lass das«, befahl sie ungeduldig. »Ich mach das. Später.«

»Wie du willst, Schatz«, erwiderte Edgar ernüchtert. »Vielleicht können wir einen solchen Ausflug bald wieder unternehmen. Es hat doch Spaß gemacht, oder?«

»Ja, ja.« Carlotta hatte es eilig, zu ihrem Cottage zurückzukommen. Edgar kratzte sich verdutzt am Hinterkopf und folgte ihr kopfschüttelnd. Seine junge Frau blieb ihm ein ewiges Rätsel!

Kingscote

»Brian Huxwell scheint mir ein sehr netter Mann zu sein«, sagte Edna zu Sarah, als sie beim Lunch saßen. Charlton war nach ihrem Treffen mit dem Rechtsanwalt in der Stadt geblieben, wo er einige geschäftliche Angelegenheiten zu regeln hatte. Die Ashbys besaßen Land, das sie an Farmer aus der Gegend verpachteten, sowie Anteile an Ernteerträgen, und die Ernte würde bald beginnen.

»Ich habe ja gesagt, dass er bestimmt einen guten Eindruck auf euch macht.« Sarah bemühte sich verzweifelt, sich ihre Nervosität nicht anmerken zu lassen. Sie hatte tausend Ängste ausgestanden, Brian könnte den Ashbys irgendetwas erzählen, das sie verraten würde. »Aber glaub mir, ich kenne ihn von einer ganz anderen Seite! Er ist keineswegs so nett, wie er tut.«

»Was genau willst du eigentlich damit sagen, Amelia?« Edna verlor allmählich die Geduld. Sie wollte eine Erklärung von ihrem Mündel – auf der Stelle.

»Ich will nicht darüber reden«, antwortete Sarah störrisch. »Aber ich sage dir, den Gentleman spielt er nur!«

»Mich kann man nicht so leicht täuschen«, behauptete Edna, die nicht glauben konnte, dass Brian Huxwell sich so geschickt verstellte.

Sarah war sich der Ironie dieser Bemerkung bewusst. »Vertrau mir einfach, Tante«, bat sie. Irgendwie würde sie Edna schon noch davon überzeugen, dass mit Brian Huxwell etwas nicht stimmte. »Hat er euch die Papiere mitgegeben, die ich unterschreiben muss?« Ursprünglich hatte sie die Identität der Amelia Divine angenommen, um frei zu sein. Doch Amelias stattliches Erbe würde ihr ein sorgloses Leben ermöglichen. Außerdem war da noch Lance, den sie erobern wollte. Ohne ihn oder die Aussicht auf das Vermögen wäre sie längst über alle Berge.

»Charlton hat die Papiere, aber das eilt nicht. Mr Huxwell wird noch einige Tage bleiben.« Edna sah der jungen Frau an, dass ihr das überhaupt nicht passte.

»Wozu denn das?«, fauchte sie zornig.

»Er wird leicht seekrank, deshalb graut ihm schon vor der Rückfahrt, und da möchte er sich erst noch ein wenig erholen.«

Sarah konnte nicht ahnen, dass Edna eine Geburtstagsteeparty für sie plante. Es sollte eine Überraschung sein, und das würde es sicherlich auch werden – in mehr als einer Hinsicht: Sarah wusste nicht, dass Amelia am Montag Geburtstag hatte. Da Brian erwähnt hatte, er habe noch keinen Geburtstag von Amelia versäumt, hoffte Edna, ihr Mündel würde sich besinnen und den Freund der Familie doch noch einladen.

»Ich wollte es dir eigentlich nicht sagen, Amelia«, fuhr Edna fort, »aber Mr Huxwell ist sehr enttäuscht, dass er deinetwegen den weiten Weg gemacht hat und du dich jetzt weigerst, ihn zu sehen. Ich weiß, es geht mich nichts an, aber du solltest ihm verzeihen, was immer er dir angetan hat, und dich im Guten von ihm trennen. Du hast dein ganzes Leben noch vor dir, Amelia. Willst du es mit irgendeinem dummen Missverständnis belasten und jetzt, wo du deine Familie verloren hast, auch noch einen guten Freund verprellen? Mr Huxwell sagte, er habe keine Kinder, und für Charlton und mich gibt es keinen Zweifel, dass er dich sehr gern hat.«

In Sarah stieg Panik auf. »Seine Gefühle interessieren mich nicht, Tante!«, erwiderte sie heftig. »Er spielt doch nur Theater!

Ich habe gesagt, dass ich ihn nicht sehen will, und dabei bleibt's.« Sie stand abrupt auf und wandte sich zum Gehen.

»Wir haben Gäste zum Abendessen«, rief Edna ihr nach. »Zieh etwas Hübsches an, ja?«

Sarah blieb stehen und drehte sich langsam um. Edna hatte doch nicht etwa hinter ihrem Rücken Brian Huxwell eingeladen?

Edna war verblüfft, als sie sah, wie blass ihr Mündel geworden war. Hatte Brian Huxwell nicht gesagt, sie liebe gesellschaftliche Anlässe?

»Wer ist es?«, stieß Sarah hervor. Wenn Edna antwortete, Brian Huxwell, würde ihr nichts anderes übrig bleiben, als davonzulaufen. Sie wollte es nicht riskieren, wieder ins Gefängnis gesteckt zu werden.

»Dr. Thompson und seine Frau, Felicity.«

Sarah machte ein finsteres Gesicht, und Edna fragte sich, ob sie sie durchschaute und den wahren Grund für die Einladung ahnte.

»Die Thompsons sind Freunde von uns«, fügte sie hinzu und wandte sich ab, um sich Tee einzuschenken, damit die junge Frau ihr nicht das schlechte Gewissen ansah.

Sarah ging ohne ein weiteres Wort aus dem Zimmer. Sie war verstört und wütend zugleich. Im Gegensatz zu ihrem Mann würde Edna die Sache mit Brian Huxwell nicht auf sich beruhen lassen, das war ihr jetzt klar geworden. Sie würde sich irgendetwas Schreckliches ausdenken müssen, das er ihr angeblich angetan hatte, etwas, das Edna nicht verzeihen und worüber sie auf keinen Fall mit ihm reden könnte.

Sarah zog sich zum Abendessen um, als die Thompsons eintrafen. Sie hörte, wie Edna sich mit ihnen unterhielt, verstand aber nicht, worum es ging.

Als Edna hörte, wie Sarah ihre Zimmertür öffnete, fragte sie betont fröhlich: »Und was machen die Kinder, Felicity?«

In diesem Moment wusste Sarah, dass sie über sie gesprochen

hatten, denn Edna hätte diese Frage sofort und nicht erst jetzt gestellt. Ihre Befangenheit verstärkte sich. Ihr Herz raste, und sie bekam feuchte Hände. Aber irgendwie musste sie diesen Abend überstehen, wollte sie Ednas Zweifel zerstreuen. Sie holte tief Luft und ging in den Salon.

»Oh, denen geht's gut, Edna, danke«, antwortete Felicity im gleichen munteren Tonfall.

»Ah, da bist du ja, Amelia!« Charlton wandte sich ihr zu. Sarah rang sich ein Lächeln ab.

»Amelia, ich möchte dir Dr. Dennis Thompson vorstellen.« Der Arzt stand neben Charlton am Kamin. Sarah grüßte so sittsam, wie es ihr möglich war. Dr. Thompson lächelte ihr freundlich zu.

»Und das ist Felicity, seine Gattin.«

»Freut mich sehr«, sagte Sarah höflich zu der Frau, die neben Edna auf dem Sofa saß. Sie schätzte Dennis Thompson auf Ende dreißig; seine Frau war vielleicht zehn Jahre jünger. Er war groß, schlank, dunkelhaarig und hatte hellgrüne Augen. Seine Bräune rührte vermutlich von den Fahrten her, die ihn übers Land zu seinen Patienten führten. Felicity war klein und zierlich, mit blondem Haar und blauen Augen. Beide hatten ein gewinnendes Lächeln. Sarah hatte damit gerechnet, dass sie ihr auf Anhieb unsympathisch waren, doch das war nicht der Fall.

»Sehr erfreut, Amelia«, sagte Felicity mit gedehntem amerikanischem Akzent. »Und nachträglich unser aufrichtiges Beileid zum Tod Ihrer Angehörigen.«

»Danke«, murmelte Sarah. Sie konnte Felicity nicht in die Augen sehen.

»Möchtest du auch ein Gläschen Portwein vor dem Essen, Amelia?«, fragte Charlton. »Edna und Felicity haben nicht Nein gesagt.«

»Danke, gern, Onkel Charlton.« Mehr als ein Glas würde sie aber auf keinen Fall trinken, weil sie fürchtete, der Wein könnte ihr die Zunge lockern. Sie ahnte nicht, dass Charlton und Edna genau das beabsichtigten. »Kommt Lance auch?«, fragte sie dann. Seit dem Ernteball hatte sie ihn nicht mehr gesehen.

»Nein, er hat schon etwas vor«, antwortete Edna. Er führte Olivia zum Abendessen ins Ozone Hotel aus, doch das behielt Edna wohlweislich für sich.

Polly hatte ein Schmorgericht aus Lammkeulen, Tomaten und Bohnen zubereitet und die Soße mit einem Glas Wein verfeinert. Ein köstlicher Duft zog durchs Haus, und allen lief das Wasser im Mund zusammen. Sie verkürzten sich die Zeit, bis das Essen serviert wurde, mit unterhaltsamen Geschichten über die Kinder der Thompsons, ein Mädchen und zwei Jungen, ein Zwillingspärchen. Allem Anschein nach hielten die drei ihre Eltern ganz schön auf Trab. Während Polly die Kasserolle aus dem Herd nahm und Schüsseln mit frischem Gartengemüse und neuen Kartoffeln bereitstellte, gingen die Ashbys und ihre Gäste ins Esszimmer und nahmen am Tisch Platz.

»Ich war letzte Woche bei den Hammonds und habe nach der kleinen Ella-Jane gesehen«, sagte Dennis zu Charlton, als Polly ihm das Essen servierte. »John hält dieses Jahr gar keine Schafe, oder?«

»Nein, er hat sich ganz auf den Weizenanbau verlegt. Wenn nicht der Regen noch dazwischenkommt und die Ernte ruiniert, kann er in einigen Wochen mähen. Bis dahin hilft er Percy Kirkbright, seinen Hafer einzubringen.«

»Percys Ernte muss hervorragend ausgefallen sein. Mein Nachbar, Charlie Pickford, hilft ihm ebenfalls.« Dennis wandte sich Sarah zu. »Edna hat erzählt, Sie kommen aus Hobart Town, Amelia.«

Sarah, die sich schon entspannt hatte, weil sie nicht im Mittelpunkt des Interesses stand, wurde starr vor Anspannung. »Ja … das stimmt.«

»Ich bin noch nie dort gewesen. Erzählen Sie uns doch ein bisschen von der Stadt.«

Was kannte Sarah schon außer den Mauern des Frauengefängnisses, in dessen Hof sie eine Stunde täglich frische Luft hatte schnappen dürfen? Die Wäsche, die sie und die anderen dort gewaschen hatten, war aus dem Krankenhaus und der Irrenanstalt angeliefert und wieder abgeholt worden. Deshalb hatte Sarah nicht das Geringste von der Stadt gesehen. »Was möchten Sie denn wissen?«, fragte sie vorsichtig.

»Ganz egal. Erzählen Sie, was immer Sie möchten«, antwortete Dennis.

»Nun, Hobart ist dichter besiedelt als Kangaroo Island«, sagte sie. Sie war schrecklich nervös und hatte das Erstbeste gesagt, das ihr in den Sinn kam. Jetzt spürte sie, wie ihr die Röte vom Hals ins Gesicht stieg.

Dennis lachte. »Ich glaube, das trifft auf jeden Ort zu! Aber darum gefällt's uns hier ja so gut, nicht wahr, Felicity?«

»O ja. Ich komme aus New York. Sie ahnen nicht, wie bevölkert, laut und hektisch diese Stadt ist! Dagegen ist diese Insel das reinste Paradies, vor allem für die Kinder, und Dennis geht die Arbeit niemals aus.«

Sarah konnte förmlich sehen, wie der Arzt im Geiste die nächste Frage formulierte. Rasch kam sie ihm zuvor. »Wo haben Sie denn vorher gearbeitet, Dr. Thompson?«

»Ich habe in Amerika Medizin studiert und nach dem Studium in New York praktiziert. Dort habe ich Felicity kennen gelernt. Sie arbeitete als Krankenschwester in dem Hospital, in dem ich Assistenzarzt war. Wir sind dann nach Adelaide gezogen, wo ich eine Stelle bekam und unsere Söhne geboren wurden. Waren Sie schon mal in Adelaide?«

Sarah schlug das Herz bis zum Hals. War Amelia jemals in Adelaide gewesen? Und wenn ja, würde Edna es wissen? Ganz bestimmt. Aber weder in Camillas Briefen noch in Amelias Tagebuch hatte sie etwas von einer Reise nach Adelaide gelesen. Sie spürte, wie alle Blicke auf sie gerichtet waren.

»Nein, dort war ich noch nie«, antwortete sie und hoffte inständig, dass es die richtige Antwort war. Als Edna und Charlton nicht widersprachen, atmete sie auf.

»Edna hat uns erzählt, dass Ihr Schiff vor der Küste gekentert ist«, sagte Felicity. »Das muss entsetzlich gewesen sein.«

Dieses Mal kam Sarahs Antwort wie aus der Pistole geschossen. »Ja, furchtbar. Ich hatte noch nie im Leben so schreckliche Angst. Eine Zuchthäuslerin und ich waren die einzigen Überlebenden. Aber das hat meine Tante Ihnen sicher schon erzählt.«

»Ja. Sie erwähnte auch, dass Sie eine Reisegefährtin hatten, die ertrunken ist. Mussten Sie die schwere Aufgabe übernehmen, deren Angehörige zu benachrichtigen?«

Sarah presste die Lippen zusammen. Sie dachte daran, was Lucy ihr über sich erzählt hatte. »Nein, Lucy war in einem Waisenhaus aufgewachsen.«

»In welchem denn?«

Sarah starrte Felicity groß an. Auf diese Frage war sie nun wirklich nicht gefasst gewesen.

Felicity deutete ihre Reaktion falsch: Sie dachte, sie hätte durch ihre Frage eine alte Wunde aufgerissen. »Entschuldigen Sie, Amelia. Das war taktlos von mir. Ich habe nur deshalb gefragt, weil eine Freundin von mir ein Waisenhaus leitet.«

»So?« Sarah stockte der Atem, und ihre Gedanken überschlugen sich. »Wo denn?«

»In Melbourne.«

»Lucy kam aus einem Heim in Hobart Town«, sagte Sarah hastig, obwohl sie das natürlich nicht wusste.

»Wie lange war sie denn bei Ihnen gewesen?«, fragte Dennis Thompson behutsam.

»Ein ... paar Wochen.« Sie erinnerte sich, dass Lucy ihr erzählt hatte, sie stehe noch nicht lange in Amelias Diensten.

Felicity sah sie an. »Dennoch stand sie Ihnen nahe?«

Sarah nickte. »Ja.« Sie starrte auf ihren Teller.

»Edna erzählte, Sie hätten Tanzunterricht gegeben«, fuhr Felicity nach einer kleinen Pause fort.

Sarah schaute auf. »Ja, das stimmt.«

»Was für ein schöner Beruf!« Felicity wusste von Edna, dass Amelias Eltern sehr wohlhabend gewesen waren und die junge Frau es daher nicht nötig hatte, sich ihren Lebensunterhalt zu verdienen. Camilla hatte ihre Tochter jedoch immer ermutigt, selbstständig zu sein, weil das ihrer Ansicht nach den Charakter formte.

»Ja, ein sehr schöner Beruf.« Sarah wusste nicht, was sie sonst darüber sagen sollte.

»Amelia spricht auch Fremdsprachen – Französisch und Italienisch – und war im Begriff, Spanisch zu lernen«, sagte Edna.

»Tatsächlich!«, staunte Felicity. »Ich bin beeindruckt.«

Sarah hatte panische Angst, dass man sie bat, ein paar Worte in einer Fremdsprache zu sagen. »Helfen Sie Ihrem Mann mit seinen Patienten?«, fragte sie, um von sich abzulenken.

»Im Augenblick habe ich genug mit den Kindern zu tun, und einige von Dennis' Patienten wohnen weit entfernt, sodass er viel unterwegs ist. Es gibt zwar noch einen Arzt in Penneshaw, aber sie wechseln sich ab, was die Versorgung der Menschen in American River betrifft. Das bedeutet, dass er manchmal tagelang nicht zu Hause ist. Aber sobald die Kinder älter sind, möchte ich ihm in der Praxis wieder zur Hand gehen.«

»Was hat Ihr Vater eigentlich gemacht, Amelia?«, fragte Dennis.

Sarah schob sich eine Gabel voll Essen in den Mund, um Zeit zu gewinnen. Sie kaute langsam, schluckte und erwiderte dann: »Er ... war in vielen Bereichen tätig.« Sie warf Charlton einen Hilfe suchenden Blick zu. Als die Hilfe ausblieb, sah sie Dr. Thompson in die Augen und fragte: »Was hat *Ihr* Vater denn gemacht?«

Der Arzt war einen Moment lang sprachlos.

»War er auch Arzt?«, fuhr Sarah fort.

Dennis verzog die Lippen zu einem Lächeln. »Entschuldigen Sie, Amelia. Sie müssen das Gefühl haben, wir würden Sie einem

Verhör unterziehen. Aber hier lernt man nicht oft neue Menschen kennen, deshalb interessieren wir uns so sehr für Ihr Leben.«

»Ich verstehe.« Sarah nickte. »Aber da ich meine Familie erst vor kurzem verloren habe, fällt es mir schwer, über sie zu reden. Das... das wird sicher vorübergehen.« Sie tat, als könnte sie ihre Emotionen nur mühsam unter Kontrolle halten, und tupfte sich eine nicht vorhandene Träne aus dem Augenwinkel.

»Ganz bestimmt«, sagte Dennis sanft. »Es ist völlig normal, dass Sie so empfinden. Aber erzählen Sie uns doch ein wenig von sich.«

»Ich wüsste nicht, was.« Sarah heuchelte Verwirrung. »Ich habe das Gefühl, das Mädchen, das ich einmal war, existiert nicht mehr. Halten Sie das für verrückt?« Sie konnte Dennis ansehen, dass er tiefes Mitgefühl mit ihr empfand.

»Nein, keineswegs. Ich kann mir vorstellen, dass Sie sich wie von Ihrem früheren Leben losgelöst fühlen, weil es eine so jähe, tragische Wendung genommen hat.«

»Genau! Genauso fühle ich mich, Dr. Thompson! Was für ein ausgezeichneter Arzt Sie doch sind!«, schmeichelte sie und himmelte ihn regelrecht an.

Dennis Thompson sah flüchtig zu Edna hinüber. Die Andeutung eines Lächelns spielte um seine Mundwinkel. Edna hatte den Verdacht geäußert, dass mit ihrem Mündel etwas nicht in Ordnung sei, doch er konnte nichts Merkwürdiges an der jungen Frau entdecken. Sie hatte Schlimmes durchgemacht und war nicht imstande, darüber zu reden. Das war nicht ungewöhnlich. Über ihre Gefühle hingegen hatte sie sehr offen gesprochen, was er bewundernswert fand. Seiner Einschätzung nach war sie sehr reif für ihr Alter.

Am anderen Morgen gingen die Ashbys aus. Sie wollten Freunde besuchen, sagten sie Sarah. Diese bemerkte die verstohlenen Blicke, die Edna und Charlton tauschten, und fragte sich, ob sie Dr. Thompson aufsuchten, um sich zu erkundigen, wie seine ärztliche

Diagnose über sie lautete. Da sie am Abend zuvor auf geblieben war, bis die Thompsons sich verabschiedet hatten, hatten Edna und Charlton keine Gelegenheit zu einem vertraulichen Gespräch mit ihren Bekannten gehabt. Oder litt sie bereits unter Verfolgungswahn? Sie fand nämlich, der Abend war gut gelaufen. Als sie ins Bett gegangen war, hatte sie sich beglückwünscht, wie geschickt sie die Situation gemeistert hatte.

Sarah langweilte sich. Sie sah, dass Polly draußen im Garten die Wäsche aufhängte und beschloss, ihr zu helfen. Sie war ihr schon des Öfteren bei der Hausarbeit zur Hand gegangen, und Polly war erstaunt über ihre Geschicklichkeit in diesen Dingen. Vor allem vom Wäschewaschen verstand sie eine Menge.

»Das mache ich doch«, wehrte Polly verlegen ab, als Sarah sich daran machte, die Wäschestücke auf die Leine zu hängen.

»Ich möchte dir aber helfen. Mir ist langweilig.« Sarah hatte noch nie Gelegenheit gehabt, die Hände müßig in den Schoß zu legen, und konnte sich nur schwer daran gewöhnen. Außerdem konnte sie mit Polly mitfühlen, da sie selbst ja als Dienstmädchen gearbeitet hatte und wusste, wie viel Arbeit dies mit sich brachte. Frei hatte sie so gut wie nie, nicht einmal an Sonntagen. Der einzige Unterschied zwischen ihr und Polly war der, dass Polly nicht von zwei Töchtern des Hauses schikaniert wurde, wie es ihr bei den Murdochs widerfahren war.

Polly schaute Sarah einen Moment zu. Dann gewann ihre Neugier die Oberhand, und sie sagte: »Daheim bei Ihren Eltern in Hobart Town haben Sie doch bestimmt keine Wäsche waschen müssen, oder?« Dass jemand, der so selten die Wäsche machte, sie mit der Geübtheit einer chinesischen Wäscherin auf die Leine hängte, erstaunte Polly.

Sarah nahm zwei Wäscheklammern für einen von Ednas Unterröcken. Pollys Bemerkung machte ihr deutlich, wie sonderbar ihr Benehmen wirken musste. »Natürlich nicht«, antwortete sie. »Für solche Arbeiten hatten wir Personal. Aber ich mache nun mal gern Hausarbeit. Vielleicht bin ich ein bisschen seltsam in der Beziehung, aber ich finde, eine Frau sollte etwas vom Haushalt verstehen.«

Polly zuckte mit den Schultern. Miss Divine würde ein großes Vermögen erben – sie hatte gehört, wie die Ashbys darüber gesprochen hatten –, und vermutlich würde sie auch einen reichen Mann heiraten. So oder so, sie würde sich niemals selbst um ihren Haushalt kümmern müssen. »Wieso verstehen Sie eigentlich so viel vom Wäschewaschen und Strümpfestopfen?« Die Frage hatte Polly schon lange auf der Seele gebrannt, aber bisher hatte sie sich nicht zu fragen getraut. »Ich dachte, reiche Damen vertreiben sich die Zeit bestenfalls mit Sticken.«

Sarah lief rot an. Sie hatte keine Ahnung vom Sticken. »Wie ich schon sagte, ich tue es gern, und ich habe daheim unseren Dienstboten zugesehen.« Sie spähte aus dem Augenwinkel zum Nachbargrundstück hinüber, wo Betty Hammond ebenfalls Wäsche aufhängte. Da nur ein niedriger Zaun die beiden Anwesen trennte, konnte man ungehindert hinüberschauen. Furcht stieg in Sarah auf. Betty stellte eine Gefahr für sie dar, das spürte sie genau. Die Aborigine blickte immer wieder verstohlen herüber. Sarah wandte sich ab. »Ich habe ihnen sogar heimlich geholfen, wenn meine Eltern nicht da waren«, fuhr sie fort. »Sonst wäre es mir zu langweilig geworden.«

Wie ein reiches Mädchen sich langweilen konnte, war Polly ein Rätsel. Sie riss verwundert die Augen auf. »Aber Mrs Ashby sagt doch, Sie hätten viele Freunde gehabt, Partys besucht und Tanzunterricht gegeben. Hatten Sie nicht sogar Ponys? Wie kann es einem da langweilig werden?« Sie würde alles dafür geben, wenn sie nur einen einzigen Tag mit jemandem wie Amelia Divine tauschen könnte!

»Die Dienstboten haben mir Leid getan, weil sie so viel schuften mussten.« Sarah wurde allmählich nervös. Aber was hätte sie sonst erwidern sollen? Aus dem Augenwinkel sah sie, dass Betty sie immer noch beobachtete. »Aber wenn du meine Hilfe nicht willst – bitte, dann eben nicht!« Sie spielte die Gekränkte.

»So war es nicht gemeint, Miss Divine«, versicherte Polly rasch. »Ich finde es nur nicht richtig, dass Sie meine Arbeit tun. Wenn Mrs Ashby das sähe, wäre sie böse auf mich.«

»Deshalb helfe ich dir ja nur, wenn sie nicht da ist.« Sarah spähte über die Wäscheleine zum Nachbargrundstück hinüber. Betty ließ sie nicht aus den Augen. »Aber da unsere neugierige Nachbarin anscheinend nichts Besseres zu tun hat, als uns zu beobachten, werde ich lieber wieder hineingehen. Sonst erzählt sie es vielleicht noch meiner Tante.« Sie ging zurück ins Haus. Polly winkte Betty zu und hängte die restliche Wäsche auf.

»Sie können sich bestimmt denken, weshalb wir hier sind, Dennis«, sagte Edna zu dem Arzt. Er war gerade im Begriff gewesen, das Haus zu verlassen und zu Percy Kirkbright zu fahren, der sich bei der Ernte am Bein verletzt hatte.

»Ja, Edna, aber ich weiß nicht, was ich Ihnen sagen soll. Amelia scheint ein nettes Mädchen zu sein. Sie ist zwar ein wenig nervös und verschlossen, aber für jemanden, der kürzlich seine Familie verloren hat, hält sie sich erstaunlich gut. Ich hätte nicht erwartet, dass sie sich so unter Kontrolle hat.«

»Genau das meine ich doch! Sie ... sie verschließt ihre Gefühle vollständig in ihrem Innern, und das kann doch nicht gut für sie sein! Sie spricht nie über ihre Eltern oder ihren Bruder, und sie weint auch nicht.«

»Seien Sie froh. Jeder verarbeitet seinen Schmerz auf andere Weise.«

Edna nahm an, dass er sie für neurotisch hielt. »Sicher, aber sie ist so schrecklich angespannt und ganz anders als die Amelia, die Camilla in ihren Briefen beschrieben hat.«

Dennis wusste, dass die Ashbys sich um ihr Mündel sorgten. Dennoch fand er, dass sie überreagierten. »Vielleicht hat Camilla übertrieben, als sie Ihnen die Vorzüge ihrer Tochter schilderte, um Sie zu beeindrucken. Das tun Eltern manchmal.«

»Camilla nicht!«, widersprach Edna empört. »Sie war nicht so!«

»Nun, dann kann ich die Veränderungen nur auf die tragischen Schicksalsschläge zurückführen, die sie hinnehmen musste.«

»Das haben wir anfangs auch gedacht«, mischte Charlton sich ein. »Aber es muss noch etwas anderes dahinterstecken, Dennis. Irgendetwas stimmt da nicht.«

»Gestern haben wir uns mit dem Anwalt der Divines getroffen, der ein enger Freund der Familie war«, berichtete Edna. »Er hat eigens die weite Reise hierher gemacht, um Amelia zu treffen und ihr Dokumente über ihren Nachlass zur Unterschrift vorzulegen, aber sie weigert sich, ihn zu sehen.«

»Mit welcher Begründung?«

»Angeblich, weil sie ihn nicht mag. Er sei nicht derjenige, für den er sich ausgebe, behauptet sie.«

»Das muss sie selbst wissen, Edna«, meinte Dennis achselzuckend. »Sie wird schon ihre Gründe haben, weshalb sie ihn nicht leiden kann.«

»Aber er macht einen sehr netten Eindruck, und Amelia will uns nicht sagen, warum sie ihn nicht mag!«

»Der Eindruck kann täuschen, Edna, und Amelia kennt den Mann sicher besser als Sie.«

Edna und Charlton erkannten, dass sie so nicht weiterkamen. Ihr Mündel hatte die Thompsons offensichtlich umgarnt. Entweder war sie sehr klug oder sehr raffiniert. Was von beiden, konnten die Ashbys noch nicht sagen.

19

KINGSCOTE

Nach dem Mittagessen spazierte Betty mit den Kindern zur Steilküste bei Reeves Point. Das Gras unter ihren Füßen war saftig und feucht; sie schlenderten zu dem Maulbeerbaum, den die Besatzung der *Duke of York* 1836 gepflanzt hatte. Die Kinder tollten lachend und fröhlich kreischend herum. Betty ging zu dem stillgelegten Brunnen hinüber, aus dem die ersten Siedler auf der Insel ihr Wasser geholt hatten. Als sie die Hand auf den Rand des Brunnenschachtes legte, überkam sie urplötzlich eine düstere Ahnung. Trotz des kalten Winds, der vom Meer her wehte, trat ihr der Schweiß auf die Stirn.

Betty starrte in den dunklen Schacht, der so tief war, dass sie das Wasser am Grunde der moosbewachsenen feuchten Mauern nicht sehen konnte. Die unergründliche Finsternis schien sie förmlich anzuziehen. Plötzlich glaubte sie, das hohle Echo gedämpfter Stimmen zu hören, ein unheimliches Raunen und Flüstern. Das ist sicher nur der Wind, der mir einen Streich spielt, sagte sie sich. Dennoch befiel sie eine bodenlose Angst. Sie zitterte und wollte davonlaufen, war aber wie gelähmt. Irgendeine unbekannte Macht hielt sie fest. Während sie wie gebannt in die Tiefe blickte, hatte sie plötzlich eine Vision: Sie sah ein großes Schiff, das auf ein Riff auflief. Ein Rauschen wie von einer starken Brandung und verhaltene Entsetzensschreie dröhnten aus dem Schacht herauf. Betty zitterte vor Angst und Erschrecken am ganzen Leib. War sie im Begriff, den Verstand zu verlieren?

Jetzt schwebte das Gesicht einer wunderschönen, dunkelhaarigen jungen Frau aus dem Brunnen empor. Der Wind spielte mit ihrem Haar. Ihre makellose Haut war aschfahl wie die Haut einer Toten. Die roten Lippen und die dunklen, verängstigten Augen stachen umso deutlicher hervor. *Nimm dich in Acht*, stöhnte das Mädchen. Dann wurde es wieder von der Dunkelheit verschluckt.

Betty schnappte erschrocken nach Luft. Plötzlich war der Bann gebrochen. Die Kräfte, die sie festgehalten hatten, gaben sie frei. Sie fuhr zurück, verlor das Gleichgewicht und stürzte ins Gras. Einen Augenblick blieb sie benommen sitzen. Die Kinder!, schoss es ihr durch den Kopf. Hastig blickte sie sich nach ihnen um, und wieder packte sie eisige Furcht, als sie die Kinder nirgends entdeckte. Ihr Blick schweifte zur Steilküste am Flagstaff Hill. Von dort hatte man einen atemberaubenden Blick auf die Bay of Shoals, doch Betty fürchtete das Kliff: Wie leicht konnte man in die Tiefe stürzen oder von einer Windbö erfasst und hinuntergeschleudert werden!

Blindes Entsetzen packte Betty. Sie sprang auf und lief los, so schnell ihre Füße sie trugen. Der Wind zerrte an ihren Haaren. Die Warnung des dunkelhaarigen Mädchens im Brunnen ging ihr nicht mehr aus dem Sinn. Betty war überzeugt, dass diese Warnung ihren Kindern gegolten hatte.

»Momma!«, hörte sie Ella-Jane kreischen.

»Ella-Jane!«, rief Betty mit sich überschlagender Stimme und lief, so schnell sie konnte. Plötzlich nahm sie aus dem Augenwinkel eine Bewegung wahr. Sie drehte den Kopf und sah ihre Kinder: Fröhlich und vergnügt tollten sie auf einem Hang etwa hundert Meter zu ihrer Linken.

Unbeschreibliche Erleichterung überkam Betty. Beinahe wäre sie in Tränen ausgebrochen, als sie stehen blieb und nach Atem rang. Ihr Herz raste – die Warnung der schönen dunkelhaarigen jungen Frau verfolgte sie noch immer. *Nimm dich in Acht!*

Doch wenn die Warnung nicht ihren Kindern galt, wem dann?

Seit Tagen schon verspürte Betty eine quälende innere Unruhe, und sie wusste, wer dafür verantwortlich war: das Mündel der Ashbys. Sie hatte viel über diese junge Frau nachgedacht. Irgendetwas stimmte nicht mit ihr. Das war Betty an diesem Morgen besonders klar geworden, als sie sie zusammen mit Polly beim Aufhängen der Wäsche beobachtet hatte. Je länger sie darüber nachgrübelte, desto sicherer war sie, dass die junge Frau die Ashbys hinterging.

Betty schaute ihren Kindern zu, die unbekümmert Fangen spielten. Wieder stiegen dunkle Ahnungen in ihr auf. Sie musste sie von hier wegbringen, nach Hause, wo sie in Sicherheit waren!

Bettys Sohn Ernest verzog das Gesicht, als sie ihm sagte, nun sei es genug, und sie würden umkehren. »Können wir nicht noch ein bisschen bleiben?«, quengelte er. Bei Reeves Point spielten die Kinder besonders gern, aber da es so nahe bei den Kliffs gefährlich war, durften sie nur in Begleitung ihres Vaters oder ihrer Mutter hierher kommen. Die Kinder wussten das.

»Nein!«, herrschte Betty ihn an. »Es wird Zeit. Und ihr geht mir nicht allein hierher, habt ihr verstanden?«

»Ja, Momma. Aber können wir nicht noch ein bisschen bleiben? Nur fünf Minuten!«, bettelte Martin.

»Nein«, erwiderte Betty streng. Sie nahm Ella-Jane an die Hand. Mit wild pochendem Herzen schaute sie noch einmal zum Brunnen hinüber und ging dann mit schnellen Schritten davon. Die beiden Jungen sahen sich an und folgten ihr mit hängenden Köpfen. In Anbetracht des ungewohnt scharfen Tonfalls ihrer Mutter hielten sie es für klüger, zu gehorchen.

Betty hatte Edna schon von weitem gesehen. Ihre Nachbarin goss die Blumen, die sie am Zaun zwischen den beiden Grundstücken gepflanzt hatte. Betty war noch immer bis ins Innerste aufgewühlt und hoffte, Edna würde ins Haus zurückkehren, damit sie unbemerkt vorbeischlüpfen konnte. Doch im selben Moment drehte Edna sich zu ihr um.

»Hallo, Betty!«, rief sie. »Hallo, Kinder!«

»Guten Tag, Missus«, antwortete Betty. »Guten Tag, Missus«, echoten die Kinder.

Edna fiel Bettys verstörte Miene sofort auf. »Stimmt etwas nicht, Betty?«, fragte sie, als ihre Nachbarin näher kam. Edna bemerkte die Schweißperlen, die Betty trotz des kühlen Winds auf der Stirn standen.

Betty schickte die Kinder ins Haus und ermahnte sie streng, drinnen zu bleiben. Edna wunderte sich über ihren scharfen Ton. So kannte sie Betty gar nicht. Hatten die Kinder vielleicht etwas ausgefressen?

Betty wusste nicht, was sie tun sollte. Einerseits hielt sie es für ihre Pflicht, Edna von ihrem Verdacht hinsichtlich ihres Mündels zu erzählen. Andererseits wollte sie Edna nicht beunruhigen oder Unfrieden stiften. Wieder musste Betty an die Erscheinung der dunkelhaarigen Schönen im Brunnenschacht denken. Hatte die Frau ihr zu verstehen geben wollen, dass sie Edna vor ihrem Mündel warnen sollte?

»Ich war mit den Kindern bei Reeves Point, Missus«, begann Betty, während sie Martin, Ernest und Ella-Jane mit den Blicken folgte, bis sie im Haus verschwunden waren. »Aber mir ist da nie ganz wohl. Ich habe immer Angst, sie könnten sich zu nah an den Klippenrand wagen ...« Sie zögerte. Edna hatte Bettys sechsten Sinn stets ernst genommen, doch was sie an dem Brunnen erlebt hatte, war für sie selbst ein Schock gewesen. Wie wird erst Edna darauf reagieren?, fragte sie sich. Am Ende hält sie dich für verrückt!

»Kinder wissen eben nicht, wo überall Gefahren lauern, Betty«, sagte Edna zerstreut.

»Was haben Sie, Missus? Irgendetwas macht Ihnen Sorgen, nicht wahr?«

»Du hast Recht, Betty. Ehrlich gesagt bin ich schon seit längerem beunruhigt ...« Sie blickte flüchtig zum Haus hinüber und flüsterte: »Es ist wegen meinem Mündel.« Edna hatte ein schlechtes Gewissen, hinter Amelias Rücken über sie zu reden, doch vielleicht würde Betty mit ihrem ungewöhnlichen Gespür und ihren Visionen ihr einige Antworten liefern können. Was hatte sie schon zu verlieren? Sie kam nicht an Amelia heran, und das Treffen mit Brian Huxwell hatte nur noch mehr Fragen aufgeworfen. Dr. Thompson war ihre letzte Hoffnung gewesen, doch nach der Unterhaltung mit ihm war sie so klug wie zuvor.

»Was ist denn mit ihr, Missus?« Betty war froh, dass Edna das Thema zur Sprache brachte. Wenn sie, Betty, jetzt etwas über die junge Frau sagte, würde es wenigstens nicht so aussehen, als mischte sie sich in Dinge ein, die sie nichts angingen. Verstohlen blickte sie sich um, ob Ednas Mündel in der Nähe war und sie belauschte.

»Ich weiß nicht, wie ich anfangen soll, Betty. Irgendetwas an Amelia hat mich vom ersten Moment an irritiert. Ich kann nicht sagen, was es ist... es ist nur so ein Gefühl. Sie hat ihre Familie durch eine schreckliche Tragödie verloren; trotzdem spricht sie nie über ihre Eltern oder ihren Bruder. Gelegentlich weint sie zwar ein paar Tränen, aber mir kommt es so vor, als verdränge sie etwas, und als wäre ihre Trauer nicht echt.«

»Ich habe genau das Gleiche gedacht, Missus.« Betty war erleichtert, Edna endlich davon erzählen zu können.

Edna riss erstaunt die Augen auf. »Wirklich?«

»Ja, Missus. Ich spüre keine Trauer bei der Frau, aber sie hat vor irgendetwas schreckliche Angst.«

Edna war einen Moment sprachlos. »Dr. Thompson war gestern Abend bei uns. Er sagte, Amelias Angst und Unruhe kämen daher, dass sie hier in einer fremden Umgebung und bei Leuten ist, die sie kaum kennt. Ansonsten findet er ihr Verhalten ganz normal.«

Betty schüttelte den Kopf. »Haben Sie sie als Kind gekannt, Missus?« Diese Frage beschäftigte sie schon seit geraumer Zeit.

»O ja, Betty! Unser beider Familien sind zusammen nach Australien ausgewandert. Und bevor wir hier auf die Insel zogen, haben wir die Divines in Hobart Town besucht. Das war kurz nach der Geburt von Amelias Bruder Marcus. Amelia war ein süßes, bildhübsches Kind«, erzählte Edna. »Deshalb war Lance ein wenig...« Sie überlegte, wie sie die Reaktion ihres Sohnes nach der ersten Begegnung mit Amelia taktvoll formulieren könnte. Lance war regelrecht enttäuscht gewesen, doch so gefühllos wollte sie es nicht ausdrücken. »Nun, er war ein bisschen überrascht, wie... wie unscheinbar Amelia geworden ist, wo sie als Kind doch so bezaubernd war. Hätte sie nicht immer noch ihre dunklen Haare und den hellen Teint, hätte ich sie wahrscheinlich gar nicht wiedererkannt.«

Edna verstummte und machte ein nachdenkliches Gesicht. »Da fällt mir noch etwas ein«, fuhr sie nach einer Pause fort. »Camilla hat mir mal einen Zeitungsausschnitt aus dem *Hobart Enquirer* geschickt. Es war ein Artikel aus dem Gesellschaftsteil über den Debütantinnenball. Das Foto, das dazugehörte, zeigte Amelia. Damals muss sie ungefähr sechzehn gewesen sein. Ich habe den Ausschnitt nie wieder in Händen gehalten, aber ich weiß noch genau, wie hübsch sie auf dem Foto gewesen ist. Seltsam, nicht wahr? Das Foto muss ziemlich schmeichelhaft gewesen sein.« Edna errötete; sie schämte sich ein wenig für diese Bemerkung, die ihr wie ein Verrat an Amelias Mutter vorkam. »Ich muss den Artikel noch irgendwo haben. Ich werde ihn mir einmal genauer ansehen...«

Betty wusste zwar nicht, was ein Debütantinnenball war, doch ein Gefühl sagte ihr, dass dieses Foto überaus wichtig war. Edna hatte von einem bildhübschen Mädchen gesprochen, und das Gesicht, das sich Betty im Brunnenschacht gezeigt hatte, war wunderschön gewesen...

»Sie müssen dieses Foto finden, Missus!«, sagte sie eindringlich.

Edna erschrak, als sie in Bettys Augen sah. »Warum? Was ist damit?«

»Etwas stimmt hier nicht, Missus. Ich weiß nicht was, aber dieses Mädchen verbirgt etwas. Ich mache mir Sorgen um Sie, Missus.« War das der Sinn der Botschaft, die sie aus der Tiefe des Brunnens empfangen hatte? Edna vor ihrem Mündel zu warnen?

Jetzt bekam Edna wirklich Angst. »Was meinst du damit, Betty? Was verschweigst du mir?«

Doch Betty schüttelte den Kopf. »Ich muss gehen, Missus.« Sie wollte nach ihren Kindern sehen. »Sie müssen das Foto finden!«

Betty eilte davon, und Edna ging unverzüglich ins Haus und in ihr Schlafzimmer. Sie kramte in den Schachteln, die sie im Kleiderschrank aufbewahrte und jetzt herausgeholt hatte, als Charlton das Zimmer betrat.

»Was suchst du denn, Liebes?«

Edna fuhr erschrocken zusammen. »Pssst!«, machte sie. »Wo ist Amelia?«

»Ich glaube, mit Polly draußen hinterm Haus. Wieso? Was machst du denn da? Und warum flüstern wir?«

Edna schob die Tür zu. »Ich suche einen Zeitungsausschnitt, den Camilla mir vor ein paar Jahren geschickt hat.«

»Einen Zeitungsausschnitt?«

»Ja. Aus dem Gesellschaftsteil des *Hobart Enquirer*. Es war ein Artikel über den Debütantinnenball mit einem Foto von Amelia. Erinnerst du dich?«

Charlton überlegte. »Dunkel. Warum suchst du ausgerechnet jetzt danach? Willst du ihn Amelia zeigen?«

»Nein!«, entgegnete Edna, als wäre der Gedanke geradezu absurd. »Ich habe vorhin mit Betty gesprochen, und plötzlich fiel mir dieser Ausschnitt mit dem Foto wieder ein. Betty meinte, ich solle ihn suchen, weil er wichtig sei.«

Charlton war neugierig geworden. Und auch Sarah, die sich draußen im Flur an die Wand drückte, lauschte aufmerksam. Sie war ins Haus gegangen, um sich ein Schultertuch zu holen; als sie am Schlafzimmer der Ashbys vorbeikam, fiel gerade Amelias Name. Als Edna dann auch noch Betty erwähnte, wurden Sarahs Augen schmal vor Zorn. Sie hatte gleich gewusst, dass die Aborigine ihr Ärger machen würde! Aber was hatte es mit diesem Zeitungsausschnitt und dem Foto auf sich?

»War er nicht bei Camillas Briefen?«, fragte Charlton, während Edna hektisch in den Kartons wühlte. Keiner von beiden ahnte, dass ihr Gespräch belauscht wurde.

»Nein, bestimmt nicht. Ich muss diesen Ausschnitt finden, Charlton!«

»Ich werde dir helfen. Wo soll ich suchen?«

»Keine Ahnung. Ich dachte, der Ausschnitt wäre irgendwo hier drin, aber ich kann ihn nicht finden.« Edna drehte kurz entschlossen ein paar Schachteln um und schüttete den Inhalt aufs Bett. In dem Berg von Andenken, der sich im Lauf der Jahre angesammelt hatte, entdeckte sie alles Mögliche, aber keinen Zeitungsausschnitt.

»Wo könntest du ihn sonst noch hingetan haben?«

»Ich weiß nicht«, sagte Edna ungeduldig. »Vielleicht habe ich ihn in ein Buch gelegt. Ich werde gleich morgen Früh nachsehen. Amelia steht ja meistens eine Stunde später auf als wir, das sollte reichen. Ich möchte nicht, dass sie mich sieht, wenn ich die Bücher aus dem Regal nehme, und dass sie mich fragt, wonach ich suche.«

Sarah schlich in ihr Zimmer und versteckte sich hinter der geöffneten Tür. Ich muss diesen Ausschnitt finden, bevor er Edna in die Hände fällt, dachte sie. Und ich muss mir diese Betty Hammond vom Hals schaffen!

Im Geiste sah sie schon, wie sie unter den Augen von Lance verhaftet wurde, dessen Miene tiefste Verachtung widerspiegelte. Sie schauderte vor Angst. Sie wollte nicht nach Van-Diemens-Land zurück!

Als Edna und Charlton durch den Flur und in die Küche gingen, schlüpfte Sarah zur Vordertür hinaus, huschte um das Haus herum und betrat es durch die Hintertür. Die Ashbys schöpften keinen Verdacht: Sie ahnten nicht, dass Sarah im Haus gewesen war und sie belauscht hatte.

CAPE DU COUEDIC

Carlotta hatte den ganzen Nachmittag gebacken. Als sie fertig war, brachte sie einen Korb voller Gebäck zur Finnlay-Farm hinaus. Für Milo hatte sie einen ganz besonderen Keks dabei.

»Nein, Carlotta«, sagte Evan mit Bestimmtheit. »Es gibt gleich Abendessen. Vorher kriegen die Kinder keine Kekse mehr.«

Das passte Carlotta überhaupt nicht. Sie konnte nicht bleiben, musste aber sicher gehen, dass Milo seinen ganz speziellen Keks bekam. »Einer schadet doch nicht, *signore*«, säuselte sie.

Evan blieb hart. »Nach dem Essen, hab ich gesagt.«

Amelia, die am Herd stand und kaltes Lammfleisch aufschnitt, zollte Evan insgeheim Anerkennung, weil er Carlotta Paroli bot und sich nicht von ihr herumkommandieren ließ.

»Lassen Sie die Kekse da, ich werde sie nach dem Essen verteilen«, sagte sie zu der Italienerin.

Carlotta hatte keine andere Wahl. Sie nahm den Keks für Milo, der eingepackt oben auf dem anderen Gebäck lag, und legte ihn vor den Jungen auf den Tisch.

»Der hier ist für dich, Milo. Ich hab ihn extra für dich gebacken«, sagte sie zu dem Kleinen. »Du bekommst ihn nach dem Essen.« Sie warf Amelia einen frostigen Blick zu; dann lächelte sie den Jungen, der neben seinem Vater saß, strahlend an. »Ich besuch dich morgen wieder, Milo«, versprach sie und zerzauste ihm die dunklen Locken. Dann stellte den Korb mit den Keksen auf den Tisch, sagte zu Evan: »Gute Nacht, *signore*«, und verließ das Haus.

Amelia fragte sich, was die Italienerin im Schilde führte. Sie traute ihr nicht und ärgerte sich, dass Evan so vertrauensselig war.

Nach dem Essen verteilte sie die Kekse an die Kinder. Da es noch eine Stunde hell sein würde, beschloss sie, in den Gemüsegarten zu gehen und Saatkartoffeln zu setzen. Ihre Hände sahen mittlerweile schlimm aus: Ständig hatte sie schwarze Ränder unter den Nägeln, und ihre Handflächen waren voller Schwielen. Amelia mochte sie gar nicht mehr anschauen.

Sie schickte sich gerade an, die Hacke wegzustellen, weil es zu dunkel wurde, als sie Sissie rufen hörte:

»Sarah, komm schnell! Milo geht es nicht gut!«

Amelia rannte zum Haus. Evan war bei dem Jungen im Zimmer. Milo erbrach sich schluchzend und stöhnend in einen Eimer.

Amelia tauchte einen Lappen in kaltes Wasser und tupfte dem Kleinen die schweißnasse Stirn ab.

»Was hat er denn?« Evan war außer sich vor Sorge.

»Ich weiß es nicht«, antwortete Amelia. »Letztes Mal hatte er Fieber, musste aber nicht brechen. Diesmal ist es umgekehrt.«

»Er muss irgendwas Falsches gegessen haben.« Der Vorwurf in Evans Stimme war unüberhörbar.

»Er hat genau das Gleiche gegessen wie wir: Kartoffeln und kaltes Lammfleisch, und uns fehlt nichts«, verteidigte sich Amelia.

»Du vergisst Carlottas Keks«, warf Sissie ein. Sie sah erst die junge Frau, dann ihren Vater an.

»Von Carlottas Essen wird ihm bestimmt nicht schlecht«, knurrte Evan. Hätte seine Hilfskraft die Kekse gebacken, sähe die Sache anders aus.

Etwa eine Stunde lang wurde Milo von Übelkeit und Brechreiz geplagt; schließlich schlief er ein. Evan nahm den Jungen mit in sein Bett, damit er während der Nacht ein Auge auf ihn halten konnte.

Kingscote

Sarah stand in dieser Nacht um zwei Uhr auf und schlich in den Salon. Als sie die Tür hinter sich geschlossen hatte, zündete sie eine Lampe an, stellte die Flamme aber ganz klein. Sie ging zum

Bücherregal, das aus drei Borden bestand, nahm ein Buch nach dem anderen heraus und blätterte es durch. Sie musste diesen Zeitungsausschnitt unbedingt finden, bevor Edna ihn entdeckte! Denn wie sollte sie den Ashbys erklären, dass sie ganz anders aussah als die Sechzehnjährige auf dem Foto? Kein Mensch veränderte sich innerhalb weniger Jahre so dramatisch!

In einem Buch auf dem zweiten Bord wurde sie fündig. Der Ausschnitt lag zusammen mit einer getrockneten Blume fein säuberlich zwischen zwei Seiten eines Werks von Charles Dickens, *American Notes*. Sarah nahm den Ausschnitt heraus und betrachtete das Foto von Amelia Divine. Es war auf dem Debütantinnenball im Rathaus von Hobart Town aufgenommen worden. Sie trug ein weißes Ballkleid und sah hinreißend aus. Sarah wurde blass vor Neid. Sie tröstete sich mit dem Gedanken, dass Amelia jetzt von früh bis spät Berge von Wäsche waschen, Ställe ausmisten und andere schwere Arbeiten erledigen musste. Sie überflog den Artikel, in dem die Divines als eine der einflussreichsten Familien der Stadt geschildert wurden. Das rief ihr ins Bewusstsein, was für ein riesiges Vermögen ihr bald zufallen würde.

Sie zerknüllte den Zeitungsausschnitt und fragte sich unwillkürlich, ob Amelia inzwischen ihr Gedächtnis wieder gefunden hatte und sich an ihr früheres Leben erinnerte.

»Und wenn schon! So ein Leben wird sie nie wieder führen«, stieß Sarah gehässig hervor. Sie betrachtete das zerknüllte Papier in ihrer Hand. »Vorerst bin ich sicher.« Sie huschte in die Küche und warf das Papierknäuel in die glühende Asche im Herd. Es flammte auf und zerfiel langsam zu Staub.

Schnell löschte sie das Licht und ging zurück ins Bett. Jetzt musste sie nur noch einen Weg finden, Betty Hammond loszuwerden.

CAPE DU COUEDIC

Evan wachte am anderen Morgen schlecht gelaunt auf, war zugleich aber erleichtert, dass es seinem Sohn besser ging. Der Tag hatte noch nicht recht begonnen, als Carlotta schon wieder auf die Farm ankam. Dieses Mal brachte sie einen Laib Brot mit. »Guten Morgen, *signore!*«, rief sie fröhlich.

Evan, der bei seinen Ferkeln war, grunzte eine Antwort. Er schien nicht besonders gut geschlafen zu haben. Milo war blasser als sonst. Sein Anblick ging Carlotta zu Herzen. Fast hätte sie Mitleid gehabt. Aber nur fast.

»Was hat denn der *bambino*? Er ist ein bisschen blass um die Nase«, meinte sie und setzte eine besorgte Miene auf.

»Gestern Abend ging es ihm gar nicht gut. Er musste sich immer wieder übergeben.«

»Oh, wie furchtbar!« Carlotta griff sich mit gespielter Bestürzung an den Hals. Evan war die Sorge um seinen Sohn anzusehen.

»Heute geht es ihm schon wieder besser.« Evan hatte lange gegrübelt, was die Ursache für Milos Übelkeit sein könnte. »Haben Sie irgendwelche Gewürze für Ihre Kekse verwendet?«

»Aber nein, *signore*, wo denken Sie hin! Nur Mehl, Hafer, Butter und Melasse.«

»Davon sollte ihm eigentlich nicht schlecht werden.« Evan sah seinen Sohn stirnrunzelnd an.

»Ich hab ihm sein Lieblingsbrot gebacken, *signore*. Das hilft ihm bestimmt, wieder zu Kräften zu kommen.«

»Vielen Dank, Carlotta. Er hat heute keinen rechten Appetit. Vielleicht ändert sich das, wenn Sie ihm Ihr Brot vorsetzen.«

Carlotta lächelte erfreut. »Ich werde ihm gleich eine Scheibe aufschneiden.«

»Wir waschen uns nur die Hände, dann kommen wir nach«, sagte Evan. Der Duft des frisch gebackenen Brots hatte ihn daran erinnert, wie hungrig er war. Vor lauter Sorge um Milo hatte er noch nichts gefrühstückt.

Carlotta nickte. »Ist gut.«

Milo war schon wieder völlig verdreckt und stank entsetzlich. Carlotta rümpfte angewidert die Nase, als sie zum Haupthaus hinüberging. Auf Sauberkeit legte Evan anscheinend keinen großen Wert. Solche Männer konnte sie nicht ausstehen; deshalb achtete sie auch stets darauf, dass ihr eigener Mann gepflegt war. Gabriel rasierte sich zwar auch nicht täglich, trug aber wenigstens immer ein sauberes Hemd. Seit einigen Tagen allerdings rasierte er sich unregelmäßiger als zuvor; er war auch seltsam bedrückt und zog sich noch mehr zurück als sonst. Und die Augen der Zuchthäuslerin hatten ihren Glanz verloren. Irgendetwas musste zwischen den beiden vorgefallen sein. Carlotta frohlockte insgeheim. Dennoch bestand die Gefahr, dass sie sich wieder versöhnten, und dieses Risiko wollte sie nicht eingehen.

Amelia rubbelte Wäsche in einer großen Blechwanne, die neben dem Haus stand. Die Wanne war außen verrostet, und durch ein kleines Loch im Boden sickerte ständig Wasser, sodass Amelia immer wieder nachfüllen musste. Aber zum Wäschewaschen musste es reichen. Die neue Wanne, die Evan bestellt hatte, würde erst in ein paar Wochen kommen, wenn das Versorgungsschiff das nächste Mal anlegte. Ein Berg Schmutzwäsche türmte sich in einer kleineren Wanne daneben. Auch sie war durchgerostet und hatte faustgroße Löcher im Boden.

Bei sechs Kindern nahm die Wascherei kein Ende. Besonders Milo war ein kleiner Schmutzfink, weil er seinen Vater jedes Mal in den Schweinestall begleitete, wo er dann von den übermütigen Ferkeln umgeworfen wurde oder über sie fiel und in den Mist plumpste. Manchmal kam es Amelia so vor, als würde sie nichts als Wäsche waschen, sie aufhängen oder schnell von der Leine nehmen, wenn Regen aufzog. Sie hatte versucht, die Sachen der Kinder zu flicken, aber festgestellt, dass sie nur sticken, nicht nähen konnte. »Was willst du denn mit Sticken anfangen?«, hatte Evan genörgelt. »Du solltest lieber stopfen lernen, damit du die Kleidung der Kinder flicken kannst!« Er hatte es wieder einmal geschafft, dass sie sich nutzlos fühlte. Wenigstens hatten Sissie und Rose sie gebeten, ihnen zu zeigen, wie man stickt.

Als sie die Wäsche auf dem Waschbrett rubbelte, sah sie aus dem Augenwinkel Carlotta auf sich zukommen und stöhnte innerlich auf. »Die sollte sich lieber um ihren Mann kümmern, als andauernd hier herumzulungern«, murmelte sie vor sich hin. Sollte die Italienerin es ruhig hören! Es störte Amelia ungemein, dass Carlotta beinahe öfter auf der Farm war als daheim bei ihrem Mann.

Anscheinend hatte Carlotta tatsächlich gehört, was Amelia gesagt hatte, denn sie gab bissig zurück: »Jemand muss ja dafür sorgen, dass die Finnlays etwas Anständiges zu essen bekommen!«

»Warum gründen Sie keine eigene Familie, die Sie versorgen können?«

Ein leises Lächeln spielte um Carlottas Lippen. Das werde ich, verlass dich drauf, dachte sie. Aber mit dem jungen Leuchtturmwärter, nicht mit dem alten. Sie träumte davon, Gabriel zu verführen und ein Kind mit ihm zu haben. Dann würde Edgar sie freigeben müssen. Da Carlotta und ihr Mann draußen auf den Goldfeldern getraut worden waren, schien es unwahrscheinlich, dass die Eheschließung in irgendein Standesregister eingetragen worden war. Sie würde einfach mit Gabriel von Kangaroo Island fortgehen, sich auf dem Festland niederlassen und so tun, als wäre sie nie verheiratet gewesen. Und dann könnte sie Gabriel heiraten.

»Warum nehmen Sie nicht an dem Kochunterricht teil, den ich den Mädchen gebe?«, fragte Carlotta spitz.

»Ich habe weiß Gott Besseres zu tun«, giftete Amelia.

»O ja, das sehe ich!«, versetzte Carlotta spöttisch. Sich in den Hüften wiegend, ging sie weiter.

Als sie in die Küche kam, saß Sissie am Tisch. Das passte Carlotta überhaupt nicht. Keiner sollte sehen, was sie tat.

»Hallo, Kinder«, sagte sie, als die anderen hereinkamen. Sie nahm den Brotlaib aus dem Korb, schnitt ihn auf und reichte jedem Kind eine Scheibe.

»Milo ging es gestern Abend gar nicht gut«, sagte Sissie.

»Ja, dein Vater hat es mir schon erzählt. Was ist denn passiert?«

»Er musste brechen. Ungefähr eine Stunde nach dem Essen hat es angefangen.«

»Er hatte ganz schlimmes Bauchweh«, ergänzte Rose.

Carlotta setzte eine mitfühlende Miene auf, verspürte aber kein bisschen Reue. »Oh, der arme kleine *bambino*!«, rief sie.

Als sie Evan und Milo kommen sah, scheuchte sie die Mädchen mit der Bemerkung hinaus, ihr Vater sei furchtbar schlechter Laune, die er bestimmt an ihnen auslassen würde, wenn sie ihm keine Ruhe ließen. Da die Kinder ihren Vater kannten, sprangen sie ohne Widerrede auf und liefen in ihr Zimmer. Sie wussten aus der Zeit nach dem Tod ihrer Mutter und des Babys, wie mürrisch und jähzornig er sein konnte, wenn er eine schlaflose Nacht hinter sich hatte.

Die Mädchen waren kaum fort, als Carlotta eine weitere, ganz besondere Scheibe Brot aus ihrem Korb nahm und dem kleinen Jungen in die Hand drückte, als er mit seinem Vater ins Zimmer kam. Da Milo hungrig war, verschlang er das Brot und streckte die Händchen verlangend nach mehr aus. Dieses Mal schnitt Carlotta vor Evans Augen zwei weitere Scheiben von dem bereits angeschnittenen Laib herunter: eine für den Jungen und eine für seinen Vater.

»Sarah könnte doch Butter machen«, sagte sie und war nicht überrascht, als Evan die Augen verdrehte.

»Sie ist schon froh, dass sie endlich melken gelernt hat! Und sie weigert sich, auch nur in die Nähe der Schweine zu gehen. Ich möchte wirklich zu gern wissen, was sie früher gemacht hat. Sie kann weder kochen noch nähen, und es dauert ewig, bis sie mit der Wäsche fertig ist. Auf der anderen Seite ist sie ziemlich gebildet. Sie spricht Französisch und kann lesen und schreiben. Vielleicht war sie Gouvernante oder Lehrerin. Was meinen Sie, Carlotta?«

Die Italienerin zuckte gleichgültig die Schultern. Die Zuchthäuslerin stellte eine Bedrohung für sie dar – das war alles, was sie über diese Frau wissen musste. »Sie hat die Tochter ihres Arbeitgebers bestohlen. Also ist sie nichts weiter als eine gemeine Diebin, und wenn sie noch so gebildet ist!« Sie würde schon dafür sorgen, dass weder Evan noch Gabriel vergaßen, wer Sarah Jones war: eine Gesetzesbrecherin, der man nicht vertrauen konnte.

Kingscote

Edna stand früh auf, zog sich eilig an und ging in den Salon, wo sie die Bücher im Regal nach dem Zeitungsausschnitt durchsuchte. Charlton folgte ihr und versprach, Wache zu stehen, damit sie nicht von ihrem Mündel überrascht wurde. Kurz darauf erschien auch Polly, um Feuer im Herd zu machen. Sie war ganz erstaunt, dass die Ashbys schon auf waren, und fragte Edna, was sie denn suche.

»Ach, nicht so wichtig«, antwortete diese ausweichend. »Kümmere du dich um das Feuer, und setz schon mal den Tee auf, Polly.« Sie wollte dem Mädchen lieber nichts von dem Zeitungsausschnitt und dem Foto erzählen, damit Polly sich ihrem Mündel gegenüber nicht verplappern konnte. Diese Sache ging nur sie selbst, Charlton und Betty etwas an.

Auf dem obersten Bord standen Charltons »gewichtige Bücher«, wie Edna sie nannte, Bände über wissenschaftliche Themen oder über die Landwirtschaft, mit denen sie absolut nichts anfangen konnte; deshalb wusste Edna, dass sie den Ausschnitt in keinem dieser Bücher finden würde. Sie begann also mit dem Bord darunter. Ungefähr in der Mitte stand ein Band von Charles Dickens, *American Notes*. Als Edna das Buch aufschlug, entdeckte sie zwischen den Seiten eine getrocknete Blume. Sie betrachtete sie nachdenklich, und plötzlich fiel es ihr wieder ein. Am selben Tag, an dem sie Camillas Brief mit dem Zeitungsausschnitt erhalten hatte, hatte sich an ihrer Kamelie die erste Blüte geöffnet. Sie hatte sie gepflückt und dabei an ihre Freundin gedacht, die ihr schrecklich fehlte. Dann hatte sie die Blüte zusammen mit dem Zeitungsartikel über Amelia in das Buch gelegt.

»Das ist merkwürdig, Charlton«, sagte sie. »Der Ausschnitt müsste hier drin sein, zusammen mit dieser Blume.«

»Bist du sicher, Liebes? Gestern konntest du dich nicht erinnern, wo du ihn hingetan hast.«

»Gerade eben ist es mir wieder eingefallen. Ich habe diese Blüte an dem Tag gepflückt, an dem Camillas Brief eintraf. Kamelien erinnern mich immer an Camilla, weil der Name so ähnlich klingt. Und weil die Blüte so wunderschön war, wollte ich sie trocknen, um sie aufzuheben. Ich weiß noch, wie ich dachte, Amelia ist genauso bezaubernd wie diese Blume, also habe ich das Foto von ihr mit der Blume zwischen die Seiten gelegt. Die Blume ist noch da, aber der Ausschnitt ist fort.«

Edna rief Polly zu sich. »Polly, hast du zufällig einen Zeitungsausschnitt hier irgendwo auf dem Regal gesehen?«

»Nein, Mrs Ashby.« Das Hausmädchen zog die schweren Vorhänge zurück, und Sonnenlicht flutete ins Zimmer.

»Er müsste hier sein. Vielleicht ist er beim Abstauben aus dem Buch gerutscht.«

»Mir ist nichts aufgefallen, Mrs Ashby. Was war das denn für ein Ausschnitt?«

»Ach, nicht weiter wichtig.« Edna war ratlos, als sie den Blick über das Regal schweifen ließ. Sonnenstrahlen warfen ihr Licht auf das dunkle Holz. Jetzt erst fiel ihr auf, dass auf dem untersten Bücherbord eine hauchdünne Staubschicht wie ein feiner Schleier lag. Das mittlere Bord wies ebenfalls eine solche geschlossene Staubdecke auf, aber nur bis zu dem Buch von Dickens: Davor, wo Edna sämtliche Bücher vom Regal genommen hatte, konnte man Spuren im Staub erkennen. Sie schaute zum obersten Bord hinauf. Auch dort war deutlich zu sehen, dass Bücher herausgezogen worden waren. Dabei hatte sie dort doch gar nichts angerührt! Eine Sekunde lang konnte Edna sich keinen Reim darauf machen.

»Warst du gestern am Bücherregal, Polly?«

»Nein, Mrs Ashby. Gestern habe ich hier drinnen gar nichts gemacht.« Polly fragte sich, ob sie Ärger bekommen würde.

Edna warf Charlton einen beunruhigten Blick zu. »Geh wieder in die Küche, Polly, und setz den Kessel auf.«

Polly verließ das Zimmer.

Charlton blickte seine Frau verwirrt an. »Was denkst du?«

»Ich glaube, dass jemand mir zuvorgekommen ist«, flüsterte Edna.

Charlton wusste genau, wen sie meinte. »Aber woher kann sie gewusst haben ...?«

Edna bedeutete ihm, ihr in die Küche zu folgen.

»Polly, Amelia war gestern Nachmittag doch mit dir hinter dem Haus, nicht wahr?«

»Ja, Mrs Ashby.« Polly dachte kurz nach. »Ich habe gebuttert, und Miss Amelia hat mir dabei zugeschaut.« In Wirklichkeit hatte sie ihr geholfen, doch Polly hoffte, dass die Ashbys nichts davon wussten.

»Ist sie zwischendurch im Haus gewesen?«

»Im Haus?«

»Ja. Wollte sie etwas holen, oder hat sie nach meinem Mann oder mir gesucht?«

»Nein, Mrs Ashby.« Polly schüttelte den Kopf. »Das heißt«, fügte sie dann hinzu, »einmal ist sie hineingegangen und nach ein paar Minuten wiedergekommen. Sie hat sich ihr Schultertuch geholt, weil es so kalt geworden war.«

Plötzlich war Edna alles klar. Amelia musste sie und Charlton gestern belauscht haben, als sie am Schlafzimmer vorbei zu ihrem

Zimmer gegangen war. »Mach den Tee, Polly, und servier ihn im Salon.«

»Ja, Mrs Ashby.«

Edna und Charlton gingen in den Salon zurück und schlossen die Tür hinter sich. »Amelia muss uns belauscht und dann den Zeitungsausschnitt gesucht haben. Und wie es aussieht, hat sie ihn gefunden«, sagte Edna.

»Aber wann soll sie das getan haben? Sie ist vor uns schlafen gegangen und noch nicht aufgestanden. Das ergibt doch keinen Sinn!« Charlton fiel es schwer, ihrem Mündel so unredliche Absichten zu unterstellen.

»Sie muss irgendwann heute Nacht aufgestanden sein.«

»Das kann ich mir nicht vorstellen.«

»Aber es gibt keine andere Erklärung«, beharrte Edna. »Jemand hat sich an den Büchern auf dem obersten und mittleren Bord zu schaffen gemacht; man kann es an den Staubspuren erkennen. Und der Zeitungsausschnitt steckte in einem Buch auf dem mittleren Bord. Ich habe die Bücher nicht angerührt, und Polly auch nicht. Die Frage ist jetzt nur: Wollen wir Amelia mit unserem Verdacht konfrontieren?« Edna war sicher, dass Charlton Nein sagen würde, doch sie hatte nicht die Absicht, die Angelegenheit auf sich beruhen zu lassen.

»Aber warum sollte Amelia den Zeitungsausschnitt an sich genommen haben?«, fragte Charlton.

»Genau das müssen wir herausfinden«, sagte Edna.

20

KINGSCOTE

»Amelia, wir müssen mit dir reden«, sagte Edna, als Sarah zum Frühstück hereinkam.

»Ja, Tante?« Sarah bekam Herzklopfen. Ängstlich sah sie Edna und Charlton an. Wussten die beiden, was sie getan hatte?

Charlton hatte seine Frau gefragt, ob sie auch sicher sei, dass der Zeitungsausschnitt sich bei der getrockneten Blume befunden hatte. Er wollte Amelia nicht unnötig beunruhigen. Doch Edna war sich ganz sicher.

»Ich hatte einen Zeitungsausschnitt in ein Buch gelegt, das im Salon im Regal steht, Amelia«, sagte sie nun, »aber jetzt ist der Ausschnitt verschwunden. Du weißt nicht zufällig, wo er sein könnte?«

»Nein, Tante!« Sarah war zutiefst erschrocken, versuchte jedoch, es sich nicht anmerken zu lassen und stattdessen eine Unschuldsmiene aufzusetzen. Sie hatte die Ashbys offensichtlich unterschätzt. Nie hätte sie gedacht, dass die beiden sie nach dem Ausschnitt fragen würden; deshalb hatte sie sich auch keine Erklärung zurechtgelegt. Wieso sollte die echte Amelia den Ausschnitt auch an sich nehmen wollen? Edna betrachtete sie prüfend, um zu sehen, ob sie die Wahrheit sagte.

»Was war das denn für ein Ausschnitt, Tante?«

Edna ging nicht darauf ein. »Jemand war an den Büchern, man kann es an den Spuren im Staub auf dem Regal erkennen. Polly sagt, sie war es nicht, und ich selbst habe die Bücher auch nicht angerührt ...«

»Du glaubst doch nicht im Ernst, dass ich es war!« Sarah spielte die Entrüstete. Sie sah zu Charlton hinüber, der sonst immer auf ihrer Seite stand. Er schien sich ein wenig unbehaglich zu fühlen, kam ihr diesmal aber nicht zu Hilfe.

»Wer könnte es sonst gewesen sein?«, fragte Edna.

Sarah brachte ein paar Tränen zustande. »Warum sollte ich irgendeinen Zeitungsausschnitt an mich nehmen?«

»Ich glaube, du hast gehört, wie Charlton und ich gestern Nachmittag darüber gesprochen haben«, sagte Edna.

»Nein, das habe ich nicht!«, widersprach Sarah. »Ich war den ganzen Nachmittag mit Polly draußen im Garten.«

Dass Polly erzählt hatte, sie sei hineingegangen, um ihr Schultertuch zu holen, behielt Edna für sich. »Den Ausschnitt hatte deine Mutter mir geschickt. Es war ein Artikel über einen Debütantinnenball mit einem Foto von dir.«

Sarah schaute Edna verständnislos an. »Ich verstehe immer noch nicht, wie du darauf kommst, ich hätte diesen Ausschnitt genommen. Warum sollte ich?«

»Das wissen wir eben nicht, Amelia – es sei denn, du willst aus irgendeinem Grund verhindern, dass wir den Ausschnitt sehen.«

Sarah blinzelte. »Aber wenn du ihn ins Buch gelegt hast, wirst du ihn ja schon gesehen haben, Tante.« Sie hielt sich für sehr schlau, doch Edna fand das gar nicht komisch.

»Bist du sicher, dass du ihn nicht genommen hast, Amelia?«, fragte sie eindringlich. Hätte die junge Frau sich nicht so merkwürdig verhalten, hätte sie ihr vielleicht sogar geglaubt.

Sarah wusste, jetzt half nur noch eines: weinen. Und genau das tat sie. Sie ließ den Kopf auf die Arme sinken und begann herzzerreißend zu schluchzen. »Ich... ich habe ihn nicht genommen«, jammerte sie. »Ich kann nicht glauben... dass du denkst... ich würde wegen so etwas lügen...«

Edna und Charlton sahen sich ratlos an.

»Schon gut, Amelia, reg dich nicht auf.« Edna blickte ihren

Mann an. »Vielleicht habe ich mich geirrt.« Das hielt sie zwar für ausgeschlossen, aber was hätte sie sagen sollen? Der Geburtstag ihres Mündels stand vor der Tür, und sie hatte eine Überraschungsparty für das Mädchen geplant. Sollte sie da ein solches Aufhebens wegen eines Zeitungsausschnitts machen? Sie hielt es für das Beste, das Thema zu beenden, entschuldigte sich und ging nach draußen. Charlton blieb bei der jungen Frau und versuchte, sie zu trösten.

Edna, mit ihrer Weisheit am Ende, sah Betty Wäsche aufhängen und beschloss, zu ihr hinüberzugehen.

Betty hatte ihr den Rücken zugedreht. »Hallo, Betty«, sagte Edna. Die Aborigine fuhr heftig zusammen.

»Entschuldige, Betty, ich dachte, du hättest mich kommen hören.« Seit wann war Betty so schreckhaft?

Betty griff sich an ihr rasendes Herz und atmete tief durch. Seit einiger Zeit war sie das reinste Nervenbündel, und die Sache mit dem Mädchen, das ihr im Brunnen erschienen war und sie gewarnt hatte, hatte ihre Furcht und Unruhe verstärkt. Überall sah Betty Gefahren lauern. Sie konnte nicht mehr schlafen und lebte in ständiger Angst. »Haben Sie den Zeitungsausschnitt gefunden, Missus?«, fragte sie, als sie sich gefasst hatte. Es hatte irgendeine Bewandtnis mit diesem Foto, auch wenn Betty nicht genau wusste, was es war.

»Nein, Betty. Mir ist zwar wieder eingefallen, wo ich ihn aufbewahrt hatte, aber als ich nachschaute, war er verschwunden. Ich bin sicher, Amelia hat ihn an sich genommen.«

Betty erschrak. »Wie kommen Sie darauf?«

»Ich hatte den Zeitungsausschnitt in ein Buch gelegt, und als ich danach suchte, sah ich an den Mustern im Staub auf dem Bücherbord, dass jemand mir zuvorgekommen sein muss. Polly sagt, sie war nicht am Bücherregal, bleibt also nur Amelia. Wenn ich nur wüsste, warum sie den Ausschnitt an sich genommen hat!«

»Haben Sie denn nicht gefragt, Missus?«

»Doch, gerade eben. Sie streitet alles ab. Sie wisse nichts davon, behauptet sie. Sie hat sich so aufgeregt, dass ich nicht weiter in sie dringen wollte.«

Plötzlich tauchten züngelnde Flammen vor Bettys innerem Auge auf. »Ich glaube, der Ausschnitt wurde verbrannt, Missus«, flüsterte sie.

Edna dachte an den Küchenherd. Hatte Amelia den Ausschnitt in der Nacht in die noch glühende Asche geworfen, wo er dann Feuer gefangen hatte? Ja, so könnte es gewesen sein. Doch Polly hatte bereits Holz nachgelegt; sie würde nichts mehr finden. Edna sah ein, dass ihr nichts anderes übrig blieb, als die Angelegenheit auf sich beruhen zu lassen. »Ich werde Amelia nicht mehr darauf ansprechen«, sagte sie. »Morgen hat sie Geburtstag, und ich will eine Überraschungsparty für sie geben. Ich möchte nicht, dass sie sich noch mehr aufregt.« Edna dachte an Amelias Worte. Ganz Unrecht hatte sie nicht: Weshalb sollte sie einen Artikel über einen Debütantinnenball mit einem Foto von ihr selbst entwenden?

In Betty jedoch stieg eine unheilvolle Ahnung auf. Seit dem Ausflug nach Reeves Point hatte sie dieses beklemmende Vorgefühl nicht mehr abzuschütteln vermocht, und jetzt wurde es so stark, dass ihr regelrecht schwindlig wurde.

»Ihr kommt doch hoffentlich auch, Betty?«, fragte Edna.

Der Gedanke, sich in der Nähe der jungen Frau aufhalten zu müssen, machte Betty ganz krank, aber sie wollte Edna nicht enttäuschen, zumal diese ihre Hilfe brauchte. »Ich weiß nicht, ob John da sein wird, Missus, aber ich und die Kinder werden kommen.«

»Fein.« Edna blickte ihre Nachbarin prüfend an. »Ist sonst alles in Ordnung, Betty?«

»Ja, Missus. Die Kinder sind manchmal anstrengend, und das kostet Nerven. Aber mir geht's gut.«

»Schön. Dann sehen wir uns morgen Nachmittag gegen vier.« Edna nickte ihr zu und kehrte ins Haus zurück.

Sarah war inzwischen in ihr Zimmer gegangen.

»Sie lügt, da bin ich sicher«, flüsterte Edna ihrem Mann zu.

»Aber wir können es nicht beweisen. Wir werden ein Auge auf sie haben müssen.«

»Wie wär's, wenn wir morgen Früh in die Stadt fahren und noch einmal mit Brian Huxwell reden?«, schlug Charlton vor.

»Gute Idee.« Edna nickte. »Ich muss sowieso noch einige Einkäufe für Amelias Party erledigen.«

Cape du Couedic

Sissie schüttelte Amelia, bis sie aufwachte. »Komm schnell, Sarah«, drängte sie.

»Was... was ist denn?«, fragte Amelia schlaftrunken. Sie konnte nicht glauben, dass sie so fest geschlafen hatte.

»Milo geht es sehr, sehr schlecht!«

»Milo? O nein! Wie spät ist es denn?« Amelia rappelte sich mühsam hoch und versuchte, einen klaren Kopf zu bekommen.

»Gleich Mitternacht. Entschuldige, dass ich dich geweckt habe, aber Papa ist außer sich vor Sorge.«

Es war das erste Mal seit Wochen, dass Amelia vor Mitternacht in tiefen Schlaf gefallen war, und ausgerechnet jetzt war sie geweckt worden.

Milo hatte sich den ganzen Tag nicht wohl gefühlt. Am Nachmittag war er eingeschlafen und auch zur Essenszeit am Abend nicht aufgewacht. Evan hatte den Jungen nicht geweckt, weil er in der Nacht zuvor ja kaum geschlafen hatte.

Amelia warf sich ihren Mantel über und schlüpfte hastig in ihre Schuhe. Als sie mit Sissie zum Haus kam, sahen sie, wie Milo sich übergab. Er stöhnte vor Schmerz und hielt sich den Bauch.

Amelia erkannte sofort, dass es dem Jungen sehr schlecht ging. »Wir müssen ihn zu einem Arzt bringen!«, drängte sie voller Sorge um das Leben des Kindes.

Evan, das Gesicht vor Angst verzerrt, wiegte seinen Sohn in

den Armen. Er sagte zwar nichts, dachte aber das Gleiche: Milo musste unbedingt von einem Arzt untersucht werden. Er hatte überlegt, ob er das Pferd satteln und mit dem Jungen nach Kingscote reiten sollte, doch er befürchtete, Milo würde die Strapazen eines Dreitageritts nicht überstehen.

»Evan! Wir können hier nichts für ihn tun! Wir müssen ihn zu einem Arzt bringen«, wiederholte Amelia eindringlich, als Evan schwieg. Warten Sie nicht, bis es zu spät ist!, hätte sie am liebsten hinzugefügt, beherrschte sich aber. Sie erkannte an dem gequälten Ausdruck in seinen Augen, dass er an seine Frau und das Baby dachte, die er beide auf so tragische Weise verloren hatte. Evan liebte seinen Sohn; er würde dessen Leben nicht leichtfertig aufs Spiel setzen.

Evan nickte. Er wusste, durch seinen Starrsinn würde er Milo nur schaden. »Ich lauf sofort zu Gabriel hinüber und bitte ihn, einem Fischerboot zu signalisieren, dass es anlegen soll.« Evan hoffte und betete, dass es nicht zu spät wäre, bis er seinen Sohn nach Kingscote zu einem Arzt bringen könnte. Er durfte Milo nicht auch noch verlieren!

»Es fahren doch bestimmt die ganze Nacht Schiffe vorbei, nicht wahr?«, fragte Amelia mit einem Blick in seine sorgenvolle Miene.

»Ja, aber nachts legt kein Schiff in Weirs Cove an. Wegen der Felsen und Riffe ist das zu gefährlich. Deshalb ist ja der Leuchtturm da – um vor den Gefahren zu warnen. Wenn wir Glück haben und die See nicht zu rau ist, kann im Morgengrauen vielleicht ein Fischerboot festmachen. Die einzige andere Möglichkeit wäre, dass ich mit dem Jungen nach Kingscote reite, aber das ist viel zu anstrengend für ihn.«

Evan schnappte seinen Mantel und warf einen letzten besorgten Blick auf seinen Sohn. Er würde es sich nie verzeihen, wenn ihm etwas zustieße, nur weil er ihn nicht rechtzeitig zu einem Arzt gebracht hatte. »Ich beeil mich«, sagte er und ging.

Der kleine Junge würgte, hatte aber nichts mehr im Magen. Amelia flößte ihm ein wenig Wasser ein, um den Flüssigkeitsverlust auszugleichen. Nach ein paar Schlucken wandte Milo den Kopf ab und ließ sich wieder erschöpft auf das Lager fallen.

Als Evan zurückkam, war der Junge eingeschlafen. »Wie geht es ihm?«, fragte er leise.

»Ich glaube, das Schlimmste ist überstanden«, antwortete Amelia, was Evan allerdings nicht zu beruhigen vermochte. »Was hat Gabriel gesagt?«

»Im Morgengrauen gibt er den Fischerbooten, die vom Fang nach Kingscote zurückkehren, ein Signal. Eines wird bestimmt in der Bucht anlegen.«

»Sie haben das Richtige getan«, versicherte Amelia ihm. Das Warten würde eine Qual für Evan sein, das wusste sie. Sie konnte ihm seine innere Zerrissenheit ansehen. Einerseits wollte er nicht von der Farm fort, andererseits durfte er das Leben seines Sohnes nicht gefährden.

»Wenn ich nur wüsste, was ihn so krank gemacht hat!« Evans Stimme zitterte vor Sorge, während er seinen friedlich schlafenden Sohn betrachtete. Nichts deutete darauf hin, dass er sich nur eine Stunde zuvor vor Schmerzen gekrümmt hatte. Wie klein und zerbrechlich er wirkte!

»Ich denke, er wird bis morgen Früh durchschlafen«, sagte Amelia, die ebenfalls auf Milo hinunterschaute. »Ich gehe wieder in meine Hütte. Rufen Sie mich, falls es ihm plötzlich schlechter gehen sollte.«

Amelia wandte sich schon zum Gehen, als jemand an die Tür klopfte. Sie öffnete und sah sich Edgar und Carlotta gegenüber.

»Ich habe gehört, was geschehen ist!«, rief Carlotta. »Armer *bambino*!« Sie drängte sich an Amelia vorbei und eilte zum Bett des Jungen. Sein blasses Gesichtchen wurde von seinen schweißfeuchten Locken umrahmt. Er sah schwach und elend aus, und für einen kurzen Augenblick hatte Carlotta ein schlechtes Gewissen. Doch um ihr Ziel zu erreichen, war ihr kein Opfer zu groß.

»Er ist eingeschlafen«, sagte Amelia. »Ich glaube, das Schlimmste ist überstanden, aber Evan wird ihn morgen Früh auf jeden Fall nach Kingscote zu einem Arzt bringen.«

Auch Edgar trat an das Bett des Jungen. »Gabriel und ich werden uns um die Farm kümmern, Evan«, sagte er, »machen Sie sich deswegen keine Gedanken.« Carlotta war gar nicht begeistert, als sie das hörte; er konnte es ihr ansehen. »Sorgen Sie nur dafür, dass Milo wieder ganz gesund wird.«

»Ich danke Ihnen, Edgar«, erwiderte Evan. »Ich weiß das zu schätzen.«

Auch Amelia fiel Carlottas säuerliche Miene auf. Ob die Italienerin eifersüchtig war, weil Gabriel und ihr Mann viel Zeit auf der Farm verbringen würden? Das wäre typisch für diese selbstsüchtige Person, dachte sie. Sie selbst war allerdings auch nicht begeistert. Zwar hatte sie akzeptiert, dass es für Gabriel und sie keine gemeinsame Zukunft geben konnte, doch an ihren Gefühlen für ihn änderte das nichts. Deshalb würde seine Anwesenheit eine Qual für sie sein.

Carlotta wandte sich an Evan. »Warum nehmen Sie Sarah nicht mit? Sie könnte Ihnen mit Milo helfen, und ich kümmere mich unterdessen um die *bambini* hier.« Dann wäre sie die Zuchthäuslerin los. Und wer weiß, vielleicht würde der Arzt Evan nahe legen, mit seiner Familie in die Stadt zu ziehen.

Amelia verschlug es die Sprache. Unglaublich, auf was für Ideen diese Frau kam, nur damit sie mit Gabriel allein sein konnte! Auch Sissie war verärgert. Der Gedanke, Carlotta ständig um sich zu haben, gefiel Sissie gar nicht. Inzwischen war Sarah ihr eine viel liebere Freundin geworden. »Es wäre besser, wenn Sarah bei uns bliebe, Papa«, sagte sie, worauf Carlotta sie wütend anfunkelte.

»Sarah bleibt da«, sagte Evan entschieden. »Ich schaffe das mit Milo schon allein.«

Etwas an der Art, wie er das sagte, rief Amelia ins Bewusstsein zurück, dass sie eine Strafgefangene auf Bewährung war, der man nicht trauen konnte. Evan scheute offensichtlich das Risiko, sie nach Kingscote mitzunehmen. Wahrscheinlich fürchtete er, sie könnte einen Fluchtversuch unternehmen. Gedemütigt wandte sie sich ab.

Carlotta war enttäuscht, gab sich aber noch nicht geschlagen. »Und wenn der Arzt nichts findet, *signore?* Was tun Sie dann?«

»Ich weiß es nicht«, antwortete Evan. »Hoffen wir, dass er meinem Jungen helfen kann.«

Der Arzt würde niemals herausfinden, dass dem Jungen etwas verabreicht worden war, das seine Übelkeit ausgelöst hatte, davon war Carlotta überzeugt. Dennoch würde sie sich auf alle Fälle einen weiteren Plan zurechtlegen, um die Zuchthäuslerin loszuwerden.

Als Carlotta und Edgar gegangen waren, wünschte Amelia den Kindern eine Gute Nacht. »Rufen Sie mich, wenn Sie mich brauchen«, sagte sie zu Evan und wandte sich zum Gehen.

»Sarah! Mir ist wohler, wenn ich dich bei meinen Töchtern weiß, solange ich fort bin. Milo wird dich vermissen, aber ich bin ja bei ihm, und es wäre mir wirklich eine große Beruhigung, wenn du hier bist.«

Amelia schaute ihn überrascht an. »Und ich dachte, Sie wollten mich nicht mitnehmen, weil…« Sie sprach den Satz nicht zu Ende.

»Es gibt nicht viele Menschen, denen ich vertraue«, sagte Evan schlicht. Er blickte wieder auf seinen Sohn, und Amelia kamen die Tränen. Evan war ein schwieriger Mann, das war ihr mittlerweile klar geworden; ein größeres Lob hätte er ihr nicht machen können.

»Das bedeutet mir sehr viel, Evan. Ich werde Sie nicht enttäuschen«, flüsterte sie und verließ das Haus.

Als Gabriels Schicht um acht Uhr am anderen Morgen endete, machte er sich unverzüglich auf den Weg zur Finnlay-Farm. Er hatte gute Nachrichten für Evan: Die *Swordfish* hatte sein Signal aufgefangen und in Weirs Cove angelegt. Evan, der vor Sorge kein Auge zugetan hatte, fiel ein Stein vom Herzen. Er hatte bereits das Nötigste gepackt. Milo war zwar immer noch geschwächt, doch es ging ihm schon ein wenig besser. Amelia und die Mädchen begleiteten die Männer zur Bucht. Auf dem Kliff wehte ein böiger Wind. Milo schaute verwirrt drein, als Gabriel ihn und seinen Vater zur Anlegestelle hinunterließ und seine Schwestern oben zurückblieben. Am Fuß der Felswand nahm Kapitän Cartwright Evan und den Jungen in Empfang, und kurz darauf legte das Schiff ab. Amelia und die Mädchen kehrten zur Farm zurück.

Gabriel folgte ihnen. Von Evan wusste er, dass die Schafe auf der Weide genug zu fressen fanden, doch er würde ein Auge auf die Lämmer haben und dafür sorgen müssen, dass sie genug Wasser bekamen. Die Hühner würden von den Kindern gefüttert; um die Ferkel, die Kuh und das Pferd würde er selbst sich kümmern.

Ohne ein Wort oder einen Blick in seine Richtung eilte Amelia ins Haus. Gabriel ging zum Stall, um Clyde zu versorgen, dem Evan an diesem Morgen noch kein Futter gegeben hatte. Er füllte seine Raufe und ließ ihn dann auf die Koppel hinaus. Er hörte die Hühner gackern, als die Mädchen ihnen ihre Körner hinstreuten. Während er die Ferkel fütterte, kam Sissie mit dem Melkschemel und einem Eimer, um die Kuh zu melken.

Nach einer Weile bemerkte Gabriel, dass Sissie ihn beobachtete. In der einen Hand hielt sie den Eimer mit der frischen Milch, in der anderen den Melkschemel. Sie wirkte bedrückt, und Gabriel lächelte ihr beruhigend zu.

»Wird Milo wieder gesund, Gabriel?«, fragte sie.

»Ganz bestimmt, Sissie.« Er wollte nicht, dass die Mädchen sich noch mehr ängstigten. »Du wirst sehen, sobald der Arzt herausgefunden hat, was ihm fehlt, wird er ihm etwas verschreiben, das ihn wieder gesund macht. Er wird schneller wieder zurück sein, als du glaubst.«

»Als es Milo das erste Mal schlecht ging, hatte er kurz zuvor einen von Carlottas Keksen gegessen. Sie hatte ihn extra für Milo gebacken.«

»Extra für Milo? Was war denn an dem Keks so Besonderes?«

»Keine Ahnung. Jedenfalls, als Milo später von ihrem Brot aß, ist ihm wieder schlecht geworden. Wenn Dad für uns kocht, passiert so was nie.«

»Aber vor einer Woche war Milo doch schon einmal krank, nicht wahr?«

»Ja, da hatte er Fieber, aber er musste sich nicht übergeben. Deshalb glaube ich, dass er da etwas anderes hatte«, meinte Sissie.

»Sonst ist niemandem von Carlottas Essen schlecht geworden?« Gabriel konnte sich nicht vorstellen, dass es Carlottas Speisen waren, die den Jungen krank gemacht hatten. Sissie mochte die Italienerin nicht, das lag auf der Hand.

»Nein, aber Milo ist ja auch noch sehr klein.« Sissie schaute eine Weile schweigend zu, wie Gabriel den Schweinestall ausmistete und dann den Wassertrog säuberte. »Du weißt, dass Sarah ein guter Mensch ist, nicht wahr, Gabriel?«, sagte sie unvermittelt.

Gabriel blickte überrascht auf. »Ja, das weiß ich.«

»Sie selbst hat keine gute Meinung von sich. Aber ich finde, sie sollte nicht den Rest ihres Lebens für einen einzigen Fehler büßen müssen.«

»Das finde ich auch. Sarah sollte sich selbst verzeihen und einen Schlussstrich unter die Vergangenheit ziehen.« Er erinnerte sich, wie er sie zu überzeugen versucht hatte, dass sie nicht der Mensch war, den Amelia Divine in ihrem Brief beschrieb. Vielleicht war sie früher einmal so gewesen – obwohl er es sich kaum vorstellen konnte –, doch die Frau, in die er sich verliebt hatte, besaß ein gutes Herz.

»Wenn du das auch so siehst, warum seid ihr dann nicht mehr zusammen?«, wollte Sissie wissen.

Verdutzt hielt Gabriel mitten in der Bewegung inne. Er fühlte, wie er rot wurde. Ihm war nicht bewusst gewesen, wie schnell Evans Älteste zu einer jungen Frau heranwuchs. Dennoch hielt er es für unangebracht, über solche Dinge mit ihr zu reden. »Weil sie es nicht möchte«, antwortete er.

»Sie ist immerzu traurig«, sagte Sissie. »Als ihr noch Freunde wart, war sie ganz anders.«

»Sie ist eine erwachsene Frau, Sissie, und wenn sie mich nicht in ihrem Leben haben will, muss ich das akzeptieren.«

»Aber du möchtest Teil ihres Leben sein, nicht wahr?«

Gabriel schwieg einen Augenblick. Er konnte an nichts anderes mehr denken als an seine Sarah. »Ja, mehr als alles andere. Ich hoffe immer noch, dass sie ihre Meinung ändert.«

Sissie nickte. »Das hoffe ich auch. Ich möchte, dass sie glücklich ist.« Und sie wünschte sich, dass sie bei ihnen blieb. In zwei Jahren würde sie frei sein und gehen können, wohin sie wollte. Der Gedanken ängstigte Sissie. Deshalb hoffte sie, Sarah und Gabriel würden sich ineinander verlieben; dann würde Sarah für immer bleiben.

Gabriel erriet Sissies Gedanken. Sarah konnte den Kindern zwar nicht die Mutter ersetzen, doch sie hatten in ihr eine Vertrauensperson gefunden, was besonders für Sissie und Rose wichtig war, die beiden Ältesten.

»Wir haben die Dinge nicht immer selbst in der Hand, Sissie. Manchmal haben wir keinen Einfluss darauf, was geschieht, und müssen es hinnehmen.«

»So wie damals, als Mama gestorben ist?«

»Ja. Ich weiß, dass du Sarah sehr gern hast, aber eines Tages wird sie wieder von hier fortgehen.«

»Das muss aber nicht sein, oder?« Sissies Augen wurden feucht.

Gabriel hörte die Verzweiflung in ihrer Stimme. Er wusste genau, was sie empfand. »Nein, aber wenn die zwei Jahre vorüber sind, kann sie frei über ihre Zukunft entscheiden, und ich glaube kaum, dass sie dann bleiben wird. Nicht jeder ist für dieses Leben hier geschaffen, Sissie.« Auch er hatte gehofft, sie würde bleiben; er hatte sich schon eine gemeinsame Zukunft mit ihr ausgemalt, aber inzwischen fürchtete er, dass es ein Wunschtraum blieb. Der Gedanke schmerzte unerträglich.

»Vielleicht wird doch noch alles gut, Gabriel. Gib nicht auf«, sagte Sissie, wandte sich um und ging zum Haus zurück. Gabriel schaute ihr verdutzt nach. So kluge Worte aus dem Mund einer Dreizehnjährigen!

Als die Tiere versorgt und die Ställe ausgemistet waren, machte er sich auf die Suche nach Amelia. Er fand sie beim Wäschewaschen.

»Ich habe das Pferd, die Kuh und die Schweine gefüttert. Kann ich sonst noch etwas tun, bevor ich nach Hause gehe und mich schlafen lege?«

»Nein, danke«, erwiderte Amelia kühl und ohne von ihrer Arbeit aufzublicken.

»Ich komme später wieder, falls noch etwas sein sollte.« Er wandte sich ab, machte ein paar Schritte, hielt inne und drehte sich wieder zu ihr um. Amelia schaute kurz auf, richtete den Blick aber gleich wieder aufs Waschbrett.

»Ich überlege, ob ich meinen Vertrag vorzeitig auflöse und früher als geplant von hier weggehe«, sagte Gabriel.

Amelia erstarrte mitten in der Bewegung, blickte jedoch nicht auf.

»Willst du nicht wissen, warum?«

Endlich schaute sie auf. Sie bemühte sich um eine ausdruckslose Miene, doch das Herz klopfte ihr bis zum Hals. »Das ist allein deine Entscheidung. Wenn deine Arbeit dir nicht gefällt...«

»Du weißt genau, dass ich meine Arbeit liebe«, erwiderte Gabriel ruhig.

»Ich hoffe, dein Entschluss hat nichts mit mir zu tun. Das wäre ein Fehler.«

»*Alles* hat mir dir zu tun, Sarah. Alle meine Gedanken drehen sich um dich, weil ich dich liebe.« Die Worte kamen ihm ganz von selbst über die Lippen.

Amelia blickte ihm in die Augen und sah die Liebe darin. Grenzenlose Zärtlichkeit überkam sie. Sie liebte ihn auch, von ganzem Herzen, aber das durfte er nicht wissen. »Du bist ohne mich besser dran, Gabriel. Such dir eine Frau, die deiner wert ist«, sagte sie.

»Ich habe sie bereits gefunden. Aber sie will es nicht wahrhaben.« Tiefe Traurigkeit überkam ihn. Er wandte sich um und ging davon.

Amelia schaute ihm nach. Tränen liefen ihr über die Wangen. Wie gern wäre sie ihm nachgerannt und hätte sich in seine Arme geworfen! Aber sie konnte einfach nicht vergessen, dass sie die Schuld am Tod eines anderen Menschen trug. Und wer so selbstsüchtig und herzlos war wie sie, hatte es nicht verdient, glücklich zu sein.

Kingscote

Brian Huxwell saß auf der Veranda des Ozone Hotel in der Morgensonne und las die Zeitung, als Edna und Charlton kamen. Eine Tasse und ein leeres Teekännchen standen neben ihm auf dem Tisch.

»Guten Morgen, Mr Huxwell«, grüßte Charlton.

Brian schaute von der Zeitung hoch, und die Ashbys sahen den Hoffnungsschimmer in seinem Blick. Es war nicht schwer zu erraten, dass er hoffte, Amelia habe ihre Meinung doch noch geändert, was ihn betraf.

»Guten Morgen!« Brian erhob sich.

»Wir waren gerade in der Stadt, und da dachten wir, wir schauen bei Ihnen vorbei«, sagte Edna.

»Das freut mich. Möchten Sie Tee?«

»Ja, gern.«

Brian bestellte eine Kanne Tee und bat um zwei zusätzliche Tassen. »Wie geht es Amelia?«, fragte er, als die Kellnerin gegangen war.

Edna seufzte.

»Stimmt was nicht?«

»Wir wissen uns bald keinen Rat mehr«, antwortete Edna.

Brian sah Charlton an und runzelte die Stirn.

»Die Sache ist die«, begann Edna. »Mir ist eingefallen, dass Camilla mir vor Jahren einen Zeitungsausschnitt geschickt hatte. In dem Artikel ging es um den Debütantinnenball, auf dem Amelia in die Gesellschaft eingeführt wurde. Ich hatte vergessen, wo ich den Ausschnitt hingetan hatte – in eines unserer Bücher. Um es kurz zu machen: Ich fand das Buch, aber der Ausschnitt war verschwunden. Jemand muss mir zuvorgekommen sein. Unser Hausmädchen sagt, sie sei es nicht gewesen. Dann fand ich heraus, dass Amelia im Haus gewesen war, als Charlton und ich uns über den Ausschnitt unterhielten. Sie muss uns belauscht haben. Als wir dann zu Bett gegangen waren, hat sie den Ausschnitt aus dem Buch genommen.«

Brian war sichtlich verwirrt. »Warum sollte sie das tun?«

»Das wissen wir eben nicht. Wir haben sie gestern Morgen frei heraus gefragt. Sie hat alles abgestritten und die Fassung verloren. Ich glaube ihr nicht, wollte aber nicht weiter in sie dringen, wo sie doch heute Geburtstag hat. Wir wissen nicht, warum sie den Ausschnitt genommen hat. Aber die einzig logische Erklärung ist, dass sie nicht will, dass wir ihn sehen. Das ergibt zwar keinen Sinn – schließlich haben wir ihn ja vor fast vier Jahren bereits gesehen –, aber welche Erklärung kann es sonst geben?«

»Hat sie irgendetwas über mich gesagt oder einem Treffen mit mir zugestimmt?«, fragte Brian.

Charlton schüttelte den Kopf. »Nein, tut mir Leid.«

»Das dachte ich mir schon.«

»Haben Sie die Rückfahrt schon gebucht?«

»Ja, ich reise morgen Nachmittag ab.«

»Dann bringe ich Ihnen morgen bis spätestens zwölf Uhr die von Amelia unterzeichneten Papiere vorbei«, versicherte Charlton.

Edna dachte wieder an die Bemerkung ihres Mündels, Brian sei nicht der Gentleman, für den er sich ausgab. Sie konnte das nicht glauben. Hatte Amelia sie nicht auch belogen, was den Zeitungsausschnitt betraf? Edna war sicher, dass es einen ganz anderen Grund für die Weigerung gab, Brian zu sehen. Am besten wäre es, ein Zusammentreffen zu erzwingen, um Klarheit zu schaffen...

»Warum kommen Sie heute Nachmittag nicht auf einen Sprung bei uns vorbei, Brian?«, sagte Edna. »Sie können ja sagen, die Papiere, die Sie uns für Amelia mitgegeben haben, seien nicht vollständig gewesen.«

Charlton machte ein bestürztes Gesicht. »Edna, ich habe Amelia mein Wort gegeben, dass sie Brian nicht begegnen muss!«

»Ich weiß. Aber ich glaube, nur so können wir Licht in diese merkwürdige Angelegenheit bringen.« Sie sah Brian an. Ihr war plötzlich ein Gedanke gekommen. »Wie würden Sie Amelia jemandem beschreiben, der sie nicht kennt?«

Brian blickte sie verwundert an. »Nun... schlank, langes dunkles Haar, heller Teint, dunkelbraune Augen.« Er zuckte die Achseln. »Ein reizendes Mädchen.«

Die Beschreibung traf auf die junge Frau im Haus der Ashbys zu, doch Edna musste an das Foto denken, das dem Zeitungsartikel beigefügt war. Amelia hatte auf diesem Foto hinreißend ausgesehen. Eine ausgesprochene Schönheit.

»Würden Sie sagen, sie ist attraktiv?«, fragte sie Brian.

»O ja, auf jeden Fall.«

Edna sah Charlton an und verstand überhaupt nichts mehr.

21

Kingscote

Als die Ashbys aus der Stadt zurückkamen, fragte Edna, wo ihr Mündel sei.

»In ihrem Zimmer, Mrs Ashby«, antwortete Polly. Sie bügelte einen von Sarahs Unterröcken und hielt kurz inne, um sich den Schweiß von der Stirn zu wischen. Auf dem Herd hatte sie unterschiedlich große und schwere Bügeleisen stehen. »Sie ist schon seit einer guten Stunde darin und hat die Tür zugemacht.«

»Oh.« Ob Amelia ihr immer noch böse war? »Denk dran, Polly: Kein Wort über ihren Geburtstag! Wir wollen sie mit der Party überraschen.«

»Ich habe ihr nicht gratuliert, Mrs Ashby, aber ich komme mir ziemlich schäbig vor. Sie denkt wahrscheinlich, wir hätten ihren Geburtstag vergessen.«

»Wenn unsere Überraschung gelingen soll, dürfen wir vorher kein Wort sagen!«

»Aber ich habe den ganzen Morgen gebacken, Mrs Ashby. Sie kann sich doch denken, dass Sie Gäste erwarten.«

»Anfang der Woche backst du doch meistens etwas, Polly. Ich glaube nicht, dass sie Verdacht geschöpft hat.«

Polly war zwar nicht überzeugt, nickte jedoch.

Edna ging zum Zimmer ihres Mündels und klopfte. »Amelia? Alles in Ordnung?«

»Ja, Tante«, antwortete Sarah. Sie hatte überlegt, wie sie sich Betty Hammond vom Hals schaffen könnte, aber keine zündende Idee gehabt.

Edna öffnete die Tür und steckte den Kopf ins Zimmer. Sie fand, die junge Frau klang niedergeschlagen. »Es tut mir Leid wegen gestern«, sagte Edna zerknirscht. Sie dachte an Camilla und hatte ein schlechtes Gewissen, weil sie deren Tochter so hart angefasst hatte. Camilla hatte sie schließlich ihrer Obhut anvertraut.

»Das ist schon in Ordnung, Tante. Wenn du in Ruhe darüber nachdenkst, wirst du selbst erkennen, dass die ganze Sache keinen Sinn macht. Ich meine, was soll ich mit einem Zeitungsausschnitt über mich selbst?«

Edna musste ihr beipflichten. »Du hast Recht. Ich weiß auch nicht, was in mich gefahren ist.« Dennoch ließ ihr der Gedanke keine Ruhe, dass etwas nicht stimmte. Wenn sie nur wüsste, was es war! Bei ihren Versuchen, das herauszufinden, würde sie künftig allerdings feinfühliger vorgehen. Deshalb würde sie Amelia auch sagen, dass Brian Huxwell am Nachmittag kommen würde – aber erst unmittelbar vor seinem Eintreffen. Sie hoffte inständig, dass Amelia sich dann nicht allzu sehr aufregte – es war ja nur zu ihrem Besten. Edna war überzeugt, eine Aussprache zwischen ihrem Mündel und dem Anwalt würde vieles klären, und danach wäre Amelia gewiss zu einem neuen Anfang bereit.

»Reden wir nicht mehr davon, Tante«, sagte Sarah. Sie erkannte, dass sie Vorteile aus Ednas Schuldgefühlen schlagen konnte, und je netter sie sich gab, desto größer wäre Ednas schlechtes Gewissen.

Nach einem frühen Mittagessen, das in angespannter Atmosphäre verlief, entschuldigte sich Sarah. Sie ging nach draußen und schlenderte scheinbar ziellos zum Hühnerstall, wo Polly mit Ausmisten beschäftigt war. Edna und Charlton saßen im Salon: Sie bestickte einen Kissenbezug, er las die Zeitung.

»Was weißt du eigentlich über die Eingeborenen, Polly?«, fragte Sarah beiläufig.

Polly sah sie verdutzt an. »Nicht viel, Miss. Warum fragen Sie?«

»Nur aus Neugier. Ich hatte bisher kaum mit den Aborigines zu tun.«

»Aber in Hobart Town müssen Sie doch welchen begegnet sein! In der Zeitung stand, dass sie dort oft für Unruhe sorgen. Einmal wurde sogar von einem Aufstand berichtet. Die Fotos zu dem Artikel waren furchteinflößend.«

Sarah lief rot an. Camilla hatte in ihren Briefen nichts von einem Aufstand erwähnt, doch in Amelias Tagebuch hatte sie etwas von einem Vorfall gelesen, der für Aufsehen gesorgt hatte. So furchtbar ernst hatte es sich aber nicht angehört. »Die Zeitungen haben bestimmt maßlos übertrieben.«

»Die Ashbys waren jedenfalls in großer Sorge um Ihre Familie. Die Eingeborenen seien mit Speeren bewaffnet gewesen, stand in der Zeitung. Und Fotos können ja nicht übertreiben. Hatten Ihre Eltern denn keine Angst?«

»Nein, überhaupt nicht. Das waren doch bloß ein paar Eingeborene, die Spektakel gemacht haben. Wahrscheinlich hat der Fotograf ihnen etwas gegeben, damit sie möglichst wild dreinblicken und die Zeitung sich gut verkauft. Wir haben nichts Besorgnis erregendes bemerkt und von niemandem gehört, der verletzt worden wäre. Mich wundert, dass die Zeitungen hier über so etwas berichten!«

»Hier wird doch über jedes Schaf berichtet, das zwei Lämmer zur Welt bringt. Das meiste, was bei uns in der Zeitung steht, sind Meldungen vom Festland oder von Van-Diemens-Land, und die sind manchmal schon ein paar Wochen alt.« Polly schob den Mist zusammen und fuhr nach einer Pause fort: »Als ich hierher kam, wusste ich kaum etwas über die Eingeborenen. Aber dann zog eine Aborigine in Charity Cottage ein. Sie war mit einem Engländer verheiratet, genau wie Betty. Sie kam öfter zu Besuch zu den Ashbys.« Polly musste lachen. »Ihr Name war Rosie. Das war natürlich nicht ihr richtiger Name, aber ihr Ehemann nannte sie so. Das war vielleicht eine, diese Rosie!«

»Inwiefern?«, fragte Sarah.

»Nun, zuerst mal war sie furchtbar abergläubisch.«

Sarah horchte interessiert auf. »Wirklich? In welcher Hinsicht?«

»In jeder Hinsicht!« Polly musste abermals lachen, als sie an Rosies riesengroße dunkle Augen und ihr verrücktes Gebaren dachte. »Ich habe keine Ahnung, wo ihr Ehemann sie aufgegabelt hat, aber ich vermute, es muss irgendwo tief im Busch gewesen sein, weil sie so primitiv war. Er hatte alle Mühe, sie dazu zu bringen, dass sie sich etwas überzog und nicht nackt herumlief. Aber sie war immer barfuß. Ihre Füße hätten sowieso in keinen Schuh gepasst. Sie waren flach und breit wie ein Kuhfladen, und die Haut sah aus wie Dörrfleisch!«

Sarah verzog angewidert das Gesicht.

»Anfangs sprach Rosie kaum ein Wort Englisch. Ihr Mann nehme sich nicht die Zeit, es ihr beizubringen, meinte Mrs Ashby. Besonders eine der Geschichten, die sie uns erzählt hat, werde ich nie vergessen. Offenbar war Rosie einst mit einem Aborigine verheiratet gewesen und hatte ein Kind mit ihm. Eines Tages zeigte der Medizinmann des Stammes, der *kadaicha*, mit einem Knochen auf ihren Mann, und der fiel tot um. Einfach so. Ich konnte es nicht glauben!«

»Soll das heißen, der Knochen hat ihn umgebracht?«

»Nicht der Knochen als solcher, sondern die Überzeugung, dass man sterben muss, wenn der Knochen auf einen gerichtet wird, selbst wenn man völlig gesund ist. Es wirkt wie ein Fluch. Kein Arzt kann dann noch helfen. Der Geist ist etwas Mächtiges, das darf man nicht unterschätzen.«

Sarah hatte die unbestimmte Ahnung, dass dieses Wissen ihr im Hinblick auf Betty noch von Nutzen sein könnte. »Das ist ja unglaublich! Kann das nur ein Medizinmann, oder könnte das jeder?«

»Ich glaube, es muss schon der *kadaicha* sein, der den Knochen auf den Betreffenden richtet. Die meisten Weißen halten die Riten und Bräuche der Stämme für primitiv, aber ich finde sie aufregend.

Wissen Sie, dass fast alle Aborigines etwas bei sich tragen, von dem sie glauben, das es ihren Geist beschützt?«

»Was denn zum Beispiel?«, fragte Sarah neugierig.

»Oh, das kann eine Feder sein, ein Stein oder ein Vogelschädel, wie in Rosies Fall. Sie trug ihn an einer Lederschnur um den Hals. Das sah reichlich merkwürdig aus, das kann ich Ihnen sagen, aber sie hütete das Ding wie ihren Augapfel und legte es niemals ab.«

»Was wurde aus dem Kind, das sie mit ihrem eingeborenen Mann hatte?«

»Es wurde von ihrer Familie großgezogen. Ich weiß nicht, ob ihr englischer Mann es nicht im Haus haben wollte oder ob Rosie wollte, dass es bei ihrem Stamm aufwächst. Sie bekam noch zwei Kinder, und dann sind sie fortgezogen. Wir haben nie wieder etwas von ihr gehört.«

»Ist Betty eigentlich auch abergläubisch?«, fragte Sarah beiläufig.

»O ja, sie ist fast so schlimm wie Rosie! Ich kenne niemanden, der sich so über eine weiße Feder freut wie sie.«

»Eine weiße Feder? Von einer Möwe, meinst du?«

»Oh, sie kann auch von einem anderen weißen Vogel stammen, einer Taube oder einem Huhn, aber sie muss ihr vor die Füße fallen.«

»Vom Himmel?«

»Ja. Es reicht auch, wenn der Wind sie ihr vor die Füße weht. Betty glaubt fest daran, dass die Feder ihr Glück bringt.«

»Was du nicht sagst«, murmelte Sarah.

»Die Hühner sind in der Mauser.« Polly stieß mit der Forke in einen kleinen Haufen weißer Federn und seufzte. »Tja, mir scheinen sie kein Glück zu bringen. Aber Betty glaubt felsenfest daran.« Sie richtete sich auf, blickte Sarah ernst an und raunte ihr zu: »Sie hat mir erzählt, eine schwarze Feder bedeute den Tod desjenigen, der sie findet. Deshalb hat sie schreckliche Angst, ihr oder einem der Kinder könnte eine schwarze Feder vor die Füße flattern. Natürlich ist das Unsinn, aber ich bin trotzdem froh, dass man nicht so oft schwarze Federn zu sehen bekommt.«

»Da hast du sicher Recht.« Sarahs Verstand arbeitete auf Hochtouren. »Ich werde ein wenig spazieren gehen, Polly. Ich bin bald zurück.«

Polly nickte und wandte sich wieder ihrer Arbeit zu.

Sarah spazierte zu Reeves Point hinüber. Pollys Worte gingen ihr nicht mehr aus dem Kopf. Mit aufmerksamen Blicken suchte Sarah die Bäume nach Krähen ab, den einzigen schwarzen Vögeln, die sie kannte. Vielleicht hatten sie irgendwo ein Nest, aus dem Federn gefallen waren. Einmal glaubte sie, sie hätte in der Ferne eine Krähe krächzen hören, doch es war so gut wie unmöglich, in den riesigen, dichten Eukalyptusbäumen einen Vogel zu erspähen. Bei Reeves Point setzte Sarah sich unter einem Baum ins Gras und ließ den Blick schweifen. Sie wartete eine ganze Weile, doch keine Krähe ließ sich blicken.

»Warum kann Betty nicht vor weißen Federn Angst haben?«, murrte sie, während sie den Möwen zuschaute. Sie dachte an die weißen Hühner der Ashbys. Weiße Federn würde sie zuhauf finden.

Der Wind frischte auf, und plötzlich regnete es von den Ästen über ihr kleine schwarze Samen auf sie herab. Einige fielen ihr in den Schoß. Als Sarah sie ärgerlich vom Rock klaubte, zerplatzten einige und färbten ihre Finger dunkel. Wütend zog sie ihr Taschentuch hervor und begann zu rubbeln, mit dem Ergebnis, dass jetzt nicht nur ihre Hände, sondern auch das Taschentuch fleckig war. Zornig sprang sie auf, eilte zum Ufer und suchte sich zwischen den Felsen eine Stelle, wo das Wasser tief genug war, dass sie sich die Hände darin waschen konnte. Doch die Farbe ging nicht ab. Mürrisch richtete Sarah sich auf und starrte ihre schwarzen Finger an. Dann hellte ihre Miene sich plötzlich auf, und ein zufriedenes Lächeln spielte um ihre Lippen.

Cape du Couedic

Als Gabriel sich ausgeruht und etwas gegessen hatte, ging er wieder zur Finnlay-Farm. Er hatte unruhig geschlafen, weil seine Gedanken ständig um seine Sarah kreisten. Wie abweisend sie geworden war! Wie sehr sie sich von ihm zurückgezogen hatte!

Es dauerte nicht lange, und Carlotta erschien auf der Farm. Sie ging in den Stall und versuchte, Gabriel, der mit der Forke hantierte, in eine Unterhaltung zu verwickeln. Gabriel ignorierte sie, so gut er konnte, bis es ihm zu bunt wurde. Die Forke in den Händen drehte er sich schwungvoll um und bewarf sie dabei »versehentlich« mit Mist. Carlotta verstand den Wink und zog sich schmollend ins Haus zurück. Gabriels Gleichgültigkeit ihr gegenüber versetzte sie immer wieder in schlechte Laune.

»Hallo, Mädchen«, sagte sie kurz angebunden, als sie das Haus betrat.

Sissie fegte den Fußboden, Amelia putzte das Zimmer der Kinder. Beim Klang von Carlottas Stimme stöhnte sie innerlich auf. Entschlossen ging sie in die Küche hinüber. Carlotta starrte sie feindselig an.

»Was wollen Sie hier?«, fragte Amelia schroff, denn ihr war ebenfalls nicht nach Liebenswürdigkeiten zumute.

»Für die *bambini* kochen.« Carlotta knallte ihren Korb auf den Tisch.

Das war natürlich nur ein Vorwand. Amelia durchschaute die Italienerin sofort. »Lassen Sie mich raten. Gabriel ist hier auf der Farm, wahrscheinlich bei den Schafen, habe ich Recht?«

Ohne sie zu beachten, wandte Carlotta sich an Rose und befahl ihr: »Geh Wasser holen. Ich werde euch etwas zu essen machen. Ihr habt doch bestimmt noch nichts im Magen.«

Amelia hielt Rose am Arm zurück. »*Ich* koche für die Kinder!«, stieß sie wütend hervor. Was bildete diese Frau sich ein! Kam hierher und kommandierte herum!

Carlotta schnaubte verächtlich. »Das nennen Sie kochen? Soviel ich weiß, taugt Ihr Haferbrei bestenfalls als Hühnerfutter!«

Amelia errötete und schäumte innerlich vor Wut.

»Das stimmt doch gar nicht!«, protestierte Sissie erbost.

»Warum gehen Sie nicht zu Ihrem Mann zurück?«, zischte Amelia. »Wir kommen auch ohne Sie zurecht.«

»Warum tun Sie nicht etwas, das Sie *können*, während ich koche? Wäschewaschen zum Beispiel«, konterte Carlotta hämisch.

In diesem Augenblick erschien Gabriel in der Tür, und Carlottas Laune besserte sich schlagartig.

»Würden Sie mir bitte einen Eimer Wasser holen, Gabriel, damit ich den Kindern etwas zu essen machen kann?«, säuselte sie. Offenbar wusste sie nicht mehr, dass sie Rose gebeten hatte, zum Brunnen zu gehen.

Gabriels Blicke huschten zwischen den beiden Frauen hin und her. Es war offensichtlich, dass sie einander nicht ausstehen konnten. »Ja, sicher«, sagte er.

Ein verführerisches Lächeln auf den Lippen, reichte Carlotta ihm den Eimer. Kaum war Gabriel außer Sichtweite, verschwand das Lächeln. Sie krempelte die Ärmel hoch, zog den Sack Mehl von seinem Platz neben dem Herd hervor, gab zwei große Kellen voll für einen Teig auf den Tisch und fügte eine Prise Salz und Kräuter hinzu. Amelia stand da und beobachtete sie.

»Hast du die Hühner schon gefüttert, Bess?«, fragte Carlotta.

»Nein, noch nicht«, antwortete das Mädchen mit einem verlegenen Blick auf Amelia.

»Worauf wartest du dann?«, fuhr Carlotta sie an. »Geh schon! Nimm eine deiner Schwestern mit und sammle die Eier ein.«

»Hören Sie auf, die Kinder herumzukommandieren!«, stieß Amelia zornig hervor.

»Helfen Sie gefälligst mit! Und warum haben Sie noch nicht mit der Wäsche angefangen?«

Amelia traute ihren Ohren nicht. Carlotta besaß tatsächlich die

Frechheit, in Evans Haus das Regiment übernehmen zu wollen! Schlimm genug, dass sie glaubte, die Kinder herumscheuchen zu können, aber sie sollte sich bloß nicht einbilden, sie, Amelia, wie ihre Dienstmagd behandeln zu können! Blinde Wut packte sie, doch den Mädchen zuliebe beherrschte sie sich. »Verschwinden Sie«, stieß sie leise hervor. »Auf der Stelle.«

»*Scusi?*« Carlotta stemmte ihre mehlbestäubten Hände in die Seiten.

»Sie haben schon verstanden. Machen Sie, dass Sie rauskommen!«

»Sie haben mir gar nichts zu sagen, *condannata! Ladra! Bugiarda!*«

Amelia verschlug es die Sprache. Carlotta hatte sie eine Verbrecherin, Diebin und Lügnerin genannt. Als sie sich halbwegs gefasst hatte, sagte sie: »Evan hat mich gebeten, dass ich mich um seine Kinder kümmere, und ich will nicht, dass Sie hierher kommen und sie herumkommandieren, als wären Sie die Herrin im Haus! Und jetzt verschwinden Sie endlich!«

»Wenn ich gehen muss, wird mein Mann nicht mehr herkommen, um Ihnen zu helfen«, drohte Carlotta.

»Dann soll er es eben bleiben lassen«, gab Amelia zurück. »Wir schaffen es auch ohne Sie beide!«

Carlottas Augen wurden schmal. »Sie wollen Gabriel doch bloß für sich allein haben!«, zischte sie gehässig.

»Sie schließen von sich auf andere«, konterte Amelia. »Meinen Sie, mir wäre nicht aufgefallen, wie Sie ihn anschmachten? Ach ja, fast hätte ich's vergessen – ich spreche Italienisch.« Amelia legte der dramatischen Wirkung wegen eine Pause ein, und Carlotta riss entsetzt die Augen auf. »Ich weiß genau, was Sie von mir denken – und von Gabriel. Es würde Ihren Mann bestimmt interessieren, dass Sie Gabriel, den ›wunderschönen Mann‹, heiß und innig begehren.«

Weder Amelia noch Carlotta hatten bemerkt, dass Gabriel in der Tür stand. Erst als er sich räusperte, fuhren beide erschrocken herum und schwiegen bestürzt. Wie viel hatte er mitgehört? Er schaute von einer zu anderen, stellte dann den Wassereimer auf den Tisch und sagte:

»Hier, das Wasser. Die Tiere sind gefüttert. Ich mach mich dann wieder auf den Weg.« Damit drehte er sich um und ging.

»Da sehen Sie, was Sie angerichtet haben!«, giftete Carlotta.

»Wieso ich?«, gab Amelia empört zurück.

Carlotta schnappte sich den Korb mit ihren Kräutern. »So, so. Sie sprechen also Italienisch«, sagte sie spöttisch. »Das ist wirklich interessant. Wissen Sie, was ich glaube? Dass Sie Ihr Gedächtnis überhaupt nicht verloren haben. Das behaupten Sie doch nur, damit Sie alle an der Nase herumführen können. Aber mich täuschen Sie nicht! Und Gabriel können Sie auch nichts vormachen. Er tut nur so, als wäre er Ihr Freund, aber in Wirklichkeit nutzt er Sie nur aus. Eine Frau wie Sie taugt doch bloß für eine kurze Affäre! Oder glauben Sie im Ernst, er würde sein Herz einer wie Ihnen schenken? Er wird sich eine ehrliche, anständige Frau suchen, und keine Zuchthäuslerin!« Das Kinn in die Höhe gereckt, rauschte sie hinaus.

»Hör nicht auf sie«, sagte Sissie. »Sie ist eine böse Frau.«

Doch Carlotta hatte in Worte gefasst, was Amelia dachte, und sie in ihrer Meinung über sich selbst bestärkt. Gabriel hatte etwas Besseres verdient. Sie war seiner nicht wert. Vielleicht dachte er genauso und gaukelte ihr nur vor, er sei in sie verliebt, damit er sie verführen konnte.

Gabriel stapfte unruhig am Klippenrand entlang. Die Szene, die er gerade auf der Farm miterlebt hatte, ging ihm nicht aus dem Kopf. Es hatte ihm glattweg den Atem verschlagen, als er hörte, dass seine Sarah Italienisch sprach und dass sie von Carlottas Schwärmerei für ihn wusste. Der arme Edgar! Gabriel mochte ihn; er hatte etwas Besseres verdient als Carlotta, diese Beißzange, die anderen Männern schöne Augen machte.

Er habe eigentlich gar nicht die Absicht gehabt, noch einmal zu heiraten, hatte Edgar ihm anvertraut. Er war fast sechzig gewesen und an sein Junggesellendasein gewöhnt, als er Carlotta und deren Familie auf den Goldfeldern kennen gelernt hatte. Die Goldsuche hatte er nur als kurzen Abstecher betrachtet; anschließend hatte er wieder als Leuchtturmwärter arbeiten wollen. Als Luigi, Carlottas Vater, ihm zu verstehen gab, seine Tochter sei im heiratsfähigen Alter und genau die richtige Frau für ihn, hatte Edgar argumentiert, das Leben an der Seite eines Leuchtturmwärters sei nichts für eine Frau – den meisten wäre es zu einsam. Doch Luigi blieb hartnäckig. Seine Tochter habe sich in Edgar verliebt, behauptete er, und sei wie geschaffen für das Leben an der Seite eines Leuchtturmwärters. Edgar hatte Luigi als kleinen, lauten, herrschsüchtigen Mann beschrieben, der seiner Frau und seinen Töchtern im Befehlston Anweisungen erteilte. Edgar hatte aber auch ein wenig verlegen zugegeben, dass das Interesse der sehr viel jüngeren Frau ihm geschmeichelt habe. Schließlich hatte er in die Heirat eingewilligt. Zu spät erkannte er Luigis wahre Beweggründe: Er hatte seine Tochter loswerden wollen. Und noch etwas wurde Edgar bald klar: Carlotta war froh, nicht mehr unter ihres Vaters Fuchtel zu stehen; deshalb hatte sie sich so sanftmütig in ihr Schicksal ergeben. Ironischerweise sollte dies das erste und letzte Mal gewesen sein, dass Carlotta sich sanftmütig zeigte. Kaum hatte Edgar ihr den Trauring über den Finger gestreift, veränderte sie sich und wurde laut und herrschsüchtig wie ihr Vater – keine Spur von der freundlichen, sanften Wesensart ihrer Mutter Giovanna.

Ganz in seine Gedanken versunken war Gabriel zu Hause angekommen. Er griff zum Besen und fegte vor der Eingangstür. Plötzlich schallte Carlottas keifende Stimme herüber. Gabriel schüttelte den Kopf. Edgar konnte einem Leid tun! Doch was zwischen den beiden war, ging ihn nichts an.

Carlottas Geschrei nahm an Lautstärke zu. Edgar solle sich von der Farm fern halten, verlangte sie. Ihr Mann bot ihr tapfer die

Stirn, doch Carlotta hörte nicht auf, herumzuschreien und Edgar auf Italienisch und Englisch zu beschimpfen. Abermals konnte Gabriel nur den Kopf schütteln.

Plötzlich wurde die Tür des Cottages aufgerissen und wieder zugeknallt. Gabriel schaute auf. Edgar kam mit hochrotem Gesicht und schwer atmend auf ihn zu. War er geflüchtet, oder hatte Carlotta ihn hinausgeworfen?

»Sie waren heute doch auch auf der Finnlay-Farm, Gabriel. Was ist passiert?«

»Ihre Frau und Sarah haben sich gestritten. Ich glaube, Sarah möchte nicht, dass Carlotta ihr im Haushalt oder mit den Kindern hilft.«

»Sie möchte nicht, dass Carlotta ihr in ihre Angelegenheiten hineinredet, meinen Sie«, bemerkte Edgar. »Ich kann es ihr nicht verdenken. Aber ich habe Evan versprochen, ihm zu helfen, und jetzt macht Carlotta einen Aufstand deswegen.«

»Ich schaffe es auf der Farm auch allein«, sagte Gabriel.

»Ich kann Sie doch nicht alles ohne meine Hilfe machen lassen! Das wäre nicht fair. Aber ich kenne Carlotta: Sie wird uns allen das Leben zur Hölle machen, wenn ich mich ihr widersetze.« Edgar lief rot an vor Verlegenheit. »Sarah hat angeblich gesagt, ich solle ruhig wegbleiben. Ich kann mir schon vorstellen, wie es dazu gekommen ist. Bestimmt hat Carlotta damit gedroht, dass ich auch nicht mehr zur Farm komme, falls sie dort nicht erwünscht ist.« Edgar schüttelte seufzend den Kopf. Allmählich sank sein Blutdruck wieder. »Ich sag Ihnen was, Gabriel. Sie helfen auf der Farm, und ich übernehme solange Ihre Schicht im Leuchtturm.«

»Das ist nicht nötig, Edgar.«

»Bevor ich hierher kam, haben Sie zwölf Stunden am Stück Dienst geschoben, also werde ich das auch können. Zumal die Nächte jetzt kürzer sind.«

»Ich weiß nicht...«

»Gönnen Sie mir die paar zusätzlichen Stunden Ruhe und Frieden im Leuchtturm!«

Gabriel musste lächeln. »Nun, wenn Sie es so sehen...«

»Der Leuchtturm ist der einzige Ort, an dem ich vor Carlotta Ruhe habe und mir nicht ihr Genörgel anhören muss. Tja, dann steig ich jetzt rauf, mach die Linse sauber und fülle das Öl in der Lampe nach.«

KINGSCOTE

»Wo ist Amelia?«, fragte Edna.

»Ich weiß nicht, Mrs Ashby«, antwortete Polly. »Sie sagte vorhin, sie wolle einen Spaziergang machen. Ich habe sie aber vor einer Weile beim Hühnerstall gesehen, sie muss also wieder zurück sein.«

»Merkwürdig.« Edna schüttelte den Kopf. »Ob sie böse ist, weil sie meint, wir hätten ihren Geburtstag vergessen?«

»Kann schon sein.«

Edna wandte sich Charlton zu. »Was meinst du? Ob sie zu Brian Huxwell gegangen ist?«

»Das bezweifle ich, aber möglich ist alles.«

Sarah war zurückgekommen, hatte im Hühnerstall einige weiße Federn aufgelesen, eine alte Melassebüchse aus einem der Schuppen geholt und sie mit Wasser gefüllt. Dann war sie wieder nach Reeves Point zu dem Baum mit den schwarzen Samen geeilt, hatte eine Hand voll eingesammelt, sie zwischen zwei Steinen zerrieben und den Brei dann in das Wasser in der Büchse gegeben, das bald darauf dünner Tinte glich. Dann tauchte sie die Federn hinein, die sich daraufhin bläulich färbten. Sie zerstieß noch mehr Samen, damit das Wasser noch dunkler wurde. Als die Federn tiefschwarz waren, legte Sarah sie an einer geschützten Stelle zwischen den Felsen zum Trocknen hin. Bis es so weit war, schlenderte sie ans

Ufer und überlegte, wie sie die Federn Betty in den Weg legen könnte.

Du hast die längste Zeit hier gewohnt, dachte sie lächelnd.

Obwohl der Himmel bewölkt war, waren die Federn schon eine halbe Stunde später trocken. Sarah sammelte sie ein und ging nach Hause.

»Wo steckt bloß Amelia?« Allmählich machte Edna sich Sorgen. »Unsere Gäste werden bald da sein.«

In diesem Moment hörten sie, wie die Fliegengittertür zufiel. »Das wird sie sein!«, sagte Polly.

»Wo warst du denn, Amelia?«, fragte Edna.

»Spazieren. Ich war bei Reeves Point, Tante.«

»So lange?«

Sarah lächelte. »Ich habe mich ins Gras gelegt und bin eingenickt«, schwindelte sie. »Wie spät ist es denn?«

»Gleich halb drei.«

»Du meine Güte! Kein Wunder, dass du dir Sorgen gemacht hast. Entschuldige, Tante Edna! Ich will mir nur rasch die Hände waschen.«

Ednas prüfendem Blick waren die dunklen Flecken an ihren Fingern nicht entgangen. »Was hast du denn da gemacht?«

»Ich habe unterwegs ein paar Samen aufgelesen, die von einem Baum gefallen waren. Der Saft hat so gefärbt, dass ich die Flecken nicht mehr wegbekomme.«

»Ach herrje, das waren bestimmt Samen vom Black-Bean-Baum. Ich hätte dir sagen sollen, dass du die nicht anfassen darfst. Deine Hände sehen ja scheußlich aus!«, sagte Edna missbilligend. Was die Gäste wohl denken würden? »Ich dachte, du würdest vielleicht noch ein Bad nehmen wollen. Polly hat schon das Wasser warm gemacht.«

»O ja, gern, Tante. Danke.«

»Ich geb dir einen Bimsstein, damit du deine Hände schrubben kannst. Und nachher werde ich dir Zöpfe flechten.«

»Das wäre schön, Tante.« Edna hatte anscheinend immer noch ein schlechtes Gewissen wegen ihrer Verdächtigungen und versuchte nun, ihren Fehler wieder gutzumachen. Sarahs Blick fiel auf die Kuchen und Torten, die unter einem Fliegennetz auf dem Küchentisch standen.

»Du warst aber fleißig heute, Polly! Die sehen lecker aus!«
Edna und Polly tauschten einen Blick.
»Kann ich ein Stück haben?«
»Später. Wenn du gebadet hast.« Edna wollte die Kuchen erst anschneiden, wenn die Gäste da waren.

Als Sarah in ihr Zimmer gegangen war, sagte Edna zu Polly: »Sie scheint überhaupt nicht böse zu sein, dass wir ihr noch nicht einmal zum Geburtstag gratuliert haben.«

»Ob sie vergessen hat, was für ein Tag heute ist?«
»Kann ich mir nicht vorstellen. Sie hat das Datum doch bestimmt gesehen, als sie die Zeitung gelesen hat.«

Edna folgte Polly, als diese einen Eimer heißes Wasser in Sarahs Zimmer trug.

»Und nichts an deinen Haaren machen, hörst du? Ich werde dich nachher frisieren.«

»In Ordnung, Tante.« Sarah genoss es, verwöhnt und umsorgt zu werden. Sie musste dabei immer an die richtige Amelia denken und an das grauenvolle Leben, das diese jetzt führte. Aber das geschah ihr ganz recht. Der Gedanke an Amelias Elend steigerte Sarahs Hochgenuss nur noch.

Nach einer halben Stunde stieg Sarah aus der Wanne. Edna und Polly hatten in der Zwischenzeit alles für die Teeparty vorbereitet. Als Edna Sarah in ihrem Zimmer umhergehen hörte, wusste sie, dass ihr nicht mehr viel Zeit blieb. Sie warf einen Blick auf die Uhr.

»Unsere Gäste werden in einer knappen Stunde eintreffen, und ich muss Amelia noch die Haare machen.« Sie eilte zum Zimmer ihres Mündels und klopfte an. »Darf ich reinkommen?«

»Ja, Tante, komm nur.«

Sarah war im Begriff, in ein schlichtes Kleid zu schlüpfen. »Nein, nicht das, mein Kind!«, sagte Edna rasch und suchte nach einem Vorwand, sie dazu zu bewegen, etwas Schickeres anzuziehen. »Lance kommt heute Nachmittag herüber.«

»Wirklich?«, rief Sarah erfreut. Sie hatte ihn in den letzten Tagen nur ein einziges Mal gesehen. Er habe schrecklich viel zu tun, hatte er zu seiner Entschuldigung angeführt. Sarah war plötzlich furchtbar aufgeregt. Sie entschied sich für eines ihrer neuen Kleider und setzte sich dann, damit Edna ihr die Haare flechten konnte. Das war eine langwierige Prozedur, und das Stillhalten fiel ihr normalerweise schwer, aber jetzt träumte sie von dem bevorstehenden Wiedersehen mit Lance.

Um vier Uhr kamen Betty und die Kinder, gefolgt von Norma Barnes mit ihren beiden Sprösslingen sowie Silvia Strathborne. Polly bat alle, ganz leise zu sein, damit die Überraschung nicht verdorben wurde.

»Wo ist denn das Geburtstagskind?«, flüsterte Silvia. Selbst wenn sie leise sprach, hörte sie sich noch lehrerhaft an. Betty hielt sich im Hintergrund. Sie wollte keine Sekunde länger als unbedingt nötig in diesem Haus bleiben.

»Mrs Ashby macht ihr die Haare, aber sie kommt bestimmt gleich«, wisperte Polly.

Einige Minuten später traf Lance ein; er hatte Olivia mitgebracht. Alle hatten sich im Salon versammelt, als Edna mit ihrem Mündel hereinkam.

»Herzlichen Glückwunsch zum Geburtstag!«, riefen alle.

Sarah machte ein verdutztes Gesicht. »Ich habe doch gar nicht Geburtstag!« Ihr Geburtstag war im April.

»Aber natürlich!« Edna sah sie befremdet an. Wie konnte sie ihren eigenen Geburtstag vergessen! Camilla hatte doch immer behauptet, ihre Tochter bestehe darauf, dass dieser Anlass gebührend gefeiert wurde.

»Nein, mein Geburtstag ist...« Im April, hatte sie sagen wollen, doch dann dämmerte es ihr. Es war Amelia Divine, die Geburtstag hatte! »Oh, wie dumm von mir!«, sagte sie verwirrt. »Wir haben ja schon den zwölften November! Ich... ich dachte, wir hätten heute erst den elften!«

Edna lächelte. »Und wir haben uns schon gewundert, dass du nicht gekränkt warst, weil wir dir nicht gratuliert haben!«

»Oh, ich wäre sehr enttäuscht gewesen, wenn ihr nicht daran gedacht hättet«, sagte Sarah.

»Ich weiß, es ist auch ein trauriger Tag für dich, Amelia, weil deine Eltern und dein Bruder nicht mehr hier sind, um dieses Fest gemeinsam mit dir zu feiern. Ich hoffe, du wirst trotzdem ein bisschen Spaß haben.«

Sarah senkte den Kopf und setzte eine bedrückte Miene auf. Sie brauchte nicht einmal zu schauspielern: Dass Lance mit Olivia gekommen war, bekümmerte sie zutiefst. Immerhin reichte Lance ihr ein Geschenk, eine hübsch verpackte kleine Schachtel. Er gab ihr einen Kuss auf die Wange und wünschte ihr alles Gute zum Geburtstag. Sarah öffnete die Schachtel mit zitternden Fingern. Eine Perlenkette lag darin.

»Oh, Lance, sie ist wunderschön!«, sagte sie überschwänglich. Noch nie hatte sie etwas so Zauberhaftes gesehen.

»Du hast bestimmt viele wundervolle Halsketten«, erwiderte er ein wenig verlegen.

»Keine einzige!«

Lance blickte sie verwirrt an, und Sarah ärgerte sich über ihren Schnitzer. Die echte Amelia besaß selbstverständlich Schmuck!

»Ich meine, ich habe keine einzige hier«, fügte sie rasch hinzu. »Und so eine besitze ich gar nicht. Sie ist wundervoll! Danke!« Sie strahlte Lance an, und der lächelte zurück.

Von Olivia bekam sie ein Fläschchen Toilettenwasser mit Fliederduft, von Silvia einen Blumenstrauß und von Betty einen hübschen blauen Stein.

»Das ist ein Glücksstein, Missus. Ich habe ihn vor langer Zeit gefunden, weit weg von hier.« Betty hatte ihn auf dem Walkabout, der rituellen Wanderung der Aborigines, zum Schutz bei sich getragen. Sie hoffte, er würde sie und ihre Kinder vor der jungen Frau beschützen und sie zur Aufrichtigkeit anhalten. Doch das sagte sie natürlich nicht.

Jemand klopfte an die Vordertür. Edna warf Charlton einen erschrockenen Blick zu. Das konnte nur Brian Huxwell sein! Dabei hatte sie ihn erst in einer halben Stunde erwartet. Amelia sollte erst ihre Geschenke auspacken, bevor sie erfuhr, dass der Anwalt kommen würde. Jetzt machte er Ednas Plan zunichte.

»Servier bitte den Tee, Polly!«, sagte sie nervös, fasste ihr Mündel am Arm und flüsterte: »Das wird Brian Huxwell sein. Er sagte, er würde kurz vorbeischauen. Anscheinend hat er ein Dokument vergessen, das du unterschreiben musst. Es ist sehr wichtig...«
Sarah geriet in Panik. »Wie konntet ihr mir das antun?«, rief sie. Sie schaute Charlton, der ihnen in den Flur gefolgt war, anklagend an und flüchtete dann mit rasendem Herzklopfen in ihr Zimmer.

Edna eilte ihr nach. Charlton lächelte den verdutzten Gästen entschuldigend zu und ging zur Vordertür, um zu öffnen.

Sarah schwitzte Blut und Wasser. Sie hätte Charlton erwürgen können! Hatte er nicht versprochen, sie bräuchte Brian Huxwell nicht zu sehen? Hätte sie gewusst, was die beiden vorhatten, wäre sie erst wieder nach Hause gekommen, wenn der Anwalt auf der Rückfahrt nach Van-Diemens-Land gewesen wäre.

Sarah wollte die Tür hinter sich schließen, doch Edna schlüpfte rasch noch ins Zimmer. Dann warf Sarah die Tür zu und ließ sich schwer atmend dagegen fallen. Ihr falsches Spiel konnte jeden Moment entlarvt werden, und dann würde sie nach Van-Diemens-Land zurückgeschickt und wieder ins Zuchthaus gesteckt. Und ihr Betrug würde ihr sicherlich eine Verlängerung der Haftstrafe einbringen. Sie stellte sich Lance' Reaktion vor, wenn er erfuhr, dass sie eine Zuchthäuslerin war. Ein heftiger Schmerz durchfuhr sie, als hätte man ihr ein Messer ins Herz gebohrt. Der Traum vom Wiedersehen mit ihrer Familie zerplatzte wie eine Seifenblase. Und dann das Erbe, das viele Geld! Sie hatte sich schon ausgemalt, was für ein sorgenfreies Leben sie führen und wie sie ihren Eltern helfen könnte. Stattdessen würde sie ihr Dasein weiterhin als Habenichts fristen müssen. Der Gedanke war unerträglich. Sie musste handeln, und zwar sofort.

»Amelia, du musst doch nur eine Minute höflich zu Brian sein«, sagte Edna flehentlich. »Das ist doch nicht zu viel verlangt.« Ihr Mündel war leichenblass geworden.

Eine Minute? Es würde nur eine *Sekunde* dauern, bis der Anwalt ihr auf die Schliche käme. »Ich kann nicht, Tante! Ich kann ihm nicht gegenübertreten. Er... er hat mich angefasst!«, brach es aus ihr hervor.

Edna stand da wie vom Donner gerührt. »Angefasst? Wie meinst du das?« Sie war entschlossen, sich nicht wieder mit irgendwelchen Ausflüchten abspeisen zu lassen.

Jetzt gab es für Sarah kein Zurück mehr. »Er hat mir immer geschmeichelt, wie attraktiv ich sei«, flüsterte sie mit Tränen in den Augen. »Und wir wissen beide, dass das nicht stimmt.«

Edna wusste nicht, was sie darauf erwidern sollte. Die junge Frau war in der Tat von unscheinbarem Äußeren; Edna konnte ihr deshalb nicht widersprechen, ohne unaufrichtig zu sein. Merkwürdig. Hatte Brian sie nicht als attraktiv beschrieben? Offenbar begehrte er sie. Was für eine widerwärtige Vorstellung!

»Könnte es sich nicht um ein Missverständnis handeln, Amelia?«

»Er... er hat meine Brüste gestreichelt, Tante. Da gibt es nichts misszuverstehen.« Sarah senkte den Blick.

Edna schnappte nach Luft. »Aber das ist ja...! Wo war Camilla, als das geschehen ist?«

»Ich war mit Mr Huxwell im Garten draußen. Allein. Mutter und Vater waren im Haus. Es war an dem Abend, als der Debütantinnenball gefeiert wurde.« Sarah hatte blitzschnell erkannt, wie sie Ednas Vertrauen zurückgewinnen könnte. Edna war ihr seit dem Vorfall mit dem Zeitungsausschnitt mit leisem Misstrauen begegnet. Sarah begann zu schluchzen. »Es tut mir Leid, dass ich dich angelogen habe, Tante. Du hattest Recht. Ich habe den Zeitungsausschnitt gesucht und dann verbrannt, weil ich es nicht ertragen konnte, dieses Foto hier im Haus zu wissen! Ich wollte nicht an den schrecklichen Abend und diesen grässlichen Mann erinnert werden!«

»Pssst. Schon gut, mein Kind, wein doch nicht!« Edna war erleichtert, dass das Rätsel um den verschwundenen Zeitungsausschnitt gelöst war. Sie nahm Sarahs Gesicht in beide Hände und sah sie prüfend an. »Hast du Camilla oder Henry von dem Vorfall erzählt?«

»Nein.« Sarah ließ den Kopf hängen. »Ich habe mich zu sehr geschämt.«

»Du hast nichts getan, wofür du dich schämen müsstest, Amelia. Die Schuld liegt nicht bei dir.«

»Mr Huxwell sagte, das sei unser kleines Geheimnis. Mir würde ja doch niemand glauben, wenn ich jemandem davon erzählte, meinte er. Wir hatten immer eine besondere Beziehung zueinander… dachte ich jedenfalls. Für mich war er so etwas wie ein lieber Onkel.« Da Brian Huxwell ein enger Freund der Familie war, nahm Sarah an, die echte Amelia könnte ihn tatsächlich so gesehen haben. »Und dann so etwas. Es war ein Schock für mich… ich konnte einfach nicht glauben, dass er zu so etwas fähig war. Nach dem Tod meiner Eltern wurden seine Annäherungsversuche noch aufdringlicher. Und ich hatte keinen Menschen, dem ich mich hätte anvertrauen können!« Sie tupfte eine nicht vorhandene Träne aus dem Augenwinkel.

Edna war entsetzt. Langsam ging sie zum Bett und sank darauf nieder. Was ihr Mündel da erzählte, war ungeheuerlich. Und Brian Huxwells Verhalten war unentschuldbar.

Sarah, die gelauscht hatte, was draußen im Flur vor sich ging, verließ ihren Horchposten widerstrebend und setzte sich zu Edna. »Ich wollte es dir nicht erzählen, Tante. Ich finde es so demütigend! Du denkst jetzt bestimmt schlecht von mir ...« Sie schlug die Hände vors Gesicht und schluchzte.

»Ist ja gut, mein armer Schatz!«, tröstete Edna und legte die Arme um sie. »Nicht weinen. Ich denke nicht schlecht von dir. Du kannst ja nichts dafür. Diesen Huxwell sollte man hinter Gitter bringen, damit er keine unschuldigen jungen Mädchen mehr belästigen kann!«

»Jetzt weißt du, warum ich ihm nicht gegenübertreten möchte, Tante. Ich ertrage seinen Anblick nicht! Nach außen hin ist er ganz Gentleman, aber ich weiß, was in seinem Innern vorgeht!«

»Keine Sorge, Liebes.« Zorn stieg in Edna auf. »Ich werde Charlton sagen, er soll ihn fortschicken.«

»Erzähl Onkel Charlton bitte nichts davon, Tante! Das wäre mir schrecklich peinlich. Ich könnte nicht länger in diesem Haus bleiben, und ich will doch nicht weg von euch!« In Wirklichkeit fürchtete sie, Charlton könnte Brian Huxwell zur Rede stellen, und dieser würde eine Gegenüberstellung verlangen, nachdem es ihm gelungen wäre, Charlton von seiner Unschuld zu überzeugen.

»Das braucht dir nicht peinlich zu sein, Amelia. Es gibt nichts, wofür du dich schämen müsstest. Aber ich verspreche dir, die Sache bleibt unter uns.«

Jetzt begriff Edna, weshalb das arme Ding so durcheinander war. Erst hatte sie ihre Familie verloren, dann war sie selbst beim Untergang der *Gazelle* mit knapper Not dem Tod entronnen, und zudem hatte sie die ganze Zeit auch noch die Last dieses schändlichen Vertrauensmissbrauchs durch einen Freund der Familie mit sich herumgetragen.

Edna erhob sich und ging zur Tür. »Ich sag dir Bescheid, sobald er fort ist.«

Sarah nickte. Als die Tür sich hinter Edna geschlossen hatte, ließ Sarah sich aufs Bett fallen und stieß einen hörbaren Seufzer der Erleichterung aus. Das war knapp gewesen!

Draußen im Flur winkte Edna ihren Mann zu sich. Brian, der sich sofort nach Amelia erkundigt hatte, hatte sich mit einer Tasse Tee zu den anderen Gästen gesellt.

»Wo ist Amelia?«, flüsterte Charlton.

»In ihrem Zimmer, und da wird sie auch bleiben.«

Das überraschte Charlton nicht, aber Brian würde sehr enttäuscht sein. Er hatte sich so viel von diesem Besuch erhofft.

»Ich möchte, dass du Brian Huxwell sagst, er soll verschwinden.«

Charlton starrte seine Frau verblüfft an. »Aber ich dachte...«

»Amelia hat mich ins Vertrauen gezogen. Sein Verhalten ihr gegenüber war verbrecherisch.«

»Und du glaubst ihr, Edna?«

»Ja. Der Vorfall erklärt ihr sonderbares Verhalten und die dramatische Veränderung ihres Wesens.«

Charlton sah ihr an, dass es sie mit Genugtuung erfüllte, endlich Klarheit erlangt zu haben.

Er nickte. »Gut. Dann werde ich ihn bitten zu gehen.«

22

KINGSCOTE

Sarah, die an der Tür lauschte, hörte, wie Charlton Brian Huxwell zu sich rief.

»Ich fürchte, Sie haben den Weg hierher umsonst gemacht, Mr Huxwell. Amelia möchte Sie nicht sehen.«

Brian blickte kurz zu der Tür hinüber, aus der er Edna hatte kommen sehen. Amelia muss in diesem Zimmer sein, dachte er. Er brauchte nur die Tür zu öffnen, dann würde er Amelia sehen, und dieser Spuk hätte ein Ende. Laut sagte er: »Ich bin sicher, ein Gespräch mit Amelia würde zur Klärung der Situation beitragen.«

Sarah schlug das Herz bis zum Hals, als sie das hörte. Anscheinend war er nicht gewillt, ohne weiteres zu gehen. Sie bekam ganz weiche Knie vor Angst, er könnte auf einer Begegnung mit ihr bestehen.

»Ich verstehe das alles nicht«, fuhr Brian fort. »Amelia und ich standen uns so nahe. Das ergibt doch keinen Sinn!«

»Wirklich nicht?«, bemerkte Edna kalt. Ihr wurde regelrecht schlecht bei dem Gedanken daran, was er dem armen Mädchen angetan hatte. Nur die Anwesenheit ihrer Gäste hielt sie davon ab, diesem perversen Scheusal die Meinung zu sagen. Doch eine Szene hätte nur für Gerede gesorgt, und ihr Mündel hatte schon genug durchgemacht.

»Wir hatten einander versprochen, in Verbindung zu bleiben.« Brian erinnerte sich an den schmerzlichen Abschied von Amelia Divine. Sie hatte geweint, und auch er hatte feuchte Augen bekommen. Eines Tages würden sie sich wiedersehen, hatte er sie getröstet.

Und getreu seinem Versprechen hatte er die Reise nach Kangaroo Island auf sich genommen, als er nichts mehr von ihr gehört hatte. »Ich habe fest geglaubt, dass sie sich freut, mich zu sehen«, sagte er mit rauer Stimme. »Ich habe doch praktisch zur Familie gehört, und nach dem Tod ihrer Angehörigen hatte sie nur noch mich.«

»Sie sollten jetzt besser gehen, und zwar sofort«, sagte Edna schroff. Sie vermutete, dass er Amelia nach dem Tod ihrer Familie emotional erpresst hatte. Wie konnte dieser Mann nur so grausam sein! Hatte er denn gar keine Gefühle?

Brian war fassungslos. Er begriff nicht, weshalb Edna plötzlich so schroff und abweisend war. »Amelia!«, rief er. »Bitte, ich möchte nicht abreisen, ohne dich wenigstens ein einziges Mal gesehen zu haben!«

Sarah fühlte sich wie ein in die Enge getriebenes Tier. Bestimmt würde jeden Moment die Tür auffliegen! Sie lauschte angespannt und hörte sich nähernde Schritte. O Gott!, dachte sie in wilder Panik. Die Augen vor Entsetzen weit aufgerissen bemerkte sie erst jetzt, dass kein Schlüssel im Schloss steckte – bisher war es nie nötig gewesen, die Tür zu ihrem Zimmer abzuschließen.

Charlton versuchte, Brian aus dem Haus zu schaffen, doch der Anwalt drängte sich an ihm vorbei und riss die Tür zu Sarahs Zimmer auf.

»Amelia!«

Edna war schockiert. »Was fällt Ihnen ein? Verschwinden Sie! Auf der Stelle!« Sie stieß ihn zur Seite, um ihrem Mündel zu Hilfe zu eilen.

Sowohl Brian als auch Edna und Charlton blieben wie angewurzelt stehen: Das Zimmer war leer, und das Fenster stand weit offen. Sarah war buchstäblich in letzter Sekunde entkommen.

Brian eilte ans Fenster und beugte sich hinaus. Es war niemand zu sehen. Er sank vor Verzweiflung regelrecht in sich zusammen. Hasste sie ihn so sehr? Aber warum? Was hatte er ihr getan? Er stand vor einem Rätsel.

»Wo ist sie hin?« Charlton sah seine Frau an.

»Ich weiß es nicht«, antwortete Edna. Die Flucht ihres Mündels bewies doch nur, was für eine entsetzliche Angst sie vor Huxwell hatte. Hatte er ihr vielleicht etwas angetan, von dem sie Edna nichts erzählt hatte, weil es so furchtbar war? Maßlose Wut stieg in Edna auf.

Charlton holte die unterzeichneten Papiere und drückte sie Brian in die Hand. Der Anwalt verließ das Haus ohne ein weiteres Wort. Er war sichtlich niedergeschlagen, doch Edna hatte kein Mitleid mit diesem Scheusal.

Charlton blickte seine Frau an und wartete auf eine Erklärung. Als Edna schwieg, fragte er ernst: »Was ist eigentlich zwischen den beiden vorgefallen?«

Edna zögerte. »Ich musste Amelia versprechen, dass ich für mich behalte, was sie mir anvertraut hat. Nur so viel: Mr Huxwell hat sich ihr gegenüber ungebührlich benommen.«

Charlton zog fragend die Stirn in Falten.

»Er war keineswegs der ›liebe Onkel‹, als der er sich ausgegeben hat«, ergänzte Edna.

Charlton schüttelte angewidert den Kopf. »Sollten wir nicht nach Amelia suchen?«

»Ich glaube nicht, dass sie weit fort ist.« Amelia würde einfach nur eine Weile allein sein wollen. »Aber sie wird sicher erst zurückkommen, wenn unsere Gäste gegangen sind.« Sie trat zur Vordertür und schaute hinaus. Brian Huxwell ging schweren Schrittes die Straße hinunter. »Ich bin heilfroh, wenn er auf dem Heimweg ist und Amelias Leben wieder ins Lot kommt.« Sie hatte überlegt, ob sie Huxwell im Hotel aufsuchen und zur Rede stellen sollte, aber das würde nur noch mehr Staub aufwirbeln, und das wäre nicht im Sinne ihres Mündels. »Jetzt, wo ich weiß, was die arme Amelia alles erdulden musste, werde ich nachsichtiger und feinfühliger im Umgang mit ihr sein«, sagte sie zu ihrem Mann. Hätte sie das alles doch eher gewusst!

CAPE DU COUEDIC

Später an diesem Nachmittag kehrte Gabriel auf die Farm zurück. Amelia mühte sich mit dem Spaten ab. Den steinigen Boden im Gemüsegarten umzugraben war Schwerstarbeit.

»Soll ich die weiße Fahne schwenken zum Zeichen, dass ich mich ergebe?«, scherzte Gabriel. Er wollte ihr ein Lächeln entlocken.

Vielleicht hätte sie sogar gelächelt, wären ihr in diesem Moment nicht Carlottas Worte eingefallen – dass eine Frau wie sie nur für eine unbedeutende kleine Liebelei gut sei, nicht aber für eine ernsthafte Beziehung. Sollte Gabriel tatsächlich so gering von ihr denken? Die Vorstellung versetzte ihr einen Stich ins Herz. »Nicht nötig, solange du diese italienische Giftschlange nicht mitbringst«, gab sie zurück. Sie hasste Carlotta dafür, dass sie das, was sie mit Gabriel hatte, in den Schmutz zog. Und doch musste Amelia zugeben, dass es in gewisser Weise Sinn machte, was die Italienerin gesagt hatte. Gabriel hatte lange die Gesellschaft einer Frau entbehren müssen. Würde er da nicht versuchen, die sich bietende Gelegenheit zu ergreifen und eine Affäre mit ihr beginnen? »Aber du kannst ruhig wieder gehen. Ich schaff das auch allein, bis Evan zurückkommt.«

»Warum musst du immer die Starke und Unabhängige spielen?«, fragte Gabriel.

»Glaubst du, bloß weil ich eine Frau bin, kann ich mich nicht um ein paar Tiere kümmern?«

»Das habe ich nicht gesagt.«

»Ich kann sie genauso gut versorgen wie du. Du kannst also wieder zu deinem Leuchtturm zurück.«

Gabriel riss der Geduldsfaden. »Ich habe Evan versprochen, dass ich hier nach dem Rechten sehe, und ich werde mein Versprechen halten«, gab er gereizt zurück.

Amelia starrte ihn wütend an, erwiderte aber nichts.

»Ich werde nach den Schweinen sehen«, brummte er.

»Wie du willst«, versetzte sie trocken. »Alles andere haben die Mädchen und ich schon erledigt.«

Gabriel nickte. Er wusste, weshalb sie sich so schroff gab: Sie hielt sich für einen schlechten Menschen. Was konnte er tun, um sie vom Gegenteil zu überzeugen? Bedrückt ging er zum Schweinestall hinüber. Als er dort fertig war und wieder herauskam, steckte der Spaten in der Erde, und seine Sarah war fort.

Kurze Zeit später schaute Amelia, die ins Haus gegangen war, zufällig aus der Tür und sah Gabriel den Gemüsegarten umgraben. Sie ging zu ihm.

»Das wäre nicht nötig gewesen«, stieß sie gepresst hervor, staunte aber gleichzeitig darüber, was er geleistet hatte: Sämtliche Beete waren umgegraben und gejätet, sodass der Garten beinahe gepflegt aussah. Gabriel hatte ihr eine Menge Arbeit abgenommen.

Regen setzte ein. »Jetzt musst du nicht mal gießen«, sagte er freundlich und lächelte. Wie gut er aussah, und wie lieb es von ihm war, dass er den Garten für sie umgegraben hatte! Sie war gerührt, und ihr Herz strömte über vor Liebe zu ihm. Doch im selben Moment fiel ihr wieder Amelia Divines Begleiterin ein, deren Tod sie verschuldet hatte, und sie ließ den Kopf sinken. Wortlos drehte sie sich um und eilte ins Haus zurück. Sie hätte ihm zum Dank für seine Arbeit eine Tasse Tee anbieten oder ihn wenigstens auffordern müssen, den Regen im Haus abzuwarten, aber sie konnte seine Anwesenheit nicht ertragen. Der Schmerz saß zu tief. Als sie das nächste Mal aus der Tür spähte, war er fort.

»Wollen wir nicht ein bisschen Musik hören und tanzen?«, schlug Sissie vor, in der Hoffnung, sie aufzuheitern.

»Ich bin nicht in Stimmung«, erwiderte Amelia bedrückt. Doch Rose war schon zum Harmonium geeilt und begann die Kurbel zu drehen. Als die Melodie ertönte, wurde Amelia daran erinnert, dass sie auch die Musik Gabriel zu verdanken hatte, und der Schmerz schnitt ihr noch tiefer ins Herz.

Sissie packte sie am Arm, zog sie hoch und hüpfte um sie herum. Die anderen Mädchen machten es ihr nach, und bald musste Amelia wider Willen lachen und wirbelte fröhlich mit ihnen durchs Zimmer. Plötzlich, wie aus heiterem Himmel, durchzuckte sie eine Erinnerung. Sie sah sich selbst in einem eleganten Ballsaal in den Armen eines attraktiven Partners über die Tanzfläche wirbeln. Abrupt blieb sie stehen. Kehrte ihr Erinnerungsvermögen zurück? Würde sie sich wieder in allen Einzelheiten an ihre Vergangenheit entsinnen können? Wollte sie das überhaupt? Wollte sie wirklich wissen, was für ein Mensch sie gewesen war? Würde sie sich dann womöglich noch mehr hassen?

Kingscote

Als Evan in Kingscote eingetroffen war, machte er sich mit Milo unverzüglich auf den Weg zu Dr. Thompson, traf ihn aber zu seinem Verdruss nicht an. Der Arzt machte Hausbesuche, und Felicity wusste nicht, wann er zurück sein würde. Dann werde er gleich am nächsten Morgen wiederkommen, erklärte Evan. Da Milo müde von der langen Reise war, beschloss Evan, sich im Ozone Hotel ein Zimmer zu nehmen.

Am nächsten Morgen um sieben Uhr stand er mit dem Jungen wieder vor dem Haus der Thompsons. Dennis erwartete sie bereits und führte sie in sein Sprechzimmer.

»Danke, dass Sie uns so früh empfangen«, sagte Evan.

»Nichts zu danken, Evan. Felicity sagte, Sie seien in großer Sorge um Ihren Sohn.«

»Ja, das stimmt.« Evan schilderte dem Arzt die Symptome, die der Junge gezeigt hatte.

Nach einer gründlichen Untersuchung stellte Dennis fest: »Ihr Sohn hat eine vergrößerte Milz.«

»Ist das etwas Ernstes?«

»Unter Umständen.« Er sah dem Jungen prüfend in die Augen. »Das Weiße hat sich leicht gelb gefärbt...«

»Und was bedeutet das?«, fragte Evan besorgt.

»Sie sagten, er hätte Fieber gehabt, deshalb vermute ich, er hatte eine Entzündung, möglicherweise in der Leber. Ich weiß nicht, was die Ursache für das Erbrechen gewesen sein könnte, aber ich nehme an, seine Leber arbeitet nicht einwandfrei – deshalb die Gelbfärbung der Augen. Ich würde den Jungen gern ein paar Tage beobachten. Wie lange werden Sie in der Stadt bleiben?«

»Ich kann nicht lange bleiben. Ich muss auf die Farm zurück, meine Mädchen brauchen mich. Ich hatte gehofft, Sie könnten Milo etwas geben, das ihn wieder gesund macht.«

»Es tut mir Leid, Evan, aber so einfach ist das nicht.« Dennis betrachtete den Jungen sorgenvoll. »Ihr Sohn ist klein und untergewichtig für sein Alter. Wenn Sie jetzt nach Hause gehen und Milo sich einen weiteren schweren Infekt zuzieht...« Er sprach den Satz nicht zu Ende.

Evan starrte ihn voller Entsetzen an. »Wollen Sie damit sagen...?« Sofort dachte er an Jane und den kleinen Joseph. Er sah sich an ihren Gräbern stehen, und ein eisiger Schauer rieselte ihm über den Rücken.

»Evan, möglicherweise übersteht Milo die Rückfahrt nicht. Oder ich komme zu spät, wenn er krank wird und Sie nach mir schicken. Sie könnten Ihren Sohn verlieren.«

Evan starrte ihn an wie vom Donner gerührt.

»Wäre Milo mein Sohn, würde ich nicht am Cape du Couedic leben wollen. Das Risiko wäre mir zu groß. Es ist einfach zu abgelegen dort.«

»Aber... aber die Farm ist mein Leben!«, stammelte Evan, am Boden zerstört. »Das Land da draußen kauft mir doch niemand ab, und ich habe kein Geld für eine zweite Farm in Stadtnähe.« Er hatte das Land damals zu einem Spottpreis erworben, weil es den meisten zu weit von der Stadt entfernt war und der Boden nichts hergab. Schafe und Ziegen, vielleicht auch ein paar Rinder und Pferde konnte man dort halten, aber kein Getreide anbauen. Doch es war genau das gewesen, was Evan sich gewünscht hatte, und auch Jane hatte das Leben dort draußen geliebt.

»Dann stehen Sie jetzt vor einer schweren Entscheidung, Evan. Ich werde ein Stärkungsmittel für den Jungen bereiten. Sie können es später abholen. Ich möchte ihn mindestens zwei Wochen lang täglich sehen, um festzustellen, ob seine Milz wieder abschwillt und die Gelbsucht abklingt.«

Evan war wie vor den Kopf geschlagen. Wäre Sarah mitgekommen, hätte ich Milo in ihrer Obhut lassen und auf die Farm zurückkehren können, um die Mädchen zu holen, dachte er verzweifelt. Aber so...

Er versprach, das Stärkungsmittel am Abend abzuholen, und verabschiedete sich. Wie betäubt ging er davon. Milo in den Armen, lenkte er seine Schritte zum Hotel, ohne darauf zu achten, wohin er seine Füße setzte. Vor der Kirche stieß er buchstäblich mit Charlton und Edna zusammen. Ihr Mündel war nicht mit in die Stadt gekommen. Sie hatte Angst, Brian Huxwell zu begegnen. Sie war am Nachmittag zuvor erst nach Hause zurückgekehrt, als sie sicher sein konnte, dass alle Gäste fort waren. Edna und Charlton waren erleichtert gewesen, dass ihr nichts zugestoßen war – aber nicht so erleichtert wie Sarah, als sie hörte, Brian sei ohne ein weiteres Wort gegangen.

Evan blickte kaum auf. Die Ashbys sahen sofort, wie verstört er wirkte.

»Guten Morgen, Evan«, sagte Charlton, doch der ging einfach weiter.

»Wie geht es Ihnen?«, fragte Edna. Die meisten Leute schnitten den Farmer, weil er als Sonderling galt. Nicht so die Ashbys. Evan war früher, als sie gerade auf der Insel angekommen waren, ein Nachbar gewesen, daher kannten sie ihn gut und akzeptierten seine schrullige Art.

Evan, der völlig aufgewühlt war, reagierte nicht.

»Evan?«, rief Charlton. »Alles in Ordnung?«

Jetzt endlich hielt er inne und brummte eine Antwort.

»Wie geht's Ihrem Jungen?«, fragte Edna. »Als ich ihn das letzte Mal gesehen habe, war er noch ein Säugling.« Jane hatte darauf bestanden, das Kind taufen zu lassen, deshalb waren die Finnlays in die Stadt gekommen.

Evan wandte sich schon wieder zum Gehen, doch Edna beugte sich über Milo und strich ihm übers Haar. »Du siehst blass aus, Milo. Fehlt dir auch nichts?«

»Was führt Sie in die Stadt, Evan?«, fragte Charlton. Der Farmer war bedrückt; das war nicht zu übersehen.

»Der Junge. Ich war mit ihm beim Arzt.«

»Was hat er denn?« Edna sah ihn an.

»Irgendetwas stimmt nicht mit ihm. Der Doktor will ihn die nächsten Tage zur Beobachtung hier behalten.«

»Ach herrje! Wo sind denn Ihre Mädchen?«

»Auf der Farm. Meine Farmhelferin kümmert sich um sie, und Gabriel Donnelly ist ja auch noch da. Trotzdem, ich muss wieder zurück.« Er schaute auf seinen Sohn.

»Können wir Ihnen irgendwie helfen?«, fragte Charlton.

Evan schüttelte den Kopf. »Danke, nein.«

»Wie wird Milo denn behandelt?«, erkundigte sich Edna.

»Er bekommt ein Stärkungsmittel. Und die nächsten zwei Wochen will der Doktor ihn täglich sehen. Er meint, der Junge sei gesundheitlich angeschlagen, und das Leben draußen auf der Farm könnte gefährlich für ihn werden, weil es viel zu lange dauert, bis er zum Arzt gebracht werden kann.«

Charlton sah ihn ernst an. »Dann werden Sie in die Stadt ziehen?«

»Ich ... mir wird wohl nichts anderes übrig bleiben.« Es war das erste Mal, dass Evan sich dies eingestand. Er durfte Milos Leben nicht aufs Spiel setzen. »Eigentlich sollte ich mit dem Jungen gar nicht mehr zurück, aber was soll ich machen? Ich muss doch meine Mädchen und die Tiere herholen.«

»Warum lassen Sie Milo nicht bei uns?«, schlug Edna vor. »Dann kann Dr. Thompson jeden Tag nach ihm sehen.«

Das Angebot brachte Evan sichtlich aus der Fassung. Er sollte seinen Sohn in die Obhut anderer Leute geben? Ausgeschlossen! »Danke für das Angebot, Edna, aber Milo muss bei mir bleiben.«

»Überlegen Sie es sich, Evan. Es wäre für alle Beteiligten das Vernünftigste. Wo wohnen Sie?«

»Im Ozone Hotel.«

Edna nickte. »Sagen Sie uns Bescheid, falls Sie Ihre Meinung noch ändern sollten. Ich verspreche Ihnen, ich werde gut auf den Kleinen Acht geben.« Sie wandte sich ihrem Mann zu. »Wäre es nicht schön, mal wieder ein Kind im Haus zu haben? Was meinst du?«

»O ja!«

»Und Dennis Thompson wäre ganz in der Nähe.«

»Ich werd's mir überlegen.« Evan hatte zwar nicht die Absicht, Milo bei den Ashbys zu lassen, aber er wusste ihr freundliches Angebot zu schätzen. Er wünschte ihnen einen Guten Tag und setzte seinen Weg fort.

Sarah hatte sich hinter dem Hühnerstall versteckt und beobachtete Betty, die am Waschtrog stand. Sie hatte sich bereits vergewissert, dass der Wind in Bettys Richtung wehte. Die Ashbys waren ausgegangen, und Polly war mit der Zubereitung des Mittagessens beschäftigt, deshalb war es der ideale Zeitpunkt für Sarah, ihren Plan in die Tat umzusetzen.

Sie holte eine der schwarzen Feder aus ihrer Rocktasche, hielt sie in die Höhe und wartete einen Windstoß ab. Dann ließ sie die Feder los. Mit angehaltenem Atem schaute sie zu, wie der Wind sie in Bettys Richtung davontrug. Etwa zwanzig Meter vor dem Waschtrog fiel die Feder zu Boden; als der Wind sie wieder emporwirbelte, flog sie in die entgegengesetzte Richtung davon. Sarah ärgerte sich maßlos. Betty hatte nicht einmal von ihrer Wäsche aufgeblickt.

Sarah wartete ein paar Minuten, bis Betty zur Wäscheleine ging, die näher beim Hühnerstall lag. Sie zog eine zweite Feder aus der Tasche. Dieses Mal landete sie nur wenige Meter von Betty entfernt. Sarah hoffte inbrünstig, der Wind werde sie noch ein klein wenig weiter auf Betty zutreiben. In diesem Moment hörte man die beiden Jungen drinnen miteinander streiten. Betty schaute zum Haus hinüber.

»Nicht hineingehen, Betty!«, flüsterte Sarah beschwörend, während der Wind die Feder wieder ein Stückchen weiter wehte.

Als Betty sich bückte, um ein Wäschestück aus ihrem Korb zu nehmen, hob eine leichte Brise die Feder; sie schwebte an Betty vorbei und landete direkt vor der Hintertür. Starr vor Entsetzen hatte Betty der Feder nachgeblickt. Jetzt ließ sie das Hemd, das sie in der Hand hielt, in den Staub fallen, stieß einen gellenden Schrei aus, der einem das Blut in den Adern gefrieren ließ, und stürmte zum Haus hinüber. Sarah verließ eilig ihr Versteck und huschte zur Hintertür der Ashbys. Als sie die Tür erreichte, kam Polly heraus.

»War das Betty, die gerade so furchtbar geschrien hat?«

»Ja, ihre Kinder haben sich gestritten, und da ist sie hineingegangen und hat sie ausgeschimpft«, antwortete Sarah.

»Das sieht ihr gar nicht ähnlich«, meinte Polly. »Aber irgendwie nervös ist sie in letzter Zeit schon...«

Als Edna und Charlton zurückkamen, servierte Polly das Mittagessen. Edna nahm ihr Mündel zuvor noch rasch beiseite. Brian Huxwell sei offenbar abgereist, teilte sie ihr mit. Sarah fiel ein Stein vom Herzen.

Beim Essen unterhielten sich Edna und Charlton über Evan und den kleinen Milo. Sarah, die über Betty nachgrübelte, war in ihre eigenen Gedanken vertieft. Sie bekam gar nicht mit, dass die Ashbys über den Farmer von Cape du Couedic sprachen – den Mann, bei dem die echte Amelia arbeitete.

»Glaubst du, Evan wird unser Angebot annehmen?«, fragte Edna ihren Mann.

»Hoffentlich. Es scheint, als könnte es für den Jungen gefährlich werden, wenn Evan ihn auf die Farm zurückbringt.«

Nach dem Essen erbot sich Sarah, die Essensreste den Hühnern hinauszubringen. Als sie am Hühnerstall stand, warf sie verstohlene Blicke nach Faith Cottage hinüber, doch von Betty oder den Kindern war nichts zu hören und zu sehen. Das Haus lag verlassen da, von gespenstischer Stille umgeben. Sarah hätte zu gern gewusst, was Betty getan hatte, nachdem sie schreiend ins Haus gerannt war. Aber wenn sie nicht anklopfte und fragte, würde sie es wohl kaum erfahren. Sie musste sich gedulden; es würde sich früh genug zeigen, ob ihr Plan geglückt war.

Es war am späten Nachmittag, als Sarah, die in ihrem Zimmer ein Nickerchen hielt, von Männerstimmen geweckt wurde. Neugierig stand sie auf und ging in die Küche.

»Wo kann Betty nur hin sein?«, fragte Charlton seine Frau soeben.

»Was ist denn passiert?«, wollte Sarah wissen.

»John Hammond war gerade eben da. Er sucht Betty. Sie war fort, als er nach Hause kam.«

»Vielleicht ist sie spazieren gegangen«, meinte Sarah.

»Es sieht nicht danach aus. Anscheinend fehlen Sachen von ihr und den Kindern. Andere Kleidungsstücke sind aus den Schränken gerissen worden und liegen im Haus verstreut, obwohl Betty immer sehr ordentlich ist. Es fehlen auch Spielsachen von den Kindern. Der arme John ist völlig außer sich.«

»Das sieht Betty gar nicht ähnlich«, sagte Edna besorgt. »Hoffentlich ist ihr nichts zugestoßen.« Sie hatte John wahrheitsgemäß gesagt, dass sie keine Ahnung habe, wo Betty sei. Nichts hatte darauf hingedeutet, dass sie die Absicht hatte, fortzugehen.

»Wo ist Mr Hammond jetzt?«, fragte Sarah.

»Er sucht seine Frau«, antwortete Charlton und blickte zu Polly, die soeben in die Küche kam. »Hat Betty zu dir etwas gesagt, Polly?«

»Nein, Mr Ashby. Ich habe sie seit gestern nicht mehr gesehen.«

»Jetzt, wo ich darüber nachdenke, kam sie mir ein bisschen schreckhaft vor, als ich am Sonntag mit ihr sprach«, sagte Edna. »Als ich sie fragte, was ihr zu schaffen mache, sagte sie, dass die Kinder an ihren Nerven zerrten. Vielleicht hätte ich es John sagen sollen.«

»Das kannst du später immer noch«, beruhigte ihr Mann sie. »Möglicherweise ist sie zum Walkabout aufgebrochen. Betty hält an ihren Stammestraditionen fest. Da darf man sich über ein solches Verhalten nicht wundern.«

»Ich weiß nicht, Charlton.« Edna schüttelte den Kopf. »Betty ist noch nie ohne ein Wort einfach auf und davon.«

Polly, die draußen einen Eimer Spülwasser ausgeschüttet hatte, kam wieder ins Haus. Sie hielt eine schwarze Feder hoch.

»Sehen Sie mal, was ich gefunden habe«, sagte sie zu den Ashbys.

»Was ist so Besonderes daran?«, wollte Edna wissen.

Polly blickte Sarah an, die unwillkürlich den Atem anhielt. »Ich habe Ihnen doch gesagt, Betty ist furchtbar abergläubisch. Wäre diese schwarze Feder ihr oder einem ihrer Kinder heute vor die Füße geweht worden, würde das alles erklären.«

»Ich verstehe nicht, Polly...« Charlton sah sie verwirrt an.

»Ich habe erst gestern zu Miss Divine gesagt, dass Betty eine Heidenangst vor schwarzen Federn hat, weil sie glaubt, dass sie den Tod ankündigen.«

»Aber wir wissen doch gar nicht, ob Betty die Feder gesehen hat«, meinte Edna.

»Das stimmt, aber es würde erklären, warum sie Hals über Kopf geflüchtet ist.«

John Hammond kam am selben Abend noch einmal vorbei. Er hatte Betty gefunden. Sie sei völlig verängstigt, berichtete er, und bestehe darauf, zum Festland hinüberzufahren. Er war aus Bettys wirrem Gerede nicht schlau geworden, und es war ihm auch nicht gelungen, sie von ihrem Vorhaben abzubringen.

»Ich werde mit ihr gehen«, teilte er Charlton mit. »Es tut mir Leid, dass ich die Farm und Faith Cottage so kurzfristig verlasse. Ich weiß, ich hätte Ihnen rechtzeitig Bescheid geben müssen. Aber ich kann nicht ohne meine Kinder sein. Und Betty ist in ihrem momentanen Zustand zu allem fähig!«

»Ich verstehe, John. Sie tun, was Sie tun müssen. Aber was ist mit der Ernte?«

»Die können Sie einbringen oder dem nächsten Pächter überlassen.«

»Soll ich mit dem Verpachten nicht warten, für den Fall, dass Sie zurückkommen?«

John schüttelte den Kopf. »So wie Betty redet, kann ich mir nicht vorstellen, dass sie jemals wieder hierher zurückwill.«

Charlton hüstelte verlegen. »Hat sie zufällig etwas von einer schwarzen Feder gesagt?« Die Frage kam ihm zwar albern vor, doch Pollys Worte gingen ihm nicht aus dem Sinn.

»Ja, das hat sie in der Tat. Betty ist sehr abergläubisch, und ich glaube nicht, dass sich das jemals ändern wird. Ich muss los, Charlton. Danke für alles.«

Die beiden Männer verabschiedeten sich mit einem Händedruck.

Als Sarah am anderen Morgen erwachte, war sie äußerst zufrieden mit sich. Ihr Plan war geglückt. Sie war nicht nur Brian Huxwell, sondern auch Betty Hammond losgeworden. Nichts konnte sie jetzt noch aufhalten!

Die Ashbys und Polly waren nach Faith Cottage hinübergegangen, um nachzusehen, welche Renovierungen erforderlich wären, bevor es wieder vermietet werden konnte. Sarah war allein im Haus. Als es an der Vordertür klopfte und sie öffnen ging, bekam sie den Schock ihres Lebens. Vor ihr stand Evan Finnlay. Sie erkannte ihn sofort wieder.

»Guten Morgen. Sind Charlton oder Edna da?«

»Äh... sie sind nebenan. Kann ich Ihnen vielleicht helfen?«

»Ich kenne Sie doch«, sagte Evan langsam. »Sind Sie nicht eine der beiden Schiffbrüchigen, die Gabriel Donnelly aus dem Meer gefischt hat?« Sie war rundlicher geworden und sehr viel eleganter gekleidet, aber er hatte sie dennoch wiedererkannt.

»Ja, das stimmt. Und Sie sind der Farmer von Cape du Couedic.« Der, für den ich hätte arbeiten sollen, fügte sie im Stillen hinzu.

Evan nickte.

»Haben Sie Ihre Familie auch mitgebracht?« Ihr Herz klopfte schmerzhaft in ihrer Brust. Sie musste wissen, ob die richtige Amelia sich in Kingscote aufhielt.

»Nein, nur Milo.« Er hielt seinen Sohn in den Armen.

»Ist die Zuchthäuslerin noch bei Ihnen?«

»Sarah? Ja. Anfangs war sie keine große Hilfe, aber inzwischen macht sie ihre Sache recht ordentlich, und sie versteht sich bestens mit meinen Töchtern.«

»Das freut mich. Hat sie ihr Gedächtnis inzwischen wiedererlangt?« Sarah hielt den Atem an.

»Nein, und das wird wohl auch nie mehr der Fall sein.«

Sarah atmete hörbar auf, doch Evan schien es nicht zu bemerken: Er war vollauf damit beschäftigt, den in seinen Armen zappelnden Jungen zu bändigen.

»Warum sagen Sie das?«

»Wäre ihr Erinnerungsvermögen nicht längst zurückgekehrt, wenn der Gedächtnisverlust nur vorübergehend wäre?«

Charlton und Edna, die durch die Hintertür hereingekommen waren, eilten zum vorderen Eingang, als sie Stimmen hörten. Beide dachten sofort an Brian Huxwell; sie fürchteten, er könnte womöglich doch nicht abgereist sein.

»Mit wem redest du denn da, Amelia?«, rief Edna. Dann sah sie Evan draußen stehen. »Evan! Kommen Sie doch herein!«

Die Ashbys baten ihn in den Salon.

»Was führt Sie zu uns, Evan?«, fragte Edna gespannt. Hatte er sich ihren Vorschlag noch einmal durch den Kopf gehen lassen?

»Ich habe beschlossen, Ihr Angebot anzunehmen«, sagte Evan langsam.

Es war ihm anzusehen, dass es ihm nicht leicht fiel.

Evan hatte die ganze Nacht wach gelegen. Der Gedanke, von seinem Sohn getrennt zu sein, schmerzte unerträglich, aber er durfte das Leben des Jungen nicht aufs Spiel setzen. Er würde allein zur Farm zurückkehren und seine Töchter nachholen. Das Vieh würde er zurücklassen – er hatte ja nicht einmal für sich selbst ein Dach über dem Kopf. Milos Leben hatte Vorrang vor der Farm oder den Tieren. Jane würde es so wollen, das wusste er.

»Sie tun das Richtige, Evan«, beruhigte Edna ihn.

»Ich wüsste da vielleicht etwas für Sie«, meldete Charlton sich zu Wort.

»Und das wäre?«

»Die Farm nebenan ist frei geworden. Mein Pächter hat sie überraschend aufgegeben. Sie können sie haben, falls Sie interessiert sind. Der Weizen auf den dazugehörigen Feldern ist fast erntereif, und es ist genug Land für Ihr Vieh dabei.«

Evans Miene hellte sich augenblicklich auf. Aus Sarahs Gesicht hingegen wich alle Farbe. Das durfte doch nicht wahr sein! Sie sollte Tür an Tür mit der echten Amelia wohnen?

»Das ist ja großartig!« Evan strahlte vor Freude. Ein Zuhause für seine Familie zu finden, war eine seiner größten Sorgen gewesen. »Darf ich sie mir ansehen, Charlton?«

»Selbstverständlich.«

Evan erhob sich sofort.

»Lassen Sie den Jungen doch solange bei mir, dann können wir uns schon mal ein bisschen anfreunden«, meinte Edna.

Evan reichte ihr das Kind nach kurzem Zögern.

»Ich werde mit ihm in die Küche gehen. Polly hat heute Morgen Kekse gebacken; die schmecken ihm bestimmt!«

Als Evan und Charlton gegangen waren, folgte Sarah Edna in die Küche. »Tante, glaubst du, er wird die Zuchthäuslerin auch mitbringen?«

Edna überlegte kurz. »Das war die junge Frau, die zusammen mit dir das Schiffsunglück überlebt hat, nicht wahr?«

Sarah nickte.

»Ich denke schon. Sie muss ja ihre restliche Strafe noch verbüßen.« Ihr Mündel wirkte alles andere als begeistert. »Sie wird uns bestimmt nicht stören, Amelia.«

»Wieso hat Evan eigentlich seinen Sohn hierher gebracht? Ich wusste gar nicht, dass ihr befreundet seid.«

»Befreundet ist übertrieben, aber wir kennen uns schon recht lange. Als er jung verheiratet war und wir gerade erst auf die Insel gezogen waren, hat er ganz in unserer Nähe gewohnt. Er macht einen etwas verschrobenen Eindruck, ich weiß, aber unter der rauen Schale steckt ein weicher Kern. Er hat vor einem knappen Jahr seine Frau verloren, kann also jeden Freund brauchen. Charlton und ich haben ihn gestern Nachmittag in der Stadt getroffen. Er kam mit dem Jungen gerade von Dennis Thompson und war ganz außer sich. Da haben wir ihm angeboten, Milo zu uns zu nehmen, während er nach Cape du Couedic zurückkehrt und seine Mädchen holt. Auf diese Weise kann Dennis den Zustand des Jungen überwachen.«

Milo war zwar ein wenig verwirrt von der fremden Umgebung, mampfte aber zufrieden einen Keks. Polly stellte ihm ein Glas Milch hin.

»Ein süßer Fratz, nicht wahr?« Edna lächelte. »Ich freue mich richtig darauf, ihn hier zu haben.«

Sarah erfasste blitzschnell, dass Evan sich nicht in der Stadt aufhielte – und schon gar nicht hierher ziehen würde –, wenn Milo nicht wäre. Würde dem Jungen etwas zustoßen, würde er seine Umzugspläne sicherlich aufgeben.

Sie schaute in Milos dunkle, große Kinderaugen. Nein, sie würde niemals einem unschuldigen Kind etwas antun können, das begriff sie in diesem Moment. Nicht einmal, wenn sie dadurch eine Konfrontation mit der echten Amelia Divine vermeiden könnte. Vielleicht ging es dem Jungen bei Evans Rückkehr ja wieder so prächtig, dass er sich die Sache mit dem Umzug noch einmal überlegte.

Sie seufzte. Möglicherweise machte sie sich unnötig Sorgen, weil Amelia ihr Erinnerungsvermögen ja immer noch nicht wiedererlangt hatte. Aber durfte sie das Risiko eingehen? Nein. Bis die Finnlays mit der echten Amelia eintrafen, musste sie Kingscote verlassen haben.

»Hallo, ihr alle!«, rief Lance, der durch den Hintereingang hereingekommen war.

»Lance! Wieso bist du nicht bei der Arbeit?«, fragte Edna verwundert.

Sein Anblick ließ Sarahs Herz höher schlagen. Er sah einfach umwerfend aus!

»Ich hab mir heute freigenommen, Mutter. In der letzten Zeit habe ich zu viel gearbeitet und darüber schamlos eine gewisse junge Dame vernachlässigt.« Er zwinkerte Sarah zu. »Jemand muss dich dafür entschädigen, dass deine Geburtstagsparty ein so jähes Ende fand! Hättest du Lust, mit mir im Ozone Hotel zu Mittag zu essen, Amelia?« Lance versuchte, mit der Einladung sein schlechtes Gewissen zu besänftigen. Er hatte ihr versprochen, immer für sie da zu sein, doch daraus war nichts geworden: Seine Arbeit und Olivia hatten ihn viel zu sehr in Anspruch genommen.

Sarah riss entzückt die Augen auf. »Mit Vergnügen!«

»Gut, dann hol ich dich später gegen zwölf Uhr ab.« Er deutete mit dem Kinn auf den kleinen Jungen in den Armen seiner Mutter. »Wer ist denn dieser Knirps?«

»Evan Finnlays Sohn. Er wird ein paar Tage bei uns bleiben.«
»Und wo ist Evan?«

»Mit deinem Vater drüben in Faith Cottage. Er will seine Töchter nachholen und dann mit seiner Familie dort einziehen.«

Lance machte ein erstauntes Gesicht. »Und was ist mit den Hammonds?«

»Die sind gestern fortgegangen.«

»Was?« Lance fiel aus allen Wolken. »Ich wusste gar nicht, dass sie wegziehen wollten. John hat ja noch nicht einmal die Ernte eingebracht!«

»Das ist eine lange Geschichte. Amelia kann sie dir beim Essen erzählen.«

Sarah überlegte schon, was sie anziehen sollte. Doch so sehr sie ihrer Verabredung mit Lance entgegenfieberte – ein Schatten fiel auf ihre Freude: Sie würde bald von hier fortgehen müssen, ob mit Lance oder ohne ihn. Vielleicht war das Mittagessen ihre letzte Chance, ihn davon zu überzeugen, was für eine wunderbare Ehefrau sie abgäbe.

23

CAPE DU COUEDIC

Kapitän Cartwright hatte Evan angeboten, ihn mit der *Swordfish* nach Cape du Couedic zurückzubringen. Und so war Evan am Spätnachmittag zur Bucht hinuntergegangen, wo die *Swordfish* vor Anker lag. Der Abschied von Milo hatte ihm fast das Herz gebrochen, doch er sagte sich, dass es für den Jungen das Beste sei. Hätte er ihn mit zurückgenommen, hätte er möglicherweise sein Leben aufs Spiel gesetzt, und welcher Vater würde so etwas tun?

Die *Swordfish* stach vor Einbruch der Dunkelheit in See und segelte an der Nordküste der Insel entlang. Vor Emu Bay, später noch einmal vor Cape Borda, warf die dreiköpfige Besatzung ein Schleppnetz aus. Der Fang wurde an Bord sortiert; was nicht gebraucht wurde, warf man ins Meer zurück. Unterdessen nahm das Schiff weiter Kurs auf Cape du Couedic. Sobald es hell genug war, dass man die Sandbänke und Klippen vor der Bucht erkennen und gefahrlos umschiffen konnte, steuerte die *Swordfish* die Anlegestelle in Weirs Cove an.

Edgar beobachtete das Schiff vom Leuchtturm aus. Im Morgengrauen gab er Gabriel Bescheid, dass die *Swordfish* in die Bucht einlief. Während Evan sich von Kapitän Cartwright verabschiedete, ließen Gabriel und Edgar das Gurtgeschirr hinunter, um den Farmer das Kliff hinaufzuziehen. Evan war noch nicht ganz oben angekommen, als Gabriel auch schon wissen wollte, wo Milo denn sei.

»Er bleibt ein paar Tage bei Charlton und Edna Ashby«, antwortete Evan.

So früh am Morgen wehte eine steife Brise vom Meer her; deshalb gingen die drei Männer eilig in Gabriels Cottage, wo sie sich mit heißem Tee wärmten, der in den Bechern dampfte.

»Was ist mit dem Jungen? Was hat der Arzt gesagt?«, fragte Gabriel, als er Evan seinen Becher gereicht hatte. Da Evan keinen allzu besorgten Eindruck machte, konnte es wohl nicht so schlimm sein. Gabriel wunderte sich nur, dass Evan seinen Sohn in Kingscote zurückgelassen hatte.

»Er hat eine vergrößerte Milz, möglicherweise als Folge der Entzündung, und eine leichte Gelbsucht. Er bekommt jetzt ein Stärkungsmittel, mehr kann man anscheinend nicht tun. Dr. Thompson möchte ihn aber im Auge behalten.«

»Und wann kann er wieder nach Hause?«, fragte Gabriel.

»Er wird nicht mehr zurückkommen, Gabriel«, sagte Evan ernst. »Ich ziehe mit meiner Familie nach Kingscote. Dr. Thompson hat mir dringend dazu geraten. Ich wollte es lange nicht wahrhaben, aber es ist zu gefährlich, mit Kindern hier draußen zu leben.« Mit vor Erschütterung bebender Stimme fügte er hinzu: »Sollte Milo noch einmal erkranken…« Er sprach den Satz nicht zu Ende, doch Gabriel verstand auch so. Eine neuerliche schwere Infektion könnte den Jungen das Leben kosten.

»Ich werde dich vermissen, Evan, aber du tust das Richtige. Du musst an deinen Sohn denken. Und für die Mädchen wird es auch besser sein, wenn sie in der Stadt aufwachsen«, sagte Gabriel ermutigend.

»Ganz recht«, pflichtete Edgar ihm bei. »Ihre Familie ist wichtiger als alles andere.«

»Tief im Innern habe ich gewusst, dass meine Tage hier gezählt sind, aber ich konnte mich einfach nicht dazu durchringen, die Farm aufzugeben.« Evan hatte zwar ein schlechtes Gewissen, weil er seine Jane und den kleinen Joseph hier zurückließ, doch er wollte nicht aus Halsstarrigkeit das Leben Milos oder einer seiner Töchter aufs Spiel setzen.

Zum ersten Mal, seit Gabriel Evan kannte, hatte dieser so offen über seine Gefühle gesprochen. Die Worte des Arztes schienen ihn wirklich aufgerüttelt zu haben.

Kapitän Cartwright hatte Evan einiges Meeresgetier mitgegeben – Hornhechte, einen Glasbarsch, ein paar Krabben und einen Kalmar –, das Evan jetzt an die beiden Männer verteilte. Edgar war ganz glücklich darüber: Carlotta würde sich über die Abwechslung auf dem Speiseplan freuen, und wenn *sie* guter Dinge war, machte das auch *sein* Leben ein wenig angenehmer.

»Ich nehme an, du hast noch keine Zeit gehabt, dich nach einer passenden Unterkunft umzusehen, oder?« Gabriel konnte sich nicht vorstellen, dass Evan seine Familie und das Vieh nach Kingscote bringen würde, solange sie kein Dach über dem Kopf hatten.

»Es war wirklich ein Glücksfall, dass ich den Ashbys begegnet bin. Sie haben mir nicht nur vorgeschlagen, Milo bei sich aufzunehmen, damit ich die Mädchen nachholen kann, sondern mir auch noch Faith Cottage, ihre Farm, zur Pacht angeboten. Die Hammonds sind ganz überraschend von der Insel weggezogen. Die Weizenernte steht bevor; wir haben vereinbart, dass ich sie einbringe und den Ertrag mit Charlton teile. Und genug Platz für das Vieh gibt es auch.«

»Das sind ja großartige Neuigkeiten!« Gabriel freute sich aufrichtig für Evan.

»Jetzt muss ich nur noch meine Familie und die Tiere nach Kingscote bringen.« Die Kuh, das Pferd, fünf Schafe und ein Widder waren einige Jahre zuvor auf einem Schoner hertransportiert und dann in einem Spezialgeschirr die Klippe hinaufgezogen worden. Ein halbes Dutzend Männer hatten die Winde betätigen müssen, um die schweren Tiere in die Höhe zu ziehen; um sie nun vorsichtig wieder hinunterzulassen, würde Evan erneut mehrere starke Männer brauchen. Es war ein schwieriges Unterfangen, das nur bei ruhiger See und Windstille durchgeführt werden könnte. »Charlton Ashby hat einen Schoner aufgetrieben. Er soll übermorgen hier anlegen, vorausgesetzt, das Wetter spielt mit. Der Kapitän schuldet ihm anscheinend noch einen Gefallen. Er hat mir zugesichert, dass genügend Männer an Bord sein werden, um mir mit der Kuh und dem Pferd zu helfen.«

»Es muss ein vollkommen ruhiger Tag sein, Evan, und das haben wir hier nicht oft«, sagte Gabriel.

»Ich weiß. Wenn das Wetter schlecht und keine Besserung in Sicht ist, sollen Sarah und die Mädchen mit dem Schoner fahren, und ich bringe die Tiere auf dem Landweg nach Kingscote.«

»Wie willst du das anstellen? Du kannst unmöglich das Pferd, die Kuh, die Schafe und Schweine ganz allein quer über die Insel treiben«, gab Gabriel zu bedenken. »Mit den Schafen könnte ich dir helfen, aber ich würde dir raten, die Ferkel in Kisten zu verladen und dem Schoner mitzugeben.«

Evan nickte. »Sie passen sogar noch in die Kisten, in denen sie geliefert wurden. Und was die anderen Tiere betrifft, hängt alles vom Wetter ab. Wir werden sehen.« Er erhob sich. »Ich gehe jetzt besser nach Hause und bereite die Mädchen darauf vor, dass wir umziehen.«

Gabriel und Edgar standen ebenfalls auf.

»Hat es irgendwelche Probleme gegeben, während ich fort war?«

Gabriel warf Edgar einen flüchtigen Blick zu. »Nein, alles bestens.« Er wollte nicht, dass jemand von seiner Auseinandersetzung mit Amelia erfuhr. In den letzten Tagen hatten sie kaum ein Wort gewechselt, wenn er auf die Farm gekommen war, um nach dem Rechten zu sehen.

»Ich weiß gar nicht, wie ich euch beiden danken soll«, sagte Evan.

»Gabriel hat die ganze Arbeit getan.« Edgar wollte keinen Dank für Leistungen, die er nicht erbracht hatte. »Ich habe seine Schicht im Leuchtturm übernommen, und er hat sich um die Farm gekümmert. Wir hielten es für besser so.«

Evan machte ein erstauntes Gesicht. Er hatte geglaubt, sie hätten sich auf der Farm abgewechselt.

Gabriel sah Evan an, dass er sich fragte, wieso sie ihre Pflichten auf diese Weise aufgeteilt hatten. »Wir hielten es so für einfacher«, bekräftigte er. Er wusste, es wäre Edgar peinlich, wenn er Evan erklären müsste, seine Frau habe ihm verboten, auf die Farm hinauszugehen.

Evan schaute von Gabriel zu Edgar, dem nicht ganz wohl in seiner Haut war. »Gab es irgendwelche Probleme mit Carlotta und Sarah?« Die Feindseligkeit zwischen den beiden Frauen hatte sogar er gespürt; deshalb würde es ihn nicht wundern, wenn es zu Reibereien gekommen wäre.

»Sie hatten gewisse Meinungsverschiedenheiten«, räumte Edgar ein, »aber das ist nicht Sarahs Schuld. Carlotta will immer, dass alles nach ihrem Kopf geht, und zwei Frauen in einer Küche – das kann nicht gut gehen.«

Evan schnaubte verärgert. »Vielleicht ist es ganz gut, dass wir von hier wegziehen«, brummte er und wandte sich zum Gehen.

Amelia war mit Sissie im Garten, als Evan kam. Beide waren überrascht, dass er so schnell zurück war.

»Papa! Wieso bist du schon wieder da? Und wo ist Milo?«, fragte Sissie verwundert.

»Kommt mit ins Haus, ihr zwei. Ich habe euch etwas zu sagen«, erklärte Evan feierlich.

Amelia und Sissie schauten sich verdutzt an und folgten ihm hinein. Evan rief seine Töchter zu sich, und alle versammelten sich mit ernster Miene um den Tisch.

»Milo geht es gut«, begann Evan. Er konnte ihnen ansehen, dass sie schon das Schlimmste befürchtet hatten. »Ich habe ihn in Kingscote bei den Ashbys gelassen.«

»Aber wieso denn?«, fragte Sissie.

»Der Doktor will ihn in den nächsten zwei Wochen jeden Tag

sehen. Eine reine Vorsichtsmaßnahme. Es gibt keinen Grund zur Sorge.«

»Zwei Wochen sind eine lange Zeit«, bemerkte Amelia. Sie wusste, wie sehr Evan an seinem Jungen hing, und auch die Mädchen würden ihren Bruder vermissen. »Und wann genau kommt er zurück?«

»Überhaupt nicht. Der Arzt meint, das Leben hier draußen sei zu gefährlich für ihn.«

Die Mädchen starrten ihren Vater offenen Mundes an. Sollte das heißen, Milo würde für immer bei einer fremden Familie bleiben?

»Deshalb werden wir alle nach Kingscote ziehen«, fuhr Evan fort. »Übermorgen legt ein Schoner in der Bucht an, der uns und das Vieh mitnehmen wird. Das heißt, uns steht eine Menge Arbeit bevor.«

»Wir ziehen in die Stadt?« Sissie konnte kaum glauben, was sie da hörte.

»Ja«, bestätigte Evan. »Ich habe eine Farm für uns gefunden, mit Weideland für die Tiere und Getreidefeldern. Wir haben keine Zeit zu verlieren, deshalb möchte ich, dass ihr Sarah beim Packen helft.«

»Und was wird aus mir?«, fragte Amelia und schluckte schwer.

»Du kommst natürlich mit uns«, erwiderte Evan. »Oder hast du gedacht, ich würde dich hier zurücklassen?«

»Nein, aber ... ich dachte, Sie würden mich vielleicht zurückschicken ... nach Van-Diemens-Land«, sagte sie zögernd.

Jetzt war es Evan, dem es für eine Sekunde die Sprache verschlug. »Warum sollte ich?«, brummte er dann in seiner gewohnt bärbeißigen Art. »Schließlich wartet eine Menge Arbeit in unserem neuen Zuhause.« Damit ging er hinaus zu den Ställen, um nach den Tieren zu sehen. Amelia blickte ihm kopfschüttelnd nach. Das war typisch für Evan! Hätte er nicht wenigstens sagen können, die Kinder brauchten sie? Doch eher lief einem ein weißes Känguru über den Weg, als dass man ein Kompliment von Evan zu hören bekam.

Kaum war ihr Vater draußen, brachen die Mädchen in Jubelgeschrei aus. Sie würden in die Stadt ziehen! Wo es Läden mit Schaufenstern gab, und wo sie in die Schule gehen und andere Kinder kennen lernen würden! Und sie würden in ein neues Haus ziehen! Alle plapperten aufgeregt durcheinander. Nur Amelia konnte sich nicht freuen. Obwohl sie sich auf der Farm wie in einem Gefängnis vorkam, ging sie nicht gern fort, weil der Umzug bedeutete, dass sie Gabriel nie wiedersehen würde. Auch wenn sie sich gestritten und sie ihm erklärt hatte, es könne keine Zukunft für sie geben, und auch wenn Carlotta mit ihrer boshaften Bemerkung Zweifel an Gabriels Absichten in ihr gesät hatte – Amelia liebte ihn trotz allem von ganzem Herzen. Und im tiefsten Innern hoffte sie auf ein Wunder, das ihr Ansehen wiederherstellen würde, damit einer gemeinsamen Zukunft mit Gabriel nichts mehr im Weg stünde.

Sie überließ die Mädchen ihrer Begeisterung, ging nach draußen und schlenderte zum Gemüsegarten, wo sie sich an den Zaun lehnte. Das Herz lag ihr schwer wie Blei in der Brust, und ihre Augen füllten sich mit Tränen. Ich muss mir einreden, dass es so das Beste ist, sagte sie sich. Aber warum tut es dann so weh?

Nachdem die Mädchen zu Abend gegessen und sich in ihr Zimmer zurückgezogen hatten, wünschte Amelia Evan eine Gute Nacht und verließ das Haus. Doch statt zu ihrer Baracke lenkte sie ihre Schritte zu dem verborgenen Platz zwischen den Felsen, den Gabriel ihr vor langer Zeit gezeigt hatte. Ein nahezu voller Mond schien und leuchtete ihr den steilen, felsigen Weg. Als sie oben angekommen war, blieb sie stehen und schaute aufs Meer hinaus. Es war wirklich ein magischer Ort. Sie würde ihn stets in Erinnerung behalten – genauso, wie sie Gabriel Donnelly niemals vergessen konnte.

Während sie versonnen das bleiche Licht des Mondes auf dem Wasser betrachtete, überkam sie ein Gefühl grenzenloser Einsamkeit. Sie besaß keinerlei Erinnerungen an Angehörige oder Freunde, und ihre Liebe zu Gabriel hatte keine Zukunft. Abgesehen von den Finnlays hatte sie niemanden auf der Welt. Stärker als je zuvor hatte sie das Gefühl, nirgendwohin zu gehören. Sie war eine verlorene Seele, die in einer Zwischenwelt umherirrte. Tiefe Traurigkeit befiel sie. Wie leicht es wäre, allem Schmerz ein Ende zu machen. Sie brauchte sich nur von den Klippen in die Tiefe zu stürzen. Kein Mensch würde sie vermissen. Tränen in den Augen, machte sie einen zögernden Schritt nach vorn. Noch zwei Schritte, und alles Leid hätte ein Ende...

»Sarah!«, sagte eine tiefe Stimme hinter ihr.

Einen Augenblick hielt sie die Stimme für Einbildung, doch als sie sich umdrehte, sah sie Gabriel dastehen. Er hatte ihr geheimes Versteck aufgesucht, weil er sich seiner Sarah nahe fühlen wollte; nicht im Traum hätte er damit gerechnet, sie hier anzutreffen.

»Gabriel!«, rief sie überrascht und erfreut zugleich. Im Mondlicht konnte sie erkennen, wie ernst, ja betroffen er dreinblickte. Sie sehnte sich danach, dass er sie in die Arme nahm und ihr sagte, alles würde gut, und dass er sie genauso liebte, wie sie ihn, doch Carlottas Worte hallten ihr noch im Ohr. Sie wusste, es war ein frommer Wunsch. Gabriel empfand nicht das Gleiche wie sie.

»Du weißt, dass wir von hier fortziehen, nehme ich an«, sagte sie kaum hörbar.

Er nickte.

»Ich kann kaum glauben, dass ich von hier weggehe«, fuhr sie fort und versuchte, sich keine Gefühlsregung anmerken zu lassen.

»Ohne dich wird es hier sehr trostlos sein«, flüsterte er heiser. Seit er wusste, dass sie fortgehen würde, konnte er kaum noch einen klaren Gedanken fassen. »Du... du fehlst mir jetzt schon.«

Amelia sah ihn erstaunt an. »Aber bevor ich hierher kam, warst du doch zufrieden mit deinem Leben.«

»Da kannte ich dich noch nicht.«

»Was willst du damit sagen?«

Gabriel machte einen Schritt auf sie zu. Der Wunsch, sie in die

Arme zu nehmen, war übermächtig. »Ich habe noch nie für einen Menschen empfunden, was ich für dich empfinde. Jede Zuneigung, die ich irgendwann einmal verspürt habe, ist klein und unbedeutend, verglichen mit meinen Gefühlen für dich. Ich glaube, du bist die Liebe meines Lebens.« Vielleicht war es falsch, ihr sein Innerstes in diesem Moment zu offenbaren, doch die Magie dieser Sternennacht und die Furcht, ihr vielleicht nie mehr sagen zu können, was er empfand, ließen ihn seine Zurückhaltung vergessen.

Zwei Mal in seinem Leben hatte Gabriel gemeint, verliebt zu sein, doch jetzt war ihm klar, dass es beide Male keine Liebe, sondern nur eine Liebelei gewesen war.

»Oh, Gabriel...« Amelia hielt mühsam die Tränen zurück. Als er sie in die Arme nahm und ihre Lippen sich berührten, wurde sie schwach. Es war so leicht, in diesem Augenblick alles andere zu vergessen. Doch ihr Verstand blieb wach. Sie dachte daran, was sie getan und was Carlotta gesagt hatte, und schob Gabriel energisch von sich. »Ich brauche dich so sehr, aber das ändert nichts«, flüsterte sie unter Tränen. »Die Dinge sind, wie sie sind.«

»Das ist ein Irrtum, Sarah. Alles hat sich geändert – ich, du, unser beider Leben. So soll es auch sein, wenn man den einen Menschen findet, mit dem man den Rest seines Lebens verbringen möchte.«

Amelia sah ihn verwirrt an. Hatte sie richtig gehört? »Das kann nicht dein Ernst sein.«

»Und ob es mein Ernst ist. Ich kann ohne dich nicht leben, Sarah. Sobald du deine Strafe verbüßt hast und ein freier Mensch bist, werde ich dich fragen, ob du mich heiraten willst.«

Sie sah ihm prüfend in die Augen. Er sagte die Wahrheit. Carlotta hatte Unrecht – Gabriel war nicht nur auf eine flüchtige Affäre aus. Ein unbändiges Glücksgefühl erfasste sie, doch es verflog rasch wieder. »Du hast etwas Besseres verdient als eine Zuchthäuslerin«, flüsterte sie.

Gabriel schüttelte den Kopf. »Wie kann ich dich davon überzeugen, dass du meine Liebe mehr als verdient hast? Dass ich der glücklichste Mann auf Erden wäre, wenn du das Gleiche empfändest?«

»Aber das tue ich doch, nur...«

Gabriel legte ihr den Zeigefinger auf die Lippen. »Du kannst doch nicht den Rest deines Lebens für einen Fehler büßen wollen. Ich habe auch Fehler gemacht. Wer nicht? Wir können sie nicht ungeschehen machen, aber wir können daraus lernen und uns bemühen, sie in Zukunft zu vermeiden. Lass es uns gemeinsam versuchen, Sarah. Voneinander getrennt zu sein ändert auch nichts an der Vergangenheit.«

Stumm schüttelte sie den Kopf. Tränen liefen ihr über die Wangen.

»Ich werde auf dich warten.« Gabriel nahm sie wieder in die Arme. »Egal wie lange es dauert. Und wenn du frei bist, hoffe ich, dass du mich heiratest.« Amelia schmiegte sich an ihn. Hätte sie nicht seinen Herzschlag gehört, hätte sie alles für einen wunderschönen Traum gehalten.

Eng umschlungen standen sie im Mondlicht und genossen jede Sekunde – umso mehr, als sie wussten, dass sie bald voneinander Abschied nehmen mussten.

Der Gedanke an Gabriel würde ihr die Kraft geben, durchzuhalten, weil sie wusste, er wartete auf sie, und weil sie eine Zukunft hatte, auf die sie sich freuen konnte. Gabriel hatte Recht: Sie konnte die Vergangenheit nicht ungeschehen machen, auch nicht dadurch, dass sie sich selbst zur Einsamkeit verurteilte. Es war Zeit, das Vergangene ruhen zu lassen und die Schuldgefühle zu überwinden.

»Niemand darf von unseren Gefühlen füreinander erfahren, Gabriel«, sagte sie beschwörend. »Wenn Evan es herausbekommt, schickt er mich nach Van-Diemens-Land zurück.«

Gabriel nickte. »Lass uns einen Pakt schließen, hier und jetzt«, sagte er und schaute ihr in die Augen. »Die Vergangenheit liegt hinter uns. In diesem Augenblick beginnt unser gemeinsames Leben. Keine Schuldgefühle, keine Reue mehr.«

Amelia nickte, und sie besiegelten ihren Pakt mit einem Kuss.

KINGSCOTE

Milo hatte schreckliches Heimweh, deshalb ließen sich Edna, Polly und Sarah abwechselnd etwas einfallen, um ihn abzulenken. Sarah bot Polly an, ihr beim Saubermachen von Faith Cottage und beim Zusammenpacken der persönlichen Gegenstände der Hammonds zu helfen, um sie ihnen nachzuschicken. Da Edna alle Hände voll mit Milo zu tun hatte und nur wenig Zeit blieb, das Haus für die Finnlays herzurichten, ließ sie ihr Mündel gewähren. Milo auf den Armen, überwachte sie die Arbeiten.

Am Freitagmorgen kam Dr. Thompson vorbei, um nach dem Jungen zu sehen. Milos Gelbsucht war weitgehend abgeklungen und die Schwellung seiner Milz zurückgegangen, wie er zufrieden feststellte.

Sarah vernahm es mit Erleichterung. »Wir sollten Mr Finnlay gleich schreiben, dass sein Sohn sich auf dem Weg der Besserung befindet. Vielleicht überlegt er sich die Sache mit dem Umzug dann noch einmal.«

»Dr. Thompson meint, es sei für die Finnlays das Beste, in die Stadt zu ziehen, Amelia«, widersprach Edna. »Mit Kindern sollte man nicht so abgelegen wohnen. Evans Frau und das Baby könnten vielleicht noch am Leben sein, wäre damals eine Hebamme in der Nähe gewesen. Außerdem werden seine Mädchen älter. Wo sollen sie in diesem verlassenen Winkel einen Ehemann finden? Nein, nein, Evan tut schon das Richtige.«

Der Gedanke, Tür an Tür mit der echten Amelia leben zu müssen, jagte Sarah Angst ein. Da wäre ihr Betty Hammond als Nachbarin ja noch lieber!

Seit ihrem gemeinsamen Mittagessen hatte sie Lance einige Male gesehen. Die Verabredung war nicht allzu gut gelaufen, weil ihr zu viel durch den Kopf gegangen war, sodass sie sich nicht entspannen und seine Gesellschaft genießen konnte. Wäre es denkbar, dass Amelias Erinnerungen zurückkehrten, wenn sie Sarah sähe? Dann fielen ihr wieder Evan Finnlays Worte ein: Wäre der Gedächtnisverlust nur vorübergehend, hätten ihre Erinnerungen längst wiederkehren müssen. Sarah hoffte inständig, dass er Recht hatte und Amelia ihr Gedächtnis unwiederbringlich verloren hatte. Sie wollte Kingscote nicht verlassen, zumal Lance sich seit ihrem Lunch immer aufmerksamer ihr gegenüber zeigte. Deshalb hatte Sarah sich entschlossen zu bleiben, bis sie ihn erobert hatte.

»Bedrückt dich etwas, Amelia?«, fragte Lance, als er in der Mittagspause vorbeikam. »Du wirkst so grüblerisch.«

Sarah zögerte. »Ehrlich gesagt, bin ich nicht begeistert davon, die Zuchthäuslerin wiederzusehen«, sagte sie schließlich.

»Und warum nicht?«

»Ich fürchte, ihr Anblick ruft böse Erinnerungen an den Schiffsuntergang in mir wach – ausgerechnet jetzt, wo mich endlich keine Albträume mehr quälen.«

»Ihr habt gemeinsam eine Katastrophe überlebt, Amelia. So etwas verbindet«, gab Lance zu bedenken.

»So habe ich das noch gar nicht betrachtet«, erwiderte Sarah und dachte bei sich, wie gut es war, dass Lance nicht wusste, welche Verbindung tatsächlich zwischen ihr und der echten Amelia bestand.

»Mach dir keine Gedanken. Ich glaube nicht, dass du sie oft zu Gesicht bekommen wirst«, tröstete Lance.

Plötzlich schoss Sarah ein beängstigender Gedanke durch den Kopf. Die echte Amelia war bildhübsch. Ob Lance sich von ihr angezogen fühlen würde? Und wenn schon! Edna würde ihm niemals den Umgang mit einer Strafgefangenen erlauben.

»Ich bin so froh, dass Milo wieder ganz gesund wird«, sagte Amelia zu Gabriel. Sie war damit beschäftigt, die Sachen der Kinder zu sortieren und in die alten Koffer zu packen, die Gabriel aus dem Vorratsraum geholt und zur Farm geschleppt hatte.

»Sissie erzählte mir, Milo sei schlecht geworden, nachdem er einen von Carlottas Keksen gegessen hat«, sagte er.

»Ja, das stimmt.«

»Mir ist die Sache nicht mehr aus dem Kopf gegangen«, fuhr Gabriel fort, »und dabei ist mir etwas eingefallen. Vor ungefähr einer Woche kam Carlotta auf eine merkwürdige Idee.«

»Und welche?«

»Sie interessierte sich dafür, ob es auf der Insel Pflanzen gibt, die sie in der Küche verwenden könnte.«

»Du meinst, sie hat etwas in die Kekse getan, ohne zu ahnen, dass es einem Kind nicht bekommt?« Amelia blickte Gabriel an. Ein seltsamer Ausdruck lag auf seinem Gesicht, und sie riss erschrocken die Augen auf. »Du denkst doch nicht etwa, sie hat es absichtlich getan?«

»Was würde sie damit erreichen?«, murmelte er nachdenklich. Es erschien ihm unfassbar, dass Carlotta einem Kind vorsätzlich etwas antun würde. Sie war kein Lämmchen, aber konnte sie dermaßen kaltblütig und grausam sein?

»Dass Evan um der Kinder willen nach Kingscote zieht und ich mit ihnen gehe! Natürlich, das ist es! Es geht ihr nicht um Evan und die Kinder, es geht ihr darum, mich loszuwerden, und wir wissen beide, warum!«

Gabriel war entsetzt. Würde Carlotta tatsächlich so weit gehen? »Ich habe ihr nie irgendwelche Hoffnungen gemacht«, beteuerte er.

Amelia glaubte ihm. Er hatte nie einen Hehl aus seiner Abneigung gegen Carlotta gemacht. »Sollen wir es Evan sagen?«, fragte sie besorgt. »Er muss doch wissen, was die Krankheit seines Sohnes ausgelöst haben könnte.«

Gabriel schüttelte den Kopf. »Nein. Das erste Mal, als Milo Fieber bekam, hatte Carlotta nichts damit zu tun. Aber es könnte sie auf die Idee gebracht haben, mit ihrem Essen ein wenig nachzuhelfen, dass dem Jungen übel wird, denn kurze Zeit später fragte sie mich nach den Pflanzen. Also dürfte sie dafür verantwortlich sein, dass es Milo ein zweites Mal so schlecht ging. Das ändert aber nichts daran, dass das Leben hier draußen mit so vielen kleinen Kindern zu gefährlich ist. Auch wenn ich mir wünsche, die Finnlays würden bleiben, weil ich nicht will, dass du fortgehst.«

Später an jenem Tag kam Carlotta, ihren Korb in der Armbeuge, auf die Farm hinaus. Sichtlich beschwingt steuerte sie auf das Haupthaus zu. Bei ihrem Anblick gärte es in Amelia. Sie war allein im Haus. Evan war bei den Schweinen, und die Mädchen fütterten die Hühner.

»Wo sind denn die anderen?«, fragte Carlotta, als sie den Kopf zur Tür hereinstreckte und nur Amelia sah, die Gemüse putzte.

»Bei den Tieren.«

»Ich habe Brot für euch gebacken«, sagte Carlotta fröhlich und stellte den Korb auf den Tisch. Sie konnte es kaum erwarten, Gabriel für sich allein zu haben. Wenn ihn nichts mehr ablenkte, würde er binnen kurzer Zeit ihrem Charme erliegen, davon war sie überzeugt. Nicht mehr lange, und ihre Träume würden in Erfüllung gehen. Carlotta vermochte die Freude über ihren Triumph kaum zu unterdrücken.

»Sind wieder *besondere* Zutaten darin?«

Carlottas Augen wurden schmal. »Nein, wieso?«

»Sie scheinen sehr zufrieden mit sich, Carlotta«, fuhr Amelia fort. Eigentlich hatte sie nichts sagen wollen, aber jetzt, wo sie allein mit ihr war, konnte sie sich nicht mehr zügeln.

»Ich verstehe nicht, was Sie meinen …«, sagte Carlotta vorsichtig.

»Ich meine, dass Sie Milo mit Absicht krank gemacht haben.«

»Das ist ja ungeheuerlich!«, empörte sich die Italienerin und lief rot an. Sie blickte sich hastig um, ob jemand in der Nähe war, trat dann dicht vor Amelia hin und zischte: »Ich bin froh, dass Sie gehen! Die Finnlays sind nette Leute, aber Sie ... Sie sind Gift!«

Carlottas Gehässigkeit ließ Amelia zusammenzucken.

»Ich jedenfalls käme nie auf den Gedanken, einem kleinen Kind etwas anzutun, um meine Ziele zu erreichen«, versetzte Amelia. »Das ist gemein und niederträchtig, sogar für eine boshafte Frau wie Sie! Was, wenn Milo gestorben wäre?«

»Reden Sie keinen Unsinn«, schnaubte Carlotta. »So etwas würde ich niemals tun! Sie sind die *criminale*, nicht ich.« Im Stillen fragte sie sich, ob die Zuchthäuslerin jemandem von ihrer Theorie erzählt hatte.

»Ihre Rechnung wird nicht aufgehen«, entgegnete Amelia gelassen.

Carlottas Blick wurde eisig. Die Rechnung würde sehr wohl aufgehen – sobald diese Frau in Kingscote wäre und sie Gabriel für sich allein hätte. Dennoch musste sie sich etwas einfallen lassen, um Gabriel und Evan zu beweisen, dass man einer Zuchthäuslerin nicht trauen konnte – nur für den Fall, dass sie den beiden von ihrer Theorie erzählt hatte.

24

CAPE DU COUEDIC

Seit dem Vortag, als die Finnlays mit ihren Umzugsvorbereitungen begonnen hatten, war Gabriel die meiste Zeit auf der Farm, um Evan und seiner Sarah zur Hand zu gehen. Carlotta waren die Blicke, die Gabriel und die Zuchthäuslerin wechselten, und die Art, wie sie sich zulächelten, nicht entgangen. Offenbar hatten sie ihre Meinungsverschiedenheiten beigelegt, was Carlotta maßlos ärgerte. Dass Gabriel sich vor Sehnsucht nach ihrer Rivalin verzehrte, war Carlotta unerträglich.

Die See war rau, als der Schoner, der die Finnlays abholen sollte, in der Bucht anlegte. Gabriel riet Evan davon ab, bei diesem Wind das Vieh oder gar die Kinder zum Anleger hinunterzulassen. Sie standen oben auf dem Kliff und beobachteten, wie die *Ruby-Lee* von den Wellen hin und her geworfen wurde.

»Charlton Ashby hat mir versichert, der Kapitän werde notfalls ein paar Tage in der Bucht bleiben«, sagte Evan. »Wir wissen beide, dass das Wetter sich schnell ändern kann. Wir müssen abwarten und jede Gelegenheit nutzen. Unterdessen können wir ja schon mal unsere Habseligkeiten verladen. Das wird nicht lange dauern.«

Die Möbel blieben auf der Farm, da Faith Cottage komplett eingerichtet war; lediglich drei zusätzliche Matratzen für die Kinder nahmen sie mit. Geschirr, Töpfe, Pfannen und sonstige Küchenutensilien sowie ihre Kleidung hatten sie eingepackt. Die größte Sorge bereitete Evan das Vieh, vor allem das Verladen der Kuh, des Pferdes und der Schafe. Die Hühner und Schweine würden in Kisten transportiert und kurz vor dem Ablegen an Bord gebracht werden. Pferd, Kuh und Schafe jedoch konnte er bei diesem Wind unmöglich zur Anlegestelle hinunterlassen; er musste darauf hoffen, dass der Wind nachließ. Er hatte gemeinsam mit Gabriel überlegt, die Tiere auf dem Landweg nach Kingscote zu bringen. Gabriel hatte sich angeboten, ihn zu begleiten, doch da nur ein Pferd zur Verfügung stand, ließ der Plan sich kaum in die Tat umsetzen. Einer von beiden würde die mehr als hundert Meilen lange Strecke zu Fuß zurücklegen müssen, und selbst wenn sie sich beim Reiten abwechselten, wäre es für denjenigen, der zu Fuß ging, eine Qual, den Schafen im dichten Busch zu folgen und sie zusammenzuhalten.

»Lass doch die Schafe, die Kuh und das Pferd hier. Ich schicke sie dann später nach«, schlug Gabriel vor. »Oder wir verladen die Schafe aufs Schiff, und du reitest nach Kingscote und führst die Kuh mit dir.« Eine andere Möglichkeit gab es nicht.

»Ja, so könnte es gehen«, erwiderte Evan nachdenklich und schaute aufs Meer hinaus. »Vielleicht legt der Wind sich später. Ich werde mich auf jeden Fall bereithalten.«

Gabriel hatte da seine Zweifel, doch er bewunderte Evans Optimismus.

Und das Glück war tatsächlich auf Evans Seite. Am späten Nachmittag flaute der Wind ab, und die See wurde ruhiger. Das war die Chance, auf die sie gewartet hatten. Evan eilte zur Farm zurück und trieb die Schafe mit Hilfe seiner Mädchen zum Leuchtturm, wo die vor Angst blökenden Tiere in einem Lastennetz nacheinander zur Anlegestelle hinuntergelassen wurden. Als die Kuh an der Reihe war, frischte der Wind wieder auf. Gabriel hielt es für zu riskant, das Tier unter diesen Umständen zu verladen, doch Evan, der so schnell wie möglich zu seinem Sohn wollte, schlug die Warnungen des Freundes in den Wind.

Die Kuh, die in einem Spezialgeschirr hing, brüllte vor Angst, als sie über dem Abgrund schwebte und langsam heruntergelassen wurde. Mehrmals wurde sie von einer Bö erfasst und schwang gegen die Felswand, und Evan bereute schon, nicht auf Gabriel gehört zu haben. Was, wenn das Tier gegen den Felsen geschleudert wurde und sich die Knochen brach?

»Schneller! Beeilt euch!«, rief er Gabriel und den Männern an der Winde zu. Über den Rand des Kliffs gebeugt, verfolgte er die Aktion. Nach bangen Minuten stand die Kuh sicher auf dem Anleger. Doch als Evan schon aufatmete, geschah es: Ein im Umgang mit Vieh unerfahrener Matrose versuchte, die Kuh am Halfter auf den Schoner zu zerren. Plötzlich rutschte das Tier aus und verlor den Halt auf dem schlüpfrigen Landungssteg.

Evan musste hilflos mit ansehen, wie die Kuh ins Wasser stürzte. Abgesehen von einem kleinen sandigen Uferstreifen auf der anderen Seite der Landzunge konnte die Kuh nirgends an Land klettern. Sie würde entweder ertrinken, aufs offene Meer hinausgetrieben oder gegen die Felsen geschmettert werden. Evan missachtete Gabriels Warnungen, stieg in aller Eile die in den Fels gehauenen Stufen hinunter und wäre um ein Haar selbst ausgeglitten. Die Kuh schwamm unterdessen brüllend im Kreis in der aufgewühlten See. Evan war gerade unten angekommen, als es einem Matrosen gelang, dem Tier ein Lasso über den Kopf zu werfen und es zum Landungssteg zu ziehen. Evan, das Spezialgeschirr in der Hand, sprang ins Wasser.

Die Kuh warf in Panik den Kopf hin und her und gebärdete sich wie wild, sodass Evan alle Mühe hatte, ihr das Geschirr überzustreifen. Die Mädchen und Amelia standen oben am Rand des Steilhangs und beobachteten das Manöver mit angehaltenem Atem. Die Kinder hatten schreckliche Angst, ihr Vater könnte von der Kuh unter Wasser gedrückt werden und ertrinken. Doch endlich hatte Evan es geschafft. Auf sein Zeichen begannen Gabriel und zwei Matrosen, die Windenkurbel zu drehen und die Kuh aus dem Wasser zu hieven. Als das Tier über dem Anleger schwebte, packten die Männer das Geschirr und sorgten dafür, dass die Kuh sicher auf den Holzplanken zu stehen kam. Kaum hatte sie festen Boden unter den Hufen, brach sie zur Seite aus. Einer der Seeleute wurde ins Wasser geschleudert, der andere flüchtete. Hätte die Kuh nicht im Geschirr gesteckt, das am Windenseil befestigt war, wäre sie in Panik davongelaufen.

Als der Matrose und Evan aus dem Wasser gefischt worden waren, ging Evan langsam auf die verängstigte Kuh zu und sprach beruhigend auf sie ein. Dann schnallte er das Geschirr ab. Die Seeleute hielten ihn für verrückt; sie fürchteten, sowohl Evan als auch die Kuh würden wieder im Wasser landen. Doch Evan schälte sich vorsichtig aus seiner nassen Jacke und legte sie dem Tier über den Kopf, sodass es nichts mehr sehen konnte. Ohne Eile führte er die Kuh über den schmalen Landungssteg zum Schoner, wobei er besänftigend auf sie einredete, und bugsierte sie dann mit Hilfe eines Matrosen, der sie von hinten schob, an Deck und in ihren behelfsmäßigen Stand. Dann erst zog er ihr die Jacke wieder vom Kopf und beruhigte das aufgeregte Tier. Die Seeleute johlten beifällig. Evan atmete auf. Das war gerade noch einmal gut gegangen. Er hoffte nur, dass seine wertvolle Kuh keinen solchen Schrecken davongetragen hatte, dass sie keine Milch mehr gab.

Bis Evan sich in Gabriels Cottage umgezogen und mit einer Tasse Tee aufgewärmt hatte, hatte der Wind sich wieder gelegt. Gabriel schlug vor, nun die in Kisten verladenen Schweine und Hühner hinunterzulassen.

Evan nickte. »In Ordnung. Aber nach der Sache mit der Kuh habe ich keine Lust, das Gleiche mit dem Pferd zu erleben. Ich werde Clyde dalassen müssen.« Pferde waren nervöser und ängstlicher als Rinder; auf dem schlüpfrigen Steg, über dem die Wellen zusammenschlugen, fanden die Hufe zudem nur wenig Halt. Evan wusste, er konnte von Glück sagen, dass er die Kuh gerettet hatte. Vielleicht hätten sie mit dem Pferd nicht so viel Glück.

Gabriel sah ihm an, dass er sich um seine Familie sorgte. »Ich mach dir einen Vorschlag. Ich fahre mit Sarah und den Kindern und sorge dafür, dass sie sicher in Faith Cottage ankommen, und du kannst das Pferd auf dem Landweg nach Kingscote bringen.«

»Würdest du das wirklich tun, Gabriel?« Evan fürchtete, seine Helferin könnte mit der Aufgabe überfordert sein. »Das wäre mir eine große Beruhigung.«

»Sicher, das mach ich doch gern. Die Nächte werden kürzer, Edgar wird hier auch ohne mich zurechtkommen.« In Wirklichkeit freute Gabriel sich auf ein paar Tage fern von Carlotta. Außerdem hatte er einiges in der Stadt zu erledigen. »Nimm dir noch Tee«, forderte er Evan auf. »Ich kümmere mich um das Verladen der Schweine und Hühner.«

Evan, dem die Kälte immer noch in den Knochen steckte, ließ sich das nicht zweimal sagen.

Carlotta stand am Rand des Steilhangs, um nichts zu verpassen. Als sie hörte, wie Gabriel zu Evan sagte, er wolle Sarah Jones und die Finnlay-Kinder nach Kingscote begleiten, packte sie ohnmächtige Wut. Sie konnte ihre Gefühle nicht mehr verbergen und stürmte in ihr Haus zurück.

Als die Schweine und Hühner an Bord waren, wurde Evan ein weiteres Mal zur Anlegestelle hinuntergelassen, wo er seine Ältesten, die nacheinander unten ankamen, in Empfang nahm. Sissie, Rose und Bess wussten, dass sie sich mit den Händen und Füßen von der Felswand wegdrücken mussten, falls der Wind sie dagegenwehte. Jessie und Molly wurden nacheinander von Gabriel hinuntergebracht, während einer der Seeleute an der Winde stand.

Amelia stand tausend Ängste aus, bis die Kinder alle heil unten angekommen waren. Dann war die Reihe an ihr. Sie war starr vor Angst. Wenn sie nun wieder gegen die Felswand prallte? Gabriel versuchte, sie zu beruhigen. Unterdessen brachte Evan seine Kinder an Bord des Schoners. Er selbst, erklärte er ihnen, werde nicht mitfahren, weil er das Pferd auf dem Landweg nach Kingscote bringen müsse. »Aber Sarah und Gabriel werden bei euch sein.«

Gabriel befestigte gerade die Gurte des Geschirrs, in dem Amelia saß, als Carlotta wieder auftauchte. Sie hatte sich im Haus eingeschlossen und sich die Wut von der Seele geschrien.

»Ich werde mit dir die Treppe hinuntersteigen und die ganze Zeit in deiner Nähe sein«, sagte Gabriel soeben zu Amelia. »Du hast also nichts zu befürchten.« Die Zärtlichkeit in seinem Blick und in seiner Stimme genügte, Amelias Bedenken zu zerstreuen.

Carlotta schäumte vor Eifersucht. Als Gabriel, den Arm um Amelia gelegt, die Gurte ein letztes Mal überprüfte und Amelia liebevoll zu ihm auflächelte, trat die Italienerin an die beiden heran.

»Wo ist mein Ring?«, zischte sie.

Gabriel und Amelia sahen sie erstaunt an.

»Was für ein Ring?«, fragte Amelia.

»Das weißt du ganz genau! Du hast ihn doch gestohlen!«, keifte Carlotta.

Edgar, der in der Nähe war, hatte alles mit angehört und kam herbeigeeilt. »Was redest du denn da, Carlotta?«

Amelia starrte die Italienerin sprachlos an.

»Ich habe meinen Ring gestern auf der Farm liegen lassen, und die da«, anklagend zeigte sie mit dem Finger auf Amelia, »hat ihn gestohlen!«

Amelia schüttelte den Kopf. »Ich habe keinen Ring gesehen.«

»Lügnerin! Glaubst du, mir wäre nicht aufgefallen, wie begehrlich du ihn angestarrt hast?«, giftete Carlotta.

»Das ist nicht wahr!« Amelia konnte guten Gewissens behaupten, dass sie Carlotta ihren Ring nicht neidete. Sie fand ihn scheußlich. Er war viel zu auffällig für ihren Geschmack. Das aber behielt sie für sich, da sie Edgar nicht kränken wollte.

»Du bist eine Diebin! Wahrscheinlich hast du gedacht, du nimmst ihn noch schnell an dich, bevor du für immer von hier verschwindest«, fuhr Carlotta gehässig fort.

»Ich habe Ihren Ring nicht genommen! Wie oft soll ich das noch sagen!«, entgegnete Amelia aufgebracht und wandte sich Gabriel zu, der sie verwirrt anschaute. »Du glaubst mir doch, nicht wahr?«

»Ja... natürlich«, versicherte er, doch Amelia hatte bemerkt, dass er kurz gezögert hatte. An Carlotta gewandt fuhr er fort: »Sie müssen sich irren. Wahrscheinlich haben Sie den Ring nur verlegt.«

»Er hat Recht, Carlotta«, warf Edgar ein. »Du hast ihn bestimmt irgendwohin gelegt und es vergessen.«

»Glaubst du, ich weiß nicht mehr, was ich tue? Ich bin doch nicht verrückt!«, schrie sie. »Dieses Weib hat ihn gestohlen! Durchsuch sie, dann wirst du's ja sehen.«

Amelia geriet in Panik. Hatte Carlotta ihr den Ring womöglich untergeschoben, damit er bei ihr gefunden würde? Unwillkürlich griff sie in ihre Manteltasche, doch zum Glück war sie leer. Dann fiel ihr ein, Carlotta könnte den Ring in einem der Koffer versteckt haben, die sie gepackt hatte. »Ich habe Ihren Ring nicht!« Amelias Stimme war schrill vor Erregung. Sie hatte das Gefühl, in einem Albtraum gefangen zu sein. Sie wusste, sie war unschuldig, aber würde man ihr glauben? War es damals, als man sie beschuldigt hatte, die Tochter ihres Arbeitgebers bestohlen zu haben, genauso abgelaufen? Sie sah Gabriel flehentlich an. »Ich habe Carlottas Ring nicht genommen«, beteuerte sie. »Ich schwöre es!«

»Ich glaube dir«, erwiderte er.

Amelia wandte sich an Edgar. »Ich habe den Ring wirklich nicht gestohlen! So etwas würde ich nie tun! Das müssen Sie mir glauben!«

Bevor Edgar antworten konnte, zischte Carlotta: »Einmal Diebin, immer Diebin! Deshalb warst du doch im Gefängnis, oder etwa nicht?«

»Ich kann mich aber nicht daran erinnern«, flüsterte Amelia unter Tränen. »Und ich würde Ihnen niemals Ihren Ring stehlen!«

»Die Sache ist bestimmt ein Missverständnis«, sagte Edgar beschwichtigend. Die junge Farmhelferin tat ihm Leid. Carlotta fuhr herum und starrte ihren Mann bitterböse an. Edgar duckte sich unwillkürlich.

»Ich verlange, dass sie verhaftet wird«, zeterte Carlotta. »Ich will, dass du die Polizei in Kingscote verständigst, damit sie wieder ins Zuchthaus kommt!«

»Liebes, bitte, beruhige dich!«, sagte Edgar mit hochrotem Kopf. »Wir werden deinen Ring suchen, ja?« Er legte seiner Frau die Hand auf den am Arm, doch sie riss sich los und kreischte: »Ich will, dass diese Diebin hinter Gitter kommt, wo sie hingehört!«

Edgar gab Gabriel und dem Mann an der Winde ein Zeichen, Amelia zum Anleger hinunterzulassen.

»Komm mit ins Haus, Carlotta!« Edgar zerrte sie entschlossen hinter sich her. Gabriel und Amelia staunten. Zum ersten Mal bot Edgar seiner Frau die Stirn, obwohl Carlotta tobte und ihren Mann mit unflätigen Ausdrücken beschimpfte.

Als die beiden im Haus waren, wandte Amelia sich Gabriel zu und versuchte, aus seinem Gesicht zu lesen, was er dachte. »Du glaubst doch nicht, dass ich den Ring gestohlen habe?«

»Nein, natürlich nicht. Carlotta will dir nur Scherereien machen.«

Amelia brach in Tränen aus. »Warum muss ausgerechnet mir das passieren?«, schluchzte sie.

»Reg dich nicht auf, Sarah. Du kennst doch Carlotta. Sie unterstellt dir den Diebstahl bestimmt nur aus Eifersucht.«

Als Amelia sicher unten angekommen und an Bord des Schoners war, stieg Gabriel wieder den Steilhang hinauf und zog Evan mit der Winde nach oben. Dann eilte er zu seinem Cottage und packte hastig ein paar Sachen zusammen. Eine knappe halbe Stunde später verabschiedete er sich von Evan.

»Mach dir keine Sorgen. Ich werde mich um deine Familie und das Vieh kümmern.«

»Ich weiß gar nicht, wie ich dir danken soll, Gabriel.« Es war Evan eine große Beruhigung zu wissen, dass Gabriel seine Familie nach Kingscote begleitete. »Was war denn vorhin da oben los? Warum hat Carlotta so herumgeschrien?« Trotz des Windes hatte er ihr Gekeife auf dem Schoner gehört.

Gabriel beschloss, ihm die Wahrheit zu sagen. »Sie hat Sarah vorgeworfen, sie hätte ihr einen Ring gestohlen. Aber Edgar ist sicher, dass Carlotta den Ring nur verlegt hat.«

»Und was glaubst du?« Evan sah ihn forschend an.

Gabriel blickte ihm in die klugen Augen. Versucht er herauszufinden, was ich für Sarah empfinde?, fragte er sich. Er hatte schon befürchtet, Evan könnte Verdacht geschöpft haben, was seine Beziehung zu Sarah anging. Sarah gegenüber hatte er nichts davon erwähnt, um sie nicht unnötig zu beunruhigen. »Ich glaube, er hat Recht«, antwortete er. »Carlotta kann Sarah nicht ausstehen und will sie nur in Schwierigkeiten bringen.«

»Ausgerechnet jetzt? Ein merkwürdiger Zeitpunkt«, meinte Evan.

Gabriel überlegte, ob er mit offenen Karten spielen sollte. Er respektierte Evan als Freund, aber wie würde der Farmer reagieren, wenn er ihm eröffnete, dass er Sarah liebte? Er beschloss, Stillschweigen zu wahren. Sarah hatte schon genug Probleme.

Amelia war unterwegs sehr still. Gabriel fiel es zwar auf, doch er war zu sehr damit beschäftigt, nach dem Vieh zu sehen. Vor allem die Kuh hatte Mühe, sich auf dem schwankenden Schiff auf den Beinen zu halten, und brüllte zum Erbarmen. Zwei Stunden, nachdem die *Ruby-Lee* abgelegt hatte, brach die Dunkelheit herein. Der Wind flaute ab, und die See wurde ruhiger, wofür Mensch und Tier gleichermaßen dankbar waren.

Nachdem er noch einmal nach dem Vieh geschaut hatte, ging Gabriel unter Deck zu Amelia und den Kindern. Sie befanden sich in der Mannschaftsunterkunft, die aus mehreren schmalen Schlafkojen und einer kleinen Kombüse bestand. Amelia lag in einer der Kojen und strich Jessie und Molly, die an sie geschmiegt eingeschlafen waren, übers Haar. Sissie, Rose und Bess schliefen in der anderen Koje. Amelia wirkte niedergeschlagen. Carlottas Anschuldigung hatte sie tief getroffen.

»Vergiss Carlotta, Sarah. Sie ist es nicht wert, dass du dich ihretwegen grämst.«

»Das sagt sich so leicht. Edgar und Evan glauben bestimmt, ich hätte Carlotta bestohlen. Und ich werde das bisschen Achtung, das ich mir verschafft habe, wieder verlieren.«

»Edgar hat seiner Frau nicht geglaubt, Sarah. Das war ihm deutlich anzumerken. Sie wollte nur Unfrieden stiften.« Gabriel graute es jetzt schon vor der Rückkehr nach Cape du Couedic, weil er wusste, dass Carlotta alles daransetzen würde, ihn zu verführen. »Wir können ein paar Tage zusammen sein, Sarah. Lass uns alles andere vergessen.«

Amelias Miene hellte sich auf. Er hatte Recht. Sie freute sich riesig auf die Zeit, die sie mit ihm verbringen konnte. »Die Kinder sind schrecklich aufgeregt«, sagte sie. »Sie können es kaum erwarten, Milo wiederzusehen. Genau wie ich. Er hat mir sehr gefehlt.«

»Was glaubst du, wie Milo sich erst freuen wird! Obwohl es ihm bei Edna und Charlton bestimmt gut geht. Ihr einziger Sohn ist erwachsen; deshalb ist es für die beiden sicher eine Freude, mal wieder so einen kleinen Kerl im Haus zu haben.«

»Kennst du sie gut?«

»O ja, es sind wunderbare Menschen. Ich freue mich schon, sie wiederzusehen.« Gabriel bemerkte, wie ihre Miene sich verdüsterte. Er war sich sicher, dass sie an Amelia Divine dachte, die mit ihr zusammen das Schiffsunglück überlebt hatte und bei den Ashbys wohnte – und deren Brief sie so tief verletzt hatte.

KINGSCOTE

Der Schoner traf vor Tagesanbruch in Kingscote ein. Vom Löschen der Ladung bekamen die Passagiere nichts mit. Gabriel war nach Mitternacht eingeschlafen. Er hatte vor der Ankunft der *Ruby-Lee* zwar die Frühschicht im Leuchtturm gehabt, war dann aber zu unruhig gewesen, um Schlaf zu finden. Jetzt war er von Müdigkeit übermannt worden. Um sechs Uhr wurde er von Kapitän Burns geweckt, der in der Kombüse Tee kochte. Auch Amelia und die Kinder wurden wach. Der Morgen dämmerte herauf. Im Hafen herrschte reges Treiben. Fischkutter, die vom Fang zurückgekehrt waren, wurden entladen. Möwen stritten sich kreischend um die Fischabfälle, die von Bord geworfen wurden, und im Wasser machten sich Pelikane gegenseitig die Beute streitig.

»Beim Schmied steht ein Rollwagen bereit, und ein paar Männer mit Pferden warten auch schon«, sagte Kapitän Burns. »Charlton Ashby hat mir versichert, alles sei vorbereitet. Ich muss sie lediglich wissen lassen, dass wir angekommen sind.«

Gabriel nickte. »Danke. Gibt es hier unterdessen etwas für mich zu tun?«

»Nein, trinken Sie in Ruhe Ihren Tee. Und wenn die Kinder Milch wollen – das Euter der Kuh scheint mir ziemlich prall!«

Eine Stunde später wurden die Habseligkeiten der Finnlays auf den Rollwagen verladen. Nicht nur die Gepäckstücke, auch die Schweine und Hühner in ihren Kisten sowie die Kinder fanden darauf Platz. Zwei Reiter trieben die Schafe zum künftigen Zuhause der Finnlays. Die Kuh wurde hinten am Rollwagen angebunden. Amelia hatte sie noch auf dem Schiff gemolken, sodass die Kinder warme Milch zum Frühstück trinken konnten. Und die Seeleute hatten sich über frische Milch für ihren Tee gefreut.

Schließlich konnte es losgehen. Amelia und Gabriel gingen zu Fuß neben dem Wagen her. Für die Mädchen und Amelia war dieser Gang durch die Stadt etwas schrecklich Aufregendes. Die Geschäfte hatten zwar noch geschlossen, doch voller Begeisterung betrachteten sie die Auslagen in den Schaufenstern. Zu dieser frühen Stunde waren zwar kaum Leute unterwegs – nur einige Ladenbesitzer, die alles für die Öffnung vorbereiteten –; dennoch war es spannend, neue Gesichter zu sehen.

Während die Schafe von den Reitern die Auffahrt von Faith Cottage hinaufgetrieben wurden, ging Gabriel zu den Ashbys hinüber. Amelia und die Mädchen warteten beim Rollwagen in der Auffahrt von Faith Cottage.

Milo auf dem Arm, öffnete Edna die Tür.

»Gabriel! Das ist aber eine nette Überraschung!«

»Guten Morgen, Edna. Entschuldige, dass ich so früh störe…«

»Unsinn, du störst doch nicht. Komm rein.«

»Ich wollte euch nur Bescheid geben, dass die Finnlays da sind.« Er trat zur Seite, und jetzt konnte Edna den Rollwagen und die Kinder in der Auffahrt nebenan sehen.

»Oh!«

Sissie entdeckte ihren kleinen Bruder zuerst und rief seinen Namen. Milo quietschte vor Freude, als er seine Schwestern erkannte, und zappelte in Ednas Armen. Amelia winkte ihm fröhlich zu. Charlton, der sich über den Lärm wunderte, kam an die Tür. Er war genauso überrascht wie seine Frau, als er Gabriel draußen stehen sah.

»Hol bitte die Schlüssel für nebenan«, bat Edna ihren Mann. »Die Finnlays sind da.« Weder Edna noch Charlton hatten damit gerechnet, dass Gabriel sie nach Kingscote begleiten würde; umso mehr freuten sie sich, ihn zu sehen.

»Willkommen!«, rief Edna zu den Kindern hinüber. Sie ließ Milo herunter, und er tapste an den Zaun und kletterte hindurch, um zu seinen Schwestern zu gelangen, die ihm entgegenrannten, um ihren kleinen Bruder zu umarmen.

»Wo ist denn Evan?«, wollte Charlton wissen. Gabriel und die Ashbys gingen die Auffahrt zu Amelia und den Finnlay-Kindern hinunter.

»Er kommt zu Pferd nach. Bei dem stürmischen Wetter war es unmöglich, Clyde mit der Winde in die Bucht hinunterzulassen. Als wir die Kuh aufs Schiff verladen wollten, ist sie ins Wasser gefallen, aber Evan konnte sie retten.«

»Ach du meine Güte!«, rief Edna aus.

Gabriel machte die Ashbys mit ihren neuen Nachbarn bekannt. Charlton und Edna staunten, was für eine bezaubernde junge Frau Evans Farmhelferin war.

»Sarah, darf ich dir die Ashbys vorstellen? Charlton und seine Frau Edna.«

»Freut mich sehr, Mr und Mrs Ashby«, sagte Amelia und lächelte ihnen schüchtern zu.

»Wie war die Reise?«, erkundigte sich Edna.

Ihr reservierter Ton rief Amelia ins Bewusstsein zurück, was sie war: eine Zuchthäuslerin und somit keine Frau, die mit den Ashbys auf einer Stufe stand. »Einigermaßen. Vor allem, als das Wetter sich beruhigte.« Sie hob Milo hoch und küsste ihn.

»Ich hoffe, ihr werdet euch hier wohl fühlen«, sagte Edna zu den Kindern. Die jüngeren klammerten sich an Amelias Rockzipfel, und auch die älteren drängten sich an sie. Offenbar hatten sie die junge Frau sehr gern. Die Mädchen machten einen sauberen, ordentlichen Eindruck, wie Edna erfreut feststellte.

Während Charlton Gabriel die Ställe zeigte, ging Edna mit Amelia und den Kindern ins Haus und führte sie herum. Amelia sollte im Anbau wohnen. Charlton hatte einen Bereich des Raums durch eine Trennwand abgeteilt, weil jeder, der zum Hintereingang wollte oder von dort kam, durch den Anbau musste.

»Das ist großartig so«, sagte Amelia. »Vielen Dank für Ihre Mühe.« Sie hatte sogar ein richtiges Bett statt einer Matratze auf dem Fußboden. »Evan ist Ihnen sehr dankbar, dass Sie ihm das Haus zur Verfügung stellen.«

»Mit dieser Lösung ist allen geholfen. Wir standen plötzlich ohne Pächter da, und er brauchte ein Dach über dem Kopf. Das vergangene Jahr muss nicht einfach für ihn gewesen sein«, fügte Edna hinzu.

»Nun, ich bin erst seit einigen Wochen bei den Finnlays, aber Sie haben sicher Recht. Milo sieht übrigens schon viel besser aus.«

»Ja, Dr. Thompson meint, er ist über den Berg.«

Amelia dachte unwillkürlich an Carlotta. War sie wirklich für die Erkrankung des Jungen verantwortlich, wie sie und Gabriel vermuteten? »War er auch brav? Er hat seinen Vater bestimmt schrecklich vermisst. Die beiden sind sonst ständig zusammen.«

»Manchmal hat er vor Heimweh geweint, aber sonst war er ein lieber kleiner Kerl... jedenfalls solange wir uns mit ihm beschäftigt haben. Ich hatte ganz vergessen, wie anstrengend ein Kleinkind sein kann. Vielleicht liegt es aber auch nur daran, dass ich alt werde und nicht mehr so belastbar bin.«

»Nein, mir ging es genauso, wenn sein Vater keine Zeit für Milo hatte und ich auf ihn Acht geben musste. Man hat keine ruhige Minute«, sagte Amelia.

»Da haben Sie allerdings Recht«, pflichtete Edna ihr bei. »Ich bin nicht einmal dazu gekommen, an meiner Stickarbeit weiterzumachen. Zum Glück hat Amelia, mein Mündel, mir den Kleinen hin und wieder abgenommen...«

Amelia senkte den Kopf. Seit sie den Brief von Ednas Mündel an Gabriel gelesen hatte, brauchte nur der Name der jungen Frau zu fallen – schon fühlte sie sich unbehaglich. Ein verlegenes Schweigen entstand. Zum Glück kam in diesem Moment Sissie herein, ein Sofakissen in der Hand, das mit einem komplizierten Muster bestickt war. »Hat das die Frau gestickt, die vorher hier wohnte, Mrs Ashby? Es ist wunderschön.«

»Betty? Du liebe Güte, nein, mein Kind. Ich habe es gemacht.«

Sissie machte große Augen. »Wirklich? Es ist wundervoll!«

»Danke, mein Kind. Sticken ist ein Steckenpferd von mir.«

»Sarah kann auch sehr gut sticken.«

»Tatsächlich?« Edna blickte Amelia erstaunt an. Wie kam es, dass eine Zuchthäuslerin sticken konnte und ihr Mündel nicht?

»Ja, ich sticke für mein Leben gern, aber meine Arbeit ist lange nicht so gut wie Ihre«, sagte Amelia. »Ich hatte auf der Farm auch nicht viel Gelegenheit zum Sticken.«

»Sarah hat uns ein bisschen Französisch beigebracht«, sagte Rose.

»Wirklich?« Edna kam aus dem Staunen nicht mehr heraus. »Mein Mündel spricht auch Französisch.«

»*Bonjour, Madame. Comment allez-vous?*«, sagte Rose stolz.

»Ich bin beeindruckt. Und was bedeutet das?« Edna fiel ein, dass ihr Mündel noch kein einziges Wort Französisch gesprochen hatte.

»Guten Tag, Madam. Wie geht es Ihnen?«, übersetzte Amelia.

»Oh. Danke, mir geht es ausgezeichnet«, erwiderte Edna und sah Rose lächelnd an. »Ich werde euch jetzt allein lassen, damit ihr in Ruhe auspacken könnt. Ach ja, fast hätte ich's vergessen: Die Speisekammer ist gut gefüllt. Die Hammonds haben sämtliche Vorräte dagelassen. Ihr könnt sie selbstverständlich übernehmen. Mein Hausmädchen bringt euch später frisches Brot, Butter und Marmelade. Ihr habt bestimmt einen Bärenhunger nach der langen Reise.« An Sissie gewandt fügte sie hinzu: »Sag deinem Vater, er soll sich nicht scheuen, zu uns zu kommen, falls er irgendetwas braucht.«

»Nochmals vielen Dank für Ihre Mühe, Mrs Ashby«, sagte Amelia.

»Nichts zu danken, das habe ich gern getan«, erwiderte Edna und wandte sich zum Gehen. Sie war ein wenig irritiert, weil diese Zuchthäuslerin so ganz anders war, als sie erwartet hatte – kultiviert, freundlich, gepflegt. Aber auch jemand aus gutem Hause kann einen Diebstahl begehen, sagte sich Edna.

Wenig später brachte Polly zwei Brotlaibe, frische Butter und einen Topf Aprikosenmarmelade. Die Kinder, die seit dem Mittagessen tags zuvor nichts mehr zu sich genommen hatten, machten sich heißhungrig darüber her, und bald schon hatten sie den einen Laib Brot verzehrt. Gabriel gesellte sich nach einer Weile zu ihnen. Er hatte die Schweine in einem Pferch untergebracht, die Hühner in einem Verschlag mit Auslauf und die Schafe auf einer Koppel neben dem Weizenfeld, deren Zäune er vorsichtshalber zuerst mit Charltons Hilfe kontrolliert hatte.

»Ich werde bei Lance unterkommen, dem Sohn der Ashbys«, sagte Gabriel. »Er wohnt ganz allein in Charity Cottage und hat daher genug Platz. Das Haus liegt auf der anderen Seite von Hope Cottage. Lance ist zwar noch bei der Arbeit, aber Edna und Charlton meinen, ich könnte ruhig schon rübergehen.«

»Hast du das Mündel der Ashbys schon gesehen?«, fragte Amelia ein wenig nervös.

»Nein«, erwiderte Gabriel knapp. Er hatte zwar nach der jungen Frau Ausschau gehalten, sie aber nirgends gesehen und die Ashbys auch nicht nach ihr gefragt. Er war sich nicht einmal sicher, ob sie etwas von ihrem Briefwechsel wussten.

Amelia hatte das ungute Gefühl, das Mündel der Ashbys werde sie mit noch größerem Hass verfolgen als Carlotta. Unwillkürlich fragte sie sich, ob sie nicht vom Regen in die Traufe gekommen war.

25

KINGSCOTE

Amelia hatte gerade mit dem Auspacken begonnen, als Polly noch einmal vorbeischaute, um zu fragen, ob sie etwas brauchten. Amelia verneinte höflich. Die Freundlichkeit der Ashbys hatte etwas geradezu Rührendes. Polly plauderte eine Weile mit den Kindern und erzählte ihnen lustige Geschichten über Milos Streiche während seines Aufenthalts bei den Ashbys. Polly war ein nettes Ding und hatte offenbar keine Vorurteile. Obwohl Polly von der unrühmlichen Vergangenheit der jungen Frau gewusst haben musste, behandelte sie die Farmgehilfin im Gegensatz zu Carlotta keineswegs wie Abschaum, sondern eher freundschaftlich. Dennoch war Amelia zurückhaltend. Wer konnte schon wissen, was Mrs Ashbys Mündel über sie erzählt hatte?

»Rufen Sie mich, wenn Sie bei irgendetwas Hilfe brauchen«, meinte Polly.

»Vielen Dank.« Das Angebot war ehrlich gemeint, Amelia spürte es. »Wir werden uns hier bestimmt sehr wohl fühlen. Die Unterkunft auf der Farm war ziemlich primitiv.«

»Ich kann mir gar nicht vorstellen, so weit draußen zu wohnen.« Polly schüttelte den Kopf. »Das Wetter dort soll ja meist trostlos sein, und dann noch die Einsamkeit... also, ich würde da glatt überschnappen.«

Amelia musste über Pollys Wortwahl lächeln. »Oh, Cape du Couedic hat auch seine schönen Seiten.« Sie dachte an den Blick vom Kliff aus. »Aber ich kann verstehen, wenn jemand nicht dort leben will. Evan hat die Einsamkeit genossen, aber mit Kindern ist es auf einer so abgelegenen Farm einfach zu gefährlich. Es kann immer eines krank werden, so wie Milo.«

»Mrs Ashbys Mündel war ja für ein paar Stunden am Cape du Couedic, nachdem Sie beide aus dem Meer gerettet worden waren. Aber Miss Divine spricht nicht darüber. Genauso wenig wie über das Schiffsunglück. Sie ist irgendwie ... nervös«, fügte Polly in vertraulichem Flüsterton hinzu. Der Blick, den sie Amelia zuwarf, schien besagen zu wollen: Nicht so wie Sie! »War es sehr schlimm?«

»Ich kann mich nicht erinnern«, erwiderte Amelia. »Hat sie denn nicht erzählt, dass ich das Gedächtnis verloren habe, nachdem ich mir an den Klippen den Kopf angeschlagen hatte?«

Polly blickte sie mit großen Augen an. »Nein! Vielleicht hat sie es zu Mrs Ashby gesagt, aber nicht zu mir. Sie können sich an nichts erinnern?«

»An rein gar nichts.«

»Das muss schrecklich sein!«

»Es ist ein Albtraum«, bestätigte Amelia. »Ich weiß nicht, ob ich eine Familie habe, wo ich gelebt habe, oder wo ich geboren bin. Als ich wieder zu mir kam und erfuhr, dass ich eine Strafgefangene bin, die auf Bewährung frei ist, konnte ich es nicht fassen. Ich wusste nicht einmal, welches Verbrechen ich begangen haben soll. Es war Evan Finnlay, der mir sagte, ich sei wegen Diebstahls verurteilt worden. Ich erwarte nicht, dass jemand mir glaubt, aber ich weiß genau, ich kann von meinem Wesen her keine Diebin sein. Schon den bloßen Gedanken finde ich verwerflich.«

Die junge Frau tat Polly Leid. »Kann es denn sein, dass Sie Ihr Gedächtnis wiedererlangen?«

»Ich bete jeden Tag darum. Es sind ja nicht nur die wichtigen Ereignisse, die verloren gegangen sind, sondern auch die vielen kleinen Dinge, die mein Wesen ausmachen. Meine Lieblingsfarbe, zum Beispiel, oder meine Lieblingsspeisen, oder welche Kleider mir gefallen haben, oder ob ich gern ins Theater gegangen bin.«

»Vielleicht kann Dr. Thompson Ihnen helfen«, meinte Polly.
»Ich bezweifle, dass Evan mir erlauben wird, ihn aufzusuchen. Er ist ein sehr strenger Mann. Außerdem hätte ich gar kein Geld für einen Arzt.«

»Mrs Ashby ist eine weichherzige Frau. Ich könnte mir vorstellen, dass sie Ihnen hilft.«

»O nein, das könnte ich niemals annehmen! In zwei Jahren ist meine Zeit bei den Finnlays um. Falls mein Erinnerungsvermögen bis dahin nicht zurückgekehrt ist, werde ich mir eine Stelle suchen und Geld verdienen, bis ich mir einen Arztbesuch leisten kann.«

Sarahs Zimmer lag zur Auffahrt und zu Faith Cottage hin. Eine Stunde lang hatte sie am Fenster gestanden, durch die Vorhänge gespäht und beobachtet, was nebenan vor sich ging. Als sie Edna mit Amelia und den Kindern ins Haus gehen sah, wurde sie von Panik erfasst und erwog ernsthaft, sofort die Flucht zu ergreifen. Stattdessen griff sie zu Ednas Sherry, um ihre Nerven zu beruhigen. Da sie noch nichts gegessen hatte, stieg ihr der Alkohol zu Kopf, betäubte aber wenigstens ihre Angst. Sie starrte wieder zum Fenster hinaus, weil sie wusste, dass Polly drüben in Faith Cottage war. Was machte sie so lange dort? Sarahs Nervosität kehrte zurück. Auf einmal hörte sie Stimmen aus der Küche: Edna unterhielt sich mit ihrem Mann.

»Ich kann nicht glauben, dass diese Sarah Jones eine Strafgefangene sein soll«, sagte Edna. Sarah schlich auf Zehenspitzen zur Tür, um zu lauschen.

»Sie hat die Haltung und Anmut eines Menschen aus sehr guter Familie, und sie ist eine außergewöhnlich attraktive junge Frau«, fuhr Edna fort.

Sarah wurde blass vor Wut und Eifersucht, als sie das hörte. Über sie würde Edna niemals solche Worte sagen!

»Ja, sie ist wirklich ausgesprochen hübsch«, pflichtete Charlton ihr bei. »Und sehr redegewandt. Ich könnte schwören, einen leichten Oxfordshire-Akzent herausgehört zu haben. Es könnte sogar Henley-on-Thames gewesen sein. Ist dir das nicht auch aufgefallen?«

»Nein. Aber unsere Amelia spricht ja praktisch auch akzentfrei. Schließlich war sie noch sehr jung, als sie nach Australien kam. Möglicherweise war das bei Miss Jones auch der Fall. Eins von Evans Mädchen hat übrigens erzählt, Miss Jones spreche Französisch und mache wundervolle Stickarbeiten.«

»Tatsächlich?« Charlton war hörbar überrascht.

Sarah schlug das Herz bis zum Hals. War jetzt alles aus?

»Ich habe sie mir ganz anders vorgestellt«, fuhr Edna fort.

»Ich auch. Es ist zwar nicht nett, so etwas zu sagen, aber Straffällige sind normalerweise wenig gebildet und stammen aus ärmlichen Verhältnissen.«

Zorn loderte in Sarah empor. Sie fühlte sich gedemütigt. Charltons Worte trafen genau auf sie zu. Hätte ihre Mutter sich vor ihrer Ehe nicht ein Mindestmaß an Bildung erworben und an ihre Tochter weitergegeben, hätte Sarah niemals in die Rolle der Amelia Divine schlüpfen können.

»Ich möchte zu gern wissen, durch welche Umstände sie auf die schiefe Bahn geraten ist. Ich glaube, ich kann mir auf meine Menschenkenntnis etwas einbilden, aber ich käme nicht im Entferntesten auf den Gedanken, dass sie im Gefängnis war«, gestand Edna.

»Wir sollten nicht vorschnell über sie urteilen«, sagte Charlton. »Vielleicht ist sie ja zu Unrecht verurteilt worden. Unser Rechtssystem hat leider seine Mängel.«

»Da hast du allerdings Recht«, seufzte Edna.

Sarah konnte es nicht mehr mit anhören. Sie ertrug es nicht, dass die Ashbys Amelia für einen wundervollen Menschen hielten, der ein Opfer unglücklicher Umstände geworden war. Das war nicht fair! Immerhin hatte Amelia den Tod Lucys verschuldet. Sarah stürmte aus dem Zimmer in die Küche. »Diese Zuchthäuslerin ist eine rücksichtslose Egoistin und keineswegs das Opfer tragischer Umstände!«, rief sie erregt aus.

Edna und Charlton blickten sie sprachlos an. Lähmende Stille erfüllte das Zimmer.

»Ich habe gehört, wie ihr über diese Verbrecherin geredet habt«, fügte Sarah hinzu.

»Ja, wir ... wir haben uns gerade über sie unterhalten, mein Kind«, sagte Edna, verstört vom Ausbruch ihres Mündels.

»Diese Frau hat Lucys Tod verschuldet! Ihre ... meine Begleiterin wäre noch am Leben, wenn sie nicht gewesen wäre!« Um ein Haar hätte sie *ihre Begleiterin* gesagt. Sarah hatte den Ashbys die Geschichte, die sie Gabriel Donnelly in ihrem Brief geschildert hatte, nie erzählt, um überflüssige Fragen zu vermeiden. Doch sie wollte Edna und Charlton nicht in dem Glauben lassen, die echte Amelia sei das unschuldige Opfer eines Justizirrtums.

»Was willst du damit sagen, Amelia?«, fragte Charlton langsam.

Sarah mobilisierte alle Kraft, um sich zu konzentrieren. »Ich war schon im Rettungsboot, als ... als ich sah, wie Sarah Jones Lucy beiseite stieß, um ... ins Boot zu gelangen. Daraufhin war kein Platz mehr an Bord, und Lucy musste auf der *Gazelle* bleiben. Die Selbstsucht dieser ... Person hat Lucy das Leben gekostet.«

»O Gott!«, stieß Edna schockiert hervor, fragte sich aber unwillkürlich, warum sie bisher nie etwas davon erwähnt hatte. Sie warf Charlton einen schuldbewussten Blick zu. »Komm, setz dich, Amelia, trink einen Tee.« Roch der Atem ihres Mündels nach Sherry? Nein, sie musste sich täuschen. Amelia hatte noch nie Sherry angerührt. Und so früh am Tag würde sie niemals zur Flasche greifen.

»Ich will aber keinen Tee«, fuhr Sarah ärgerlich auf. Sooft sie daran dachte, was die echte Amelia Lucy angetan hatte, packte sie der Zorn.

»Die Menschen an Bord müssen schreckliche Angst gehabt haben, als das Schiff aufs Riff lief«, sagte Edna behutsam. »In einer solchen Situation reagiert man anders als im Normalfall. Ich sage nicht, dass es richtig war, was Sarah Jones getan hat, aber sie hat sicherlich Todesangst gehabt, wie alle anderen auch.«

»Edna hat Recht, Amelia. Bestimmt haben alle gedrängelt und sich gegenseitig weggestoßen, weil jeder einen Platz im Rettungsboot wollte«, meinte Charlton.

Sarah presste in ohnmächtiger Wut die Lippen zusammen. Sie konnte den Ashbys nicht sagen, dass die echte Amelia Lucy befohlen hatte, das Rettungsboot wieder zu verlassen, damit sie ihren Platz einnehmen konnte. Schließlich hielten die Ashbys sie für eine Zuchthäuslerin, und eine solche Frau könnte sich so etwas niemals erlauben. Statt empört zu sein, wie sie gehofft hatte, rechtfertigten die Ashbys jetzt auch noch ihr Verhalten.

»Es gibt keine Entschuldigung für ihre Handlungsweise«, fauchte sie. »Ich werde ihr das niemals verzeihen!« Sie fuhr herum, stürmte in ihr Zimmer und knallte die Tür zu.

Edna und Charlton sahen sich erstaunt an.

»An Bord muss die Hölle los gewesen sein«, sagte Charlton ruhig.

Edna nickte. »Was für eine grauenhafte Geschichte! Ich kann sogar verstehen, dass Amelia einen Schuldigen sucht. Lucys Tod muss sie schwer getroffen haben. Wir sollten uns künftig überlegen, was wir sagen, wenn sie in Hörweite ist.«

»Mir kam es so vor, als hätte sie nach Sherry gerochen.«

»Ja, das ist mir auch aufgefallen.« Wieder nickte Edna. »Es muss ihr wirklich nahe gehen, dass diese Sarah Jones nebenan eingezogen ist.«

In diesem Moment kam Polly durch die Hintertür herein. Sie wirkte bedrückt, weil ihr die Worte ihrer neuen Nachbarin im Kopf herumspukten. Was für eine grauenhafte Vorstellung, sich an gar nichts mehr erinnern zu können!

»Stimmt etwas nicht, Polly?«, fragte Edna, die den abwesenden Gesichtsausdruck des Mädchens bemerkte.

»Nein, alles in Ordnung, Mrs Ashby.«

»Du machst so einen niedergeschlagenen Eindruck. Du warst nebenan, nicht wahr?«

»Ja, Mrs Ashby. Miss Jones hat mir erzählt, dass sie an dem Tag, an dem sie und Miss Divine gerettet wurden, ihr Gedächtnis verloren hat. Ich habe mir gerade vorzustellen versucht, wie furchtbar das sein muss. Ich habe ihr geraten, Dr. Thompson aufzusuchen, aber sie meint, Mr Finnlay würde es vielleicht nicht erlauben. Außerdem hat sie kein Geld. Sie will sich nach Verbüßung ihrer Strafe eine Arbeit suchen und dann zu einem Arzt gehen, falls ihr Erinnerungsvermögen bis dahin nicht zurückgekehrt ist.«

Edna konnte sich erinnern, dass ihr Mündel ihr erzählt hatte, die Zuchthäuslerin hätte ihr Gedächtnis verloren – oder behauptete es zumindest. Ihr Mündel hatte den Verdacht geäußert, diese Sarah Jones hoffe möglicherweise, die Identität einer Frau anzunehmen, die bei dem Unglück umgekommen war. Dennoch hatte Edna Mitleid mit der jungen Frau. Es imponierte ihr, wie sie ihr Schicksal meisterte, anstatt sich selbst zu bedauern.

»Kein Wort über Miss Jones zu Amelia, Polly!«

Polly verstand zwar nicht warum, aber sie würde sich hüten, mit ihrer Arbeitgeberin zu diskutieren. »Wie Sie wünschen, Mrs Ashby.«

»Es gab da nämlich einen Vorfall, als das Schiff sank, und Amelia zürnt Miss Jones deswegen noch heute«, erklärte Edna. »Sie hat vorhin zufällig gehört, wie mein Mann und ich über Miss Jones gesprochen haben, und sich schrecklich aufgeregt. Denk bitte daran und nimm Rücksicht!«

»Ja, Mrs Ashby.«

»Ich werde Mr Donnelly für heute Abend zum Essen einladen. Lance kommt ebenfalls. Sorg bitte dafür, dass etwas Besonderes auf den Tisch kommt. Ich werde Mr Donnelly sagen, dass du Miss Jones und den Kindern eine kleine Mahlzeit hinüberbringst. Sie haben mit Auspacken und Einrichten genug zu tun, da sollten sie sich nicht auch noch um das Kochen kümmern müssen.«

Jemand klopfte an die Hintertür.

Edna warf einen Blick durchs Fliegengitter und sah Gabriel draußen stehen. »Komm rein, Gabriel. Wir haben gerade von dir gesprochen.«

»Hat das Futter für die Schweine und Hühner gereicht?«, fragte Charlton.

Gabriel nickte. »Ja, nochmals vielen Dank.«

»Gern geschehen. Es ist genug da. Nimm dir, so viel du willst.«

»Das ist sehr großzügig, Charlton, aber ich werde morgen einen Futtermittelvorrat kaufen, damit Evan sich nicht darum kümmern muss, wenn er hier erscheint. Er wird erschöpft sein.«

»Apropos Vorrat – die Hammonds haben ihre Vorräte dagelassen, Gabriel«, warf Edna ein. »In der Speisekammer findet ihr Mehl, Salz, Hafer, Eingemachtes und ein paar andere Dinge. Ich habe es Miss Jones schon gezeigt. Von jetzt an werden wir alle Essensreste für Evans Schweine aufheben.«

»Danke, Edna.«

»Wann wollte Evan denn aufbrechen?«, erkundigte sich Charlton.

»Heute Morgen in aller Frühe.«

»Dann wird er in ein paar Tagen da sein. Hin und wieder wird er dem Pferd eine Rast gönnen müssen, aber da er keine Herde zu treiben braucht, dürfte er zügig vorankommen.«

Gabriel nahm an, dass Evan seinem Pferd alles abverlangen würde, um so schnell wie möglich wieder bei seinen Kindern zu sein. Dennoch hoffte er, wenigstens ein paar Tage mit seiner Sarah zu haben. Sobald Evan da war, musste er wieder nach Cape du Couedic zurück.

»Du isst doch mit uns zu Abend, Gabriel?« Edna berührte ihn am Arm. »Wir haben uns sehr viel zu erzählen!«

Gabriel zögerte. Eigentlich hatte er den Abend in Faith Cottage bei Sarah und Evans Kindern verbringen wollen.

Als er schwieg, fragte Edna sich, ob Evan ihn gebeten hatte,

Sarah Jones im Auge zu behalten. »Fürchtest du, Miss Jones könnte zu fliehen versuchen?«

Gabriel blickte sie verwundert an, als wäre dieser Gedanke völlig abwegig. »Nein, natürlich nicht. Sarah würde Evans Kinder niemals im Stich lassen.«

Edna wunderte sich, dass Gabriel sie so entschieden verteidigte. »Ich habe Polly schon gesagt, sie soll den Kindern und Miss Jones etwas zu essen bringen.«

Es würde einen merkwürdigen Eindruck machen, wenn er die Einladung ablehnte, das war Gabriel klar. Also sagte er schweren Herzens zu. »Danke, Edna, ich komme gern.«

»Fein. Lance wird uns ebenfalls Gesellschaft leisten. Er müsste gleich kommen«, fügte sie mit einem Blick auf die Uhr auf dem Kaminsims hinzu. »Er wird Augen machen, wenn er dich sieht!«

Als Lance wenig später eintraf, war er überrascht und erfreut, Gabriel zu sehen. Nachdem sie eine gute Stunde über dies und jenes geplaudert hatten, erhob sich Gabriel. Er wolle nach Evans Kindern sehen, entschuldigte er sich.

»Die Ashbys haben mich zum Essen eingeladen«, sagte er zu Amelia, die darüber genauso enttäuscht war wie er. »Ich komme, sobald ich kann«, versprach er.

»Sei vorsichtig!«, ermahnte sie ihn. »Die Ashbys dürfen keinen Verdacht schöpfen.« Sie hatte schreckliche Angst, man könnte sie in ein Gefängnis zurückschicken, an das sie sich nicht einmal erinnern konnte.

»Die Ashbys sind anständige, verständnisvolle Leute. Aber du hast Recht – noch darf niemand wissen, was wir füreinander empfinden.«

Sarah war alles andere als begeistert, als Edna ihr mitteilte, dass nicht nur Lance, sondern auch Gabriel zum Abendessen käme. Weshalb sie so bedrückt sei, wollte Edna wissen. Sarah, die den

Zeitpunkt für gekommen hielt, ihr vom Briefwechsel mit dem Leuchtturmwärter zu erzählen, antwortete:

»Erinnerst du dich an den Brief, den ich von Mr Donnelly bekam, Tante?«

»Ja. Du sagtest, er hätte sich erkundigt, wie es dir geht und ob du dich eingelebt hast.«

»Ja, aber das war es nicht allein.« Sarah zögerte. »Ich habe bisher nichts gesagt, weil ich dich nicht beunruhigen wollte.«

»Jetzt machst du mich aber neugierig!«

»Mr Donnelly wollte wissen, ob ich mich geirrt haben könnte, als ich Sarah Jones als Zuchthäuslerin identifizierte.«

»Wie kommt er darauf, du könntest dich geirrt haben?«

»Weil Miss Jones ihm diesen Floh ins Ohr gesetzt hat!«, erwiderte Sarah heftig. »Sie behauptet ja, sie hätte ihr Gedächtnis verloren. Irgendwie hat sie ihm eingeredet, es müsse sich um ein Missverständnis handeln, weil sie sich nicht wie eine Verbrecherin fühle. Daraufhin habe ich ihm geschrieben, dass sie ihn und alle anderen an der Nase herumzuführen versuche, und dass ich mir sicher sei, keinen Fehler gemacht zu haben.«

Edna blickte sie forschend an. »Glaubst du denn nicht, dass sie ihr Gedächtnis verloren hat, Amelia?«

»Anfangs habe ich es ihr geglaubt, aber wer weiß, was später passiert ist. Jedenfalls, ich bin sicher, dass ich sie richtig identifiziert habe. Außerdem sehe ich noch heute vor mir, was kurz vor dem Untergang der *Gazelle* geschehen ist …«

»Denk nach, Amelia«, bat Edna eindringlich. »Könntest du dich nicht doch geirrt haben? Du hast diese Frau ja gar nicht gekannt.«

»Ich sage dir doch, ich bin mir ganz sicher«, beharrte Sarah. »Sie hat sich auf dem Schiff mit Lucy angefreundet und ihr erzählt, sie sei im Gefängnis gewesen und werde ihre restliche Haftstrafe auf der Farm von Mr Finnlay verbüßen. Das habe ich Mr Donnelly gesagt, kurz nachdem er uns gerettet hatte, und in meinem Brief an ihn habe ich es wiederholt. Ich werde nicht zulassen, dass sie ihn oder sonst jemanden zum Narren hält! Wenn es sein muss, schreibe ich den Gefängnisbehörden«, bluffte Sarah. Sie hatte keine andere Wahl; ihr Leben hing davon ab.

Edna war schockiert von der Rachsucht ihres Mündels. Der Verlust ihrer Gefährtin schien sie tief getroffen zu haben. Und da sie niemanden für den Tod ihrer Eltern und ihres Bruders verantwortlich machen konnte, suchte sie offenbar einen Ausgleich, indem sie Sarah Jones die Schuld am Tod von Lucy gab.

»Charlton und ich kennen Gabriel seit vielen Jahren, Amelia. Er ist ein anständiger, aufrichtiger Mensch. Ich bin sicher, er wird nach deiner Erklärung hinsichtlich Miss Jones nicht mehr an deinem Wort zweifeln. Iss mit uns zu Abend, damit du ihn besser kennen lernst. Bitte!«

»Also gut, meinetwegen«, erwiderte Sarah mürrisch. Vielleicht bot sich ja eine Gelegenheit, Amelias Schicksal endgültig zu besiegeln.

»Danke, mein Kind.« Edna umarmte sie.

Da Sarah sich darauf freute, Lance zu sehen, wählte sie ihre Kleidung sorgfältig aus und bat Edna, ihr die Haare zu machen.

Gabriel zog sich bei Lance um. Punkt sieben Uhr betraten die beiden Männer Hope Cottage. Edna und Charlton saßen mit Sarah bei einem Gläschen Sherry im Salon. Sarah strahlte übers ganze Gesicht, als sie Lance erblickte. Dann stand sie Gabriel gegenüber, und für einen kurzen Augenblick herrschte peinliches Schweigen.

»Guten Abend, Miss Divine«, sagte Gabriel höflich, obwohl er Mühe hatte, seinen Groll hinunterzuschlucken. Er wusste, dass er ihr nicht die Schuld an Sarahs Schicksal geben durfte, aber er konnte nicht anders.

Als sie am Esstisch Platz genommen hatten, erkundigte Charlton sich nach dem neuen Leuchtturmwärter von Cape du Couedic.

»Edgar Dixon hat zuletzt in einem Leuchtturm an der englischen Küste Dienst getan. Eigentlich wollte er in Australien sein Glück auf den Goldfeldern versuchen. Dort las er dann in einer Zeitung, dass für den Leuchtturm auf Cape du Couedic ein stellvertretender Wärter gesucht wird.«

»War wohl nichts mit dem schnellen Reichtum, hm?«, meinte Lance.

»Nein, die Goldfelder haben ihm in mehr als einer Hinsicht Pech gebracht«, antwortete Gabriel, der an Carlotta dachte.

»Wie meinst du das?«, fragte Edna und zog die Stirn kraus.

»Ich denke dabei an seine Frau. Er hat sie auf den Goldfeldern kennen gelernt. Sie ist ein richtiger Drachen.«

Edna wunderte sich über Gabriels abschätzige Bemerkung, zumal er noch nie über jemanden schlecht geredet hatte. »Ist sie *so* schlimm?«, fragte sie neugierig.

»Noch schlimmer! Die beiden haben rein gar nichts gemeinsam. Edgar ist fast sechzig. Seine erste Frau ist gestorben, und eigentlich wollte er nicht noch einmal heiraten. Aber Carlottas Vater hat ihm seine Tochter regelrecht aufgedrängt. Er war froh, ein hungriges Maul weniger stopfen zu müssen.«

»Ich nehme an, sie ist viel jünger als Edgar«, sagte Charlton.

Gabriel nickte. »Mehr als dreißig Jahre.«

»Ohooo!«, rief Lance aus. »Vielleicht solltest du dir ein Beispiel an ihm nehmen, Gabriel«, fügte er halb im Scherz hinzu.

»Danke, ich kann mir was Schöneres vorstellen«, entgegnete Gabriel trocken. »Der arme Edgar kann einem Leid tun.«

»Du bist schon lange allein, Gabriel. Bist du sicher, dass du nicht neidisch auf ihn bist?«, fragte Edna ernsthaft.

»Ganz sicher.« Er hätte noch einiges zu diesem Thema sagen können, behielt es aber lieber für sich. »Ich spiele übrigens mit dem Gedanken, wieder in die Stadt zu ziehen«, fügte er nach einer Pause hinzu.

Die Ashbys schauten ihn erstaunt an.

»Wird dir die Einsamkeit zu viel?«, fragte Edna.

»Nein, das ist es nicht.« Gabriel schüttelte den Kopf und fügte im Stillen hinzu: Aber ich würde gern in Sarahs Nähe sein.

»Ich kann mir schon denken, dass es eine Qual für dich ist, neben Jungverheirateten wohnen zu müssen.« Lance grinste anzüglich.

»Lance!«, sagte Edna tadelnd.

»Du warst es gewohnt, allein zu bestimmen, was getan wird und was nicht, und jetzt redet dieser Edgar Dixon dir hinein. Ist es das?«, fragte Charlton.

»Nein. Edgar ist ein feiner Kerl, und er versteht sein Handwerk. Wir arbeiten prima zusammen.«

Charlton und seine Frau wechselten einen flüchtigen Blick. Irgendetwas bedrückte Gabriel, das war offenkundig. »Liegt es an Mrs Dixon?«

Gabriel seufzte. »Wir müssen miteinander auskommen, aber das ist schwer mit einer Frau wie Carlotta. Doch davon abgesehen … es wird einfach Zeit, dass ich etwas Neues mache«, fügte er hinzu. Er hatte einen viel gewichtigeren Grund, Cape du Couedic zu verlassen, doch das musste sein Geheimnis bleiben.

Stille trat ein, während Polly die Suppenteller abräumte und gegrilltes Huhn und Gemüse servierte. Gabriel fiel auf, dass das Mündel der Ashbys bisher kein Wort gesprochen und die Suppe kaum angerührt hatte.

»Haben Sie sich inzwischen eingelebt, Miss Divine?«, fragte er.

»Ich hatte ja kaum eine andere Wahl«, gab Sarah ein wenig schnippisch zurück. Mit einem flüchtigen Blick in Richtung ihrer Tante fügte sie hinzu: »Wenn ihr mich bitte entschuldigen würdet. Ich habe keinen Hunger. Ich möchte mich zurückziehen.«

Verärgert und peinlich berührt erwiderte Edna: »Wie du möchtest, mein Kind.«

Sarah erhob sich, ging in ihr Zimmer und schloss die Tür hinter sich. Gabriels kaum unterdrückte Feindseligkeit ärgerte sie. Aus seiner Reaktion schloss sie, er müsse sich in die echte Amelia verliebt haben. Und da gab er ihr natürlich die Schuld daran, dass sie durch ihre Strafe an Evan gekettet und nicht frei für ihn war. Hoffentlich macht er mir keine Schwierigkeiten oder schreibt an die Gefängnisbehörde, dachte Sarah besorgt.

Edna fand, sie war es Gabriel schuldig, offen zu ihm zu sein. »Bitte entschuldige Amelias Benehmen, Gabriel. Sie ist gar nicht glücklich darüber, dass diese Miss Jones nebenan eingezogen ist. Sie hat mir von deinem Brief erzählt und dass du sie gefragt hast, ob sie sich bei der Identifizierung von Miss Jones geirrt haben könnte.« Edna bemerkte den erstaunten Blick ihres Mannes, denn sie hatte noch keine Gelegenheit gehabt, ihm von dem Briefwechsel zu erzählen. »Sie gibt Miss Jones die Schuld am Tod ihrer Begleiterin.«

»Sarah macht sich die größten Vorwürfe, auch wenn sie sich nicht erinnern kann, was an Bord der *Gazelle* geschah«, erwiderte Gabriel. »Sie hat alles vergessen, was vor ihrer Ankunft auf Kangaroo Island war. Sie leidet sehr darunter.«

»Es muss furchtbar sein, sich an gar nichts erinnern zu können«, sagte Edna. »Aber unsere arme Amelia hat viel mehr als nur das Gedächtnis verloren.« Und war obendrein den unsittlichen Annäherungen Brian Huxwells ausgesetzt, fügte sie im Stillen hinzu. »Ich glaube, ihre Empörung über Lucys Tod ist eine Art Ersatz für den Schmerz über den Tod ihrer Eltern. Amelia sucht einen Schuldigen und richtet ihren Hass auf Miss Jones.«

»Wird dieser Hass sich mit der Zeit legen?«, fragte Gabriel.

Edna schüttelte den Kopf. »Ich weiß es nicht. Charlton und ich haben erst heute erfahren, was für eine Rolle Miss Jones beim Tod von Amelias Begleiterin spielte. Hätten wir früher davon gewusst, hätten wir es uns sicher zweimal überlegt, ob wir Evan Faith Cottage zur Pacht anbieten.«

»Evan war in einer Notlage, Edna«, gab Charlton zu bedenken. »Bei allem Verständnis für Amelia, aber Evan hat sechs Kinder, an die er denken muss. Mit der Zeit wird Amelia sicherlich über ihren Kummer hinwegkommen. Bis dahin sollten wir darauf achten, dass ihre und Miss Jones' Wege sich so selten wie möglich kreuzen.«

26

Kingscote

Es war ein langer Tag gewesen, und die Kinder waren rechtschaffen müde. Nachdem sie den kalten Braten und das Brot gegessen hatten, die Polly gebracht hatte, gingen sie zu Bett. Auch Amelia war erschöpft. Sie konnte kaum die Augen offen halten, wollte aber auf Gabriel warten.

Gabriel und Lance verließen gemeinsam das Haus der Ashbys. Gabriel erklärte, er wolle noch einmal nach den Finnlay-Kindern sehen und bat Lance, schon vorzugehen.

»Du willst jetzt noch nach den Kindern sehen?«, entfuhr es Lance. »Sie schlafen doch bestimmt schon.«

»Möglich, aber ich will trotzdem rasch einen Blick reinwerfen.« Als Lance ihn verwirrt ansah, fühlte Gabriel sich zu einer Erklärung genötigt. »Die Kleinen fürchten sich vielleicht in der fremden Umgebung, zumal Evan nicht da ist. Ich habe ihm versprochen, mich um die Kinder zu kümmern. Also geh ruhig schon vor, ich komme gleich nach.«

»Wie du meinst.« Sein Pflichtbewusstsein ehrte Gabriel, doch Lance bezweifelte, dass diese Miss Jones erbaut sein würde, wenn er ihr um diese Zeit einen Besuch abstattete. Sie und die Kinder waren nach der Reise und dem Einzug in ihr neues Heim sicherlich müde.

»Wie war dein Abend?«, fragte Amelia, als Gabriel hereinkam. Obwohl sie abgekämpft war, freute sie sich, ihn zu sehen.

»Oh ... ganz nett«, antwortete Gabriel ausweichend.

Amelia sah ihn prüfend an. »Hat Miss Divine etwas über mich

gesagt?« Es wäre ihr schrecklich unangenehm, wenn sie das Gesprächsthema des Abends gewesen war.

»Nein«, sagte Gabriel rasch.

»Sicher nicht?«

»Der Hauptgang war noch nicht serviert, da ist sie schon aufgestanden und gegangen. Sie sagte, sie habe keinen Hunger...«

»Und?«, forschte Amelia, als er nichts hinzufügte. »Hast du ihr geglaubt? Oder meinst du, die Sache mit dem Brief ist ihr unangenehm?«

Gabriel zögerte. Sollte er ihr weismachen, alles sei in bester Ordnung? Andererseits wäre es möglich, dass die junge Lady sie darauf ansprach. Er beschloss, aufrichtig zu sein, damit sie vorgewarnt wäre. »Sarah, sie hat in ihrem Brief ihre Meinung über dich deutlich zum Ausdruck gebracht. Es sollte uns also nicht überraschen, wenn sie über deinen Einzug hier nicht gerade glücklich ist.«

»Du hast Recht.« Quälende Sorge spiegelte sich auf Amelias Zügen. »Miss Divine wird mir bestimmt nicht so schnell vergeben, wenn überhaupt.«

»Offenbar hat sie Edna erst heute Nachmittag von meinem Brief an sie und ihrer Antwort erzählt. Charlton und Lance wussten gar nichts davon. Edna meint, dass Amelia ihre Rachegefühle und ihren Zorn ganz auf dich konzentriert, weil sie niemanden für den tragischen Tod ihrer Familie zur Rechenschaft ziehen kann. Es wird das Beste sein, wenn du ihr aus dem Weg gehst, bis sie ihren Kummer überwunden hat. Die Ashbys haben mir versichert, alles zu tun, um ihr dabei zu helfen.«

»Ich kann nicht vor meiner Vergangenheit davonlaufen, Gabriel. Und ich kann mich auch nicht vor Miss Divine verstecken. Wenn sie mir etwas zu sagen hat, muss ich damit fertig werden.«

Ein Gefühl tiefer Zuneigung erfasste Gabriel. Voller Zärtlichkeit blickte er sie an. »Weißt du eigentlich, wie sehr ich deine Stärke bewundere, Sarah?«

»Da gibt es nichts zu bewundern, Gabriel«, erwiderte sie bedrückt. »Ich habe einfach nur akzeptiert, dass ich die Vergangenheit nicht ändern kann. Ich muss nach vorn schauen. Bis ich meine Strafe verbüßt habe, werde ich mein Bestes für Evan und die Kinder geben. Und danach...« Ein leises Lächeln spielte um ihre Lippen.

»Und danach werde ich dich bitten, meine Frau zu werden«, beendete Gabriel den Satz für sie. »Wir haben unser ganzes Leben noch vor uns.« Er zog sie an sich und küsste sie zärtlich.

Am anderen Morgen fütterte Amelia die Hühner, während Sissie die Eier einsammelte. Die jüngeren Kinder spielten fröhlich im Garten. Als Amelia aus dem Augenwinkel jemanden im Hof der Ashbys wahrnahm, glaubte sie, es sei Polly und richtete sich auf, um ihr zuzuwinken. Sie hatte schon den Arm gehoben, als sie erkannte, wer die junge Frau war: das Mündel der Ashbys. Verlegen ließ sie den Arm wieder sinken.

Auch Sarah hatte sie gesehen. Eine Sekunde lang starrte sie Amelia grimmig an; dann wandte sie sich schroff ab und stürmte ins Haus.

Obwohl ihre Reaktion Amelia nicht überraschte, wurde sie wieder einmal daran erinnert, wie verachtenswert sie war. Schuldgefühle befielen sie, und das Herz lag ihr schwer wie Blei in der Brust, doch sie kämpfte gegen ihre Niedergeschlagenheit an. Sie *war* kein schlechter Mensch; das konnte sie spüren. Oder hatte sie sich in so kurzer Zeit so sehr verändert? Das schien ihr fast nicht möglich. War ihre Handlungsweise beim Untergang der *Gazelle* von Todesangst bestimmt worden, die sie doch sicherlich empfunden hatte? Wenn sie sich doch nur an die genauen Umstände erinnern könnte, an ihre Gedanken und Gefühle in diesen Minuten! Doch so sehr sie sich das Hirn zermarterte, ihre Vergangenheit war ein großes, schwarzes Loch. Schließlich gab sie erschöpft auf.

Lance hatte sich an diesem Montag freigenommen. Gabriel war nicht da; er hatte sich Charltons Buggy und das Pferd geliehen und war zur Futtermittelhandlung gefahren. Lance beschloss, auf einen Sprung bei seinen Eltern vorbeizuschauen. Als er durch den Garten hinter dem Haus ging, fiel sein Blick auf die dunkelhaarige junge Frau im Hof von Faith Cottage. Sie hatte ihm den Rücken zugedreht. Im ersten Moment dachte er, es sei das Mündel seiner Eltern, doch dann drehte sie sich zu den Kindern um, die in der Nähe spielten, und Lance bemerkte seinen Irrtum. Sie war so bezaubernd, dass ihm der Atem stockte. Plötzlich schaute sie auf und blickte zu ihm. Lance lächelte ihr zu, doch sie wandte sich verlegen ab.

Das muss diese Miss Jones sein, dachte Lance. Die junge Frau, die ihre Reststrafe als Farmhelferin bei Evan Finnlay verbüßt. Kein Wunder, dass Gabriel drüben so viel Zeit verbrachte. Das Mädchen war bildschön.

Lance beschloss, zu ihr zu gehen und sich vorzustellen, wie es sich für Nachbarn gehörte. »Guten Morgen!«, rief er, als er das Grundstück überquerte.

»Hallo!«, grüßten die Mädchen zurück. Die drei jüngsten vergaßen vor lauter Aufregung über die neue Umgebung ihre Scheu und rannten ihm übermütig entgegen.

Nur Milo klammerte sich an Amelias Rockzipfel. Sie bückte sich und nahm den Jungen auf den Arm.

»Guten Morgen«, erwiderte sie Lance' Gruß.

»Ich bin Lance Ashby, der Sohn von Charlton und Edna. Ich wohne in Charity Cottage, auf der anderen Seite von Hope Cottage.«

»Freut mich sehr, Mr Ashby. Ich bin Sarah Jones.« Lance war ein gut aussehender Mann. Mit Gabriel konnte er allerdings nicht mithalten, fand sie – aber sie war ja auch voreingenommen.

»Bitte sagen Sie Lance zu mir. Darf ich Sarah zu Ihnen sagen?«

Amelia war einen Augenblick sprachlos. Sie hatte zwar gehofft, von den Ashbys akzeptiert zu werden, aber dass es so leicht wäre, hätte sie sich nicht träumen lassen. »Gewiss, Mr Ashby... ich meine, Lance.«

»Haben Sie sich schon ein wenig eingelebt?«

»Ja, aber die Kinder haben Sehnsucht nach ihrem Vater. Sie können es kaum erwarten, bis er da ist.« Lance starrte sie ungeniert an, und das machte sie verlegen.

»Das glaube ich gern. Sie werden die Kinder doch sicher für den Unterricht bei Miss Strathborne anmelden, unserer Lehrerin?«

Amelia schaute ihn verstört an. »Das kann ich nicht. Das schickt sich nicht für jemanden in meiner Stellung.« Wusste Lance vielleicht gar nicht, dass sie eine auf Bewährung freie Strafgefangene war?

Lance merkte, dass ihm ein Fauxpas unterlaufen war, mit dem er sie in Verlegenheit gebracht hatte. »Entschuldigen Sie bitte. Ich... ich habe nicht mehr daran gedacht, dass...«, stammelte er. Beide wurden rot und wussten nicht, wohin sie blicken sollten.

Er hatte ganz vergessen, dass sie ihre Reststrafe bei Evan Finnlay verbüßte. Sie war so hübsch, nett und zurückhaltend, dass er gar nicht erst auf diesen Gedanken gekommen war.

Sissie hatte Lance' Bemerkung gehört und meinte: »Gabriel könnte doch mit uns zur Schule gehen, Sarah. Und du könntest uns begleiten. Papa hat bestimmt nichts dagegen.«

»Dein Vater wird in ein paar Tagen hier sein«, antwortete Amelia. »Es ist besser, wir warten auf ihn.« Sie wollte Evan nicht verärgern. Gingen die Kinder erst einmal zur Schule und fänden sich weitere hilfsbereite Menschen wie die Ashbys, würde Evan sie, Sarah, vielleicht nicht mehr brauchen und nach Van-Diemens-Land zurückschicken.

Sissie erriet ihre Gedanken. Auch sie fürchtete die Wutausbrüche ihres Vaters und wollte auf keinen Fall, dass er Sarah wegschickte.

Lance, der ganz durcheinander war, hielt es für das Beste, sich zu verabschieden. »Tja, ich muss weiter. Ich hoffe, ihr werdet euch hier wohl fühlen.« Er sah nacheinander die Kinder an, doch sein Blick glitt immer wieder zu Amelia, an deren bezauberndem Gesicht er sich nicht satt sehen konnte. Das Sonnenlicht spiegelte sich in ihren warmen braunen Augen, die ihn regelrecht zu hypnotisieren schienen. Er kam sich wie ein linkischer Schuljunge vor, den die Gegenwart einer schönen Frau völlig verunsicherte.

»Danke, dass Sie vorbeigekommen sind und sich vorgestellt haben«, sagte Amelia. Da Milo zu quengeln anfing, weil er durstig war, ging sie mit ihm ins Haus.

Bereits im Anbau von Hope Cottage stieg Lance der köstliche Duft von frisch Gebackenem in die Nase. Als er die Küche betrat, nahm Polly gerade ein Blech mit Muffins aus dem Ofen.

»Mmm, die riechen aber lecker!« Er schnappte sich einen Muffin vom Blech und ließ ihn dann von einer Hand in die andere hüpfen, weil er noch viel zu heiß war.

»Sie werden sich noch die Finger verbrennen, Mr Ashby!«, tadelte Polly kopfschüttelnd.

Lance fiel plötzlich auf, dass Polly ihn noch nie beim Vornamen genannt hatte, aber Miss Jones hatte er spontan gebeten, ihn mit Lance anzureden. Mit einem Mal kam er sich töricht vor, dass er sich von ihrer Schönheit hatte blenden lassen. Schließlich war sie bloß eine Farmhelferin, die obendrein im Gefängnis gesessen hatte. Dennoch konnte er nicht leugnen, dass sie ihn in ihren Bann gezogen hatte.

Edna und Charlton hatten die Stimme ihres Sohnes gehört.

»Lance?«, rief Edna.

»Ich bringe Ihnen eine Tasse Tee und noch ein paar Muffins, Mr Ashby«, versprach Polly, als er in den Salon zu seinen Eltern ging.

»Guten Morgen«, grüßte Lance. Charlton hielt ein Buch in der Hand, und Edna hatte ihre Stickarbeit im Schoß liegen. »Wo ist denn Amelia?«

»In ihrem Zimmer«, antwortete Edna.

Nachdem sie die richtige Amelia gesehen hatte, hatte Sarah sich unter dem Vorwand, sie habe nicht gut geschlafen und wolle sich ein wenig hinlegen, in ihr Zimmer zurückgezogen. Sie musste die ganze Situation überdenken. Im tiefsten Innern wusste sie, es wäre das Beste, Kangaroo Island umgehend zu verlassen – eine Begegnung mit ihr könnte für Amelia Divine der Auslöser sein, zu ihren Erinnerungen zurückzufinden. Doch die Aussicht auf das bevorstehende Erbe war zu verlockend. Und dann war da noch Lance. Nein, nach allem, was sie in den vergangenen Wochen durchgestanden hatte, nach all den Lügen, Intrigen und raffinierten Schachzügen würde sie jetzt nicht aufgeben. Zu viel stand auf dem Spiel.

»Ich habe gerade Evan Finnlays Farmhelferin kennen gelernt«, hörte Sarah Lance sagen.

Sie sprang auf und lauschte mit wild pochendem Herzen an der Tür.

Edna konnte ihrem Sohn ansehen, dass die junge Frau ihn beeindruckt hatte. »Kaum zu glauben, dass sie eine Strafgefangene auf Bewährung ist, nicht wahr?«

»Das kann man wohl sagen. Sie macht einen sehr kultivierten Eindruck«, schwärmte Lance.

»Sie hat den Finnlay-Mädchen Französisch beigebracht, und ihre Stickereien sollen wundervoll sein, hat mir eins der Mädchen erzählt.« Edna seufzte. »Aber da sie ihr Gedächtnis verloren hat, kann sie uns nichts von sich selbst berichten.«

»Es würde mich brennend interessieren, was für ein Leben sie geführt hat«, sagte Lance nachdenklich.

Sarah presste zornig die Lippen zusammen. Lance beschäftigte sich viel zu viel mit der echten Amelia Divine. Nicht mehr lange, und er würde Mitleid mit ihr haben! Das musste sie verhindern.

Entschlossen betrat sie den Salon. »Oh, guten Morgen, Lance!«, sagte sie lächelnd.

»Guten Morgen«, murmelte er zerstreut und beachtete sie kaum.
Sarah hatte Mühe, ihren Zorn im Zaum zu halten.

»Ich dachte, du wolltest dich hinlegen, mein Kind«, sagte Edna.

»Ich habe ein Nickerchen gemacht, Tante«, schwindelte sie.

Polly trug ein Tablett mit einer Teekanne und einem Teller Muffins herein.

»Mmm, wunderbar! Danke, Polly!« Lance schnappte sich noch einen Muffin und biss herzhaft hinein.

»Lance! Nimm einen Teller«, ermahnte Edna ihn kopfschüttelnd, musste aber gleichzeitig lächeln.

»Juhuuu!«, ertönte es von der Hintertür.

Edna schaute verwundert auf. »Wer kann das sein?« Sie erhob sich und ging in die Küche. Draußen vor der Fliegengittertür stand Silvia Strathborne, die Lehrerin.

»Guten Morgen, Edna. Darf ich hereinkommen?«

»Aber sicher, kommen Sie nur! Wir sind gerade beim Tee.«

»Entschuldigen Sie, dass ich so plötzlich hereinplatze, aber mir ist da ein Gerücht zu Ohren gekommen, und ich würde zu gern wissen, was es damit auf sich hat. Es ist gerade Pause, meine Mutter beaufsichtigt solange die Kinder«, sprudelte sie hervor.

Edna konnte sich denken, worauf Silvia anspielte. Sie bat sie in den Salon, wo sie Lance, Charlton und ihr Mündel begrüßte und dann Platz nahm.

»Sie fragen sich bestimmt, ob es richtig ist, dass die Hammonds aufs Festland zurückgekehrt sind, nicht wahr?«, sagte Edna.

»Ja, stimmt.« Silvia sah sie verblüfft an. »Die Hammond-Kinder haben letzte Woche drei Tage in der Schule gefehlt. Als sie heute Morgen auch nicht kamen, sagte ich mir, ich sehe besser mal nach, was los ist. Und dann erfahre ich, dass die Hammonds von der Insel weggezogen sind. Ist das wirklich wahr? Ich verstehe nicht, dass Betty Hammond mir nichts gesagt hat. Es ist unhöflich, ohne ein Wort einfach davonzugehen. Und gerade von Betty hätte ich das nicht erwartet...«

»Es ist wahr«, sagte Edna, als Silvias Redeschwall versiegte, weil sie Luft holen musste. »Die Hammonds sind Dienstagabend völlig überraschend aufs Festland gefahren.«

»Nein!« Silvia riss die Augen auf. »Was ist denn passiert?«

Silvia liebte es, über andere herzuziehen; deshalb war sie auch zu Edna gekommen, anstatt direkt zu den Hammonds zu gehen und sich selbst davon zu überzeugen, ob sie noch da waren. Doch Edna hatte nicht die Absicht, sich in Vermutungen zu ergehen. »Ich habe nicht die leiseste Ahnung«, erwiderte sie wahrheitsgemäß.

Silvia musterte sie argwöhnisch. »Schade«, sagte sie. »Die Kinder waren gute Schüler, und es ist schlecht für unsere Schule, wenn die Zahl der Schüler abnimmt. Wir erhalten ohnehin kaum staatliche Zuschüsse. Wenn wir noch mehr Schüler verlieren, müssen wir vielleicht schließen.«

Edna schenkte ihr Tee ein. »In diesem Punkt kann ich Sie beruhigen.«

»Wieso?«

»Ab der nächsten Woche werden Sie vier neue Schüler haben und zwei weitere, sobald die Kinder alt genug sind.«

Silvias Miene hellte sich auf. »Wirklich?«

»Ja. Evan Finnlay ist mit seiner Familie in Faith Cottage eingezogen. Evan selbst ist zwar noch nicht hier, aber seine Kinder sind gestern eingetroffen. Gabriel Donnelly hat sie hergebracht. Evans Hilfskraft ist ebenfalls mitgekommen. Sie kümmert sich um die Kinder.«

»Sie ist eine Zuchthäuslerin!«, warf Sarah boshaft ein und ignorierte Ednas missbilligenden Blick. Sie würde schon dafür sorgen, dass jeder in der Stadt glaubte, Evans Farmhelferin sei eine Kriminelle, der man nicht trauen durfte.

»Eine Zuchthäuslerin?«, rief Silvia entsetzt. »Soll das heißen, Evan hat seine Kinder einer Verbrecherin anvertraut?«

»Genauso ist es«, sagte Sarah triumphierend.

»Sie macht einen sehr netten Endruck«, beruhigte Edna die

Lehrerin und bedachte ihr Mündel mit einem weiteren strafenden Blick. »Ich habe mit ihr gesprochen, und ich bin sicher, die Kinder sind gut bei ihr aufgehoben.«

»Wie können Sie so etwas sagen, Edna?«, empörte sich Silvia. »Diese Frau muss ein schlimmes Verbrechen begangen haben, sonst wäre sie nicht zu einer Zuchthausstrafe verurteilt worden!«

»Nicht unbedingt, Silvia. Auch Kinder werden nach Van-Diemens-Land gebracht und dort in Haft gehalten – und welche schrecklichen Verbrechen können Kinder schon begehen? Miss Jones wurde wegen Diebstahls verurteilt, aber Einzelheiten weiß ich nicht. Und Evan ist ein vorsichtiger Mann. Er würde seine Kinder niemals in die Obhut einer Frau geben, der er nicht blind vertraut. Auch Gabriel Donnelly hat eine hohe Meinung von ihr.«

»Das werden wir ja sehen! Ich gehe gleich hinüber«, sagte Silvia energisch, erhob sich und stellte ihre Tasse auf das Tablett. »Ich möchte mir selbst ein Bild von dieser Frau machen. Die Kinder werden *meine* Schule besuchen, also muss ich mehr über ihre häusliche Situation wissen. Sollte ich feststellen, dass die Kinder auf irgendeine Weise sittlich gefährdet sind, werde ich ein ernstes Wort mit Evan reden!«

»In dieser Hinsicht können Sie ganz beruhigt sein«, meinte Edna. »Ist es nicht so, Charlton?«

Er nickte. »Ich bin ganz deiner Meinung. Die Kinder hängen sehr an ihr, und sie machen einen sauberen, ordentlichen Eindruck. Das ist mehr, als ich erwartet hätte.«

»Ich werde Sie begleiten und Sie miteinander bekannt machen«, bot Lance der Lehrerin eifrig an. Sarah machte ein säuerliches Gesicht, als sie das hörte.

Silvia sah ihn an. »Sie sind ihr schon begegnet?«

»Ja, heute Morgen. Sie ist wirklich nett.« Was er in Wahrheit dachte, verschwieg er: Dass er im Leben keine sanftmütigere und schönere Frau gesehen hatte.

Silvia schien noch nicht überzeugt.

»Sie ist raffiniert«, giftete Sarah. »Aber offenbar nicht raffiniert genug, sonst wäre sie ja nicht erwischt und verurteilt worden!«

Edna, Charlton und Lance starrten sie fassungslos an. Sarah reckte trotzig das Kinn in die Höhe. Unbehagliche Stille breitete sich aus.

»Tja«, sagte Silvia schließlich und stand auf, »ich schaue nachher nochmal vorbei, wenn ich drüben war.«

»Tun Sie das.« Edna erhob sich ebenfalls.

Lance ging mit Silvia hinaus.

Edna wandte sich ihrem Mündel zu und sagte scharf: »Evan Finnlay hat offenbar vollstes Vertrauen zu Miss Jones, und seine Kinder scheinen sie sehr zu mögen. Warum also versuchst du, andere gegen sie aufzubringen, Amelia?«

»Ich sage nur die Wahrheit«, verteidigte sich Sarah. »Hältst du es nicht auch für besser, wenn jeder die Wahrheit über diese Frau erfährt? Sie ist eine Zuchthäuslerin, das darf nicht verschwiegen werden!« Damit machte sie auf dem Absatz kehrt und ging in ihr Zimmer. Sie schloss die Tür hinter sich und eilte ans Fenster, von wo sie beobachtete, wie Lance mit Silvia Strathborne nach Faith Cottage hinüberging.

Lance klopfte an. Augenblicke später erschien Amelia in der Tür. Sarah konnte nicht verstehen, was gesprochen wurde, blieb aber auf ihrem Posten und beobachtete.

»Ich bin es schon wieder«, sagte Lance lächelnd. »Ich möchte Ihnen Silvia Strathborne vorstellen, die Lehrerin, von der wir vorhin gesprochen haben.«

»Oh! Freut mich sehr, Sie kennen zu lernen, Miss Strathborne.«

»Silvia, das ist Miss Jones«, sagte Lance und deutete mit einer knappen Handbewegung auf Amelia.

Silvia musterte sie prüfend, schwieg aber.

»Silvia war gerade drüben bei meinen Eltern, und da dachte ich, sie könnte sich selbst ein Bild von den Kindern machen«, fuhr Lance fort, um das peinliche Schweigen zu beenden.

»Treten Sie doch näher, Miss Strathborne«, bat Amelia.

Silvia wandte sich Lance zu und entließ ihn mit den Worten: »Vielen Dank für Ihre Begleitung, Lance. Wir sehen uns nachher.«

Enttäuscht, weil er gern noch bei der bildschönen Sarah Jones geblieben wäre, drehte Lance sich um und ging zum Haus seiner Eltern zurück.

Eine Stunde später klopfte Silvia Strathborne an die Hintertür von Hope Cottage. Polly führte sie in den Salon, wo Lance, Edna und Charlton bereits gespannt warteten. Sarah, die Silvia hatte herüberkommen sehen, gesellte sich zu ihnen.

»Mach frischen Tee, Polly«, sagte Edna und versuchte, von Silvias Miene abzulesen, wie ihre Unterredung mit Miss Jones gelaufen war.

»Nicht für mich, danke!« Silvia winkte ab. »Ich habe zwei Tassen mit Miss Jones getrunken.«

Lance, Charlton und Edna tauschten fragende Blicke. Hieß das, alles war gut gegangen?

Edna konnte ihre Neugier nicht mehr zügeln. »Und was halten Sie von Miss Jones, Silvia?«

Silvia setzte sich kerzengerade hin und spitzte die Lippen. »Nun, mir scheint, sie kommt ihren Verpflichtungen in befriedigender Weise nach«, sagte sie, als würde sie die Leistungen eines Kindes benoten.

»In befriedigender Weise …«, wiederholte Edna. Wie sollte sie denn das verstehen? Aber immerhin hatte Silvia keine »sittliche Gefährdung« der Kinder festgestellt.

»So ist es. Miss Jones erteilte den Kindern gerade Unterricht im Lesen und Schreiben, als ich kam.«

»Tatsächlich?«, rief Edna verblüfft aus.

Silvia nickte. »Sie unterrichtet die Kinder offenbar schon seit einigen Wochen. Sie bringt ihnen nicht nur Englisch in Wort und Schrift bei, sondern auch ein bisschen Französisch. Seit sie Französisch in ihren Unterrichtsplan aufgenommen habe, sagt Miss Jones, seien die Kinder mit Feuereifer bei der Sache. Ich muss sagen, sie machen sich alle recht gut. Milo ist natürlich noch zu klein, aber Jessie kann mit ihren vier Jahren bereits das Alphabet auswendig, und das ist bemerkenswert. Molly ist sechs und verfügt bereits über einen beachtlichen Wortschatz. Und was Bess, Rose und Cecelia angeht, sind sie erstaunlich weit für ihr Alter. Natürlich werden sie erst in einer amtlichen Schule unter meiner professionellen Anleitung richtig gefördert werden, aber sie sind wenigstens nicht so weit zurück, wie ich befürchtet hatte, denn ich konnte mir denken, dass Evan das Unterrichtsmaterial, das ich ihm geschickt habe, nicht mit den Kindern durchgearbeitet hat. Insofern ist es ein Segen, dass seine Helferin so gebildet ist. Sie kann sich leider nicht daran erinnern, wo sie Französisch gelernt hat oder zur Schule ging. Ein Jammer!«

Im Gegensatz zu den Ashbys und ihrem Sohn, die erleichtert über diese positive Einschätzung waren, schäumte die echte Sarah Jones vor Wut. Amelia Divine stahl ihr die Schau! Es sah ganz so aus, als müsste sie drastische Maßnahmen ergreifen, wollte sie sich nicht die Butter vom Brot nehmen lassen. Sie hatte zu hart auf ihr Ziel hingearbeitet, als dass sie nun tatenlos zuschauen würde, wie diese Amelia Divine sie um die Früchte ihrer Mühen brachte!

Endlich kam Gabriel zurück. Er lud die Vorräte ab, die er eingekauft hatte, und ging ins Haus.

»Alles in Ordnung?«, fragte Amelia. Sie hatte sich schon Sorgen gemacht, weil er so lange weggeblieben war.

»Ja, alles bestens. Ich musste noch etwas erledigen, deshalb hat es länger gedauert. Und wie geht's euch?«

»Gut«, antwortete Amelia lächelnd.

»Unsere neue Lehrerin war da!«, sagte Rose aufgeregt.

Gabriel machte ein erstauntes Gesicht. »Woher wusste Miss Strathborne denn, dass ihr hier seid?«

»Sie hat die Ashbys besucht und erfahren, dass wir hier eingezogen sind«, erklärte Amelia. »Sie scheint eine nette Person zu sein. Und sie war ganz angetan, dass die Kinder solche Fortschritte gemacht haben.«

»Da wird Evan sich freuen! Er hatte sich schon Vorwürfe gemacht, weil er keine Zeit gehabt hat, mit den Kindern zu lernen. Das ist allein dein Verdienst, Sarah! Ohne dich würden die Kinder den anderen weit hinterherhinken.«

Amelia freute sich über sein Lob. Zum ersten Mal seit langer Zeit fühlte sie sich richtig gut.

»Ich habe Neuigkeiten«, fuhr Gabriel geheimnisvoll fort.

»Und welche?«

»Erinnerst du dich, dass ich dir erzählt habe, dass ich gelegentlich als Schiffslotse arbeite?«

Amelia nickte.

»Ich werde demnächst eine feste Anstellung als Lotse in der Nepean Bay erhalten!«, rief Gabriel freudestrahlend.

Amelia starrte ihn sprachlos an. »Soll das heißen, du gehst weg von Cape du Couedic?«

»Genau das! Edgar Dixon kommt gut ohne mich zurecht. Schließlich hab auch ich es monatelang allein geschafft. Und wenn er möchte, hat er genug Zeit, sich nach einem Ersatz für mich umzusehen. Aber meist kommt ein Leuchtturmwärter allein klar, zumal, wenn er verheiratet ist und seine Frau ihm helfen kann.«

»Aber wieso willst du denn weggehen, Gabriel? Du liebst deine Arbeit doch!«

Leise, damit die Kinder ihn nicht hören konnten, erwiderte er: »Aber dich liebe ich mehr, Sarah! Ich ertrage den Gedanken nicht, fern von dir zu sein. Habe ich eine Arbeit in Kingscote, kann ich immer unter einem Vorwand die Ashbys oder Evan und die Kinder besuchen, und dann kann ich dich sehen.«

Amelia freute sich unbändig, hatte ihr doch vor dem Tag gegraut, an dem Gabriel nach Cape du Couedic zurückkehren würde.

Als Gabriel später nach Charity Cottage ging, um sich umzuziehen, saß Lance in der Küche und las die Zeitung.

»Ich habe Miss Jones heute kennen gelernt«, sagte er beiläufig.

»Ich weiß. Sie sagte, dass du drüben warst«, erwiderte Gabriel. Der Ausdruck in Lance' Augen gefiel ihm gar nicht.

Dass Gabriel und Miss Jones offenbar über alles sprachen, als wären sie ein Paar, überraschte Lance nicht. »Jetzt ist mir klar, warum du den Finnlays so treu ergeben bist«, neckte er ihn.

»Spar dir deine Anspielungen, Lance«, knurrte Gabriel. »Ich habe größten Respekt vor Evan. Er hat es verdammt schwer gehabt nach Janes Tod. Und ich respektiere auch Miss Jones.«

»Selbst ein Blinder würde sehen, was für eine außergewöhnlich schöne Frau sie ist«, fuhr Lance fort.

Gabriel erwiderte nichts darauf. Er hatte Angst, jedes Wort könnte seine Gefühle für seine Sarah verraten.

Sein beredtes Schweigen bestärkte Lance in seiner Vermutung, dass Gabriel sich in Sarah Jones verliebt hatte. Natürlich würde er keine ernsten Absichten haben – schließlich war sie eine Strafgefangene –, aber vielleicht hatten sie eine heimliche Affäre.

Gabriel wechselte das Thema. »Deine Mutter hat mir erzählt, du gehst mit Olivia Horn aus.«

»Ja, stimmt.«

»Ist es etwas Ernstes?«

»Noch nicht«, antwortete Lance achselzuckend. »Aber es könnte was werden.«

Gabriel nickte. »Olivia ist ein reizendes Mädchen.«

»Und wie sieht es bei dir aus? Gibt es in deinem Leben jemand Bestimmtes?«, fragte Lance und beobachtete Gabriel aus zusammengekniffenen Augen.

»Möglich«, erwiderte er ausweichend. »Aber es ist noch zu früh für eine offizielle Ankündigung. Entschuldige mich bitte.« Damit verließ er das Haus.

Lance war wie vom Donner gerührt. »Eine offizielle Ankündigung?«, murmelte er vor sich hin. »Das kann doch nicht sein Ernst sein! Eine Beziehung mit einer Zuchthäuslerin? Ich glaub's einfach nicht!«

Draußen vor der Tür blieb Gabriel stehen und holte tief Luft. Das war knapp gewesen! Er wünschte, er könnte sich Edna und Charlton anvertrauen, da beide gute Freunde waren. Doch Lance' Worte hatten ihm ins Bewusstsein zurückgerufen, dass seine Sarah für die meisten nichts weiter als »die Zuchthäuslerin« war. Er nahm sich vor, Lance Ashby im Auge zu behalten.

27

KINGSCOTE

»Kann ich dich etwas fragen, Onkel Charlton?« Nach dem Frühstück war Ednas Mann in den Stall gegangen, um das Pferd zu füttern. Sarah war ihm gefolgt. Charlton hielt sich oft im Stall auf und redete mit seinem Pferd. Vermutlich war er ganz froh, hin und wieder der »Weiberwirtschaft« im Haus zu entrinnen.

»Sicher, Amelia. Was möchtest du denn wissen?«

»Wann wird der Nachlass meiner Eltern geregelt sein?«

Charlton sah sie befremdet an. »Das kann ich dir nicht sagen.«

Als sie seinen Gesichtsausdruck bemerkte, wurde Sarah bewusst, wie gefühllos ihre Frage geklungen haben musste. Sie setzte eine bekümmerte Miene auf und sagte leise: »Weißt du, solange alles in der Schwebe ist, habe ich das Gefühl, keinen neuen Anfang machen zu können. Ich kann weder Zukunftspläne schmieden noch meine Trauer überwinden.«

»Ich verstehe, mein Kind«, erwiderte Charlton. »Hast du die Absicht, uns schon bald wieder zu verlassen?«

»Aber nein, Onkel«, schwindelte Sarah. »Ich würde gern ein wenig reisen, damit die schrecklichen Erinnerungen verblassen, aber dann würde ich wieder zurückkommen. Natürlich nur, wenn es euch recht ist.«

»Wir würden uns freuen, mein Kind! Hast du dir denn schon ein Reiseziel ausgesucht?«

Sarah schüttelte den Kopf. »Noch nicht.«

»Eine junge Frau wie du sollte nicht allein unterwegs sein, das ist viel zu gefährlich. Edna könnte dich begleiten.«

Sarah stockte das Herz vor Schreck, doch sie versuchte, sich nichts anmerken zu lassen. Sie konnte doch nicht mit Edna im Schlepptau ihre Familie in England besuchen! Nein, sie musste einen Weg finden, sich klammheimlich aus dem Staub zu machen. Innerlich stieß sie einen tiefen Seufzer aus. Wäre das Vermögen, das ihr zufiel, nicht so riesig, wäre sie wahrscheinlich längst geflüchtet.

»Ich bin sicher, Brian Huxwell wird bald von sich hören lassen«, fuhr Charlton fort. »Er sagte, sobald die Papiere unterschrieben seien, gehe alles ganz schnell. Du bist dir hoffentlich im Klaren darüber, dass einige wichtige Entscheidungen anstehen, was den Grundbesitz betrifft.«

»Ja, Onkel Charlton. Aber ich habe ja dich. Du wirst mir dabei helfen, nicht wahr?«, schmeichelte sie ihm. Sie hatte die Absicht, den Grundbesitz der Divines schnellstmöglich zu Geld zu machen. Und obwohl es ein Kinderspiel für sie war, Charlton um den Finger zu wickeln, fürchtete sie, er könnte sich gegen ihre Pläne stellen.

»Natürlich, mein Kind. Ich werde dir helfen, so gut ich kann«, sagte er.

»Danke, Onkel.«

Sarah ging in ihr Zimmer zurück. Seit Amelia Divine zwei Tage zuvor nebenan eingezogen war, hatte Sarahs innere Unruhe sich ins Unerträgliche gesteigert. Sie konnte nicht mehr schlafen; ja, sie hatte manchmal das Gefühl, jeden Moment einen Nervenzusammenbruch zu bekommen. Als sie in der Nacht zuvor erneut wach gelegen hatte, war sie zu dem Schluss gekommen, dass es keinen Sinn hatte, ständig darüber nachzugrübeln, ob Amelia ihr Gedächtnis wiedererlangen würde oder nicht. Sie musste sich Klarheit verschaffen, musste wissen, was in Amelias Kopf vorging – und das konnte sie nur, wenn sie Amelias Nähe suchte. Im Gefängnis hatte Sarah gelernt, dass man sich an seine Feinde heranmachen und ihr Vertrauen gewinnen musste; nur so fand man heraus, was sie im

Schilde führten. Doch wie sollte sie das anfangen, nachdem sie jedem, der es hören wollte, unmissverständlich erklärt hatte, was für ein schlechter Mensch diese junge Frau sei, die Schuld an Lucys Tod trug?

Und noch etwas war ihr klar geworden: Es brachte nichts, wenn Amelia nach Van-Diemens-Land zurückgeschickt wurde, weil der Gefängnisdirektor und die Wärter sofort merken würden, dass es sich nicht um die echte Sarah Jones handelte.

Ein Einspänner rollte die Einfahrt herauf und am offenen Fenster von Sarahs Zimmer vorbei. Sie erkannte Dr. Thompson. Edna war hinter dem Haus. Sarah hörte, wie sie den Arzt begrüßte.

»Wie geht es meinem Patienten?«, fragte Dr. Thompson. »Es ist mir gar nicht recht, dass ich drei Tage lang nicht nach ihm sehen konnte, aber ich musste auf der Albright-Farm bleiben. Margaret hat Zwillinge bekommen, und es war eine schwere Geburt.«

»Machen Sie sich deswegen keine Gedanken, Dennis. Milo geht es jeden Tag besser. Wie geht es Margaret?«

»Sie ist wohlauf. Und ihre beiden Söhne auch.«

»Das freut mich sehr«, sagte Edna. Die Erleichterung war ihrer Stimme anzuhören. »Milo ist nebenan.«

»Oh! Dann sind die Finnlays also schon da.«

»Die Kinder und Evan Finnlays Farmhelferin sind am Sonntag gekommen. Evan kommt zu Pferd nach, weil sie das Tier nicht auf das Schiff verladen konnten. Charlton und ich wollten eigentlich gerade in die Stadt, aber ich begleite Sie gern hinüber. Dann kann ich Ihnen Miss Jones vorstellen, Evans Helferin. Sie kümmert sich um die Kinder, bis er da ist. Sie erinnern sich doch, Dennis – ich habe Ihnen von der jungen Frau erzählt. Sie wurde zusammen mit meinem Mündel von der *Gazelle* gerettet.«

»Ich erinnere mich, ja. Aber ich will Sie nicht aufhalten, Edna, gehen Sie ruhig. Miss Jones und ich machen uns selbst miteinander bekannt. Kann ich den Buggy hier solange stehen lassen?«

»Aber natürlich.«

Sarah begann am ganzen Körper zu zittern. Amelia würde dem Arzt natürlich von ihrem Gedächtnisverlust erzählen. Was, wenn er ihr helfen konnte, das Gedächtnis wiederzuerlangen?

Dennis ging nach Faith Cottage hinüber, klopfte an die Hintertür und rief: »Hier ist Dr. Thompson! Darf ich hereinkommen?«

Amelia hatte ihn schon erwartet, weil Edna erklärt hatte, er werde wohl noch vorbeischauen. »Ja, kommen Sie nur, Doktor!«

Milo, der mittlerweile an Dennis Thompsons Besuche gewöhnt war, lief ihm freudig entgegen. Dennis hörte Herz und Lunge ab, befühlte Milz- und Nierengegend und sah ihm prüfend in die Augen. »Mir scheint, der junge Mann ist vollständig genesen«, meinte er dann.

»Gott sei Dank! Da wird sein Vater erleichtert sein.« Und auch Amelia fiel ein Stein vom Herzen.

»Ich möchte ihn trotzdem noch einige Wochen beobachten. Aber es reicht, wenn ich ihn alle paar Tage sehe. Falls sein Zustand sich in der Zwischenzeit wider Erwarten verschlechtert, verständigen Sie mich sofort. Edna Ashby wird Ihnen sagen, wo Sie mich finden.«

»Vielen Dank, Doktor. Was könnte ihn so krank gemacht haben?«

Der Arzt runzelte die Stirn. »Ich nehme an, er hat irgendein Gift aufgenommen. Vielleicht hat er giftige Beeren gepflückt und sie sich in den Mund gesteckt.«

»Das kann ich mir nicht vorstellen. Nicht bei Milo.« Mehr denn je war Amelia überzeugt, dass Carlotta für die Erkrankung des Jungen verantwortlich war. Und sie war sicher, dass die Italienerin genau gewusst hatte, was sie tat. Wahrscheinlich hatte sie dem Keks, den sie eigens für Milo gebacken hatte, und ihrem Brot irgendein giftiges Kraut beigemischt. Amelia ballte die Fäuste vor ohnmächtigem Zorn, fühlte sich aber gleichzeitig schuldig, weil sie der Grund für Carlottas Tat war. Die Italienerin hatte sie loswerden wollen, deshalb hatte sie Milos Leben aufs Spiel gesetzt.

»Geht es den anderen Kindern gut?«, erkundigte sich der Arzt.

Amelia nickte. »Ja, ausgezeichnet.« Sissie war mit den Mädchen spazieren gegangen.

»Keine Erkältungen oder fiebrige Erkrankungen?«

»Nein.«

»Haben sie sich schon eingelebt?«

»O ja. Sie sind immer noch ganz aufgeregt, weil alles so neu ist. Und sie können es kaum erwarten, zur Schule zu gehen und andere Kinder kennen zu lernen.«

Der Arzt nickte. »Das kann ich mir denken. Woher kommen Sie eigentlich, Miss Jones?«

Amelia starrte ihn verdutzt an. »Ich?«

»Ja. Sie sind doch Engländerin, nicht wahr? Aus welchem Teil des Landes kommen Sie?«

»Ich ... ich weiß nicht.«

Dr. Thompson machte ein verwirrtes Gesicht. »Sind Sie Waise?«

»Nein.« Amelia errötete. »Ich war im Gefängnis.«

»Das ist mir bekannt, Miss Jones, aber Sie sind doch sicher nicht als Kind inhaftiert worden.« Dem Arzt fielen ihre kultivierte Art auf und ihr freundliches Wesen. Sie konnte unmöglich so lange im Gefängnis gewesen sein, dass sie vergessen hatte, woher sie kam.

»Nein, man sagte mir nur, ich sei fünf Jahre im Zuchthaus in Van-Diemens-Land gewesen, bevor ich hierher geschickt wurde.«

»Man sagte es Ihnen?«, fragte der Arzt verwirrt.

Amelia nickte. »Ich selbst kann mich nicht daran erinnern. Ich habe das Gedächtnis verloren.«

Dr. Thompson blickte überrascht auf. »Wann ist das geschehen?«

»Als Miss Divine und ich von der *Gazelle* gerettet wurden. Gabr... ich meine, der Leuchtturmwärter hat uns mit der Winde die Klippe hinaufgezogen, und dabei habe ich mir den Kopf am

Fels angeschlagen. Als ich wieder zu mir kam, konnte ich mich an nichts mehr erinnern. Ich wusste weder meinen Namen, noch woher ich kam. Miss Divine hat mich identifiziert.«

»Darf ich mir Ihren Kopf einmal ansehen?«, fragte der Arzt.

»Ich habe kein Geld, Dr. Thompson«, sagte Amelia und errötete aufs Neue. »Ich kann Sie nicht bezahlen.«

»Das sollen Sie auch nicht, Miss Jones«, erwiderte der Arzt freundlich. Er untersuchte sie und tastete behutsam die Stelle ab, wo sie mit dem Kopf gegen den Fels geprallt war. »Scheint alles in Ordnung zu sein«, murmelte er. »Leiden Sie häufig an Kopfschmerzen?« Er blickte ihr prüfend in die Augen, um festzustellen, ob ihre Pupillen geweitet waren.

»Nur wenn ich mich angestrengt zu erinnern versuche.«

Der Arzt wirkte ratlos.

»Wird mein Erinnerungsvermögen jemals zurückkehren, Dr. Thompson?«, fragte Amelia zaghaft.

»Schwer zu sagen. Mir sind in meiner Praxis bisher nur sehr wenige Fälle von Amnesie untergekommen, aber ich weiß, dass jeder Fall anders gelagert ist. Manche Personen haben bloß kleine Erinnerungslücken, anderen wiederum fehlt jede Erinnerung. Ich hatte mal einen Patienten, der eine Treppe hinuntergefallen und mit dem Kopf aufgeschlagen war. Wochenlang konnte er sich an nichts mehr erinnern, nicht einmal daran, dass er Frau und Kinder hatte. Dann, eines Tages, schlug er sich den Kopf an einer Schranktür an, und plötzlich fiel ihm alles wieder ein. Das soll aber nicht heißen, dass ich Ihnen verordne, mit dem Kopf gegen die Wand zu laufen«, fügte er halb im Scherz hinzu.

Amelia lächelte gequält.

»Ist seit dem Vorfall denn irgendeine Erinnerung zurückgekehrt, und sei sie noch so winzig?«

»Leider nein. Hin und wieder taucht bruchstückhaft ein Bild vor mir auf. Als ich auf Cape du Couedic war, stellte ich plötzlich fest, dass ich Französisch spreche und Italienisch verstehe.«

»Das ist ein gutes Zeichen! Sie müssen Geduld haben, Miss Jones.«

Amelia seufzte. »Eben das fällt mir so schwer. Wenn ich wüsste, dass mein Erinnerungsvermögen irgendwann zurückkehrt, wäre das Warten leichter zu ertragen. Es ist die Ungewissheit, die mich verrückt macht.«

»Ich kann leider keine Prognose stellen.« Der Arzt schüttelte bedauernd den Kopf. »Noch kann Amnesie nicht behandelt werden, aber ich werde an einen Kollegen in Amerika schreiben, der auf diesem Gebiet mehr Erfahrung hat. Vielleicht kann er mir weiterhelfen.«

Amelia sah einen Hoffnungsschimmer. »Das ist sehr nett von Ihnen, Dr. Thompson«, sagte sie lächelnd.

»Versuchen Sie, nicht zu viel darüber nachzudenken. Es ist zwar nur eine Vermutung, aber ich glaube, je entspannter Sie sind, desto wahrscheinlicher ist es, dass Ihre Erinnerungen wiederkehren.«

Als Dr. Thompson zu seinem Buggy zurückging, wartete Sarah auf ihn. Amelia hatte ihm bestimmt von ihrem Gedächtnisschwund erzählt, und sie musste wissen, ob es seiner Ansicht nach möglich war, dass sie ihre Erinnerungen wiedererlangte. Ihre ganze Zukunft hing davon ab.

»Hallo, Amelia!«, rief Dennis ihr lächelnd zu.

»Guten Morgen, Dr. Thompson. Wie geht es Milo?« Ihr Lächeln wirkte aufgesetzt, und sie bemühte sich vergeblich, ihre Nervosität zu unterdrücken.

»Oh, er hat sich prächtig erholt. Und er ist überglücklich, seine Geschwister wieder um sich zu haben.« Dennis fand, die junge Frau machte einen angespannten Eindruck. Doch eine gewisse innere Unruhe hatte er ja früher schon an ihr bemerkt.

»Tante Edna sagt, Milo hängt sehr an der Frau, die sich um ihn und die Mädchen kümmert«, fuhr Sarah betont beiläufig fort.

»Ja, den Eindruck habe ich auch.« Dennis stellte seine Arzttasche in den Buggy.

»Vielleicht hat sie ja selbst Kinder«, bemerkte Sarah, als wäre der Gedanke ihr gerade erst gekommen.

»Da sie um die zwanzig sein muss und fünf Jahre im Gefängnis war, erscheint mir das eher unwahrscheinlich. Die meisten Frauen haben mütterliche Instinkte. Deshalb kann sie auch so gut mit den Finnlay-Kindern umgehen. Eines Tages, wenn Sie eigene Kinder haben, werden Sie das selbst feststellen.« Er lächelte ihr zu und kletterte in den Einspänner.

Ein Anflug von Panik erfasste Sarah. Er durfte noch nicht gehen! Sie musste mehr in Erfahrung bringen! »Dr. Thompson ... ich weiß, Sie dürfen nicht über Ihre Patienten reden, aber Sie wissen ja, dass nur Miss Jones und ich den Untergang der *Gazelle* überlebt haben; deshalb gibt es eine besondere Beziehung zwischen uns...«

»Ja, das kann ich verstehen«, erwiderte er und fragte sich, worauf sie hinauswollte. Irgendetwas bedrückte diese Frau, das lag auf der Hand.

»Wird sie ihr Gedächtnis jemals wiedererlangen?«, platzte Sarah heraus.

»Miss Jones hat mir vorhin die gleiche Frage gestellt. Da sie genau genommen keine Patientin von mir ist, verstoße ich auch nicht gegen meine Schweigepflicht, wenn ich Ihnen sage, was ich ihr geantwortet habe. Ich kann keine Prognose stellen. Es kann sein, dass ihr Erinnerungsvermögen plötzlich zurückkehrt, es kann aber auch sein, dass es für immer verloren ist. Es gibt keine medizinischen Untersuchungsmethoden, um das festzustellen. Ich weiß nicht, ob Sie ein gläubiger Mensch sind, Amelia, aber das liegt allein in Gottes Hand. Entschuldigen Sie mich jetzt bitte, meine Patienten warten. Guten Tag.« Er nickte ihr zu, ließ das Pferd antraben, wendete den Buggy und fuhr die Auffahrt hinunter.

»In Gottes Hand!«, schnaubte Sarah verächtlich. »Meine Zukunft liegt in *ihrer* Hand, und das passt mir ganz und gar nicht!«

Es dauerte den ganzen Tag, bis Sarah all ihren Mut zusammengenommen und beschlossen hatte, nach Faith Cottage zu gehen. Unzählige Male hatte sie im Geiste durchgespielt, was sie zu Amelia sagen würde. Es sei an der Zeit, einen Schlussstrich unter die Vergangenheit zu ziehen, würde sie sagen; schließlich gehe das Leben weiter. Das Schwierigste an der ganzen Sache wäre für Sarah, so zu tun, als ob sie selbst daran glaubte. Sie könnte Amelia niemals vorschlagen, ihre Freundin zu werden, aber es war wichtig, dass sie künftig wenigstens miteinander sprachen, damit sie, Sarah, auf dem Laufenden war, falls Amelias Zustand sich änderte.

Nachdem sie sich mit zwei Gläsern Sherry Mut angetrunken hatte, machte sie sich nach dem Abendessen auf den Weg. Ich werde ihr sagen, was ich zu sagen habe, und wieder gehen, nahm Sarah sich vor. Sie würde Amelia vorschlagen, dass sie beide sich wie zwei erwachsene Menschen benähmen; an der Vergangenheit könnten sie ohnehin nichts ändern und auch nicht daran, dass sie jetzt Tür an Tür wohnten. Sie könne ihr zwar nicht vergeben, was sie getan habe, würde sie zu Amelia sagen, aber sie beide sollten imstande sein, die Situation mit der ihrem Alter angemessenen Reife zu bewältigen. Dann ist das Eis gebrochen, sagte sich Sarah, und ich kann mit ihr reden, wenn ich sie im Garten sehe. Und es wird ihr dann nicht seltsam erscheinen, wenn ich sie frage, ob sie sich an irgendetwas erinnern kann.

Sarah holte noch einmal tief Luft und stahl sich unbemerkt aus dem Haus. Leise schlich sie sich an die Hintertür von Faith Cottage. Ihr Magen krampfte sich vor Aufregung zusammen. Durch die Fliegengittertür konnte sie sehen, dass Licht in der Küche brannte. Sie hatte schon die Hand gehoben, um anzuklopfen, als sie Gabriel erblickte. Unwillkürlich fuhr sie zurück. Während sie noch überlegte, was sie tun sollte, beobachtete sie, wie er Amelia in die Arme nahm und leidenschaftlich küsste.

Fassungslos beobachtet sie die beiden einen Augenblick lang. Dann wandte sie sich um und flüchtete. Nach ein paar Schritten packte sie die Wut. Wieso hatte Amelia ihr Glück gefunden und sie nicht? Was für eine Ungerechtigkeit! Lance hatte sie noch nicht einmal geküsst! Als Sarah Hope Cottage erreichte, ging sie eine Zeit lang vor dem Eingang auf und ab, während sie vor Zorn und Eifersucht kochte. Nicht nur, dass Amelia die Schönere war – jetzt hatte sie auch noch einen gut aussehenden Mann gefunden, der sie liebte!

Ich habe ihren Namen und ihre Identität angenommen, dachte Sarah, aber sie hat trotzdem alles, was ich nicht habe. Das war so ungerecht! Evan Finnlay musste unbedingt erfahren, was da vor sich ging... doch wenn er Amelia nach Van-Diemens-Land abschieben ließe, wäre Sarah auch nicht geholfen, ganz im Gegenteil: Dann würde der Schwindel sofort auffliegen. Dennoch wollte sie auf keinen Fall mit ansehen, wie Amelia das Glück genoss, das sie für sich selbst ersehnte.

Plötzlich kam Sarah eine Idee. Edna wäre bestimmt außer sich, wenn sie wüsste, dass Gabriel eine Affäre mit einer Zuchthäuslerin hatte. Sarah frohlockte. Sie ging ins Haus und fand Edna im Salon. Sie war allein; Charlton besuchte einen kranken Freund.

Als Edna aufblickte und das leichenblasse Gesicht ihres Mündels sah, sagte sie besorgt: »Meine Güte, Amelia! Fehlt dir etwas? Du siehst aus, als hättest du ein Gespenst gesehen!«

»Viel schlimmer, Tante. Ich habe gerade gesehen, wie euer Freund Mr Donnelly Miss Jones geküsst hat.«

»Was?« Edna traute ihren Ohren nicht. »Das kann nicht sein. Du musst dich getäuscht haben, mein Kind!«

»Nein, Tante.«

Fassungslosigkeit spiegelte sich auf Ednas Gesicht. »Wo... wo hast du die beiden denn gesehen?«, stammelte sie.

»Ich wollte Miss Jones einen Besuch abstatten. Ich kann ihr zwar nicht verzeihen, was sie getan hat, aber euretwegen wollte ich ihr vorschlagen, dass wir wie zivilisierte Menschen miteinander umgehen. Ihr seid so gut zu mir, du und Onkel Charlton; deshalb wollte ich um euretwillen versuchen, das Zusammenleben für uns alle leichter zu machen.« Sarah konnte Edna ansehen, wie gerührt sie war. »Ich wollte gerade anklopfen, als ich Mr Donnelly in der Küche sah.«

»Er wollte sich bestimmt nur vergewissern, dass mit den Kindern alles in Ordnung ist«, sagte Edna.

»Das dachte ich zuerst auch, aber dann... dann hat er Miss Jones in die Arme genommen und geküsst.«

Edna wurde blass. »Doch nicht etwa vor den Kindern?«, rief sie bestürzt.

»Gesehen habe ich sie nicht. Ich nehme an, sie waren in ihren Zimmern.«

Edna schüttelte entgeistert den Kopf. »Was hat Gabriel sich nur dabei gedacht?«

»Das ist es ja, Tante. Er wird doch hoffentlich nicht glauben, die Beziehung mit einer *Zuchthäuslerin* sei schicklich«, stichelte Sarah, damit Edna die Brisanz des Vorfalls auch wirklich deutlich wurde.

»Natürlich nicht!«, erwiderte Edna heftig und warf einen Blick auf die Kaminuhr. »Ich werde drüben bei Lance auf ihn warten. Lance ist bei Olivia, er kommt bestimmt nicht so schnell nach Hause.«

Der letzte Satz versetzte Sarah einen schmerzhaften Stich. Dennoch triumphierte sie innerlich, weil Edna entschlossen schien, der Liebelei zwischen Gabriel und Amelia ein Ende zu bereiten.

Edna saß in Lance' Wohnzimmer, als Gabriel hereinkam. Ihr fiel auf, wie glücklich er aussah, und es schmerzte sie, ihn zur Vernunft bringen zu müssen.

Gabriel erschrak, als er sie sah. »Edna! Wartest du auf Lance?«
»Nein, ich habe auf dich gewartet, Gabriel«, sagte sie streng.
»Oh.« Gabriel wusste sofort, dass etwas nicht in Ordnung war. »Was gibt's?«

Edna redete nicht lange um den heißen Brei herum. »Hast du eine Affäre mit Miss Jones?«

Gabriel wurde der Mund trocken, und er schluckte schwer. »Warum fragst du?«

»Beantworte meine Frage, Gabriel. Wir kennen uns nun schon sehr lange Zeit. Ich wäre sehr enttäuscht, würdest du mich anlügen.«

Gabriel ließ sich in den Sessel ihr gegenüber fallen. »Ich würde dich niemals belügen, Edna.« Er verschränkte die Hände ineinander. »Ich liebe Sarah, und sie liebt mich.« Er fühlte sich erleichtert, als er es ausgesprochen hatte. Heimlichtuerei lag ihm nicht, und er hatte ihre Beziehung nur geheim gehalten, um seine Liebste zu schützen.

»Das kann nicht dein Ernst sein!« Edna konnte es nicht fassen. »Zugegeben, sie ist eine bildschöne junge Frau, aber sie ist eine Strafgefangene, die auf Bewährung frei ist!«

»Das weiß ich, Edna. Sie hat einen Fehler gemacht, aber das gehört der Vergangenheit an. Die Sarah, die ich kenne, ist eine wunderbare Frau. Sobald sie ihre Strafe verbüßt hat, werde ich sie bitten, mich zu heiraten.«

Edna machte den Mund auf und klappte ihn wieder zu. »Gabriel, du weißt doch gar nichts von ihr!«, sagte sie beschwörend. »Du ... du bist ein angesehener Bürger dieser Stadt. Du machst dich zum Gespött, wenn du diese Frau heiratest!«

»Das ist mir egal«, erwiderte Gabriel ruhig. »Ich liebe Kangaroo Island, und ich möchte nirgendwo sonst leben, aber wenn die Leute hier Sarah das Leben schwer machen, werden wir von hier fortgehen und woanders von vorn anfangen. Ich könnte keine andere lieben, selbst wenn ich wollte. Mein Herz gehört Sarah, jetzt und für immer.«

Edna schwieg einen Augenblick. »Mir scheint, es ist dir wirklich ernst damit, Gabriel«, sagte sie dann.

»Sehr ernst. Es hat lange gedauert, bis ich Sarah überzeugt hatte, dass sie die Richtige für mich ist. Ich hätte etwas Besseres als eine

Zuchthäuslerin verdient, meinte sie und wies mich immer wieder zurück.«

»Sie ist eine kluge Frau.«

»Sie ist eine selbstlose Frau. Ich weiß, dein Mündel sieht das anders, aber sie kennt Sarah nicht so, wie ich sie kenne. Sie ist wunderbar zu Evans Kindern, und sie ist rücksichtsvoll und warmherzig. Sie ist eine richtige Lady, egal was die Justizbehörden sagen. Sie ist gebildet, und sie hat Anmut und Haltung. Ich liebe alles an ihr!«, schwärmte er.

Edna sah ihn nachdenklich an und war wider Willen gerührt. Gabriel liebte diese Frau; das war nicht zu verkennen.

»Es war nicht meine Absicht, mich in sie zu verlieben«, fuhr Gabriel fort. »Aber du weißt ja – wo die Liebe hinfällt... Ich war todunglücklich, als Sarah mich wegschickte und sagte, es könne keine Zukunft für uns geben. Das Leben erschien mir nicht mehr lebenswert. Ich habe ihr gesagt, ich würde auf sie warten, egal wie lange es dauert. Ich lebe nur für den Tag, an dem wir zusammen sein werden. Sie war bestürzt, als sie erfuhr, dass sie im Zuchthaus gewesen ist und hat beteuert, das könne unmöglich sein – und ich glaube ihr. Deshalb wollte ich dich bitten, deine Beziehungen spielen zu lassen, damit ich mehr Informationen über sie und ihren Fall bekomme. Ich habe bereits vor einiger Zeit an die Gefängnisbehörden geschrieben, aber noch keine Antwort erhalten.«

»Glaubst du immer noch an einen Irrtum?«

»Es kann jedenfalls nicht schaden, Nachforschungen anzustellen«, antwortete Gabriel ausweichend.

»Meine Amelia ist sicher, dass sie sich nicht irrt«, gab Edna zu bedenken.

»Ich weiß.« Gabriel zog die Stirn in Falten. »Deshalb wäre es mir recht, wenn Sarah nichts davon erfährt. Das heißt, falls du uns überhaupt helfen willst. Ich habe ihr schon einmal falsche Hoffnungen gemacht, als ich ihr von dem Brief an Miss Divine erzählte. Das darf nicht noch einmal geschehen.«

»Ich muss gestehen, Charlton und ich waren überrascht, als wir sie kennen lernten. Sie entspricht so gar nicht der Vorstellung, die man sich von einer Zuchthäuslerin macht – im Gegenteil, sie besitzt die Eigenschaften einer Lady. Trotzdem kann sie eine Verbrecherin sein, Gabriel«, sagte Edna mit Nachdruck, um ihm die Augen zu öffnen.

»Und selbst wenn – sie könnte einen guten Grund dafür gehabt haben. Oder man hat sie für etwas verurteilt, das sie nicht getan hat. Es ist diese Ungewissheit, die sie am meisten belastet. Alles ist besser als das!«

»Na schön. Ich werde sehen, was sich machen lässt.« Edna sah ein, dass Gabriel nicht umzustimmen war. Außerdem war sie selbst neugierig geworden.

»Wenn du nur ihr Geburtsdatum oder ihr Alter herausfändest, wäre das schon viel. Und wenn sie wüsste, wo sie geboren wurde und ob sie noch Angehörige hat, wäre sie der glücklichste Mensch auf Erden!«

»Und was ist mit Evan?«, fragte Edna. »Was wird er zu eurer Beziehung sagen? Hast du dir darüber schon mal Gedanken gemacht?«

Gabriel schüttelte den Kopf. »Charlton wird es bestimmt genauso wenig verstehen.«

»Dann ist Miss Jones also der wahre Grund für deinen Umzug nach Kingscote.«

»Nicht nur – obwohl ich ohne sie nicht mehr sein könnte. Aber es gibt noch einen anderen Grund«, fuhr er zögernd fort. »Beim Abendessen gestern wollte ich vor Miss Divine nichts sagen, aber Carlotta stellt mir nach. Ich mag ihren Mann wirklich gern und respektiere ihn, aber die Situation am Cape du Couedic ist unerträglich geworden.«

»Du meine Güte!« Edna schlug die Hände über dem Kopf zusammen. »Dein Leben ist ja ganz schön kompliziert geworden!«

»Das kann man wohl sagen.« Er lächelte gequält. »Noch vor

wenigen Monaten war ich ein Leuchtturmwärter, der ein einsames, aber problemloses Dasein führte. Dann lief die *Gazelle* auf ein Riff, und alles änderte sich schlagartig. Mir tut es Leid um jeden, der bei dem Unglück getötet wurde, aber ich bedaure keine Sekunde, dass Sarah in mein Leben getreten ist.«

Edna seufzte. »Anscheinend bleibt mir nichts anderes übrig, als zu akzeptieren, dass du Miss Jones liebst, Gabriel. Aber denk bitte an Evans Kinder! Ihr wisst hoffentlich, wie ihr euch in ihrer Gegenwart zu benehmen habt.«

»Keine Sorge, Edna. Sarah und ich wissen beide, dass es in den nächsten zwei Jahren für uns nur ein paar gestohlene Augenblicke geben wird.«

Charlton war inzwischen nach Hause gekommen.

»Wie geht es Walter?«, fragte Edna. Walter Braddock war ein guter Freund ihres Mannes. Er litt bereits seit Jahren an Atembeschwerden, an denen seine Vorliebe fürs Rauchen nicht ganz unschuldig war. Doch davon wollte er nichts hören.

»Besser als erwartet. Amelia hat mir gesagt, du wärst drüben bei Lance. Ich dachte, er wollte den Abend mit Olivia Horn verbringen?«

»Das tut er auch. Ich habe mich mit Gabriel unterhalten.«

Charlton musterte seine Frau. »Du machst so ein bedrücktes Gesicht. Ist etwas passiert?«

»Ist Amelia in ihrem Zimmer?«, fragte sie leise zurück.

»Ja.«

Edna schloss die Küchentür und setzte sich an den Tisch. Charlton hatte sich gerade Tee aufgebrüht. »Gabriel ist in Miss Jones verliebt«, sagte Edna mit gedämpfter Stimme. »Und sie in ihn.«

»Was?« Charlton fiel aus allen Wolken.

»Auch ich war anfangs schockiert. Ich wollte ihn zur Vernunft bringen, aber da ist nichts zu machen. Er sagt, sobald sie ihre Strafe verbüßt hat und ein freier Mensch ist, will er sie heiraten.«

Charlton gewann nur langsam seine Fassung wieder. »Und wie ... Hat er es dir von sich aus gesagt, oder hast du Verdacht geschöpft und ihn zur Rede gestellt?«

»Ich hatte keinen blassen Schimmer. Amelia hat heute Abend zufällig gesehen, wie die beiden sich geküsst haben.«

Charlton schüttelte den Kopf. »Er hätte wenigstens so viel Verstand haben sollen, vorsichtig zu sein.«

»Sie stehlen sich ein paar Minuten, solange Evan fort ist. Sobald er da ist, wird es damit vorbei sein.« Als ihr Mann schwieg, fuhr Edna verwundert fort: »Ich dachte, du wärst außer dir vor Empörung!«

»Sie ist eine wunderschöne junge Frau, und Gabriel ist zweifellos ein einsamer Mann«, sagte Charlton nur.

Edna dachte über diese Bemerkung nach. Natürlich, er sah die Situation mit den Augen eines Mannes. Evans Farmhelferin war in der Tat eine schöne Frau, und einer schönen Frau verzieh ein Mann so ziemlich alles.

»Ich weiß gar nicht, was ich Amelia sagen soll. Sie hat von mir erwartet, dass ich der Sache ein Ende mache. Stattdessen zeige ich Verständnis für Gabriel. Er liebt diese Frau wirklich. Er hat mich gebeten, Nachforschungen über ihre Vergangenheit anzustellen ... nur für den Fall, dass sie ihr Gedächtnis nicht wiedererlangen sollte.«

»Erzähl Amelia so wenig wie möglich«, riet Charlton. »Wenn sie dich darauf anspricht, sag ihr, das geht uns nichts an. Wo hat sie die beiden denn gesehen?«

»Sie ist hinübergegangen, weil sie mit Miss Jones Frieden schließen wollte. Angeblich unseretwegen.«

Charlton zog die Augenbrauen hoch. »Das muss sie ziemliche Überwindung gekostet haben.«

»Ja, das denke ich auch.«

»Gabriels größtes Problem wird Evan Finnlay sein. Ich mag mir gar nicht vorstellen, was er dazu sagen wird.« Charlton schüttelte den Kopf. »So wie ich Evan kenne, würde es mich nicht wundern, wenn er Miss Jones nach Van-Diemens-Land zurückschickt.«

Daran hatte Edna überhaupt nicht gedacht. »O Gott!«, rief sie bestürzt. Charlton hatte womöglich Recht. Evan Finnlay war ein Mann mit strengen moralischen Grundsätzen.

28

KINGSCOTE

»Evan wird aller Voraussicht nach heute eintreffen«, sagte Amelia zu Gabriel, als er am anderen Morgen herüberkam. Sie waren allein im Haus. Den Schweinen hatte Amelia bereits ihr Fressen gegeben. Rose und Bess fütterten die Hühner, Jessie half Sissie beim Melken, und Molly passte auf Milo auf, der im Garten mit Steinen und Stöcken spielte.

»Ja, vermutlich«, erwiderte Gabriel dumpf.

Er wirkte erschöpft und besorgt. War er bedrückt, weil es nach Evans Ankunft keine ungestörten Augenblicke mehr für sie beide geben würde? Aber das war ihnen von vornherein klar gewesen. Warum also nahm er es sich so zu Herzen?

»Die Kinder können es kaum erwarten, ihn wiederzusehen«, fuhr Amelia fort. »Sie haben schreckliche Sehnsucht nach ihrem Vater.« Sie hatte Gabriel von Dr. Thompsons Besuch und seinem Verdacht hinsichtlich der Ursache für Milos Erkrankung erzählt.

»Es ist nicht richtig, dass Carlotta ungestraft davonkommt«, fügte sie erbittert hinzu. »Wenn ich irgendeinen Beweis hätte – ich glaube, ich würde es Evan erzählen, damit er sie verklagen könnte! Carlotta hat Milos Leben bewusst aufs Spiel gesetzt!«

»Wenn Evan wüsste, was sie getan hat, wäre es Carlottas Leben, das in Gefahr ist«, erwiderte Gabriel ernst. »Ich kenne Evan. Glaub mir, er würde sie mit eigenen Händen erwürgen! Carlotta hat eine Strafe verdient, aber wie du schon sagst ... wir können nichts beweisen. Und ich glaube nicht, dass sie etwas mit dem Fieber zu tun hatte, das Milo kurz zuvor bekam.«

»Nein, das glaube ich auch nicht.« Amelia seufzte. »Ein Gutes hat das Ganze immerhin bewirkt: den Umzug in die Stadt, wo die Kinder wirklich besser aufgehoben sind.« Innerlich frohlockte sie, dass Carlottas Rechnung nicht aufgegangen war. Sie hatte sie aus dem Weg haben wollen, um Gabriel in aller Ruhe nachstellen zu können, doch jetzt würde er von Cape du Couedic nach Kingscote übersiedeln. Carlotta würde toben vor Wut, wenn sie davon erfuhr; aber es geschah ihr ganz recht. Edgar allerdings konnte einem jetzt schon Leid tun: Carlotta würde ihren Ärger und ihre schlechte Laune an ihm auslassen.

»Vielleicht wird sie ja von einer Windbö erfasst und das Kliff hinuntergeweht«, scherzte Gabriel. Obwohl die Sache keineswegs komisch war, mussten beide lachen. Doch Gabriel wurde sofort wieder ernst.

»Was hast du?« Amelia musterte ihn besorgt. Bereute er, sich mit ihr eingelassen zu haben? Sie war immer noch unsicher, weil sie nicht glauben konnte, dass ein so wunderbarer Mann wie Gabriel sich ausgerechnet in sie, eine verurteilte Diebin, verliebt haben sollte.

Er hielt es für besser, ihr die Wahrheit zu sagen. »Als ich gestern Abend von hier wegging, hat Edna bei Lance auf mich gewartet.«

Amelia stockte der Atem. »Und was wollte sie?«

»Sie hat mich rundheraus gefragt, ob wir beide eine Affäre hätten.«

Amelia erschrak. »Was hast du geantwortet?«

»Edna und ich kennen uns schon seit Jahren«, sagte er seufzend. »Ich konnte sie nicht belügen.«

»Du ... du hast ihr die Wahrheit gesagt?«

»Ja.«

Amelia schwieg einen Moment. »Woher weiß sie es überhaupt?«, fragte sie dann.

»Das hat sie nicht gesagt. Und ich war so überrumpelt, dass ich nicht daran gedacht habe, sie zu fragen.« Ob Polly irgendwann herübergekommen war und durch die Fliegengittertür beobachtet hatte, wie sie sich umarmten?

»Ist sie böse? Hat sie dich gewarnt, du würdest eine Dummheit machen?« Sie konnte sich schon denken, wie Edna reagiert hatte – so wie jeder normale Mensch reagieren würde. Dass ein Mann wie Gabriel sich mit einer Zuchthäuslerin einließ, war schlichtweg unvorstellbar. Wieder überkamen sie Schuldgefühle.

»Zuerst war es ihr unbegreiflich, aber ich habe ihr gesagt, dass wir uns lieben und eines Tages unseren Weg gemeinsam gehen werden, ob in Kingscote oder anderswo.«

Amelia kamen die Tränen. Nie hatte sie Gabriel mehr geliebt als in diesem Augenblick. »Und wie hat sie es aufgenommen?«, fragte sie mit leiser Stimme.

»Sie versteht es«, antwortete er ruhig.

Amelia wischte ungläubig die Tränen fort. »Wirklich? Aber warum machst du dann so ein bedrücktes Gesicht?«

»Edna meinte, Evan hätte wahrscheinlich nicht so viel Verständnis, und damit hat sie völlig Recht.« Gabriel blickte ihr fest in die Augen, als er fortfuhr: »Aber ich muss es ihm sagen, bevor er es von jemand anderem erfährt. Evan und ich sind Freunde, und Freunde sollten aufrichtig zueinander sein. Wenn er nur nicht so strenge Grundsätze hätte! Evan weiß ganz genau, was gut und was schlecht ist. Ich mache mir keine Sorgen um mich, aber er könnte…« Er sprach den Satz nicht zu Ende, doch Amelia verstand auch so: Evan könnte möglicherweise veranlassen, dass sie nach Van-Diemens-Land zurückgeschickt wurde.

Eine Sekunde lang war sie starr vor Schreck. »Sag ihm nichts von uns, Gabriel!«, bat sie dann. »Das dürfen wir nicht riskieren!«

»Wenn er es von jemand anderem erfährt, wäre es noch viel schlimmer, Sarah«, gab er zu bedenken. »Eins der Kinder könnte uns beobachtet haben und sich verplappern, oder Miss Divine verrät ihm etwas. Wenn Edna von uns weiß, dann weiß sie es vermutlich auch.« Sie waren doch so vorsichtig gewesen! Wie Edna das herausgefunden hatte, war ihm ein Rätsel. »Mach dir keine Sorgen«, beruhigte er sie und nahm sie in die Arme. »Nichts wird unserem Glück im Wege stehen. Wir müssen nur Geduld und Vertrauen haben.«

Evan ritt kurz nach dem Mittagessen aufs Grundstück. Er sah fast genauso abgekämpft aus wie das arme Pferd, dessen Flanken schaumbedeckt waren. Die Kinder freuten sich natürlich, ihren Vater wiederzusehen, doch Amelia und Gabriel begrüßten ihn mit gemischten Gefühlen.

Er war noch nicht einmal abgestiegen, als er Amelia fragte, wie es Milo gehe. Sorge und Ungewissheit hatten tiefe Furchen in sein zerknittertes, bärtiges Gesicht gegraben.

»Es geht ihm prächtig«, versicherte Amelia. »Der Arzt hat gesagt, er ist wieder gesund, aber er möchte ihn trotzdem noch einige Zeit alle paar Tage sehen, nur zur Sicherheit.«

Evan fiel eine Zentnerlast vom Herzen. Er schwang ein Bein über den Hals des Pferdes und ließ sich vom Rücken des Tieres rutschen. Ächzend, weil ihm jeder Knochen wehtat, kam er auf die Füße und nahm seinen Sohn in die Arme. Die Mädchen drängten sich um den Vater.

»Wie war der Ritt?«, fragte Gabriel. Amelia fiel die Anspannung in seiner Stimme auf, doch Evan war zu erschöpft, um es zu bemerken.

»Lang und anstrengend«, antwortete er matt. »Der arme Clyde hat sich eine ausgiebige Erholungspause verdient. Und ich rieche über als zehn Tage altes Aas!«

»Ich werde mich um Clyde kümmern.« Gabriel führte das Pferd in den Stall, sattelte es ab, gab ihm sein Futter und rubbelte es trocken. Evan ging unterdessen ins Haus. Amelia, die ihn nicht mit einer selbst gekochten Mahlzeit ärgern wollte, machte ihm ein paar Schinkenbrote und eine Kanne starken Schwarztee. Bis das Wasser für sein Bad warm war, beschäftigte Evan sich mit seinen Kindern, die ihm viel zu erzählen hatten.

Als er gebadet hatte, schlug Amelia vor, er solle sich hinlegen und ein wenig ausruhen. Sie fürchtete den Moment, da Gabriel ihm von ihrer Beziehung erzählen würde, und war deshalb schrecklich nervös. Doch Evan fielen weder ihre Unruhe noch ihre zitternden Hände auf.

»Erst will ich nach den Tieren sehen«, erwiderte er. »Schlafen kann ich heute Nacht.«

Das war typisch für ihn: Erst wenn er sich davon überzeugt hatte, dass auf der Farm alles in Ordnung war, gönnte er sich eine Pause.

Ganz zum Schluss auf seinem Rundgang zu den Ställen und Koppeln suchte er Gabriel auf, der den Pferdestall ausmistete. »Ich weiß gar nicht, wie ich dir für deine Hilfe danken soll, Gabriel. Dich hier zu wissen, war mir eine große Beruhigung.«

Gabriel hatte ein schlechtes Gewissen. Ob Evan immer noch so darüber denken würde, wenn er ihm gestanden hatte, dass er und seine Farmhelferin sich liebten? »Das habe ich gern getan«, wehrte er ab. »Die Kinder haben dich vermisst, aber sie haben sich schon gut eingelebt.«

Evan nickte. »Das ist Sarahs Verdienst. Ich hätte nie gedacht, dass ich das einmal sagen würde, aber sie hat den Kindern, vor allem meinen Ältesten, unglaublich gut getan. Ich weiß, ich bin ein Dickschädel, und ich muss zu meiner Schande gestehen, dass ich keine Rücksicht auf die Bedürfnisse der Kinder genommen habe. Sie sind jetzt in einem Alter, wo nur eine Frau ihnen gewisse Dinge erklären kann. Ich weiß nicht, was ich ohne Sarah getan hätte. Heute schäme ich mich dafür, dass ich anfangs gedacht habe, sie sei zu nichts nütze.« Evan schüttelte seufzend den Kopf. »Wenn sie nur besser kochen könnte!«

Gabriel antwortete nichts darauf. Es war ihm völlig gleichgültig, ob sie kochen konnte oder nicht – er würde jeden Tag alles roh verzehren, wenn er nur in ihrer Nähe sein durfte!

»Wann fährst du nach Cape du Couedic zurück? Ich will deine Zeit nicht länger als nötig in Anspruch nehmen«, fuhr Evan nach kurzem Schweigen fort.

»Ich fahre morgen mit der *Swordfish*, werde aber bald wieder nach Kingscote zurückkommen«, sagte Gabriel. »Ich trete eine Stelle als Schiffslotse in der Nepean Bay an.«

»Was?« Evan sah ihn verblüfft an. »Deine Dienstzeit als Leuchtturmwärter ist doch noch gar nicht zu Ende, oder?«

»Nein, aber Edgar schafft es auch ohne mich, und seine Frau kann ihm helfen.« Von den Problemen mit Carlotta brauchte Evan nichts zu erfahren.

»Du hast Recht.« Evan nickte. »Falls es ihm zu viel wird, kann er sich immer noch eine Vertretung suchen. Es freut mich, dass du hierher ziehst!«, fügte er hinzu und schlug Gabriel auf die Schulter.

Gabriel bekam Herzklopfen vor Aufregung. Evan hatte ihm unbeabsichtigt das Stichwort für die Überleitung zu seinem Geständnis geliefert, das der wahre Grund für seine Übersiedlung in die Stadt war: Sarah. »Evan, ich muss dir etwas sagen«, begann er düster.

»Was denn?« Evan dachte, es habe mit den Kindern oder dem Vieh zu tun.

Gabriel holte zittrig Luft. »Ich habe mich verliebt.«

»Tatsache? Und wer ist die Glückliche?«

»Sarah.«

»Was?« Evan glaubte sich verhört zu haben.

»Reg dich bitte nicht auf, Evan.«

»Habt ihr...?«

»Nein, natürlich nicht!« Gabriel sah ihn entrüstet an. Wie konnte Evan nur annehmen, sie hätten eine stürmische Affäre?

»Habt ihr euch vor meinen Mädchen...?«

»Nein, Evan, nie!«, entgegnete Gabriel mit Bestimmtheit. »Sarah und ich werden mit dem Heiraten warten, bis sie ihre Strafe verbüßt hat. Bis dahin werden wir äußerst diskret sein. Ich wollte nur, dass du es weißt, weil ich dich sehr schätze.«

Ein Gedanke schoss Evan durch den Kopf. »Und du hast mir natürlich nur angeboten, meine Familie nach Kingscote zu begleiten, weil du mich so schätzt und nicht etwa, weil du eine günstige Gelegenheit gesehen hast, hinter meinem Rücken Zeit mit Sarah zu verbringen«, bemerkte er sarkastisch.

Gabriel war enttäuscht, dass Evan so schlecht von ihm dachte. »Ich wollte dir helfen, Evan«, sagte er kühl, »und wo ich sowieso schon in der Stadt war, dachte ich, ich sehe mich nach einer Anstellung als Schiffslotse um.«

Evan hörte kaum zu. »Sarah sollte meinen Mädchen ein gutes Vorbild sein«, schäumte er.

»Das ist sie auch, Evan. Das hast du doch gerade selbst gesagt.«

»Da wusste ich noch nicht, dass sie es hinter meinem Rücken mit dir treibt!«

Gabriel verlor allmählich die Geduld. »Zieh unsere Liebe nicht in den Schmutz, Evan«, sagte er ungehalten. »Ich möchte Sarah eines Tages heiraten. Sie hat einen Fehler gemacht, aber soll sie den Rest ihres Lebens dafür büßen? Sie ist eine anständige Frau, das weißt du so gut wie ich!«

»Eine anständige Frau? Ha! Ich habe nicht übel Lust, sie davonzujagen!«, blaffte Evan. Er wandte sich schroff um und stapfte zornig zum Haus hinüber. Gabriel zögerte. Sollte er Evan folgen, nur um sicher zu sein, dass er seine Wut nicht an Sarah ausließ? Dann aber blieb er, wo er war. Evan war müde und ausgelaugt; sobald er sich ausgeruht hätte, würde er bestimmt zur Vernunft kommen.

Amelia warf Evan einen verstohlenen Blick zu, als er das Haus betrat. Sie konnte ihm ansehen, wie aufgebracht er war, und wusste sofort, dass Gabriel ihm von ihrer Beziehung erzählt hatte. Anscheinend hatte Evan es nicht gut aufgenommen. Auch Sissie fiel die zornige Miene ihres Vaters auf. Und ihre Sarah wirkte ungewöhnlich nervös. Doch das Mädchen konnte sich keinen Reim darauf machen.

Amelia stand am Herd und starrte in den Topf, in dem sie Lammfleisch für eine kräftige Brühe auskochte. Sissie ging zu ihr und stellte sich neben sie. Evan, der mit Milo auf dem Schoß am Tisch saß, beobachtete die beiden. Es schien, als wollte seine Tochter die junge Frau beschützen. Das machte ihn nachdenklich, und er fragte sich, warum er so heftig auf Gabriels Geständnis reagiert hatte. Er musste bei aller Wut zugeben, dass seine Farmhelferin eine bildschöne Frau war, und er wusste, wie einsam Gabriel sich fühlte. Dennoch wäre er nie auf den Gedanken gekommen, die beiden könnten sich ineinander verlieben.

Gabriel hat mich überrumpelt, dachte Evan. Deshalb habe ich so reagiert. Er wusste, dass er verbittert war, wenn es sich um die Liebe drehte, konnte aber nichts dagegen tun. Und er kannte auch den Grund für diese Verbitterung: Es war die Gewissheit, nie wieder eine Frau wie Jane zu finden.

Am Abend hatte Evans Laune sich gebessert. Er ging zu Gabriel hinaus, der Holz hackte. »Das kann ich doch jetzt machen«, sagte er.

»Mein Schiff geht erst morgen Früh. Warum soll ich mich bis dahin nicht nützlich machen?«, erwiderte Gabriel. Er war Evan am Nachmittag nach ihrer Auseinandersetzung doch noch zum Haus gefolgt und hatte gelauscht, nur für den Fall, dass er seiner Liebsten hätte zu Hilfe kommen müssen. Doch als es drinnen ruhig geblieben war, hatte er sich schließlich zurückgezogen und war zu Lance' Haus hinübergegangen.

»Du hast hier tagelang die ganze Arbeit für mich erledigt, also ruh dich ein wenig aus. Du hast es dir verdient«, sagte Evan.

Gabriel richtete sich auf und stellte die Axt ab. Da Evan sich augenscheinlich beruhigt hatte, fragte er: »Du wirst Sarah doch nicht nach Van-Diemens-Land zurückschicken, oder?«

»Ich habe nie gesagt, dass ich das tun würde«, gab Evan in seinem gewohnt ruppigen Tonfall zurück. In der ersten Wut hatte er zwar tatsächlich mit dem Gedanken gespielt. Doch als sein Zorn sich gelegt hatte, hatte er zugeben müssen, dass sie das Herz auf dem rechten Fleck trug. Und Gabriel, das wusste er, war ein anständiger Kerl. Obwohl er ihre Beziehung nicht gutheißen konnte, würde er sie dulden, solange die beiden wussten, was sich gehörte.

»Wir wollten uns gar nicht verlieben, Evan. Es ist einfach passiert. Sarah hat mich sogar abgewiesen. Sie ist eine außergewöhnliche Frau.«

»Das spielt keine Rolle. Sie muss ihre Strafe verbüßen, also werdet ihr zwei warten, bis sie ein freier Mensch ist.« Seine Kinder würden Sarah vermissen, wenn sie fortginge – und er ebenfalls, wenn er ehrlich zu sich selbst war. Sollten sie und Gabriel heiraten, würden sie wahrscheinlich in Kingscote bleiben, falls die Leute eine ehemalige Zuchthäuslerin als Gabriels Frau akzeptierten; dann bliebe sie seinen Mädchen wenigstens als Freundin erhalten.

»Das ist mir klar, Evan. Ich werde ihr bis dahin nicht zu nahe treten, du hast mein Wort«, sagte Gabriel feierlich.

Evan brummte etwas Unverständliches und knurrte dann: »Reden wir nicht mehr darüber.« Er sprach nicht gern über Gefühle. »Ich muss nach den Schweinen sehen«, fügte er bärbeißig hinzu.

Die echte Sarah beobachtete die beiden Männer vom Fenster ihres Zimmers aus. Sie konnte nicht hören, was gesprochen wurde, doch Evan wirkte aufgebracht. Ednas Eingreifen schien die Liebesidylle bereits empfindlich gestört zu haben. Sarah triumphierte innerlich. Das geschah dieser hochnäsigen Amelia ganz recht! Beim Frühstück hatte sich Edna auf ihre Frage, was Gabriel zu seiner Verteidigung vorgebracht habe, zugeknöpft gezeigt. Es schicke sich nicht für eine ledige junge Frau, sich mit solchen Dingen zu befassen, hatte sie erklärt. Sarah hoffte nur, Evan werde Amelia in seiner

Wut nicht nach Van-Diemens-Land zurückschicken. Hauptsache, er sorgte dafür, dass die beiden Turteltauben voneinander getrennt wurden.

Edna saß unterdessen in der Küche und schrieb an einen guten Freund der Familie, der vor kurzem zum Direktor des Botanischen Gartens in Hobart Town ernannt worden war. Arthur Boon hatte einen Bruder, der Urkundsbeamter am Obersten Gerichtshof in Hobart war und Zugang zu einer Vielzahl von Informationen hatte. Edna hoffte, Arthur würde über seinen Bruder etwas über diese Sarah Jones in Erfahrung bringen können. Ihre Freunde in England könnten ihr sicher auch helfen, aber es würden Monate vergehen, bis sie Nachricht von ihnen bekäme. Von Arthur könnte sie mit ein bisschen Glück in drei Wochen eine Antwort erhalten.

Am anderen Morgen ging Gabriel zu den Ashbys hinüber, um sich zu verabschieden. Sarah stand in ihrem Zimmer hinter der offenen Tür und lauschte.

»Ich möchte mich noch einmal für eure Gastfreundschaft bedanken«, sagte Gabriel.

»Nichts zu danken«, antwortete Edna freundlich. »Du kommst ja bald wieder, nicht wahr?«

»Ja, schon in ein paar Tagen.«

»Edna hat mir erzählt, du hättest eine Anstellung als Schiffslotse angenommen«, warf Charlton ein. »Freut mich, dass du wieder in die Stadt zurückziehst, Gabriel!« Nach allem, was Gabriel erzählt hatte, kam sein Entschluss nicht überraschend. Charlton war sicher, dass Miss Jones nicht der einzige Grund für Gabriels Rückkehr war. Es schien, als spiele Edgar Dixons Frau eine maßgebliche Rolle bei Gabriels Entscheidung, Cape du Couedic zu verlassen.

»Danke, Charlton. Ich freue mich auch darauf, wieder als Lotse zu arbeiten.«

Polly kam herein. »Entschuldigen Sie, Mr Ashby, aber ich brauche einen Sack Mehl aus der Speisekammer.«

Charlton nickte. »Ich helfe dir, Polly. Ich bin gleich zurück, Gabriel.«

Als ihr Mann und Polly außer Hörweite waren, sagte Edna leise: »Ich habe einen Freund von uns in Hobart Town gebeten, Erkundigungen über Miss Jones einzuholen. Charlton weiß noch nichts davon. Ich möchte erst die Antwort abwarten. Sie dürfte innerhalb der nächsten Wochen eintreffen.«

Sarah packte die Wut, als sie das hörte. Nicht nur, weil Edna sie nicht ins Vertrauen gezogen hatte, sondern weil alle ganz erpicht darauf schienen, dieser verwöhnten, selbstsüchtigen Miss Divine zu helfen. Wer hatte denn ihr, Sarah, Hilfe angeboten, als sie ins Gefängnis gesteckt worden war? Kein Mensch! Amelia hingegen zog selbst als Zuchthäuslerin alle in ihren Bann. Das ist so ungerecht!, schrie eine zornige Stimme in Sarahs Innerem.

Sie überlegte, was Edna herausfinden könnte. Gab es irgendwelche Unterscheidungsmerkmale? Sie und Amelia hatten beide die gleiche Haarfarbe und Statur und waren fast gleich alt. Gab es sonstige Anhaltspunkte, die auf eine vertauschte Identität hindeuteten?

»Ich danke dir, Edna«, sagte Gabriel soeben. »Ich bin für jede Information dankbar, und wenn sie noch so geringfügig ist. Das Geburtsdatum, der Geburtsort, ob sie Angehörige hat ... egal was. Eines Tages wird Sarah gewiss nach England zurückkehren und ihre Familie besuchen wollen, sofern sie eine hat. Es wäre großartig, wenn du ihre Adresse herausbekämst. Vielleicht könnte sie ihnen ja schreiben.«

Sarah schlug erschrocken die Hand vor den Mund.

»Ich habe darum gebeten, mir sämtliche verfügbaren Informationen zukommen zu lassen«, versicherte Edna.

Gabriel bedankte sich abermals. Dann sagte er: »Ich werde meine neue Stelle nächsten Dienstag antreten. Das heißt, ich muss

Montag zurück sein, damit ich mich noch nach einer Unterkunft umsehen kann.«

»Du kannst doch bei Lance wohnen«, schlug Edna vor. »Es ist genug Platz im Haus. Du würdest dein eigenes Zimmer haben. Und Küche, Bad und Wohnzimmer könntet ihr gemeinsam nutzen. Er hat schon einmal ein Zimmer vermietet und ist sehr gut mit seinem Mieter ausgekommen. Lance ist ein sehr umgänglicher Mensch.«

»Das bezweifle ich nicht, Edna. Er hat mir ja auch schon angeboten, wieder bei ihm zu wohnen, aber ich weiß nicht, ob das eine so gute Idee ist. Ich will Evan nicht provozieren.«

»Du hast ihm also von deiner Beziehung zu Miss Jones erzählt.«

»Ja, und er hat sich schrecklich aufgeregt«, erwiderte Gabriel und seufzte. »Ich hatte mir natürlich auch einen denkbar ungünstigen Zeitpunkt ausgesucht. Evan kam gerade zurück und war von dem langen Ritt völlig erschöpft. Aber ich konnte einfach nicht mehr warten. Gestern Abend, als er sich ausgeruht hatte, reagierte er schon ein wenig gelassener. Meine größte Angst war, er könnte Sarah nach Van-Diemens-Land zurückschicken, aber er hat mir versprochen, es nicht zu tun.«

Sarah atmete auf. Jetzt musste nur noch der Nachlass geregelt sein, bevor Edna Nachricht aus Hobart Town bekam!

»Auf Cape du Couedic warst du ja auch Evans nächster Nachbar«, gab Edna zu bedenken. »Weshalb sollte es jetzt auf einmal Probleme geben? Sprich mit Evan darüber, dann hörst du ja, was er dazu meint.«

Gabriel blieb skeptisch. So sehr er sich wünschte, in der Nähe seiner geliebten Sarah zu sein, so wollte er sie doch unter keinen Umständen in Schwierigkeiten bringen. Da Charlton inzwischen von seinem Gang zurückgekehrt war, verabschiedete er sich von den Ashbys und bat sie, ihr Mündel, das sich nicht hatte blicken lassen, von ihm zu grüßen.

Von den Ashbys ging er zu den Finnlays hinüber und klopfte zaghaft an die Hintertür.

»Herein!«, rief Evan. Milo auf den Knien, saß er am Küchentisch.

Amelia spülte das Geschirr ab, als Gabriel eintrat. Da Evan ihn scharf beobachtete, hütete er sich, das Wort an sie zu richten.

»Ich wollte mich verabschieden«, sagte er, ohne auch nur einen Blick in ihre Richtung zu werfen.

Evan schaute flüchtig zu ihr. »Du verlässt uns also.«

Gabriel nickte. »Ja, die *Swordfish* legt um zehn Uhr ab. Kapitän Cartwright wird mich in der Bucht absetzen und dann zum Fang in die Gewässer entlang der Südküste auslaufen.«

»Verstehe. Dann gute Reise. Und nochmals danke, dass du meine Familie hierher gebracht hast.«

»Es war mir ein Vergnügen«, antwortete Gabriel und lief im nächsten Moment rot an, als ihm klar wurde, dass Evan diese Bemerkung vielleicht in den falschen Hals bekam.

Verlegenes Schweigen breitete sich aus.

Schließlich fragte Evan: »Wo wirst du wohnen, wenn du zurückkommst?«

Amelia, die sich das auch schon gefragt hatte, horchte auf.

Gabriel wählte seine Worte mit Bedacht. »Ich weiß noch nicht genau. Lance hat mir angeboten, bei ihm unterzukommen ... aber vielleicht suche ich mir auch eine Unterkunft näher an der Bucht.«

Evan senkte den Blick und starrte auf die Tischplatte, erwiderte jedoch nichts.

»Tja, dann ... auf Wiedersehen.« Gabriel wandte sich zum Gehen. »Ich melde mich, wenn ich zurück bin.« Er war schon auf dem Weg zur Tür, als er seine Sarah endlich ansah. Auch sie schaute ihn an. Verzweiflung spiegelte sich auf ihrem Gesicht, doch Gabriel lächelte aufmunternd. Dann verließ er das Haus.

Amelia wandte sich wieder der Spüle zu. Evan sollte ihre Tränen nicht sehen. Doch er bemerkte, wie ihre Schultern bebten. Er hatte es noch nie ertragen können, wenn eine Frau weinte; deshalb erhob er sich und ging ebenfalls hinaus.

Cape du Couedic

Bei Sonnenuntergang steuerte die *Swordfish* den Anleger in Weirs Cove an. Edgar hatte gerade das Leuchtfeuer angezündet. Bis er die Treppe im Leuchtturm hinuntergestiegen und zum Rand des Kliffs geeilt war, stieg Gabriel bereits die schlüpfrigen Stufen hinauf.

»Willkommen daheim!«, rief Edgar, als er oben angelangt war, und streckte ihm eine helfende Hand entgegen.

»Danke, Edgar!« Gabriel verschnaufte kurz und genoss dabei den herrlichen Blick aufs Meer. Er würde ihn vermissen, aber bei weitem nicht so sehr, wie er jetzt bereits seine Sarah vermisste.

Die beiden Männer flüchteten vor dem niemals nachlassenden Wind in Gabriels Cottage.

»Hätte ich gewusst, dass Sie kommen, hätte ich Ihnen Feuer im Herd gemacht«, sagte Edgar bedauernd. »Wir können gern zu mir, wenn Sie Lust auf eine Tasse Tee haben.«

»Danke, Edgar, ich habe vorhin auf der *Swordfish* schon eine Tasse getrunken. Wie sieht's aus? Ist alles in Ordnung?«

»Bestens. Es ist ruhig gewesen, keinerlei Vorkommnisse, auch nicht auf See.«

»Dann sind Sie also gut allein zurechtgekommen?« Gabriel sah ihn prüfend an.

Edgar nickte. »Die Nächte sind ja kürzer jetzt, da geht es schon.«

»Ich bin froh, dass Sie das sagen. Ich gehe nämlich fort von hier. Ich habe eine Stelle als Schiffslotse in der Nepean Bay angenommen.«

Edgar fiel aus allen Wolken. »Na, das kommt aber sehr überraschend! Sie haben früher schon als Lotse gearbeitet, nicht wahr?«

»Ja, und ich liebe diesen Beruf. Ich lasse Sie nicht gern allein, aber Sie haben ja Carlotta, die Ihnen zur Hand gehen kann. Die meisten Leuchtturmwärter kommen allein zurecht, wenn sie eine Frau als Helferin haben.«

Carlotta war in den letzten Tagen ziemlich guter Dinge gewesen. Sie machte den Eindruck, als wäre sie sehr zufrieden mit sich. Vielleicht würde das Zusammenleben mit ihr erträglicher, wenn nur noch sie beide hier wären. Edgar hoffte es jedenfalls. »Wann reisen Sie ab?«

Sie hatten das Leuchtturmhaus erreicht, und Gabriel ließ den Riemen seiner Reisetasche von der Schulter gleiten. »Ich muss noch meine Sachen durchsehen, ordnen und zusammenpacken. Am Sonntagabend fahre ich. Ich habe Kapitän Cartwright gebeten, bei Sonnenuntergang anzulegen. Natürlich nur, wenn es Ihnen recht ist.«

Edgar nickte. »Natürlich. Ich finde es zwar schade, dass Sie fortgehen, Gabriel, aber ich kann Sie verstehen. Ich freue mich für Sie«, sagte er herzlich.

»Ich danke Ihnen.« Gabriel war gerührt. Warum musste ein netter Kerl wie Edgar mit einer so boshaften Frau gestraft sein? »Ich werde heute die erste Schicht übernehmen, dann können Sie sich ein wenig ausruhen.«

»Das ist nicht nötig«, widersprach Edgar. »Lassen Sie mich ruhig beide Schichten machen, ich muss mich schließlich daran gewöhnen. Außerdem haben Sie noch viel zu erledigen.«

Als Carlotta, die auf der Suche nach ihrem Mann war, Stimmen in Gabriels Cottage hörte, machte ihr Herz einen Hüpfer vor Freude. Eilig lenkte sie ihre Schritte ins Haus.

»Gabriel!«, rief sie strahlend.

Ihre Freude über Gabriels Rückkehr erstaunte Edgar denn doch ein wenig. »Ja, schön, dass er wieder da ist, nicht wahr, Liebes?« Er wandte sich Gabriel zu. »Die Linsen müssen gereinigt werden. Wir sehen uns dann später.«

Gabriel nickte. »In Ordnung.« Er hoffte, Carlotta würde ihren Mann begleiten. Doch das war ein Irrtum.

»Kommst du, Liebes?«, sagte Edgar.

»Geh ruhig schon vor«, antwortete Carlotta, ohne ihren Mann eines Blickes zu würdigen. Edgar schlich wie ein begossener Pudel davon.

»Wenn Sie mich entschuldigen würden, Carlotta, ich habe noch zu tun«, sagte Gabriel schroff. Doch die Italienerin verstand den Wink nicht.

Stattdessen lächelte sie ihn zuckersüß an und fragte: »Wie geht es den Finnlays?«

Gabriel konnte es nicht fassen. Was für eine Unverfrorenheit! Maßlose Wut stieg in ihm auf, als er daran dachte, was der kleine Milo ihretwegen durchgemacht hatte. »Wie können Sie es wagen, mich das zu fragen... nach allem, was Sie Milo angetan haben?«, fuhr er sie an.

Für einen Augenblick legte sich ein schuldbewusster Ausdruck auf ihr Gesicht. »Ich habe keine Ahnung, wovon Sie sprechen«, gab sie dann trotzig zurück.

»Dann werde ich es Ihnen sagen: Sie haben Milo etwas Giftiges zu essen gegeben, nur um Sarah loszuwerden!«

»Was reden Sie denn da! So etwas würde ich nie tun«, rief Carlotta und spielte die Entrüstete.

Edgar war schon auf halbem Weg zum Leuchtturm, als ihm einfiel, dass er Gabriel etwas wegen des Öls für die Lampe hatte fragen wollen. Er drehte um und kehrte zum Cottage zurück. Die Tür war nur angelehnt. Als er nur noch ein paar Schritte entfernt war, hörte er, wie Gabriel zornig die Stimme hob. Seine Anschuldigung, Carlotta habe Evans Sohn zu vergiften versucht, traf Edgar wie ein Keulenschlag. Er blieb wie angewurzelt stehen und lauschte.

»Mir kam Ihr plötzliches Interesse für die Pflanzen auf der Insel gleich merkwürdig vor. Und als Sie gefunden hatten, wonach Sie suchten, haben Sie Kekse für die Finnlay-Kinder gebacken. Milo bekam einen ganz besonderen Keks, nicht wahr? Damit nur er und keins der anderen Kinder krank würde«, sagte Gabriel. »Geben Sie es zu! Der Arzt in Kingscote hat festgestellt, dass Milo irgendein Gift aufgenommen haben muss. Aber wenn Sie glauben, Ihr Plan hätte Erfolg gehabt und Sie wären die Finnlays losgeworden – vor allem Sarah –, damit Sie mich verführen können, haben Sie sich gewaltig getäuscht, Carlotta! Ich werde nämlich auch von hier fortgehen.«

Edgar war wie vor den Kopf geschlagen. Was unterstellte er Carlotta denn da? So etwas würde sie niemals tun!

»Nein! Sie können mich doch nicht hier allein lassen!«, rief Carlotta.

Die abgrundtiefe Verzweiflung in der Stimme seiner Frau versetzte Edgar einen Schock.

»Warten Sie's ab«, entgegnete Gabriel kalt. »Ich habe die Nase voll von Ihren aufdringlichen Annäherungsversuchen. Ich schätze Edgar sehr, als Kollege und als Mensch. Der Tag, an dem er Sie geheiratet hat, war der schwärzeste Tag seines Lebens. Sie sind von Grund auf schlecht! Sarah hat Ihren Ring gar nicht gestohlen, Sie haben ihn nur versteckt, nicht wahr?«

»Na und?«, schleuderte Carlotta ihm hasserfüllt entgegen. »Aber sie hätte ihn stehlen *können*! Ist sie wegen Diebstahls verurteilt worden oder nicht?«

Edgar hatte genug gehört. Er wandte sich um und taumelte zum Leuchtturm. Völlig durcheinander schleppte er sich die Treppe hinauf. Oben ließ er sich auf einen Stuhl fallen und starrte aufs Meer hinaus. Die untergehende Sonne hatte es mit rotem, flüssigem Gold überzogen, doch er hatte keinen Blick für die Schönheit der Natur. Im tiefsten Innern hatte er immer gewusst, dass Carlotta ihn nicht liebte, aber er hatte gehofft, sie würde mit der Zeit seine inneren Werte erkennen und schätzen lernen und Zuneigung für ihn entwickeln. Jetzt kam er sich wie ein ausgemachter Trottel vor. Fast noch schlimmer war der Vorwurf, Milo Gift verabreicht zu haben. Der Gedanke, dass er ihr auch noch bei der Suche nach der geeigneten Pflanze geholfen hatte, war mehr, als er ertragen konnte.

Kingscote

»Wo ist Vater?«, fragte Lance, als er am Abend herüberkam.

»Nebenan bei Evan«, antwortete Edna. »Die beiden haben nach dem Weizen gesehen.«

»Und, ist er schon reif?«

»Eigentlich sollte er noch eine Weile stehen bleiben, aber für die nächsten Wochen ist viel Regen vorhergesagt, und dein Vater hat Angst, das Korn könnte verfaulen. Ich denke, er wird Evan raten, die Ernte schnellstens einzubringen. Sie werden dann zwar keinen so guten Preis dafür erzielen, aber ein bisschen Geld ist besser als gar keins, und wenn das Korn verfault, bekommen sie nichts.«

Lance wiegte zweifelnd den Kopf. »Eine so große Ernte einzubringen ist für einen Einzelnen ein hartes Stück Arbeit, zumal für einen im Getreideanbau unerfahrenen Farmer wie Evan Finnlay. Gabriel sagte, er hätte bisher nur Vieh gehalten.«

»Dein Vater wird ihm sicher dabei helfen.«

»Ich könnte mir ja ein paar Tage freinehmen und den beiden zur Hand gehen«, schlug Lance vor. »Es ist zurzeit nicht viel los in der Bank.«

Edna lachte laut heraus, was ihr einen vorwurfsvollen Blick ihres Sohnes eintrug. »Ausgerechnet du willst bei der Ernte helfen? Du mit deinen zarten Händen! Du bist körperliche Arbeit doch gar nicht gewohnt.« Sie schüttelte den Kopf.

»Diese Bemerkung nehme ich dir übel, Mutter«, erwiderte Lance verschnupft. Er sah Polly an, die im Begriff war, ihm eine Tasse Tee aufzubrühen. »Für mich nicht, Polly, danke. Ich werde nach nebenan gehen und meine Hilfe anbieten.« Das Kinn trotzig in die Höhe gereckt, stapfte er hinaus.

Sarah war im Salon und hatte alles mit angehört. Sie ahnte, was Lance in Wirklichkeit nach Faith Cottage hinüberzog: Amelia. In ohnmächtigem Zorn ballte sie die Fäuste.

Edna sah ihrem Sohn schmunzelnd nach, und auch Polly musste ein Kichern unterdrücken. Die beiden Frauen bemerkten nicht, wie Sarah hinausschlüpfte und zum Hühnerstall schlich. Sie ließ Lance nicht aus den Augen. Drüben nahm Amelia Wäsche von der Leine ab, faltete sie zusammen und legte sie in einen Korb. Im weichen Licht der Abendsonne sah sie noch bezaubernder aus. Sarah schlug das Herz bis zum Hals, während sie Lance beobachtete. Als er bei Amelia stehen blieb, erstickte Sarah fast an ihrer Eifersucht.

»Sie haben aber viel Wäsche«, sagte Lance zu Amelia.

Erschrocken fuhr sie herum. Sie hatte ihn gar nicht gehört. »Bei sechs Kindern fällt immer etwas zu waschen an«, erwiderte sie freundlich.

Ihre Schönheit verschlug ihm den Atem. Selbst nach einem langen Arbeitstag sah sie noch hinreißend aus. Wer wollte es Gabriel verdenken, dass er sein Herz an sie verloren hatte? »Kommen Sie, ich trage Ihnen den Korb ins Haus«, sagte er und hob ihn hoch.

»Das ist sehr liebenswürdig von Ihnen, aber ich schaffe das schon allein«, entgegnete sie ein wenig verlegen. Ein Glück, dass Evan sich auf der anderen Seite des Getreidefelds aufhielt und die Szene nicht sehen konnte! Sie wollte ihn nicht verärgern.

»Das ist eine gute Übung, wissen Sie«, erklärte Lance. »Ich habe meiner Mutter gerade gesagt, dass ich Evan und meinem Vater bei der Ernte helfen möchte, und da hat sie mich ausgelacht, weil ich körperliche Arbeit nicht gewohnt bin. Ich weiß, ich arbeite in einer Bank, aber so zart sind meine Hände nun auch wieder nicht.«

Ein Lächeln huschte über Amelias Gesicht. Er schmollte wie ein kleiner Junge. »Sie hätten meine Hände sehen sollen in der ersten Zeit auf Evans Farm!«, tröstete sie ihn. »Alles voller Blasen! Meine Handflächen waren eine einzige offene Wunde.«

»Du meine Güte!« Lance schaute sie bestürzt und neugierig zugleich an. Alles an dieser Frau faszinierte ihn. »Sie müssen mir unbedingt mehr darüber erzählen!«

Sarah raste vor Eifersucht. So konnte es nicht weitergehen! Seit Amelia nebenan eingezogen war, nahm Lance kaum noch Notiz von ihr. Sie beschloss, zu einer List zu greifen, die sie eigentlich nicht hatte anwenden wollen: Sie würde Lance hereinlegen, sodass ihm gar nichts anderes übrig bliebe, als sie zu heiraten.

29

CAPE DU COUEDIC

Am anderen Morgen packte Gabriel seine Sachen. Von Carlotta war glücklicherweise nichts zu sehen. Edgar, der die ganze Nacht Dienst getan hatte, schlief bis Mittag und kehrte dann in den Leuchtturm zurück, um ein paar Dinge zu erledigen. Als Erstes stellte er eine Liste jener Vorräte zusammen, die ergänzt werden mussten. Er würde Gabriel die Aufstellung mitgeben, wenn er Sonntag nach Kingscote zurückfuhr. Da nun kein Pferd mehr zur Verfügung stand, um nach Rocky River zu reiten und dort die Post abzuholen, schrieb er als Nächstes an die zuständige Stelle in Kingscote und bat darum, die Post künftig per Schiff zuzustellen. Doch er hatte Mühe, sich zu konzentrieren. Der Streit zwischen Gabriel und Carlotta, den er am Vorabend zufällig belauscht hatte, ging ihm nicht mehr aus dem Sinn.

Am Nachmittag legte Gabriel sich ein wenig hin. Er hatte darauf bestanden, in dieser Nacht die erste Schicht zu übernehmen. Das sei nicht nötig, hatte Edgar ihm versichert, doch Gabriel beharrte darauf: Er wolle ein letztes Mal den Blick vom Leuchtturm genießen, gestand er. Edgar konnte ihn gut verstehen, und so gab er schließlich nach, auch wenn ihn davor graute, die halbe Nacht neben seiner Frau schlafen zu müssen.

Carlotta, der den ganzen Tag zum Heulen zumute war, hatte sich mit Kochen und Backen abgelenkt und war dann früh zu Bett gegangen. Edgar legte sich wenig später ebenfalls hin, damit er Gabriel gegen Mitternacht ablösen könnte. Eine Stunde verging, doch Edgar fand keinen Schlaf. Zu viele schreckliche Gedanken schwirrten ihm durch den Kopf. Auf einmal hörte er, wie Carlotta aus dem Bett schlüpfte. Sie zog sich im Dunkeln an und schlich auf Zehenspitzen hinaus. Edgar folgte ihr. Als sie leise die Haustür öffnete, um ihren Mann nicht zu wecken, war ihm klar, was sie vorhatte.

»Leg dich wieder hin, Carlotta! Auf der Stelle!«, herrschte er sie zornig an.

Zu Tode erschrocken, fuhr sie herum. Sie konnte in der Dunkelheit nur seine Silhouette erkennen. »Ich ... ich wollte nur ein wenig spazieren gehen«, stammelte sie. Es war eine törichte Ausrede, denn es nieselte, und sie hatte sich nicht einmal einen Mantel übergezogen.

»Hast du nicht gehört?«, stieß Edgar drohend hervor. »Du bist meine Frau! Du tust, was ich sage!«

Carlotta starrte ihn fassungslos an. So hatte sie ihren Mann noch nie erlebt.

»Sobald Gabriel fort ist, wirst du in sein Haus ziehen oder das Kap verlassen. Mach, was du willst, in mein Schlafzimmer kommst du mir jedenfalls nicht mehr! Wenn meine Dienstzeit hier um ist, werde ich nach England zurückkehren, und zwar allein, und ich werde zu Gott beten, dass ich vergesse, dir begegnet zu sein!«

Zum ersten Mal im Leben hatte es Carlotta die Sprache verschlagen. Ohne ein Wort eilte sie an ihrem Mann vorbei ins Schlafzimmer und zog sich wieder aus. Edgar folgte ihr. Er hatte das Gefühl, als wäre ihm eine Zentnerlast von den Schultern genommen worden. Die Eheschließung mit Carlotta war der größte Fehler seines Lebens gewesen. Doch er hatte nicht die Absicht, bis ans Lebensende dafür zu büßen. Niemand konnte ihm vorwerfen, er hätte nicht alles versucht. Er hatte nicht erwartet, dass seine Frau ihn liebte, aber zumindest auf ihre Treue hatte er sich verlassen.

Am anderen Tag beschloss Gabriel, zur Farm zu gehen. Evan würde ihn sicherlich fragen, ob er nach dem Rechten gesehen habe. Eines Tages, wenn seine Kinder erwachsen wären, wollte Evan zurückkehren. An einen Verkauf der Farm war ohnehin nicht zu denken – wer wollte schon an einem so abgelegenen Ort wohnen? Außerdem wollte er später an der Seite seiner Jane und des kleinen Joseph beerdigt werden. Er hatte das Gefühl, dorthin zu gehören. Dieser Gedanke tröstete ihn und gab ihm Kraft. Als er die zwei Gräber vor dem Aufbruch nach Kingscote noch einmal besucht hatte, hatte er geschworen, wiederzukommen. Und irgendwie hatte er das Gefühl, Janes Segen zu haben; schließlich handelte er im Interesse ihrer Kinder.

Carlotta beobachtete Gabriel vom Fenster aus. Sie und Edgar waren sich seit dem Vorabend aus dem Weg gegangen. Als sie jetzt sah, dass Gabriel den Pfad zur Finnlay-Farm einschlug, erkannte sie, dass dies wahrscheinlich ihre letzte Gelegenheit wäre, mit ihm allein zu sein. Edgar war oben im Leuchtturm; von dort aus würde er nicht sehen können, wenn sie Gabriel folgte.

Auf der Farm überprüfte Gabriel zuerst die Dächer des Haupthauses und der Hütte, die Amelia als Unterkunft gedient hatte. Es kam vor, dass der Wind unter die dünnen, strohgedeckten Eisenbleche fuhr und sie hochriss. Anschließend ging er zur Rückseite des Hauses, um sich zu vergewissern, dass die Wände intakt waren. Wombats und Beutelratten fanden schnell heraus, wenn ein Haus verlassen war, und schafften es meist im Handumdrehen, irgendwo einzudringen. Als Gabriel um die Hausecke bog, fuhr er zusammen: Vor ihm stand Carlotta.

»Was wollen Sie hier?«

»Warum bist du denn so gereizt, Gabriel?«, schnurrte sie in vertraulichem Ton. »Können wir nicht Freunde sein?«

»Nein«, antwortete er schroff und fügte verächtlich hinzu: »Sie widern mich an!« Ohne sie weiter zu beachten, ging er an ihr vorbei zu den Ställen. Auch dort warf er zuerst einen prüfenden Blick zum Dach hinauf. Im Schweinestall hatten irgendwelche wilden

Tiere im Dreck gescharrt, aber sonst war alles in Ordnung. Als er sich umdrehte, sah er Carlotta draußen auf ihn warten.

»Ich bin mit einem alten Mann verheiratet, da kannst du es mir doch nicht übel nehmen, dass ich dich begehre«, säuselte sie.

»Edgar ist ein guter Ehemann«, versetzte Gabriel zornig. »Sie werden keinen besseren finden!«

»Er wird nicht mehr lange mein Mann sein. Ich werde so bald wie möglich von hier weggehen.«

»Halten Sie sich ja von Kingscote fern, ich warne Sie!«, sagte Gabriel drohend.

Unbeeindruckt von seiner abweisenden Haltung ging Carlotta langsam, sich in den Hüften wiegend, auf ihn zu, wobei sie aufreizend träge ihre Bluse aufknöpfte. Ein wollüstiger Ausdruck lag in ihren glutvollen dunklen Augen.

Gabriel warf einen flüchtigen Blick auf ihre üppigen Brüste, als sie dicht vor ihm stand und ihre Bluse öffnete.

»Ich könnte dich sehr glücklich machen«, flüsterte sie mit heiserer Stimme.

»Sie verschwenden nur Ihre Zeit, Carlotta. Und wenn wir beide für die nächsten zehn Jahre die einzigen Menschen auf dieser Insel wären, würde ich Sie nicht anrühren!«

Carlotta, die ihn eben noch angeschmachtet hatte, presste wütend die Lippen zusammen und holte aus, um ihn ins Gesicht zu schlagen, doch Gabriel war schneller. Er packte sie am Handgelenk und hielt sie mit eisernem Griff fest.

»Ich werde meinem Mann erzählen, du hättest mir Gewalt angetan!«, schleuderte sie ihm voller Hass entgegen.

»Nur zu. Aber wenn Sie mir Scherereien machen, werde ich Ihnen die Polizei auf den Hals hetzen, weil Sie Milo Gift gegeben haben«, erwiderte Gabriel gelassen.

»Kein Mensch wird dir glauben«, zischte sie.

»Sie können es ja darauf ankommen lassen.« Er schob sie zur Seite und machte sich auf den Weg zurück zum Leuchtturm.

Als Gabriel auf die Lichtung beim Leuchtturm gelangte, verließ Edgar gerade das Haus. Er hatte Gabriel gesucht und sich schon Sorgen gemacht, als er festgestellt hatte, dass auch seine Frau nicht da war. Beim Anblick von Gabriels finsterer Miene kam ihm der Verdacht, Carlotta müsse ihm zu Evans Farm gefolgt sein. Aber wo war sie?

»Alles in Ordnung auf der Farm?«

Gabriel nickte. »Ja. Könnten Sie dort gelegentlich nach dem Rechten sehen, Edgar? Evan will eines Tages hierher zurück. Und ich vielleicht auch, wer weiß.« Er stellte sich vor, wie schön es wäre, ein paar Monate hier mit seiner Sarah zu verbringen, nur sie beide, sobald sie ihre Strafe verbüßt hätte. Doch solange Carlotta noch hier war, würde er mit Sicherheit nicht zurückkehren.

»Kein Problem«, antwortete Edgar. »Nach Ablauf meiner Dienstzeit werde ich dann den nächsten Leuchtturmwärter bitten, hin und wieder hinüberzugehen.«

»Danke, Edgar.« Gabriels Wut verebbte allmählich. »Es war mir wirklich eine Freude, mit Ihnen zusammenzuarbeiten.«

Er meinte es ehrlich, das spürte Edgar. Er hörte auch das leise Bedauern in Gabriels Stimme. »Ja, mir auch«, sagte er. Er nahm es seiner Frau übel, dass sie Gabriel vergraulte. Dabei hatte sie noch viel Schlimmeres auf dem Gewissen: Er würde ihr niemals verzeihen können, dass sie dem kleinen Milo Gift gegeben hatte.

Während Gabriel zu seinem Cottage ging, machte Edgar sich auf die Suche nach seiner Frau. Sie kam ihm auf dem Pfad entgegen, der zur Farm führte, ordnete ihr Haar und machte ein missmutiges Gesicht, wie er mit Genugtuung feststellte.

»Da bist du ja. Und? Hat Gabriel dich schon wieder abblitzen lassen?«, spottete er.

Carlotta lief feuerrot an vor Scham. »Nein, hat er nicht«, versetzte sie und hob trotzig das Kinn.

»Du lügst doch. Aber selbst wenn du es mit zehn Männern treiben würdest, wäre es mir egal«, fügte er eisig hinzu.

Dass sie ihrem Mann so gleichgültig sein sollte, verletzte Carlottas Stolz. Edgar bluffte doch nur! Aber was er konnte, konnte sie schon lange. »Wenn Gabriel von hier weggeht, gehe ich auch«, fauchte sie.

»Von mir aus gern – aber nicht auf demselben Schiff wie er«, gab Edgar zurück.

»Du wirst mich nicht aufhalten!«, giftete sie. Am Abend zuvor hatte er sie überrumpelt; deshalb war sie so zahm gewesen. Sie wusste, ihr Mann fürchtete nichts so sehr wie ihre Wutausbrüche. Er würde einen Rückzieher machen, da war sie ganz sicher.

»Das ist gar nicht nötig«, antwortete Edgar in einem Tonfall, der alles andere als furchtsam war. »Gabriel würde dich eher den Haien zum Fraß vorwerfen, als dich mitzunehmen!«

»Bist du dir so sicher?«, stichelte sie.

»So sicher, wie ich atme«, konterte er.

Außer sich vor Wut holte Carlotta aus, um ihn zu ohrfeigen. Doch zum zweiten Mal binnen zwanzig Minuten hatte sie Pech: Edgar war schneller und wehrte den Schlag ab.

»Weißt du, Carlotta, ich könnte sogar noch verstehen, dass du dich zu einem Jüngeren hingezogen fühlst. Aber dass du dem kleinen Milo absichtlich Gift gegeben hast, nur um Sarah loszuwerden, ist nicht zu verzeihen. Es ist so abgrundtief böse und niederträchtig, dass es mich anwidert!« Damit ließ er sie stehen.

»Fahrt zur Hölle, alle beide!«, schrie sie ihm wie von Sinnen nach. Er sah die Tränen nicht, die ihr übers Gesicht liefen, doch selbst wenn er sie gesehen hätte – er hätte kein Mitleid gehabt.

Kingscote

Sarah zog sich gleich nach dem Abendessen zurück. Da es ein wunderschöner Abend war, der Vollmond am Himmel stand und unzählige Sterne funkelten, beschlossen Edna und Charlton, einen

Spaziergang nach Reeves Point zu machen. Polly hatte für den Rest des Tages frei; sie saß in ihrem Zimmer und schrieb einen Brief an ihre Familie. Als die Ashbys gegangen waren, huschte Sarah aus dem Haus und eilte zu Lance hinüber. Sie hatte das Fenster in ihrem Zimmer offen gelassen, damit sie später unbemerkt wieder hereinkönnte.

Sie klopfte leise. Lance machte ein verdutztes Gesicht, als er öffnete und sie draußen stehen sah. »Amelia! Was führt dich denn so spät noch hierher?«

»Darf ich reinkommen?«, fragte sie kokett.

»Sicher.« Er trat zur Seite und bat sie mit einer Handbewegung ins Haus.

Sarah war nervös. Sie würde ein paar Gläschen Sherry brauchen, um sich Mut anzutrinken, bevor sie ihr Vorhaben in die Tat umsetzte. »Ich störe hoffentlich nicht?«

»Ich habe mir Arbeit mit nach Hause gebracht, die ich gerade in Angriff nehmen wollte.« Da er immerzu an Evans hübsche Farmhelferin denken musste, war es allerdings unwahrscheinlich, dass er etwas davon erledigte. »Darf ich dir einen Tee anbieten?«, fragte er, als er ihr ins Wohnzimmer vorausging.

»Nein, danke. Aber wenn du einen Sherry im Haus hast...«

Lance blickte sie verblüfft an. »Sicher. Mutter sorgt dafür, dass stets eine Flasche da ist. Für Gäste, sagt sie. Dabei ist sie selbst ihr bester Kunde«, bemerkte er humorvoll. Er schenkte ihr einen Sherry und sich selbst einen Brandy ein.

Sarah nahm ihr Glas und stürzte es in einem Zug hinunter.

Lance kam aus dem Staunen nicht heraus. »Immer hübsch langsam!«

»Ich war durstig«, meinte Sarah. »Kriege ich noch einen?«

»Aber nur einen«, erwiderte er mit gespielter Strenge. »Und diesmal trinkst du ihn schön langsam, hörst du? Wenn du beschwipst nach Hause kommst, zieht meine Mutter mir das Fell über die Ohren!«

Schüchtern lächelnd nahm Sarah das volle Glas entgegen und nippte daran. Wohlige Wärme durchströmte sie, und sie fühlte, wie ihre Hemmungen schwanden. »Das Zimmer hier hat etwas Behagliches«, sagte sie. »Etwas ... Heimeliges.«

»Findest du?« Lance ließ seinen Blick zweifelnd in die Runde schweifen. Er hatte es nicht so gemütlich wie seine Eltern, aber er war ja auch kaum zu Hause: Entweder er war bei der Arbeit, bei seinen Eltern oder bei Freunden. Im Grunde kam er nur zum Schlafen heim. Er erinnerte sich, dass die junge Frau das letzte Mal, als sie ihn besucht hatte – nach dem Ernteball –, sich eher unbehaglich gefühlt hatte. Und jetzt schwärmte sie plötzlich von seinem Zuhause? Merkwürdig!

»Du hast ein wunderschönes Heim, Lance. Hier kann man sich wohl fühlen.« Wie oft träumte sie davon, die Frau an seiner Seite, in seinem Leben zu sein!

»Na ja ... man kann's hier aushalten«, erwiderte Lance. Er stand ihrer unverhofften Veränderung ein wenig ratlos gegenüber.

»Darf ich mich ein bisschen umsehen?«

Er zuckte die Achseln. »Sicher.«

»Wie viele Schlafzimmer hast du eigentlich?«

»Drei.«

Sarah ging den Flur entlang und öffnete eine Tür. Bei dem Zimmer dahinter handelte es sich offenbar um Lance' Schlafzimmer. Ein großes Bett, eine Kommode und ein Kleiderschrank standen darin. »Das ist bestimmt dein Schlafzimmer, nicht wahr? Es hat so etwas Maskulines«, flüsterte sie heiser.

»Findest du?« Lance war völlig durcheinander. Er erkannte Amelia kaum wieder. So selbstsicher hatte er sie noch nie erlebt.

Sarah stellte ihr Sherryglas auf dem Nachttisch ab und ließ sich aufs Bett fallen. Die Matratze federte unter ihrem Gewicht. »Das Bett ist bestimmt sehr bequem«, sagte sie anzüglich.

Lance war an der Tür stehen geblieben. »Ja, das ... äh ... das ist es.« Plötzlich war ihm gar nicht mehr wohl in seiner Haut.

»Ich träume oft davon, wen ich einmal heiraten und wo ich einmal mit meinem Mann leben werde«, seufzte sie. »Die Zukunft ist ein dunkles Rätsel, nicht wahr?«

»So kommt es einem manchmal vor, ja. Aber dass wir sie nicht kennen, ist gerade das Spannende daran.«

»Darf ich dich etwas fragen, Lance? Etwas sehr Persönliches?«

Lance fuhr sich nervös mit der Zungenspitze über die Lippen. »Ich denke schon«, antwortete er vorsichtig. Er hoffte inständig, dass er nicht wieder das Objekt ihrer romantischen Jungmädchenträume war.

»Ich würde dich ja nicht fragen, aber ich habe keine Freundin, der ich mich anvertrauen kann. Und selbst wenn – sie wäre in solchen Dingen sicherlich nicht so erfahren wie du«, schmeichelte sie ihm.

»Wie wär's mit meiner Mutter?«, sagte Lance hastig. »Sie kannst du alles fragen.«

Sarah lachte. Es klang eine Spur hysterisch. »Sie würde einen Anfall bekommen, wenn ich sie fragte, was ich dich fragen möchte.«

»Oh.« In Lance' Kopf schrillte eine Alarmglocke. »Aber vielleicht...«

Sarah, die auf dem Bett bis ans Kopfende gerutscht war und sich jetzt gegen die Kissen lehnte, ließ ihn nicht ausreden. »Wie ist das, wenn man mit jemandem schläft?«

»Amelia!« Lance riss schockiert die Augen auf.

»Aber ich weiß nicht, wen ich sonst fragen könnte«, sagte sie und tat unschuldsvoll. »Du weißt es doch, oder?«

Lance wusste nicht, wohin er blicken sollte.

»Entschuldige, jetzt habe ich dich in Verlegenheit gebracht«, murmelte sie und schaute auf ihre Hände. In Wirklichkeit tat es ihr überhaupt nicht Leid, im Gegenteil: Sie hatte immerhin erreicht, dass er jetzt an Sex dachte. Sie hob den Blick zu ihm. »Komm, setz dich zu mir«, flüsterte sie.

»Ich denke, wir sollten uns ins Wohnzimmer setzen«, antwortete er und wandte sich rasch ab.

So leicht würde er ihr nicht davonkommen! Mochte Lance auch den festen Vorsatz haben, sich wie ein Gentleman zu benehmen – *sie* war wild entschlossen, genau das zu verhindern. Sie stieß einen tiefen Seufzer aus, stand auf und folgte Lance. Er saß bereits in einem der wuchtigen Sessel.

Sarah fackelte nicht lange. Wenn er den Schüchternen spielte, würde sie eben die Initiative ergreifen müssen. Sie setzte sich auf seinen Schoß und legte ihm einen Arm um die Schultern.

»Was ist denn heute Abend bloß in dich gefahren, Amelia?«, sagte er verwirrt.

»Warum hast du mich noch nie geküsst, Lance?« Den Blick auf seinen Mund geheftet, schob sie ihr Gesicht ganz nahe an seines.

»Ich ... ich weiß nicht«, sagte er stockend. »Bist du betrunken?«

»Noch nicht. Aber ich könnte noch einen Sherry vertragen. Bekomme ich noch einen?«, säuselte sie.

»Ich glaube, das ist keine gute Idee.«

»Hast du eine bessere?« Sie rieb ihren Busen an seiner Brust.

»Amelia, was tust du denn da?«, rief er verstört.

Sarah war sicher, dass ihre Taktik Erfolg haben würde. »Ich versuche, dich zu verführen«, schnurrte sie ihm ins Ohr.

»Mich ... verführen?«, stammelte er. »Aber wieso?«

»Weil du ein sehr attraktiver Mann bist und ich gerne mit dir schlafen würde.« Sie drückte den Mund an sein Ohr. »Und zwar jetzt gleich«, flüsterte sie mit heiserer Stimme.

»Amelia!« Er schob sie energisch von seinem Schoß und erhob sich. »Ich glaube, es ist besser, wenn du jetzt gehst.«

Seine Reaktion brachte Sarah völlig aus dem Konzept. Natürlich gab es hübschere Frauen als sie. Dennoch hatte sie fest damit gerechnet, dass Lance sich eine solche Gelegenheit nicht entgehen ließe. Immerhin hatte sie sich ihm regelrecht an den Hals geworfen! »Warum willst du mich nicht?«, rief sie verärgert.

Lance, der sie nicht verletzen wollte, entschied sich für eine Notlüge. »Ich will dich nicht kompromittieren. Bitte, geh jetzt.« Er drängte sie mit sanfter Gewalt in den Flur und zur Haustür. »Morgen Früh wirst du mir dankbar sein, Amelia«, sagte er mit fester Stimme und machte ihr die Tür vor der Nase zu.

Sarah verstand überhaupt nichts mehr und brach in Tränen aus. Sie war sicher gewesen, nur den ersten Schritt tun zu müssen, damit Lance mit ihr schlief. Sie warf einen hasserfüllten Blick in Richtung Faith Cottage und zischte: »Das ist alles nur deine Schuld, Amelia Divine!«

Lance, der drinnen hinter der Tür stand und lauschte, hörte die Bemerkung. »Wieso redet sie denn mit sich selbst?«, murmelte er kopfschüttelnd. »Sie benimmt sich wirklich seltsam!«

Wütend und zutiefst gedemütigt machte Sarah sich auf den Heimweg. Durch ihren Tränenschleier hindurch sah sie nicht, dass Edna und Charlton die Auffahrt heraufkamen.

»Amelia! Was hast du denn, mein Kind?«, rief Edna besorgt, als sie ihr Mündel schluchzen hörte.

Was hätte Sarah erwidern sollen? Sie schüttelte stumm den Kopf, als brächte sie vor Kummer kein Wort hervor.

»Was ist denn passiert?«, fragte Charlton verwirrt.

Sarah drehte sich zu Edna um und legte den Kopf an ihre Schulter. Sie schluchzte noch immer herzzerreißend. Edna tätschelte ihr beruhigend den Rücken und führte sie ins Haus und in ihr Zimmer.

»Ich werde euch einen Sherry bringen«, rief Charlton den beiden nach.

»Nein, danke, Charlton!«, antwortete Edna rasch, denn der Atem ihres Mündels roch nach Alkohol. Amelia hatte an diesem Abend anscheinend schon genug getrunken.

Edna schloss die Tür und drückte Sarah sanft aufs Bett. »Und jetzt erzähl mir, was dich bedrückt, mein Kind«, sagte sie liebevoll. »Lass dir Zeit.«

Sarah kam plötzlich eine Idee, wie sie Nutzen aus der Situation ziehen könnte. Lance hatte ihre Pläne durchkreuzt und sie nicht verführt, sondern zurückgewiesen. Doch das konnte Edna ja nicht wissen. Sarah warf sich herum, drückte das Gesicht in ein Kissen und schluchzte: »Ich schäme mich so!«

»Aber warum denn, Liebes?«, fragte Edna erstaunt. »Du hast doch bestimmt nichts getan, dessen du dich schämen müsstest.«

Sarah nickte heftig und wischte sich die Tränen fort. »Du wirst mich bestimmt hassen, Tante«, murmelte sie mit hängendem Kopf.

Edna fasste sie am Kinn und zwang sie sanft, sie anzusehen. »Ich werde dich niemals hassen, Amelia. Das könnte ich gar nicht. Was ist passiert?«

»Ich ... ich war drüben in Charity Cottage.«

»Und?«, drängte Edna behutsam.

»Ich habe ...« Sarah verstummte und holte tief Luft. »Es ist etwas passiert«, stieß sie hervor. Sie wollte nicht ins Detail gehen, sondern lediglich durch vage Andeutungen Misstrauen säen. Niemand würde sie der Lüge bezichtigen können, aber das Ergebnis wäre das Gleiche: Edna würde denken, Lance hätte ihr Mündel kompromittiert.

»Wie meinst du das?« Jetzt war Edna sichtlich beunruhigt. »Ist etwas mit Lance?«

»Nein, nein, es geht ihm gut.« Sarah sah aus wie das schlechte Gewissen in Person.

»Kind, ich verstehe nicht! *Was* ist passiert?«

»Du darfst Lance nicht böse sein, Tante. Versprich es mir!«, bat sie inständig.

Ednas Verwirrung wuchs. »Also gut. Aber jetzt rede endlich, Amelia. Hast du dich über irgendetwas aufgeregt, das Lance gesagt hat?«

»Nein.« Sarah schüttelte den Kopf. »Er ...«

»Was, Amelia? Hat er jemandem etwas angetan?«

»Nein.«

»Aber wieso weinst du dann?« Edna verlor allmählich die Geduld. Plötzlich fiel ihr ein, wie Lance ihr einmal erzählt hatte, die junge Frau bilde sich ein, er sei in sie verliebt. Hatte sie ihm womöglich ihre Zuneigung gestanden und schämte sich jetzt, weil Lance sie zurückgewiesen hatte? Edna wusste, dass Lance Olivia sehr gern hatte; deshalb vermutete sie, er hatte ihrem Mündel unmissverständlich klargemacht, dass er nicht interessiert war. »Du brauchst nichts mehr zu sagen, Amelia.« Edna tätschelte ihr begütigend die Hand. Sie wollte sie nicht in noch größere Verlegenheit bringen.

»Aber...«

»Schlaf jetzt. Morgen Früh sehen wir weiter.« Damit verließ Edna das Zimmer. Sarah starrte ihr entgeistert nach. Warum versuchte Edna nicht, der Sache auf den Grund zu gehen? Sie war sicher gewesen, ihre kleine Komödie würde Edna zu dem Schluss führen, Lance habe ihr die Ehre geraubt. Stattdessen verhielt sie sich, als wäre alles in bester Ordnung. Sarah stand vor einem Rätsel.

Am nächsten Morgen verlor Edna kein Wort über den Vorfall vom Vorabend, und auch Charlton sagte nichts. Seine Frau hatte ihn beruhigt: Ihr Mündel habe schlichtweg überreagiert, es sei nichts Ernstes. Edna wollte zuerst mit Lance unter vier Augen sprechen, doch sie hatte ihn verpasst: Er war an diesem Sonntagmorgen zeitig aufgebrochen und traf sich zum Tee mit Jonathan Anderson, einem Freund, im Ozone Hotel.

Sarah wunderte sich noch immer, dass Edna die Angelegenheit auf sich beruhen ließ. Doch sie hatte bereits einen Plan für den Notfall vorbereitet. Als Polly hinausging, um die Hühner zu füttern, folgte sie ihr.

»Polly, darf ich dich etwas fragen? Etwas Persönliches?« Sie tat, als ob ihr das Ganze furchtbar peinlich sei.

»Sicher.« Polly blickte sie neugierig an.

Sarah druckste eine Weile herum; dann fragte sie stockend:

»Woran... woran merkt eine Frau eigentlich, ob sie... ob sie ein Kind bekommt?«

Polly machte ein verdutztes Gesicht. »Ein Kind?«

Sarah nickte und blickte sich verstohlen nach allen Seiten um, als wollte sie sich vergewissern, dass sie nicht belauscht wurden. »Ja«, flüsterte sie. »Wie lange...« Ihr Gesicht brannte. Der bloße Gedanke, was mit Lance hätte passieren *können*, ließ sie erröten. »Du weißt schon... nachdem man mit einem Mann zusammen war... wie lange dauert es dann, bis man weiß, ob man schwanger ist oder nicht?«

»Warum wollen Sie das denn wissen, Miss Divine?«, fragte Polly misstrauisch.

»Das kann ich dir nicht sagen«, erwiderte Sarah und tat verschämt, »aber ich wäre dir sehr dankbar, wenn du mir sagen könntest, auf was für Anzeichen man achten muss.«

»Nun, zuerst mal bleibt die Monatsblutung aus, und vielen Frauen wird schlecht.« Polly zuckte die Achseln. »Das hat meine Mutter mir jedenfalls gesagt. Sie wollte mir mehr darüber erzählen, sobald ich verheiratet bin, aber wer weiß, wann das sein wird...«

»Ich danke dir, Polly.«

»Wollen Sie nicht mit Mrs Ashby darüber sprechen, Miss Divine?«

»Später... wenn die Zeit gekommen ist.« Sarah eilte ins Haus zurück und ging in ihr Zimmer. So weit, so gut, dachte sie zufrieden. Polly würde sicherlich voreilige Schlüsse ziehen. Und Sarah konnte sich nicht vorstellen, dass sie dieses höchst sonderbare Gespräch für sich behielt.

»Ich bin wieder da, Polly!«, rief Edna in Richtung Küche, als sie vom Sonntagmorgentee mit Silvia Strathborne zurückkehrte.

Polly hatte den ganzen Morgen darüber nachgegrübelt, wer der Mann sein könnte, mit dem Miss Divine zusammen gewesen war. Weshalb sonst hätte sie ihr solche Fragen gestellt? Und der einzige Mann, mit dem sie ausgegangen war, war Lance. Polly hätte fast der Schlag getroffen, als ihr klar wurde, dass offenbar Lance derjenige, welcher war. »O Gott!«, murmelte sie erschrocken. Das durfte sie nicht für sich behalten! Sie musste sich Mrs Ashby anvertrauen.

Edna sah ihr Hausmädchen prüfend an. »Was hast du denn, Polly? Du bist ja kreideweiß! Ist dir nicht gut?«

»Doch, doch, Mrs Ashby«, murmelte sie.

»Du hast doch irgendwas.«

»Ich ... Miss Divine hat mich etwas gefragt, Mrs Ashby. Sie hat mir zwar nicht verboten, darüber zu sprechen, aber ...«

»Was hat sie dich gefragt, Polly?«, fiel Edna ihr ins Wort. Nach dem Vorfall am Abend zuvor erschien ihr jede Kleinigkeit wichtig, die Licht in die Angelegenheit bringen könnte.

Polly sagte sich, dass Mrs Ashby es ja sowieso bald herausfinden würde. »Nun ... Miss Divine wollte wissen, woran eine Frau erkennt, ob etwas unterwegs ist.«

»Etwas unterwegs?« Edna starrte sie verständnislos an. Dann begriff sie plötzlich. »Du meinst, ob sie schwanger ist?«

»Ja, Mrs Ashby.«

»Warum interessiert sie das?«

Polly wusste nichts darauf zu erwidern, sie schaute ihre Arbeitgeberin ausdruckslos an.

»Amelia hat doch sicher nicht von sich gesprochen, oder? Nein, natürlich nicht«, gab Edna sich selbst die Antwort auf ihre Frage und machte eine wegwerfende Handbewegung. »Der Gedanke ist geradezu lächerlich! Ich meine, woher soll sie ... Sie hat sich nie auch nur mit einem Mann getroffen, abgesehen von ...« Edna wurde blass. »Von Lance«, stieß sie atemlos hervor. War ihr Mündel nicht am Vorabend drüben bei ihrem Sohn gewesen? Aber so weit würde Lance niemals gehen! Auf keinen Fall!

»Mehr weiß ich auch nicht, Mrs Ashby«, sagte Polly kleinlaut. »Wenn man mit einem Mann zusammen war ... wie lange dauert es dann, bis man weiß, ob man schwanger ist? Das waren ungefähr ihre Worte, Mrs Ashby.«

Edna schlug erschrocken die Hand vor den Mund. Im Geiste sah sie Amelia weinend in der Dunkelheit stehen. Sie schäme sich so, hatte sie gejammert, und Edna gebeten, ihrem Sohn nicht böse zu sein. *Ihrem Sohn!*

»O Gott!« Edna sank entsetzt auf einen Stuhl.

30

Kingscote

Edna holte tief Luft und klopfte an Sarahs Tür.

»Herein!«, rief Sarah mit schwacher Stimme. Sie hatte sich innerlich bereits auf Ednas Besuch vorbereitet und wusste, jetzt hing alles von ihrem schauspielerischen Talent ab. Sie würde die Vorstellung ihres Lebens geben müssen.

Edna setzte sich zu ihrem Mündel aufs Bett. Fast eine Stunde lang hatte sie überlegt, wie sie das Thema einer möglichen Schwangerschaft taktvoll anschneiden könnte. Doch sie war zu dem Schluss gekommen, dass es nur einen Weg gab – den direkten. Obgleich Edna die Ängste und die Schamhaftigkeit der jungen Frau verstehen konnte, war sie enttäuscht, dass sie mit ihren Sorgen nicht zu ihr gekommen war.

Sarah hatte den Kopf gesenkt, sah aber aus den Augenwinkeln, wie Edna nervös ihre zitternden Hände knetete. Offenbar war alles nach Plan gelaufen: Polly hatte ihre kleine Unterhaltung nicht für sich behalten können, und Edna hatte die erhofften Schlussfolgerungen gezogen.

»Amelia, ich…«, begann Edna stockend und holte zittrig Luft, um ihre flatternden Nerven zu beruhigen. Sie wusste, sie würde behutsam vorgehen müssen. Amelia war ohnehin übernervös. »Ich wollte dir nur sagen, Amelia, dass du jederzeit zu mir kommen kannst, wenn dich etwas bedrückt, was es auch sein mag. Das weißt du hoffentlich.«

Sarah schwieg.

»Ich werde dich nicht verurteilen, und ich werde nicht böse auf dich sein.« Böse, furchtbar böse, war sie nur auf ihren Sohn. Ihm würde sie später die Leviten lesen.

Sarah blickte sie aus großen Augen an, erwiderte aber nichts.

Edna fand, sie hatte sich lange genug gezügelt. »Amelia, kann es sein, dass du schwanger bist?«, platzte sie heraus.

Sarah schlug die Hände vors Gesicht. Ihr Schweigen und ihre scheinbare Verlegenheit wären Antwort genug, hoffte sie.

»Du hast gestern Abend gesagt...«, begann Edna und wusste vor Kummer nicht recht weiter. »Du hast gesagt, es sei etwas passiert, und ich solle meinem Sohn nicht böse sein.«

Sarah blieb stumm.

»Aus deinen Worten und deinen Fragen an Polly kann ich nur schließen, dass Lance dir die Unschuld genommen hat.« Die Worte wollten ihr fast nicht über die Lippen, so sehr schmerzten sie. Mit Tränen in den Augen dachte sie an ihre liebe Freundin Camilla, die ihr die Tochter anvertraut hatte. Jetzt beschlich Edna das beschämende Gefühl, Camilla im Stich gelassen zu haben. »Ich kann nicht verstehen, wie das passieren konnte«, sagte sie mit brüchiger Stimme. »Ich hätte besser auf dich Acht geben müssen.«

»Es ist nicht deine Schuld, Tante«, flüsterte Sarah. Sie hatte nicht erwartet, dass Edna sich Vorwürfe machen und die Schuld bei sich selbst suchen würde. Edna war gut zu ihr gewesen; sie wollte nicht, dass sie sich ihretwegen quälte. »Hasst du mich jetzt?«

»Unsinn, mein Kind, ich hasse dich nicht. Aber ich bin *sehr* wütend auf Lance.« Erregt sprang sie auf. Sie begriff nicht, wie das geschehen konnte. Sie hatte geglaubt, Lance habe eine tiefe Zuneigung zu Olivia gefasst. Warum also verführte er Amelia? Ihr konnte man keine Schuld geben. Sie war jung und naiv; Lance aber hätte es besser wissen müssen.

Sarah ließ den Kopf hängen. »Hältst du mich jetzt für einen schlechten Menschen, Tante?«

»Natürlich nicht, Amelia! Du bist eine arglose junge Frau. So jemanden darf man nicht ausnutzen. Und hab keine Angst«, fuhr sie ernst fort. »Ich werde schon dafür sorgen, dass Lance zu seiner Verantwortung steht.« Edna mochte sich gar nicht vorstellen, was Charlton dazu sagen würde. So ein Skandal! Da hatten sie alles getan, um sich in der Stadt einen guten Ruf zu erwerben, und jetzt das! Diese Schande!

Zutiefst aufgewühlt verließ Edna das Zimmer, um ihren Mann zu suchen. Ein zufriedenes Lächeln huschte über Sarahs Gesicht.

Als Edna den Salon betrat, sah Charlton ihr sofort an, dass etwas passiert sein musste. Sie war schneeweiß im Gesicht.

»Was hast du denn, Edna? Ist etwas geschehen?«

Sie nickte unter Tränen.

»Du machst mir Angst! Was ist denn?«, fragte Charlton beunruhigt.

»Es könnte sein, dass Amelia schwanger ist«, wisperte Edna.

Charlton fiel aus allen Wolken. »Was? Aber wie...?« Sie hatten die junge Frau doch kaum aus den Augen gelassen!

Edna sah ihren Mann verzweifelt an. Sie brachte es nicht über sich, ihm die ganze Wahrheit zu sagen, nämlich dass Lance ihrem Mündel die Unschuld genommen hatte. Sie fürchtete seine Reaktion.

Charltons Gedanken überschlugen sich. »Der einzige Mann, mit dem sie ausging, ist... Lance!«

Edna senkte den Kopf, und Charlton blickte fassungslos drein. »Willst du damit etwa sagen, dass Lance dem Mädchen die Ehre geraubt hat?«, stieß er hervor.

Edna hatte Angst, ihr Mann werde in seiner Wut losstürmen und Lance im Ozone Hotel zur Rede stellen. »Reg dich bitte nicht auf! Lass uns erst mit Lance reden, bevor wir voreilige Schlüsse ziehen!«

»Wenn Amelia tatsächlich schwanger ist, lässt das nur einen einzigen Schluss zu«, erwiderte Charlton mit hochrotem Kopf. »Ich hätte Lance wirklich für vernünftiger gehalten!«

Er war so laut geworden, dass Sarah in ihrem Zimmer jedes Wort verstand. Ihr graute vor der ersten Konfrontation zwischen Lance, seinen Eltern und ihr selbst. Aber es führte kein Weg daran vorbei, und sie war zuversichtlich, dass sie es schaffen würde. Natürlich würde Lance energisch abstreiten, sie auch nur angerührt zu haben, und er würde überzeugend sein, weil er ja nichts weniger als die Wahrheit sagte. Doch sie würde an ihrer Geschichte festhalten. Jetzt gab es kein Zurück mehr. Die Ashbys würden ihren Sohn zu einer baldigen Heirat drängen, und wenn sie dann gleich schwanger würde, würde ihr Schwindel überhaupt nicht auffliegen. Tiefe Genugtuung erfüllte sie. Mit Lance' Schwärmerei für die echte Amelia wäre es dann vorbei. Lance wäre *ihr* Ehemann. Das Erbe der Divines würde ihre Partnerschaft lebenslang besiegeln. Alles wäre perfekt – jedenfalls solange die echte Amelia ihr Gedächtnis nicht wiedererlangte.

Als Lance am Nachmittag zurückkam, schaute er nicht bei seinen Eltern vorbei. Er war sicher, dass Sarah ihr Verhalten am Abend zuvor furchtbar peinlich war, und da er sie nicht in noch größere Verlegenheit bringen wollte, hielt er es für klüger, eine Begegnung zu vermeiden.

Edna und Charlton hörten sein Pferd in der Auffahrt. Als Lance jedoch nicht wie gewohnt auf einen Sprung hereinkam, folgerten sie, ihr Sohn schäme sich zutiefst für das, was er ihrem Mündel angetan hatte, und wage es deshalb nicht, ihnen unter die Augen zu treten.

Die beiden gingen zu ihm hinüber. Lance konnte ihnen vom Gesicht ablesen, wie aufgebracht sie waren. Er hatte das dumpfe Gefühl, dass es mit den Ereignissen vom Vorabend zu tun hatte.

Bevor er fragen konnte, was los war, fuhr Edna ihn an: »Wie konntest du Amelia das antun? Ihr die Unschuld zu nehmen!« All die unterdrückten Emotionen der vergangenen Stunden brachen sich in diesem Aufschrei Bahn.

Lance starrte seine Mutter an, als hätte sie den Verstand verloren. »Was?«

»Ich bin bitter enttäuscht von dir, mein Sohn«, sagte Charlton ungehalten. »Ein Gentleman sollte imstande sein, sich zu beherrschen.«

Lance stand da wie vom Blitz getroffen. »Würde mir bitte jemand erklären, wovon ihr überhaupt redet?«

»Wenn Amelia schwanger ist, weißt du hoffentlich, was du zu tun hast«, stieß Edna gepresst hervor.

Lance' Verwirrung wuchs. »Schwanger? Wie kann sie schwanger sein? Und was hat das mit mir zu tun?«

»Du hast das Mädchen entehrt, Lance«, sagte Edna scharf. »Oder willst du das leugnen? Du bist der Einzige, mit dem sie ausgegangen ist!«

»Und ob ich das leugnen will, Mutter! Ich habe Amelia nicht angerührt!« Er wurde rot, als er an ihr schamloses Benehmen dachte. Als seine Eltern sahen, wie ihm das Blut in den Kopf schoss, befürchteten sie, es müsse zu Intimitäten zwischen den jungen Leuten gekommen sein, die eine unerfahrene junge Frau zu der Annahme veranlassten, sie könne schwanger davon werden.

»Wir müssen unbedingt verhindern, dass es einen Skandal gibt«, schluchzte Edna. »Schon um Amelias willen! Camilla und Henry würden sich im Grab umdrehen, wenn sie wüssten, dass der Name ihrer Tochter beschmutzt wird!«

»Hast du nichts zu deiner Verteidigung vorzubringen?«, herrschte Charlton seinen fassungslosen Sohn an.

»Ich möchte nur eines wissen: Wie kommt ihr auf die absurde Idee, Amelia könnte schwanger von mir sein?«

»Lance, bitte! Kannst du dich in dieser Situation nicht wie ein Gentleman benehmen?«, klagte Edna unter Tränen.

»Mutter, ich bin Gentleman genug, dass ich dazu stehen würde, hätte ich etwas Unehrenhaftes getan«, erwiderte Lance mit Bestimmtheit. »Aber ich habe mir nichts vorzuwerfen.«

»Du wirst tun, was deine Pflicht und Schuldigkeit ist«, sagte Charlton ernst. »Wir müssen an unseren Ruf denken! Stell dir vor, sie erzählt jemandem, dass du sie entehrt hast, solange sie unter unserem Dach gewohnt hat! Diese Schande würde deine Mutter nicht überleben!«

Lance wusste natürlich, dass die Ashbys hohes Ansehen in der Stadt genossen. »Ich weiß nicht, was sie euch erzählt hat«, meinte er kopfschüttelnd. »Aber als sie gestern Abend zu mir kam, benahm sie sich äußerst merkwürdig. Sie wollte sogar, dass wir... miteinander schlafen.«

Edna schnappte erschrocken nach Luft, und Charlton wurde blass.

»Ich habe sie zurückgewiesen und vor die Tür gesetzt. Das ist die Wahrheit, ich schwöre es! Ich weiß nicht, was in sie gefahren war, aber ich habe ihr unmissverständlich klargemacht, wo die Grenzen sind. Vielleicht hat sie diese haarsträubende Geschichte aus Rache erfunden, ich weiß es nicht. Aber von mir ist sie jedenfalls nicht schwanger!«

Charlton und Edna sahen sich an. Beide begriffen überhaupt nichts mehr. Ihr Sohn hatte sie noch nie belogen oder sich irgendetwas zuschulden kommen lassen. Aber was für einen Grund sollte eine junge Dame haben, sich als weniger tugendhaft hinzustellen, als sie war?

»Amelia hat schreckliche Angst, wir könnten schlecht von ihr denken«, meinte Edna nachdenklich. »Deshalb kann ich fast nicht glauben, dass sie eine so ungeheuerliche Geschichte erfindet.«

»War sie vielleicht mit einem anderen Mann zusammen und schämt sich, es einzugestehen?«, fragte Lance.

»Das kann ich mir nicht vorstellen. Sie ist ja nur ein einziges Mal allein in der Stadt gewesen, und da hat sie einen Tee im Ozone Hotel getrunken.«

»Schön, dann werdet ihr bald sehen, dass ich die Wahrheit sage, weil sie nämlich kein Baby bekommen wird.«

»Wir können es nicht darauf ankommen lassen, Lance«, sagte Charlton mit Entschiedenheit.

»Was... was willst du damit sagen?«, stammelte Lance. »Dass ich sie heiraten muss?«

»Ihr werdet euch verloben und nach einer angemessenen Frist heiraten. Wir müssen an ihren Ruf denken, Lance! Und an deinen!«, sagte Edna beschwörend.

»Ich pfeife auf meinen Ruf, Mutter! Ich liebe Amelia nicht!«, erwiderte Lance heftig. »Und ich habe sie ganz sicher nicht geschwängert. Ich habe euch noch nie belogen! Warum glaubt ihr mir nicht?«

»Lance, es kommt nicht darauf an, was *wir* glauben. Allem Anschein nach ist Amelia schwanger, und wir können es uns nicht leisten, dass sie oder wir ins Gerede kommen. Noch ist von der Schwangerschaft nichts zu sehen. Wenn du also die Wahrheit sagst und das Kind nicht von dir ist, muss sie kurz vor ihrer Ankunft hier schwanger geworden sein.« Edna streifte der Gedanke, Brian Huxwell könnte der Vater des Kindes sein, doch diese Vorstellung war so grauenhaft, dass Edna sie sogleich wieder verdrängte. »Aber wer würde uns das glauben? Die Leute würden denken, dass *unser* Sohn *unser* Mündel geschwängert hat! Diese Schande! Und wir könnten nichts tun, um diesen Verdacht zu widerlegen. Wird das Kind unehelich geboren, ist Amelias Ruf für alle Zeit ruiniert. Sie wäre gesellschaftlich erledigt! Du weißt doch, was das bedeutet! Sie ist unser Mündel, Lance! Wir können nicht zulassen, dass das passiert!« Edna holte tief Luft. »Es gibt nur eine Lösung: Du musst das Mädchen heiraten.«

»Nicht alle Ehen werden aus Liebe geschlossen, Lance«, sagte Charlton, um seinen Sohn zu trösten. »Die Liebe kommt mit der Zeit.« Für ihn selbst und Edna galt das natürlich nicht; sie hatten aus Liebe geheiratet. Lance wusste das, und er hatte gehofft, ihm würde einmal das gleiche Glück beschieden sein.

»Komm nachher zum Essen herüber, Lance«, bat Edna. »Wir

müssen alles wegen eurer Verlobung besprechen, und Amelia sollte dabei sein.«

Als Lance sich später auf den Weg zu seinen Eltern machte, fragte er sich, ob die junge Frau wohl ihre Komödie weiterspielen und ihre Behauptung aufrechterhalten würde, er habe sie bloßgestellt. Er konnte es sich nicht vorstellen. Er konnte nicht glauben, dass sie ihm das ins Gesicht sagen würde. Nur deshalb hatte er diesem Treffen zugestimmt.

Sarah saß mit Charlton im Salon.

»Guten Abend«, sagte Lance und sah Sarah dabei an. Sie wich seinem Blick aus, wie er bemerkte. »Kann ich mit Amelia erst einmal unter vier Augen sprechen?«, wandte er sich an seinen Vater.

Sarah riss entsetzt die Augen auf und schaute Charlton Hilfe suchend an.

»Fühlst du dich dazu imstande, mein Kind?«, fragte Charlton sanft.

Sarah nickte zögernd. Sie würde einer Konfrontation mit Lance nicht ewig ausweichen können.

Charlton ließ die beiden allein. Im Hinausgehen warf er seinem Sohn einen warnenden Blick zu. Lance verstand: Er sollte behutsam mit der jungen Frau umgehen.

Lance setzte sich neben Sarah. »Also, kannst du mir erklären, was das Ganze soll, Amelia? Wir beide wissen, dass ich dich nie angerührt habe, daher kannst du unmöglich ein Kind von *mir* erwarten.«

Sarah wandte den Kopf ab.

»Sieh mich gefälligst an, Amelia«, forderte Lance sie zornig auf. »Was hast du gesagt, dass meine Eltern denken, ich hätte dich entehrt?«

Sein grimmiger Tonfall trieb ihr die Tränen in die Augen. Lance war offenbar außer sich vor Wut, und sie konnte ihn sogar verstehen. Das Einzige, was ihr zu ihrer Verteidigung einfiel, war ein lautes, vernehmliches Schluchzen.

Edna kam hereingestürzt, um ihrem Mündel zu Hilfe zu eilen. »Was hast du getan, Lance?«, sagte sie anklagend.

»Gar nichts«, stieß er gepresst hervor. Er konnte seine Wut kaum zügeln.

»Das kann nicht sein, Amelia ist ja völlig aufgelöst!«

Sarah sprang auf und rannte, immer noch schluchzend, in ihr Zimmer.

Lance schnaubte ärgerlich. »Sie lügt, deshalb ist sie so aufgewühlt.«

»Du darfst sie in ihrem Zustand nicht so aufregen, Lance.«

Er seufzte gereizt. »Ich will nur, dass sie die Wahrheit sagt!«

Sarah schloss die Tür hinter sich und atmete tief durch. Lance wird mir nicht ewig böse sein können, dachte sie. Irgendwann wird er mir verzeihen, und dann werden wir ein glückliches Paar sein.

»Du wirst dich nicht mehr mit Olivia Horn treffen können«, sagte Charlton zu seinem Sohn.

Lance machte ein bestürztes Gesicht. »Was?«

»Das musst du doch einsehen!« Edna musterte ihren Sohn kopfschüttelnd. »Du kannst doch nicht mit Amelia verlobt sein und dich weiterhin mit Olivia treffen!«

»Ich habe Amelia nicht angerührt«, wiederholte Lance aufbrausend. »Besteht darauf, dass sie euch die Wahrheit sagt, dann werdet ihr schon sehen!«

»Lance, allem Anschein nach erwartet sie ein Kind, und sie glaubt offenbar, das, was zwischen euch passiert ist, habe zu ihrer Schwangerschaft geführt. Möglicherweise ist sie auch vor ihrer Ankunft hier von einem anderen Mann verführt worden, und weil sie sich deswegen schämt, behauptet sie jetzt, du wärst der Vater des Kindes. Das mag dir ungerecht erscheinen, aber du wirst sie heiraten müssen, damit ihr Ruf keinen Schaden nimmt.«

»Das kann nicht euer Ernst sein!«, stieß Lance fassungslos hervor. Er hoffte inständig, dass alles nur ein böser Traum war, aus dem er jeden Augenblick aufwachen würde.

»O doch, mein Sohn«, erwiderte Charlton düster. »Am besten, du gehst heute Abend noch zu Olivia und sagst ihr, dass ihr euch nicht mehr treffen könnt.«

Lance ballte in ohnmächtigem Zorn die Fäuste, wandte sich um, stürmte aus dem Haus und knallte die Tür zu.

Polly kam in den Salon. »Wird der junge Mr Ashby heute hier zu Abend speisen?«

»Es sieht nicht danach aus, Polly«, antwortete Charlton seufzend. »Er hat noch etwas Dringendes zu erledigen.«

Edna klopfte und öffnete dann die Tür zu Sarahs Zimmer. »Alles in Ordnung, mein Kind?«

»Ja, Tante.« Sarah tat, als tupfe sie sich ein paar Tränen ab.

»Nimm es nicht so schwer, Amelia. Alles wird gut, du wirst schon sehen.«

»Was würde ich nur ohne dich anfangen, Tante! Du bist so lieb zu mir.« Edna als Verbündete zu haben, war ein immenser Vorteil. Sarah wusste, jetzt würde sie praktisch alles bekommen, was sie wollte. »Ist Lance böse auf mich?«

»Nein, Liebes. Er ist… er wird sich schon daran gewöhnen.« Olivia war ein liebes Ding, doch Edna war sicher, Lance würde mit der Zeit Zuneigung zu ihrer Amelia fassen. Ihr stattliches Erbe könnte sicher dazu beitragen, dass er glücklich mit ihr wurde. Er würde sich jeden Wunsch erfüllen können, und das war in Ednas Augen nicht zu verachten.

»Das Essen ist fertig. Kommst du?«, fragte sie.

»Ja, Tante.« Sarah hatte plötzlich einen Bärenhunger.

Lance ging geradewegs zu Olivia. Sie öffnete und sah mit einem Blick, wie aufgewühlt er war. Statt ihn hereinzubitten, schlüpfte sie hinaus und setzte sich mit ihm in eine Ecke der Veranda, wo sie ungestört waren.

»Was hast du? Ist etwas mit deinen Eltern?«

Das war typisch für Olivia: Sie war ein mitfühlender Mensch, der sich stets um andere sorgte. Sie wäre eine wunderbare Ehefrau und Mutter geworden. Lance machte sich bittere Vorwürfe, dass er sich nicht an sie gebunden hatte, solange noch Zeit gewesen war. Jetzt war die Chance vertan. Was war er für ein Narr! »Es ist etwas passiert, Olivia. Wir ... wir dürfen uns nicht mehr sehen.«

Sie wurde blass. »Was? Aber wieso denn nicht?«

Lance zögerte, ihr den wahren Grund zu nennen. Aber war es nicht besser, sie erfuhr es von ihm statt von Dritten? »Amelia behauptet, ich ...« Die Worte wollten ihm fast nicht über die Lippen. Sie würden Olivia tief verletzen, und das hatte sie nicht verdient.

»Was, Lance? Was behauptet sie?«

»Amelia behauptet, ich ... ich hätte ihr die Unschuld genommen.«

Starr vor Entsetzen, blickte Olivia ihn an. Ein gequälter Ausdruck lag in seinen Augen.

Lance ergriff ihre zitternde Hand. »Sie lügt, das musst du mir glauben! Aber meine Eltern verlangen, dass ich mich wie ein Ehrenmann verhalte und mich zu meiner Verantwortung bekenne.«

Olivia zweifelte keine Sekunde daran, dass er die Wahrheit sagte. Sie hatte das Mündel der Ashbys kennen gelernt und wusste, wozu die junge Frau fähig war. »Sie kann doch unmöglich damit durchkommen, Lance«, sagte sie bestürzt.

»Ich habe sie vorhin zur Rede gestellt, aber sie hat nur geweint. Ich wusste immer, wie labil sie ist, aber ich hätte nie gedacht, dass sie so weit gehen würde. Du glaubst mir doch, Olivia, nicht wahr?«, fügte er beinah ängstlich hinzu.

»Ehrlich gesagt habe ich seit langem befürchtet, dass so etwas passiert«, sagte Olivia leise.

»Was sagst du da?«

»Ja. Seit dem Ernteball.« Sie schaute ihn ernst an. »Ich halte

Amelia für eine hinterhältige, intrigante Person. Ich wusste, dass sie vor nichts zurückschrecken würde, um dich zu bekommen.« Ihre Augen schimmerten feucht. »Ich fürchte mich nicht vor einem Skandal, Lance. Willst du mit mir zusammen sein? Dann sag ihr, du kannst sie nicht heiraten!«, flehte sie.

Lance streichelte zärtlich ihre zitternden Hände. »Ich möchte mit dir zusammen sein, Olivia. Ich wünsche mir nichts sehnlicher. Ich schäme mich, weil ich jetzt erst erkenne, was für ein wertvoller Mensch du bist.« Jede andere Frau hätte ihn geohrfeigt und davongejagt, das wusste er. »Du bist etwas Besonderes. Deshalb möchte ich dich nicht dem Skandal aussetzen, den es ohne Zweifel geben würde. Auch meinen Eltern kann ich das nicht antun. Sie wissen, dass ich Amelia nicht geschwängert habe, aber sie ist ihr Mündel. Es liegt an mir, ob ihr Ruf und unser Ansehen beschmutzt werden oder nicht.«

»Lance, ich will dich nicht verlieren«, flüsterte Olivia mit erstickter Stimme. »Das verkrafte ich nicht.«

Lance drückte ihre zarten Hände. »Es ist das Beste so, glaub mir. Es tut mir unendlich Leid.« Er erhob sich. Als Olivia ebenfalls aufstand, zog er sie an sich. »Der Mann, der dich zur Frau bekommt, kann sich glücklich schätzen«, flüsterte er, die Lippen auf ihr Haar gepresst.

Olivia hob den Kopf und blickte ihm in die Augen, als er sich zu ihr hinunterbeugte und sie zum Abschied küsste. Er schmeckte die salzigen Tränen auf ihren weichen Lippen. Aus Furcht, von seinen Gefühlen überwältigt zu werden, machte er sich los und eilte den Weg durch den Garten hinunter. Er drehte sich nicht um. Das Herz lag ihm zentnerschwer in der Brust. Doch bei allem Kummer war er wütend auf sich selbst, weil er Olivia so lange als selbstverständlich hingenommen hatte.

Olivia blickte ihm nach. Während sie ihre Tränen trocknete, dachte sie daran, was Miss Divine getan und wie viele Menschen sie dadurch ins Verderben gestürzt hatte. In diesem Moment schlug ihre Verzweiflung in Wut um.

31

KINGSCOTE

Am nächsten Morgen zogen schwere graue Wolken auf. Charlton schaute beunruhigt zum Himmel. Das Korn war reif zum Ernten; wenn es jetzt zu regnen anfing, wäre die Ernte ruiniert. Er eilte zu Lance hinüber, der eine schlaflose Nacht hinter sich hatte.

»Wir sollten uns beeilen. Sieht so aus, als gäbe es in den nächsten Stunden Regen.« Es würde mindestens zwei Tage dauern, die gesamte Ernte einzubringen, aber für das Korn, das sie trocken ernteten, ließe sich ein höherer Preis erzielen. Mit Sensen bewaffnet, eilten Lance und sein Vater nach Faith Cottage. Keiner verlor ein Wort über die Ereignisse des Vortags. Gemeinsam mit Evan machten sie sich unverzüglich an die Arbeit.

Lance und Evan hatten anfangs Mühe, die Sense richtig zu führen; bei Charlton hingegen sahen die fließenden, rhythmischen Bewegungen kinderleicht aus. Als sie eine größere Fläche gemäht hatten, bündelten sie das Getreide zu Garben, die sie mit einem dickeren Strang aus Getreidehalmen zusammenbanden. Es war eine regelrechte Kunst, doch auch das lernten Lance und Evan ziemlich schnell.

Edna, ihr Mündel und Polly würden später beim Dreschen helfen. Sie wussten nicht, dass Evan seinen älteren Töchtern und seiner Farmhelferin befohlen hatte, sich ebenfalls bereitzuhalten.

Gegen zehn Uhr brachten Edna und Polly den Männern eine Stärkung aufs Feld hinaus. Es war immer noch trocken, und die Männer schwitzten. Lance' Handflächen waren mit Blasen übersät; er achtete darauf, dass Edna es nicht sah.

Sarah war allein zu Hause, als jemand an die Vordertür klopfte. Sie öffnete und erschrak: Vor ihr stand Olivia. Ihre Augen waren rot geweint, und sie sah bleich und übernächtigt aus. Eigentlich hätte sie zur Arbeit gehen müssen, fühlte sich aber viel zu elend.

»Was wollen Sie hier?«, fragte Sarah eisig. Sie hatte gehört, wie Charlton seinem Sohn nahe gelegt hatte, die Beziehung zu Olivia sofort zu beenden. Was hatte die Frau also noch hier verloren?

Olivia kam gleich zur Sache. »Ich weiß, dass Sie Lance hereinzulegen versuchen.« Tränen schimmerten in ihren Augen. Es schmerzte, dass diese Frau Lance arglistig in eine Falle locken wollte und offenbar auch noch damit durchkam. »Wie können Sie ihm das antun?«

»Lance konnte seine Hände eben nicht von mir lassen«, erwiderte Sarah hämisch. Da sie ganz allein waren, konnte sie ihrer Bosheit freien Lauf lassen. »Es war nur eine Frage der Zeit, wann das Folgen haben würde.« Sie legte sich viel sagend die Hand auf den Bauch.

»Ich glaube Ihnen kein Wort«, stieß Olivia hervor. »Lance ist ein Gentleman!«

»Dass er sich Ihnen gegenüber wie ein Gentleman benommen hat, kann schon sein – Sie begehrt er ja auch nicht«, versetzte Sarah gehässig.

»Sie bilden sich das alles doch nur ein! Lance hat nie etwas anderes als Mitleid für Sie empfunden!«

»Hat er Ihnen das gesagt? Er wollte Sie bestimmt nur schonen«, stichelte Sarah.

Olivia konnte sich nur mit Mühe beherrschen. »Sie waren vom ersten Augenblick an eifersüchtig. Lance wird Sie niemals lieben! Sie werden ihn nur unglücklich machen, wenn Sie ihn zur Ehe zwingen!«

Tränen liefen ihr übers Gesicht, doch Sarah empfand keine Reue. Sie war überzeugt, dass sie Lance eine bessere Ehefrau wäre, als Olivia es je sein könnte.

»Würden Sie ihn wirklich lieben, wäre es Ihr größter Wunsch, dass er glücklich ist, auch wenn Sie dafür auf ihn verzichten müssten«, schluchzte Olivia.

»Mir liegt sehr viel an ihm«, gab Sarah zurück. »Ich liebe ihn. Außerdem wird er als mein Mann nie wieder in der Bank arbeiten müssen, denn ich erwarte ein beträchtliches Erbe. Das weiß Lance. Deshalb dürfte es ihm ziemlich leicht gefallen sein, die Beziehung zu Ihnen zu beenden.«

Olivia starrte sie fassungslos an. Nie zuvor war sie einem grausameren, herzloseren Menschen begegnet.

Clyde wurde vor den mit Getreidegarben beladenen Karren gespannt. Während Lance ihn zu einem Geräteschuppen auf dem Anwesen seines Vaters führte und das Korn dort ablud, blieben Charlton und Evan auf dem Feld und mähten weiter das Getreide. Nach dem Mittagessen rollte Charlton eine große Segeltuchplane im Schuppen aus, trennte einige Garben auf und breitete sie darauf aus. Er hatte bereits vor einiger Zeit mehrere Dreschflegel aus dickeren Ästen gefertigt. Mit einem Seil wurden jeweils zwei Äste auf eine Weise miteinander verbunden, dass man den einen Ast in der Hand halten und den anderen wie einen Knüppel schwingen konnte. Die Äste waren ein wenig krumm, doch sie erfüllten ihren Zweck, wie Charlton demonstrierte.

Da Charlton und Evan den Regen fürchteten und aufs Feld zurückwollten, baten sie Amelia und Sissie, schon mit dem Dreschen zu beginnen, während Sarah und Polly das gedroschene Getreide anschließend durch ein spezielles Sieb schütteten.

Weder Amelia noch Sarah sprachen ein Wort. Schweigend gingen sie ihrer Arbeit nach und vermieden jeden Blickkontakt. Es herrschte eine angespannte Atmosphäre, doch sie mussten zusehen, dass sie fertig wurden.

Nach dem Sieben hafteten immer noch Hülsen an den Weizenkörnern. Um nun die Spreu vom Weizen zu trennen, warfen

Rose, Bess und Molly das Getreide draußen vor dem Schuppen in die Luft, wo der Wind die leichten Spelzen davonwehte, während die schwereren Körner auf eine Plane fielen. Für die Mädchen war diese Beschäftigung ein herrliches Spiel. Edna fegte anschließend die Körner zusammen und füllte sie in Säcke. Jessie und Milo vergnügten sich unterdessen ganz in der Nähe, wo Amelia und die anderen ein Auge auf sie haben konnten.

Den Blick immer wieder ängstlich himmelwärts gerichtet mähten die Männer so viel Getreide, wie sie konnten, und banden es zu Garben. Ein paar Tropfen fielen, aber dann hörte es zum Glück wieder auf.

Am Spätnachmittag kam Gabriel zur Farm hinaus. Er war am Morgen in Kingscote eingetroffen und hatte seitdem eine Unterkunft in der Nähe der Bucht gesucht, aber nichts gefunden. Als er in der Bank vorbeischaute, erfuhr er, dass Lance nicht da war, weil er bei der Ernte half, und so hatte er sich auf den Weg zur Farm gemacht. Charlton entdeckte ihn als Erster. »Gabriel!« Er richtete sich auf und wischte sich den Schweiß von der Stirn. »Da bist du ja wieder!«

»Ja. Ich war in der Bank und wollte zu Lance, und da habe ich erfahren, dass er bei der Ernte hilft.«

Lance, der Garben band, hatte ihnen den Rücken zugekehrt. Als er Gabriels Stimme hörte, drehte er sich um. »Dad und Evan hatten Angst, es würde zu regnen anfangen, deshalb habe ich ihnen meine Hilfe angeboten«, erklärte er. Die Arbeit war viel anstrengender, als er gedacht hatte, doch er war fest entschlossen, klaglos durchzuhalten. Er würde es seiner Mutter schon zeigen!

»Ich kann euch gern helfen«, sagte Gabriel. »Ich trete meine neue Stelle erst morgen an.«

»Das wäre großartig.« Charlton nickte erfreut. »Dann schaffen wir es vielleicht rechtzeitig, bevor der Regen kommt.«

»Hast du eine Unterkunft gefunden?«, wollte Lance wissen.

Gabriel schüttelte den Kopf. »Nein, deshalb wollte ich ja zu dir.« Er warf einen Blick zu Evan hinüber, doch dessen Miene blieb ausdruckslos. »Ich wollte dich fragen, ob dein Angebot noch gilt und ich bei dir wohnen kann. Wenigstens so lange, bis ich etwas anderes gefunden habe.«

»Natürlich, gern.« Lance hoffte inständig, um die Heirat mit dem Mündel seiner Eltern herumzukommen. Und wenn nicht, würde Gabriels Anwesenheit zumindest für eine etwas entspanntere Atmosphäre sorgen.

Gabriel schaute Evan an. »Hast du etwas dagegen, wenn ich bei Lance einziehe?«

Lance machte ein verdutztes Gesicht. Er wusste nichts von der Beziehung zwischen Gabriel und der Zuchthäuslerin, deshalb begriff er nicht, weshalb Gabriel Evan um Erlaubnis fragte. Charlton jedoch verstand seine Beweggründe.

Evan war nicht entgangen, wie sehr die junge Frau unter der Situation litt. Obwohl er versucht hatte, sich gegen ihre Tränen abzuhärten, ging ihm ihr Kummer doch zu Herzen. Er schüttelte den Kopf. »Nein. Wir waren bisher Nachbarn, warum sollen wir es nicht weiterhin sein?«

Gabriel krempelte die Ärmel hoch. »Fein. Dann werde ich mich jetzt an die Arbeit machen.« Der Gedanke, in der Nähe seiner Liebsten sein und sie regelmäßig sehen zu können, versetzte ihn in Hochstimmung. Das würde das Warten für sie beide erträglicher machen.

Amelia war überglücklich, als sie sah, wer die nächste Fuhre Garben zum Schuppen brachte: Gabriel. Während sie sich bemühte, sich ihre freudige Erregung nicht anmerken zu lassen, begrüßten Polly, Edna und Evans Mädchen ihn mit großem Hallo. Sarah hatte nur ein knappes Kopfnicken für ihn übrig. Als er die Getreidegarben ablud und übereinander stapelte, lächelte er Amelia zärtlich zu, wenn er sich unbeobachtet glaubte. Edna und Polly waren hineingegangen, um Tee für die Männer zu kochen. Sarah, die über ihre wunden Hände geklagt hatte – sie waren vom wochenlangen Nichtstun zart und empfindlich geworden –, war ebenfalls im Haus verschwunden, um sich auf Ednas Rat hin Handschuhe zu holen. Sissie, der die verstohlenen Blicke zwischen Gabriel und Amelia nicht entgangen waren, nahm ihre jüngeren Geschwister unter einem Vorwand mit in das Finnlay-Haus.

»Ich werde bei Lance wohnen«, sagte Gabriel, als sie allein waren.

Amelia strahlte. »Das ist ja wundervoll! Dann können wir uns jeden Tag sehen! Aber was ist mit Evan?«, fuhr sie beunruhigt fort. »Weiß er, dass du bei Lance einziehen wirst?«

»Ich hab's ihm vorhin gesagt, und er hat nichts dagegen. Wie kommst du mit Miss Divine aus?« Er hatte sich gewundert, als er die beiden Seite an Seite hatte arbeiten sehen.

»Sie behandelt mich wie Luft«, antwortete Amelia achselzuckend. »Ich tue einfach meine Arbeit und kümmere mich sonst um nichts.«

Gabriel nickte. »Das ist das Beste.«

»Wie hat Edgar es aufgenommen, dass du weggehst?«

»Er versteht es.«

»Und Carlotta?«

Gabriels Miene wurde hart und abweisend. »Mir ist ein paarmal der Kragen geplatzt. Aber sie hat es geradezu herausgefordert.«

Hatte Carlotta versucht, ihn zu verführen? Obwohl Amelia schrecklich neugierig war, brachte sie es nicht über sich, ihn danach zu fragen.

»Als ich gestern Abend auf die *Swordfish* wartete, haben Edgar und ich offen miteinander gesprochen«, fuhr Gabriel fort. »Er war zufällig Zeuge einer Auseinandersetzung mit Carlotta am Abend meiner Rückkehr geworden. Da hat er erfahren, dass sie Milo Gift gegeben und dir unterstellt hat, ihren Ring gestohlen zu haben.«

Also hatte sie es zugegeben! Amelia war entsetzt über so viel Bösartigkeit; andererseits war sie froh, dass die Sache mit dem Ring sich aufgeklärt hatte.

»Edgar war außer sich.« Gabriel schüttelte den Kopf. »Das hat ihm die Augen geöffnet und ihm deutlich gemacht, dass er nicht mehr mit dieser Frau leben kann. Wahrscheinlich hat er auch gehört, wie ich zu Carlotta sagte, sie verschwende nur ihre Zeit, wenn sie versuche, mich zu verführen. Ich wünschte, Edgar hätte nie erfahren, wie schamlos sie sich hinter seinem Rücken benommen hat. Das ist demütigend für ihn. Er sagte, er wolle Carlotta nicht mehr in seinem Haus haben. Jetzt, wo ich fortginge, könne sie in mein Cottage ziehen. Und wenn seine Dienstzeit um sei, werde er nach England zurückkehren, und zwar allein.«

»Ich kann beim besten Willen kein Mitleid mit ihr haben«, sagte Amelia betrübt. »Was sie Milo angetan hat, ist unentschuldbar. Sie kann von Glück sagen, dass er wieder ganz gesund geworden ist. Edgar ist ein anständiger Kerl. Er hat etwas Besseres verdient als eine Frau, die anderen Männern schöne Augen macht und alles daransetzt, sie zu verführen.« Das Blut schoss ihr in die Wangen, als sie die Eifersucht aus ihren Worten heraushörte. Doch Gabriel zog nur die Brauen hoch, und seine Mundwinkel zuckten.

»Ich habe zwar nicht mitbekommen, dass die beiden sich gestritten hätten«, sagte er nachdenklich. »Aber Edgar hat in den letzten Tagen kaum ein Wort mit Carlotta gesprochen, und sie war ungewöhnlich still und zurückhaltend. Sie wolle fort von Cape du Couedic, hat sie mir gesagt. Ich weiß nicht, ob sie es ernst gemeint hat, aber ich habe sie jedenfalls gewarnt, sie solle sich auf keinen Fall in Kingscote blicken lassen.«

»Wird Edgar den Dienst im Leuchtturm allein schaffen?«

»Ganz bestimmt. Ich war den ganzen Winter allein, dann schafft er es im Sommer allemal. Sein Vertrag läuft nur sechs Monate, seine verbleibende Dienstzeit ist also überschaubar. Wie ich schon sagte, will er anschließend nach England zurück. Vielleicht geht Carlotta ja tatsächlich fort, dann hat er wenigstens seine Ruhe. Manchmal glaube ich, er hat ihre Wutausbrüche nur ertragen, um seinen Frieden zu haben.«

Amelia seufzte. »Ich hoffe, er findet eines Tages das Glück, das er verdient hat.«

»Ja, das wünsche ich ihm auch.« Nach einer kleinen Pause fuhr er fort: »Evan und Charlton wundern sich bestimmt schon, wo ich so lange bleibe. Ich mach mich besser wieder auf den Weg.« Da niemand in der Nähe war, gab er Amelia zum Abschied einen flüchtigen Kuss. Sie strahlte vor Glück.

Gabriel war kaum gegangen, als Sarah zurückkam. Amelia versuchte, ihren Blick aufzufangen, doch Sarah hatte eine hochmütige Miene aufgesetzt und tat, als wäre Amelia Luft für sie. So kann es nicht weitergehen, sagte sich Amelia, zumal wir jetzt Nachbarn sind. Sie nagte an der Unterlippe, holte dann tief Luft und sagte:

»Miss Divine, ich weiß, dass Sie mich für den Tod Ihrer Begleiterin verantwortlich machen. Aber meinen Sie nicht, es wäre an der Zeit, die Feindschaft zu beenden? Immerhin sind wir jetzt Nachbarn.«

Sarah, die zu stolz gewesen war, den ersten Schritt zu tun, erfüllte es mit Genugtuung, dass die andere den Anfang gemacht hatte. »Ja, mir ist auch schon der Gedanke gekommen, dass wir Frieden schließen sollten – natürlich vor allem um der Ashbys willen.«

Amelia freute sich, als sie das hörte.

»Ich kann Ihnen niemals verzeihen, was Sie Lucy angetan haben«, fuhr Sarah fort. »Aber ich bin bereit, wie ein erwachsener Mensch mit der Situation umzugehen.«

»Ich kann mich an nichts erinnern, das müssen Sie mir glauben«, sagte Amelia beschwörend. »Sie ahnen nicht, wie schlimm der Gedanke für mich ist, so selbstsüchtig gehandelt zu haben, ohne dass ich es *weiß*. Und dass ich mich nicht an meine Beweggründe erinnern kann, macht es umso schlimmer. Mit dieser Schuld werde ich leben müssen.«

Geschieht dir ganz recht, lag es Sarah schon auf der Zunge. Doch sie beherrschte sich. Sie wollte sich Amelias Vertrauen erschleichen, in der Hoffnung, diese werde ihr erzählen, wenn sie sich an irgendetwas erinnern konnte. »Reden wir nicht mehr davon«, erwiderte sie mit geheuchelter Großmut.

»Ich danke Ihnen. Sie haben ein gutes Herz.«

In diesem Moment gesellten sich Edna, Polly und Evans Töchter zu ihnen. Ohne ein weiteres Wort an Amelia zu richten, wandte Sarah sich wieder ihrer Arbeit zu.

Eine Stunde später brachte Charlton eine weitere Fuhre Garben. Als er sah, was die Frauen und Mädchen geleistet hatten, zeigte er sich beeindruckt.

»Wir haben es fast geschafft«, meinte er. Ein paar Regentropfen prasselten aufs Eisendach.

»Habt ihr das ganze Getreide eingebracht?«, fragte Edna staunend.

»Den allergrößten Teil. Ohne die Hilfe von Lance und Gabriel hätten wir es nie in so kurzer Zeit geschafft. Lance hat sich recht geschickt angestellt, obwohl ich mir nicht vorstellen kann, dass er seine Stelle in der Bank aufgibt, um Farmer zu werden«, meinte Charlton schmunzelnd. »Aber er hat sich kein einziges Mal beklagt. Dabei tut ihm bestimmt jeder Knochen im Leib weh. Und erst seine Hände! Sogar meine sind ganz wund, und ich bin an körperliche Arbeit gewohnt.« Charlton musste unwillkürlich lächeln. Er war trotz aller Spannungen zwischen ihnen stolz auf seinen Sohn.

Wenig später flüchteten sich Evan, Gabriel und Lance vor dem stärker werdenden Regen in den Schuppen.

Sarah ließ Lance nicht aus den Augen. Sie sah es gar nicht gern, dass er so unglücklich war, tröstete sich aber mit dem Gedanken, dass es vorbeigehen würde. Sie hatte ihr Ziel erreicht: Lance würde sie heiraten. Das war die Hauptsache. Jetzt hatte sie alle Zeit der Welt, um ihn glücklich zu machen.

»Heute können wir nicht mehr viel machen«, sagte Evan. »Aber es steht nur noch wenig Korn auf dem Feld.«

»Wir sollten dankbar sein, dass wir fast die gesamte Ernte eingebracht haben«, rief Charlton gut gelaunt. »Das sollte gefeiert werden. Zumal wir einen weiteren guten Grund zum Feiern haben: Amelia und Lance werden sich verloben!«

Ausrufe des Erstaunens waren zu vernehmen. Alle Blicke richteten sich auf Lance, der ein missmutiges Gesicht machte, und auf die zukünftige Braut, der die Ankündigung peinlich zu sein schien.

»Tja dann... meinen Glückwunsch«, murmelte Evan verlegen und mit einem verstohlenen Seitenblick auf Gabriel.

»Ja, ich gratuliere auch«, sagte Gabriel, der an seine Unterhaltung mit Lance über Olivia Horn dachte und überhaupt nichts mehr verstand.

»Lass uns kein Aufhebens davon machen, Onkel«, bat Sarah kleinlaut. Sie konnte Lance ansehen, wie unglücklich er war. Und ihr selbst war das Ganze unangenehm. Eine Verlobung in aller Stille würde ihr vollauf genügen.

Doch Charlton war nach Feiern zumute. »Unsinn! Schließlich heiratet mein Sohn nicht jeden Tag, und ich bekomme nicht jeden Tag eine Tochter geschenkt!« Er freute sich aufrichtig über die Verbindung der beiden und war fest davon überzeugt, dass er und Edna die Dinge in die richtigen Bahnen gelenkt hatten und es für alle Beteiligten das Beste war. Wenn Lance das erst erkannt hätte, würde er in der Ehe mit Amelia sein Glück finden. Lance brauchte lediglich jemanden, der ihm einen aufmunternden Schubs gab – wie die meisten jungen Leute, wenn es ums Heiraten ging. Und die meisten fuhren gar nicht schlecht mit der Wahl, die ihre Eltern getroffen hatten. Edna und Charlton hatten nie die Absicht gehabt, eine Frau für Lance auszusuchen, doch je länger Charlton darüber nachdachte, desto perfekter erschien ihm diese Verbindung.

Lance sagte überhaupt nichts dazu. Er stand mit gesenktem Kopf da und schwieg. Amelia, Gabriel und Evan erkannten, dass irgendetwas nicht stimmte.

»Ich weiß nicht, Charlton«, sagte Evan in die peinliche Stille hinein. »Es war ein harter Tag, wir sind alle ziemlich erledigt.«

»Wie wär's, wenn wir am Wochenende eine Party feierten?«, schlug Edna vor. Sie wollte ihrem Sohn ein wenig Zeit geben, sich mit dem Gedanken an seine Verlobung anzufreunden. Schließlich machte es sich nicht besonders gut, wenn der zukünftige Bräutigam ein Gesicht wie sieben Tage Regenwetter machte. »Es muss ja auch einiges vorbereitet werden.«

Lance sah vor seinem geistigen Auge, wie seine Mutter ein großes Fest im Gemeindesaal veranstaltete und die ganze Stadt einlud. Es brach ihm das Herz, wenn er daran dachte, wie tief Olivia dadurch gedemütigt würde.

»Ich möchte keine große Feier, Mutter«, sagte er mürrisch und verbesserte sich dann: »*Wir* möchten keine große Feier, nicht wahr, Amelia?«

Sie schüttelte den Kopf. »Nein«, sagte sie leise. Immerhin schien er sich mit der Situation abgefunden zu haben, wie sie erfreut feststellte. Sie hatte schon befürchtet, er würde aufbegehren.

»Wie ihr wollt«, meinte Edna ein wenig enttäuscht. »Dann werden wir eben nur Samstagnachmittag zu uns zum Tee einladen.«

Ohne ein weiteres Wort drehte Lance sich um und stapfte zu seinem Haus hinüber. Sarah blieb mit hochrotem Kopf zurück.

»Ach ja, Evan«, sagte sie in das betretene Schweigen hinein, »darf ich morgen mit Milo und Jessie an den Strand hinunter, während die anderen in der Schule sind? Wir könnten Muscheln sammeln.« Sie hatte ein paarmal mit den beiden gesprochen, und sie schienen sie zu mögen. Von Sissie wusste sie, dass am nächsten Tag die Schule anfing und alle schon ganz aufgeregt waren. Sarah hatte überlegt, wie sie Lance beweisen könnte, dass sie eine gute Ehefrau und Mutter war, und sich einen Plan zurechtgelegt.

»Sicher, warum nicht«, erwiderte Evan.
»Fein. Dann hole ich sie nach dem Frühstück ab.«

Am Abend genehmigten sich Lance und Gabriel einen wohl verdienten Brandy. Die Ashbys hatten beide zum Essen eingeladen, doch sie hatten unter dem Vorwand abgelehnt, rechtschaffen müde zu sein. Gabriel konnte tun und lassen, was er wollte; ihrem Sohn aber nahm Edna die Absage übel. Amelia würde traurig sein, wenn er nicht herüberkäme. Doch sie würde gewiss verstehen, dass die Männer abgekämpft waren, zumal Lance nicht an schwere körperliche Arbeit gewohnt war.

»Ehrlich gesagt, war ich sehr überrascht, als ich von deiner Verlobung mit Miss Divine hörte«, sagte Gabriel, nachdem sie eine Weile schweigend beisammen gesessen hatten.

»Was meinst du, wie überrascht ich erst bin«, murmelte Lance.

Gabriel warf ihm einen verdutzten Blick zu. »Du scheinst nicht gerade begeistert von der Idee, sie zu heiraten.«

»Natürlich nicht!«, fuhr Lance auf. »Sie behauptet, ich hätte sie verführt. Aber das ist eine glatte Lüge!« Seine Eltern wären entsetzt, wenn sie wüssten, dass er erst Olivia und jetzt Gabriel in die wahren Gründe für die überstürzte Verlobung eingeweiht hatte. Aber es tat ihm unendlich gut, sich jemandem anzuvertrauen – und Gabriel war ein aufrechter, integrer Mann.

Gabriel traute seinen Ohren nicht. »Aber was bezweckt sie damit?«

»Dass ich sie heiraten muss! Sie hat sich von Anfang an eingebildet, ich würde etwas für sie empfinden. Dabei bin ich immer nur freundlich zu ihr gewesen.«

»O je. Das muss hart für dich sein, Lance.« Nach seinen Erfahrungen mit Carlotta wusste Gabriel, wovon er sprach.

»Ich musste Olivia sagen, dass wir uns nicht mehr sehen können. Es hat ihr das Herz gebrochen«, fuhr Lance bedrückt fort. Er griff zur Brandyflasche, schenkte sich ein weiteres Glas randvoll ein und stürzte es in einem Zug hinunter. »Sag mal, warum musstest du Evan eigentlich um Erlaubnis fragen, ob du bei mir wohnen darfst?«

Gabriel hatte diese Frage schon erwartet. »Weil ich ihm vor meiner Abreise gestanden hatte, dass Sarah Jones und ich uns lieben. Ich habe dir nichts davon gesagt, weil ich zuerst mit Evan sprechen wollte. Außerdem hielten wir es für besser, dass möglichst wenige Leute davon wissen. Zuerst hat Evan ziemlich sauer reagiert, aber inzwischen akzeptiert er unsere Beziehung. Er möchte nur, dass wir diskret sind, solange Sarah noch bei ihm arbeitet.«

Noch vor ein paar Tagen hätte Lance ihm vermutlich entgegnet, er sei ein Narr; diese Frau sei zwar eine Schönheit, aber eine Zuchthäuslerin, und er, Gabriel, mache sich zum Gespött, wenn er eine Beziehung mit ihr einging. Doch seit der schmerzlichen Trennung von Olivia sah Lance manche Dinge anders.

»Kümmert euch nicht um die Meinung der Leute. Wichtig ist nur, dass ihr euch liebt. Ich wünsche euch alles Glück der Welt.«

»Danke, Lance.« Gabriel, der eigentlich Vorhaltungen erwartet hatte, zeigte sich gerührt. »Ich wünsche dir, dass die Dinge sich für dich auch noch zum Guten wenden.«

Lance seufzte. Wie war es möglich, dass sein vor kurzem noch so sorgloses Leben eine so dramatische Wendung erfahren hatte? Er füllte ihre Gläser aufs Neue, und sie stießen miteinander an. Beiden war klar, dass nichts von dem, was sie gerade gesprochen hatten, dieses Zimmer verlassen durfte.

Am anderen Morgen holte Sarah wie vereinbart Milo und Jessie ab und spazierte mit ihnen ans Meer hinunter. Der Himmel war bedeckt, aber es war fast windstill. Sarah wusste von Edna, dass Lance wieder zur Arbeit in die Bank gegangen war, weil Evan und Charlton seine Hilfe nicht mehr benötigten: Die restliche Ernte konnten sie auch allein einbringen. In der Nacht hatte es leicht geregnet. Für das feuchte Getreide würden sie keinen so guten Preis mehr erzielen, doch der weitaus größte Teil lagerte zum Glück bereits in der Scheune und war von bester Qualität. Edna vermutete, Lance war vor allem deshalb zur Bank gegangen, weil er sich um Olivia sorgte. Olivia war eine empfindsame junge Frau, und sie war Lance sehr zugetan, wie Edna wusste.

Als Sarah die Kinder kurz vor Mittag zurückbrachte, war niemand im Haus. Schließlich entdeckte sie Amelia im Stall. Sie stand neben Clyde und streichelte ihn abwesend. Ein eigenartiger Ausdruck lag auf ihrem Gesicht. Sarah beschlich ein ungutes Gefühl.

»Wir sind wieder da!«, rief sie, doch Amelia reagierte nicht. Erst als Milo zu ihr lief und seine Ärmchen um ihre Beine schlang, schreckte sie hoch.

»Oh! Ihr seid schon zurück. Hat's Spaß gemacht?«

Jessie streckte ihr ein Taschentuch voller Muscheln hin. »Musseln«, sagte sie stolz.

»Muscheln«, verbesserte Amelia lächelnd. »Sind es schöne Muscheln?«

Jessie nickte ernst.

»Alles in Ordnung?«, fragte Sarah. »Sie machen einen ... einen so abwesenden Eindruck.«

Amelia streckte die Hand nach Clyde aus und streichelte ihm übers Fell. »Mir ist plötzlich etwas eingefallen ... etwas von früher«, sagte sie und zog die Stirn kraus.

Sarah schlug das Herz bis zum Hals, und ihr Mund wurde trocken. »Von früher? Was denn?«

»Ich erinnere mich, dass ich mal ein Pferd hatte. Es hieß Sugar Plum.«

Sie irrte sich nicht: Sarah entsann sich an einen Eintrag in Amelias Tagebuch. Ihr Vater hatte ihr das Pferd geschenkt. »Tatsächlich?«, stieß sie atemlos hervor. Auf ihrem Spaziergang hatte sie von ihrer gemeinsamen Zukunft mit Lance geträumt. Sollte jetzt, wo die Erfüllung ihrer Träume in greifbare Nähe gerückt war, alles zu Ende sein?

»Ja. Es war eine Stute. Sie war sehr lebhaft und wieherte immer, wenn sie mich sah. Und sie liebte Möhren und Äpfel über alles. Ich konnte mich sehen, wie ich auf ihr durchs Gelände ritt. Wie kann das sein? Ich meine, wie kann ich ein Pferd besessen haben, wo ich doch eine Dienstmagd war?«

»Ich weiß es nicht«, erwiderte Sarah mit zittriger Stimme. Sie hatte das Gefühl, gleich ohnmächtig zu werden. »Vielleicht gehörte das Pferd den Leuten, für die Sie gearbeitet haben.«

»Nein, nein, es war mein eigenes Pferd, da bin ich mir ganz sicher.«

»Können Sie sich sonst noch an etwas erinnern?«

»Nein, aber Dr. Thompson meinte, dass mir nach und nach weitere Kleinigkeiten einfallen könnten. Vielleicht ist das der Anfang, und ich kann mich bald wieder an alles erinnern«, sagte Amelia, plötzlich ganz aufgeregt. Allerdings gab es Dinge, an die sie sich lieber nicht erinnern würde, doch sie würde es nehmen müssen, wie es kam. Sich an Unerfreuliches zu erinnern war immer noch besser, als auf eine Vergangenheit zurückzublicken, die einem gähnenden schwarzen Loch glich.

Sarah murmelte einen Gruß und ging nach Hause. Sie war wie betäubt und zitterte vor Angst, ihr Plan könnte zunichte gemacht werden. Das durfte nicht geschehen! Das würde sie nicht zulassen – nicht nach allem, was sie durchgemacht hatte!

Als sie das Haus betrat, rief Charlton sie zu sich in den Salon.

»Wie war dein Spaziergang?«, erkundigte er sich leutselig.

»Ach, ganz nett, Onkel«, erwiderte sie zerstreut.

»Scheint dir aber nicht gut bekommen zu sein«, meinte er, wobei er sie besorgt musterte.

»Wie meinst du das?«, fragte sie ängstlich.

»Du bist leichenblass, mein Kind.«

»Aber mir geht es gut, Onkel. Mach dir keine Sorgen.« Sie

deutete auf den Brief, den er in der Hand hielt. »Gibt es Neuigkeiten?«

»Ja, von Brian Huxwell. Der Ärmste ist nach seiner Rückkehr schwer erkrankt, deshalb wird sich die Abwicklung des Nachlasses hinauszögern. Er bedauert es sehr, aber er hatte eine Lungenentzündung und wird sich noch ein paar Wochen schonen müssen. Dieser Brief ist von seinem Sekretär. Er hat ihn gebeten, uns zu benachrichtigen, damit wir Bescheid wissen. Das ist sehr rücksichtsvoll von Brian, findest du nicht auch?«

Sarah stand da wie vom Blitz getroffen. Es ging aber auch wirklich alles schief! Amelias Erinnerungen kehrten zurück, und jetzt auch noch das: Sie würde das Erbe nicht so schnell wie erhofft antreten können. »Hat er denn keinen Stellvertreter, der das für ihn erledigen kann?«, fragte sie mit einem Anflug von Verzweiflung.

Charlton schüttelte den Kopf. »Ich fürchte, nein. Brian ist derjenige, der sich in den Angelegenheiten deiner Eltern am besten auskennt. Tut mir Leid, mein Kind. Ich weiß, du möchtest das alles so schnell wie möglich hinter dich bringen, damit du ein für allemal mit der Vergangenheit abschließen kannst. Aber deine Verlobung mit Lance wird dich sicher ablenken, nicht wahr? Wer weiß, vielleicht ist diese Verzögerung gar nicht so schlecht. Dann kannst du dir in Ruhe überlegen, was du mit deinem Vermögen anfangen willst.«

Sarah zitterte am ganzen Leib. Hätte sie nicht befürchten müssen, dass Amelia ihr Gedächtnis wiedererlangte, hätte sie in aller Ruhe abwarten können, bis der Nachlass geregelt war. Und in der Zwischenzeit hätte sie vielleicht Lance für sich eingenommen. Aber so?

»Ich leg mich ein wenig hin, Onkel«, sagte sie mit brüchiger Stimme.

»Ist gut, Liebes. Soll Polly dir einen Tee bringen?«

»Nein, danke. Ich trinke später eine Tasse.« Ihre Gedanken

kreisten um Amelia. Sie musste etwas unternehmen, und zwar bald. Sie musste nachdenken, sich einen Plan zurechtlegen, und dabei wollte sie weder von Polly noch sonst jemandem gestört werden. Warum kann in meinem Leben nicht ein einziges Mal etwas nach Wunsch verlaufen?, dachte sie.

32

KINGSCOTE

Nach dem Mittagessen verließ Sarah das Haus. Sie hatte keinen Bissen angerührt. Als sie Amelia im Garten arbeiten sah, ging sie kurz entschlossen zu ihr. Sie musste wissen, ob ihr noch mehr aus der Vergangenheit eingefallen war.

»Hallo, Sarah«, sagte sie und versuchte, ihre Nervosität zu unterdrücken. »Wie war Ihr Tag?«

Wäre Amelia mit ihren Gedanken nicht woanders gewesen, hätte sie sich vielleicht darüber gewundert, dass eine vornehme Lady ihr, einer Farmhelferin, diese Frage stellte. »So weit ganz gut«, murmelte sie zerstreut, während sie mit einer Hacke dem Unkraut zu Leibe rückte.

»Wirklich? Sie sehen aus, als hätten Sie sich stundenlang das Hirn zermartert.«

Amelia hielt inne. »Sie haben Recht. Andauernd geht mir ein Name durch den Kopf, aber ich komme nicht darauf, welche Bedeutung er für mich hat.«

Sarah stockte der Atem. Das Herz schlug ihr bis zum Hals. »Ein Name? Was für einer?«

»Moorcroft. Ich weiß nicht einmal, ob es ein Orts- oder ein Personenname ist.«

Aber Sarah wusste es: Moorcroft hieß das Anwesen der Divines in Hobart. Der Name tauchte immer wieder in Amelias Tagebuch auf. »Noch nie gehört«, log sie und zuckte die Achseln.

In diesem Moment rannte Milo an Amelia vorbei. Er hielt irgendeinen spitzen Gegenstand in der Hand und jagte damit hinter Jessie her. »*Marcus!*«, rief Amelia streng. »Komm sofort her!« Der Junge blieb stehen und bedachte sie mit einem merkwürdigen Blick. Amelia streckte die Hand aus, und er gab ihr den Stock, den er in den Fingern gehalten hatte. »Das ist gefährlich!«, schalt sie. »Du könntest dir oder deiner Schwester damit wehtun. So, und jetzt lauf!« Milo sauste schnell weiter.

»Oh!« Amelia schlug erschrocken die Hand vor den Mund. »Ich habe gerade Marcus zu Milo gesagt, nicht wahr?«

»Ja«, stieß Sarah hervor. Sie hatte panische Angst, was als Nächstes kommen würde.

»Das ist mir schon ein paarmal passiert«, sagte Amelia verwundert. »Ich weiß gar nicht, wieso. Milo muss mich an einen Jungen erinnern, der Marcus heißt. Wenn ich nur wüsste, wer das war!«

Alle Farbe war aus Sarahs Gesicht gewichen. Sie musste handeln. Sie durfte nicht länger warten. Amelia erinnerte sich an immer mehr Einzelheiten. Sarah war sich nicht sicher gewesen, ob es nötig war, so rücksichtslos vorzugehen, wie ihr Plan es vorsah; aber jetzt wusste sie es. Die Sache duldete keinen Aufschub. Sie musste etwas unternehmen, und zwar noch heute.

»Ich wollte Evan fragen, ob er etwas dagegen hat, dass Sie mich heute Nachmittag auf einen kleinen Spaziergang begleiten«, sagte sie beiläufig. »Ob er es wohl erlauben wird?«

»Ein Spaziergang? Mit Ihnen?« Amelia wusste nicht, was sie davon halten sollte.

»Ja. Ich würde mich gern ein wenig mit Ihnen unterhalten, von Frau zu Frau, und Sie sind die Einzige, die ungefähr in meinem Alter ist«, schmeichelte sie ihr. »Abgesehen von Polly. Aber wenn ich Polly etwas über Lance erzähle, wird sie es gleich Mrs Ashby weitererzählen, und das möchte ich nicht. Tun Sie mir den Gefallen?«, fragte sie mit zuckersüßer Stimme.

»Sicher, warum nicht«, antwortete Amelia ein wenig ratlos. »Ich verstehe nur nicht, wieso Sie sich ausgerechnet mit mir unterhalten wollen.«

»Nun, ich bin ein wenig nervös wegen meiner bevorstehenden Hochzeit mit Lance. Früher hätte ich so etwas mit Lucy besprechen können, aber nun, da sie nicht mehr da ist...« Sarah ließ absichtlich Lucys Namen einfließen, um Amelia ein schlechtes Gewissen zu bereiten.

»Ich verstehe«, erwiderte Amelia und senkte den Kopf. Miss Divine hatte Recht: Ihr eine gute Zuhörerin zu sein war das Mindeste, das sie für sie tun konnte.

»Dann haben Sie nichts dagegen, wenn ich Evan frage?«

Amelia schüttelte den Kopf. Sie hatte die Farm seit ihrer Ankunft hier nicht verlassen. Ein kleiner Spaziergang würde ihr gut tun. »Nein, aber seien Sie nicht enttäuscht, wenn er Nein sagt. Ich glaube, er ist drüben im Stall. Die Kinder kommen gegen drei Uhr aus der Schule, und er wird sicher wollen, dass ich dann da bin.«

»Wir sind höchstens eine Stunde fort«, versicherte Sarah. »Die Älteste könnte sicher solange auf die Kleinen aufpassen.« Sie würde schon dafür sorgen, dass Evan Amelia gehen ließ. Ihre ganze Zukunft hing davon ab. Eilig machte sie sich auf die Suche nach Evan. Amelia blickte ihr kopfschüttelnd nach. Sie war überzeugt, Evan würde ihr eine Abfuhr erteilen.

Kurze Zeit später kam Sarah zurück. »Evan sagt, Sie können ausnahmsweise gehen, vorausgesetzt, Sie haben Ihre Arbeit getan und das Abendessen vorbereitet.« Dass sie Evan ein wenig unter Druck gesetzt hatte, indem sie ihn daran erinnerte, dass ihr Verlobter Lance ihm bei der Ernte geholfen hatte, behielt Sarah für sich. Sie vermutete auch, Evan habe ihre Bitte deshalb nicht abgelehnt, weil er Charlton, seinen Pachtherrn, nicht verärgern wollte.

»Oh!« Amelia war ehrlich erstaunt. »Ich bin fast fertig mit allem, ich muss nur noch die Wäsche abnehmen. Das Abendessen steht schon auf dem Herd. Mrs Ashby hat Evan freundlicherweise ein Stück Lammfleisch mitgegeben, und ich habe einen Eintopf gemacht, der vor sich hin köchelt.«

»Sie können *kochen*?« Die Frage war Sarah herausgerutscht, bevor sie es verhindern konnte. Sie sah die dünkelhafte Amelia vor sich, die sie an Bord der *Gazelle* kennen gelernt hatte. Damals hätte sie nicht einmal einen Kochtopf von einem Pferdehintern unterscheiden können.

Amelia bemerkte weder Sarahs verblüffte Miene, noch fiel ihr die Merkwürdigkeit der Frage auf. »Es geht so. Anfangs war ich ein hoffnungsloser Fall, und Evan war oft ziemlich böse auf mich. Entweder habe ich alles anbrennen lassen oder noch halb roh auf den Tisch gestellt. Sissie hat mir dann gezeigt, wie ihre Mutter einen Eintopf zubereitete. Das ist gar so nicht schwer, man braucht nur die richtigen Zutaten, gibt alles in einen Topf, fügt ein wenig Wasser und Salz hinzu und lässt es dann langsam garen. Zum Glück haben die Vorpächter uns einen reichhaltigen Gemüsegarten hinterlassen.« Sie hatte gerade zwischen Möhren und Kartoffeln Unkraut gejätet.

Sarah, die das alles herzlich wenig interessierte, nickte. »Gut. Ich hole Sie dann gegen halb fünf ab.« Sie frohlockte innerlich, weil alles nach Plan lief. Bald wäre ein weiteres Hindernis auf dem Weg zu ihrem Glück beseitigt.

»Ist gut.« Amelia blickte ihr leicht irritiert nach.

Als Sarah den Ashbys erzählte, sie werde vor dem Abendessen einen kleinen Spaziergang nach Reeves Point machen, wobei Sarah Jones sie begleitete, war Edna das Erstaunen vom Gesicht abzulesen.

»Ich dachte, du kannst Miss Jones nicht ausstehen! Und jetzt willst du mit ihr spazieren gehen?«

Sarah hatte mit dieser Frage gerechnet und sich vorbereitet. »Wir haben uns gestern ausgesprochen und beschlossen, Frieden zu schließen«, antwortete sie.

»Das freut mich, Amelia!« Charlton war sicher, dass sein Mündel damit einen Schritt in die richtige Richtung machte.

»Ich kann ihr nicht verzeihen, dass Lucy ihretwegen den Tod gefunden hat«, fuhr Sarah fort, »aber ich muss versuchen, mit der

Vergangenheit fertig zu werden. Und dieser Spaziergang und ein Gespräch mit Miss Jones werden mir bestimmt dabei helfen.«

Edna machte ein skeptisches Gesicht. Bezweifelte sie, dass ihr Mündel seine Meinung geändert hatte, oder dass die beiden jungen Frauen sich aussöhnen würden? Soll sie denken, was sie will, dachte Sarah. Nach unserem Spaziergang wird sich ein großes Problem erledigt haben.

Gegen halb fünf brachen die beiden Frauen auf. Sie würden höchstens eine Stunde fortbleiben, versicherten sie. Sarah war anfangs ziemlich still. Sie grübelte über ihre Absichten nach und darüber, ob man ihr wohl auf die Schliche kommen würde. Um diese Uhrzeit lag Reeves Point verlassen da; Zeugen würde es deshalb mit hoher Wahrscheinlichkeit nicht geben. Sie redete sich ein, das Richtige zu tun; schließlich stand ihre Zukunft auf dem Spiel.

»Ganz schön windig«, meinte Amelia und schlug fröstelnd den Kragen ihrer Strickjacke hoch.

»Ich liebe den Wind!«, sagte Sarah und sog die reine Luft tief in die Lungen. Nach fünf Jahren in einer stickigen Gefängniszelle – das wurde ihr in diesem Moment wieder einmal bewusst – würde sie frische Luft niemals mehr als etwas Selbstverständliches betrachten.

Amelia musste plötzlich an Lance und seine sonderbare Reaktion auf die Ankündigung seiner Verlobung denken. Man könnte fast glauben, er würde zu dieser Ehe gezwungen. Ob sie von der jungen Lady Näheres erführe? »Sie sagten, Sie wollten mit mir über Ihre Hochzeit sprechen...«

»Ja, stimmt. Ich bin ein bisschen nervös deswegen, aber das ist wahrscheinlich ganz normal«, sagte Sarah.

»Das weiß ich nicht«, erwiderte Amelia achselzuckend. »Ich entsinne mich an keine Hochzeit.«

»Ist Ihnen inzwischen sonst noch etwas eingefallen?«, fragte Sarah wie beiläufig.

»Manchmal sehe ich mich in den Armen eines gut aussehenden Mannes über eine Tanzfläche wirbeln. Es ist ein prächtiger Ballsaal, und wir tanzen Walzer. Ich muss sehr gern und sehr gut getanzt haben.« Sie war überzeugter denn je, keine Dienstmagd gewesen zu sein. Keine ihrer Erinnerungen passte zum Leben einer Bediensteten. Darüber konnte sie allerdings nicht reden, ohne das Mündel der Ashbys der Lüge zu bezichtigen.

»Vielleicht war Ihre Familie einmal wohlhabend und hat dann aus irgendeinem Grund alles verloren. Das würde erklären, warum Sie früher ein Pferd besessen haben, sich schließlich aber als Dienerin verdingen mussten«, sagte Sarah. Sie hatte sich diese Erklärung vorher schon zurechtgelegt, in der Hoffnung, Amelia würde sich damit zufrieden geben und ihre Situation akzeptieren.

»Ja, das wäre möglich«, erwiderte Amelia nachdenklich, obwohl es immer noch nicht erklärte, weshalb sie keinerlei Erinnerungen an ein Leben als Dienerin hatte.

Die beiden Frauen waren bei der Steilküste angelangt. Der Wind, der vom Meer her wehte, blies hier noch kräftiger und war kühl, obwohl es ein warmer Tag war. Er zerrte an den Haaren der Frauen und peitschte die Schaumkronen von den Wellen, sodass die Küste in einen gespenstischen feinen Sprühwassernebel gehüllt war. Amelia fröstelte. Leises Unbehagen beschlich sie, das sich noch verstärkte, als sie draußen auf See ein Schiff erblickte, das von den Wellen hin und her geworfen wurde. Seit jenem schicksalhaften Tag, als sie nach dem Untergang der *Gazelle* das Gedächtnis verloren hatte, sah sie das Meer mit anderen Augen.

»Kommen Sie, klettern wir hinauf«, schlug Sarah vor und zeigte zur Felswand.

Amelia folgte ihrem Blick. Sie zögerte.

»Nun kommen Sie schon!« Sarah winkte sie ungeduldig zu sich.

»Ist es nicht zu windig da oben?« Hinter Amelias Frage verbarg sich in Wirklichkeit die Angst vor dem gefährlichen Aufstieg. Doch sie wollte nicht für feige gehalten werden.

»Man hat einen herrlichen Blick von dort oben. Das müssen Sie unbedingt gesehen haben! Wer weiß, wann Evan Ihnen das nächste Mal freigibt.«

Da hatte sie Recht; dennoch hielt eine unbestimmte Furcht Amelias Herz umklammert. »Ich dachte, Sie wollten mit mir reden. Sollten wir uns dafür nicht ein geschütztes Plätzchen suchen?«

»Wir haben nachher immer noch genug Zeit. Nun kommen Sie endlich!«

Amelia folgte ihr widerstrebend den steilen Felshang hinauf. Als sie oben angekommen waren, wich sie sofort ein Stück zurück, doch Sarah trat ganz nahe an den Abgrund heran.

»Vorsicht!«, rief Amelia, als sich ein paar Steine unter ihren Füßen lösten.

»Keine Angst, es kann nichts passieren«, beruhigte Sarah sie und winkte sie zu sich. »Kommen Sie, das müssen Sie sich ansehen!«

Amelia trat zögernd näher. Die Abbruchkante kam ihr wesentlich brüchiger vor als an der Küste von Cape du Couedic.

»Ist der Blick nicht herrlich?« Sarah sah sie erwartungsvoll an. Wolken waren aufgezogen, und der Dunst ließ die Farben des Sonnenuntergangs verblassen. Der Blick war nicht annähernd so eindrucksvoll wie auf Cape du Couedic, doch das behielt Amelia für sich.

Edna saß mit Charlton im Salon und stickte, doch sie konnte sich heute nicht recht an ihrer Handarbeit erfreuen. Sie verspürte eine quälende innere Unruhe, die sie sich selbst nicht erklären konnte. Lance war auf eine Tasse Tee vorbeigekommen. Er war gedrückter Stimmung. Olivia hatte alle seine Versuche vereitelt, mit ihr zu reden, indem sie ihm aus dem Weg gegangen war. Anscheinend wollte sie nichts mehr mit ihm zu tun haben. Er hatte sie zu tief verletzt.

»Ich mache mir Sorgen wegen Amelia«, sagte Edna. »Sie ist

mit Miss Jones zu einem Spaziergang nach Reeves Point aufgebrochen.«

Als Lance sie verwundert ansah, erklärte sie ihm die Beweggründe ihres Mündels und fügte beunruhigt hinzu: »Die beiden sind schon lange weg.«

»So lange nun auch wieder nicht«, widersprach Charlton mit einem Blick auf die Kaminuhr.

Edna hatte ein ungutes Gefühl. Sie befürchtete, die beiden Frauen könnten in Streit geraten. Sie wusste doch, wie überreizt ihr Mündel zuweilen reagierte! »Lance, wärst du so gut und gehst ihnen nach? Nur um ganz sicher zu sein, dass alles in Ordnung ist? Das wäre mir wirklich eine Beruhigung.«

»Ich weiß nicht, Mutter. Ich glaube, ich sollte die beiden lieber nicht stören.«

»Das brauchst du auch nicht. Beobachte sie aus der Ferne. Wenn du das Gefühl hast, es ist alles in Ordnung, machst du wieder kehrt. Bitte, Lance, geh mir zuliebe! Sonst mache ich mich noch verrückt vor Sorge.«

»Also gut«, erwiderte Lance seufzend. »Ich werde schauen, wo sie sind, und komme dann wieder.«

Edna war erleichtert. »Danke, mein Sohn.«

Amelia und Sarah standen nebeneinander am Rand des Kliffs. Der Wind hatte fast Sturmstärke, und Sarah durchlebte im Geist die dramatischen Minuten, nachdem die *Gazelle* auf das Riff aufgelaufen war. Sie spürte wieder die Gischt auf ihrem Gesicht und sah sich hinter Lucy im Rettungsboot sitzen. Sie sah Lucys Hinterkopf so deutlich, als stünde das Mädchen vor ihr. Sie hörte Amelias herrische Stimme, hörte, wie sie Lucy befahl, sofort aus dem Rettungsboot zu klettern. Sie senkte den Blick, starrte auf die zerklüfteten Felsen und die brodelnde Brandung tief unter ihnen. Ein kleiner Schubs, und Amelia wäre verschwunden – und mit ihr alle ihre Probleme. So einfach war das. Sie waren ganz allein, keine

Zeugen weit und breit. Sie würde sagen, Amelia sei ausgerutscht und abgestürzt. Ein tragischer Unfall ...

Als Lance bei Reeves Point eintraf, lag der Ort verlassen da. Er dachte schon, seine Mutter müsse sich geirrt haben, was das Ziel der beiden jungen Frauen betraf, als sein Blick zur Steilküste hinaufwanderte und er sie dort oben stehen sah. Der Wind zerrte an ihren Haaren und ihrer Kleidung.

»Was machen die beiden nur da oben?«, murmelte Lance vor sich hin. Das war doch viel zu gefährlich! Es schien, als hätte seine Mutter sich zu Recht Sorgen gemacht.

Sarah sah Lucys Gesicht vor sich, und ihre Augen füllten sich mit Tränen. Sie hatte so verloren dreingeschaut, so unendlich traurig, als sie aus dem Rettungsboot geklettert war und wieder an Bord des sinkenden Schiffes gestanden hatte. Lucy hatte gewusst, dass sie zum Tode verurteilt war, und Sarah erinnerte sich an die blinde Wut auf Amelia, die sie in diesem Augenblick erfasst hatte. Unwillkürlich ballte sie die Fäuste. Sie wusste, was sie zu tun hatte.

Sarah wandte sich Amelia zu. Als sie die Hand ausstreckte, um Amelia einen Stoß zu versetzen, gaben plötzlich ein paar Steine unter ihr nach. Sie rutschte aus, verlor das Gleichgewicht und stürzte. Noch im Fallen starrte sie in Amelias Gesicht. Alles schien so langsam abzulaufen, als würden die Sekunden sich endlos dehnen.

Lance sah eine der beiden Frauen ausrutschen und stürzen, während die andere sich blitzschnell bückte, um sie zu packen. So schnell seine Füße ihn trugen, kletterte er den Felshang hinauf. Oben angelangt, war er völlig außer Atem und musste einen Augenblick innehalten. Er sah, dass Sarah über dem Abgrund hing. Amelia hatte ihren Arm gepackt, würde sie aber nicht mehr lange halten, geschweige denn hinaufziehen können; dazu fehlte ihr die Kraft. Verzweifelt klammerte Sarah sich an Amelias Ärmel, doch ihre Hand rutschte ab. »Nein!«, kreischte sie in Todesangst. »Halt mich fest!«

Augenblicke später war Lance bei ihnen angelangt. Er ließ sich neben Amelia auf die Knie fallen und packte Sarah am anderen Arm. Gemeinsam zogen sie die junge Frau hoch und über den Klippenrand in Sicherheit.

Von einem Weinkrampf geschüttelt, brach Sarah zusammen.

»Was hast du dir dabei gedacht?«, schalt Lance, der immer noch nach Atem rang, seine zukünftige Frau. »Um ein Haar wärst du in die Tiefe gestürzt!«

Sarah, in deren Innerem ein Aufruhr der Gefühle tobte, fand keine Worte. Sie hatte Amelia in die Tiefe stoßen wollen und wäre beinah selbst abgestürzt. Wäre Amelia nicht gewesen …

Amelia hat mir das Leben gerettet! Der Gedanke traf sie wie ein Keulenschlag. Doch statt Dankbarkeit zu empfinden, war sie außer sich vor Wut, weil ihr Plan fehlgeschlagen war.

Lance schaute zu der echten Amelia auf. »Wenn Sie nicht so schnell reagiert hätten, Sarah, wäre sie jetzt nicht mehr am Leben«, sagte er beinahe ehrfürchtig.

»Ich weiß selbst nicht, wie ich es geschafft habe, dass ich sie noch rechtzeitig zu fassen bekam«, antwortete Amelia, der der Schreck noch im Gesicht geschrieben stand. »Aber allein hätte ich sie niemals heraufziehen können. Wenn Sie nicht gekommen wären …« Sie beendete den Satz nicht. »Alles in Ordnung?«, fragte sie Sarah, die leichenblass war.

Sarah nickte nur. Sie hätte schreien mögen vor ohnmächtigem Zorn. Das Schicksal hatte ihr abermals einen grausamen Streich gespielt.

»Kommt, gehen wir zurück«, meinte Lance.

Lance berichtete seinen Eltern umgehend von der Heldentat, die Evans Farmhelferin vollbracht hatte. »Sie hat Amelia das Leben gerettet!«

»Was?« Edna griff sich entsetzt an den Hals, und Charlton stand der Mund offen.

»Das stimmt nicht ganz«, wehrte Amelia bescheiden ab. »Sie waren es, der sie nach oben gezogen hat.«

»Was aber nur möglich war, weil Sie sie festgehalten haben«, gab Lance zurück und erzählte seinen Eltern, was passiert war.

Wunderbar, dachte Sarah sarkastisch. Jetzt ist Amelia auch noch eine Heldin! Wahrscheinlich könnte sie in Pferdemist fallen und würde wie eine Rose duften, wenn sie wieder aufsteht!

»Was habt ihr denn da oben gemacht, Amelia? Du weißt doch, wie gefährlich das ist«, sagte Edna mit leisem Tadel.

Als Sarah schwieg, antwortete Amelia: »Ich wollte wissen, wie der Blick von dort oben ist. Aber Sie haben Recht – es war leichtsinnig von uns.«

Sarah starrte sie an. Jetzt nahm sie sie auch noch in Schutz! Wollte sie sich zur Märtyrerin machen? Dadurch konnte sie ihre Schuld auch nicht sühnen.

»Mein Gefühl hat mich also nicht getrogen«, meinte Edna. »Ein Glück, dass euch nichts zugestoßen ist. Das ist ein Grund zum Feiern, meint ihr nicht auch? Ich werde Evan und die Kinder für heute Abend einladen. Charlton, sei so gut und sag Gabriel Bescheid! Polly, du und Lance, ihr könntet die Möbel im Salon zur Seite schieben, damit wir Platz zum Tanzen haben!«

Nachdem Edna jedem gesagt hatte, was zu tun war, begleitete sie Amelia nach Faith Cottage. Evan und die Kinder waren in der Küche. Evan tischte gerade den Eintopf auf.

»Wo bist du gewesen?«, fuhr er Amelia unwirsch an.

»Sie hat meinem Mündel das Leben gerettet«, erklärte Edna mit unüberhörbarem Stolz.

Evan hielt mitten in der Bewegung inne. »Was ist denn passiert?«

»Amelia wäre fast von der Klippe in die Tiefe gestürzt, aber Miss Jones hat sie in letzter Sekunde halten können.«

»Zum Glück kam Lance Ashby hinzu und hat sie hochgezogen«, fügte Amelia verlegen hinzu. Sie stand nicht gern im Mittelpunkt.

»Ich wollte Sie einladen, Evan. Wir geben heute Abend ein kleines Fest aus Dankbarkeit, dass Amelia am Leben ist, und zu Ehren von Miss Jones, die ihr das Leben gerettet hat. Es gibt Musik und Tanz!«

»Sind wir auch eingeladen?«, fragte Rose eifrig.

»Rose!«, tadelte Evan.

»Aber natürlich! Ihr alle seid herzlich willkommen.«

»Sarah hat uns beigebracht, wie man Walzer tanzt«, fuhr Rose lebhaft fort. »Wir zeigen es Ihnen, wenn wir dürfen.«

»Ich würde mich freuen«, erwiderte Edna und staunte insgeheim, dass eine Farmhelferin Walzer tanzen konnte. »Polly und Lance räumen schon die Möbel weg, damit wir Platz zum Tanzen haben, und ich werde Harmonium spielen.«

»Au ja!«, rief Rose begeistert, und ihre Geschwister brachen ebenfalls in Jubel aus.

»Sarah hat uns ein paar französische Lieder beigebracht, Mrs Ashby«, sagte Sissie aufgeregt. »Vielleicht können Sie uns auf dem Harmonium begleiten.«

»Aber gern! Also, bis nachher. Ich erwarte euch in ungefähr einer Stunde. Ich weiß, dass ihr morgen in die Schule müsst, es wird also nicht zu spät.«

Als Edna nach Hause ging, sah sie im Geiste die beiden jungen Frauen vor sich, wie sie wenige Minuten zuvor nebeneinander im Salon gestanden hatten. Äußerlich sahen sie sich ziemlich ähnlich: Beide waren schlank, mit langem dunklem Haar, braunen Augen und hellem Teint, und sie waren etwa gleich alt. Damit endeten die Ähnlichkeiten aber auch schon. Amelia war ein wenig linkisch und nicht sonderlich elegant. Edna hatte sie nie auch nur ein einziges Wort Französisch sprechen hören, und aus einer Unterhaltung, die sie im Postamt zufällig belauscht hatte, wusste sie, dass sie keine gute Tänzerin war. Sarah hingegen besaß Anmut und Eleganz; sie sprach mehrere Sprachen und hatte Evans Kindern das Tanzen beigebracht. Sie war so, wie Edna sich ihr Mündel vorgestellt hatte. Die beiden Frauen waren das Gegenteil von dem, was man erwartet hätte, als hätten sie die Rollen vertauscht...

Edna blieb abrupt stehen. Ein abenteuerlicher Gedanke durchzuckte sie. Konnte es *wirklich* so sein? War es möglich, dass ihr vermeintliches Mündel in Wahrheit die Zuchthäuslerin war und die Identität der echten Amelia angenommen hatte? War es möglich, dass Evans Farmhelferin in Wahrheit Amelia Divine war? Sie besaß alle Eigenschaften, die Camilla so sehr an ihrer Tochter geschätzt hatte. »Nein, ausgeschlossen!«, sagte Edna laut und schüttelte den Kopf. Die Vorstellung war absurd. Edna konnte nicht glauben, dass jemand so niederträchtig war und den Umstand ausnutzte, dass ein anderer sein Gedächtnis verloren hatte, um in dessen Rolle zu schlüpfen.

Andererseits würde das manches erklären...

Edna war plötzlich schrecklich aufgeregt. Sie nahm sich vor, noch an diesem Abend die Wahrheit herauszufinden, koste es, was es wolle!

33

KINGSCOTE

Edna schenkte ihrem Mündel als Erstes ein großes Glas Sherry ein. Die junge Frau hatte zweifelsohne einen Schock erlitten, doch Edna fragte sich, ob nicht vielleicht mehr hinter ihrer seelischen Anspannung steckte. Der furchtbare Verdacht, der auf dem Nachhauseweg in Edna aufgestiegen war – dass nämlich eine Zuchthäuslerin namens Sarah Jones die Identität ihres Mündels angenommen hatte –, ließ sie nicht mehr los.

Sie überlegte fieberhaft, wie sie die Wahrheit herausfinden könnte. Ihr blieb keine Zeit, sich mit Charlton zu besprechen; sie musste sich selbst irgendetwas überlegen.

Als Evan und die Kinder eintrafen, waren Gabriel und Lance schon da. Lance hatte Gabriel bereits von dem Vorfall an der Klippe erzählt. Gabriel war außer sich gewesen: Es hätte genauso gut seine geliebte Sarah sein können, die um ein Haar in den Tod gestürzt wäre. In Evans Beisein konnte er natürlich nicht seine Erleichterung darüber zum Ausdruck bringen, dass ihr nichts zugestoßen war. Doch Amelia sah ihm an, dass er bis ins Innerste aufgewühlt war, als er ihr mit ernster Miene sagte, wie viel Glück sie gehabt hätten – und sie liebte ihn dafür umso mehr.

Als Edna die Kurbel des Harmoniums drehte, führten Evans Töchter stolz vor, was sie gelernt hatten. Evan schaute zu; er habe zwei linke Füße, behauptete er, und keine Ahnung, wohin er sie beim Tanzen setzen solle. Aus Respekt vor ihm wagte Gabriel nicht, seine geliebte Sarah aufzufordern. Es war Evan, der ihn schließlich dazu ermunterte.

Edna fiel auf, wie gut die Mädchen tanzen konnten. Sollte sich ihr Verdacht, dass Evans Farmarbeiterin in Wirklichkeit ihr Mündel war, bewahrheiten? Edna brannte darauf, die Wahrheit herauszufinden. Da sie von ihrem Bekannten in Hobart erst in einigen Wochen eine Antwort auf ihren Brief erhielte, musste sie sich selbst etwas einfallen lassen.

Die Kinder sangen französische Lieder. Während Evans Farmhelferin sie dirigierte und jeden Vers mitsang, blieb Ednas Mündel stumm. Auf Ednas Frage, ob sie nicht auch ein Lied kenne, antwortete sie, sie könne keinen klaren Gedanken fassen; nach dem schrecklichen Erlebnis vom Nachmittag sei sie viel zu durcheinander.

Nachdem Polly eine kleine Erfrischung serviert hatte, wandte Edna sich abermals ihrem vermeintlichen Mündel zu. »Amelia, mein Kind, ich weiß, du bist noch ein wenig verstört. Würdest du uns trotzdem die Freude machen und eins deiner Gedichte aufsagen? Du hast so viele Verse in dein Tagebuch geschrieben.« Sie bemerkte, wie der jungen Frau das Blut ins Gesicht schoss, und sah sie lauernd an.

Sarah fuhr sich nervös mit der Zungenspitze über die Lippen. »Ehrlich gesagt ist mir nicht danach, Tante.«

»Oh, bitte, Amelia!« Edna wandte sich zu den Kindern um. »Ihr würdet doch auch gern ein Gedicht hören, nicht wahr?«

Alle nickten lebhaft und baten lautstark, sie möge ihnen eins ihrer Gedichte vortragen.

Panik erfasste Sarah und schnürte ihr buchstäblich die Luft ab. Fieberhaft versuchte sie sich an eins der Gedichte aus dem Tagebuch zu erinnern. Sie warf der echten Amelia einen verstohlenen Blick zu; diese blickte sie genauso erwartungsvoll an wie alle anderen im Zimmer.

Sarah holte tief Luft und erhob sich mit weichen Knien. Eins der Gedichte war ziemlich einfach gewesen. Sie musste ihr Bestes geben, damit kein neuerlicher Verdacht in Edna aufkeimte. Bis sich eine weitere Gelegenheit böte, die echte Amelia loszuwerden, musste sie sich das Vertrauen der Ashbys bewahren. Sie räusperte sich und begann stockend:

Dort, wo ich so oft und gerne sitze,
Am Teich... im Schatten des... Kastanienbaumes

Sie stockte, musste überlegen.

In schmuckem Blau mit Bändern und mit Spitze...

Wie ging es weiter? Ihr Herz raste, ihr Mund war trocken, ihr Hirn wie leer gefegt. Sie konnte sich einfach nicht an den nächsten Vers erinnern.

Ein... ein...

Sarah litt Höllenqualen. Plötzlich stand Amelia auf und fuhr mit leiser Stimme fort:

Ein neues Leben malt' ich mir, Abbild eines Traumes.

Alle Blicke schwenkten von Sarah zur echten Amelia. Ungläubiges Erstaunen spiegelte sich auf jedem Gesicht. Woher kannte *sie* dieses Gedicht, das Ednas Mündel selbst verfasst und in ihr Tagebuch geschrieben hatte, wie Edna erklärt hatte?

Alle verharrten in atemloser Spannung, als sie darauf warteten, wer den Vortrag fortsetzte. Sarah wusste, dass sie es nicht schaffen würde. Das Blut pochte ihr in den Schläfen. Einer Ohnmacht nahe, starrte sie Amelia an. Sie hoffte inständig, dass sie sich nicht an die restlichen Verse erinnern konnte.

Doch Amelia atmete tief durch und begann zu Sarahs Entsetzen, die nächste Strophe aufzusagen. Grenzenlose Verwunderung spiegelte sich auf ihrem Gesicht, als sie fortfuhr:

In der Luft das süße Lachen eines Knaben,
Es flüchten Schmetterling und Nachtigall,
Bunt ist das Jahrmarkttreiben an Sommertagen,
Doch mit der Nacht verschmilzt des Lachens Widerhall.

Plötzlich zuckten ihr Schmerzen wie Nadelstiche durch den Kopf. Sie presste beide Hände an die Schläfen und kniff die Augen zusammen. Erinnerungsfetzen tanzten vor ihrem inneren Auge, Momentaufnahmen ihrer Kindheit auf Moorcroft, ihrer Jugend; sie sah ihre Freundinnen vor sich, die Pferde, die sie besessen hatte, darunter ihr Liebling Sugar Plum. Sie erinnerte sich an die Tanzschule, an die Bälle, die sie mit ihren Eltern besucht hatte. Ihr Gesicht verzerrte sich vor Schmerz, als sie sich des Unfalls entsann, bei dem ihre Eltern und ihr jüngerer Bruder Marcus ums Leben gekommen waren. Die Tage danach waren die schrecklichsten ihres Lebens gewesen; die Erinnerung daran schnitt ihr tief ins Herz. Dann erinnerte sie sich an die *Gazelle* – und an Lucy. Tränen liefen ihr übers Gesicht, als ihr einfiel, wie das Schiff gekentert war und an Bord Panik ausbrach. Nie hatte sie solche Ängste ausgestanden wie in jenen Minuten. Sie gab ein ersticktes Schluchzen von sich. Edna und Charlton starrten sie sprachlos an. Im Raum herrschte lähmende Stille. Niemand konnte sich das sonderbare Verhalten der jungen Frau erklären – bis auf Sarah Jones.

Plötzlich hob Amelia den Kopf und funkelte Sarah grimmig an. »*Ich bin Amelia Divine*«, sagte sie mit fester Stimme. Die unterdrückten Ausrufe der Bestürzung, die ihren Worten folgten, nahm sie kaum wahr. Sie fing Gabriels Blick auf und sah den Ausdruck der Fassungslosigkeit in seinen Augen.

Mit einem Mal fiel ihr alles wieder ein: wie sie das Kliff hinaufgezogen worden war und sich den Kopf angeschlagen hatte; wie sie in den Stunden danach immer wieder das Bewusstsein verloren hatte; und wie man ihr schließlich erklärt hatte, sie sei eine Strafgefangene. Sie zeigte mit dem Finger anklagend auf Sarah und rief:

»*Sie* sind Sarah Jones, die Zuchthäuslerin, die ihre Reststrafe auf Evan Finnlays Farm verbüßen muss.«

»Das ist nicht wahr!«, protestierte Charlton, der wie üblich seinem vermeintlichen Mündel zu Hilfe kam. »Sie lügen!«

»Nein, ich fürchte, sie sagt die Wahrheit«, fiel Edna ihm zur Überraschung aller ins Wort und legte ihm besänftigend die Hand auf den Arm. Ihr schrecklicher Verdacht hatte sich bestätigt: Sarah Jones war in die Rolle ihres Mündels geschlüpft, nachdem die junge Frau ihr Gedächtnis verloren hatte. »Ist es nicht so, Miss Jones?«, wandte sie sich an die Frau, die sich als Amelia ausgegeben hatte.

Sarah schwieg.

»Was redest du denn da?« Charlton blickte seine Frau in maßloser Verwirrung an. »Würde mir bitte jemand erklären, was hier vor sich geht?«

Bevor Edna antworten konnte, stieß Amelia hervor: »Warum haben Sie das getan, Sarah? Warum haben Sie meinen Platz eingenommen?«

Sarahs Augen wurden schmal. Ihre Blicke schweiften durchs Zimmer und verharrten kurz auf jedem einzelnen Gesicht. »Ja, es stimmt. *Sie* ist Amelia Divine!«, brach es hasserfüllt aus ihr hervor. »Eine verabscheuenswerte Person ... verwöhnt, arrogant und selbstsüchtig!« Ihr feindseliger Blick heftete sich auf Amelia. »Sie haben die arme Lucy wie einen Fußabtreter behandelt! Als die *Gazelle* auf das Riff lief und Lucy bereits im Rettungsboot saß, haben Sie ihr befohlen, auszusteigen und ihren Platz Ihnen zu überlassen! Und Lucy hat gehorcht. Ich habe sie angefleht, sitzen zu bleiben, aber Sie sind ins Wasser gesprungen und haben sich am Boot festgeklammert, sodass es fast gekentert wäre. Die Kinder haben geschrien vor Angst, aber Sie dachten nur an sich selbst! Lucy ist aus dem Boot gestiegen, um das Leben der Kinder und *Ihr* Leben zu retten, und sie ist für dieses Opfer gestorben ...«

»Sie haben Recht«, gestand Amelia, wobei ihr die Tränen übers Gesicht liefen. »Ich gebe es zu. Ich habe nur an mich gedacht. Ich war der irrigen Ansicht, ein Passagier der Ersten Klasse habe mehr Anrecht auf einen Platz im Rettungsboot als ein Zwischendeckpassagier. Und ich wollte nicht, dass Lucy mich allein lässt.«

Sie hörte, wie Edna entsetzt nach Luft schnappte und aufschluchzte. Charlton legte ihr beruhigend den Arm um die Schultern.

»Es gibt keine Entschuldigung für meine Handlungsweise«, fuhr Amelia freimütig fort. »Es waren noch andere Erste-Klasse-Passagiere an Bord der *Gazelle*, aber keiner hat getan, was ich getan habe.« Sie sah Gabriel an, den Mann, den sie liebte. Er betrachtete sie, als hätte er eine Fremde vor sich. Ihre Worte erinnerten ihn an die Frau, die er aus dem Meer gerettet hatte, an die hochnäsige Person, die er aus seinem Gedächtnis verdrängt hatte.

»Es stimmt. Meine Selbstsucht hat Lucy das Leben gekostet«, gestand Amelia. »Alles, was Sarah Jones über mich sagt, entspricht der Wahrheit. Ich war verwöhnt, arrogant und selbstsüchtig... nicht wert, geliebt zu werden... nicht wert, gerettet zu werden, während so viele anständige Menschen sterben mussten.«

Gabriel war tief erschüttert. Er hatte fest daran geglaubt, die Frau, die er liebte, sei ein einfaches, herzensgutes Mädchen, das niemals etwas Böses tun oder gar ein Verbrechen verüben konnte. Jetzt erkannte er seinen Irrtum. Er sah sie, wie sie wirklich war: eine verzogene junge Dame der feinen Gesellschaft, die ihr Leben ganz sicher nicht an der Seite eines Leuchtturmwärters und Schiffslotsen verbringen würde. Die Erkenntnis schmerzte ihn und stürzte ihn in tiefste Verwirrung. Er wandte sich wortlos um und verließ das Haus.

Amelia blickte ihm nach, voller Verzweiflung und Hoffnungslosigkeit. Aber was hatte sie erwartet? Gabriel hatte ihr und sich selbst einzureden versucht, sie sei ein anständiger Mensch. Jetzt wusste er die Wahrheit. Er hatte sich geirrt. Sie war herzlos, kalt und berechnend.

»Hol den Konstabler, Charlton, damit diese Betrügerin hinter

Gitter kommt, wo sie hingehört!« Voller Empörung zeigte Edna mit dem Finger auf Sarah. Dass sie so zum Narren gehalten worden war, würde sie nicht so leicht verwinden.

»Nein!«, rief Amelia.

»Was? Das kann nicht dein Ernst sein!« Entrüstung spiegelte sich auf Ednas Zügen. »Überleg doch, was sie dir angetan hat! Und uns! Wochenlang hat sie uns in dem Glauben gelassen, unser Mündel zu sein, während du auf Evans Farm wie eine Sklavin schuften musstest!«

»Ich bereue keinen einzigen Tag, den ich bei Evan verbracht habe«, erklärte Amelia zur Überraschung aller. »Ich glaube, es war göttliche Vorsehung, die mich auf die Farm geschickt hat, damit ich hart arbeite und für Evans Kinder sorge. Ich musste lernen, was Demut und Bescheidenheit heißt.«

»Das ist nicht wahr, Amelia«, widersprach Edna. »Lass dir von dieser Person nicht einreden, du wärst verzogen und selbstsüchtig gewesen. Camilla war meine Freundin. Sie und Henry haben dich von Herzen geliebt. Es ist nicht deine Schuld, dass sie wohlhabend waren und dich und deinen Bruder verwöhnten – zum Glück, möchte ich hinzufügen, weil ihnen so wenig Zeit mit euch blieb.« Ednas Stimme wurde brüchig. »Diese Frau hat kein Recht, dich zu verurteilen oder zu bestrafen!«

»Aber es stimmt, ich habe tatsächlich zu Lucy gesagt, sie könne mich nicht allein lassen«, betonte Amelia. »Deshalb ist sie wieder aus dem Rettungsboot geklettert. Ich bin schuld an ihrem Tod«, fügte sie leise hinzu.

»Aber an Bord muss ein schreckliches Chaos geherrscht haben! Bestimmt ist eine Panik ausgebrochen! Keiner von uns kann sagen, wie er sich in so einer Situation verhalten würde! Wem hätte es genutzt, wenn du auch umgekommen wärst? Gott hat dich bestimmt nicht ohne Grund am Leben gelassen!«

»Ich möchte nicht, dass Miss Jones verhaftet wird«, beharrte Amelia.

»Und was sollen wir dann mit ihr machen?«, fragte Edna.

»Sie wurde hierher geschickt, um für Evan zu arbeiten, und genau das soll sie tun!« Sie sah Sarah an. »Sie wissen, dass wir dafür sorgen könnten, dass Sie nach Van-Diemens-Land zurückgeschickt werden, nicht wahr?«

»Warum tun Sie's dann nicht?«, sagte Sarah verdrossen.

»Weil Sie das, was Sie getan haben, für Lucy taten«, erwiderte Amelia kleinlaut.

Sarah gab keine Antwort.

»Werden Sie gut für Evans Kinder sorgen?« Amelia sah sie forschend an.

»Einen Augenblick mal!«, warf Evan ein. »Ich will nicht, dass eine hinterhältige Person wie diese Frau sich um meine Kinder kümmert!«

»Sie haben von mir nichts zu befürchten«, versicherte Sarah leise. »Mein Zorn richtete sich ausschließlich gegen Miss Divine.« Sie wandte sich an Edna und Charlton. »Sie waren gut zu mir. Ich wollte Sie nicht verletzen. Ich wollte nur nach England zurück, zu meiner Familie. Ich habe die Murdochs nicht bestohlen. Ihre beiden Töchter waren verwöhnte Gören, die mich ständig schikaniert haben. Schließlich haben sie mir eine teuflische Falle gestellt, und ich wurde für einen Diebstahl verurteilt, den ich nicht begangen habe. Es hat meiner Mutter das Herz gebrochen, als man mich ins Gefängnis steckte. Ich wollte nur nach Hause zurück«, fügte sie verzweifelt hinzu.

»Verbüßen Sie Ihre Strafe, und Sie können in Frieden gehen. Ich werde keine Anklage gegen Sie erheben«, sagte Amelia mit fester Stimme.

»Was meinst du dazu, Edna?«, wollte Charlton wissen.

»Ich weiß nicht recht...« Sie machte ein zweifelndes Gesicht. »Das muss ich mir noch durch den Kopf gehen lassen.«

»Ich gehe mit Ihnen hinüber, Evan.« Amelia wollte noch einen Abend mit den Kindern verbringen. An Edna und Charlton gewandt fügte sie hinzu: »Kann Sarah heute Nacht hier bleiben?«

Charlton blickte seine Frau an.

»Werden Sie zu fliehen versuchen?«, fragte er Sarah.

Diese schüttelte den Kopf. »Wo sollte ich denn hin?«

Sie sei einverstanden, wenn auch er einverstanden sei, sagte Edna zu ihrem Mann. Charlton stimmte widerstrebend zu.

In Faith Cottage setzte Amelia sich mit den Kindern zusammen und erklärte ihnen, wer sie wirklich war und weshalb sie nicht bei ihnen bleiben konnte. Sie wollte nach Hobart Town zurück und die Gräber ihrer Eltern und ihres Bruders besuchen. Sie wollte Brian Huxwell wiedersehen. Sie fürchtete, dass Gabriel seine Meinung hinsichtlich einer gemeinsamen Zukunft mit ihr geändert hatte, und sie konnte es ihm nicht einmal verübeln. Sie hatte auf traurige Weise Recht behalten: Sie war seiner nicht würdig.

Die Kinder, vor allem die jüngsten, verstanden nicht, warum Amelia nicht bei ihnen bleiben konnte. Sie weinten, und Amelia weinte mit ihnen.

Nachdem sie die Kinder ins Bett gebracht hatte, setzte sie sich zu Evan in die Küche.

»Sie werden mir fehlen«, gestand er ihr zu ihrem Erstaunen. »Aber jetzt ist mir wenigstens klar, warum Sie nicht kochen können.«

Amelia hätte fast gelächelt. »Nun, es musste ja eine Erklärung dafür geben, dass ich keine Ahnung von Hausarbeit habe. Danke, dass Sie so viel Geduld mit mir hatten, Evan.« Sie fühlte sich mies, weil er sie nach allem, was Sarah Jones über sie erzählt hatte, für einen schrecklichen Menschen halten musste.

Doch Evan sagte: »Sie dürfen sich nicht mit Selbstvorwürfen zerfleischen, Sarah ... ich meine, Amelia.« Sie sah ihn erstaunt an. Mit gesenktem Blick fuhr er fort: »Wenn man etwas getan hat, auf das man nicht stolz ist, das man aber nicht mehr ändern kann, wird es nicht besser dadurch, dass man sich ständig schuldig fühlt. Wir alle machen Fehler.« Dabei dachte er sicherlich an sein eigensinniges Beharren, ungeachtet aller Gefahren für die Kinder auf seiner abgelegenen Farm bleiben zu wollen.

Gerührt legte Amelia ihre Hand auf seine. Es war ihm sichtlich unangenehm, über Gefühle zu sprechen; umso dankbarer war sie ihm, dass er sich überwunden hatte, nur damit sie sich besser fühlen sollte. »Sie haben Recht, Evan. Dennoch muss ich einen Weg der Wiedergutmachung finden, sonst würde ich mich bis an mein Lebensende hassen.«

»Wie wollen Sie das anfangen? Was geschehen ist, ist geschehen.«

Amelia seufzte. Sie *musste* einen Weg finden! Sie sah Gabriel vor sich, wie er sie angestarrt hatte; der Ausdruck auf seinem Gesicht ließ sie nicht mehr los.

Edna und Charlton saßen unterdessen in der Küche bei einer Tasse Tee. Sie hatten Polly bereits in ihre Kammer geschickt, und auch Sarah hatte sich zurückgezogen. Lance hatte sich auf die Suche nach Gabriel gemacht.

»Wie konnten wir auf sie hereinfallen?«, fragte Charlton kopfschüttelnd.

Edna zog die Stirn in Falten. »Ich hatte vom ersten Moment an das Gefühl, dass etwas nicht in Ordnung war, aber ich wäre nie auf den Gedanken gekommen…«

»… dass sie eine Betrügerin ist«, ergänzte Charlton. »Ich habe nicht den leisesten Verdacht geschöpft. Ich dachte, die Ärmste sei völlig durcheinander, aber wer wäre das nach all den Katastrophen und Strapazen nicht? Spätestens als sie sich so sehr gegen eine Begegnung mit Brian Huxwell gewehrt hat, hätten wir misstrauisch werden müssen. Brian hätte sie nämlich sofort als Hochstaplerin entlarvt.«

»Wir haben unseren Sohn praktisch zu einer Verlobung mit

ihr gezwungen, weil wir ihr mehr glaubten als ihm! Wie sollen wir uns das jemals verzeihen?«, klagte Edna mit Tränen in den Augen. »Und alles nur, weil ich um jeden Preis einen Skandal vermeiden wollte! Wie kann man nur so oberflächlich sein, Charlton?« Edna tupfte sich kopfschüttelnd die Tränen ab. »Aber ich habe meine Lektion gelernt, das kannst du mir glauben. Ich weiß jetzt, dass es Wichtigeres gibt als meinen Ruf und meine Stellung in der Gemeinde.«

»Ich fürchte, von jetzt an wird es uns schwer fallen, jemandem zu vertrauen«, meinte Charlton nachdenklich.

Sarah hatte ihre Zimmertür geöffnet und lauschte. Als ihr bewusst wurde, wie sehr sie die Ashbys verletzt hatte, überkam sie ein Gefühl tiefer Beschämung. Edna und Charlton waren immer gut zu ihr gewesen.

Edna fuhr erschrocken zusammen, als Sarah plötzlich in der Tür stand. Eine Sekunde lang schien es Sarah, als hätte sie Angst in Ednas Augen aufflackern sehen, und war entsetzt darüber.

»Ich weiß, es gibt keine Entschuldigung für das, was ich getan habe«, sagte sie bedrückt. »Aber Sie sollen wissen, dass ich Ihre Güte und Freundlichkeit niemals vergessen werde. Auch wenn Sie es mir vielleicht nicht glauben – abgesehen von meinen Eltern sind Sie die Ersten, die mir Achtung und Wohlwollen entgegenbrachten. Anfangs wollte ich nur so lange hier bleiben, bis ich eine Möglichkeit gefunden hätte, nach Hause zurückzukehren. Aber Sie haben mich so herzlich bei sich aufgenommen, dass ich gar nicht mehr von hier fort wollte.«

»Warum haben Sie Lance beschuldigt, er hätte Sie kompromittiert, Miss Jones?«, sagte Edna anklagend. »Unser Sohn ist ein anständiger Junge. Er hat es nicht verdient, in eine Falle gelockt und zu einer Heirat gezwungen zu werden.«

»Sie haben ja Recht, aber ich bin noch nie einem Mann wie Lance begegnet. Ich habe mich sofort in ihn verliebt. Ich weiß, dass ich nicht hübsch bin und dass er niemals das Gleiche für mich empfinden würde wie ich für ihn. Aber ich dachte, wenn Lance mich erst einmal geheiratet hätte, würde er mich mit der Zeit ein klein wenig gern haben.«

»Und das Erbe, Miss Jones? Als Sie von dem Vermögen erfahren haben, das Amelia zufällt, haben Sie doch alles getan, um Ihre Maskerade aufrechtzuerhalten. Sie haben nicht einmal davor zurückgescheut, Brian Huxwell zu unterstellen, er hätte sich Ihnen gegenüber unsittlich benommen«, fuhr Charlton ärgerlich auf.

»Ich erwarte nicht, dass Sie mir glauben, aber als ich in Amelias Rolle geschlüpft bin, wusste ich nichts von dem Geld«, beteuerte Sarah. »Als ich davon erfahren hatte, sagte ich mir, dass ich es gut brauchen könnte, um meiner Familie zu helfen, die es nie leicht im Leben hatte. Als Amelia ihr Gedächtnis verlor, sah ich meine Chance, mein Leben zu ändern. Während Amelia bei Ihnen Liebe und Geborgenheit finden würde, lagen vor mir zwei Jahre Plackerei auf Evan Finnlays Farm. Ich fand, der Rollentausch stand mir zu, sozusagen als Ausgleich für all die harten Jahre und Schicksalsschläge. Ich konnte mir diese Gelegenheit einfach nicht entgehen lassen. Fünf lange Jahre hatte ich zu Unrecht in einer Gefängniswäscherei geschuftet, und es waren Menschen wie Amelia, die mich dorthin gebracht hatten. Und dann lernte ich auf dem Schiff Lucy kennen, die so lieb und freundlich war, und musste erleben, wie gemein Amelia sie behandelt hat, bis ich die Chance sah, das zu ändern.«

Evan und Amelia saßen immer noch beisammen. Ob sie Sarah Jones gegenüber erwähnt habe, dass sie sich an manche Dinge erinnern könne, wollte Evan plötzlich wissen.

Amelia nickte. »Ja, sie hat mich erst heute Morgen und dann noch einmal am Nachmittag danach gefragt. Ich habe ihr erzählt, woran ich mich wieder erinnere.«

Evans Gesicht nahm einen bestürzten Ausdruck an.

»Was ist denn?«, fragte Amelia beunruhigt.

»Warum seid ihr eigentlich das Kliff hinaufgestiegen?«

»Sie sagte, der Blick von dort oben sei wunderschön.«

»Und wie kam es zu dem Sturz?«

Amelia rief sich die Szene ins Gedächtnis zurück. »Sie hat sich zu mir gewandt... und dann hat sie die Hand nach mir ausgestreckt, und plötzlich ist sie abgerutscht.« Sie starrte Evan erschrocken an, als ihr bewusst wurde, welches Bild sie gerade beschrieben hatte.

»Sie hat Sie dort hinaufgelockt, um Sie von den Felsen zu stoßen«, sagte Evan düster.

Amelia lief es kalt den Rücken hinunter. Wie hatte sie nur so naiv sein können!

Amelia eilte nach Hope Cottage hinüber. Als sie die Hintertür erreichte, hörte sie, wie Sarah den Ashbys versicherte, sie wolle nichts weiter als Gerechtigkeit. Amelia konnte Edna und Charlton vom Gesicht ablesen, dass Sarahs Geschichte ihr Herz rührte. Sie stieß die Tür auf und betrat die Küche.

»Sie haben mich die Klippe hinaufgelockt, weil Sie mich aus dem Weg räumen wollten«, sagte sie Sarah auf den Kopf zu.

Sarah fuhr zu ihr herum. Ein irrer Ausdruck erschien in ihren Augen. Sie wusste, es hatte keinen Sinn zu leugnen. Die Wahrheit war so offensichtlich wie der Hass, der in ihren Augen loderte. Edna und Charlton sahen sich fassungslos an. Um ein Haar hätten sie sich aufs Neue von dieser Frau einwickeln lassen!

Amelia holte tief Luft. »Als ich Lucy zurief, sie könne mich nicht allein lassen, wollte ich zu ihr ins Rettungsboot. Ich wollte nicht, dass sie ihren Platz für mich räumt. Als ich ins Boot gestiegen war, habe ich ihr zugerufen, sie solle sofort zurückkommen, doch einer der Matrosen sagte, das ginge nicht, das Boot sei voll. Er versprach, Lucy in Sicherheit zu bringen. Es war einfältig von mir, das zu glauben, das gebe ich zu. Aber ich habe ihren Tod nicht bewusst in Kauf genommen, das weiß ich im tiefsten Innern! Sie hingegen«, fuhr sie anklagend fort, den Blick auf Sarah geheftet, »haben mich zum Kliff hinaufgelockt, um mich zu töten. Als Sie sich umdrehten, um mich hinunterzustoßen, haben Sie den Halt verloren und wären beinahe selbst abgestürzt. Sie wollten mich beseitigen, weil meine Erinnerungen zurückkehrten. Das konnten Sie nicht riskieren, schließlich stand für Sie viel auf dem Spiel, nicht wahr?« Sie sah Charlton an. »Ich glaube, wir sollten doch den Konstabler holen. Ich hätte keine ruhige Minute, wenn ich wüsste, dass diese niederträchtige Person sich um Evans Kinder kümmert.«

34

KINGSCOTE

Am anderen Morgen um acht Uhr lief ein Schiff aus dem Hafen von Kingscote aus. An Bord befand sich die Zuchthäuslerin Sarah Jones, die vom Konstabler ins Frauengefängnis nach Van-Diemens-Land zurückgebracht wurde.

Zur gleichen Zeit ging Amelia zum Haus von Lance Ashby hinüber, um mit Gabriel zu sprechen, doch er war bereits zur Arbeit gegangen. Obwohl es sie im Grunde nicht erstaunte, dass er sie mied, tat es ihr in der Seele weh. Niedergeschlagen kehrte sie nach Hope Cottage zurück. In dieser Nacht hatte sie einige wichtige Entscheidungen getroffen, die sie mit Edna und Charlton besprechen wollte.

Sie traf beide beim Frühstück an.

»Ich kann nicht in Kingscote bleiben«, verkündete sie.

»Wo willst du denn hin?«, fragte Edna besorgt.

»Zurück nach Hobart Town. Ihr müsst das verstehen. Ich möchte die Gräber meiner Eltern und meines Bruders besuchen, damit ich einen Schlussstrich unter die Vergangenheit ziehen und an die Zukunft denken kann.«

»Ich werde dich begleiten«, sagte Charlton und sah seine Frau an. »Sie kann nicht allein fahren.«

»Natürlich nicht, du hast völlig Recht.«

»Ich möchte so bald wie möglich abreisen, am liebsten noch heute.«

»Gestern ist die *Cygnet* in der Bucht vor Anker gegangen. Ich gehe zum Hafen hinunter und erkundige mich, wann sie zum Festland zurückfährt. Packst du unterdessen schon mal meine Sachen, Edna?«

Edna nickte. »Mach ich.«

Als Charlton gegangen war, fragte sie: »Möchtest du vor deiner Abreise nicht mit Gabriel reden, Amelia?« Sie fand es auf traurige Weise ironisch, dass die vermeintliche Zuchthäuslerin, in die er sich verliebt hatte, sich als reiche Lady aus besten Kreisen entpuppte.

»Wozu?« Sie zuckte mit den Schultern. »Ich wüsste nicht, was ich ihm sagen könnte, um seinen Schmerz oder seine Enttäuschung zu lindern, Edna.«

»Er muss das alles erst verkraften, Amelia. Wenn er in Ruhe darüber nachgedacht hat, wird er bestimmt mit dir reden wollen.« Sie wusste von Lance, dass Gabriel mitten in der Nacht heimgekommen war und das Haus in aller Frühe wieder verlassen hatte.

»Ich war gerade drüben, aber er war schon fort. Um ehrlich zu sein, hätte ich auch gar nicht gewusst, was ich ihm sagen soll, aber das spielt jetzt keine Rolle mehr. Ich muss erst einmal zu mir selbst finden, Edna.«

Edna tätschelte ihr verständnisvoll die Hand. Das arme Kind hatte in den vergangenen Wochen mehr durchgemacht als mancher andere im ganzen Leben.

Charlton und Amelia fuhren noch am selben Nachmittag mit der *Cygnet* nach Adelaide, wo sie übernachten wollten. Am nächsten Morgen würden sie nach Melbourne weiterreisen, wo sie abermals ein Schiff besteigen würden, das sie nach Hobart Town brachte. Amelia nahm sich vor, die lange Reise zu nutzen, um in sich zu gehen und ihr Gewissen zu erforschen. Nur so würde es ihr gelingen, all den Tragödien in ihrem Leben einen Sinn abzugewinnen, damit etwas Gutes daraus hervorginge.

Hobart Town

Vom Hafen aus machten Amelia und Charlton sich unverzüglich auf den Weg zu Brian Huxwell, der in der Nähe von Constitution Dock ein Reihenhaus besaß. Eine Krankenschwester öffnete auf ihr Klopfen hin. Mr Huxwell empfange keine Besucher, teilte sie ihnen mit, doch Charlton und Amelia ließen sich nicht abwimmeln.

»Uns empfängt er schon«, erklärte Amelia mit Bestimmtheit, drängte sich an der Frau vorbei und eilte durch den Flur. »Onkel Brian!«, rief sie. Die Krankenschwester, eine stämmige, resolute Person, lief ihr nach und rief zornig, Mr Huxwell sei krank und dürfe sich nicht aufregen.

»Amelia?«, krächzte Brian mit schwächlicher, heiserer Stimme. »Bist du das?« Er konnte es nicht glauben und fürchtete, dass er wieder an Fieberfantasien litt.

Amelia stieß die Tür zu seinem Schlafzimmer auf und eilte an sein Bett. Tränen liefen ihr übers Gesicht, als sie die Arme um seine dünnen Schultern schlang und so heftig schluchzte wie an dem Tag, an dem sie Abschied von ihm genommen hatte, um nach Kangaroo Island zu fahren.

Sie erschrak, als sie sah, wie blass und ausgezehrt er war. Charlton drückte ihm die Hand. Auch er war bestürzt über Brians schlechte Verfassung. Der Anwalt war nur noch ein Schatten seiner selbst.

»Amelia, warum wolltest du mich nicht sehen, als ich auf Kangaroo Island war?«, fragte er hustend.

Amelia, die von Charlton erfahren hatte, was bei Brians Besuch geschehen war, wischte sich die Tränen ab. »Das war nicht ich, Onkel Brian«, erwiderte sie mit erstickter Stimme.

Brian machte ein verwirrtes Gesicht.

Charlton übernahm es, ihn aufzuklären. »Die junge Frau, die bei uns gewohnt hat, gab sich als Amelia aus, Mr Huxwell. Meine Frau und ich hatten Amelia seit vielen Jahren nicht gesehen, deshalb war es nicht schwer, uns hinters Licht zu führen.«

Brian konnte es nicht fassen. »Aber... wie konnte so etwas geschehen? Und wo warst du, Amelia?«

»Beim Untergang der *Gazelle* wurden nur ich und eine Strafgefangene gerettet. Kurz darauf schlug ich mir so schlimm den Kopf an, dass ich mein Gedächtnis verlor. Die Zuchthäuslerin nutzte die Situation aus. Sie behauptete, Amelia Divine zu sein, und erklärte, ich sei die Hilfskraft, die einem Farmer auf Cape du Couedic geschickt worden war. Dabei war es diese Frau, die ihre Reststrafe bei Evan verbüßen musste. Sie fuhr zu den Ashbys und gab sich für mich aus. Sie hatten keinen Grund zu der Annahme, dass sie log.«

»Das ist ja eine unglaubliche Geschichte!«, staunte Brian. Er hatte sich alle möglichen Erklärungen überlegt, weshalb Amelia ihn nicht hatte sehen wollen, doch darauf wäre er nie gekommen. »Ich hätte auf einem Treffen bestehen müssen. Dann hätte sich die Sache ganz schnell aufgeklärt, und wir hätten dir zu Hilfe kommen können.«

»Die Frau wusste natürlich, dass Sie den Betrug sofort aufgedeckt hätten, deshalb wollte sie unter keinen Umständen mit Ihnen zusammentreffen«, sagte Charlton. »Als wir eine Begegnung zu erzwingen versuchten, erfand sie eine unschöne Geschichte über Sie. Ich bedaure das Ganze zutiefst, Mr Huxwell. Mir ist klar, wie sehr Sie darunter gelitten haben müssen.«

»Sie ahnen gar nicht, wie sehr«, antwortete Brian matt. Das Ganze hatte ihn so mitgenommen, dass seine Gesundheit schwer angegriffen war. Nachdem die Ashbys ihn praktisch hinausgeworfen hatten, war er fast versucht gewesen, seinem Leben ein Ende zu setzen. Er wusste nicht, wie er es geschafft hatte, nach Hause zurückzukehren. Dann hatte er eine Lungenentzündung bekommen, doch es war ihm egal gewesen; er hatte jeglichen Lebenswillen verloren. »Du bist da, Amelia, das ist die Hauptsache. Ich bin so froh, dass es dir gut geht. Ich hätte beinahe den Verstand verloren, als du mich nicht sehen wolltest, ohne dass ich eine Erklärung dafür hatte.«

»Das ist vorbei«, sagte Amelia sanft. »Das Leben geht weiter. Es wird Zeit, dass wir den Schmerz und die Schuldgefühle hinter uns lassen. Du gehörst zur Familie, Onkel Brian. Das war so, und es wird immer so sein. Ich habe dich sehr lieb; deshalb werde ich hier bleiben und dafür sorgen, dass du schnell wieder auf die Beine kommst!« Tapfer verbarg sie ihren Schmerz über die Trennung von Gabriel.

Brian warf Charlton einen flüchtigen Blick zu. Hatte er richtig gehört? Amelia wollte in Van-Diemens-Land bleiben? »Heißt das, du bleibst für immer hier?«

»Ich versuche, nicht allzu weit vorauszuplanen, Onkel Brian«, antwortete sie ausweichend und dachte wieder an Gabriel. »Aber ich habe hier einiges zu erledigen, und dafür brauche ich deine Hilfe. Jetzt musst du jedoch erst einmal wieder zu Kräften kommen und richtig gesund werden!«

Brian drückte zärtlich ihre Hände. Dass sie da war, schien ihm den Willen zurückzugeben, seine Krankheit zu besiegen.

Amelia hatte große Pläne. Sie hatte sich unterwegs überlegt, was sie mit ihrem Erbe anfangen wollte, und mit Charlton bereits darüber gesprochen. Er war sehr angetan von ihren Projekten.

Brian erholte sich tatsächlich. Amelia pflegte ihn aufopfernd, nachdem die mürrische Krankenschwester entlassen worden war. Charlton war ebenfalls geblieben und kümmerte sich sowohl um Brian wie um Amelia, die so viel durchgemacht hatte.

Weihnachten kam und ging. Zum Fest traf ein Brief von Edgar Dixon ein. Er hatte Amelia nach Kingscote geschrieben, und Edna hatte ihm geantwortet und ihn über die Entwicklung der Dinge unterrichtet. Er freue sich sehr für sie, schrieb er und berichtete, dass er im Lauf der nächsten Monate nach England zurückkehren werde, und zwar mit seiner schwangeren Gattin. Kurz nachdem sie beschlossen hatten, sich zu trennen, hatte Carlotta festgestellt, dass sie schwanger war – natürlich von ihrem Ehemann. Da sie

Angst davor hatte, ihr Kind allein großziehen zu müssen, hatte sie Edgar angefleht, ihr zu verzeihen. Amelia entnahm dem Brief, dass Carlotta inzwischen sehr viel umgänglicher und sanftmütiger geworden war. Und Edgar hatte sich bereit erklärt, Carlotta um des Kindes willen noch eine Chance zu geben. Amelia wünschte ihm von Herzen, dass er mit seiner Frau und ihrem gemeinsamen Kind glücklich wurde.

Amelias Anwesenheit wirkte auf Brian wie ein kräftigendes Stärkungsmittel. Sie brachte Leben in sein Heim und füllte es mit Liebe.

»Ein Glück, dass du eine Haushälterin hast, die kochen kann«, sagte Amelia eines Abends, als sie mit Brian am Kamin saß und sich ein köstliches Schmorgericht schmecken ließ. »Wenn ich für dich kochen müsste, würde das deine Genesung dramatisch verlangsamen.«

Brian lachte. Er lachte viel, seit Amelia bei ihm war, und er staunte über ihre Reife und ihren Humor. »Deine Mutter hat nie gekocht, deshalb hätte ich es von dir auch gar nicht erwartet«, scherzte er.

»Immerhin kann ich inzwischen Eintopf kochen und kann eine Möhre von einer Rübe unterscheiden«, versetzte sie stolz.

Vier Wochen später war Brian über den Berg. Obwohl er noch immer schwach war, hatte er zugenommen und war fast wieder der Alte. Charlton entschied, dass es an der Zeit sei, die Heimreise anzutreten. Amelia dankte ihm für alles und versprach, ihn und Edna so bald wie möglich zu besuchen. Bis dahin würde sie ihnen schreiben und über ihre Pläne auf dem Laufenden halten. Charlton wusste, er konnte beruhigt abreisen: Bei Brian war Amelia in besten Händen.

Nachdem der Nachlass geregelt worden war und Amelia ihr Erbe angetreten hatte, gründete sie als Erstes eine Tanzschule. Ihr Vater hatte mehrere Gebäude in Sullivan's Cove besessen, darunter ein Lagerhaus und ein Schafswolllager am Wasser. Da beide Gebäude nicht mehr benutzt wurden, ließ Amelia das Wolllager umbauen und eröffnete darin die nach Lucy benannte *Lucille Clark School of Dancing*. Die Schule, an der sie vor dem Tod ihrer Eltern unterrichtet hatte, war in ihrer Abwesenheit geschlossen worden. Amelia stellte Monsieur Gilbert, den damaligen Teilhaber, als Tanzlehrer ein. Er war von ihrem Projekt genauso begeistert wie sie und konnte es kaum erwarten, die alten und neuen Tänze zu unterrichten.

Anschließend ließ Amelia auch das Lagerhaus vollständig umgestalten und eröffnete darin eine Schule für Schreiben und Kurzschrift. Obwohl die Schule auch zahlenden Schülerinnen offen stand, sollten vor allem jene gefördert werden, die sozial benachteiligt oder ohne Fachkenntnisse waren und deshalb keine Arbeit fanden: Waisen wie Lucy und ehemalige Strafgefangene. Amelia richtete Stipendien in Lucys Namen ein, die den Begünstigten eine weiterführende Ausbildung nach Wahl ermöglichen sollten.

Zwei Wochen nach der Eröffnung hatte die Tanzschule zwanzig zahlende Schülerinnen. Die Kurzschrift- und Schreibschule wurde von dreizehn Schülerinnen besucht, von denen nur fünf die Kurse bezahlen konnten; von den restlichen acht waren fünf Waisen und drei junge Frauen, die kürzlich aus dem Gefängnis entlassen worden waren. Amelia hatte eine Vereinbarung mit der Besitzerin einer Pension in unmittelbarer Nachbarschaft getroffen: Wenn Mrs Robinson die ehemaligen Zuchthäuslerinnen und Waisen bei sich aufnahm, würde Amelia ihr Mädchen zum Putzen, Kochen und Waschen schicken. Die Sache hatte nur einen Haken, wie Amelia bald feststellte: Sie fand kaum Mädchen, die diese Tätigkeiten beherrschten, und so beschloss sie, eine Schule für Hauswirtschaftskunde zu gründen.

Gut drei Monate nach ihrer Ankunft in Hobart Town suchte Amelia James Patterson auf, den Direktor des Cascade-Frauengefängnisses, der ein guter Freund ihres Vaters gewesen war. Amelia wollte Sarah besuchen, die in dieses Gefängnis überstellt worden war. Doch zuerst führte sie mit James Patterson ein langes Gespräch über die junge Frau.

Auf Amelias Bitte hin war den Behörden nichts über Sarahs Betrug mitgeteilt worden. Evan hatte angegeben, er benötige ihre Dienste nicht mehr, und die Behörden hatten sich damit zufrieden gegeben. Amelia fand, die Rückkehr ins Gefängnis war für Sarah Strafe genug.

»Da fällt mir ein, ich habe von einem gewissen Mr Donnelly einen Brief bekommen«, sagte James unvermittelt. »Er ist Leuchtturmwärter auf Cape du Couedic und wollte eine Bestätigung hinsichtlich der Identität von Sarah Jones. Ich fand seine Anfrage ein wenig merkwürdig, aber er schrieb, sie habe ihr Gedächtnis verloren, nachdem sie zusammen mit Ihnen bei einem Schiffsunglück gerettet worden sei. Er hat angefragt, ob es jemanden gibt, der Sarah Jones von hier kennt, und der sie identifizieren kann. Ich konnte ihm zunächst nicht helfen. Und als ich dann jemanden nach Kangaroo Island schicken wollte, wurde Miss Jones plötzlich wieder hierher gebracht.«

Amelia hatte schon damit gerechnet, dass James sie auf den Brief ansprechen würde. »Mr Donnelly wollte sichergehen, dass bei der Identifizierung kein Fehler gemacht worden war«, schwindelte sie. »Da Miss Jones ihr Gedächtnis verloren hatte, war ich die Einzige, die sie identifizieren konnte, und ich kannte sie ja kaum.«

»Ich verstehe. Das spricht für sein Verantwortungsbewusstsein. Ich werde ihm antworten und mich für die Verzögerung in dieser Angelegenheit entschuldigen.«

»Mr Donnelly hat seine Stelle auf Cape du Couedic aufgegeben.« Amelia hatte Mühe, den Schmerz aus ihrer Stimme fern zu halten. »Ich weiß nicht, wo er heute lebt«, fügte sie traurig hinzu.

Sarah war in der Wäscherei und plagte sich am Waschbrett ab, als ihr mitgeteilt wurde, sie habe Besuch. Verwirrt folgte sie dem Aufseher in den Besuchsraum. Als sie Amelia erblickte, blieb sie wie angewurzelt stehen und riss Mund und Augen auf.

Amelia sah sofort, dass Sarah sich aufgegeben hatte. Sie hatte keine Hoffnung mehr, was an ihrer gebeugten Haltung und ihrer abgestumpften Miene zu erkennen war. Sie erinnerte Amelia an die jungen Mädchen, wenn sie zum ersten Mal ohne Selbstvertrauen und Zukunftsglauben ihre Schule betraten. Sarah musterte Amelia argwöhnisch. Sie hatte schon gehört, dass Amelia zwei Schulen gegründet hatte. In den Zeitungen, die den Gefangenen einmal die Woche zur Verfügung gestellt wurden, waren mehrere Berichte darüber erschienen; deshalb wusste Sarah, was Amelia geleistet hatte. Sie wusste aber auch, dass Amelia Beziehungen hatte, Freunde an höchster Stelle. War sie gekommen, um ihr mitzuteilen, sie habe es sich anders überlegt, und ihre Haftstrafe sei aufgrund ihrer kriminellen Absichten verlängert worden?

»Wie geht es Ihnen, Sarah?«

»Ich sitze meine Strafe ab und lasse mir nichts zuschulden kommen«, antwortete Sarah nervös. Was wollte Amelia hier?

Amelia erfasste mit einem Blick ihre verschwitzte Kleidung und ihre abgemagerte Gestalt. Die Arbeit musste hart und anstrengend sein.

»Wie es *Ihnen* geht, brauche ich wohl nicht zu fragen«, fuhr Sarah fort. »Ich habe in der Zeitung von Ihren Schulen gelesen.« Sie konnte sich denken, nach wem die Tanzschule – die Lucille Clarke School of Dancing – benannt worden war: nach Lucy.

»Lucys Tod soll nicht umsonst gewesen sein«, sagte Amelia mit belegter Stimme.

»Freut mich, dass Sie Ihr Geld für einen guten Zweck ausgeben.« Sarah hatte auch gelesen, dass Amelia benachteiligte junge Frauen, Waisen und ehemalige Strafgefangene unterstützte. Umso mehr schämte sie sich, wenn sie an ihre eigenen Pläne dachte, was

Amelias Erbe betraf. »Was wollen Sie hier?«, fragte sie unvermittelt, als ihre Anspannung ins Unerträgliche wuchs.

»Ich wollte Ihnen für die Zeit nach Ihrer Entlassung eine Stelle anbieten.«

»Eine Stelle?« Sarah fiel aus allen Wolken.

»Ja. Die meisten Waisen haben keinerlei Ausbildung, wenn sie das Waisenhaus verlassen und für sich selbst sorgen müssen. Für ehemalige Strafgefangene gilt das Gleiche. Viele arbeiten als Prostituierte, weil sie keine Anstellung finden. Deshalb möchte ich eine Hauswirtschaftsschule gründen, an der junge Frauen etwas lernen können, das ihnen hilft, eine Anstellung zu finden und ihren Lebensunterhalt zu bestreiten. Ich dachte mir, Sie könnten dort vielleicht unterrichten …« Sie wusste von Charlton, dass Sarahs Mutter als Lehrerin gearbeitet hatte und Sarah deshalb über eine ordentliche Bildung verfügte. Dies hatte es Sarah ja erst ermöglicht, ihre Rolle so überzeugend zu spielen. Nachdem sie entlarvt worden war, hatte Edna ihrem Mann von ihrem Brief an ihren Bekannten Arthur Boon erzählt. Während seines Aufenthalts in Hobart Town hatte Charlton ihn aufgesucht, und sie waren gemeinsam zu Arthurs Bruder gegangen, der Zugang zu Sarahs Akten hatte. Daher wusste Charlton, dass Sarahs Mutter Lehrerin gewesen war.

Sarah verschlug es die Sprache. Amelias Besuch war schon eine Riesenüberraschung gewesen, doch ihr Angebot, an ihrer Schule als Lehrkraft zu arbeiten, traf sie wie ein Blitz aus heiterem Himmel.

»Ich würde Sie gut bezahlen«, fügte Amelia hinzu. »Dann können Sie Geld für Ihre Heimreise zurücklegen.«

Sarahs Augen wurden feucht. Sie wünschte sich nichts sehnlicher, als nach Hause zu ihrer Familie zu fahren, doch sie wusste, es wäre schier unmöglich, sich nach ihrer Entlassung das Geld für die Reise zu verdienen. »Ich würde Sie bestimmt nicht enttäuschen«, flüsterte sie mit Tränen in den Augen. »Aber … warum tun Sie das für mich?« Sie wusste nicht, dass Amelia James Patterson um Sarahs vorzeitige Entlassung gebeten und sich als ihre Bewährungshelferin angeboten hatte.

»Wenn wir uns gemeinsam bemühen, zum Andenken an Lucy etwas Gutes zu tun, erreichen wir mehr, als wenn es jede für sich allein versucht«, erwiderte Amelia leise. »Finden Sie nicht auch?«

»Ja, schon, aber ... es wird noch eine Weile dauern, bis ich entlassen werde.« Fast anderthalb Jahre hatte sie noch zu verbüßen, und das dämpfte ihre Freude über Amelias Angebot.

Amelia lächelte. »Wer weiß. Vielleicht ist die Zeit schneller um, als Sie glauben«, antwortete sie geheimnisvoll. James hatte ihr keinen genauen Termin nennen können, und sie wollte Sarah keine falschen Hoffnungen machen.

»Wirklich?« Sarahs Augen leuchteten.

Amelia nickte und streckte Sarah die Hand hin. »Ich kann Ihnen verzeihen, was Sie getan haben ... wenn Sie mir verzeihen, was ich getan habe.«

Sarah schlug ein. »Ich hatte viel Zeit zum Nachdenken und bereue zutiefst, was ich getan habe. Ich weiß jetzt, dass meine Verbitterung darüber, unschuldig für einen Diebstahl im Gefängnis zu sitzen, der Grund dafür gewesen ist. Das ist keine Entschuldigung, ich weiß. Ich hätte meinen Groll nicht an Ihnen auslassen dürfen ...«

»Wir können die Vergangenheit nicht ändern. Aber wir können gemeinsam daran arbeiten, dass die Zukunft für uns und für jeden, der Hilfe braucht, ein bisschen leichter wird«, entgegnete Amelia lächelnd.

Sarah nickte stumm. Sie brachte vor Rührung kein Wort hervor. Amelia gab ihr die Anschrift ihrer Schule, und Sarah versprach, sich nach ihrer Entlassung bei ihr zu melden. Wie benommen kehrte sie in ihre Zelle zurück. Sie konnte einfach nicht glauben, dass Amelia ihr verziehen hatte. Jetzt wusste sie, dass Amelia Divine ein gutes Herz und trotz aller Fehler und Schwächen ihre Achtung und Bewunderung verdient hatte.

35

Australien, Mai 1846
KINGSCOTE

An jenem Tag hatte Gabriel zwei Schiffe in die Bucht gelotst, ohne zu ahnen, dass sich auf einem dieser Schiffe Amelia befand. Sie hatte den Ashbys nichts von ihrer Rückkehr nach Kangaroo Island erzählt: Sie wollte sie mit ihrem Besuch überraschen. Der eigentliche Grund ihrer Reise aber war, dass sie bei Reeves Point einen Gedenkstein zum Andenken an Lucy und all jene aufstellen lassen wollte, die beim Untergang der *Gazelle* umgekommen waren.

Am Nachmittag, als seine Schicht zu Ende war, ließ Gabriel sich von einem Fischkutter mitnehmen und am Anleger gegenüber der McLaren Street absetzen. Von dort ging er die Seaview Road oberhalb von Reeves Point hinauf. Er wohnte nach wie vor in Charity Cottage. Lance war nach seiner Beförderung zum Bankdirektor in ein Haus gezogen, das seiner neuen Position entsprach. Nachdem Sarah als Hochstaplerin entlarvt worden war, hatte er keine Zeit verloren: Er hatte um Olivias Hand angehalten. Er würde sich hüten, denselben Fehler zweimal zu machen und Olivia als selbstverständlich zu betrachten! Die Hochzeit sollte am 26. Juni stattfinden; auf diese Weise blieb Edna genug Zeit für die Vorbereitungen, bei denen Olivias Mutter ihr helfen würde.

Als Gabriel die Seaview Road hinaufschlenderte und nach Reeves Point blickte, sah er eine junge Frau bei dem kleinen Friedhof stehen. Er hielt inne und betrachtete sie einen Augenblick verwirrt. War er Opfer einer Sinnestäuschung, die durch das Gleißen der Sonne auf dem Wasser hervorgerufen wurde?

Nein, es war keine Täuschung.

Amelia überlegte, wo der beste Platz für den Gedenkstein wäre. Sie hatte das Gefühl, erst mit diesem Ehrenmal zum Andenken an Lucy ihre Pflicht erfüllt zu haben.

»Amelia...?«, sagte eine verwunderte Stimme.

Sie drehte sich um. Hinter ihr stand Gabriel. Auf seinem Gesicht lag ein Ausdruck maßlosen Erstaunens. Amelias Herz schlug schneller, als sie ihn sah. In diesem Moment wusste sie, dass sie ihn immer noch liebte – und dass sich daran niemals etwas ändern würde.

»Ich wusste gar nicht, dass du wieder da bist.« Wieso hatten die Ashbys ihm nichts davon gesagt?

»Ich habe mich spontan entschlossen, herzukommen«, erwiderte sie lächelnd.

»Oh. Ich wohne immer noch in Charity Cottage. Edna und Charlton haben mir alles über deine Schulen erzählt. Du hast Großartiges geleistet. Ich bin sehr stolz auf dich.«

Die Ashbys wussten noch nicht, dass Sarah inzwischen für Amelia arbeitete und dass die beiden Frauen sehr gut miteinander auskamen. Sarah war aufgeblüht. Amelia hatte sie ermutigt, ihre Eltern in England zu besuchen. Doch das Unterrichten machte Sarah so viel Freude, dass sie versprochen hatte, den Besuch bei ihren Eltern nicht allzu lange auszudehnen. Endlich hatte ihr Leben einen Sinn.

»Wirklich?« Amelia war ehrlich überrascht.

»Aber ja«, erwiderte er verlegen.

»Ich hätte eher gedacht, du wärst enttäuscht von mir.« Die Ashbys hatten Gabriel in ihren Briefen nie erwähnt – aus Rücksicht ihr gegenüber, wie sie dachte, weil Gabriel sie nicht mehr liebte. Doch in Wahrheit hatte er die Ashbys darum gebeten; er wollte nicht, dass Amelia sich ihm oder ihrem früheren Leben als Sarah Jones verpflichtet fühlte.

Gabriel senkte den Blick. »Du wunderst dich bestimmt, warum ich an dem Abend, an dem du dein Gedächtnis wiedererlangt hast, einfach weggegangen bin.«

»Ehrlich gesagt, ja«, gestand Amelia. »Ich habe viel darüber nachgedacht.«

»Nun ... ich war völlig durcheinander, als sich plötzlich herausstellte, dass du tatsächlich nicht Sarah Jones bist. Natürlich habe ich mich für dich gefreut, aber mit einem Mal warst du nicht mehr der Mensch, den ich gekannt habe, sondern eine gebildete junge Frau aus der Oberschicht und Erbin eines Riesenvermögens. Ich hatte Angst, dass deine Gefühle für mich erlöschen würden und dass ich dich verliere. Ich bin nur ein einfacher Mann. Die Welt, in der du gelebt hast, ist mir fremd. Und dann bist du plötzlich abgereist ...«

Amelia, die ihm aufmerksam zugehört hatte, sagte leise: »Ich musste mir über einige Dinge klar werden und mir überlegen, was ich mit meinem Leben anfangen will. Hobart Town schien mir der geeignete Ort für einen neuen Anfang. Außerdem wollte ich die Gräber meiner Eltern und meines Bruders besuchen und Brian Huxwell wiedersehen. Er ist für mich wie ein Onkel, während ich die Ashbys ja kaum kenne.«

»Und ich dachte, du könntest es nicht erwarten, dein altes Leben wieder aufzunehmen«, erwiderte Gabriel. »Jedenfalls, als Edna und Charlton mir von deinen Projekten erzählten, war ich mächtig stolz auf dich.«

Ihre Augen leuchteten auf. »Wirklich?«

»Ja. Weil ich erkannt habe, dass du immer noch die Frau bist, in die ich mich verliebt habe.«

»Warum hast du mir nie geschrieben, Gabriel?«

»Weil ich nicht wusste, was ich dir hätte sagen können. Irgendwann hätte ich dich in Hobart Town besucht. Ich habe nur auf den richtigen Zeitpunkt gewartet. Edna erzählte mir, du hättest viel mit deinen Schulen zu tun und bräuchtest Zeit, dir über deine Gefühle klar zu werden.«

»Und ich dachte die ganze Zeit, du liebst mich nicht mehr.«

Er sah sie zärtlich an. »Ich liebe dich mehr denn je, aber wer wirklich liebt, muss bereit sein, den anderen gehen zu lassen, wenn er es wünscht.«

»Ich habe nie aufgehört, dich zu lieben, Gabriel«, gestand sie. »Du bist der Einzige, mit dem ich mein Leben verbringen möchte.«

Er schloss die Augen und kostete diesen süßen Moment aus. Endlich hatte sie ausgesprochen, was er seit langem zu hören hoffte. »Heißt das, du willst mich immer noch heiraten?«

»Ja«, erwiderte sie schlicht. »Das würde mich zur glücklichsten Frau auf der Welt machen.«

»Dann werde ich mit dir nach Hobart Town gehen. Der Hafen dort ist groß. Da müsste es Arbeit für mich geben, was meinst du?«

Das Herz wollte Amelia vor Glück fast zerspringen. Dass er bereit war, ihretwegen von Kangaroo Island fortzugehen, war der größte Beweis seiner Liebe. »Du brauchst nicht mit mir zurück, Gabriel. Genauso gern bleibe ich mit dir hier.«

»Aber was ist mit deinen Schulen? Ich weiß von Edna, wie gern du Tanzunterricht gibst.«

»Ich habe sehr gute Leute, die meine Arbeit weiterführen können. Außerdem ist mir klar geworden, dass ich mich genauso gern um Evans Kinder gekümmert habe. Ich habe sie schrecklich vermisst.«

»Sie dich auch ... fast so sehr, wie ich dich vermisst habe.«

»Dann wäre es doch das Beste, wenn ich in Charity Cottage einziehe. Auf diese Weise wäre ich nahe bei den Kindern und könnte nach ihnen sehen, bis ich eigene Kinder bekomme.« Amelia schaute errötend zu ihm auf, und Gabriel zog sie an sich.

»Ich glaube, diesen Wunsch kann ich dir erfüllen«, sagte er, beugte sich über sie und küsste sie zärtlich, während ein leiser Wind sie beide sanft umstrich.

Wenig später gingen Amelia und Gabriel gemeinsam die Auffahrt zu Faith Cottage hinauf. Milo, der oben beim Haus spielte, entdeckte Amelia zuerst und kreischte vor Freude. Sein Geschrei alarmierte Evan und die Mädchen. Alle kamen herbeigestürzt und begrüßten Amelia stürmisch.

»Du hast uns so gefehlt, Sarah ... ich meine, Amelia!«, rief Sissie.

»Ihr habt mir auch gefehlt. Ihr wisst gar nicht, wie sehr! Meine Güte, seid ihr alle groß geworden!«, staunte Amelia.

»Schön, Sie wiederzusehen, Amelia.« Evan lächelte durch seinen struppigen Bart hindurch.

»Hallo, Evan. Könnten Sie es verkraften, mich ständig in Ihrer Nähe zu haben?«, scherzte Amelia.

Evan machte große Augen. »Ich glaub schon. Was meint ihr dazu, Kinder?« Lauter Jubel war die Antwort. Auch Evan hatte Amelia vermisst. Seine Kinder hatten täglich nach ihr gefragt, und er hatte sie immer wieder daran erinnern müssen, dass sie jetzt dort wohnte, wo sie früher gelebt hatte.

»Fein! Weil ich nämlich die Absicht habe, diesen gut aussehenden Mann hier zu heiraten«, sagte Amelia mit einem neckischen Seitenblick auf Gabriel, »und mit ihm in Charity Cottage zu wohnen. Wir werden Nachbarn sein.«

»Das nenne ich gute Nachrichten! Haben Sie inzwischen wenigstens kochen gelernt, wo Sie nun heiraten wollen?«, fragte Evan. Seine Augen funkelten schelmisch.

»Sie werden es nicht glauben, aber ich habe Kochunterricht genommen«, erwiderte Amelia stolz.

Evan klappte die Kinnlade herunter. »Da bin ich platt!«

»Jawohl! Ich leite eine Hauswirtschaftsschule für junge Frauen, und da dachte ich mir, es könnte nicht schaden, den Kochunterricht selbst zu besuchen.«

»Das ist ja wunderbar!« Evan rieb sich mit einer vielsagenden Geste lachend den Bauch.

»Aber machen Sie sich keine Hoffnungen: Ihre Wäsche werde ich nicht mehr waschen!« Amelia überlegte kurz. »Ich glaube, ich wüsste da jemanden für Sie. Eine junge Frau, die meine Schule besucht, eine ausgezeichnete Haushälterin.« Matilda würde eine sehr gute Ehefrau und Mutter abgeben. Sie würde sich wunderbar mit Evan verstehen.

»Sie wollen mich doch nicht etwa verkuppeln?«, fragte Evan entgeistert.

»Wo denken Sie hin«, antwortete Amelia schmunzelnd. »Aber sie ist kräftig und liebt die Natur. Sie würde großartig hierher passen.«

»Allmächtiger«, grummelte Evan kopfschüttelnd. »Als Nächstes werden Sie noch eine Heiratsvermittlung auf der Insel gründen und Ehefrauen für all die einsamen Farmer suchen.«

Amelia riss begeistert die Augen auf. »Das ist eine großartige Idee!«, sagte sie und lächelte verschmitzt.

ANMERKUNG

Elizabeth Haran hat Sie als LeserIn wie immer an authentische Schauplätze geführt. Die Landschaft und die Tier- und Pflanzenwelt von Kangaroo Island hat sie wunderbar skizziert. Allerdings existierten die Leuchttürme, so wie man sie heute auf der Insel bewundern kann, damals noch nicht.

Das abenteuerliche und geheimnisvolle Schicksal einer starken Frau auf dem Roten Kontinent

Elizabeth Haran
AM FLUSS
DES SCHICKSALS
Roman
624 Seiten
ISBN 978-3-404-15307-7

1883: Francesca kehrt Melbourne den Rücken, um nach Echuca am Murray River zu ziehen, wo ihr Vater Joe einen Raddampfer betreibt. Dieses Schiff ist ihr Zuhause gewesen, bis sie nach dem Tod ihrer Mutter auf das Internat nach Melbourne geschickt wurde. Doch sie erwartet eine böse Überraschung: Das Transportgeschäft ihres Vaters läuft schlecht; Silas Hepburn will ihn aus dem Geschäft drängen. Aber als er Joes Tochter kennen lernt, kommt ihm eine andere Idee. Zwischenzeitlich hat Francesca ihr Herz an den jungen Monty verloren. Doch zwei Menschen versuchen, ihre Verbindung zu Monty unter allen Umständen zu zerstören. Und ihr Vater verbirgt ein großes Geheimnis vor ihr …

Bastei Lübbe Taschenbuch

*Nur wer sein Herz für andere öffnet,
findet die Tür zum Glück*

Lesley Pearse
WO DIE HOFFNUNG BLÜHT
Roman
512 Seiten
ISBN 978-3-404-15743-3

Fifi ist jung und reich, sie kennt nur die Sonnenseiten des Lebens. Als sie sich in Dan verliebt, ist ihre Familie entsetzt. Ihre Tochter soll die Frau eines einfachen Maurers werden? Doch Fifi lässt sich nicht beirren. Heimlich heiraten die beiden jungen Leute. Trotz der ungewohnt ärmlichen Verhältnisse, in denen sie jetzt leben muss, ist Fifi mehr und mehr von den Menschen in ihrer neuen Nachbarschaft fasziniert. Fifis Neugier gilt vor allem den Muckles, die im Haus gegenüber leben. Als sie jedoch versucht, das jüngste Kind der Familie vor den gewaltsamen Übergriffen des Vaters zu schützen, ahnt sie nicht, dass sie damit nicht nur sich, sondern auch Dan und ihre eigene Familie in Gefahr bringt.

Bastei Lübbe Taschenbuch

Die neue Familiensaga von der Erfolgsautorin Jessica Stirling

Jessica Stirling
DIE MELODIE DER WELLEN
Roman
560 Seiten
ISBN 978-3-404-15730-3

Lindsay Franklin ist achtzehn Jahre alt und im heiratsfähigen Alter. Als ihr Großvater die Verantwortung für seine Schiffswerft an die nächste Generation weitergeben möchte, ändert sich Lindsays Leben schlagartig. Sie lernt ihren irischen Cousin Forbes kennen, der wie sie Anteile an der Firma erhalten hat. Während Lindsay sich ihren neuen Aufgaben im Geschäft stellt, entwickelt sich eine enge Bindung zu Forbes. Lindsay fühlt sich von dem attraktiven Cousin immer mehr angezogen. Doch Forbes verbirgt ein Geheimnis. Ist er wirklich der Mann ihrer Träume oder ein skrupelloser Geschäftsmann, der sie ins Unglück stürzen könnte?

Bastei Lübbe Taschenbuch